2011年山东省首届社会科学优秀普及成果一等奖暨
山东省首届社会科学普及十大优秀作品奖

2012年山东省社会科学优秀成果二等奖

2013年全国第十五届社会科学优秀普及作品奖

生活中的儒家伦理

主 编 傅永聚
副主编 修建军 李敏红

山东文艺出版社

目 录

序一	1
序二	10
忠	1
孝	45
爱	93
仁	125
勇	165
礼	205
恕	243
智	269
德	301
慎	339
俭	375
诚	393
信	411
义	435
廉	473
耻	505
中	543
善	577
毅	601

慈	641
敬	671
和	705
友	745
气	753
省	761
勤	769
忧	777
利	785
合	793
容	801
道	811
悌	819
志	827
公	835
正	843
刚	851
节	859
后记	867

序一

刘德龙

近年来，我国学术界对伦理学、中国伦理精神及其现代价值的研究蓬勃展开。涉及伦理学基础理论、中国伦理思想史、中国传统伦理的现代价值及其与当代社会道德建设的关系和现代西方伦理学译介（如西方的元伦理学、规范伦理学、境遇伦理学、西方现代伦理学史）等。应用伦理学的研究繁花似锦：公共生活伦理学、组织伦理学、环境伦理学、生态伦理学、乡土伦理学、医学伦理学、职业伦理学、教育伦理学、敬畏伦理学、责任伦理学、经济伦理学、美德伦理学以及全球伦理或普世伦理等方面的研究进展很快，中西伦理学比较研究也取得了丰硕的成果。在国外伦理学研究方面，继摩尔、罗斯、黑尔等元伦理学研究高潮退落之后，以罗尔斯《正义论》为代表的规范伦理学与以麦金太尔《追寻美德》为代表的美德伦理学的回归与复兴，是西方伦理学转变的新潮流，对中国伦理精神的回归与重建颇具启发。

中华文化是典型的伦理型文化；中华民族是一个蕴涵着伦理智慧的民族。中华伦理以儒家伦理思想为主流，而儒家伦理思想恰恰是规范伦理学与美德伦理学的混合形态。正如张立文教授在为拙著《中华伦理范畴丛书》（中国社会科学出版社，2006年9月版）序中所说：中华民族伦理精神和行为规范的合理性宗旨是和谐，伦理范畴是遵循人心——家庭——人际——社会——世界——自然的顺序逻辑系统。心态是否符合伦理道德的规定可以说在潜意识上决定着人们的行为。市场经济大潮冲击下，金钱万能的魔障使人们形形色色非伦理道德的灰色心态泛滥成灾，社会日常生活中充斥着假、恶、丑。信仰危机、道德滑坡、伦理失范、良心泯灭、亲情断绝、人性乖戾……达到了触目惊心的地步！心病还要心药医！"燃灯"、"救心"遂成为当代有识之士的强烈呼吁和神圣使命。

儒家伦理在我国几千年的传统文化中一直占据着主流位置。近百年以来，由于政治斗争思维的原因，儒家伦理一度被迁怒、歪曲、误解，被边缘化。近三十年以来，一轮又一轮的"文化热"呼唤着儒学的现代化转换，以便使其更好地为社会主义精神文明建设服务。那么具有数千年历史的儒学该怎样顺利实现现代化的转型,如何使它重新焕发出旺盛而鲜活的生命力呢?这个困扰着许多学者的问题可以说依旧没有很好地破题。

其实,儒学的转型必须经由两个途径:一个是学术研究,另一个则是大众普及。两者犹如车之双轮,缺一不可。学术研究对于传承儒学固然重要,但那只能是极少数知识分子的事;从儒学本身来说,只有很好地融入时代,为现实服务,应对现实的挑战,解决现实中的困惑才会有充沛的活力和生命力;对十三亿人来说,大众普及即民间儒学的传播、生活中儒家伦理道德精髓的实践与应用的意义则显得尤为重要,因为它起着培根固本的作用,是中华民族文化复兴的必由之路。而处在转型中的儒学面临的尴尬现实是:书斋中学者的研究成果汗牛充栋(多为各种注释、伦理思想史、伦理学说史一类),大众普及作品则表现在铺天盖地、原封不动地重印经典。前一段的"于丹论语热"可以看做是大众启蒙的形式之一。于丹以通俗的语言阐述对传统文化的感悟,受到了广泛的关注。但于丹的影响仍然主要局限于知识分子,尤其是青年"粉丝"群体中间;况且"于丹式论语"鲜有涉及对儒家公平公正与社会正义维度的关注,属于残缺不全的解读。

如何在更广泛的社会层面上来弘扬儒学,弘扬优秀传统文化?如何不断提高国民的道德涵养?有效的途径只有让儒学走出书斋,走出讲堂,"来到我们身边、活在我们中间"(傅永聚:《孔子赞歌》,见《孔子文化体验·序》),即以大众喜闻乐见的形式,令妇孺皆知,如春风化雨般教化国民。笔者认为,这样的儒学才会有持久不息、真正强大的生命力。正如傅永聚教授所言:"诚然,让每个人都成为君子是不现实的;但是,通过文化的教育和改造功能,不断提高每个人的'君子化'水平则是可能的,也是现实的。"(《儒家和谐思想的当下价值》,载《孔子文化研究》2009年卷)

傅永聚教授率领一支学术团队历时两年多呕心沥血、戮力而成的《生活中的儒家伦理》,即是一部儒学研究者勇敢地走出象牙塔,弘儒学之道,为生民立命,把中华民族优秀伦理智慧洒向民间,润物于无声的特色著作。认真翻检之后,深感本书一改传统上苍白无力的道德说教之风,从生动活泼的现实例证入手,弘扬君子楷模,使之便于效仿;鞭挞小人丑恶,使其见弃于社会;明道理于谈笑之间,寓高尚于平凡之中。略微罗列,便可见该书的鲜明特色:

——选题新颖,别具慧眼。专门研究生活中的儒家伦理的著述,迄今还不多见。伦理是如何做人的大道理。而儒家学说的鲜明特色就是于日用伦常中砥砺人的心性,彰显君子品格的。对生活中的凡人凡事进行儒家伦理起点上的分析,另辟蹊径,令人耳目一新。

——视野广阔,取材丰厚。作者在主编《中华伦理范畴》(六十六卷丛书)的基础上,精选其中忠、孝、爱、仁、勇、礼、恕、智、德、慎、俭、诚、信、义、廉、耻、忠、善、毅、慈、敬、和等三十七个中华民族优秀传统伦理范畴为依据,选取历史上著名的人物和事件为平台,以孔子、儒家和先秦诸子的名言做圭臬,以历代先进的中国人的嘉言懿行为楷模,凝练出健康、道德的处世心态,贯通古今,激浊扬清,大气磅礴,蔚为壮观。

——论证精辟,深入浅出。作者在剖析主人公思想和言行时,既有学理、逻辑的谨严,又有春风拂面般的朴实;耳濡目染,易学易做;再加上文笔犀利,雅俗共赏,真正起到了道德科普的作用。

——高屋建瓴,言简意赅。尤其是每段故事后总结出的三五警句,恰似醍醐灌顶,发人深省,读后令人回味无穷,不忍释卷。

现谨录该书主编亲自执笔的《和》、《恕》、《孝》方面的文字,与读者共同欣赏:

将相和——一曲和为贵的颂歌

《史记·廉颇蔺相如列传》记载了这样一个故事:战国时的秦国是一个强国,经常欺侮和进攻周边的国家。一天,秦王听说赵惠文王得到了一块世间罕见的宝玉——"和氏璧",就诈以许给赵国十五座城池来换取这块宝玉。赵国的舍人蔺相如遂携和氏璧出使秦国。秦王见璧,却不再提十五座城池的事。相如以为秦王指出瑕疵为名夺回宝玉,不惜与宝玉同碎,镇住秦王;并说以派人将宝玉送回了赵国,终于完璧归赵,保护了赵国的名誉和利益。赵王封其为上大夫。此后,蔺相如又随赵王去渑池会见秦王,秦王企图侮辱赵王,相如怒不可遏,欲以五步之内与秦王拼命,吓得秦王不敢加辱赵王。蔺相如因功被封为上卿,地位在廉颇之上。廉颇怎么也想不通,认为自己是当时赵国的名将,担任上卿，出生入死，率军多次战胜齐、魏等国，为赵国立下大功，蔺相如一个小小的舍人，不过凭一张嘴，地位就在自己之上，于是愤愤不平。遂多次欲挑起事端，与蔺相如争斗。蔺相如为了国家的利益，忍辱负重，对廉颇一再谦让宽容，不予计较。终于使廉颇愧悟，遂负荆请罪。两人和好如初，共同保卫国家的安定。"将相和"的故事千古流传，更被改编成戏剧、电视剧而广为流传。

蔺相如和廉颇共同的思想基础都是爱国。爱国主义是中华民族五千年生存史上最伟大的精神财富。为了国家的尊严和利益，可以牺牲自己的一切，包括宝贵的生命。

此外，蔺相如与强敌争斗时的机智勇敢，也是中国古代知识分子的楷模。孔子讲君子有三德：智者不惑，仁者不忧，勇者不惧。在强横霸道的秦王面前，蔺相如先是假作指疵，夺回宝玉，继而谎称已将宝玉送回赵国，都显示了高超的智慧；继而不惜与宝玉同碎，甘愿五步之内与秦王同归于尽，都表现出了临危不惧的勇者风范。而以宰相之博大胸怀，容忍同僚的挑衅，都显示了谦逊待人、与人为善、海纳百川、宽容敦厚的仁者风范。廉颇知错就改，虚心请罪的精神也是君子品格。孔子说：君子有了错误不怕改正，如果知错而不改，那就是最大的过错了。假如蔺相如遇到廉颇蓄意挑衅时萌发报复的心态，心胸狭窄，意气用事，以牙还牙，与廉颇针尖对麦芒，必将引发赵国政治地震，使强大的秦国乘虚而入。假如廉颇的心态顽固不化，死不认错，也会使将相之间的矛盾无法修复，严重影响赵国的团结，削弱赵国的战斗力。

反观我们的干部队伍，尤其在同时设有所谓"两个一把手"的单位，真正能够做到"将相和"的可以说寥若晨星。绝大部分也不过处于勉强维持、将就能过的程度。尔虞我诈，钩心斗角，狗撕猫咬，阳奉阴违者比比皆是；至于反目为仇，势同水火者也大有人在。文化程度都不低，受党的教育也都多年，应该说都有强烈的事业心和责任感，也都有为人民做事的良好愿望，为什么就捏不到一块儿去？这显然与每个人的处世心态有关。应该说，每个干部都有建功立业的愿望，但同时也都有强烈的功利心和权力欲。进步更快，位子更高，可以说是每一个干部的共同心愿。但怎样去进步？怎么样去到更高的位子上？每个人有每个人自己的认识和体悟。如果某个干部心胸狭窄，一心为了自己的私利，就会千方百计地制造个人政绩，贬低同事，造谣中伤，诬陷罗织，给同事"下绊子"、"编段子"、"扣帽子",陷害竞争对手,无所不用其极。尤其在进退留转的关键时刻,为了自己的政治前途,生出极不道德的心态,笃信什么"无毒不丈夫",最大限度地挤兑打击对手,许多手段卑鄙无耻,令人作呕。如此恶意竞争的结果也往往是两败俱伤,给上级和组织部门留下很坏的印象。凡事一心为他人,诚然很难做到。但虑事的起点心态起码要做到利己不害人。因为害人如害己。一个干部,不管其能力有多大,从政心态一定要平和善良、理性道德。对待同事一定要和睦相处,多看别人的优点。古代高僧寒山、拾得曾经有过一段精彩的对话。寒山问拾得:"世间有人谤我、欺我、笑我、贱我、骗我,我如何处治乎?"拾得曰:"只要忍他、让他、避他、由他、耐他、敬他,不要理他,再过几年,你再看他!"说的就是这个道理。因此,你讲我的坏话,我就到处讲你的好话。不仅释放了自己的紧张心态,庶几还可以感化对方像廉颇那样愧悟。千万不要怀有"以人治人"的恶毒之心,否则一定会被千夫所指,成为孤家寡人。人生最长百年,斗来斗去何时休?相逢一笑泯恩怨。孔子说:"躬自厚而薄责于人,则远怨矣。"(《论语·卫灵公》)宽容和原谅曾经伤害过自己的人是一种很高超的人生艺术,而善于化解矛盾和仇恨的心态才是人生的最高境界。

负荆请罪,和为贵。

将相和,天下平。

团结出生产力,也出干部。

六尺巷——化解邻里纠纷的典范

据《桐城县志》记载,清朝康熙年间,安徽桐城出了著名的父子宰相:父亲叫张英,儿子叫张廷玉,受到皇帝眷顾,位高权重。一天,桐城张宰相的家人与当地的望族方家就宅基地发生了激烈的争吵,双方互不相让。方家人多势众,张氏家族一时处于劣势,族长便想起了自己家族在朝廷中的大官,于是派人飞马传信向京城的张英老宰相求救,企盼借助于宰相的权力制服对方。哪知张英老宰相看完族长的信,微微一笑,提笔写下了四句诗:

千里家书只为墙,

让他三尺又何妨。

长城万里今犹在，

不见当年秦始皇。

张家族人阅后大为感动，主动将自家的墙基向后移了三尺。方家见状也十分感动，也将自家的院墙向后移了三尺，于是两家院墙中间就形成了一条六尺宽的空巷，避免了两家的争执，也方便了邻里乡亲的通行。这就是历史上著名的六尺巷。

当然，这个六尺巷的故事也有不同版本。在山东省聊城市老城区东关街东侧路北也有一条宽不过三米、长不过十几米的胡同，人称"仁义胡同"。是根据著名学者傅斯年先生的祖先——清初状元傅以渐仁义礼让的高风亮节得名的。其故事情节以及后来的结局与张、方两家的故事差不多，连那四句诗也几乎完全相同。只是最后多了一个情节：聊城县令亲笔题写了"仁义胡同"四个大字并留存至今。看来无论安徽山东、南方北方，都是十分推崇这样的仁义礼让之风的。

这位张英老宰相或者说傅以渐老状元阅信后的心态极为重要。假如他们都是极力维护家族私利的人，肯定会火冒三丈，利用手中的权力千方百计去"摆平"家族的对头，这必将造成争房基的两家矛盾进一步升级，冤冤相报，从而引发更严重的冲突。但他们却胸怀宽广，包容忍让，以息事宁人、与人为善的原则引导族人巧妙地化解了这次纠纷，理所当然地成为后人正确处理邻里矛盾的楷模。这种心态是符合中华民族伦理道德的。而在我们的日常生活中，由于蝇头小利、鸡毛蒜皮，邻舍百家经常发生争吵，甚至大打出手，结果是怨连祸结，不得安宁。走笔至此，年轻时遇到过的邻里纠纷的一件小事倏然闪现在眼前：当时邻居甲和乙的孩子同上幼儿园。甲的儿子调皮捣蛋，把乙的女儿的脸给划破了，伤口较深。乙妻担心女儿长大后脸上留下疤痕，于是找上门去，大骂一通。甲妻也不是省油的灯，你一句，我一句，恶言相向，都指责对方孩子的不是，以至于发展到动手的地步，被大家好不容易拉开了。此后两家至少一两年不搭腔，见面拐着走。但幼儿园的阿姨却说两个孩子没几天就又在一起玩了，而且还很亲密。阿姨慨叹说："孩子就是孩子，大人们之间的积怨又有什么用呢？"平心静气地想一想，这个事件中的主人公与几百年前的张英、傅以渐比一比，愧不愧，悔不悔？

《周易·谦卦》中有谦谦君子的说法，说的是为人处世一定要谦和低调，尤其不能横行霸道，利用手中的权力去整人害人。凡事以谦待人的人，必定是君子。

孔子有言："君子泰而不骄，小人骄而不泰。"（《论语·子路》）即道德高尚的人处世一定谦逊平易、坦然从容、与人为善；而道德低下者必然张扬放肆、骄横狂妄、浮躁逞能。前者会得到大家广泛的尊敬；后者却会处处惹众怒，被人烦。所谓：德不孤，必有邻。自作孽，不可活。

这正是：

让一让，六尺巷。

让一让，海阔天空。

恕让之心，和谐之根。

色难——该怎样孝敬父母

据《南方网讯》：广东某市一位七十六岁高龄、重病缠身的张老太婆，一生含辛茹苦将三个儿子拉扯大，三个儿子却长期不去看望她，甚至连一分钱的生活费也不给她。老人面临被饿死的境地。邻居们实在看不下去了，就反映给当地的司法部门，将其儿子告上了法庭。无独有偶，山东某市也有一位八十多岁的老太太，生有五位儿女，因为家庭财产方面的争执，没有一个儿女过问老人生活，老人一气之下，向一个主流媒体披露了子女的不孝行为。以上明目张胆虐待老人的极端不肖子孙，当然只是少数。但据统计，我国目前有两千三百多万六十五岁以上的失去劳动能力的"空巢"老人。子女们不同程度的不孝行为普遍存在，许多子女让父母缺吃少穿，使老人艰辛度日，过着孤独凄凉的日子。对父母大声呵斥、极不耐烦者有之，对病中的父母面生厌恶的有之、骂声不绝的有之、拒付医疗费的有之。家养的宠物病了，惶惶不可终日，而父母病了却无动于衷。更有甚者，在父母生前常怀恨恨之心，整天惹其生气，使父母受尽折磨，死后却奢侈厚葬，呼天抢地，装出极为悲痛的样子给别人看。难怪有的老人极为后悔地说："像这样的儿女真不如一生下来就掐死他！"

中华民族从来就有孝敬老人的优良传统。父母不仅给了我们生命，而且含辛茹苦地把我们抚养大。《诗经·小雅·蓼莪》："哀哀父母，生我劬劳"；"哀哀父母，生我劳瘁"；"父兮生我，母兮鞠我。拊我畜我，长我育我。顾我复我，出入腹我。欲报之德，昊天罔极。"刘安的《劝孝》诗，孟郊的《游子吟》成为千古流传不衰的佳作。父母之德，怎么报答也报不完！当儿女的看到父母老了，无用了，就嫌老人唠叨，嫌老人脏，嫌老人碍手碍脚，甚至嫌老人死得太晚，这种心态是极不道德的。你是否想到，母亲十月怀胎、一朝分娩是多么的痛苦；乳汁哺育、学语教步是多么的艰辛；可曾记得，父母拼命劳动供养你生活、上学、工作，甚至结婚成家、生儿育女！可曾感悟，你生病时父母的揪心裂肺，焦虑不安，废寝忘食，恨不得用他们的健康和生命去相替！儿行千里母担忧。可怜天下父母心。羊羔知跪乳，乌鸦有反哺。不孝之子，那里赶得上畜生！

　　孔子重孝道。他对如何孝敬父母有过精彩的论述：当学生们问什么是孝时，孔子回答说："今之孝者，是谓能养。至于犬马，皆能有养，不敬，何以别乎。"《论语·为政》就是说不能认为能给父母一口饭吃就是孝了，应当按照礼节去孝敬父母，否则与饲养犬马有什么两样？孝敬父母总的原则是"无违"，就是说不能违背礼节，不能惹父母生气。具体说来，就要做到：生，事之以礼；死，事之以礼，祭之以礼。《论语·为政》教导人们父母在世时，要依照礼节尽心孝敬，让父母衣食无忧，高高兴兴地生活；父母去世之后，要按照礼节安葬、祭祀，寄托我们的哀思。关心父母，尤其是父母的身体健康状况。"父母之年，不可不知也！一则以喜，一则以惧。"当儿女的一定要知道父母的年龄，闻父母高龄，心态先是喜，因为老人高寿；再是惧，因为来年不多。所以当父母健康的时候，要经常问候，定时看望，嘘寒问暖，时刻关心父母的身体；当父母生病的时候，要跑前伺后，精心照料。尤其对久病卧床的父母，一定要格外孝顺。古语云：久病床前无孝子。是说儿女的孝心在老人的病榻前经受着严峻的考验。让我们比较一下吧：儿女生病不管多久多重，父母一般会自始至终无怨无悔地照料（当然也有极个别遗弃自己子女的）；而父母病重，能做到像父母照料子女那种尽心程度的恐怕连一半也达不到。郑板桥任潍县知县期满，邑人为其送行，请求这位多年的父母官最后再教导些什么。郑板桥很认真地说：没有啦，你们回家以后都把自己的父母当儿女养就行啦。当时好多送行的人都觉得这句话是在骂人。但一回到家，看到自己的父母和儿女，马上就明白了。父母对子女的爱心是无私的，子女对老人的回报却往往是打折的。伦理道德水平的高下，一目了然。扪心自问，天下之人，能做到像疼爱自己的儿女那样去孝敬自己父母的能有多少？而一个连自己父母都不爱的人，又怎么会去爱别人呢？师父，谓师之如父。孔子还巧借弟子对老师不敬的现象感叹晚辈的色难是孝养老人的"瓶颈"。"子夏问孝。子曰：'色难，有事，弟子服其劳，有酒食，先生馔，曾是以为孝乎？'"（《论语·为政》）对老师，对父母，整天脸上挂着不敬、厌恶的脸色，尽管也替老师干活出力，给了老师、父母吃的喝的，使老师、父母不开心，这不是真正意义上的孝。将心比心，人皆有老。世人应该给自己的子孙树立躬行孝道的榜样。须知：父母之恩，终生难报。不要等经济条件好了再去行孝。因为"子欲孝时亲不待""子欲养而亲不在"。孝敬父母其实并不难。孝心无价。心欲孝则孝。百德善为首，百善孝为先。让我们不仅努力满足父母物质生活的必需，而且献上我们的真诚和笑脸；在父母面前的每一天都恭恭敬敬、和颜悦色；用我们滚烫鲜活的孝心，换来父母脸上灿烂的笑容，让他们度过一个幸福的晚年吧！

孝心是做人之本。

重养轻葬，移风易俗。

变色难为色悦，爱儿女更爱父母。

总之，这部作品以其鲜明的生活性、哲理性和可读性引人入胜，在撰写过程中就受到了社会各界的广泛关注和大力支持，尤其是草根阶层的热烈欢迎。其中部分章节已经在一些报刊上刊出过。相信能够起到面向草根，面向基层，让社会上更多的人拥有良好的伦理心态，自觉地践行中华民族优秀的传统伦理道德，提高自身和整个国民的素质，向世界展现"文化中国"的光辉形象，推动中华民族走向复兴的作用。

愿人们喜欢这本书，也衷心希望本书的出版发行能为正在开展的中华民族共有精神家园的建设增砖添瓦。

2009年夏于泉城

（作者现任山东省政协常委、省社科联党组书记、副主席）

序二

傅永聚

伦理一词，源出希腊语，指世间的风俗、习惯、性格等；英语中的伦理学作"ethics"，指如何做人的大道理的学问。哲学上认为伦理学就是道德哲学，是研究人与人之间相处的道德准则。伦理学一词虽然19世纪才传来中国，但其研究人生道理的指向，即道德的是非、善恶、美丑及优劣之意在两千多年以前的我国古代文献中就已经说得明明白白。伦，即类、辈，做人之道，理，道理，原理，为人之理。（见许慎《说文解字》及其注，竹添光鸿《论语会笺》）儒家认为天、地、人为三才，各有其理，而人为万物之灵，所以做人之理最为重要。孟子说："人之异于禽兽者几希"，这很少的一点点差别就在于人之为人必须遵守的伦理道德（所谓"厚如伦类"）。为人而不讲伦理道德，整个社会的秩序就会一片混乱，安定和谐就是一句空话。作为笃定规律，这一结论适合于任何一种文明社会的形态之中。

中国自古有儒释道并存的现象。唯道教讲隐世避世；佛教讲来生轮回，只有儒家主张人生应该积极入世，奋发有为，提出安排现实人间的一整套秩序，塑造君子品格，注重道德教化，提升人们的素质，促进社会的和谐，所以才会被历代执政者所重视、所利用。由于时空的限制，儒家学说中确实有一些糟粕与现代文明的需求不相符合了（如五伦中的君臣之义等），这就更要求我们认真研究，取其精华，赋以时代特色，转换价值，为我所用。上个世纪中的很长时期，由于受极"左"思潮的影响，人们把儒家伦理一股脑儿地视为封建渣滓，疯狂批孔，完全地否定我们民族自己的传统文化，结果造成当今社会上的善风良俗、质朴诚信、仁义孝悌、忠厚廉耻越来越少，而伦理沦丧、道德滑坡、信仰危机却愈演愈烈，这不能不使人们感到困惑。

问题出在哪里？我们认为关键在于对儒家伦理的认识和重视不到位。中华文化属于伦理性文化。中国是世界文明古国之一，且是文明唯一不断者。中华民族从诞生之日起就十分注重伦理道德建设，使民族文化具有伦理型的典型特征。先秦时期伟大的思想家老子、孔子、孟子、荀子等都曾为中华伦理的价值体系构建作出了重大贡献。尤其是孔子,其思想积极入世,以仁为核心,以和为贵,以道德高尚的君子人格为楷模,其影响跨越时空,成为中华礼乐文化的重要根据,价值观念的是非标准和伦理道德的规范所在。孔子是当之无愧的中华文化符号,他的一系列思想构成中华文化的基本精神。汉代以来,孔子为代表的儒家思想成为主流文化。以儒家的伦理道德为主干的中华伦理是中华民族文化与精神的内核与载体,是中华民族数千年生生不息、绵延峥嵘的源头活水。中国统一稳定、疆域辽阔、经济发达、文明先进,曾领先世界文明两千年。中华文化影响远播海外。受中华伦理道德熏陶培育成长起来的政治家、文学家、军事家、思想家、教育家如群星璀璨,民族英雄凛然千古,成为炎黄子孙千秋万代的丰碑。只是在近代,由于资本主义和帝国主义列强的侵略,民族灾难深重,我们才暂时落伍了。19至20世纪中叶中华民族所受的苦难和耻辱,在世界民族史上是罕见的。但中华民族一直在反抗、在斗争。历经磨难而不亡,说明我们的民族有一种坚忍不拔、自强不息的精神挂其间。

人类历史的发展是不平衡的,先进变落后,落后变先进也是一种历史规律。"一唱雄鸡天下白"。在马克思主义的指导下,中国共产党领导新中国成立,中国人民站起来了!尤其改革开放以来,在邓小平理论指引下中国发展迅速,综合国力增强,政治、经济地位发生了翻天覆地的变化,中国人民正在信心百倍地建设现代化社会。强大的政治、经济呼唤强大的文化,呼唤人的高尚道德。通过弘扬中华民族优秀的伦理道德,改造国人素质,改变国人形象,确立优秀伦理道德在华人文化中的特色地位,既可以作为以德治国、和谐社会、科学发展的强力支撑,又可以得到不同文化背景、不同宗教信仰的群体的共同认可。这对于发扬光大中华文化、实现祖国统一大业、实现中华民族的伟大复兴都具有重要的现实意义和深远的历史意义。

儒家伦理的生命力存在于中国人民鲜活的生活中,真正是"野火烧不尽,春风吹又生"。两千多年以来儒家伦理熏陶、哺育了成千上万中华民族的英雄豪杰、先贤志士,他们感天地泣鬼神的英雄精神,构成了中华民族坚实的支柱!其忠孝、仁爱、礼义、诚信、公正、机智、勇敢的事迹妇孺皆知,耳熟能详,后人纷纷仰慕效仿,引以为骄傲……

忠于祖国、忠于人民、忠于主人、忠于朋友如玄高犒师、苏武牧羊、屈原投江、李善以命护主、马援马革裹尸、荀巨伯义举换友命、李纲辞职明忠、岳飞精忠报国、戚继光抗倭、林则徐禁烟、抗日英雄赵一曼、杨靖宇以及汶川抗震中英勇的人民子弟兵。

孝敬父母、赡养长辈有李密陈情、卧冰求鲤、闵子骞无怨后母、蔡顺拾椹、孟宗哭竹感天、武训养母、老莱娱亲、孝女曹娥、缇萦上书废肉刑、当代的焦波之孝以及千千万万自愿为病中父母捐献器官的子女们。

诚实守信、厚道本分、唯才是举有董狐直笔、曾参杀猪、颜回抓饭、张劭范式鸡黍之约、李杜友谊、管鲍之交、南门徙木、童叟无欺、季布一诺千金、王旦荐寇准、刘庭式不负婚约、冬梅诺托以及当代领导干部的楷模焦裕禄、孔繁森等。

清正廉洁、克勤克俭、执法如山有大禹治水、子罕以廉为宝、叔向治狱不阿亲、杨震拒贿、朱云断栏死谏、狄仁杰公断、宋慈洗冤、包拯铁面无私、杨惟中除暴安良、海瑞一身正气以及当代毛泽东的补丁衣服、周恩来自付饭费、朱德反对送礼等。

义中取利、以义为先、大义凛然、舍生取义有颜回不取外财、范蠡三致千金、墨子救宋、冯谖废券、范滂母成子英名、田稷母鄙夷不义之财、水浒英雄狭义、张孝基还财、罗伦还金镯以及当代李大钊铁肩担道义、夏明翰只要主义真和千千万万见义勇为的壮士们。

知书达理、遵纪守法、兄弟孝悌、夫妇和睦则有周公制礼作乐、孔子教子读诗学礼、曾子避席、管仲倡导礼义廉耻之四维、姜肱争死、孔融让梨、刘备三顾茅庐、孟光举案齐眉、田氏兄弟叹荆、王珪循礼、程门立雪、周文灿容兄拒间、朱显焚券、李太后约束外戚和世世代代大义灭亲的正直之士。

仁爱慈善、扶危济困、移风易俗有大舜仁孝感天、孔子仁者爱人、刘邦知人善任、刘备携民渡江、梁彦光教民行孝、辛公义免费医疾、唐太宗废除酷刑、赵抃救助遗属、王旦与人为善、范仲淹先天下之忧而忧后天下之乐而乐、历代独善其身与兼善天下的名士以及对弱势群体实施关爱的慈善家们。

爱国爱家、抵御外侮、保卫和平有公主和亲、将相和、管宁割席、灭烛绝缨、位卑未敢忘忧国的陆游、家事国事天下事事事关心的东林党人以及近代以来以身许国、报效中华的烈士们……

星移斗转，千秋万代，他们永远传颂在炎黄儿女的口中，活在千万子孙的心中。

以讲故事的方式传播做人做事的道理，树立先贤筚路蓝缕、创造中华的光辉榜样，进行优秀传统伦理道德的教育，早在文字产生之前的洪荒时代就已经以神话传说作为载体口口相传，妇孺皆知了。开天辟地的盘古、炼石补天的女娲、弯弓射日的后羿、发明遮风避雨之所的有巢氏、钻木取火的燧人氏、制八卦教人天文地理和驯养牲畜的伏羲氏以及发明农耕和中医的神农氏等，不是一直流传至今、生命不衰吗？此后的学者尤其是儒家者流更用心把创造历史、做出丰功伟绩的"神"进行"人"化，对其嘉言懿行给以伦理性的解释，三皇五帝遂成为中华民族英雄的代表。《诗经》、《山海经》、《穆天子传》、《尚书》、《春秋》、《国语》、《逸周书》等书中保留了这方面大量的记载。

孔子在讲述历史故事、弘扬优秀伦理道德方面更是高手。《论语》中孔子反复讲述历史上三王的高尚道德和丰功伟绩。如《泰伯》篇讲尧："大哉！尧之为君也，巍巍乎！唯天为大，唯尧则之。荡荡乎！民无能名焉。巍巍乎其有成功也，焕乎其有文章"；舜："有臣五人而天下治"；禹："菲饮食而致孝乎鬼神，恶衣服而致美乎黻冕，卑宫室而尽力乎沟洫。禹，吾无间然矣"。《卫灵公》篇讲治理国家："行夏之时，乘殷之辂，服周之冕"；《阳货》篇比较古今风俗变迁："古之狂也肆，今之狂也荡；古之矜也廉，今之矜也忿戾；古之愚也直，今之愚也诈而已"；《子路》篇判断人伦之直：叶公语孔子曰"吾党有直躬者，其父攘羊，而子证之。"孔子曰："吾党之直者异于是：父为子隐，子为父隐，直在其中矣"；《宪问》篇抨击不良学风："古之学者为己，今之学者为人。"

《孟子》中揠苗助长、西子掩鼻、专心致志、浩然正气、舍我其谁、舍生取义、与人为善、守望相助等故事熠熠生辉。

司马迁的《史记》被誉为"史家之绝唱，无韵之离骚"，其中描述的英雄故事活灵活现、历两千多年而如在眼前：秦王的英勇与残暴、荆轲的视死如归、商鞅变法的气概、毛遂自荐的自信、蔺相如完璧归赵的机智、廉颇负荆请罪的大度、刘邦用人的眼界与气量、项羽的暴虐与仗义、樊哙的勇猛、陈平的奇谋、李广的神射、周勃的忠诚……无不栩栩如生。这其中的许多形象活跃在历代的舞台上、戏剧中、电影里，在培育民族正气方面起着不可估量的作用。

秦汉以后，除了封建文人的皇皇巨著如《三国演义》、《水浒传》、《西游记》、《红楼梦》、《三言两拍》、《聊斋志异》以及数不清的笔记小说野史以外，各族历代民间草根的伦理故事也极为丰富，著名的四大民间故事如孟姜女哭长城、牛郎织女、白蛇传、梁山伯与祝英台，主旨都是反抗专制暴虐，追求婚姻自由和幸福。我国地大物博、历史悠久，可以说山水河海湖、沟坎坡桥路、村寨庄夼墟，每个地方、每个民族、每个聚落，都有自己的传说故事（按：《中国民间故事》已经出版了多种版本），这些故事无不力行歌颂真善美、鞭挞假恶丑，积弱扶困，伸张正义，保家卫国，洋溢着中华伦理道德的神韵，给后人以深深的教育和启迪。

《三字经》、《百家姓》、《千字文》、《弟子规》和《增广贤文》等启蒙书籍中也大量地采用了讲故事、明伦理的方法。

中国传统的节庆日源远流长、异彩纷呈，历史上扬善驱恶、祈求和平的故事（如过大年、元宵节、清明寒食节、端午节、七夕节、中秋节等）至今红红火火，起到了传承民族文化理念的重要功能，其中儒家伦理心态占据着主导地位。

由我和学术界数十位从事中国哲学史、思想史的教授、博士共同撰写的《中华伦理范畴》（丛书六十六卷本）高屋建瓴，气势磅礴，将中华民族数千年来形成的伦理道德用仁、爱、忠、恕、礼、义、廉、耻、中、信、和、合、善、勇、敬、慈、诚、德、孝、悌、勤、俭、修、志、圣、公、洁、贞、敏、惠、乐、毅、庄、正、平、温、友、强、容、智、道、顺、良、格、省、新、恭、直、博、节、健、实、恒、明、忧、质、行、美、刚、气、慎、雅、理、利、宽、让（谦）等多个范畴概括总结，探赜索隐，钩深致远，义理圆融，逻辑谨严，充分论证了中华民族的伦理精神和道德行为规范的价值合理性，在学术界产生了积极的影响。2006年夏，已故著名学者季羡林先生在301病房中亲自为之题词褒扬："中华伦理，源远流长；东方智慧，泽被万方。"中国人民大学张立文先生亲为作序，长达两万多字，称赞该书"利在当代，功在后世""对弘扬中华民族传统文化，实现中华民族伟大复兴做出了应有的贡献"。其第一函十卷2006年秋由中国社会科学出版社出版，2007年被评为山东省高校社会科学优秀成果一等奖，2008年又被评为山东省社会科学优秀成果一等奖。第二、第三两函也将于今、明年相继出版。然而，我们清醒地认识到：这样一部卷帙浩繁的巨著，只能在学者圈子里被认知，不可能在全社会尤其是基层得到广泛的传播。而讲故事、听故事、信故事、仿照故事去做，却在民间有着悠久的传统。因此，两年来，我又组织了二十多位热心普及儒学应用事业的年轻学者，从上述范畴中精选出三十七个重要且常用者，通过剖析日常生活中发生在我们身边的小故事，研究古今人们处世临事的伦理心态，弘扬中华民族伦理道德的大智慧，从而给人们以深刻的启迪。全书共选取了两百多个古今脍炙人口的小故事，六十多万字，勒成上、下两卷。中华民族一直有着口传历史的优秀文化传统，从而使善风良俗、浩然正气牢牢建立在民间草根的坚实基础之上。从这一意义上来说，或许正是历代千千万万个不识大字的文盲们通过代际教育、口口相传、上行下效而不是单靠知识分子精英们的穷首皓经保住了我们民族的优秀伦理精神。我想，这也许就是童谣中唱的"爹啊，娘啊，根啊，魂啊"的真谛所在！

中华民族走向复兴，是世世代代华夏儿女的光辉梦想，在这样一个伟大的历史进程中，弘扬中华民族优秀传统伦理道德，提高国人的整体素质，建设中华民族共有精神家园是我们这一代学人义不容辞的责任。我们也借此机会呼吁：儒学工作者在深入研究中外伦理道德理论的同时，应该下大气力关注草根文化建设，面向基层、面向社会、面向民间，注重从日常生活的点滴小事做起，用生动活泼、通俗易懂的形式，以历代先进中国人的伦理心态为楷模，引领和启迪人们的心灵，春风化雨般滋润着全社会善心善行的沛然兴起，提升国民的公共道德意识水平，使中华民族巍然屹立于世界民族之林。

在普及和应用中华民族优秀伦理道德方面，拙著只是一种尝试。如果本书的问世，能够为加强中华民族共有精神家园建设尽一点绵薄之力的话，我和我的学术团队将感到由衷的高兴。由于书成自多人之手，如有瑕疵，责任首先在于总编。祈有道而正焉。

曲阜师范大学副校长、孔子研究院院长　傅永聚　博士　教授

2009年春于曲园

忠

题 解

《说文解字》说：忠，"敬也"。"忠"是规范一切人际关系的行为准则，是自己对人对事的真诚态度，以及由此态度去诚实地为他人谋事做事的行为，它的核心内容可引申为正直、信实、无私和不欺等含义。它在中国古代主要指君臣关系、主仆关系的纽带，是下属对上司的义务，即所谓"君要臣死，臣不得不死；父要子亡，子不得不亡"，是一种社会道德规范和伦理精神，是一种人类思想和人性发展的结果。"忠"最初萌芽于周，"忠"这一概念首见于《论语》一书。据伯峻先生《论语词典》统计，"忠"字在《论语》中出现了18次，居"仁"、"礼"、"信"、"义"、"孝"之后。在三纲于汉代出现后，"忠"成为中国古代最受重视的道德，宋明更是将它上升为天理的核心内容。《忠经·天地神明章》就明确指出："天之所覆，地之所载，人之所履，莫大乎忠。""忠"在出现后，一直支配、影响着中国人的思想与行为，调整着人们的各种关系，发挥着人类文明沟通的作用，推动了社会的发展和历史的进步，进而影响了中国的历史。历史发展到今天，时代赋予了它新的内涵，"忠"已经摆脱了血缘和身份的束缚，更多包含一种平等精神、一种为国家为人民献身的精神、一种为他人服务的精神、一种自我约束的精神。

1997年，联合国教科文组织在世界宗教议会上提出的《世界伦理宣言》指出："我们心目中的世界伦理是指有约束力的价值、不可取消的标准，以及个人态度的基础共识。没有这样的对于世界伦理的基础共识，迟早每个社团会被混乱或专制所威胁，而社会也会绝望。"在现代背景下，人类发现社会面临着不断加剧的精神匮乏危机，拜金主义、功利主义、享乐主义和权钱交易不断腐蚀着我们的社会制度和人类良知，人们需要一种能起作用的伦理道德或伦理传统。值得庆幸的是，传统的伦理思想已不再是高高在上的抽象哲学，它更加显示出勃勃生机和广阔的发展前景。当然，先秦诸子的"忠"道面临着转化和重新理解的问题，即如何淡化迷信和盲从，弱化人们法古、唯上和从众的心理，如何把人际间的关爱原则与时代要求的普遍原则相结合，把"忠"的伦理精神运用到现实社会，帮助解决社会发展和人类生活中存在或即将出现的问题，发挥它内彻心性、外透天道、重和谐、经世致用的价值，给人以方法、办法、途径或启迪，同时也能进一步彰显传统伦理道德的崇高精神，使社会中不同的阶层和不同的人们可以同心同志、崇尚美德、维持正义、相互支持、互相帮助，形成一种改造和创造世界的力量。我们现实社会中许多复杂的现象、许多不和谐的行为都是可以用"忠"来解释和梳理的。它可以教会我们怎样做人，教会我们怎样处理复杂的事务，辨析各种事物发生的根源，也可以约束我们的言行，让我们学会尊重、关心、理解和服务他人。

（王东波）

1. 忠
——做人的道德底线

人民网2008年5月18日刊发了《人民时评：有一种恶搞丧尽天良》一文。评论指出：在当前抗震救灾的紧要关头，有一种恶搞让人愤怒得抽搐，让人悲哀得颤抖。恶搞版本一：各位网民，请大家少安毋躁。全国都有地震的感觉。经国家科学院最新研究得出结果，此次地震是因为外星人来看奥运会，飞船着陆没处理好造成的。请大家继续聊天。最让人愤慨的一个版本，是一段名为"四川地震后重庆某高中生的恶搞访谈"的视频，长达1分47秒，视频中，几个高中生模样的女孩兴高采烈地表示：对发生地震很激动，每天都希望发生地震，希望高考时也发生地震，地震时首先想到的是Twins，没有想到自己爸爸……

评论员认为：5·12汶川强震，是新中国成立以来最大一次地震，是人类的灾难，是普天下的灾难，也是每个人的灾难。地震后，每一个有良知的人，无不哀鸣，无不悲戚。面对那一幕幕苍凉的残垣断壁，谁不黯然叹息？面对不幸遇难的死者、面目全非的伤者，谁不潸然泪下？面对幸存者热切而坚韧的求生目光，谁不震撼？面对子弟兵以血肉之躯换取更多人的安然，谁不钦佩？面对举国抗灾，全民踊跃捐款，谁不感动……此时，我们必须对这一人类苦难抱以通彻肺腑的怜悯，而不是无动于衷，更不是以轻佻和荒谬的态度恶搞之。

中华民族历来是个有丰富情感、有正义感、有道德良知的民族，面对国殇民难，我们表现出的应是众志成城、同舟共济、救死扶伤、伸出援助之手，而不是编造、散布谣言、搬弄是非、亵渎庄重、侮辱良知。这是对死难者的大不敬，对正义的严重挑衅，是对人类基本伦理的践踏，对国家形象的损伤。这些造谣生事者，即使觉悟再低、社会责任心再差、道德观念再薄弱，也本应把握好心中的尺度，守住自己心里不可逾越的底线。这种现象的出现，这种让人不能原谅的事情的发生，只能说明一个问题，那就是目前我们的国民教育出现了问题，有些人的素质在下降，他们的崇高理想在沦丧，他们的人生观、价值观在扭曲，他们正成为没有社会责任感、自私自利的利己主义者，正成为对是非不辨、对冷暖不分的混世者，成为社会、民族的寄生虫和道德的叛逆者。试想，一个人如果失去了做人的最基本的道德底线，无德无知，没有理智，没有情感，行尸走肉，那还是人吗？一个社会，一个民族如果大量存在着这种道德"败类"，从大的方面讲，他们不忠于党，不忠于国家，不忠于民族；从自身来说，不忠于事业，不忠于信仰，不忠于理想；从人际关系来说，不忠于朋友，不忠于友谊；从家庭来说，不忠于爱情，不忠于配偶、子女、家人，面对国难民危不表现出赤胆忠心，面对情感不表现出忠贞不渝，面对长辈不表现出尊重孝敬，面对他人不表现出仁爱同情，面对是非不表现出明辨事理，面对事业不尽心尽力，面对困难不表现出坚忍不拔，我们的民族哪有希望，我们繁荣富强的目标哪能实现。如果是这样的话，这将是中国几千年道德伦理的悲哀，更是民族的不幸，国家的不幸。现在社会上诸如兄弟相残、坑蒙拐骗、造假害人、利欲熏心的不良现象不断发生，这都是人们道德良知的泯灭，不是"人"之所为。社会需要有道德伦理观念的人，需要有道德底线的人。

孟子曰："无恻隐之心，非人也；无羞恶之心，非人也；无辞让之心，非人也；无是非之心，非人也。"那么我们如何做人，做什么样的人呢？答案是明确的，那就是践行"忠"字，尽一个人对国家、对民族、对家庭、对他人、对事业应尽的义务。关于"忠"，孔子曾说："居处恭，执事敬，与人忠，虽之夷狄，不可弃也。"（《论语·子路》）东汉的《忠经》也进行了解释："善莫于作忠"，"为国之本何莫由忠"，"人之大伦，内则父子，外则君臣；事父以孝，事君以忠"，"忠能固君臣，安社稷"。忠是中国人民在长期社会实践中形成的一种优秀情操和美德，体现着道德情操和道德行为的有机统一。当它作为内心的道德情操时，就表现为"忠诚"、"忠实"、"忠厚"、"忠贞"等高尚品德；当它作为外向的道德行为时，又表现为"尽心"、"尽力"、"无私"、"忠勇"等优秀品行。古人尚且能做到精忠报国；先天下之忧而忧，后天下之乐而乐；与人忠，交友信；言忠信，行笃敬；父慈子孝；我们当代人更应忠于国家，忠于人民，忠于职守，忠于信念和理想。把这种传统美德内化成民族凝聚力，每个人都能自觉担当起报效祖国、为民尽责的重任，把忠字道德外化为自己的实际行动。在市场经济条件下，秉承正直、为人、无私的精神，克服利己主义，靠诚实的劳动、合理的经营、公平的竞争、健全的法制来发展事业，做道德高尚的人，做一个益于社会、民族、国家和他人的人。

鱼不可一日无水，人不可一日无忠。

"忠"字当头，万事可成。

"忠"情在心，胜握千军。

（王东波）

2. 爱我中华
——永远的时代主旋律

昨日读到雪岗写的《爱国故事新编》一书,其中《为什么不挂中国国旗?》一文令我十分感动。文章写的是我国老革命家吴玉章的故事。吴玉章从小就有强烈的民族自尊心。年轻的时候,他到日本留学,在一所学校里读书。1904年元旦那天,学校把世界各国的国旗都挂出来庆贺,可是没挂中国国旗。吴玉章非常愤怒,带领中国学生找到校方,提出抗议:"为什么不挂中国国旗?学校如果不道歉,不纠正错误,我们就罢课、绝食。"校方不满地说:"平日我们对你那么好,你家经济困难,我们不催你缴学费,还发给你零用钱,你为什么带头反对学校?"吴玉章严肃地说:"学校对我好,我很感谢。但是挂旗这件事是关系国家荣辱的大事,我不能不誓死力争啊!"校方只好承认了错误。十年后,吴玉章出国,他坐在日本的轮船上,正好又赶上1914年元旦。船上挂起万国旗庆贺,可仍然没有中国旗。吴玉章非常痛心地想:祖国贫弱,政府无能,被外国人瞧不起,挂国旗也想不到中国!可我是中国人,能眼看祖国的尊严受到伤害却视而不见吗?于是,他毫不犹豫地带领船上的中国同胞向船长提出抗议。船长见中国人这样爱国,又这样心齐,慌忙赔礼道歉。

晋国大夫荀息说:"公家之利,知无不为,忠也。"告诫我们,在各种情况面前,能够先想到自己的国家,想到利于国家的事情,知道了哪些事情对国家有利,哪些事情对国家不利,就义不容辞地去做利于国家的事,这就是忠。《战国策·赵策》所记"忠不辟危",《荀子·臣道》曰"出死无私,致忠而公,夫是之谓通忠之顺",《李斯列传》讲"不忠者无名以立于世"等,也都表达了这一含义。韩非子不但将"臣事君"定为天下之常道,而且认为,代表国家的君主即使"不肖",臣下也不得侵犯。忠是个体对国家的责任和义务。

中华儿女的爱国情结是十分浓厚的。他们心系国家,为了中华民族

"路漫漫其修远兮，吾将上下而求索"（屈原语）、"家事国事天下事，事事关心"（顾宪成语）、"苟利国家生死以，岂因祸福避趋之"（林则徐语），坚定信奉文天祥"人生自古谁无死，留取丹心照汗青"那让人刻骨铭心的爱国格言，更继承"天下兴亡，匹夫有责"的爱国传统，他们还秉承儒家积极入世的思想，以治国平天下为己任。

关于爱国，屈原说得好："我爱我的国家，为它的命运担忧，为百姓的痛苦伤心。明知自己的处境很危险，可是舍不得我的故土，我希望有一天为它出力。"所以他下定决心："如果不能实现愿望，就投江而死，用生命殉自己的祖国！"伟大的爱国者郑成功在祖国宝岛台湾遭受到荷兰的侵略时，克服重重困难，毅然率船队横渡海峡，勇敢收复台湾，使台湾在被侵占30多年后回到祖国的怀抱。近代中国民间组织的义和团、红灯照和三元里人民自发抗击列强的壮举，令侵略者闻风丧胆。抗日战争中，为救亡图存，1800万中华儿女献出了宝贵的生命。为建立新中国，为推翻"三座大山"的压迫，实现民族的伟大复兴，中国人民失去了成千上万的优秀儿女。抗日名将吉鸿昌曾对驻美使馆的人说："你觉得做中国人丢脸吗？不光彩吗？我倒觉得做一个中国人光荣得很！我誓死不当崇洋媚外的洋奴。"老一辈科学家茅以升坚定地认为："科学虽然没有祖国，但科学家有祖国。我是一个中国人，我的祖国需要我，我要回去为祖国服务！"建国后，又有无数的英烈在保家卫国、抗美援朝、中印之战、援越战争和自卫反击战中抛头颅、洒热血，为国献身。他们是国家的热爱者、统一的维护者、民族尊严的捍卫者，他们的伟大功绩永久载入史册。

我国宪法第一章第二十四条明确规定"爱祖国、爱人民、爱劳动、爱社会主义"是每个公民的义务，这些规范是社会主义条件下国民公德的主要内容，国民公德是由国家所提倡的对全体公民的道德要求。忠于党，忠于国家事业是社会主义条件下忠的新内容，不仅仅是全体共产党员的政治准则，也是所有中国人的政治道德。由忠字道德这种民族心理激发出的行为倾向，就是民族凝聚力在实践中外化的重要推动力。以忠字道德为核心的民族凝聚力，永远是国家统一、民族团结不可或缺的精神纽带。

有人忧虑我们的年轻人特别是九〇后一代因为没经历过特殊时期、困难时刻，又受到西方不良思想的冲击，道德素质、对国家的责任心、对事业的进取心不如他们的前辈，关键时刻、危难之时担心他们能否担当大任。令人欣慰的是，当国家面临危机时，当美国轰炸中国大使馆时，当西方敌对势力干扰中国举办奥运会时，当有人分裂祖国时，他们冲在了斗争的最前面。他们高扬爱国主义光辉旗帜，将个人的发展与国家和民族的命运结合起来，表现出强烈的爱国热情、高度的社会责任感、崇高的奉献精神，向祖国和人民、向全世界展示出当代中国人崭新的精神风貌和优秀的整体形象，用实际行动报效了祖国。特别是2008年5月汶川特大地震灾难袭来时，包括年青人在内的13亿中国人与灾区人民同甘苦、共患难，充分展现了中华民族博大的胸怀、坚毅的精神，充分体现了"守望相助、出入相友、疾病相扶"，"老吾老，以及人之老；幼吾幼，以及人之幼"的中华传统美德，中华民族的精神震撼了世界。美国一著名军事专家就在报纸上发表文章：自从5·12地震发生的那一瞬间开始，所有的中国人空前地爱国、空前地团结了起来。上到政府，下到每一个普通的民众，都自发地行动了起来。人民解放军更是展现出了伟大的献身精神，不顾一切地救人。政府主席和总理更是不顾个人安危，深入抗震救灾的最前沿，为灾区群众分忧解难，为部队官兵加油打气。

　　　　炎黄子孙爱国情，
　　　　身居他处情更浓。
　　　　爱我中华成右铭。

（王东波）

3. 忠孝两兼顾
——忠的现代诠释

《后汉书·赵苞传》记载：赵苞，字威豪，甘陵东武城人。迁辽西太守。抗厉威严，名振边俗。以到官明年遣使迎母及妻子。垂当到郡，道经柳城，值鲜卑万余人入塞，寇钞苞母及妻子，遂为所劫，质载以击郡。苞率骑二万，与贼对阵，贼出母以示苞，苞悲号曰：为子无状，欲以微禄养朝夕，不图为母作祸。昔为母子，今为王臣，义不得顾私恩，毁忠节。唯当万死，无以塞母罪！母遥谓曰：威豪，人各有命，何得相顾，以亏忠义。昔王陵母对汉使伏剑，以固其志，尔其勉之！苞即时进战，贼悉被摧破，其母妻皆为所害。苞殓葬母毕，自上归葬，灵帝遣策吊慰，封侯。后，遂呕血而死。

《增韵》训"忠"为"内尽其心而不欺"。董仲舒提倡"臣不忠而君灭亡，臣不可以不忠"；"孝子之行，忠臣之义，皆取法于天"；"孝子之行，忠臣之义，皆法于地也"。孝的字意，许慎解释为："孝，善事父母者。从老省，从子，子承老也。"《诗·小雅·六月》释为："善父母为孝，善兄弟为友。"孔子也说"孝慈则忠"。忠在古代被看做臣民天经地义的、无条件的、永恒的行为准则。忠与孝是中国传统社会的一个非常重要的问题，忠和孝更是中华文明的一个显著标志，自古有"忠孝不能两全"的说法。忠体现的是一种政治伦理层面上对国家、君主的态度和行为，是一种民对国、下对上、私对公的行事准则，是一种政治伦理规范和为人、处事原则，是对非血缘关系的以君主为代表的国家利益的维护，它强调现实中的"以死献国"、"以死奉主"，注重"节"和"操守"。而孝则是属于家庭伦理范畴，是对以血缘关系为主而构成的家庭利益的维护，是描述家庭内亲子间的关系与情感，基本内涵是"善事父母"，"父可以不慈，子不能不孝"。忠孝在中国历史上不单纯是个简单的社会或家庭伦理问题，而且与国家政治密切相关。从理论层面讲忠孝应是和谐的，在一定意义上讲忠是孝的延伸，孝是忠的基础，但遇到实际问题时，忠孝往往不能兼得，提倡先忠后孝。如，刘邦为天子，其父就变为其臣，欲行子礼而不能。东汉时的赵苞，为忠君而使母亲与妻子遇害。就曾有"食禄而避难，非忠也；杀母以全义，非孝也；如是有何面目立于天下"的感慨。关于"忠孝不并"和"忠孝两全"的问题，古代争论时常发生。董仲舒在《春秋繁露·天道无二》讲"心止于一中者，为之忠；持二中者，谓之患"，唐代刑部尚书颜真卿认为"为孝子不得为忠臣，为忠臣不得为孝子"，而程皓则认为"至若奉慈亲，当圣代，出事主，入事亲，忠孝两全，谁曰不可"。

古人常说忠孝一体，今人也多持同样的见解，但实际上忠孝因其所起作用的范围与所指对象不同，而有显著差别。后人就有对赵苞的所作所为颇有说道，"苟惟固执忠义，不顾其亲，君子无取焉"。特定历史条件下，做到忠孝往往是很难的，在不得已的情况下大义灭亲，舍小义而取大义，也是不得已而为之。"苟利国家生死以，岂因祸福避趋之。"赵苞以牺牲家人的性命而换取边境人民的安宁和国家的尊严，舍小家而保大家，其行为也是令人敬佩的。

  今天，我们要大力提倡对国家的"忠"和对长辈的"孝"，但不能完全割裂两者，把两者看做是绝对独立的传统美德。在某种情况下，在某种意义上讲，从某种角度上看，两者还是可以兼顾的。忠孝两顾应是现代社会对忠的最好诠释。比如说现代军人，在部队服役间要认真履行军人的职责，刻苦训练，提高素质，练好本领，服从命令，并准备随时为党为国为人民献出生命，这就是最大的"忠"。当然，平时就要尊重长官，敬重长辈；在休假期间，要好好孝敬父母，关爱晚辈；父母年事高了，要随时关心，经常送去问候，这就是"孝"。并不能完全理解为长辈生病时，由于公务在身，不能守在身边，或长辈去世时不能送终，就是不"孝"。有时，"孝"不一定非是物质上的，非得用钱来表达，心中能时常想着就好。实际上，能为国争光，为父母争光，让父母、长辈因自己的成就而自豪，让他们工作、生活得安心，就是对他们最大的"孝"。《感动中国》2008年度人物四川省绵阳市北川羌族自治县县长经大忠在汶川大地震发生后，始终战斗在第一线，三天三夜没有合眼，为了工作他无法顾及自己家人的安危。他说，"群众是我们的兄弟姐妹，只有我们舍命，被埋的人才有更大的希望获救。"这是多么令人敬佩的好干部啊！他无法把"孝心"给家人，但给了他人，为国家尽了"忠"，为人民尽了"孝"。我们的好干部孔繁森可以说是位忠孝兼顾的代表人物。他第二次进藏前，母亲已经87岁了，生病瘫痪在床，生活不能自理。他平时总要抽出时间陪在老人身边，与老母亲聊聊家常，与妻子争着照料母亲。临走那天，他默默地走到老母亲床边，跪在地上，给母亲深深地磕了个头。来到西藏后，他时常想起远在千里之外的老人。把对亲人的感情深埋在心底，把藏族人民当做自己的亲人，把藏族老人当做自己的老人。他曾把琼宗老人被冻得又红又肿的脚心痛地放在自己的怀里，用体温去焐热。他曾脱下自己的一套毛衣毛裤，把还带着体温的毛衣披在老阿妈身上。他曾将听诊器的胶管伸进老人嘴里，对着胶管用嘴一口一口地把痰吸出来……

养育之恩，要报。

报国之志，要行。

忠孝两全不是梦。

（王东波）

4. 国家利益高于一切
——爱国者的最高境界

据报道，邓稼先是我国著名的科学家，两弹元勋。他从上世纪50年代开始从事原子弹的研制，为中国原子弹、氢弹的成功爆炸立下了不朽的功勋。直到1986年病逝，人们才从报纸上知道了他的名字。1958年，国家下达秘密制造原子弹的任务，年轻的邓稼先被确定为主要研制者之一。他为能承担重任、为国家贡献青春感到无比自豪，发出"为了完成任务，死了也值得"的感慨。从此，他开始了默默无闻的工作，人们再也看不到他的身影，连他的家人甚至妻子也不知道他在哪儿工作。他长期过着独身生活，只能把对亲人的情感深深埋在心里。后来，两弹爆炸成功，他的名字仍不为人所知。即便他的好友、美籍华裔科学家杨振宁回国探亲，点名要见他，他也没有透露自己的工作，只是说在京外单位工作。长期艰苦的工作环境，严重损害了邓稼先的身体，他患上了癌症。他从不后悔自己从事的事业，他不图名不图利，自愿舍弃个人的幸福，几十年为国家大业奋斗。临终前，他欣慰地说："我可以瞑目了。"

《史记·廉颇蔺相如列传》记："吾所以为此者，以先国家之急而后私雠也。"《左传·成公九年》："不背本，仁也；不忘旧，信也；无私，忠也。"先秦典籍中谈到的"忠"，比如说"公家之利，知无不为，忠也"，"以私害公，非忠也"，不少地方都与"利公"、"利民"有关，包括君与臣的言行。《墨子·经上》："忠，以为利而强低也"。所有这一切，都提醒、告诫人们要以国家利益为上，一心为公，超脱小我，先公后私，存公而去私，为了全局利益而牺牲个人利益。把自己的利益同国家利益联系起来，把个人的生命与国家的命运联系起来，关心国家大事，随时为促进和维护国家的利益贡献力量。

郑国商人玄高为解郑国之难，机智爱国，假借郑君的名义送出了十二头牛于秦军，迫使秦军退兵。十二头牛在当时可谓不小的数目，充分表达了玄高的爱国主义精神。在国君奖赏他时，他婉言谢绝："作为商人，忠于国家是理所当然的。如果受赏，岂不是把我当外人了吗？"东汉的马援，一生为国征战，自认为男儿应死在边野战场上，他常怕自己不能为国而死，六十多岁的时候还领兵出征。最后，重病死在了军中，实现了他"马革裹尸"的愿望。北宋范仲淹的名句"先天下之忧而忧，后天下之乐而乐"，南宋诗人陆游的"位卑未敢忘忧国"等都表达了一种对国家的情感，对国家兴亡、民族盛衰、百姓安危的关怀。作为我国历史上的民族英雄岳飞，牢记"精忠报国"的母训，时刻高举反侵略大旗，以国家大义为重，置个人荣辱安危于不顾，从不因奸臣"莫须有"罪名而放弃杀敌报国的志向，虽屡次被秦桧等人陷害也无怨无悔，其千古绝唱《满江红》充分表达了他出师北伐、壮志未酬的悲愤心情，其精忠报国的精神更是深受中国各族人民的敬佩。伟大的爱国者和词人辛弃疾，虽然时感难以忍受的苦闷和悲愤，但仍以英雄自许、绝不甘沉没，以强烈的爱国主义思想和战斗精神进行创作，充分表现了不可抑制的英雄主义精神和报国之志。

在改革开放的今天，我们要强化核心价值观，强化国家利益高于一切的观念。对国家有利的，我们要义无反顾地去做。对国家有害的，我们就要坚决反对。做到为国家利益尽职尽责，不以私害公，不以权谋私，不追求个人利益。要把爱国与爱党、爱人民、爱社会主义统一起来，把个人的理想抱负同实现中华民族伟大复兴这一根本目标统一起来，做到个人利益无条件地服从国家、民族和人民的利益。在这方面，"燕赵十三义士"就给我们做了很好的榜样。2008年2月6日，特大冰雪灾害袭击南方。没有上级号召，没有组织要求，十三位普通的河北农民兄弟，在除夕之夜悄悄踏上千里驰援灾区之路。当十三位农民的身影出现在冰雪中的孤城湖南郴州时，全中国人的视线都被他们吸引，全中国人都被他们的义举感动。几个月后，汶川大地震，他们再一次挺身而出，奔波在抗震一线。抗震归来，他们又从灾区接回二百四十六名川娃子……这十三位农民并不富裕，也没有什么特殊的本领，用他们自己的话说就是想"为抗灾出把子力气"。这充分表达了中国人民"国家利益高于一切"的爱国情怀。当国家有难的时候，不知有多少普通人毅然放下手中的工作，弃家舍业奔赴灾区，用他们的实际行动诠释了新一代国人的爱国热情和使命感、责任感。

我们要努力提高国民的爱国热情和爱国的自觉性、积极性，培养他们"国家利益至上"为核心的爱国观念，通过爱国思想的教育、爱国事迹的宣传、爱国人物的树立、爱国典型的倡导充分激发人们的爱国感情，通过扩大民权、保障民主、参政议政等形式激发群众主人翁的自豪感和责任心，通过宣传、教育使群众充分认识到"皮之不存，毛将焉附"、"岂见覆巢之下复有完卵乎"的道理，深切感受到国家和社会是每个人的安身立命之所，从而自觉担当起爱我中华、振兴中华的重任。还要把民众对改革开放的积极态度和行为纳为爱国的范畴，作为是否弘扬爱国传统的重要体现，要让大家深切感受到改革开放和经济发展带来的好处和实惠，全身心投身到改革开放、科学创新和社会主义建设中去。

信奉国家利益至上，
践行精忠报国之志，
做志在四方好男儿。

（王东波）

5. 苏武牧羊
——爱国者的榜样

据记载：汉朝时，有位官员叫苏武。有一年，他作为汉朝的使臣出访北方匈奴。不料，匈奴违背诺言，扣留了苏武，并劝他投降。苏武严词拒绝："我奉国家命令出使，丧失气节就是污辱了使命，丢了大汉朝的脸面。我如果那样，还有什么脸见人！"匈奴人用刀威胁他，他宁死不从。匈奴人没法，就把他放进地窖，不给吃喝。他就靠吃羊皮，吃雪，顽强地活着。匈奴人又把他送到遥远的北海（今贝加尔湖），叫他放羊，说不投降就让他在那儿待一辈子。苏武时刻没有忘记自己的身份和使命。他坚决不做有辱国格的事，宁肯每天挖野菜，吃田鼠，受冷挨饿，也不向匈奴人央求。而且，还把那根代表汉朝使者身份的"使节"（一根长棍，上面挂着穗子）一直放在身边，放羊的时候也拿在手中。天长日久，"使节"上的穗子都掉光了，他也不舍得放下。苏武在匈奴度过了十九个年头，始终没有屈服，匈奴人只好放他回到汉朝。苏武因为维护国家的尊严和不辱使命，而受到人们的尊敬和赞扬。

另据记载：土尔扈特是蒙古族的一个部落，因受别的部落排挤，为求生存，不得流落到欧洲伏尔加河流域，以放牧为生。俄国人要求他们改信俄国宗教，并让他们到前线打仗。土尔扈特人不断反抗，同时更加怀念故乡。他们在首领渥巴锡的率领下，决定返回祖国。1770年，十几万土尔扈特人启程回国。俄国军队追赶阻截，尽管有许多人饿死、病死或战死，可仍然没有削弱他们东进的决心。第二年，历尽艰辛，只剩下几万人的土尔扈特终于回到了日夜思念的祖国。

苏武和土尔扈特人等爱国者的共同之处就是有一颗真诚的赤子之心，他们把对祖国真挚的爱深深藏在心中，把个人的荣辱、委屈化作了对祖国和人民的情，把对践踏祖国的强盗的无比仇恨化作了爱国的巨大力量，也正是对国家的爱和对敌人的恨成就了他们悲壮的人生和英雄的壮举。

在中国古代，君不仅是指某个个体，也含有国家的意思。君常被视为国家的代表与象征，甚至君即国家，君主从来不是作为纯粹的个人而存在的。在一定意义上讲，捍卫君主就是捍卫国家利益，实现人民的意志，忠君所呼唤的是对国家利益的认同和归依。《六韬》："付之而不转者，忠也。"《韩非子·忠孝》："尽力守法，专心于事主者为忠臣。"《荀子·臣道》："以德覆君而化之，大忠也；以德调君而辅之，次忠也；以是谏非而怒之，下忠也。"《左传·宣公十五年》："受命以出，有死无，……臣之许君，以成命也，死而成命，臣之禄也。"讲的不仅是被托付了重任而心志不变便是忠，而且为国家献身也是臣子的义务与职责。儒家强调以社会整体利益为最高价值准则，积极倡导报国忘身，鼓励人们为维护国家民族的安全和利益而不惜牺牲生命。汉代刘向曾把"卑身贱体，夙兴夜寐，进贤不解，数称于往古之行事，以厉主意，庶几有益，以安国家社稷宗庙"的官吏称为"忠臣"，而把"安官贪禄，营于私家，不务公室"的官吏称为"具臣"。

拯救国家于危难之时，身处险境还时刻想着报效国家，是每一位爱国者自觉的行为和应尽的义务。西汉骠骑将军霍去病为使国人免遭匈奴人的侵扰和开疆拓土，立下"匈奴未来，何以家为"的豪言，一生四次领兵出击，灭敌十五万，使匈奴远遁，为国家立下不朽功勋，创造了彪炳千秋的传奇故事。北魏年间的花木兰替父从军，女扮男装，多次参与了北魏出击大漠兵伐柔然的战争，表现突出，屡建功勋。东晋辛恭靖被俘至长安后，"宁为国家鬼，不为羌贼臣"的爱国呐喊不知激励着多少仁人志士高扬民族正义，捍卫国家和民族利益，视死如归、为国赴难。唐朝太师颜真卿为了百姓安宁，面对叛贼的利诱威胁、坑埋、火烧，宁死不屈，为国尽忠。杨家将赤胆忠心，为国家安危献身沙场。文天祥刑前写下的有名的《正气歌》是其忠君爱国的民族豪情和成仁取义精神的外露，他的凛然"正气"，也可以从他"正气扫地山河差，身为大臣义当死"中得到体现。凝聚着忠烈家风的薛家将和呼家将、明代著名抗倭将领戚继光、晚清民族英雄关天培、中国"开眼看世界第一人"的林则徐、收复新疆全境的民族英雄左宗棠、抗日名将杨靖宇，以及廉颇、祖逖、哥舒翰、张巡、袁崇焕、丁汝昌、邓世昌等爱国将领，都是家喻户晓、响当当的爱国人物。这些英雄人物、民族英雄和他们的传说故事，相互辉映，无不充满了强烈的爱国主义精神，闪耀着璀璨的理想主义光芒。当然，也有不少救国者、爱国者，没有去抛头颅、洒热血，而是尽自己的所能，实现着自己的爱国夙愿。香港年届八十六岁的树仁大学校监胡鸿烈及校长钟期荣就携手创立树仁学院，奉上毕生积蓄估计至少四至五亿元，长期以来通过办学来报效国家。英国前首相撒切尔夫人，曾评价钟期荣"是一位凭着一颗炽热的中国心，赤手空拳兴办教育的创业者"。

国家民族正是因为有了他们这些坚定的爱国者而大幸，正是他们使我们的民族有了尊严，使我们的国家走向了强盛。他们的事迹被民众相互传颂，他们都是中华民族的好儿女。大家一定要牢记，没有一代又一代热血男儿的拼搏和抗争，国家民族离屈辱和落后将会更近，而距民主、自由和富强则会更远。对于国家民族这个"大家"而言，热血男儿却是永远不可或缺的，他们是国家的栋梁、民族的脊梁、国家未来的希望。和平时期，我们没有仗打，用不着去奔赴战场为国献身。我们要把对祖国的爱化作一种力量，一种为国奉献的力量，一种为人民服好务的力量，对事业充满信心、充满激情，对工作倾注心血，兢兢业业、一丝不苟。坚持工作高标准，敢于争第一、争一流，敢于正视困难，克服困难，解决好权力观、地位观、利益观的问题。克服那种轻视平凡工作，好高骛远、见异思迁的作风，千方百计把事情干好，在岗位上要作出开拓性的贡献，取得优秀的业绩。要教育我们的子孙并让他们时刻充满对国家的爱，对国家和民族的炽热感情，从小树立心系国家、服务人民的志向，为了国家的荣誉，为了人民的利益不惜牺牲生命。一百多年前，梁启超先生在《少年中国说》中盛赞少年的作用："少年智则国智，少年富则国富，少年强则国强，少年独立则国独立，少年自由则国自由，少年进步则国进步。"一位网络作者说得好：我们不要把我们的下一代培养成"温血"甚至"冷血"的青少年，面对犯罪听之任之，面对腐败噤若寒蝉，面对落后无动于衷，面对民瘼冷若冰霜。

　　人生自古谁无死，

　　或重于泰山，或轻于鸿毛。

　　做一个英名存世的人。

（王东波）

6. 爱国不是空谈
——先从本职工作做起

　　中央电视台 2009 年 2 月 5 日报道：甘洛县乌史大桥乡二坪村，是凉山北部峡谷绝壁上的彝寨，村民上下绝壁都要攀爬五架木制的云梯，进出极为艰难，村民一年难得下绝壁一次。就是在如此艰险的环境下，从汉族地区来的李桂林、陆建芬夫妻扎根这里十八年，把知识的种子播种在彝寨，为村民走出彝寨架起"云梯"。1990 年，李桂林夫妻来到这里，村民的落后与贫苦深深地震撼了这对彝族夫妻。强烈的同情心和民族感使李桂林坚定了扎根二坪搞教育的信心，并得到了妻子的大力支持。他与妻子十八年如一日地教书育人，共培养了六届学生共一百四十九人，其中有二十二人是从外村慕名而来的。李桂林本人还两度被评为县优秀教师。二坪——这个过去的"文盲村、穷山村",现在成了"文化村"。这种巨变,与这两位老师付出的心血是分不开的。他们为偏远山区的教育事业撑起了一片蓝天。

感动中国组委会授予李桂林、陆建芬的颁奖词是:在最崎岖的山路上点燃知识的火把,在最寂寞的悬崖边拉起孩子们求学的小手,十九年的清贫、坚守和操劳,沉淀为精神的沃土,让希望发芽。感动中国推选委员阿来说:乡村教育是重要的,但常常被忽略;乡村教师是伟大的,却不应该被遗忘。阎肃写下这样深情的评价:星星和月亮在一起,桂林和建芬在一起,太阳和温暖在一起,桂林和建芬了不起!

像李桂林和陆建芬同志这样热爱工作、坚守岗位、勇于奉献的人比比皆是:普通公交车司机何国强在昏迷前,以惊人的毅力,克服头晕、视物不清和一侧肢体瘫痪等困难,将公交车稳稳地停靠在路边,保证了车上二十多名乘客的安全,而他年仅三十三岁却抢救无效不幸去世。试飞英雄李中华看重飞行,把职业看得神圣,对事业有强烈的责任感。"人民的好军医"华益慰,从医五十六年来,始终忠诚实践党和军队的根本宗旨,自觉恪守人民军医的行为准则,以高超的医术救治了众多患者,以高尚的医德温暖了千万人的心,书写了全心全意为人民服务的壮丽篇章,为医生这个神圣职业树起了一座道德丰碑,为共产党员这个光荣称号增添了光彩。"蓝领专家孔祥瑞",是天津港码头的一名工人,他始终坚持在实践中学习,把工作岗位当课堂,把生产实践作为教材,把设备故障作为课题,把身边怀有一技之长的工友作为老师,努力攻克了一个又一个技术难关,三十四年创造了一百五十多项科技成果,为企业创造效益八千四百多万元……

儒家崇尚工作日新之德,颂扬积极进取的精神。《礼记·大学》讲"苟日新,日日新,又日新",《河南程氏遗书》讲"日新者日进也,不日新者心日退,未有不进不退者。"《左传·僖公九年》:"公家之利,知无不为,忠也。"意思是凡对国家有利的事,都尽心竭力地去做。《左传·昭公十二年》:"外内倡和为忠"。意思是内心所想与外在表现一致即表里如一才是忠。这些都是针对职业的至理名言,是古代哲人对职业的深刻感悟和对忠在职业中所起作用的深刻理解。

爱国不仅要有激情和愿望,更要落实在实实在在的行动中。只有把爱国之志、爱国之情转化为报国之行,体现在言行上,落实在职位中,报效国家的崇高理想和价值追求才能实现。劳动模范、人称上海"活地图"的汽车售票员李瑞弟说得好:"热爱祖国的行动标志,首先是热爱自己的工作,我们有不同的岗位,所有的工作都是为了建设祖国。"他在狭小的车厢里营造了和谐的文化,在往来的人群中播撒了文明的风尚,在平凡的岗位上作出了卓越的贡献。今天,我们为了更好地履行职责,一定要以模范人物为榜样,以英雄事迹为动力,以无私奉献、甘愿付出为己任。学习雷锋同志的全心全意为人民服务的精神、甘当"螺丝钉"的精神。学习他忠于党、忠于人民、忠于祖国、忠于社会主义的志向。要像雷锋那样干一行、爱一行、钻一行,在平凡的岗位上做出不平凡的事迹,把"毫不利己、专门利人"看成是人生最大的幸福和快乐并身体力行,"把有限的生命投入到无限的为人民服务之中去"。学习王杰同志一不怕苦、二不怕死,热爱祖国,全心全意为人民服务的高贵品德。王杰同志曾在日记中写道:"活在世界上不能碌碌无为、虚度年华,要像黄继光、董存瑞、雷锋那样,把自己的一切甚至是生命献给人民最壮丽的事业。死要死得有价值,为了祖国,为了人民,就死得其所,死得光荣。"他也用实际行动践行着自己的诺言。

我们每一位同志还要从现在做起、从本职工作做起,热爱自己的工作,在工作中充满激情、豪情万丈、奋发图强、坚忍不拔、持之以恒、锐意进取、全身心投入,不能三心二意、好高骛远、急于求成,充分发挥自己的主动性、能动性和创造性,努力钻研业务,不断提高自己的专业水平和工作技能,圆满完成自己的本职工作任务,并做到敬业乐业。俗话说"三十六行,行行出状元。"每个职业都能为我们提供发挥能力和才华的平台,都能让我们取得优异的成绩,实现人生的价值。值得我们注意的是,要能真正成就一番事业,需要我们付出艰辛的劳动,需要自强不息。朱熹所讲"天下事无不可为,但在人自强如何耳"指的就是这。工作要技能专精,勤研精思,广收博采,正如韩愈讲的"业精于勤,荒于嬉"。干好工作还要充分理解"他山之石,可以攻玉","三人行,必有我师焉"的道理。

  爱国不是口号,
  需要付诸行动,
  先从身边做起。

(王东波)

7. 鞠躬尽瘁，死而后已
——尽忠职守的完美体现

《三国志》：诸葛亮之为相国也，抚百姓，示仪轨，约官职，从权制，开诚心，布公道；尽忠益时者虽雠必赏，犯法怠慢者虽亲必罚，服罪输情者虽重必释，游辞巧饰者虽轻必戮；善无微而不赏，恶无纤而不贬；庶事精练，物理其本，循名责实，虚伪不齿；终于邦域之内，咸畏而爱之，刑政虽峻而无怨者，以其用心平而劝戒明也。及备殂没，嗣子幼弱，事无巨细，亮皆专之。于是外连东吴，内平南越，立法施度，整理戎旅，工械技巧，物究其极，科教严明，赏罚必信，无恶不惩，无善不显，至于吏不容奸，人怀自厉，道不拾遗，强不侵弱，风化肃然也。诸葛丞相弘毅忠壮，忘身忧国。

"忠"的一个重要含义是鞠躬尽瘁，死而后已。《礼记》说："内尽于心也"。要求人们对事竭尽其力。曾子说："为人谋而不忠乎？"孔子说："爱之，能勿劳乎？忠焉，能勿诲乎？"孔子在回答子张问政时曰："居之无倦，行之为忠。"其实，忠在于一个"尽"字，办事尽心尽力，尽己之责，死而后已。"忠"是尽心与尽力，内心情感与外在行为的统一。《孟子·滕文公》："分人以财谓之惠，教人以善谓之忠，为天下得人者谓之仁。"朱熹说"尽己之为忠"。清人戴震《原善》："竭所能之谓忠"。意思也是尽忠职责。儒家认为，尽忠职守表现了人们的高度社会责任感和历史使命感，是敬业的基本原则，要求人们在自己的职业岗位上勤奋工作，默默奉献，履行自己应尽的职责和义务。儒家主张，不同的职业承担着不同的社会责任，都为社会的生存和发展提供必需，要尽忠职守首先热爱本职工作。儒家强调，不能把职业活动仅仅看做是做事或当做谋生的手段，而要把它看做事业，《左传·昭公十三年》就讲"有事无业，事则不经"。儒家还崇尚干一行爱一行，强调脚踏实地，斥责"大事不得，小事不为"的浮华习气。

诸葛亮是公认的鞠躬尽瘁，死而后已尽忠的典型代表。后人对诸葛亮的忠诚和尽职大加赞扬。清朝康熙帝讲"诸葛亮云：鞠躬尽瘁，死而后已。

为人臣者，惟诸葛亮能如此耳。"西晋梅陶赞陶侃时讲到："机神明鉴似魏武，忠顺勤劳如孔明。"历朝文人亦有不少赞赏诸葛亮的诗词，如唐朝著名诗人杜甫的《蜀相》、《咏怀古迹其四》、《诸葛孔明》、《八阵图》、《古柏行》、《武侯庙》、《诸葛庙》、《阁夜》，唐代大诗人李白的《读诸葛武侯传书怀，赠长安崔少府叔封昆季》，宋朝政治家文学家王安石的《诸葛武侯》，明朝文学家杨慎的《武侯祠》，近代历史学家郭沫若的《蜀道奇》等。《蜀相》中"三顾频烦天下计，两朝开济老臣心。出师未捷身先死，长使英雄泪满襟"的诗句，堪称评价诸葛亮一生的名句。除诸葛亮外，中国古代能做到尽忠职守的人历朝历代都有。梅陶提到的陶侃是一代名将，东晋荆州刺史，他也是位尽忠职守的好官。史料记载：他"终日敛膝危坐，阃外多事，千绪万端，罔有遗漏。远近书疏，莫不手答，笔翰如流，未尝壅滞。引接疏远，门无停客。常语人曰：'大禹圣者，乃惜寸阴，至于众人，当惜分阴，岂可逸游荒醉，生无益于时，死无闻于后，是自弃也。'"陶侃行事，小到竹头木屑，大到设城驻兵，考虑都颇为缜密细致。陶侃的才干颇为当时人所称道。梅陶将陶侃比之曹操、诸葛亮，确有些溢美，但他能勤于吏职，在东晋官吏中是极少见的。唐初的谏议大夫魏征，忠贞不贰、直言敢谏，在十几年的御前生涯中，先后向太宗李世民谏陈二百余事。他的"民惟邦本，本固邦宁"的民本思想，"载舟覆舟，所宜深慎"的治国理念，"兼听则明，偏信则暗"的至理名言，都是留给我们的宝贵的精神财富。北宋名臣范仲淹多次上书批评当时的弊政，因而被贬三次。明代的清官海瑞，一生刚直不阿，清廉守正，敢于犯颜强谏，体恤民情，深受人民群众的推许。

建国后，我们国家也涌现出了许许多多尽忠职守的典型人物。我们敬爱的周恩来总理，顾全大局，任劳任怨，为党和人民的事业鞠躬尽瘁。他是中国共产党的一面旗帜、是中国人民心中的一座丰碑、是中国中国共产党的优良作风和传统的化身。他去世后，联合国降半旗致哀。党的好干部焦裕禄，对党的工作忠心耿耿，对革命无限忠诚，为人民鞠躬尽瘁，为无产阶级革命事业奋斗了一生，他始终继承与发扬党的优良传统和作风，心不离群众，艰苦朴素，严于律己，反对特殊化，他不愧为党的好干部、县委书记的好榜样、人民群众的贴心人。当然，还有"铁人"王进喜，勤政为民、鞠躬尽瘁的牛玉儒，一心为民的湖南衡阳板桥村原党支书李守轩，身躯倒下、丰碑树起的湖北兴山县建设局原局长王忠平,为救灾活活累死的济南军区铁军某师炮指连士官学员武文斌,燃尽光热的"太阳石"——山西长治市安监局原局长张巨魁……

鞠躬尽瘁、尽忠职守要求我们的领导干部爱岗敬业、心系群众、勤政为民、务实创新、清正廉洁、严于自律、勇挑重担,始终以饱满的激情和忘我的精神投入到工作中。要求我们模范践行"三个代表"重要思想,把共产党员的先进性贯穿于党员干部日常工作和生活中,忠实践行社会主义荣辱观和职业精神,在本职岗位上取得突出业绩,赢得干部群众普遍赞誉,充分体现当代共产党人的先进性和精神风貌。要求我们具备为党为民、鞠躬尽瘁的公仆意识,始终把党和人民利益放在首位,把毕生精力都献给党和人民,殚精竭虑、呕心沥血,直到生命的最后一息。要求我们情系基层,经常深入到企业、街道、社区等一线,深入到下岗职工、困难群众之中,体察民情,了解民意,竭尽全力为群众多办事、办实事、办好事,做人民群众的贴心人。要求我们坚持原则,发扬民主,团结同志,调动各个方面的积极性。要求我们自觉牢固树立正确的世界观、人生观、价值观,经受住各种危难乃至生死的考验。在任何情况下,都以党的事业、人民的利益为重,真正把"三个代表"重要思想体现在自己的全部工作实践中,把有限的生命投入到无限的为党和人民事业的奋斗之中,在人民群众心中树立起不朽的丰碑。

中共中央政治局常委、国家副主席、中央党校校长习近平同志在中央党校2008年春季学期第二批进修班暨师资班开学典礼上也对党员干部提出了严格要求:领导干部干干净净干事,就是要守得住清贫、耐得住寂寞、稳得住心神、经得住考验,严守党纪国法,自觉做到秉公用权、不以权谋私,依法用权、不假公济私,廉洁用权、不贪污腐败;就是要有强烈的事业心和高度的责任感,想干事、肯干事、能干事、干成事,为工作尽心尽力、尽职尽责、忘我奉献,真正做到为党和人民的事业鞠躬尽瘁。领导干部干干净净干事,既要加强自身修养、提升精神境界,不断增强自律能力,又要充分发挥他律的作用,加强领导班子思想政治建设,对领导干部严格教育、严格管理、严格监督,健全相应的体制机制,强化制度约束。

    鞠躬尽瘁,美名传颂。

    死而后已,堪当表率。

尽忠职守，彰显人格。

（王东波）

8. 问责风暴
——"职守"缺失的惩治行动

2008年9月23日凤凰网报道：国家质检总局局长李长江22日因为"奶粉事件"引咎辞职，成为最新一轮官员问责风暴中下台的最高级官员之一。不久前，孟学农因对造成重大人员伤亡的尾矿库溃坝事件负有领导责任，辞去山西省省长职务。到目前为止，仅这两起事件中受到牵连而去职的还包括山西省副省长、石家庄市委书记和市长、临汾市市长等数十名官员。另外，在近期发生的深圳火灾和登封矿难中，又有一些官员被免职。这是2003年"非典"期间中国大规模处罚失职官员后的又一引人瞩目的举动。

《六书精蕴》讲：忠，"竭诚也。"《增韵》讲："内尽其心，而不欺也。"《左传·桓公六年》讲："上思利民，忠也。"意思是居于高位的人思谋造福人民，就是忠。《荀子·君子》讲"忠者，惇慎者也"，意思是真诚慎重。这都对我们今天履行职守提出了很好的要求和建议。

奶粉事件和溃坝事件的发生，虽由多种原因所致，但不乏干部职责严重缺失的问题。早在2008年5月份，就有消费者投诉或举报三鹿奶粉，并要求权威机构提供公正的检测报告。有的地方部门早在7月就接到了多名婴儿可能因为食用问题奶粉而患上肾结石的报告。但是，涉及千家万户的事件直到9月份才引起重视。在已确认二百六十五人遇难的山西襄汾县溃坝事件中，危难信号早已发出。2月27日，云合村村委会曾向县政府递交了一份"尾矿坝已有渗漏现象，时刻潜伏溃坝的危险"的报告，但报告如石沉大海，并没有引起当地官员的重视。试想，如果我们的干部能认真履行职责，把人民的利益和疾苦真正放在心上，为人民的健康和安全负责，就不会对群众的举报或意见置若罔闻，也就不会发生"三鹿事件"和其他安全事件。究其原因，主要是部分官员在职不作为，在岗不干事，责任心淡化，创新意识不足，对老百姓利益漠不关心。这当然与当前的干部管理体制、监督机制、评价机制和惩罚机制不到位或不健全有关。在谈到现在干部的作风问题时，河北省委书记张云川同志就一针见血地指出：干部作风问题引发河北近40%赴省集体上访。现在干部缺乏宗旨意识且权欲重，以官为本、官僚主义，缺失民本思想和责任，出了问题捂着、盖着、瞒着，以至酿成重大事件，给人民群众生命安全、给政府形象造成极大损害。有的不讲标准、效率低下，惰性十足、得过且过，上级反复强调、多次部署的工作，迟迟没有进展，见不到明显成效。有的不守规矩乱作为，不给好处不办事，给了好处乱办事，成为阻碍事业发展的"绊脚石"。尤其是在当前扩内需、保增长任务十分紧迫的情况下，一些重要部门和关键岗位的工作人员，仍然夜郎自大、工作消极，把投资者拒之门外。有的光有"唱功"没有"做功"，热衷于摆花架子、做表面文章，讲起来头头是道、干起来没有真招，对上汇报"一枝花"，实际工作"豆腐渣"，甚至搞假大空、玩数字游戏。一些地方公布的 GDP 总量不小、上报的招商引资数额很大，但却看不到实际工作中的亮点，群众生活和城乡面貌没有大的改善。影响更为恶劣的是，少数机关干部无视工作纪律，竟然在上班时间擅离职守、打牌赌博、上网打游戏等，这样的干部怎么能让群众满意和信服？

人民群众早就对官员失职或不作为深恶痛绝，党和政府也深知其中的危害。早在 2003 年，中国就因"非典"事件开始大规模惩处失职官员，此后相继处理了不少官员，许多干部辞职、被免职、被处分甚至被移交司法部门。中共中央总书记胡锦涛同志曾在会上表示"一些干部缺乏宗旨意识、大局意识、忧患意识、责任意识"，并严厉批评"有的甚至对群众呼声和疾苦置若罔闻，对关系群众生命安全这样的重大问题麻木不仁"。中共十七大报告提出了要"加快行政管理体制改革，建设服务型政府"意见，党中央也在今年 2 月份明确要求推行政府绩效管理和行政问责制度，健全以行政首长为重点的行政问责制度，以提高政府执行力和公信力。

社会各界认为，国家这些举措反映出党和政府凸显了忧患意识，对存在的矛盾和问题不是采取回避，而是采取了积极应对的态度。中央党校教授吴忠民认为，此轮问责风暴的意义不仅仅是给利益受损的老百姓一个交代，给官员们敲响警钟——执政必须以科学发展观为指导，更在于对中国行政管理体制改革起到"一个很大的推动作用"。我们相信，随着惩治力度的不断强化和制度建设的不断完善，干部职守缺失的现象一定会有大幅度的减少，干部的作风一定会有大的改观。

  岗位要看重，职责大如天。

  民情无小事，在位要尽责。

  不为受谴责，渎职更可耻。

（王东波）

9. 我们的队伍像太阳
——当代百姓对人民军队的最高评价

  据山东新闻网2008年5月14日报道：目前，已有近20000名解放军和武警官兵到达四川灾区开展救援。另有24000名官兵紧急空运到重灾区，还有10000名官兵通过铁路输送往灾区，实施应急救助。3000名公安消防和特警也将紧急调往灾区。哪里有灾情，哪里就有人民军队，哪里有困难，哪里就会出现子弟兵，大灾面前，人民子弟兵再一次显示了自己强大的应变、应急能力，迅速通过空运、徒步到达重灾区，人民军队是灾区群众的救星。1998年抗洪，人民军队发扬不怕牺牲、不怕困难、连续作战的优良作风，打赢了抗洪抢险的伟大胜利，人民军队的应急处变能力、顽强战斗能力、连续作战的能力又一次得到了检验，那么，这一次四川汶川大地震，人民军队也一定能够赢得这场突如其来的大地震自然灾害。

  看到这篇报道，不禁想起了2008年1月南方50年来最严重的雪灾。冰雪使公路结冰，交通中断，电网瘫痪，回家过年的人们被困在了车站、堵在了路上。危难时刻，是我们的军队——我们最可爱的人临危受命，风雪出征，紧急投入到"保交通、保供电、保民生"的战斗中。他们出动官兵64万人次、民兵预备役人员186万人次，不但抗灾救灾，而且还积极开展医疗救助、扶贫帮困和爱心捐助。全军官兵捐款1.23亿多元，捐献棉衣被等

150万件（套），派出医疗小分队200批次。不禁想起了32年前的唐山大地震，人民军队舍生忘死、抢救人民生命的一幕幕感人场景。不禁想起了2003年的抗击"非典"期间，一批批医疗设备紧急启动，一箱箱防治药品调集北京，汽车、火车、飞机载着一支支出征的队伍，迅速向北京开进。在抗击非典一线，他们随时都面临着安与危、生与死的考验，许许多多医务人员把康复的希望留给患者，把被感染的危险留给自己。武警北京总队医院内二科年轻的主治医师李晓红，在救治"非典"病人时，由于过度疲劳被非典病毒击倒，失去了28岁的年轻生命。302医院74岁的传染病专家姜素椿，在抢救"非典"患者时被感染。军事医学科学院参加科研攻关的100多名科研人员，置个人和家庭的一切于度外，忘我拼搏，昼夜苦干……

《逸周书·谥法》说"危身奉上曰忠"。意思是在形势危急的时刻置个人生死于不顾，全力保护国家安全。《国语·晋语一》说："受命不迁为敬。……弃命不敬。"《国语·晋语二》："昔君问事君于我，我对以忠贞。……力有所能无不为，忠也。"朱熹："忠者，尽己之心，无少伪妄。"《左传·桓公六年》记载季梁的话："所谓道，忠于民而信于神，上思利民，忠也。"都可理解为忠于使命，履行职责。

人民解放军从诞生之日起，就把报效国家、服务人民作为官兵的核心价值，为捍卫祖国和人民的利益作出了巨大牺牲和奉献。战争时期，热血男儿效命疆场，血染战袍，不知有多少官兵舍生取义，以身殉国。和平建设时期，他们承担保家卫国、捍卫和平的重任，他们是国家和民众的守护神，是我们社会主义事业的坚强后盾。他们充分履行了"人民军队服务人民"的矢志不渝的宗旨，发出了"为了人民的利益，我愿意献出自己的一切"的庄严誓词。哪里缺人手，哪里就有人民子弟兵；哪里有危险，哪里就有部队官兵。人民子弟兵让广大群众深切感受到太阳般的温暖，党和人民为拥有这样一支英勇、顽强的队伍而骄傲和自豪。"解放军到了，人心就定了！""解放军来了，我们就有救了！"这是灾区人民群众对人民子弟兵的深切呼唤和发自肺腑的感激。"人民因为有你，才有安居乐业的希望；祖国因为有你，才有今天的繁荣景象。军人，我们为你自豪，你是祖国的骄傲，你是国家的脊梁，日月星辰闪烁着你的光辉，山川大地镌刻着你的伟绩。"这是一名网友代表人民发出的心声。胡锦涛主席在视察四川地震灾区时，对在那里抗震救灾的解放军和武警部队官兵说:"你们不愧为人民子弟兵!"这是对部队官兵的高度评价。

实践证明,人民军队不愧为一支听党指挥、服务人民、英勇善战的威武之师、文明之师、胜利之师,他们攻无不克、战无不胜,不愧为保卫祖国边疆、巩固国防的钢铁长城,不愧为促进国家经济社会发展的生力军和维护社会稳定的坚强柱石,是党和人民完全可以信赖的英雄军旅。人民军队的卓越功勋、丰功伟绩,人民不会忘记,祖国不会忘记,历史不会忘记。人民子弟兵是新时代最可爱的人!敬礼!向太阳般光芒四射的队伍,向带给我们和平、安全、力量和温暖的队伍。请坚信,我们的队伍永远像太阳。

保家卫国,履行使命。

服务人民,体现本色。

我们的队伍像太阳。

(王东波)

10. 愚忠
——误国、误民、误事

《隋唐英雄传》讲:靠山王杨林刚烈勇猛、忠心可嘉、清正廉明、武功盖世,终身只讲服从。他与秦琼似仇人、似父子,英雄相惜,最后比武中死于秦琼的双锏下。他戎马一生,至死不渝,以身报国。不少人认为他对杨广是愚忠。同样为英雄豪杰的单雄信具有绿林领袖的豪气,为朋友两肋插刀,不惜一切代价。他虽看出李密难成大事,王世充心胸狭窄,却不愿背信弃义降唐,最后郁闷而死。而另一个英雄人物王伯当虽然神武潇洒,骨子中透着傲气,却忠得有些可悲,为了不成器的李密甘当挡箭牌,惨死在唐军的箭下,让人扼腕叹息。

"忠"随着中国封建专制社会的发展,成为臣民绝对服从君主的一种片面道德义务。宋以后,"忠"甚至发展到"君叫臣死,臣不得不死"的愚忠。问题是,在古代人眼里,再无德无能、任人唯亲、反复无常、诛杀忠良、涂炭生灵、不抵抗外敌入侵的昏君也是君主，是国家的代表和象征。他们在"三纲五常"伦理长期熏陶下，在君权神授的精神影响下，对君主是绝对的忠诚。他们始终认为，对君主绝对忠诚是作为臣子应该做的，也是社会对人臣的最高道德要求。"饿死事极小，失节事极大"，他们要昭大忠之心，表捐国之志。为此，在这种"过犹不及"的社会环境下，中国历史上产生了许多愚忠愚勇的英雄，演绎出一幕幕历史的悲剧。屈原忧国忧民，投身滚滚汨罗江中，忠的是昏庸的楚王；孔明雄才大略，一生呕心沥血，为的是扶不起的阿斗；李逵为哥们义气，饮下宋江给他的丧命毒酒；吴三桂冲冠一怒为红颜，引清兵入关。中国古代有不少"忠烈"多置个人的生死安危于不顾，勇敢地与侵略的敌人作斗争，又要身受奸佞之臣的疯狂迫害，成为当权者的牺牲品。以文天祥为例，文天祥在任宁海军节度判官时，蒙古兵进逼，宦官董宋臣劝说皇帝迁都，文天祥大胆上书建议杀了董宋臣以定民心，未得到重视。理宗去世后，度宗继位，会耍权术的贾似道当权，文天祥因没有恭维权臣，而被挤出官场。可怜他空有爱国之心、报国之志，空有"草合离宫转夕晖，孤云飘泊复何依！山河风景元无异，城郭人民半已非。满地芦花和我老，旧家燕子傍谁飞？从今别却江南路，化作啼鹃带血归！"报国之音。以现代人的眼光看，一个将亡而未亡的王朝，一个昏庸无能的皇上，是不值得去为之卖命的。但如果把很多历史人物放到当时的历史背景和条件下去考量与评判，尊重当时人普遍的道德观念和认知准则，不以今人眼光求全责备，他们也算不上愚忠，只能算是"尽忠报国"，履行臣子的"忠孝"义务罢了。

　　不难看出，封建社会的愚忠现象后果十分惨重，教训相当深刻，影响极为深远，它不但阻碍了社会的发展、人类文明道德的进步，而且使国家、民族、人民蒙受巨大的人为灾难。愚忠是专制社会的产物，特别是董仲舒"三纲"理论的产物。其实，古代很多名家是反对愚忠的。《荀子·臣道》："逆命而利君谓之忠，逆命而不利君谓之篡。"在荀子看来，人臣忠否不能简单地看他是否服从君主的命令，服从君命未必就是忠，不服从君命未必就不是忠，而是要看违背君命是否是为了君主的利益。为了国家的利益，即使违君命，也是忠，否则就是篡。荀子在谈到"臣道"时，则强调要"以德覆君而化之，以德调君而补之。"绝对不能对君一味顺从，否则就是国贼。

《论语·八佾》："君使臣以礼，臣事君以忠"，主张君臣是一种对应的互礼关系，并非如先秦其他思想家所宣扬的臣在君臣关系间承担片面的责任和义务。君臣伦理是有条件的，要忠"有道"之君。国君必须做到"君明"、"君义"，正如《孟子·离娄》所言："要为君，尽君道；要为臣，尽臣道。君视臣如手足，则臣视君如腹心；君视臣如犬马，则臣视君如国人；君视臣如土芥，则臣视君如寇仇。"对于明君献身无所惜，但对于庸君，如《礼记·内则》所言，"君有过则谏，反复之而不听，则去"。相反，如果臣依恋于不仁之君，则违背了君臣大义，是为不忠，也正如《礼记·表记》所言："事君，三违而不去竟，则利禄也"。晏子也是拒绝无条件忠君的，而且其忠君也不是对君主个人的顺从，而是着眼于国家利益。历史上有名的忠臣，不少有犯颜规谏的事迹，比如西汉成帝时的朱云，位卑未敢忘忧国。虽然是一个小小的县令，为了铲除专权的奸佞，肃清朝政，抨击邪恶，敢于以命抗争，在被皇帝宣布推出斩首时，还紧紧抓住宫殿栏杆死谏，竟把栏杆折断。皇帝终于醒悟，将其赦免并长期保留被折断的栏杆作为对大臣的警示。这才是真正的忠诚。至于唐太宗时期的魏征，明代的海瑞以道抗势，视国家和民族利益高于一切，更是后代仿效的正人君子楷模。

愚忠之疾绵延几千年，一直是一大难治顽症。愚忠在现实生活中的表现有很多种，如对上司或朋友、情侣、亲属不辨是非、唯唯诺诺、盲目愚昧地无限忠诚，无条件服从、顺从；放弃原则，放弃监督，为虎作伥；竭力攀附，拉帮结派；逢迎拍马，巴结讨好，投桃送李等等。愚忠严重败坏了党风和政风，破坏了党的团结统一，影响到事业的发展，窒息了党的生机和活力，有悖于党的性质和宗旨，害人又害己。我们一定要充分认识到愚忠的危害，对愚忠现象坚决抵制，对这种封建遗风和消极腐败现象要坚决予以根治。一定要积极深化体制改革，铲除愚忠滋生的土壤。一定要加强干部队伍建设，提高干部的思想政治素养和民主意识，升华人格。一定要大胆进行干部人事制度改革，建立公正、公平、公开的干部选拔和聘用机制。一定要绝对避免把对上级、对领导的尊重和服从变成一种盲目的无原则的绝对服从，避免对错误命令的无条件执行。领导干部要坚持原则，刚直不阿，一身正气，切实做到自尊、自爱、自信、自立、自强，不为私利降人格，不拿原则做交易。

水能载舟，也能覆舟。

忠心利国、利人、益己。

愚忠误国、损人、害己。

（王东波　傅永聚）

11. 关公之忠
——为人处世的楷模

　　《三国演义》中关羽被描述为五虎上将之首，他重承诺，守信用，对刘备及其集团的利益无限忠诚。跟随刘备同甘共苦，恪守信义，始终不渝。即使白马被擒，身在曹营，也仍不忘旧恩。曹操备赞关羽的勇武，对他重加赏赐，封他为汉寿亭侯。关羽斩杀颜良后，曹操知其必为忠义而去，遂重加赏赐。到后来，关羽还是把曹操屡次给他的赏赐都封存妥当，把汉寿亭侯的印绶挂在堂上，给曹操留了封告辞信，保护着刘备的家小，离开曹营，去寻找刘备。曹操将士闻后，要去追赶，曹操劝阻说："彼各为其主，勿追也"。

　　关羽死后备受民间推崇和历代朝廷褒封。关羽的祠庙遍布中国，是神州大地上最多的庙。他是唯一被佛、道、儒三家崇拜的神，佛教称之为伽蓝菩萨，道家奉之为关圣帝君，儒家也介入崇拜。正因为儒家的介入，关羽才被全民族崇为"武圣"，与"文圣"孔子齐名，尊为"关公"，从而名垂千古。除了在中国大陆，在日本、东南亚以及海外华人中，对关羽的膜拜之风也历历不衰。在拥有二千余万人口的中国台湾，关公信徒多达八百万众，几乎各家各户都为其设香案，立牌位，挂圣像。美国的"龙岗总会"更是一个以拜关公为祖的民间组织，各地分会有一百四十多个，遍布华人居住的世界各地。历代封建统治者尊崇关羽自不必说，就是李自成、张献忠、洪秀全等农民起义领袖，也把关羽奉为膜拜的英雄。即使关羽他们是"三国"中的失败者，也赢得与诸葛亮"出师未捷身先死，长使英雄泪满襟"一样的评价。时至今日，他还一直因"对国以忠、待人以仁、处事以智、交友以义、作战以勇"为人所敬重，更是人们为人的偶像、处事的楷模。凝聚在他身上而为万世共仰的忠、义、信、仁、勇特别是忠,蕴涵着中国传统文化的伦理、道德、理想,渗透着儒学的春秋精义,并为释教、道教教义所趋同的人生价值观念,代表着中华民族传统美德,符合当代人的社会价值观、人生观和审美观。他简直就是一位完美无缺的人,一位人们心中最理想化的人。"为人谋而不忠乎?"一直是儒家反躬自省的人生律条。汉代李善舍命救主,五代张姥姥牺牲自己的儿子而为孔家保留一线血脉的大忠大德历来彪炳史册,熠熠生辉,千古流传不衰。

孔子曰:"己欲立而立人,己欲达而达人","己所不欲,勿施于人",《论语·颜渊》讲"忠告而善道之",都蕴含着真诚待人的思想。孔子曰:"瑕不掩瑜,瑜不掩瑕,忠也",是以玉的特点比况人的忠德,具有襟怀坦诚的意蕴。《国语·周语上》讲"考中度衷,忠也",就是以心揆心,以己量人,反映一种坦诚待人的理念。《战国策》:"竭意不讳,忠也",意思是把想法直言不讳地讲出来就是忠。程熙的"忠者无妄",意思是不自欺,也不欺人。《孟子·滕文公上》:"教人以善谓之忠",也是讲如何做人。总之,"忠"体现一种人格平等的精神,体现一种宽容、尊重和平等的精神。无论何时,都要保持对他人的尊重,宽以待人,即使对人无益,至少不害人,这是做人的最低道德要求或道德境界。忠还体现出诚而不欺、与人为善、先人后己、助人为乐的精神。当在自己"己所不欲"时,也应尊重"人所不欲"。由于人们的愿望、欲望、情感、目标等不同,人们的道德选择也就有所差异。所以,"己之所欲"未必是"人之所欲","己之所不欲"也未必是"人之所不欲",更为关键的是有时"己之所欲"恰恰是"人之所不欲","己所不欲"恰恰是"人之所欲"。在自己成功或发达时,也要让别人分享,帮助他人成功或发展。现实中,理解"己欲立而立人;己欲达而达人","己所不欲,勿施于人"时,不要机械、照搬,既要"做好事"、"助人为乐",又要避免"强人所难"。为人处世时,待人宽宏大度、宽容忍让固然提倡,但姑息迁就、姑息养奸就不可取。对一些小错、小毛病,一味迁就、视而不见,以德报怨,就会贻害无穷。"忠"又体现一种契约精神,其内容主要是言必信、行必果,绝不能背信食言,出尔反尔,更不能利用虚假承诺或欺诈手段骗人、谋私利。"忠"还有"忠于己"的意思,要求个人一定要自尊、自重、自爱,忠实于自己的社会良知,积极主动地投入到社会实践中去，充分发挥自己的主动性和能动性，实现自身价值。

目前我们正在进行的和谐社会建设，其核心是人与人的和谐，讲究人与人间的和睦相处，要求人与人相互关心，互相支持，形成团结和谐的良好氛围。这就要求我们避免想问题、办事情从个人利益出发，相互排斥，闹不团结，从而影响工作的正常开展。在现实中，小到人与人的和谐，中到家庭间的和谐，大到社会结构的和谐、各民族间的和谐，都要通过不强人所难、推己及人、将心比心的忠道的引导和约束来实现。只要每个人都能多为他人着想，多一份体谅，多一份诚实，少一点欺诈，社会就能和谐。胡锦涛总书记在同中国农业大学师生座谈时就殷切希望我们："要争取成为品德高尚、精神充实的人。既尊重个性、承认物质利益，更要倡导互助友爱、崇尚奉献精神。自觉践行社会主义荣辱观，带头倡导社会公德、职业道德、家庭美德、个人品德，多做关心集体、热心公益、扶贫济困、见义勇为的好事，真正尽到对国家、对社会、对人民应尽的责任和义务，以自己的行动影响和带动更多的人，为发展社会主义和谐人际关系、形成文明进步的良好社会风尚贡献一份力量。"

人在忠心在，人无忠名存。
忠是沟通的纽带，
忠是为人的根本。

（王东波）

12. 王宝钏苦守寒窑十八载
——忠贞爱情的不朽赞歌

中国历史上有个家喻户晓的故事：王宝钏是唐懿宗时期朝中宰相王允的女儿，她是三姐妹中才貌最为出众的。远近有身份的名家公子都争相提亲，但最后王宝钏执意嫁给了心上情郎布衣公子薛平贵，王允一怒之下与她断绝了父女关系。这时的薛平贵无栖身之所，两人只得搬进了武家坡上的一处旧窑洞。在寒窑中，夫妻俩男樵女织，过着清苦的日子。两人互敬互爱，相依为命，日子苦却也过得颇有滋味。相距不远的老母亲不时派人送些钱物，他们的生活得以维持。咸通九年，桂州边区戍卒发生了叛乱，朝廷派康承训率军讨伐，为了增强兵力，还令沙陀部队随军助战。文武兼备的薛平贵看准了机会，参加了沙陀的部队。在沙陀部队中，薛平贵凭着自己出众的武艺和才学，渐渐得到酋长朱邪赤心的重视。一次，薛平贵随朱邪赤心一家到郊外狩猎，行到山崖时，朱邪赤心的女儿春花公主的坐骑突然受惊失控，眼看就要坠下悬崖。紧随其后的薛平贵飞奔向前，救了公主。从此，公主就如痴如醉地爱上了薛平贵。薛平贵心里虽一直挂牵着长安寒窑中苦等自己的妻子，不愿意背叛她，但权衡再三，薛平贵还是成了沙陀酋长的"驸马爷"。当然，他也不会忘记结发之妻，多次趁唐廷专使前来慰劳之际，悄悄托使者为王宝钏带去书信金帛，接济她的生活，但没把另配佳偶的事告诉她。寒窑中的王宝钏始终矢志不移，纺纱度日，期盼着薛平贵的衣锦荣归。后几经周折，王宝钏终于等到了功成名就的薛平贵。在武家坡的寒窑中，分别达十八年之久的两人见了面。王宝钏走出了寒窑，被接入薛平贵府中。王宝钏与朱邪春花不分大小，平起平坐，相处得甚为和睦，王宝钏终于有了一个美满的家庭。

中国人长期把夫妻比为鸳鸯鸟、比翼鸟、连理枝、并蒂莲，追求夫妻恩爱、白头偕老。除上面所述故事之外，出处于《后汉书·梁鸿传》的"举案齐眉"也比较典型。"举案齐眉"是东汉初年隐士梁鸿和妻子孟光的故事。每当丈夫梁鸿回家时，妻子孟光就托着放有饭菜的盘子，恭恭敬敬地送到丈夫面前。为了表示对丈夫的尊敬，妻子不敢仰视丈夫的脸，总是把盘子托得跟眉毛齐平，丈夫也总是彬彬有礼地用双手接过盘子。举案齐眉本意是送饭时把托盘举得跟眉毛一样高，后形容夫妻相互尊敬，有礼貌、讲平等，成为赞美夫妻美满婚姻的专用词。"举案齐眉"是人们的一种修养体现，是人们的一种生活态度，也是人们的一种生活艺术，它要求夫妻间要心心相印、相敬如宾、夫唱妇随、琴瑟和谐。当然，世间流传的优美动人的爱情故事还很多，如牛郎与织女、白娘子永镇雷峰塔、梁山伯与祝英台等。白素贞为报答书生许仙前世的救命之恩，可以化为人形出嫁，可以上天庭盗仙草，也可以水漫金山寺。而许仙为了一生一世厮守的承诺，每日扫塔。孟姜女思念被抓去修长城的丈夫范杞良，不远万里送去御寒的衣物。她可以为死去的丈夫放声大哭，感天动地，哭倒长城八百里，也可以因忠夫而投海自尽。织女违背天条律令与牛郎结婚，相约终身相守，白头到老，虽被天河隔断，每年七月七日才能相会一次，也无怨无悔。这是多么纯真的伟大的爱啊！无不强烈彰显出爱情的伟大、神圣、无私和付出。这些忠贞爱情故事，不知感化、教育或影响了多少代中国人。

在中国古代，国人的婚姻观深受传统道德观念的束缚和左右，宋代司马光就说："正女不从二夫，忠臣不事二君"，青年女子将所谓贞节看得比生命都重要，以守贞节为最大荣耀，以改嫁为最大耻辱。爱情观往往表现得非常专一，甚至"过犹不及"，出现了大量的"愚贞"、"愚节"现象，其愚昧、野蛮、残忍、不近人情，简直是对人性的摧残和践踏。明代有一改嫁女子，好意赠人以茶饼，竟被人当面抛弃。明代江宁黄氏女"父死，母欲改节"，"一日，母来省"，黄氏女竟"闭门不与相见"。许多寡妇为拒绝改嫁，不惜以"刺面"、"割耳"、"损目"、"沸水渍面"等方式毁容，更有甚者，采取"绝食"、"吞金"、"自缢"等自杀方式殉夫。

儒家赞扬夫妻间的忠贞爱情，斥责忘恩负义的薄情之徒。《忠经·天地神明章》："忠也者，一其心之谓也"。王弼著的《论语释疑》："忠者，情之尽也"。要求人们始终秉持真诚之心和真诚无欺的情感。汉光武帝的姐姐丈夫死后，看中了大臣宋弘，而宋弘却说："臣闻贫贱之交不可忘，糟糠之妻不下堂。"《隋唐嘉话》记载："太宗谓尉迟公曰：'朕将嫁女与卿，称意否？'敬德谢曰：'臣妇虽鄙陋，变不失夫妻情。臣每闻说古人语：富不易妻，仁也。臣窃慕之，愿停圣恩。'叩头固让，帝嘉而止之。"《国语·周语上》："中能应外，忠也"。意思是真诚不欺，真诚相待。其实，夫妻是家庭的核心关系，是一切家庭关系的基础。《中庸》："君子之道，造端于夫妇。得其极也，察乎天地。"儒家就把夫妻关系列为三纲之一，提出"夫义妇顺"的行为模式。班昭的《女诫》对夫妻道德作了如下规定："夫妇之道，参配阴阳，通达神明，信天地之弘义，人伦之大节也。是以《礼》贵男女之际，《诗》著'关雎'之义。由斯言之，不可不重也。夫不贤则无以御妇，妇不贤无以事夫。"夫妻关系直接影响到家庭的和睦、社会的安定和民风的纯朴。

现代人讲爱情，更推崇高尚的爱情观。爱情观是人们在长期生活中对爱情问题的根本看法和态度，内容主要包括：什么是爱情，爱情的本质，爱情在社会生活和个人生活中的位置，择偶标准，如何对待失恋等。由于受不同的经济条件、社会制度、思想文化等影响和制约，爱情观在不同的历史时期，有着不同的内容，并随着社会发展而不断发展和变化。现代爱情观、婚姻观与中国古代的有本质的区别，内容和形式都有很大的变化，它是以男女双方的共同理想和奋斗目标为前提，以自由恋爱为基础，以共同承担责任和义务为己任。《刑场上的婚礼》主人公陈铁军和周文雍就很好地给我们诠释了这一观念。1927年大革命失败后，在广州坚持地下斗争的陈铁军和周文雍为了掩护工作，假称夫妻，秘密进行活动。在共同的生活和斗争中，他们逐渐萌发了真挚的爱情，但因紧张严酷的现实，他们根本顾不上谈及私人感情。后由于叛徒告密，二人被捕。在狱中，陈铁军和周文雍互相激励，经受住了敌人的威胁利诱和严刑拷打，在就义前，面对敌人的枪口，从容不迫地举行结婚典礼。这是多么高尚的爱情，多么纯真的婚姻，给我们心灵以极大的震撼，成为不朽的爱情诗篇。现代爱情观还特别强调自愿互爱，恩爱相亲、相敬如宾，强调忠贞专一，强调相互关心、相互体贴、相互帮助、同甘共苦，强调持久稳定，强调相濡以沫，更强调对方的幸福和感受。正是人们对这种爱情观、婚姻观的高度认同和不懈追求，才在我们身边出现了连续七百多个日日夜夜守护在病床旁、记下日记十五本、写下情书六百多篇、用爱唤醒丈夫生命的好警嫂罗映珍，才出现了连续三十四年照顾瘫痪恋人的苏州市民韩惠民。

> 爱是一种社会责任，更是一种道德义务，
> 需要相互的关心和无私的付出。

（王东波）

13. 李元成三十年坚守诺言
——朋友之忠的佳话

新浪网2008年11月26日报道：现任秭归电力公司周坪供电所所长的李元成，曾是一位军人，1979年上前线时与战友有个约定，如果谁牺牲了，活着的那个就代为照顾对方的父母。然而，令他没有想到的是，自己安然无

恙地从前线回来，战友却在后方因公牺牲了。为履行自己对战友的承诺，他二十八年默默赡养战友的父母，把战友的父母当做自己的父母，使二老老有所养、病有所医。他先后经历移民建房、妻子下岗，但他坚持靠自己微薄的工资，支撑起四个家庭，赡养六位老人。令人难以置信的是，李元成长期赡养战友父母，很多熟悉他的人都不知情。三十年来，他使这种没有血缘关系的"特殊亲情"绵延不断。三十年坚守承诺，不声张，不炫耀，在三峡移民心中树起了一座爱的丰碑。

常言道："做一件好事并不难，难的是做一辈子好事。"李元成做的不仅仅是常人难做的好事，更是履行着自己对战友的承诺，尽着照顾战友父母的义务，替战友尽着大孝。这充分体现了他对战友的忠诚，体现了对战友的友情，是朋友之忠的典型事例。

何谓朋友？一位网民说得好："朋友是我们站在窗前欣赏冬日飘零的雪花时手中捧着的一盏热茶，朋友是我们走在夏日大雨滂沱中时手里撑着的一把雨伞，朋友是春日来临时吹开我们心中冬的郁闷的那一丝春风，朋友是收获季节里我们陶醉在秋日私语中的那杯美酒。在这个世界上人不可以没有父母，同样也不可以没有朋友。没有朋友的生活犹如一杯没有加糖的咖啡，苦涩难咽，还有一点淡淡的愁。因为寂寞，因为难耐，生命将变得没有乐趣，不复真正的风采。"关于朋友，《礼记·学记》也讲到"独学而无友，则孤陋而寡闻"，《论语·学而》也提到"有朋自远方来，不亦乐乎！"

朋友是我们工作和生活中离不开、舍不掉、最值得珍惜的对象，人是一定要交朋友的，而且要交真心朋友。那么，真正的朋友应该是什么样的呢？《春秋繁露·天道无二》："心止于一中者，谓之忠"。对待朋友只能是一心一意，不能三心二意；应始终如一，不可朝三暮四。朋友应该是越交越深，应该是坚持如一，俗话说"路遥知马力，日久见人心"，不能因时间的流逝而让友情散尽。朋友要做到志同道合，"势利之交，难以经远"。志同道合的朋友是荣辱与共、患难相助、志趣相投，而不是酒肉相随、声色相狎、血气相激、权财交易、财物相恋、相互利用。北宋名儒欧阳修在《朋党论》所讲"大凡君子与君子，以同道为朋；小人与小人，以同利为朋，此自然之理也。……小人所好者利禄也同，所贪者货财也。当其同利之时，暂相党引以为朋友，伪也。及其见利而争先，或利尽而交疏，则反相贼害，……君子则不然，所守者道义，所行者忠信，所惜者名节。以之修身，则同道而相益；以之事国，则同心而共济，终始如一，此君子之朋也"是再深刻不过了。孟子所说："虽使五尺之童适市，莫之或欺。布帛长短同，则贾相若；麻缕丝絮轻重同，则贾相若；五谷多寡同，则贾相若；屦大小同，则贾相若。"是要求人们在在职业活动中做到童叟无欺，人际交往中要重义。孟子把舍义之人斥为"小人"，赞扬"唯义是从"之人。朋友之忠还要做到诚实守信，深刻领悟"以信接人，天下信之"，"可终身守约，不可斯须而失信"，"有所许诺，纤毫必偿；有所期约，时刻不易"的道理。

《水浒》中也处处讲"忠义"，但真正能做到的也只有林冲和鲁智深。鲁智深和林冲，不是势利之交，不是酒肉朋友，不是血缘同胞，偶遇而相互敬慕，结成生死之交。林冲被刺配沧州，鲁智深千里暗中护送，直到林冲脱离险境。鲁智深和林冲的这份情谊，可动天地、泣鬼神，绝非用"江湖义气"来形容的。历史上的"管鲍之交"、刘关张"桃园三结义"也都是朋友之忠的楷模，特别是公元前7世纪中国春秋时期的政治家管仲和鲍叔牙的交往，更是被人们津津乐道，称赞不已。管鲍间朋友之情被体现得淋漓尽致，它充分体现在诸多方面：钱财上，管仲和鲍叔牙早年合伙做生意，管仲本钱出得少，分红却拿得多，鲍叔牙从不计较。处事上，即便管仲把事情办砸了，鲍叔牙也不生气，反而安慰他。在对对方的看法上，管仲虽做过三次官，但每次都被罢免，鲍叔牙从不认为管仲没有才能；管仲参军作战时，临阵逃跑了，鲍叔牙也没有嘲笑管仲怕死，而是认为他牵挂家里年老的母亲。在对对方的帮助上，鲍叔牙努力说服齐桓公让管仲当丞相，而自己却甘心做他的助手。朋友的容忍、大度、理解和无私的帮助，使管仲非常感激鲍叔牙，当鲍叔牙死后，管仲在他的墓前大哭不止，并感叹道："生养我的是父母，但是真正了解我的是鲍叔牙啊！"刘关张"桃园三结义"作为朋友之交的一个特色鲜明的范例，他们在桃园备下乌牛白马，祭告天地，焚香跪拜，结为异姓兄弟，发誓要同心协力，救困扶危，上报国家，下安黎庶，不求同年同月同日生，只愿同年同月同日死。

做朋友就要向像"管鲍"一样亲密无间、彼此了解、相互信任，就要像刘关张一样结成永世之交。朋友要做到相互尊重，相互关心，相互信赖，相互包容，相互爱护，相互帮助。朋友要甘苦与共，要贞信不渝、患难相依。做朋友要"贫贱之交不可忘",不攀福厌贫。做朋友防止"狼狈为奸",合伙坑人,违法乱纪,杀人越货。做朋友也要杜绝横行霸道,唯我独尊,我行我素,刚愎自用,失去了宽容大度和善良忍让。今天,我们要始终坚信朋友情谊应是人间纯洁、高尚和无私的,坚信危难之际建立起来的友情会长久不衰,令人刻骨铭心。在市场经济条件下,做朋友更要把诚信当做生命一样加以爱惜,在工作和交往中做到重承诺,讲信用,守合同,做人要正直无私,不欺人、不欺己、不欺心。在这方面,章铸、罗凤仙夫妇给我们做了很好的榜样。1992年,他们俩遭到诈骗,不仅倾家荡产,还欠了三十六位亲友一百多万元巨债。凭他俩当时的收入,不吃不喝,一百年也还不了。这巨债像座山,压得他们喘不过气来。但他们深知诚信两字的含义,深知欠债还钱的道理。他们要为还债活着,就像愚公移山,每天挖山不止。他们的儿子章忻炜说得好:就算你们还不了债,还有我呢!为了还债,夫妇俩挥泪早早办了退休手续,摆地摊,跑运输,站柜台,积攒着每一分钱。1999年还十五万,2000年还二十万,2001年终于将剩下的四十万元全部还清。

  患难之时,见真情。
  危机时刻,伸援手。
  做永远忠于朋友的人。

(王东波)

14. 武松杀嫂
——兄弟之忠的无奈之举

  据《水浒》记载:武松和武大是一母所生。武松身长八尺,相貌堂堂,浑身上下有千百斤气力。而武大身高不到五尺,面目丑陋,长得可笑。武松从小父母双亡,由兄长武大抚养成人,兄弟感情很好。后来,武大娶了潘金莲,由于潘金莲长得漂亮,引得当地无赖们经常来闹事,说"好一块羊肉,倒落在狗口里"。武大生来懦弱本分,在清河实在住不下去,搬到了阳谷县卖烧饼。武松自小习武,武艺高强,侠义豪爽。一次醉酒后,在阳谷县

（今聊城市阳谷县）景阳冈赤手空拳打死一只猛虎，因此被阳谷县令任命为都头。潘金莲见武松长得魁梧、一表人才，而武大却三分像人、七分似鬼，一直试图用其美貌勾引武松，被拒绝。后被当地富户西门庆勾引，奸情败露后，两人毒死了武大。为报仇，武松先把潘金莲杀了，用其心肝五脏祭奠亡灵，后又到狮子楼杀了西门庆，把他的人头也供在了哥哥的灵前，因此获罪被流放孟州。

《善俗要义》讲："兄弟者，同胞共乳，分形连气，至亲至厚也。古人心手足为喻，盖谓四肢虽异，本系一体。以此观之，其友爱当如何也！……兄爱其弟，弟敬其兄，临财相让，遇事相谋，通有无，共忧乐，爱敬既笃，家室自和。"兄弟是传统家庭中重要的关系，是人际间最亲密、最可信的关系。他们从小共同生活、共同成长、形同手足，相互间早就培养了认同心理和亲密情感，他们同甘苦，共患难，他们间的血肉关系，是一般外力所不能割断的。

子思在《中庸》里引用孔子的话说："忠恕违道不远，施诸己而不愿，亦勿施于人。"具体表现为"所求乎子以事父，所求乎臣以事君，所求乎弟以事兄，所求乎朋友先施。"也就是说，人希望自己的儿子孝敬自己，首先要孝敬自己的父亲；要想使臣下忠于自己，首先要忠于长上。儒家对兄弟关系极为重视，而对姊妹同胞则摆在次要地位，认为兄弟分父母之形，连祖宗之气，是天然的血缘骨肉至亲，兄弟关系远较异姓的夫妻关系更重要，夫妻则是人为的姻缘之亲，人合不如天合。当兄弟关系和夫妻关系发生冲突时，儒家赞赏为了保护兄弟关系而放弃夫妻关系。儒家的这种思想也得到了社会的广泛认可。秦末陈平（后任汉初名相）的嫂子就因嫌弃陈平不事生产，其兄便将她赶出家门。东汉李充家贫，其妻子因有私财，劝他与兄弟分家，李充便当众逐妻。儒家还把兄弟关系看得不像亲子关系那么等级分明，也不像夫妻关系那么有从属性质，是一种平辈的近乎平等的关系（但并不完全平等）。儒家定位这种关系为"兄友弟恭"，倡导兄长要以慈爱、友善的态度对待弟幼，弟幼应当尊敬、顺从兄长。孔融四岁让梨的故事，东汉薛包分家把肥沃土地和坚实的器具让给弟弟的故事，都成为千古美谈。儒家把手足之情置于个人利益之上，主张兄弟要和睦、友爱，反对破坏兄弟之情的做法。在中国漫长的古代社会，如果父母尚在，兄弟闹着分家，是要受到人们谴责的，而且还会招致不孝的罪名，要遭受法律的制裁。

梳理了中国古代社会对兄弟关系、兄妹关系、姊妹关系的定义和看法之后，就容易理解武松对嫂杀兄的悲愤之情，也就容易同情武松因兄杀嫂之举动。嫂杀兄在中国封建社会是大不敬的事，是要受到社会谴责的。受传统伦理思想影响的武松是不可能接受兄长被害的事实，像他这种侠义之人也不可能容忍这种事情的出现，更不可能寻求官府和法律的解决，他为兄寻机报仇的行为是必然要发生的。

中国处理家庭关系的传统美德，要求我们现代家庭中兄弟姊妹间务必增进相互间的信任、相互关心、相互帮助、团结友爱，有难大家帮，有乐大家享，构建阖家幸福、兄友弟恭、姊爱妹敬的家庭关系。我们相信，人们都向往哥哥对弟弟友善、关怀，弟弟对哥哥恭敬、亲近，姐姐爱护妹妹，妹妹尊重姐姐的家庭氛围。也确信，在这种家庭和睦的前提下，不论出现什么矛盾，兄弟姐妹之间都可以心平气和地相互商量、耐心解决。实际上，兄弟姐妹之间出现矛盾，大多因经济问题、家务劳动问题、住房问题、物质分配问题、财产继承问题、孩子问题、妯娌姑嫂问题、伺候老人问题等引起。在处理这些问题时，如果每个人都能晓之以理、动之以情，互相体谅和关心，相互谦让和谅解，矛盾就不会激化，问题也容易妥善解决。反之，如果互不相让，你争我夺，强词夺理，家庭就很难有安宁的日子，兄弟姐妹之间也就谈不上什么手足之情。现实中，我们提倡长兄、长姐的表率作用，兄长要真正负起部分家庭教育的责任。对弟弟、妹妹要知冷知热，关心他们的成长；家务事要尽量多做，事事以身作则；孝敬父母，要尽心尽力，给弟妹做出榜样；物质上尽量让着弟弟、妹妹，对弟弟、妹妹的过分要求要尽量做好耐心的说服工作；以宽宏大量的胸怀容忍弟弟、妹妹的年幼无知，不论谁在工作、生活上出了纰漏、犯了错误，不要埋怨、不管，更不要歧视，要想办法做好补救，把损失降到最低；兄弟姐妹成年后，应该经常互相走动，增加感情；弟妹遇到困难，要尽所能予以帮助。

兄弟本是同根生、血缘命，

兄弟应该同甘苦、共患难，

兄弟更应为和谐社会作贡献。

（王东波）

15. 灵魂颂
——理想、信念之忠

　　石萍在《红岩烈士传》中向我们描述了江姐的伟大形象：江竹筠自然知道敌特机关对她已有相当了解，但还有许多他们并不了解的。敌特头子认定他们完全可以吓倒一个女人，从她口里掏出他们需要的一切。正因为这样，敌特从捕到江竹筠开始，就对她进行严刑审问。一天夜里，刑讯室里有敌特搬运刑具的声音、特务头目的询问声，人们听得清楚极了。"说不说？说不说？"特务咆哮着。之后传来了江竹筠刚毅、坚强而又平静的话音，就像她平时和同志们说话那样，不高不低，却又那样具有不可动摇的力量。江竹筠回答道："上级的姓名、住址，我知道；下级的姓名、地址，我也知道；但这都是我们党的秘密，不能告诉你们！"刑具移动的声音，特务忙乱的脚步声，汇成了一片。"说不说？说不说？"只听见特务的吆喝声，却听不见江竹筠的答话声。这异常的沉寂，更深深牵动着大家的心。刑讯室里传出的泼凉水的声响，使人们想到她昏过去了，又该醒过来了！她，还将面临着什么呀？……受过严刑的江竹筠回到了女牢房。她还没有醒过来。大家发现她在遭受严刑拷问时，因为忍痛，紧咬牙关，连嘴唇也咬破了……江竹筠终于醒来了。同志们的关怀和慰问，使她感到激动和不安。她的手不听使唤了，不能亲手执笔写字，只得请人代笔给同志们回信：同志们太好了，我算不了什么……我只不过做了一个共产党员应该做的……毒刑拷打，是太小的考验……竹签子是竹做的，但共产党员的意志是钢铁！

　　江姐，多么坚毅而卓越的女性！多么杰出的巾帼英烈和忠诚的共产主义战士呀！她对共产主义必胜信仰无比坚定，对理想和信念矢志不渝。面对非人道的酷刑，她是那样坚定和宁死不屈，哪怕是竹签钉满十个手指，都不能让她有丝毫的屈服。江姐用她极其顽强的意志战胜了种种酷刑，保守了党的秘密，表达了一个共产党人对党的事业无比忠诚和泰山压顶永不动摇的共产主义信仰，用生命和鲜血维护了党的尊严。她在烈火中谱写了壮丽而短暂的人生，她把一切无私献给了人类崇高的共产主义事业，她的灵魂在烈火中得到了永生。江姐誓死忠于理想信念、为共产主义事业献身的精神，是当代社会极需继承和弘扬的，它必将永远激励着我们前行。

春秋时，各诸侯国在虢地进行过一次和平大会，在会上赵文子曾曰："临患不忘国，忠也；思难不越官，信也；图国忘死，贞也。"这告诉我们，面临灾祸却不忘记国家的利益，是一种强调国家利益至上的"忠"。孟子说："大人者，言不必信，行不必果，惟义所在。"意思并非提倡、鼓励人们言行不一，而是坚持信的道德标准，要求讲信必须以大义为宗。儒家强调，人不应轻易许诺，许诺就是承担一种责任。不顾义的标准，"言必信，行必果"则是小人行径，是"匹夫匹妇之谅"（《论语·子路》）。诸子的言论给我们的启示是：忠于信仰、忠于理想是对自己真实本性的忠诚，是对自己应承担责任和义务的高度自觉和坚定。每一个人，都要时刻忠实于自己的身份和使命，积极履行党和国家赋予自己的职责和义务。

理想信念好比是人生的指路明灯，无论求索的道路多么漫长、曲折和艰辛，只要时刻坚持理想信念，就能把握正确的方向，排除一切艰难险阻，实现我们人生的最大价值。坚定的理想信念，是人们的精神动力，是人的一种理性自觉，也是加强党的先进性建设的时代要求，是共产党人保持先进性的力量源泉和精神支柱。信仰和理想的缺失是可怕的，没有信仰和理想的心灵将如浮萍，漂泊无根。如果我们特别是党员干部没有坚定的理想信念或背弃了理想信念，就不可能有良好的工作意识、辨别是非的能力、执政意识、执政素质和执政能力，就会削弱我们的创造力、凝聚力和战斗力，也就更谈不上发挥组织的领导核心作用和战斗堡垒作用。孔繁森、任长霞、牛玉儒等"时代先锋"之所以能在社会主义建设和改革开放中为党和人民的事业鞠躬尽瘁、死而后已，正是因为他们有崇高理想和坚定信念的激励。从一大批腐败干部的犯罪轨迹来看，如果政治信仰不坚定，世界观、人生观和价值观就会发生蜕变，如果将信仰和理想作为口号，当成摆设，必然会带来政治上的变质、道德上的堕落、生活上的腐化。

坚定理想信念关键是靠自身的不断激励和内省，靠不断地提高思想、道德和理论水平。我们要学会用马列主义、毛泽东思想、邓小平理论和党的三个"代表"等重要思想武装充实自己的头脑，胸怀共产主义的崇高理想，坚定走中国特色社会主义道路，正确理解党的路线、方针和政策，提高自身素质，密切与群众的关系，时刻保持先进性。我们每个人要不断提高充实自己，树立崇高的理想，胸怀志向，并忠于理想、信念，坚持真理和正义，敢于同不良言行、邪恶势力和腐朽思想作斗争。作为当代共产党人，更应该把坚定的理想信念化为力量和自觉的行动，以共产党员的标准严格要求自己，用自强不惜的忘我精神不断鼓舞和鞭策自己，把对共产主义理想的坚定性体现在为实现党的基本纲领而奋斗上，体现在努力做好本职工作上，体现在为实现党的各项工作任务、推进建设中国特色社会主义的现实实践中，并在这个过程中实现人生的最大价值。

因有理想，所以执著。

因有信仰，所以坚持。

有了理想信仰，人才变得完美。

（王东波）

题 解

  孝是中华民族的传统美德，也是中国文化最突出的特色，还是儒家伦理规范的核心概念之一。《尔雅·释训》："善事父母为孝。"《说文》："善事父母者，从老省、从子，子承老也。"孝的基本含义是善事父母，行孝的方式是生养死葬。传统伦理道德的五伦中，"父子有亲"是天伦，其他是人伦。在传统家庭里也以父子关系为主轴。

  孔子是儒家孝道理论的鼻祖。曾子是儒家孝道的集大成者，其《孝经》是儒家孝道理论的经典，列入《十三经》中。自西汉独尊儒家开始，就标榜以孝治天下，孝的含义延伸到了忠义悌等儒家其他伦理规范中。从《晋书》起，历代正史几乎都辟有《孝友传》，使行孝尽孝的黎民百姓也能够名垂青史，并成为普通人效法的榜样。为弘扬孝道，历代有卷帙浩繁的劝孝诗文、家训族规、家书碑文、二十四孝、百孝图说等等，形成了独具特色的中国孝文化。

  为了弘扬孝道，历朝历代都建立了制度性的保障机制，父母去世守孝三年的"丁忧"，免征居父母之丧者的劳役赋税的"孝假"，举孝廉，设立"三老五更"的虚官，设《孝经》博士，犯死罪的独子能够宽刑，对年老者免税赐物，对人名和地名赐以孝的封号……不孝之罪则成为十恶不赦的第一大罪，名列篇首。《唐律》详细规定了"不孝之罪"，一直沿用到《大清律例》。

在现代社会里面，孝无处不在：清明节祭祖，母亲节、父亲节兴起，为父母祝寿，《夕阳红》电视节目，《常回家看看》歌曲，评选"十大孝星"，评选全国道德楷模等等。而不孝子孙、不孝之事尽管存在，却受到舆论的谴责和良心的拷问。今天，提倡孝道依然能够促进家庭和睦、事业顺利与社会和谐。尤其是中国已渐渐步入老龄化社会，弘扬孝道有着积极的现实意义。

（罗智国）

1. 正史孝友传第一人李密
——孝道与名利

据《解放报》云：春节刚过，辽宁一马姓男子拒绝赡养母亲，正月初七硬把62岁的老母拒之门外，老人一气之下服毒自杀。马氏夫妻此时不为老人去世而悲痛，首先考虑的是如何维护自己的名声，说："老太太活着没有享着福，死了该让她风光风光，否则村里人该笑话我们了。我们现在已经借了4000多元钱办丧事。"竟然为了自己的名声来虚伪行孝！

孝是一种自发尊老敬老的行为。孝爱本于自然。《礼记·问孝》：孝乃人情之实也，礼义之经也，非从天降也，非从地出也，人情而已矣。《孝经·圣治章》：夫子之道，天性也。《尔雅·释训》：善事父母为孝。《说文》：善事父母者，从老省、从子，子承老也。《孟子·尽心上》曰：孩提之童，无不知爱其亲也。孔子思想的核心是仁，《中庸》曰：仁者，人也，亲亲为大。孝是中华民族的传统美德，因为行孝而名垂青史的人，自古流传。

李密（224－287年），字令伯，晋朝犍为武阳（今四川彭山）人。他是二十四史孝友传里的第一人。李密千古流芳在于他的千古佳作《陈情表》，此表首先交代了自己的身世：六个月时，父亲就去世了。四岁那年，母亲何氏被舅舅逼迫改嫁。祖母刘氏抚养这个孤独柔弱的孩子，尝尽甘苦。九岁了这个孩子还不大会走路。因为没有叔父伯父，没有哥哥弟弟，从小在孤苦伶仃的环境里长大。刘氏生病了，李密就坐在祖母身边，衣不解带，送汤喂药总先自己试探冷热。

蜀国时期犍为太守推荐他做孝廉，后来益州刺史选拔他做秀才，李密都以祖母无人供养而辞不赴命。蜀汉朝廷下旨，命他担任尚书郎，其文学才能终于见称于世。曾经作为使节出使东吴，口才惊四座，一时在东吴声名鹊起。西晋泰始年间，晋武帝下诏，征他为太子洗马（太子的侍从官，掌管图籍、祭典、讲经等，太子出行时为先驱）。李密因为祖母年高，无人奉养，写了这篇《陈情表》，辞不应征：

"以刘日薄西山，气息奄奄，人命危浅，朝不虑夕。臣无祖母，无以至今日；祖母无臣，无以终余年。母孙二人，更相为命，是以区区不能废远。臣密今年四十有四，祖母刘今年九十有六。是臣尽节于陛下之日长，报刘之日短也。乌鸟私情，愿乞终养。"

皇帝见表，十分赞许他的孝心和诚恳，不再硬召。李密在祖母死后，才出仕晋朝，官至汉中太守。后人说，读《陈情表》而不落泪的人，就是不孝之人。

孝是人的天性，古代中国从制度上对行孝做了强制性的规定。《论语·阳货》里孔子向弟子宰我说明父母去世应该有三年丧期。《中庸》曰：三年之丧，达乎天子。父母之丧，无贵贱一也。南宋郑樵《通志》卷四五"丧期"里面考证，三年丧期先秦就有。但汉代这个敬老的朝代却有很多变化：汉文帝临终诏书，规定天子丧期也不得超过三十六天。有汉一代，行三年丧案例极少，区区三例：茂陵原涉和河间惠王，名彰天下，成为宗室仪表。第三例则是西汉末期平帝，正值王莽摄政，为使新政合法化，令天下官吏六百石以上皆服丧三年。东汉时期，丧期执行不严格。魏武帝曹操遗令，死后葬毕即除服。魏文帝驾崩后国内只服丧三日。晋代立国之初，皇太子为元皇后服丧，按照杜预的建议，服丧三年。

直到唐朝，三年丧期成为正式的法律制度，并由此建立了"丁忧制度"：凡在职官员，遇到父母丧期，一律停职，回原籍服丧二十七个月。《唐律》对违反者做了相应的处罚："诸闻父母若夫之丧，匿不举哀者，流二千里"；对于"诸父母死应解官，诈言丧余不解者，徒二年半"；对于"丧制未终，释服从吉，若忘丧作乐，徒三年；杂戏，徒一年；即遇乐而听及参与吉席者,各杖一百";对于在父母丧期之内怀孕的,也处徒刑一年。此外,居丧期间,不得参加科举考试或者谋求官职。

像李密一样为行孝而放弃名利的人,史不绝书。如中国古代最著名的清官包拯(999—1062年),字希仁,庐州合肥(今安徽合肥市)人,宋仁宗天圣五年(1027年)中进士。先任大理寺评事,后来出任建昌(今江西永修)知县。因为父母年迈,于是辞官在家侍奉父母。后来朝廷又让他担任州税务官,包拯想让父母一起赴任。但父母年高不想远离故乡,只好再次辞官。几年后,包拯父母相继去世,他在墓旁搭建了一间小屋,庐墓守孝。丧期满后,还不忍心离去。乡亲父老多次劝慰,要他为官从政,报效朝廷。过了很久,包拯才离开父母之墓,赴任天长知县。名利可失而复得,侍奉父母却来日无多。像李密、包拯,为了尽孝,放弃高官厚禄,孝心大于名利心。以行孝之心去为官,必是明镜高悬的大清官。

　　　名利如浮云,父母生我身。
　　　行孝乃天性,拳拳孝子心。

(罗智国)

2. 卖身救母与卖身葬父
——孝道与己身

卖身救母引发了网络风暴!2005年9月15日,西南大学大三学生陈易在天涯社区发帖"卖身救助急需换肝的母亲"后迅速引起了网友的关注。陈易说,父亲原在泸州市国土局上班,母亲是泸州检察院的检察员,一家人快乐地生活在一起。可是天降横祸,九年前陈易父亲因肝病去世,现在同样的病又降临在母亲易良伟身上。

10万元捐款从全国各地陆续汇来。据记者统计,陈易公开了网上的工商银行账号,从9月16日至10月9日捐款截止,共收到210笔银行汇款,总数为105000元。根据她母亲易良伟亲笔统计,曾收到并已提取的邮政汇款7笔,总额9550元。易良伟对网友捐款25笔共12003.28元也专门做了登记。经陈易和记者一起核对网点号，证实网友捐款已包含在工行的210笔钱当中。总计，陈易向记者提供的已经支取的捐款数目为114550元。

为什么把捐款数额交代得这么详细呢？起因于陈易发起捐款后的第三天，她的一位同学在网络上指责"陈穿的是阿迪和耐克的新款，用的是手机加小灵通，还买了一副据说是500多块的带颜色的隐形眼镜。她的演技很好，欺骗了众人。"不少网友认为陈母的病情和窘境被女儿夸大，直呼其"骗子"，还有网站以醒目标题"天涯社区惊现全国最大网络诈骗"描述此事。两位网友自筹资金，远赴重庆对此事进行独立调查。

陈易对记者说，耐克鞋是考上大学后妈妈奖励她才买的，一直不怎么舍得穿。隐形眼镜是用自己打工的钱买的，没有向妈妈要一分钱。至于近期照片中被发现新换了发型，是9月陪妈妈去杭州看病的时候，有理发院搞促销活动，拉她给他们当模特烫的，花了58块钱。但是网友不依不饶，有黑客攻破了她的邮箱、QQ、医院的病例等等，陈易的私人生活受到严重的影响。最不幸的是，10月20日，西南医院为易良伟施行了传统剖腹手术，切除了肝动脉瘤，并清除了门静脉的栓塞。手术本身而言是成功的，但这个虚弱的身体的耐受性很差，三天后死于多器官衰竭！11月4日陈易把剩余的捐款捐赠给了政府认可、正规合法的慈善机构——重庆市白血病儿童救助基金会。

记者问："你为什么想到要'卖身救母'"？陈易哭诉道："我并不是真的要卖身，我不是他们以为的那个意思！我记得以前看过一个电视剧，上面有人'卖身葬父'，那天写帖子的时候，我突然想起这个意思来。我想到妈妈病那么重，心里很难受，就随意拿来改成'卖身救母'！"

坏事变成了好事，好事又变成了坏事！绝症本身令人惋惜，众人的帮助见证了人间的爱心。为了报答网友的关爱，硬撑着做了不该做的手术，并导致撒手人寰！陈易因为私生活受到攻击，目前只好休学回家。陈易最为人诟病的地方，就是没有清理好所有的捐款来对关心她的人有所交代，并且有动用捐款购买个人物品的嫌疑，也就是没有处理好孝道和己身的关系。正如《礼记·坊记》曰：父母在，不敢有其身，不敢私其财。《礼记·内则》：子弟犹归器，衣服、裘衾、车马，必归其上，然后敢服用其次。此外，作为大学生，还不了解传统文化中的卖身葬父哩！

卖身葬父的主角是董永，西汉时期青州千乘（今山东博兴）人。十四岁那年，灵帝时期黄巾起义，山东发生重大旱灾，粮食颗粒无收，父亲就带着他随着逃荒的人们来到湖北，并在丹阳落户。他们在王母湖边的燕子窝开荒，地是当地裴姓地主的私产，双方讲好条件：董氏父子开荒，三年不交租子，三年后土地返还裴氏。爷俩开荒种田，辛勤耕作，收成甚好，使燕子窝成了一块好地。裴地主眼见荒地变良田，不到三年就把田地收回去了。董父怄气一病不起，终于不治。

　　父亲死后，董永无钱安葬，只得向裴借贷，说后若无钱还君，当以身做奴。丧事完后，就到裴家做工还债。途中，董永遇到一位少女，愿以身相许。董永说："吾有父而不能养，殁而不能有其身，身复为奴，何敢屈夫人之为妻。"但是该女子非常诚恳和坚决，愿为君妇，不耻贫贱。裴氏开门后，惊讶地说："许一人鸳，而益以二乎？妇何能？吾实不能荒饱若。"董永说："妇解织。"裴氏故意为难她："能为我织绢三百缣，即放尔夫妻。"想不到她一晚上就完工了。裴氏非常吃惊，还是放董永夫妇回家了。途中女子说："我是天帝的七女儿，天帝感君纯孝，就命我来帮你织布，以偿还债务。现在君事已了，我就不再久留了！"说完云霞四垂、腾空而去。曹植写《灵芝篇》以歌咏董永：

　　董永遭家贫，父老财无遗。举假以供养，佣作致甘肥。

　　债家填门至，不知何用归。天灵感至德，神女为秉机。

　　董永死后，乡亲们给他修了孝子墓，树了孝子碑，建了孝子祠。在孝子墓的上空，至今仍然常有祥云盘绕，这就是当地著名的古八大景观之一"董墓春云"。南朝宋时的孝武帝，把丹阳改名为孝感。

　　儿女是父母身上掉下来的一块儿肉，没有父母，哪来的儿女？可怜天下父母心，父母把一个嗷嗷待哺的婴儿，抚养成少壮青年，不知抛洒多少汗水，付出多少心血？子女在回报父母的时候，能够付出那么多吗？扪心自问，子女亏欠父母一辈子的恩情！

　　　　万善未易全也，唯孝则全；
　　　　百福未易备也，唯孝则备；
　　　　令名未易享也，唯孝则享。

（罗智国）

3. 江伯儿为母杀子
——孝道与子嗣

《中国妇女网》上有一篇《我们的孩子成了公婆的玩具》：

我公公婆婆都是好人，对我挺好的，老公孝顺他们我也觉得很应该，而且还主动配合，我们不住在一起，一直也没有什么矛盾，直到我儿子的出世。

老公是独苗，公婆盼孙子盼得眼睛都蓝了，终于我不负众望生了儿子，自己也长舒了一口气，公婆那个高兴啊，不要说对孙子有多好，就是对我也高看三分。然而我们的分歧渐渐就围绕这个孩子来了，而且越来越大……

别看我年龄不大，但我在生孩子的时候就下定决心做一个负责任的母亲，要让孩子身心健康地成长，成为一个有出息的人，哪怕他不能成名人，至少也能自强自立，堂堂正正做人。所以在怀孕的时候，我就查了很多育儿书籍，学习成功教育孩子的经验。孩子出生后不论是给孩子吃什么，穿什么，说什么，管什么，我都有自己的计划和原则。可是婆婆坚持要来帮我带孩子，把我的计划和原则全盘打乱了。比如孩子一哭，婆婆就会使出浑身解数哄孙子，要什么给什么。孩子要糖，她就给糖；要摔东西，她就拿东西给他摔。现在孩子会说话了，跟电视剧里学了两句脏话，转头用在他奶奶身上，婆婆听了居然眉开眼笑地说：我孙子真聪明，这么快就学会了！我苦口婆心给孩子讲的道理，到婆婆那都可以不成道理；我横眉立眼给孩子立的规矩，到婆婆面前都不用遵守了。在她的一味纵容之下，孩子根本不听我的，变得越来越不像样。我跟婆婆讲道理，也根本讲不通，她唯一的原则就是，无论如何也不能让孩子哭！

我跟老公商量，说不让婆婆带孙子了，我们请保姆或者自己带都行，否则这样下去孩子就被惯坏了。老公说，那怎么行？带孙子是他妈最大的心愿和目前唯一的乐趣，做儿女的怎么能剥夺？我说那孩子怎么办？我们生了他就应该负责任，总不能让他长成混球吧？结果老公竟然说，宁可毁了孩子也不能不尽孝，只当孩子是给爸妈生的，随他们高兴就行了！我的天，孩子竟然是爷爷奶奶的玩具！因为这事我跟老公吵了好几架了，现在依然没有解决，真是心急如焚啊！

现代社会由原来数世同居的扩大家庭转变为三口之家的核心家庭，家庭规模小型化，家庭模式多样化。1953年中国家庭平均人口为4.33人，2005年为3.13人。家庭内部的关系变得相对简单一些，但仍然面临孝敬父母的问题。把父母接到城里，儿媳嫌脏和父母不一起吃饭。过了一段时间，父母硬是搬走了。而这户人家住在楼房里还养着狗。能养狗却不能养父母！《大戴礼记·曾子本孝》讲为人子而不能孝其父者，不敢言人父不畜其子者。父母和孩子住在一起，往往是来帮忙看孩子。一家人全都围绕着一个孩子转，培养出来的独生子女都是家里的"小皇帝"：营养过剩，教育不良。从一个极端走向了另一个极端……

把孝道置于子嗣之上，二十四孝里面有西晋郭巨埋儿，无独有偶，历史上又有一例：明朝洪武二十七年（1394年）九月，山东守臣上奏朝廷，日照一村民名曰江伯儿，母亲生病，久治不愈。江伯儿从自己的大腿上割下三寸肉来，做汤制成药引，也就是"割股疗伤"，想以此为母治病，但没有奏效。江伯儿不远千里，到泰山岱庙祈祷许愿，发誓说如果母亲的病情回转，不惜杀死儿子，来回报神灵的恩德。母病痊愈后，江伯儿果然践行诺言，杀死了三岁的儿子！（正史孝友传里面，真正为行孝而杀子的，还有南朝宋的郭世通，以及把婴儿遗弃在大路上的清朝周士晋。）

洪武皇帝大怒：父子关系，乃天伦形成。按照礼仪，父亲顶多为长子服丧三年。今小民无知，竟然伤天害理，灭绝人性，速速捉拿治罪！江伯儿被逮捕，脊杖一百，流放海南。

江伯儿一案的意义还在于朝廷从此不再旌表割股一类的愚孝：人子事亲，居则致其敬，养则致其乐，有病则求诸医药，内心焦虑祈祷苍天，做孝子是应该的。但是卧冰、割股之类，上古就不表彰。如果父母只有一子，因为割股而死，或者卧冰而冻僵，夫妇无依无靠，断绝子孙血脉，岂不是最大的不孝吗？这种孝都是愚昧之行，用惊世骇俗的方式，妄图得到朝廷的旌表，规避国家的徭役。"割股不已，至于割肝，割肝不已，至于杀子！伤天害理，莫此为甚！"从今往后，为父母治病，舍身去卧冰、割股的，悉听尊便，朝廷不再予以表彰。可见，毁身孝亲、行孝杀子，即使在封建社会，也属于过激行为，不值得提倡。

世人应知：养育孩子易，孝敬父母难！父母与子孙，一代传一代。孝敬了父母，也是给自己的子女做榜样。孝就是传家宝！

孝存于心。心欲孝则孝。

孝与不孝，一报还一报！

（罗智国　傅永聚）

4. 刘君良出妻合爨
——孝道与夫妻

《中国妇女网》上有一篇《我的老公是农村孝子》说：

我和老公的结合是所谓的"城乡婚姻"，我是城里姑娘，他是农村小伙。他的聪明、勤奋和诚恳打动了我，虽然两个人的成长背景不一样，但都是在大城市里接受了多年高等教育，人生观、价值观还是基本一致的。可结婚以后才知道，结婚不是两个人的事，双方都要面对另一个家庭。

婚后我俩商量好买个两居室的房子。可婆婆一通电话过来，老公非要买个三居室。我觉得还贷压力太大了，生活质量会下降很多。他说他妈认为置房子是大事，年轻人吃点苦不算什么。再说她将来给我们带孩子也有地方住不是？最后我们买了个一百三十平方米的房子。婆婆主动要求来帮我们搞装修，让我们可以安心上班。虽说我爸妈住得不远，但是还没退休，婆婆的到来还真解决问题。可是真没想到，婆婆来了以后，对我们的装修计划很不满意，每天让装修队改这改那，跟农村老家的房子越来越像，跟我自己的理想越来越远。让老公跟他妈说说，要不让她回家算了，再辛苦我们也自己来装。老公说，这话他可说不出口，从小就没忤逆过他妈的意思，老人家没有功劳还有苦劳，帮咱们忙，咱们还挑三拣四，不像话。让他妈半路回家更不可能，太伤老人心。房子装好她就回去了，以后咱慢慢改过来就行了。我根本没有办法改变他娘俩的意志。

房子装修好了，婆婆回了乡下，乡下亲戚却陆陆续续上门来了：有进城看病的，有来办事的，还有纯粹来串门的……我家成了办事处兼接待站。我跟老公抱怨他妈净给我们揽这种事，老公说他也不愿意成天这么过日子。可婆婆打电话过来埋怨我们对一些亲戚不够热情，没车接车送，没陪玩陪转。眼看着自己的生活被搅得乱七八糟，简直有了心里阴影。

如今我怀孕了，婆婆早就宣布来伺候月子、带孙子，我却害怕那一天的到来。等她来了，一旦出现矛盾，孝子老公绝不会站在我这边，我该怎么办呢？

"孩提之童，无不知爱其亲"主要出于情感和依赖性，那么已婚者的情感已转移到妻子、丈夫或孩子身上了。所以《孟子·万章》曰：人少，则慕父母……有妻子，则慕妻子。《日知录》：人少则慕父母，知好色则慕少艾。即俗话说：娶了媳妇，忘了爹娘。《礼记·檀弓下》曰：妇顺备而后内和理，内和理而后家可长久也。《劝孝篇》：一娶得好妻，鱼水情和睦。母若责一言，含怒喷双目。母被旧衫裙，妻著新罗褥。《颜氏家训》：夫妇相爱，人之常情。乃世有不孝者，当其未娶，犹稍具人心。一旦成婚，遂昏迷溺爱。妻之言重如金石，亲之言轻如草芥。其视妻，不啻珠玉文绣之足珍；其视亲，真如虎豺豹狼之足畏。或妻与父母不合，必是妻而非父母。即妻显露其非，明悖于理，必信妻为无心之过，而怨亲之苛求其非。《姚若侯集》讲：为人子者拥妻抱子，饱食安眠，岂知堂上发白齿落之人，又复芟除一日耶？《教孝篇》曰：今人愁容、怒容、德容、傲色、狂态、鄙态、玩状、蠢状、唐突抵触，各以其时纷形于父母之侧，而一见妻妾之女，转眼之间，如拨云雾，如睹晴天，不觉其和而自和，不觉其愉而自愉，不觉其婉而自婉。《省心诠要》：以爱妻子之心事亲，则无往而不孝。《罗氏世编》：世人无所不爱，而爱儿女之心最真。吾谓人子者，不必他求，只以体贴儿女之心，体贴父母，便是至孝。孟子正是从已婚者情感转移的意义上指出，只有难能可贵的大孝者才能做到"终身慕父母"。可这都是针对传统中国而言，在扩大家庭里，父子关系是主轴，而核心家庭里，夫妻关系才是主轴。

刘君良，唐朝瀛洲饶阳（今河北）人。刘家数世同居，和和美美，从没闹过矛盾。隋炀帝大业末年，发生大饥荒，强盗贼寇横行。刘妻想分家单过，可又怕丈夫不同意。于是想了一个办法：她将院子里的两群雏鸟调换鸟巢,这样两个鸟巢内部就打起架来。家人都觉得很奇怪,她趁机向丈夫进言说:"现在天下大乱,连鸟儿都相互争斗,何况人呢?最好还是分家,自己单过,免得起争端。"刘不明就里,思索良久,就听信了妻言,与众兄弟分家析产。一个月后,刘才醒悟过来,知道中计,半夜里拉着妻子的头发,大骂妻子破坏了大家庭的和睦,"此即破家贼耳"!于是召集兄弟,哭着告诉他们真相,并当众休妻!于是兄弟们又像以前那样生活在一起。当时,盗贼经常在他们乡里出没,由于刘家具有较高的威信,周围乡亲主动投奔,寻求保护,并把他们家称为"义成堡"。这个大家庭不论男女老幼,都能以礼相待,和睦相处。唐朝贞观六年,颁布诏令,旌表刘家。

刘妻被休,今天看来是否有些冤枉呢?其实合法。西周时期已有"七出三不去"制度,七出是解除婚姻的具体条件,三不去则是对七出的限制。七出者,不顺父母,无子,淫僻,嫉妒,恶疾,多口舌,窃盗。三不去一是有所取无所归,二是与更三年丧,三是前贫贱后富贵。出妻多少受到一定限制。《礼记·内则》:子妇未孝未敬,勿庸疾怨,姑教之。若不可教,而后怒之;不可怒,子放妇出而不表礼焉。

婆媳关系的紧张是孝道的长久障碍,今天一对父母只有一个孩子,父母、岳父母、公婆,都是自己的父母。只孝顺亲生父母,那还怎么结亲呢?不是一家人,不进一家门。正所谓:

妻贤夫祸少,子孝父心宽。
夫妻和睦,家庭幸福。

(罗智国)

5. 汉代江革行佣供母

二十四史中前四史都没有孝友传,但《后汉书》卷三九可以看做是孝友传的雏形。此卷正附传共提到十一人。后汉孝行的鲜明特色就是负亲逃难。孝子救父救母救兄长,不惜以生命为代价,表现出了中国先秦时期侠义思想在家庭中的体现,感人至深,为历代所传诵。

汉代可说是历史上最早重视孝的朝代，自西汉惠帝至东汉明帝以降皆以"孝"为谥。颜师古说："孝子善述父之志，故汉家之谥，自惠帝以下皆称孝也。"据《汉书》与《后汉书》帝王纪的记载，自惠帝至东汉顺帝，对孝悌的全国性褒奖、赐爵达三十二次。这其中就有江革。

江革，字次翁，东汉齐国临淄人。年少时父亲去世，与母亲独居。西汉末年天下祸乱，江革背着母亲逃难，途中尝尽艰难险阻，没有食物，常采野果饱腹。一次对面来了一群乱贼，江革躲闪不及，被捉。贼首打算留下江革，拉他入伙。江革说道："家有八十岁老母，出来寻找食物遇上诸位好汉。看来老母的份上，请让我回家侍奉老人晚年。我自己跟各位走了，家里的老母必然饿杀！"贼首肚里寻思道："我们顺天承命，替天行道，倒抓了一个养娘的人，天地也不容我等！正所谓惊大孝必触鬼神！"众贼见他涕泪横流，苦苦哀求，都动了恻隐之心，给他指明了躲避兵乱的方向。江革背着母亲，数次躲过战乱。母子辗转迁移到了下邳（今江苏睢宁），穷得连鞋子都穿不起，靠给人家做短工，来供养母亲。

东汉光武帝建武末年，江氏母子结束颠沛流离的生活，想法返回故里。每年到了清查户口的时候，乡民都要到衙门去登记。江革因为母亲年纪大，行动不便，就让母亲坐在车上。怕母亲颠簸，就不用牛马，干脆居辕挽车，拉着母亲去，乡里称之为"江巨孝"。太守听说后，推荐他为孝廉，打算启用他，江革以母老拒绝。到了章帝建初初年，江革被《忠经》的作者马融推举贤良方正，担任司空长史。肃宗时期，升任五官中郎将。

汉章帝元和年间，天子亲自询问齐相说："谏议大夫江革，因病休假，现在身体怎样了？孝，百行之冠，众善之始也。国家有那么多的文臣武将，孝德都不如江革。"当地县令赏赐给江革谷米千斛，并且赐以"巨孝"的封号。每年八月，县里官员登门拜访，赠酒送肉，一直持续到江革辞世。去世后，皇帝再次赏赐谷米千斛。有诗赞之曰：

负母逃危难，穷途贼犯频。哀求俱得免，佣力以供亲。

（战国时代的闵子骞受后母虐待而无怨、不责后母和汉代蔡顺拾桑葚而养母的动人事迹也广泛流传民间，以至于妇孺皆知。）

《孝经·庶人》：用天之道，分地之利，谨身节用，以养父母，此庶人之孝也。孝不分贵贱贫富，但对于贫苦百姓而言，照顾父母的衣食住行未尝不是难事。《礼记·檀弓下》子曰：啜菽饮水，尽其欢，斯之谓孝。而陈辉可以看做是今日江革。

陈辉，河南信阳市息县八里岔乡黄庄村人，家里有父母和一个哥哥。1990年，陈辉出生不久，母亲徐正珍就因到河里干活患上了产后类风湿，两年后瘫痪不起。六岁时，因为爸爸要种赖以生存的四亩薄田，哥哥上学又不经常在家，所以照顾妈妈的重担就落在了小陈辉的身上，烧火、煮饭、喂猪等家务活儿样样要干。

2002年3月，陈辉突然口鼻流血不止。父亲带他到县医院治疗后，血是止住了，但医生却说：陈辉患上了白血病。唯一的治疗办法就是换骨髓，费用大概需要四十万至五十万元！没钱治疗只好拖延。2006年，陈辉以五百一十二分的优异成绩考上了高中——息县四中，但却因身体和家庭的双重原因，不得不带着对学习的渴望和老师的遗憾没能去上。

一天早上，陈辉给爸妈留下一封信后，带上四十多元钱和几件衣服，乘车前往郑州打工。父亲在陈辉的床头发现了他留下的一封信。信中写道："爸爸妈妈，我走了，不要怪儿不辞而别，我已长大了。回想起这十六年，爸妈为了我含辛茹苦、呕心沥血。但是我却身患绝症，而且还花完了咱家的一切……我要在有生之年，和别人家的孩子一样出外打工挣钱，好给妈妈治病。妈妈真的好可怜，每当我看到妈妈疼痛的时候，我的心也在痛。爸爸请您照顾好妈妈，不要担心我，到时我会回来的，这也是做儿子的唯一选择。愿爸妈保重。儿子，陈辉。2006年10月7日。"

记者找到陈辉后，他说："估计没人能把我留在这个世上，对我来说给我捐款也没什么意义了，我唯一放心不下的就是我母亲，我现在决定拒绝治疗，省一点钱为母亲治病，这样也不枉一世。我最大的心愿是，到我生命终结时，能看到妈妈站起来，这样我会带着微笑放心离开。"

狗不嫌家贫，儿不嫌母丑。

羊有跪乳之恩，鸦有反哺之义。

无论富贵与贫贱，孝敬父母记心间。

（罗智国　傅永聚）

6. 唐朝张公艺九世同居

唐宋时期孝行的特殊方式就是数世同居，非常普遍，迥异于其他各代。战国时期商鞅变法，推行家庭析分政策，"民有二男以上不分异者，倍其赋"。汉代开始推崇同产共居。欧阳修在编纂《新唐书》时，将数世同居单列为一类。宋朝是数世同居的高峰期，南宋的裴承询家族，从南齐、梁开始，十五代同居，创造了中国有史以来同居代数最多的纪录。"唐型家庭"是中国古代规模最大的家庭类型，平均每家有九到十人。我们这里讲的是唐朝聚族同居代数最多的张公艺。

张公艺，郓州寿张人（今山东东平），九世同居，长幼几百口，不用仆人，上下团结，没有闲言碎语。每次吃饭，都是一起坐在饭堂，小孩则另设桌席。养着几十条狗，用一个大的容器盛食，一只狗不来，其他狗都不吃。其家族同居始于北齐时期，当时就曾受到东安王高永乐的旌表。隋朝开皇年间，再次受到邵阳公梁子恭的慰问。唐朝贞观年间，唐太宗下诏旌表。又过了二十年，麟德年间，高宗李治有事去泰山，途径郓州，皇上御驾临幸张宅。问张公艺九世同居的秘诀。张老没有立即回答，请人拿来纸笔，一口气写了一百个"忍"字！高宗见后，感叹不已，当即赐给张老丝帛。张公艺九世同居和他的"忍"字秘诀，成为历史上家庭和睦的典范！

司马光的《家范》对张公艺的评价是："其意以为宗族所以不协，由尊长衣食或有不均，卑幼礼节或有不备，更相责望，遂成乖争，苟能相与忍之，则常睦雍矣。"明朝武进人孙慎行在《玄晏斋文钞》谈到，他家里藏有一副周臣所画的《九世同居图》，父亲在穷困得卖田卖房的地步时，也坚决不卖画。为了纪念张公艺，明朝正德年间，有人在寿张县南建造了张公艺墓碑。清朝时，有人在县里雕刻百忍石，以表示对这位乡贤模范的赞扬。

《礼记·大传》："上治祖祢，下治子孙，亲亲也。旁治昆弟，合族以食，序以昭穆，别之以礼仪，人道竭矣。"这是一副多么理想的聚族同居的图景！

数世同居时养老就不会成问题，更不会出现老死几天无人发现的惨状。现代城市里的单元房已经不允许大家族数世同居了。商汤沐浴盘上的铭文说：苟日新，日日新，又日新。《尚书·康诰》说：作新民。《诗经·大雅·文王》：周虽旧邦，其命维新。孝的方式是随着朝代的改变而改变的。目前我国的每千名老年人拥有的养老机构床位数只有11.6张左右，也就是说最多只有1.16%左右的老年人能够到养老机构享受养老服务，而其余98.84%的老年人不管情愿与否还是出于无奈，都会在家里养老。现在发展出了居家养老的新方式。

居家养老是一种适合中国城市老人的养老方式，指老年人在家中居住，但由社会提供养老服务的一种养老方式。居家养老包括传统的方式和现代方式。传统的居家养老方式主要建立在老人自己营造的家庭环境之中，并与后代共同生活，其养老资源主要来自于家庭本身的收入和家庭成员的照顾；现代居家养老方式同样是在"家"养老，但是这个家可能是老人自己的家，也可能是子女的家，老人养老生活主要不是靠家人照顾，而是来自于社会化的服务，包括通过长期工、短期工、钟点工等形式雇人进家侍奉老人，以及社会医疗、卫生、保健、文化、体育、娱乐机构随时为老人提供服务等。现代居家养老方式不用离开"家"的环境，也不用支付养老院的床位等费用，还可以自由选择服务，这种"家庭养老院"是非常受欢迎的。

居家养老还源于对养老院的排斥，一位七十多岁的刘老太太说："我在那个家属院都住了几十年了，周围的环境很熟悉，买菜、坐车，不管干啥都很方便，一下楼都是老熟人，老姐妹们在一起可以聊天、打牌、锻炼身体。要是换一个地方或到敬老院去，肯定对那儿的环境不适应。"还有一位唐老爷子则说："我才不去敬老院，虽说儿女都在外地，平时很少回来，可他们给我请了个保姆，我自己住着多舒服。要是去那儿住，还让别人误以为儿女对我不孝顺，让人看笑话。"所以居家养老被誉为"没有围墙的养老院"。

《礼记·礼运》："使老有所终，壮有所用，幼有所长，矜寡孤独废疾者，皆有所养。"数据显示，到2007年底，我国60岁及以上老年人口总数为1.53亿，占总人口的11.6%。城市老年人中生活能够完全自理的占85.4%，部分自理的占9.6%，完全不能自理的占5%。居家养老服务属于第三产业，具有很强的就业容纳力。按照就业人员与有需求的老年人数1：

10 的比例计算，2006 年城市大约需要 180 万服务人员，预计到 2020 年扩大为 650 万人，平均每年增加 30 多万个就业岗位。

四世同堂是传统中国人的家族理想，是历来为人们所崇尚的家庭模式。中国人是家族本位的，把家庭放在事业前面，先成家后立业。成家后，把家庭看做自己事业的坚强后盾。生活在同一个屋檐下，磕磕碰碰在所难免。最好能以责人之心责己，以恕己之心恕人，归根为一个"忍"字。这正是：

忍字头上一把刀，

忍让之家矛盾少。

为人儿女最大事，

要把父母孝顺好。

（罗智国）

7. 清末武训乞讨养母

清朝孝行的特色是乞讨养母。《清史稿·孝友传》有六例：方其明、张乞人、张长松、荣孝子、云南哑孝子和武训，谓之"乞养"。其中最著名的是武训。

武训，山东堂邑（今山东冠县）武庄人，出身贫困，兄弟姐妹众多，排行第七，故名武七。七岁丧父，跟着母亲乞讨维生。他从小懂事，有了好吃的总是先让给母亲，有一点钱就让母亲存放。可惜十四岁那年，母亲又去世了，他就开始外出当雇工。

因为家穷，武七没有上过学，成了"睁眼瞎"。雇主为了少给他钱，常用假账来欺骗他，武七白吃了许多哑巴亏。但自己不认字，也没有办法。于是他暗暗下决心，要想法攒钱，然后兴办义学，让那些像他一样上不起学的孩子，能够读书认字。

1859 年，二十一岁的武七开始了乞讨集资的生活。他手中拿着一个破碗，肩上背着搭袋，衣衫褴褛，四处乞讨。足迹踏遍了山东、河北、河南、江苏等地。到 1886 年，二十八年过去了，武七也已经四十八岁了，他把乞讨来的钱不断放进钱庄里放贷，由此积累了一大笔钱财。用这些钱购买了二百三十亩土地，在当地柳林镇的东门外建立起一所义学，起名为"崇贤义塾"，分为蒙学和经学两级。学校盖好以后，他又跪请当地出身的进士、举人到他办的义塾里执教。老师吃饭后，武七才敢吃，自称不敢与师抗礼。开始没有学生，他就挨家挨户地请求那些贫寒家庭把子女送到他办的义塾上学。经过他不懈的努力，当年就招到了五十多个学生。

两年之后，武七再次出资，在临清的杨二庄办起了第二所义学。又过了七年，通过乞讨所得，加上地方官绅的帮助，武七在临清的御史巷办起了第三所义学。乞讨办学，成为中国历史上一个真实的神话！

时任山东巡抚的张曜听说之后，召见了武七，下令免除了武七所办的义学学田的徭役，并赏银二十两，并上报朝廷。朝廷闻知此事，皇帝赐名给武七为"训"，这样，武七就变成了"武训"，名垂青史。

武训的孝，在于孝敬父母之外，把孝心推行到乡里乡亲，这也是他和清代几位乞讨养母的孝子不同之处。而在物质生活非常丰富的今天，依然有乞讨养母的孝子。

夏淑清，八十二岁，重庆涪陵区石沱镇梧桐村人，养活着一百零三岁的母亲。20世纪60年代初夏淑清先是做保姆，后来帮餐馆。十年前，弟弟患上老年痴呆症，没法照顾母亲，妹妹又远嫁贵州。无奈，她只好把母亲接来。自己有两个儿女，儿子在外打工，但条件不好，没法赡养自己。女儿家住广厦城，虽愿意接自己到家里，却不能把外婆接进家。再说，年龄大了卫生习惯也不好，于是，夏淑清和母亲在外租房，靠拾荒度日。她说，女儿每月给她们一百元房租，每个月还会买东西来看她们。

凌晨五点多，夏淑清就背着背篼出门。"去晚了，垃圾就被别人捡了。"夏淑清说，十年来，她已养成习惯，不管睡得多晚，凌晨五点准会醒来。生火，把锅架上，她才洗把脸。服侍母亲吃过早饭，自己匆匆扒上几口，就背着背篼出门，冬日里天未放亮，没有路灯的地方她常常是手脚并用才能让自己不摔跤。

每天上午，夏淑清都是行色匆匆，中午得回家给母亲做饭。一趟往返六七公里路，紧赶慢赶，到家一般已是下午一两点。做好中饭端到母亲床前，夏淑清还得简单清理上午捡的废品，归类放好。下午三点左右，她会沿着上午的路线再走一趟。每天晚上十点以后才能回家，因为超市十点关门会清扫出一些不要的东西，那里面能淘到不少"宝贝"。捡完超市的废品，回家常是深夜。这才和母亲吃晚饭。从凌晨到深夜，夏淑清每天要步行十余小时。

她们的住处是一间四五平方米的平房，垃圾占了房间一大半，除了角落里的床，泡菜坛是这个家最显眼的家什。娘俩每天就靠这个下饭——早上急着出门捡垃圾没时间做菜，早饭都是泡菜水下稀饭，中午和晚上才能吃"菜"。

租房不通气，电费又贵，夏淑清只好用捡来的铁桶做成灶，燃料是捡来的木柴。炊具只有四五只碗和一口捡来的铁锅，她所说的"菜"，其实就是将青菜加水和米混合熬熟，最后放盐，这是她和母亲不变的午餐和晚餐。十年来，自己已没有真正炒过菜。她说这样也好，省了作料钱，盐巴便是家里唯一的调料。已记不清多久没吃肉，就算吃肉，也是混在饭里煮熟。夏淑清说，穷人命贱，她和母亲身体很好。母亲虽然一百零三岁高龄，除了偶尔腿疼，没有其他毛病，自己更是耳聪目明，感冒都很少。

贫苦的家庭照样有懂事的孝子，穷人的孩子早当家。孝不分穷富，若是等富贵后才行孝，岂不是给父母开了空头支票？正所谓：

亲恩不能忘，行孝不能等。

贫养丐养莫嘲笑，孝顺之心贵似金。

（罗智国）

8. 汪廷美因赦减租
——孝促家和

2007年被评为长沙市十佳孝星的张四明、张穗夫妇，是长沙市自来水公司普通职工，张氏夫妇自从结婚以来就跟母亲住在一起。二十年来，一家人在同一屋檐下从来没红过脸。他是家中独子，母亲含辛茹苦把他抚养成人，此恩情他永远不忘。由于房子小，女儿高考那年，为了照顾老人作息又兼顾女儿的学习，夫妇二人特地腾出自己的房间让老人住，索性搬到客厅当了"厅长"。张四明平时工作繁忙，但是只要有时间，他都会陪老人养养花、看看电视、聊聊家常。母亲喜欢看书看报，他特地订了许多报纸和杂志。他说："给予老人衣食无忧的保障是最基本的，但是在精神上的陪伴更重要。"

一般家庭里，婆媳之间关系难处，但二十多年来媳妇和婆婆和睦相处，从未闹过矛盾。去年年初，老人得了胆结石需要动手术，张穗除了白天上班，在家做饭、洗衣，晚上还要到医院护理，整整不眠不休陪了三天。同病房的病友羡慕地对张母说："您的闺女真孝顺啊！"婆婆笑了："这是俺的儿媳妇！"

张四明夫妇的言传身教，让女儿张叶子从小就学会了孝敬奶奶：家里房间少，叶子和奶奶一直同住一间，虽然希望自己有个小天地，但叶子从来没有抱怨。奶奶每天晚上十点半休息，叶子为了不打扰她，每天准时从小房间里搬出来，继续在客厅里学习功课。从读初中开始，叶子就这样天天"搬家"学习，一搬就是五年。考上大学后，叶子由于功课紧张很长时间不能回家，但她总是不忘打电话回来，跟奶奶说些暖心的话；而奶奶接到孙女的电话，也总是乐不可支。

《诗经·小雅·棠棣》曰：妻子好合，如鼓瑟琴；兄弟既翕，和乐且耽。宜尔室家，乐尔妻孥。子曰：父母其顺矣乎？《礼记·坊记》子云：睦于父母之党，可谓孝矣。故君子因睦以合族。《大戴礼记·曾子立事》：为善必自内始也。内人怨之，虽外人亦不能立也。

汪廷美，宋朝婺源（今江西婺源）人。为人生性厚道，孝顺父母，合族聚居，非常融洽。汪氏家族一共二百多人，一起生活了数十年，非常和睦。吃饭时，如果有族人还没按时前来，其他的族人都不会先吃，而是一起等他来了之后一块儿动筷。汪廷美生活节俭，为人朴实不虚荣。常穿粗布衣服，没有祭祀活动是不吃肉的；为亲人办丧事时，遵守丧礼，竭尽哀痛，也拒绝见客；每当祖父的忌日，他都不出家门，在屋里斋戒纪念祖父。一年朝廷减去了老百姓两成的赋税，他也随即减去了佃户两成的地租。村里有个人把他们家的鹅偷走了，被抓住后，汪廷美问他为什么要偷东西？那人回答说：清明快到了，他要用鹅肉来祭祀祖先。汪听后，认为此人很有孝心，不但没有把鹅要回来，而且还送给他一些酒肉。后辈犯了小小的错误，他不会打骂教训，而是耐心给他们讲古今做人的道理，启发他们自己醒悟过来。

传统中国的扩大家庭即四世同堂，今天的核心家庭即一对夫妇只有一个孩子。但是在赡养老人上，却存在着"倒金字塔"式的家庭结构，也就是"421家庭"：即一对独生子女结婚建立其小家庭后，要赡养四个老人（父母和岳父母）和一个孩子。还有可能加上独生子女夫妇的爷爷奶奶、姥姥姥爷，一对年轻的夫妇后面可能会有十二个老人，其养老的压力可想而知。社会的老龄化对独生子女造成了前所未有的重负！要维持大家庭的和睦，谈何容易？

《曾国藩家书》：宗族姻党，无论他与我家有隙无隙，在弟辈只宜一概爱之敬之。孔子曰：泛爱众而亲仁。孟子曰：爱人不亲反其仁，礼人不答反其敬。此刻未理家事，若便多生嫌怨，将来当家立业，岂不个个都是仇人？古来无与宗族乡党为仇之圣贤。……孝友为家庭之祥瑞。……兄弟姒娣，总不可有半点不和之气。凡一家之中，勤敬二字能守得几分，未有不兴；若全无一分，未有不败。和字能守得几分，未有不兴；不和，未有不败者。

吾细思凡天下官宦之家，多只一代享用使尽，其子孙始而骄佚，继而流荡，终而沟壑，能庆延一二代者鲜矣。商贸之家，勤俭者能延三四代，耕读之家，谨朴者能延五六代；孝友之家，则可以绵延十代……故教造弟及儿辈，但愿其为耕读孝友之家，不愿其为仕宦之家。

家庭是心灵栖息的港湾，一家人生活在一起，享受天伦之乐。父慈子孝，互谅互让，相敬如宾。家庭和睦，需要每个家庭成员都小心地呵护。想要有个家，是想要有个和睦的家。

  积善之家，必有余庆。
  子孝双亲乐，家和万事兴。
  孝为齐家之本，孝是立身之基。
  幸福的家庭家家相似，不幸的家庭各个不同。

（罗智国）

9. 六千英里寻母
——乱世之中的孝情

在文学名著《爱的教育》里，有一位十三岁的工人之子玛尔可，独自从意大利的热那亚到阿根廷首都布宜诺斯艾利斯去寻找母亲。

母亲为了生计到阿根廷做女佣，把工资全部寄回国内还债。可自从来了第一封信后，她就再也没有消息了，托领事馆探访也没有结果。父亲想亲自去南美寻妻，但工作不能抛弃，孩子也没有可寄托的地方。玛尔可坚定地对父亲说："我到美洲寻找母亲去！"父亲悲哀地摇着头。经过日缠月磨，孩子那坚定的话语、沉着的神情，让父亲动了心。四月份父亲亲自送他上了一艘去阿根廷的轮船，把盘缠塞进他的口袋，又写上母亲曾留下的美贵耐治先生的地址。父亲在吊梯上和儿子吻别："玛尔可，去吧！不要害怕！上帝会守护着你的孝心！"

在茫茫的大海上，在没有一个熟人照料的情况下，钱还被偷走了一些，玛尔可经常因梦见母亲死了而惊醒。航行了二十七天后，轮船到达布宜诺斯艾利斯。但母亲做工的那家人搬走了！据说搬到了科特准。一个好心的绅士给了他一点钱和一封信，让他到勃卡小镇，那里会有人送他到洛赛留。在勃卡过了一夜后，坐了三天四夜的轮船到了洛赛留。不巧的是主人出远门一个月后才回来，而且家仆非常恶劣地把他推出了门外。

在举目无亲、身无分文的情况下，玛尔可陷入绝境。可天无绝人之路，这时碰见了轮船上认识的一个老人，老人把孩子介绍给意大利的工友们。贫穷但是热情的工人凑了一些钱，让他坐上火车向科特准进发。

开门的老妇人告诉他，美贵耐治先生移居五六百英里以外的杜克曼了！她好心地把这个孩子介绍给商贩，求让顺路搭车去。商贩其实并不直接到杜克曼，中途下车要走很远的路。玛尔可把所有的钱都掏出来，并且帮忙搬运货物和牲口草料，坚决要求和他们的牛车同行。这才是最艰难的旅程。早晨四点钟出发，晚上十点钟才停下。意大利的四月是春天，而阿根廷的五月是冬天了！玛尔可又冷又饿，还受到车夫的虐待，车走了二十天，他中间发了三天高烧。分手后，他步行了一个星期，跛着脚走入了杜克曼，终于打听到美贵耐治的家。他又走了十五英里，花了五六个小时到了塞拉地罗。

原来这一年多来，母亲一直在主人家生病，出现了致命的内胞癌肿。好在主人细心照料着她。但她拒绝手术治疗！只牵挂着远在家乡的小儿子！

当玛尔可奇迹般地站在她面前时，病人发出三次尖叫：上帝！上帝！我的上帝！马上要求大夫实施手术！医生说："母亲有救了！救活母亲的就是孩子！"

古人万里寻亲屡载史册，就在那隔不断的骨肉亲情。《孟子·离娄上》：事，孰为大？事亲为大。守，孰为大？守身为大。不失其身而能事亲者，吾闻之矣。所以人子当能守身才能尽到事亲之道。

《宋史》卷四六〇有詹氏女，芜湖人，十七岁。南宋绍兴年（1131—1161）初，淮寇攻破了县城。贼寇把她的父兄抓了起来，准备杀掉以威吓百姓。詹氏女寻思片刻，心道："他们两父子是难逃厄运了。只能这么办了！"于是打定主意，走身上前，对着贼首一拜，说："妾虽丑陋，但是愿意跟随侍奉将军，以此来赎回父兄的性命。请求将军恩准。否则的话，让他们父子临死前拼命挣扎，困兽犹斗，对将军也没有什么好处。"贼首沉吟片刻，见她还有几分姿色，答应了她的要求。詹氏女挥手让父兄赶紧走，临别说："不要管我。我能够侍奉将军是我的福气，心中并无遗憾！"于是众贼就把她带走了。走出十几里，来到一座桥上，估摸着父兄早已走远，詹氏女趁人不备，跃身跳水，掉入川流不息的河水中，不见踪影。宁死也不做贼！众贼大惊失色，手足无措，相互感叹了几声，就离开了。詹氏女宁死不从贼，机智救父兄，成为女二十四孝之一。

苟全性命于乱世，不求闻达于诸侯。其实苟全性命易，闻达诸侯难。乱世人生，生命则限于个人，生活则限于小家。奔命于颠沛流离中，支撑生命延续下去的力量，就是那产生无穷动力的亲情。这正是：

岁寒，然后知松柏之后凋也。

家贫知孝子，国乱识忠臣。

患难见知己，危难出真孝。

（罗智国）

10. 农民讲孝
——震撼高校学子

翟玉和是黑龙江省鸡西市一家民营企业的老总，省人大代表，这位农民出身的企业家近年来一直关注农村养老问题。2005年11月起，他个人出资10万元，组织了3个新闻调查小组历时50天行程5.2万公里对我国除台湾以外的31个省（市、自治区）的46个县（市、区）72个村的10401名60岁以上老人进行了实地调查。调查结果触目惊心：三餐不保的占5%；年节饮食与平日无差别的达16%；93%的老人一年添不上一件新衣服；69%无替换衣服；小病吃不起药的占67%；大病住不起医院的高达86%；人均年收入（含粮、菜）650元；农活85%自己干活，97%自己做饭；22%的老人以看电视或聊天为唯一的精神文化生活。与之相比，这些老人的儿女其生活水平至少高于父母几倍乃至更多。

2006年12月23日，一封热情洋溢、饱含人情味的公函送达翟玉和那里。邀请函来自山东省委宣传部、文明办、高校工委等十家单位，他们共同发起"感恩父母，点亮真情"亲情教育进校园、进社区、进企业活动，邀请翟玉和到山东高校讲如何孝敬父母。他分别到山东大学、淄博职业学院、曲阜师范大学等高校作了六场报告。他虽是一个农民出身的生意人，文化水平不高，也从来没有上过讲台，但学生们的强烈反应完全出乎意料。在报告完毕与学生交流时提问者更是"抢不着话筒"，平均每场报告能接到学生们提问纸条100多张。许多同学在听报告时已泣不成声，有的同学当场表态放假回家后要用行动好好孝敬父母。翟玉和以身作则，本身就是个大孝子。1985年，父亲去世，他蘸泪赋诗"痛痛痛，痛心疾首把父葬，悔悔悔，悔不尽孝后悔难。"父亡21年，他现在还不断检讨当年的自己"哪句话惹老人生气了，他要求的哪件事没顺他心思"。如果没及时行孝，他认为"那是一辈子的痛、一辈子的悔"。及时行孝既是向父母还债，亦是为自己老年储蓄。即对上行孝，对下收效。

根据实地调查，翟玉和提出五大对策：（一）修改《老年人权益法》。因该法对不孝者没有惩戒，所以，不孝者不知晓不尽孝是违法。（二）孝道从娃娃抓起。将《二十四孝》作为影视、图书的启蒙教材。（三）利用一切宣传工具弘扬孝道、鞭挞不孝，形成孝子人人敬、逆子人人谴的社会氛围。如在市、省、全国评选"十大孝子"、"十大孝媳"、"十大逆子"。给孝子劳模待遇。在各种晚会上宣传孝道。建议增设重阳节晚会。韩剧中渗透的德政工程，文化部门应从中借鉴。（四）加强农村基层组织特别是妇女组织的建设。成立"村老会"，专门协调、裁断、处理不孝纠纷。（五）加强农村托老机构建设，探索社会化养老之路。

孝本来是一个与公共空间相对应的私人领域，可养老是关系国家的重大社会问题。国际上把60岁以上的人口占总人口的10%或65岁以上人口占总人口的7%的国家和地区看做是"老龄化社会"。目前，我国的老年人口已逾1.5亿人，约占总人口的11%以上，尤其是，我国的老年人口基数大、来势迅猛，是在"未富先老"的情况下迎来了人口老龄化。据有关资料预测，到2025年，我国老年人口将达2.8亿，约占总人口的20%，80岁以上的老年人数也将达2500万人。到那时，我国60岁以上的老年人将相当于美国的总人口，两倍于日本的总人口，其中80岁以上的老年人也将超过澳大利亚的总人口。可见，如何安排和解决好亿万老年人的养老问题，将是我国21世纪的重大战略任务之一。

《孝经·广扬名》：君子之事亲孝，故可移忠于君。事兄悌，故顺可移于长。居家理，故治可移于官。《礼记檀弓下》：天子之与后，犹父之于母也。《礼记大传》：亲亲故尊祖，尊祖故敬宗，敬宗故收族，收族故宗庙严，宗庙严故重社稷。所以，孝作为伦理道德的起点，作为"众善之始"和"百行之本"，存在一个由内而外、由近及远、由亲及疏、由大及小的推行过程。在家为孝子，入朝做忠臣，求忠臣于孝子之门，资于事父以事君。

孝在现代已退回家庭的领域，但是对于天下的老人，是该孝待的。《礼记·乡饮酒礼》：民知尊长养老，而后乃能入孝弟，民入孝弟，出尊长养老，而后成教，成教而后国可安也。孝作为我们国家的传统美德，在渐渐步入老龄化社会的今天，有着非常重要的现实意义。

孝经，当今时代一本难念的经。

孝先行，事必成。

小孝治家，大孝治国。

老吾老，以及人之老；幼吾幼，以及人之幼。

（罗智国）

11. 伯愈泣杖
——居则致其敬

韩伯愈，汉朝梁（今河南临汝）人，非常孝顺，但他的母亲生性严厉，伯愈偶尔做了错事，母亲就会用手杖打他。伯愈总是躬身低头接受管教，既不哭泣也不辩解，等母亲消气后再向母亲谢罪。有一次，母亲又用手杖打他，伯愈忽然泪如雨下。母亲奇怪地问："以前打你你从不这样，难道我下手太重了吗？"伯愈回答说："往常打我我觉得疼痛，知道母亲还有力气，身体健康，但是这次我感觉不到疼痛，知道母亲体力微弱，身子骨不如从前，所以心里悲伤，才忍不住痛苦。"母亲把手杖丢在地上，长叹一声，无言垂泪。后人赋诗赞伯愈：

体念母亲情至忱，母棰轻重甚关心。一朝知母力衰退，顿起心酸泪湿襟。

《礼记·祭义》：养可能也，敬为难。《孟子·离娄上》：孝子之至，莫大于尊亲。敬而不爱，木偶也；爱而不敬，禽犊也。弗爱不亲，弗敬不正；敬胜则济之以爱，爱胜则济之以敬，合敬同爱，和之谓也。《大戴礼记·曾子立孝》：君子之孝也，忠爱以敬。

父母是我们敬爱的人，但尊敬父母不意味着一味的顺从。《论语 里仁》：师父母几谏，见志不从，又敬不违，老而不怨。曾子曾经问孔子：子从父令，可谓孝乎？孔子否认说：父有争子，则身不陷于不义。故当不义，则子不可以不争于父（《孝经谏诤》）。鲁哀公三问孔子：子从父命，孝乎？孔子不答，而子贡认为这是孝。孔子说：小人哉，赐不识也……父有争子，不行无礼……子从父，奚子孝？《荀子子道》认为：孝子所以不从命有三：

从命则亲危,不从命则亲安,孝子不从命乃衷;从命则亲辱,不从命则亲荣,孝子不从命乃义;从命则禽兽,不从命则修饰,孝子不从命乃敬。故可以从而不从,是不子也;未可以从而从,是不衷也;明于从不从之义而能致恭敬、忠信、端悫以慎行之,则可谓子之恩。《吕氏春秋·应同》:君虽尊,以白为黑,臣不能听。父虽亲,以黑为白,子不能从。《大戴礼记·曾子本孝》:君子之孝也,以正致谏。……故孝子之于亲也,生则有义以辅之。《大戴礼记·曾子大孝》:养,可能也;敬,为难。

《孔子家语》有个故事:曾参在芸瓜时不小心斩断瓜根,父亲曾皙大怒,用棍子击头。曾参倒地昏迷,许久才苏醒,对父亲说:"以前我做错事,父亲大人就用力教导,这样父亲才不会生病呢!"然后退后操琴而歌,想让父亲知道其内心并无不平。孔子知道后,让门人拒曾参于门外。曾参以为无罪,请人向孔子道歉。孔子说:"听说过瞽叟的儿子虞舜吧?舜怎样孝顺父亲呢?召之即来,未曾不在身边。但要杀他,不能得手。小打小闹能够接受,但大棒挥来就要逃走,以躲避父亲一时的暴怒。曾参你原地不动,接受父亲的棍棒,如果误杀了你,陷父亲于不义呀?还有比这更不孝的吗?难道你不是天子之民吗?杀人要偿命的!"

一方面,身体发肤受之父母,不敢毁伤,毁伤自己就是毁伤父母。《论语》说:启予足,启予手!《诗云》:战战兢兢,如临深渊,如履薄冰!乐正子春伤足痊愈,仍然面带忧虑,学生问原因。他说:"吾师曾子说,天之所生,地之所养,无人为大。父母生下完美的我,我们也得完美地回归天地。这才是孝。一个人只有身体不损毁,心灵不受辱,才是完美。所以君子每行一步,都不忘孝。如今我忘却了尽孝之道,所以我面有忧色。每一个人都应举手投足不敢忘父母,出言不敢忘父母。所以走路要走大路而不敢走小路,渡水要乘船而不敢游泳,不敢以父母留给自己的身体去冒险。出言不敢忘父母,所以恶言不出口则愤言不回自身。这样不辱没自身,不羞辱双亲,就算得上孝了。"另一方面,父母大如天,天下无不是的父母。父欲子亡,子不敢不亡。父母之命不敢违!忤逆父母成为十恶不赦之罪!

史学之父司马迁因为替投降匈奴的李陵辩护,得罪了汉武帝,遭受宫刑。"太上不辱先,其次不辱身",宫刑意味着两次受辱,污及先人,见笑于亲友。本想一死了之，但为了完成《史记》，忍辱负重，苟且偷生，又过八年才完成这部巨著。在《太史公自序》中说：扬名与后世，以显父母，此孝之大者。《伪孔传》云：继先祖之志为孝。《中庸》曰：夫孝者，善继人之志，善述人之事者也。司马迁把孝提高到至高的境界。《礼记·祭义》里曾子谓孝有三：大孝尊亲，其次弗辱，其下能养。《荀子·子道》提出了孝的三重境界：入孝出弟，人之小行也；上顺下笃，人之中行也；从道不从君，从义不从父，人之大行也。《墨子·亲士》：故虽有贤君，不爱无功之臣；虽有慈父，不爱无益之子。

传统的孝道是建立在君主制、家长制基础上的，父母与子女在权利上是不平等的，孝是子女对父母尊长单方面的义务，孝道尤其强调子女对父母尊长无条件的顺从。现代社会里独立人格、平等主体观念深入人心，盲目顺从父母已经不可取了。所以，"孝敬"应该取代"孝顺"成为孝道的最根本内涵，平等、民主、互爱应该成为孝道的新特征。父母要疼爱子女，子女要孝敬父母。家庭成员之间互相尊重、互相信任、互相爱护、互相帮助，营造和睦的家庭氛围。

孝有层次，大孝扬亲。孝敬代替孝顺，心敬才有身敬。

(罗智国)

12. 老莱子戏彩娱亲
——养则致其乐

美国科罗拉多州威德县一个农场主格兰·弗里茨勒夫妇，让专业迷宫设计师用父母的照片在计算机上制出设计图，设计图会告诉他们应当除掉哪些地方的玉米。在玉米苗只有几英寸高时，格兰夫妇就通过除草剂除掉了这部分玉米。等玉米长高时，格兰父母的肖像终于在玉米田中清晰地显露了出来。2008年9月10日，格兰夫妇邀请父亲埃德、母亲伊琳登上一架直升机上天兜风，欣赏一下今年的玉米田迷宫。当埃德夫妇看到自己的肖像时，他们彻底惊呆了！这是外国人娱亲的方式。

孝的基本含义是奉养父母，孔子评价当时人说：今之孝者，是谓能养。《孟子·离娄下》也说："世俗所谓不孝者五：惰其四支，不顾父母之养，一不孝也；博弈好饮酒，不顾父母之养，二不孝也；好货财，私妻子，不顾父母之养，三不孝也；从耳目之欲，以为父母戮，四不孝也；好勇斗狠，以危父母，五不孝也。"五项中直接提到奉养父母的有三项。奉养父母不仅仅是供给父母的衣食，维持身体的健康，还包括让父母精神愉悦。所以孔子说：至于犬马皆能有养，不敬何以别乎？《庄子·天运》说：以敬孝易，以爱孝难。忘亲易，使亲忘我难。《礼记·祭义》：孝子之有深爱也，必有和气；有和气者，必有愉色；有愉色者，必有婉容。《孟子·离娄上》：不得乎亲，不可以为人。

史上最著名的娱亲人老莱子，周时郯人也。侍奉父母无微不至，供养饮食专合父母的口味。七十岁了，还不曾远离父母的膝下，父母健在，他也不敢称老。他还想办法，逗父母开怀一笑。他经常穿着色彩斑斓的衣服，模仿小孩的样子，在父母面前稚嫩地扭动，像好动的儿童在跳舞，以此来让父母开心。二老不由得被他逗乐了，说道："这孩子真是长不大！"一天，他为父母担水，故意跌了一跤，趴在地上不起来。故意装着婴儿啼哭的声音，并在地上打滚。父母拄着拐杖蹒跚着走到他前面，扶他起来，笑着说："莱子真好玩啊，快起来吧。"为让父母解闷儿，老莱子特地养了几只美丽善叫的鸟，在父母面前百般挑逗小鸟，像一个嬉戏玩耍的老顽童，鸟儿懂事似的发出动听的叫声。父母听了很高兴，笑着说："这鸟声真动听！"

像老莱子这样娱乐父母的例子非常少，翻检正史，《后汉书》里有戴良学驴叫来娱乐父母，《清史稿》薛文兄弟做侏儒状来博老母一笑。

台湾的黄坚厚先生就儿童时期、青年时期、成年时期（三十五岁以后）应当怎样实践孝行这一问题，向师范大学的教师们征求意见，结果收到一百三十二份复函，各自提出了不同生命周期行孝的基本内容。多数意见认为，儿童时期孝的实践包括"顺从父母的意见和教导"、"努力向学，用功读书"、"养成良好的生活习惯"和"不在外面惹是生非，不作犯规的事"等等；青年时期的孝的实践包括"原则上应顺从父母的教训和指导"、"养成良好的生活习惯，保持端正的品德"、"努力向学，努力充实自己，力争上游"和"慎交友，不和不良少年交往"等等；成年时期的孝的实践包括

"尊敬父母的意见，必要时婉言进劝"、"以适当的方式奉养父母，让父母安享晚年"、"努力工作，发展自己的专业，以安慰父母"和"建立良好端正的行为模式，期能受人尊重，归荣耀于父母"等等。或许供养父母是成年人的事情，但是孝不分年龄大小，儿童也能表现出孝敬父母的行为，使父母有精神上的满足。一个幼小的生命呱呱坠地，迎接他们的是父母含泪的笑脸，推干就湿，把屎喂饭，没有父母的呵护和照料，幼小的生命不可能生存下来。所以三年才能免父母之怀。"舐犊之情"是一种真诚、动人的亲情。幼儿爱心的萌芽，幼儿道德的萌芽，一定首先是从爱他们的父母开始的。牙牙学语的儿童渐渐长大，对父母的爱包含了对父母养育自己的感激，爱心与感激相互交融，最终化为子女对父母的责任感，化为子女孝敬父母的行动。父母既有养育之恩，又有教诲之恩，父母把自己的爱都无私地奉献给了子女，做子女的能不感恩、能不回馈报答吗？

《论语·为政》里子夏问孝，子曰："色难。"孟懿子问孝，子曰："无违。"《墨子·经上》：孝，利亲也。《法言》：孝莫大于宁亲。现在当问及人们怎样算是孝敬父母时，很多人回答说：不让父母操心！进一步说，不做对不起父母的事情，体谅父母的想法，能顺从父母的就不要违逆父母，听取父母的经验作为自己为人处世的参考，让父母保持心情愉快。说来容易做来难啊！

  孝子之事亲也，礼卑伏如下仆，情委婉如小儿。

  笑一笑，十年少。

  儿女孝心，父母开心。

（罗智国）

13. 弱女捐肾、贤婿侍岳
——父母病则致忧

孝养父母不仅仅是供给吃穿，还要为父母看病问药。《礼记·曲礼下》：君有疾饮药，臣先尝之；亲有疾饮药，子先尝之。汉文帝亲尝汤药而入二十孝!《论语·为政》孟武伯问孝,子曰:父母唯其疾之忧。

2007年,有两位全国道德楷模感动了中国,一位年轻的女孩捐肾救父,一位赡养岳父母三十年!

韩瑜,1985年生,是广西钦州市一位乡镇小学教师。1997年,当司机的父亲韩远德查出了尿毒症。每月血透治疗的费用高达五千元,几年来,家庭负债近十万元,陷入困境。为减轻家庭的负担,学习成绩优异的韩瑜放弃上高中考大学的机会,报考了中师。她生活节俭,将每天的生活费控制在三块钱以内,想攒钱给父亲治病。

2003年,她的两个哥哥从报纸上得知换肾可以治愈尿毒症,悄悄地去做了检查,但是都不符合捐肾要求。年仅十八岁的韩瑜也悄悄到医院做了比对检查,在确定各项指标符合要求后,毅然决定把自己的一个肾捐给父亲。当她向父亲提及捐肾的时候,慈祥的父亲宁可一死也不要她捐肾,说:"我怎能用牺牲女儿的健康、幸福来换这一条老命呢!"家人知道韩瑜的想法后,也没有一个人同意。但瘦小的韩瑜坚决地说:"父亲今年才四十六岁,他与母亲将我们三兄妹拉扯大十分不容易,至今没过上一天舒心日子。何况医生说了,捐一个肾,对身体没什么影响。就是有影响,为了救父亲,我也心甘情愿。"她每天跪在父亲床前苦苦哀求,七天之后,无可奈何的父亲终于被她的孝心和毅力所感动,答应了女儿的请求。

2003年1月24日,韩瑜和父亲在桂林解放军181医院成功完成了换肾手术。资深的主刀医生说:"我做过许多例肾脏移植手术,可谓轻车熟路。但面对这位十八岁的美丽女孩,我却于心不忍,迟迟下不了刀啊!"韩瑜捐肾救父当时在全国是首例!

刘延信,河南滑县人。1973年,十九岁的刘延信与同村姑娘谢兰娥喜结良缘,婚后幸福美满。然而,天有不测风云,第二年,产下女儿仅四十天的谢兰娥因病撒手人寰,临终前她一遍遍嘱咐丈夫要好好照顾自己的爹妈和智障兄弟。望着痛不欲生的两位老人,想着爱妻临终时的嘱托,善良的延信"扑通"一声跪在两位老人面前:"爹、娘,兰娥不在了,俺就是你们的亲儿子,你们有病俺伺候,百年以后俺送终!"

刘延信改姓为谢。1979年岳父患重度脑中风,再也没有站起来。一老,一瘫,一傻,一幼,家庭的重担全部压在了谢延信的肩上。岳父大便干结,他用手往外抠；岳父喜欢听豫剧，他省吃俭用买了一部收音机；岳父喜欢听武侠小说，他借书读给老人听。他帮老人按摩、翻身、擦洗、活动，老人心情不好骂他，他一笑了之，从不计较。岳母体弱多病，谢延信想方设法为老人买补品补养身体。老人头疼脑热的，他就守在病床前喂水喂饭、端屎端尿。内弟先天呆傻，经常外出后不知道回家，谢延信总是满大街找。有时内弟解大便弄得满身屎，谢延信就哄着他换洗衣服，从不厌烦。

为了省下钱给老人治病、补充营养，谢延信直到患脑出血住院前，没有为自己花过一分钱看病。四块钱一双的塑料凉鞋，他补了又补，一穿就是六年。一件衬衣白天穿脏了晚上洗洗，第二天再穿，整整穿了十年！为了照顾这个家，谢延信一直没有续娶。通情达理的岳母既欣慰又愧疚，一次次劝他走，劝不动就骂，边骂边往外赶。上天不负有情人！谢延信的善良和真情最终打动了一位善良的农家女，心甘情愿走到了他的身边，并与他一同擎起这个艰难的家。

这一对道德楷模与历史上任何一位孝子相比都毫不逊色，他们体现了新时代的精神风范！

但与此形成鲜明对比的是：据2008年6月3日《新快报》报道，一老母年轻时靠上山背柴火供儿子读完大学，可之后的二十多年时间，儿子却只回了两次老家。现在老人身患重病，要儿子拿钱医治，儿子却说："我也没钱。要我去砸锅卖铁，每天吃咸菜，把钱拿出来，绝对做不到。"

老母亲刘阿婆在年轻时靠上山背柴供儿读完大学，现在身患重病，却被儿子骂"去死"。该不孝子竟是广州一名姓陈的大学讲师。陈老师向记者诉说：2001年买了一套一百平方米的房子；小孩上幼儿园，要买奶粉和智力投资等，每月就要一千多元；他准备考研，一年学费要八千元……

《礼记·祭义》孝有三：小孝用力，中孝用劳，大孝不匮。久病床前有孝子！难的就是永久地保持着孝心。《大戴礼记·曾子大孝》：民之本教曰孝，其行之曰养。养，可能也；敬，为难。敬，可能也；安，为难。安，可能也；久，为难。久，可能也；卒，为难。真的很难吗？难道比蜀道难，比创业难吗？其实尽孝只是琐碎的生活磨难。人消磨在家务之中，会觉得自己像一匹骈死于槽枥之间千里马，不能施展一跃千里的宏伟壮志。焉知一屋不扫，何以扫天下？孝是做人的本分！正所谓：

久病床前见孝子。

不孝枉为人。

(罗智国)

14. 中国第一孝女曹娥
——丧则致其哀

曹娥，会稽上虞人。父亲曹盱是一个巫师，不但能边打击乐器边唱歌，而且能和着曲调在祭祀仪式上跳舞。汉安二年（公元143年）的端午节，正是民俗祭祀潮神的日子，迎神的船队由曹盱指挥，船逆流行驶。这天风急浪高，主祭船被浪打翻，曹盱落水身亡，人们许久都没有打捞到他的尸体，都估计已葬身鱼腹了。

曹娥当时只有十四岁，沿江号哭，昼夜不停。有人说，凡是淹死而找不到尸首时，可以把瓜投在人溺水的地方，如果有尸体，瓜就会沉下去。曹娥举起瓜，默默祈祷，然后投之于水。瓜顺流漂浮，曹娥也沿江跟随。十七天后瓜忽然下沉，她由此处投江而死。曹娥死后八年即桓帝元年（151年），上虞县令度尚，将曹娥墓改葬到江南道旁，并为她立碑。度尚最初委托魏郎撰写碑文，当时他的名气要在另一个上虞人《论衡》的作者王充之上。魏郎号称是东汉八骏之一，写好碑文并未出示众人。这时，度尚又委托十三岁外甥邯郸淳写曹娥碑文，碑文写成后，魏郎自愧不如，就毁掉了自己写的碑文。我们现在看到的《曹娥碑》，就是出自邯郸淳之手。碑文虽仅仅只有四百四十二字，但"彰孝烈"其情其旨自溢于言表。

关于《曹娥碑》，还有很多趣闻。蔡邕初见曹娥碑时，题八字于碑阴：黄绢幼妇外孙齑臼。什么意思，一时无人能解。曹操和杨修见到后，曹操问：解否？杨修答曰：解！曹操说："卿未可言，待我思之。"行三十里，曹操才说：吾已得之。令修记下来，杨修写的是：黄绢，色丝也。幼妇，少女也。外孙，女子也。齑臼，乃受五辛之器也，受旁辛字，辞字（辞的繁体是辭）。所谓"绝妙好辞"！曹操记下来，与修同。于是叹息说：我才不及卿，乃较三十里。后来这个自命不凡的杨修被曹操杀掉了。

曹娥为什么叫做中国第一孝女呢？在会稽，除了曹娥碑外，还有曹娥庙、曹娥祀、曹娥江等。其实早在曹娥前不久，永建初年（126年），四川犍为人叔先雄投江殉父，而且神话般地父女尸体一同浮于江上，还托梦给她的丈夫。两人几乎同时出现在《后汉书》卷八四里，但曹娥的名望远在叔先雄之上，原因就在于历史上有许多著名的大书法家书写《曹娥碑》。第一个为曹娥写碑的就是蔡邕，此书法作品在二百年后失传。东晋时期的书圣王羲之，再以小楷书写曹娥碑，碑刻两通，失传，但其摹本现藏辽宁省博物馆。北宋尚书仙游人蔡卞，再次以行书书写曹娥碑，现存曹娥庙内的就是蔡卞摹写的碑刻。明朝嘉庆元年李邕再次以行书书写曹娥碑。

曹娥庙有两副对联：

碑绝辞妙才人笔，江水长流孝女名。

事父未能，入庙倾城皆末节；悦亲有道，见吾不拜也无妨。

曹娥的孝行并不是鼓励人们舍身投水本身，而是舍身投水的道德价值，远高于生命价值，富有献身精神。《论语·卫灵公》：无求生以害仁，有杀身以成仁。《孟子·告子上》：生，我所欲也，义，亦我所欲也。二者不可得兼，舍生而取义者也。《颜氏家训·养生》：夫生不可不惜，不可苟惜。涉险畏之途，干祸难之事，贪欲以伤生，悷悷而至死，此君子之所惜哉；行诚孝而见贼，履仁义而得罪，丧身以全家，泯躯而济国，君子不咎也。

孝不分男女，孝女的数量未必比孝子的数量少！曹娥是女二十四孝之一，女二十四孝有着和二十四孝同样的作用。《女范捷录》：男女虽异，劬劳则均，子媳虽殊，孝敬则一。夫孝者百行之源而尤为女德之首也。《内则》：孝悌，天性也，岂有间于男女乎？

《礼记·祭统》：孝子之事亲，有三道：生、丧、葬。《孝经》曰：丧则致其哀，祭则致其严。生事爱敬，死事哀戚。《礼记·中庸》：事死如事生，事亡如事存，孝之至也。生养死葬都是孝行。《礼记·檀弓上》：子高曰：葬也者，藏也。藏也者，欲人之弗得见也。是故，衣足以饰身，棺周于衣，椁周于棺，土周于椁，反壤树之哉！《礼记·问丧》：丧礼唯哀为主。

《论语·阳货》里还详细解释了为什么有三年丧期。宰我对孔子说："父母死，守孝服三年，时间太长啦，做君主的三年不行礼仪之事，礼仪将废弛。三年不振兴乐事劳民,乐事也会散失。旧谷吃完,新谷登场,钻燧可以改变取火的方法,守孝三年可改为一年。"孔子说:"我们吃父母的饭,穿父母的衣,才能长大成人,你觉得安心吗?"宰予说:"安。"孔子说:"你觉得安心,你就去做,大凡有德之人,守孝期间,吃无味,听无乐,起居也不安心。"宰我出去以后,孔子说:"试想,做子女的,生下来三年后才真正脱离父母的怀抱,而人们的三年丧期是通丧,宰予能有三年的爱心来报答过父母的养育之恩吗?"

古代三年丁忧之制,三年守丧,不工作,闭门不出,在现代已是不可能。不过可以将"三年之丧"加以象征性的改造,简化为过三个周年纪念日,使中国传统适应现代社会。在这三年里,心丧犹如守丧,做深切的自我反思,来体味自己整个的人生。可知死生亦大矣!

> 丧亲之痛,痛何如哉?
> 孝是人道第一步,
> 孝子英名留人间。

(罗智国)

15. 清明时节泪纷纷
——祭则致其严

据《华西都市报》报道,2007 年清明节是我国首个法定清明节日,清明祭哀思,但祭祀之风却变得奢侈豪华。

一、香车别墅俱全,祭祀套餐要卖数百元:

"衬衣八元,家电六元起价,套餐有优惠。"公墓一殡葬用品店,老板娴熟地向顾客推销祭祀用品。这家店铺面积不大,但商品相当"丰富"。店铺外摆放着五颜六色的纸糊小车、衬衣、彩电、空调……其中一座一米多高的别墅更是引人注目,别墅内家电一应俱全,顶上还有两个纸糊的"金童玉女"。不仅如此,就连传统的纸钱也变成了美元、英镑。

老板称,他做了十多年丧葬用品生意,每年都会推出最新的祭祀用品。

"我这些货都是从广东运回来的。"老板边说边介绍,套餐根据规格和货品的不同分为三百二十元、三百六十元、三百八十元、四百八十元不等。其中,四百八十元套餐包括异国风情的别墅、豪华高档的轿车、名牌家电,各项娱乐设备等三十二种祭品,目前很畅销。凡购买套餐者,店方还将提供全套服务——派人帮顾客烧祭祀品。听到老板天花乱坠的介绍,一位四十多岁的顾客当场买下四百八十元的套餐。

二、烟尘破坏环境,数十工人难保"清明":

三月的公墓本是绿树青葱,但市民对一些不文明的祭祀方式却使得烟尘乱飞,打破了公墓的宁静和谐。公墓主任说,尽管设置了专门的鞭炮燃放点,但少数市民仍旧在墓旁燃放。"不但损坏了花草,还带来严重的安全隐患。"主任对此很无奈。

最让管理人员头痛的是,每当祭祀高峰期,数千市民集体烧纸燃烛,烟尘四处飘散,不但影响了空气质量,还弄脏了原本干净的墓碑。为此,公墓临时聘用了二十多名清洁工,但收效甚微。那清明节应该是这个样子吗?

清明节大约始于周代。先秦时期,清明是中原人民重要的农耕日期。清明一到,气温升高,正是春耕播种的大好时节,故有"清明前后,种瓜种豆"的农谚。战国秦汉时,祭扫祖先坟墓已经成为日常生活的一项内容,但并未定时定日。到了魏晋时代,政府官员请假回乡扫墓,动辄历时百日。唐玄宗开元二十年(732年),下诏规定清明前一日寒食节为扫墓之日。至此,清明寒食合二为一,成为扫墓节。

关于寒食,有这样一个传说:

相传春秋战国时代,晋献公的妃子骊姬为了让自己的儿子奚齐继位,就设毒计害死了太子申生。申生的弟弟重耳,避祸流亡。在流亡期间,原来跟着他一道出奔的臣子,大多各奔前程去了。只剩下少数几个忠心耿耿的人,其中一人叫介子推。有一次,重耳饿晕了过去。介子推为了救主,从自己腿上割下了一块肉,用火烤熟了就送给重耳吃。十九年后,重耳回国做了君主,就是著名春秋五霸之一晋文公。

晋文公执政后,对那些和他同甘共苦的臣子大加封赏,唯独忘了介子推。有人在晋文公面前提起介子推。晋文公猛然忆起旧事,心中有愧,马上差人去请介子推上朝封官加爵。可是,差人去了几趟,介子推不来。晋文公只好亲自去请。可是，当晋文公来到介子推家时，只见大门紧闭。介子推不愿见他，已经背着老母躲进了绵山（今山西介休县东南）。晋文公派人上绵山搜索，没有找到。有人出了个主意说，不如放火烧山，三面点火，留下一方，介子推会从这方走出来的。晋文公乃下令举火烧山，大火烧了三天三夜，孰料大火熄灭后，也不见介子推出来。上山搜寻，发现介子推母子俩抱着一棵烧焦的大柳树烧死了。

晋文公把介子推和他的母亲分别安葬在那棵烧焦的大柳树下。为了纪念介子推，晋文公把绵山改为"介山"，在山上建立祠堂，并把放火烧山的这一天定为寒食节，晓谕全国，每年这天禁忌烟火，只吃寒食。第二年，晋文公领着群臣，素服徒步登山祭奠，表示哀悼。祭扫后，晋文公把复活的老柳树赐名为"清明柳"，又把这天定为清明节。

《礼记·祭统》：凡治人之道，莫急于礼；礼有五经，莫重于祭。《礼记·檀弓上》中子路曰：吾问诸夫子：丧礼，与其哀不足而礼有余也，不若礼不足而哀有余也。祭礼，与其敬不足而礼有余也，不若礼不足而敬有余也。《礼记·檀弓下》：唯祭祀之礼，主人自尽焉尔，岂知神之所飨，亦以主人有齐敬之心也。《礼记·檀弓上》子高曰：生有益于人，死不害于人。厚葬久丧当时就受到墨家的批判攻击，现代的厚葬耗费大量财务，是对社会资源的一种浪费。

1994年以来，清明公祭黄帝已被提升为国家级祭祀，由陕西省人民政府主办，中央委派党和国家领导人参祭。我们都是炎黄子孙，黄帝是中华民族最大的元祖，最大的追孝敬祖就是孝敬中华民族这个命根。孝意识是中华民族凝聚力的核心之一。

   清明怀亲泪纷纷，祭祖坟前欲断魂。
   哀思何需比奢侈，慎终追远显真心。

（罗智国）

16. 孝子水葬涉嫌侮辱尸体
——孝与法的冲突

据《海峡都市报》报道，2008年11月18日，有人在南安码头镇发现一个麻袋，解开一看，发现里面装着一具老年女尸。26日，警方根据线索找到王军。

王军，安徽寿县双桥镇尚庙村人，来福建南安打工已有数年。11月3日，六十六岁的母亲周氏猝死在一出租房内，因无钱葬母，他含泪将遗体装在麻袋里，沉尸"水葬"。

王军"水葬"母亲的消息，已在乡邻中传开。但是，他们对此并没有过多的指责。尚庙村六十七岁的朱继元告诉记者："这都是被生活逼的，这孩子从小就很孝顺，绝不会做对不起他老母亲的事。"朱继元说，王军的母亲是后来改嫁给王军的父亲的，之前生过两个男孩。1960年前后，他的母亲突然犯病，从此生活不能自理，成了精神病人。村里七十九岁的老人余如胜说，有一年的夏天，他看到疯癫的周氏竟然脱光衣服在门口的水沟里洗澡，没有一点羞耻感，"你能想象得到她的精神病有多严重"。

周氏改嫁给王军的父亲后，整日疯疯癫癫。年近四十岁才生下王军。朱继元说，因为穷，王军基本没有读过书。但王军并没有因为贫穷和母亲的疯癫而放弃照顾母亲。"以前没有外出打工的时候，他会每天将做好的饭菜送到母亲的嘴边。端屎端尿都是他一个人服侍。"

记者试图联系周氏与前夫生的两个儿子，但乡邻们都摇头表示没有必要，因为据他们了解，这两个儿子早就与周氏断绝了来往。

不幸总是伴着这个不幸的家庭。"他的父亲一生多病，最终还是因为癌症在前几年离世。"为了自食其力，王军决定外出打工。父亲去世后，从千里之外将年老、身患精神病的母亲周氏背到南安，一边打工一边照顾老人。"如果他不孝顺，也不会将他母亲带到福建，放在身边照顾。"但是，当母亲客死他乡的时候，王军在工厂打工，每个月工资四五百块，而当地的火化费最低一千多元。王军和干姐姐叶丽一起，从附近店面买来麻袋和绳子。将周氏的尸体装在麻袋中，装入三块石头，再用绳子系住袋口。乘着夜色，两个人将尸体搬上一辆摩托车，径直骑车前往码头。两人将尸体抛到了水中。瞬间，麻袋就向下游流去。把母亲抛走前，王军对着麻袋磕了几个头。母亲被水冲走后，他站在岸边又大哭了一场。

因涉嫌侮辱尸体罪，目前王某和叶某被刑拘。

《子路》篇载：叶公语孔子曰："吾党有直躬者，其父攘羊，其子证之。"孔子曰："吾党之直者异乎是，父为子隐，子为父隐，直在其中矣。"从法律上讲，父亲偷了东西，儿子前去揭发，并没有错，儿子确实正直。但从感情上看，是合法而不合情。当法和情不可兼得，发生冲突时，孔子毫不含糊地主张服从情，把对父亲的敬爱无原则地推到了包庇其偷盗行为的程度。

《孟子·尽心上》桃应问曰："舜为天子，皋陶为士，瞽瞍杀人，则如之何？"孟子曰："执之而已矣。""然则舜不禁与？"曰："夫舜恶得而禁之？夫有所受之也。""然则舜如之何？"曰："舜视弃天下犹弃敝屣也。窃负而逃，遵海滨而处，终身䜣然，乐而忘天下。"

舜是理想中的天子，皋陶是理想的执法大师，瞽瞍是舜的父亲。瞽瞍性情顽劣，纵容舜的弟弟象去杀舜，舜是大孝子，瞽瞍如果杀了人，该怎么办？孟子说，瞽瞍既然犯了杀人罪，就只有将其逮捕，绳之以法了。但是问题是，舜作为天子，具有无上权力，难道就不禁止皋陶逮捕自己的父亲吗？孟子的回答是不能。理由是皋陶这样做，是有充分根据的，他所执行的法，是有所传授的，不是私人授予的，也不是为私人办事的。在其位，谋其政，不能尸位素餐，有什么理由去禁止呢？那么，孝子舜难道眼看着自己的父亲被抓起来治罪而没有办法吗？办法是有的，就是不当这个天子了。在孟子看来，为天子而有天下，算不了什么，天下对于舜，就像破鞋子一样可以扔掉。孟子早说过："君子有三乐，而王天下不与存焉。"不当天子之后，他可以偷偷地背负着父亲逃走，沿海边住下来，终其生享受天伦之乐，忘掉做天子这回事。父母大于天啊！

据重庆市人大常委法制委员会主任、西南政法大学教授俞荣根先生演讲时说："在三月份召开的全国人大上，重庆人大代表团提出议案要求修改

《刑法》，取消亲属间的互相揭发、互相举证，加重处罚亲属间包庇罪的条款。这表明儒家思想对立法也重新有一定影响。"修改现行刑法，确立"亲属作证豁免权"，很多有识之士大力倡议。

听讼，吾犹人也，必也使无讼乎，孔子厌讼。穷死不做贼，屈死不告官，国人怕打官司。孝是脉脉的温情，和冷冰冰的法律似乎水火不容，法不容情！但法律无情人有情，道是无情胜有情。法律不能无视人情，法律最终还是为了人！这正是：

　　天理国法与人情，和谐相处能相容。
　　无百年不变之法，有百年不变之孝。

（罗智国）

17. 母亲节和父亲节

"妈妈：虽然儿子从来没有当面表达过对您的爱，但儿子心里永远爱着您。祝您健康幸福！"内蒙古大学大二学生呼斯勒在"母亲节"送给母亲的卡片上这样写道。他对记者说："长这么大，从来没有当着父母的面说过一声'我爱你'，但是我每年都会借着'母亲节''父亲节'表达对父母的爱。"可中国人为什么过外国的节日呢？

母亲节是美国法定的全国性节日。在每年5月的第二个星期日举行，是由贾维斯倡导，其女儿安娜·贾维斯（Anna Jarvis, 1864－1948）发起创立的。

贾维斯有十个子女，是美国格拉夫顿城教会主日学校的总监。南北战争结束后，她在学校里负责讲述美国国殇纪念日的课程。贾维斯是一位心地善良、极富同情心的女人。她讲述着战争中那一个个为正义捐躯的英雄的故事，望着台下那一张张充满稚气的孩子们的脸，一个想法猛然涌上心头：为祖国贡献了这么多英勇战士，保证了战争胜利的，不就是那一个个含辛茹苦地抚育着子女的母亲们吗？她们的儿子血染疆场，承受着最大的痛苦和牺牲的不也是这些默默无闻的母亲吗？因此，她提出设立一个纪念日或母亲节，给这些平凡的女人一些慰藉，表达儿女们对母亲的孝思。可惜的是，这个良好的愿望还没有实现，1905年贾维斯便与世长辞了。女儿安娜终身未婚，一直陪伴在她母亲身边，目睹母亲抚养自己和兄弟姐妹成人的辛劳，深感母亲的提议是合乎天理人心的。母亲去世两年后，她开始写出了几十封信，发给美国国会、地方州长和妇女组织等，提议创立母亲节。在她的一再呼吁下，这一提议得到了社会上的广泛响应和支持。第一个母亲节于1908年5月10日在西弗吉尼亚和宾夕法尼亚州举行。到1911年，几乎美国所有的州都开始庆祝母亲节了。

1914年，美国总统威尔逊郑重宣布，把每年5月的第二个星期天，也就是贾维斯夫人的忌日，定为母亲节。美国政府还规定，母亲节这天，家家户户都要悬挂国旗，以表示对母亲的尊敬。由于贾维斯夫人生前喜爱康乃馨花，这种花也就成了母亲节的象征。

母亲节创立后，也得到了全世界各国人民的支持。安娜·贾维斯在世时，设立母亲节的国家已达四十三个。母亲节，已经成了一个名副其实的国际性节日。按惯例，"国际母亲节"被定在每年的5月11日举行。

关于父亲节由来：

父亲节的发起人是约翰·布鲁斯·多德夫人，十三岁丧母。父亲威廉·斯马特先生，在美国华盛顿州东部的一个乡下农场中，独自一人抚养六名子女长大成人。斯马特先生参与过美国南北战争，他在妻子过世后立志不再续弦，全心带大六名儿女。1909年斯马特先生去世。姐弟六人每逢父亲的生辰忌日，总会回想起父亲含辛茹苦养家的情景。多德提笔给州政府写了一封言辞恳切的信，呼吁建立父亲节，并建议将节日定在6月5日她父亲生日这天。翌年，多德夫人所在的斯坡堪市正式庆祝这一节日，市长宣布了父亲节的文告，定这天为全州纪念日。以后，其他州也庆贺父亲节。在父亲节这天，人们采纳了多德夫人的建议，佩戴红玫瑰向健在的父亲们表示爱戴，佩戴白玫瑰对故去的父亲表示悼念。

1924年，美国总统柯立芝支持父亲节成为全美国的节日；1966年，美国总统约翰逊宣布当年六月第三个星期日，也就是斯马特先生的生日为美国父亲节；1972年，美国总统尼克松签署正式文件，将每年六月的第三个周日，定为全美国的父亲节。

《论语·里仁》曰：父母之年不可不知也，一则一喜，一则一惧。喜的是父母虽年增而健在，惧的是因年增而衰老而近死亡。父母多能记得子女年岁，而子女又有多少能记得父母的年岁和生日？

中华文化是孝道文化。中国的正统文化中，天地君亲师，至高至尊。但却没有母亲节，没有父亲节，没有教师节；中国的正统文化中，天天都是母亲节，天天都是父亲节，天天都是教师节。教师节已经成为国家的法定节日，母亲节和父亲节是否也该成为法定的节日呢？

2006年全国政协委员李汉秋教授首倡农历四月初二孟母仉氏生孟子之日定为"中华母亲节"，2007年他同六十位全国政协委员提交了关于"创设中华母亲节"的提案。中国也有自己的"母亲花"——"萱草花"。苏轼诗曰：萱草虽微花，孤秀能自拔，亭亭乱叶中，一一芳心插。"萱草花"也叫"金针花"，别名"忘忧草"。古人往往在要离开家以前，在自己家的门庭前面种一片萱草花，就是让自己的母亲看到这片花的时候要忘掉忧愁，忘掉自己思念孩子的郁闷和担心，所以这是给母亲一个非常好的祝福，希望母亲不要因为自己的远行而伤心，这是一个很好的祝愿。"慈母手中线，游子身上衣。临行密密缝，意恐迟迟归。谁言寸草心，报得三春晖。"

现代社会不再是一个"父母在，不远游"的社会，一首《常回家看看》之所以能够唱遍大江南北，就是因为当代社会呼唤孝的回归。母亲说："小的时候天天盼着你们长大，现在却很希望你们回到小的时候。"问为什么。"那样可以天天与你们在一起啊！"是的，老人们多么希望儿女能承欢膝下，畅享天伦之乐。

  常回家看看，父母在期盼。
  每逢节假日，专程孝敬父母时。

（罗智国）

18. 焦波之孝
——俺爹俺娘在心里

焦波是山东淄博一位农民的儿子。他的爹娘住在一个偏僻的小山村里，相濡以沫七十二年。焦波是家里最小的孩子，是在爹四十岁时生的。

焦波的爹娘六十岁前几乎没有拍过照片。自1974年为父母拍摄第一张照片到2004年娘去世，三十年来，作为职业记者的焦波为爹娘拍了一万两千多张照片，六百多个小时录像。这些照片和录像，记录爹娘的日常起居、接人待物、喜怒哀乐，也记录下爹娘身边的风土人情，世事沧桑。

1994年他从家乡调往《人民日报》海外版担任摄影记者。人在北京，但平均每月都会回老家一次进行拍摄，有时一月甚至是两三次。

1997年春节，在《中国青年报》摄影版发了一整版的摄影作品。1998年8月，组照《俺爹俺娘》获首届国际民俗摄影比赛最高奖——"人类贡献奖"大奖。一位资深的法国评委这样描述这部作品："全人类只有亲情是相通的，《俺爹俺娘》能感动世界！"

1998年12月1日，《俺爹俺娘》摄影展在中国美术馆开幕。媒体对它的评价是："感动京城，轰动全国"，"是近年来唯一一次让人落泪的影展"。被教育专家誉为"一百年都不过时的思想教育教材"。至今，该影展已经在二十多个城市，十余所高校巡回展出，所到之处，无不掀起"亲情旋风"，百余册留言簿几可等身，数十万字留言感人肺腑。

山东画报出版社1998年出版了《俺爹俺娘》的摄影散文集，一年之内五次重印，一再脱销；2000年外文出版社将之以中、英、德、法四国语言出版单行本画册向全球发行；1999年韩国出版商抢先在韩国发行韩文版。2004年10月，北京俺爹俺娘文化传播有限公司成立。

2006年，中央电视台以这些照片和录像为基础，拍摄了中国第一部原创、纪实电视连续剧《俺爹俺娘》，2007年春节期间播出。纪录片《俺爹俺娘》还成为2005年中国传媒大学艺术生高考试题，《俺爹俺娘》照片中的

《娘送行》成为2007年高考山东卷试题。

作品获中央电视台2000年《东方之子》、中央电视台2006年《感动中国人物》提名。从1997年1月至今，先后由一百多家国内外媒体对焦波做了专访。其中，《人民日报》、《中国日报（英）》、《北京青年报》、《大众日报》等发表整版报道一百二十多篇。

焦波说："当初做这件事的目的很单纯，就是想着为父母办点事，想着用什么方式回报他们，尽点孝心，用什么方式呢，我只会拍照片，而父母在我学摄影之前从来没有好好拍过照片，现在做儿子的给他们照相，也是挺有意义的吧，拍的时间长了，对父母的感情就越来越深，回家的次数更多了。我当时想要拍照就出于对父母的爱，因此才能坚持下来。""我首先是儿子，其次才是摄影师。""这不是我的成功，是我爹娘的成功。"

鲁叔孙豹在《左传》里说："太上有立德，其次有立功，其次有立言，虽久不废，此之谓不朽。"千百年来，三立一直是儒家君子孜孜追求的目标。为了追求事业上的不朽，家庭生活往往难以顾及，像大禹"三过其门而不入"就是这样，正所谓"忠孝两难全"。

《二十四孝》中啮指心痛的曾参为我们树立了孝的榜样。曾参十三岁就入孔子之门。问学期间，每天有五次问候父亲着衣的厚薄，还询问枕头的高低，睡得是否舒服。曾子追随孔子十几年，孔子对曾子说："孝，德之始也，悌，德之序也，信，德之厚也，忠，德之正也。"曾子正是按照孔子的"孝悌忠信"来规范自己的行为。曾子认为孝顺有三种，最大的孝顺是尊敬父母，其次是使父母不受到凌辱，最起码的是奉养父母。有个叫公明仪的人问曾参："你可以算是孝子了吧？"曾参说："我还不能算。孝子办事，是父母的意向还未表达的时候，就预先按父母的意图把事情办好了。我只不过是能奉养父母罢了，怎能算孝子呢？"曾子比孔子小四十六岁，从孔子游学最晚，但得道甚精，是孔子学说的真正传人。曾子把自己的思想传给子思，子思再传孟子，终于成就了孔孟之道（韩愈语）。

孔子虽然讲孝，但三岁丧父，孔子为不能尽孝而遗憾。孔子关于孝行的言论是零散的。曾子作为一个讲孝、重孝并身体力行的人，把孔子孝的思想学说系统化、理论化，著有影响中国两千多年的伟大著作《孝经》。后人将曾子奉为"宗圣"。

《孝经》是写给我们每个人的人生教材,因为每个人都有自己的父母,这就注定了它是一部受到世人普遍关注的书。宋人邢昺在给《孝经》所作的注疏序中称《孝经》是"百行之宗,五教之要","道德之源泉,治化之纲领",言不虚矣!

家有一老,如有一宝。
人而不孝,丧尽天理。
孝敬父母,天经地义。

(罗智国、傅永聚)

19. 色难
——该怎样孝敬父母

据《南方网讯》:广东某市一位七十六岁高龄、重病缠身的张老太婆,一生含辛茹苦将三个儿子拉扯大,三个儿子却长期不去看望她,甚至连一分钱的生活费也不给她。老人面临被饿死的境地。邻居们实在看不下去了,就反映给当地的司法部门,将其儿子告上了法庭。无独有偶,山东某市也有一位八十多岁的老太太,生有五位儿女,因为家庭财产方面的争执,没有一个儿女过问老人生活,老人一气之下向一个主流媒体披露了子女的不孝行为。以上明目张胆虐待老人的极端不肖子孙,当然只是少数。但据统计,我国目前有二千三百多万六十五岁以上的失去劳动能力的"空巢"老人。子女们不同程度的不孝行为普遍存在。许多子女让父母缺吃少穿,使老人艰辛度日,过着孤独凄凉的日子。儿女们的生活水平明显高于垂垂老矣的父母,孙子孙女一天的零花钱比爷爷奶奶一个月的花销还多。对父母大声呵斥、极不耐烦者有之,对病中的父母面生厌恶的有之,骂声不绝的有之,拒付医疗费的有之。家养的宠物病了,惶惶不可终日,而父母病了却无动于衷。更有甚者,在父母生前常怀恨恨之心,整天惹其生气,使父母受尽折磨,死后却奢侈厚葬,呼天抢地,装出极为悲哀的样子给别人看。难怪有的老人极为后悔地说:"像这样的儿女真不如一生下来就掐死他!"

中华民族从来就有孝敬老人的优良传统。父母不仅给了我们生命，而且含辛茹苦地把我们抚养大。《诗经·小雅·蓼莪》：哀哀父母，生我劬劳；哀哀父母，生我劳瘁；父兮生我，母兮鞠我。拊我畜我，长我育我。顾我复我，出入腹我。欲报之德，昊天罔极。刘安的《劝孝》诗，孟郊的《游子吟》成为千古流传不衰的佳作。父母之德，怎么报答也报不完！做儿女的看到父母老了，无用了，就嫌老人唠叨，嫌老人脏，嫌老人碍手碍脚，甚至嫌老人死得太晚，这种心态是极不道德的。你是否想到，母亲十月怀胎、一朝分娩是多么的痛苦；乳汁哺育、学语教步是多么的艰辛；可曾记得，父母拼命劳动供养你生活、上学、工作，甚至结婚成家、生儿育女！可曾感悟，你生病时父母的揪心裂肺，焦虑不安，废寝忘食，恨不得用他们的健康和生命去相替！儿行千里母担忧。可怜天下父母心。羊羔知跪乳，乌鸦有反哺。不孝之子，那里赶得上畜生！

孔子重孝道。他对如何孝敬父母有过精彩的论述：当学生们问什么是孝时，孔子回答说"今之孝者，是谓能养。至于犬马，皆能有养，不敬，何以别乎"（《论语·为政》）。就是说不能认为能给父母一口饭吃就是孝了，应当按照礼节去孝敬父母，否则与饲养犬马有什么两样？孝敬父母总的原则是"无违"，就是说不能违背礼节，不能惹父母生气。具体说来，就要做到：生，事之以礼；死，事之以礼，祭之以礼（《论语·为政》）。教导人们父母在世时，要依照礼节尽心孝敬，让父母衣食无忧，高高兴兴地生活；父母去世之后，要按照礼节安葬、祭祀，寄托我们的哀思。关心父母，尤其是父母的身体健康状况。"父母之年，不可不知也！一则以喜，一则以惧。"当儿女的一定要知道父母的年龄，闻父母高龄，心态先是喜，因为老人高寿；再是惧，因为来年不多。所以当父母健康的时候，要经常问候，定时看望，嘘寒问暖，时刻关心父母的身体；当父母生病的时候，要跑前伺后，精心照料。尤其对久病卧床的父母，一定要格外孝顺。古语云：久病床前无孝子。是说儿女的孝心在老人的病榻前经受着严峻的考验。让我们比较一下吧：儿女生病不管多久多重，父母一般会自始至终无怨无悔地照料（当然也有极个别遗弃自己子女的）；而父母病重，能做到像父母照料子女那种尽心的子女恐怕连一半也达不到。郑板桥任潍县知县期满，邑人为其送行，请求这位多年的父母官最后再教导些什么。郑板桥很认真地说：没有啦，你们回家以后都把自己的父母当儿女养就行啦。当时好多送行的人都觉得这句话是在骂人。但一回到家，看到自己的父母和儿女，马上就明白了。父母对子女的爱心是无私的，子女对老人的回报却往往是打折的。伦理道德水平的高下，一目了然。扪心自问，天下之人，能做到像疼爱自己的儿女那样去孝敬自己父母的能有多少？而一个连自己父母都不爱的人，又怎么会去爱别人呢？师父，谓师之如父。孔子还巧借弟子对老师不敬的现象感叹晚辈的色难是孝养老人的"瓶颈"。"子夏问孝。子曰：色难，有时弟子服其劳，有酒食先生馔，曾是以为孝乎？"（《论语·为政》）对老师，对父母，整天脸上挂着不敬、厌恶的脸色，尽管也替老师干活出力，给了老师、父母吃的喝的，使老师、父母不开心，这不是真正意义上的孝。将心比心，人皆有老。世人应该给自己的子孙树立躬行孝道的榜样。须知：父母之恩，终生难报。不要等经济条件好了再去行孝。因为"子欲孝时亲不待"。孝敬父母其实并不难。孝心无价。心欲孝则孝。百德善为首，百善孝为先。让我们不仅努力满足父母物质生活的必需，而且献上我们的真诚和笑脸；在父母面前的每一天都恭恭敬敬、和颜悦色；用我们滚烫鲜活的孝心，换来父母脸上灿烂的笑容，让他们度过一个幸福的晚年吧！

　　孝心是做人之本。

　　重养轻葬，移风易俗。

　　变色难为色悦，爱儿女更爱父母。

（傅永聚）

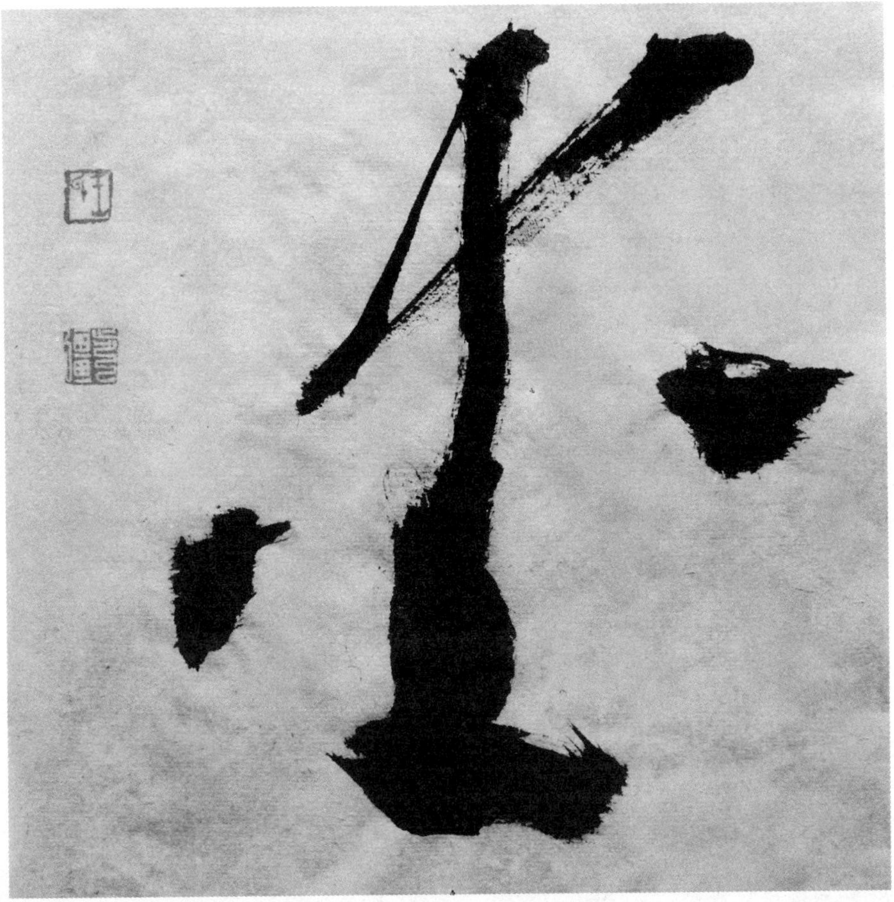

1

爱

题 解

  爱是一种发自于生物内心的情感，用于形容人与人、人与物之间的情感的感性称呼。幸福学认为，爱来自于感情，没有感情就不会有爱。所以，爱的定义就是，因感情而由衷的表达。比如爱心、关爱、爱护、热爱等等。康熙字典中的解释为：仁之发也。从心旡声。又亲也，恩也，惠也，怜也，宠也，好乐也，吝惜也，慕也，隐也。《孝经·谏诤章疏》称，爱者，奉上之通称。《謚法》讲，嗇於赐与曰爱。 又姓。宋刺史爱申。又叶乌胃切，音秽。《诗·小雅》心乎爱矣，遐不谓矣。《楚辞·九章》世溷浊莫吾知，人心不可谓兮。知死不可让，愿勿爱兮。《袁宏·名臣赞》沧海横流，玉石同碎。达人兼善，废已存爱。《谢瞻·答灵运诗》寻涂涂既睽，即理理已对。丝路有恒悲，矧乃所在爱。

  爱可以分为情侣之爱、朋友之爱、血缘之爱，即爱情、友情、亲情。不同人对其所接受的爱有着不同的重视程度。爱本质上为一个抽象概念，可以体验但却难以言语。爱也可以后天培养，通过教育，培养人们爱的情结，教育我们的后代，爱祖国、爱人民。

  在 1986 年，心理学家史登堡在《心理评论》（Psychological Review）里发表了其著名的"爱情三角理论"，对爱作出几何学的假设。根据爱情三角理论，爱由三部分组成：

Ⅰ"亲密"——包括了紧密感、联络感与约束感。

Ⅱ"激情"——包括了驱使人恋爱、互相吸引与进行性行为的动力。

Ⅲ"承诺"——包括了短期的爱恋与长期的爱的维系。

对其他人的爱的程度主要是看这三个组成部件的绝对强度；而对别人的爱的种类则是看这三个组成部件的相对强度。这三个组成部件可当为三角形，互相影响，使得爱出现很多不同类别。三角形的大小代表爱的程度，越大代表越爱对方。而三角形的形状则代表爱的种类，普遍分为"激情阶段"（三角形倾向右方）、"亲密阶段"（正常三角形）、"承诺阶段"（三角形倾向左方）。

（高龙斌）

1. 心向汶川
——一定能战胜地震带给我们的困难

"四川汶川县发生了7.8级地震……"收到这条短信息时，恰好是15时40分，我正在出差返回北京的火车上，没过几分钟，列车上开始播放地震的有关情况，虽然只是零星的短短的几句话，但是乘客个个屏住呼吸，仔细聆听。就在一刹那，车厢里的一名女乘客突然放声大哭起来。原来，她的一个阿姨恰好住在汶川，那个一直很疼她的人，正在经历着前所未有的灾难，或许她已经……列车员和乘客见状纷纷劝慰，"别伤心了，大家都在想办法，或许你的阿姨幸存下来了。"看着悲痛欲绝的女乘客，我的心也忐忑不安起来："成都的兄弟国辉不会有事吧？"几乎是颤抖着拨通了他的手机，"谢谢惦记着，没事，一切安好！成都市民都在平静面对！"国辉压低了声音说道。晚上七时许，终于拨通了二弟的电话，在北京军区服役的二弟告诉我，他和他的战友接到紧急命令，正在机场准备赴汶川救灾，让我打电话问问老家湖北的情况，便匆匆挂断了电话。没过五分钟，身在武汉的小弟发来一条短信:"汶川发生地震了!湖北也有震动,刚给爸妈打过电话,他们还不知道地震的事情!"两个弟弟,比我要懂事乖巧得多,无论走得多远,心里永远牵系着千里之外的双亲,就像前面那位女乘客。

晚上,躺在卧铺车厢里,一夜都未合眼,我发觉睡在我上面的、并排的乘客也是辗转反侧,虽然得知灾区没有他们的亲朋好友,但他们还是揪心难安,有些乘客开始打长途电话到北京,咨询捐款事宜。我试图跟二弟联系了好几次,显示都是关机状态,二弟哪有空闲,时间就是生命,所有的人都在和时间赛跑!"满目疮痍"、"一片狼藉"、"哭声震天"……从报刊、网络、电视媒体中,大家已经从这些词语中深深感觉到这场灾难的严重性!但当灾难真真实实地展现在面前时,我的心灵还是禁不住一次又一次地为之震撼!突如其来的灾难,拉近了人与人之间的距离。大家都行动起来了!听说可以使用短信捐款,身边的朋友纷纷掏出手机;单位里的同事们,还建立了一个"汶川捐款同盟"群,大家在 QQ 上广发"捐款动员帖",响应者超乎想象的火爆;就连我所居住的社区里的大爷大妈,也关注着汶川地震,从电视上抄下捐款账号,纷纷慷慨解囊献爱心……

5月14日,途经西单图书大厦,我发现门前广场被黑压压的人群围得水泄不通,都是自发来无偿献血、支援救助灾区的受伤群众。当天采集的是B型和O型血,一些其他血型的人们焦急地向血站工作人员询问打听他们什么时候再来。几个排队等候献血的年轻人说,他们已足足等了两三个钟头……一方有难,八方支援,这里迸发的温暖和感动,令人震撼。地震震裂的不仅仅是房屋和地面,它对人的心灵也是一次震撼和检验!一条条问候的短信息、一句句温暖的话语……都让人感动和欣喜,原来我在大家的心里,我活着就没离开生活着的这个大环境。虽然我们没在汶川现场,但灾区的一切让我们感同身受:生离死别、生命的脆弱、人性的力量……一切的一切,让亿万中华儿女的心向着同一个方向遥望,为受灾的同胞祈祷吧,献出我们的爱心,一定能战胜地震带给我们的困难,一切都会过去的!

这是一个心系灾区的中华儿女的不平常的经历,这让我们看到了中国人的力量、中国人的精神,就像一位网友倾诉的那样:

　　天灾当头,我们并不是一味懂得哭泣。

　　强震之后无数埋在废墟里的生灵,

急需我们伸出援助之手。

"孩子不要怕，一定要坚强！"

"再坚持一下，身上的这块楼板马上就要被撬起了头！"

一句句鼓励的话语。

一句句叮咛的问候。

废墟只好举手投降。

强震也只好乖乖让路。

扭曲的公路重新畅通无阻。

滑落的山体再也堵不住人们进山的脚步。

熄灭的灯火会更加闪亮。

断掉的炊烟也会再次袅袅升腾。

家园会更加美好。

山川会更加秀丽。

幸福会更加甜蜜。

明天会更加葱茏。

所有这一切，只需我们人人都献出一份爱。

共同再筑我们古老的华夏神州。

万众一心，众志成城。

（高龙彬）

2. 心系灾区
——胡锦涛主席视察四川地震灾区灾后重建

2008年12月27日至29日，国家主席胡锦涛先后来到绵阳、德阳、成都、阿坝等地的重灾区，深入重建工地、企业车间、农村村寨、受灾群众集中安置点和学校、卫生院，实地了解灾后恢复重建和群众生产生活情况，看望慰问灾区干部群众和各地援建人员。

在地震中，北川羌族自治县桂溪初级中学的校舍全部成为危房。胡锦涛走进七年级二班教室。教室里书声琅琅，孩子们正在上语文课。听说这堂课的主题是"爱的奉献"，胡锦涛和蔼地问："哪位同学能举出生活中'爱'的事例？"孩子们争先恐后举手发言，气氛十分活跃。胡锦涛对孩子们说："地震无情，人间有爱。党和政府、社会各界用最短时间给同学们盖起了宽敞明亮的板房教室，现在又开始建设永久性的教学楼。这体现了党和政府、社会各界对灾区同学的爱。我们应该怎么做啊？""好好学习！"孩子们异口同声地回答。胡锦涛语重心长地说："希望同学们把这种关爱变成激励自己进步的动力，自强不息、刻苦学习，掌握更多的本领，长大以后更好地报效祖国、服务人民。"听说胡爷爷来了，孩子们如同潮水一般从各个教室里涌了出来，欢呼着向胡爷爷问好。胡锦涛走到孩子们中间，校园里充满了欢声笑语，洋溢着浓浓真情……

在居住着六千五百多名受灾群众的都江堰市首批板房小区幸福家园，胡锦涛嘘寒问暖，同居民们亲切攀谈：住在板房里冷不冷？生活上还有什么困难？对重建规划满意不满意？……他还叮嘱平价食堂的师傅们既要注重花色品种，又要重视餐饮卫生，让群众吃得又可口、又便宜、又安全。平武县平通镇牛飞村是一个羌族村落，地震中村里绝大多数房屋严重损毁。在自家刚维修好的房屋前，羌族村民赵林夫妇向总书记献上鲜艳的羌红，把总书记迎到家里。从堂屋、厨房到酿酒作坊，胡锦涛边走边看边问，仔细了解赵林一家生产生活情况，还高兴地品尝了一口他家为过年新酿的苞谷酒。在房梁上挂着腊肉的火塘间，胡锦涛和乡亲们围坐在一起，一边烤火，一边拉家常。了解到村民们生产生活正一步步恢复正常、春节前都能住进过冬的房屋，总书记十分高兴。他对乡亲们说，中央十分关心地震灾区的受灾群众，采取了一系列有力措施，千方百计保证受灾群众基本生活，当前最重要的是保证大家有过冬住房、有御寒衣被、有冬春口粮、有卫生防疫，能够安全过冬。他相信，有党和政府的关怀，有全国各地的支援，有灾区人民自己的奋斗，今后的日子一定会越来越好。

胡锦涛还来到汶川县漩口镇蔡家杠村，走进村民马锡志自建的越冬过渡房，到堂屋、卧室、厨房，摸被褥、试炉温、看存粮，仔细了解建过渡房有没有补贴、明年建永久性住房有什么打算，特别叮咛他们家在过渡房里过冬要注意用电、用火安全。总书记要求当地干部充分尊重农民意愿,把农户自建、政府补助、社会帮扶结合起来,让乡亲们尽快住上满意的新居。

地处震中的汶川县映秀中心卫生院,在地震中严重损毁。医护人员不顾个人安危,第一时间投入抢救伤员行动,先后建起帐篷医院、板房医院,免费救治伤员一万七千多人。

胡锦涛来到这个卫生院的诊疗室、药房,亲切看望慰问医护人员和前来就诊的群众,详细了解卫生院开展医疗服务情况。他勉励医护人员继续以良好的医德医术,向灾区群众提供方便周到的医疗服务,特别要做好卫生防疫工作,为灾区群众身体健康作出新的贡献。

一切为了人民,为了人民的一切。

(高龙彬)

3. 爱泼斯坦
——我爱中国,爱中国人民

他亲耳听到卢沟桥上的枪炮声,他在抗战最前线传达台儿庄大捷的战报,他突破重重封锁到延安采访毛泽东、朱德、周恩来等中国共产党领导人……他就是记者爱泼斯坦,一个犹太人。

爱泼斯坦1915年出生于波兰艾培的一个犹太人家庭。两岁时随父母移居中国。从十五岁起,他就成了《京津泰晤士报》的雇员。"在以后的数十年中,中国成为我写作的唯一主题。""九·一八事变"后,写了一系列揭露日本侵略图谋的报道。由于过于直露的反日倾向,随着日本逐步取得对华北的控制权,他失业了。二十二岁时,爱泼斯坦成了斯诺夫妇创办的《民族》杂志最年轻的编委。1937年7月7日,正在北京西郊卧佛寺度假的他,突然听到了从卢沟桥传来的日本侵略者的炮声。随着日本全面侵华战争的开始,他开始了真正的战地记者生涯。他作为美国合众社的记者,被派往南京采访。南京沦陷后,1938年,爱泼斯坦来到了武汉。"从南京到武汉的转移,虽是地理上的撤退,却是政治和道义上的进步。""面对日本的侵略,中国人不再打中国人,而是再度团结起来,为祖国的独立和前途而奋斗。"1938年4月,爱泼斯坦从武汉去台儿庄采访,向世界及时报道了抗日战争中,中国军队在正面战场上取得的这场重大胜利。在战区司令部,他采访了战区司令官李宗仁将军。"李将军是南方人,面目清瘦,但精神矍铄。他把台儿庄的胜利归功于人民的支持。"1938年,爱泼斯坦到达正遭受日军飞机轰炸的广州。当时的场景,让他触目惊心。"两千多具平民的尸体散乱在河边还没来得及清理,日军又展开了新一轮轰炸,又有一千五百多人死于非命,这些男女老少被炸得血肉横飞,成为难以辨认的一堆堆骨肉。有些受伤的人被压在水泥板下,哭泣呻吟着。断壁残垣上的水管还在淌着水,如同死人的血管还在流血一样。""日本人对广州的空袭,显然是想用恐怖手段摧毁中国人民的意志,但他们失败了。"爱泼斯坦斩钉截铁地说。

1944年初夏,爱泼斯坦作为美国《纽约时报》、《时代》杂志等媒体的记者,参加了中外记者西北参观团,突破封锁,访问延安。期间,经他改写,新华社向全世界播发了第一条英文新闻稿。在爱泼斯坦寓所客厅最醒目的地方,挂着一张发黄的毛泽东的相片。"这是我1944年在延安采访时,毛泽东亲手送给我的。毛泽东在这张延安石印的相片签了自己的名。六十多年来,这张相片一直跟随着我。"在边区采访的每一天,都让爱泼斯坦处于兴奋状态,他在给自己当时的妻子邱茉莉的一封信中写道:"这个边区不光是一个有关英勇的人民被封锁的悲惨的地方,而是一个小规模的伟大的国家……这里进行着的活动恐怕比中国其他任何地区都更为丰富多彩,而且可以肯定,这里的人民也比其他地区的人民积极得多。他们充分相信,他们代表中国,他们代表未来。"在延安几个月的采访中,他发出了大量报道,让世界更清楚地知道了延安,了解了中共领导人。在中国人民抗日战争即将取得胜利时,爱泼斯坦经印度、英国来到美国。1947年,他写成了《中国未完成的革命》一书。在回忆录《见证中国》中,爱泼斯坦这样表达自己的信念:"在历史为我设定的时空里,我觉得没有任何事情比我亲历并跻身于中国人民的革命事业更好和更有意义。"他说:"我爱中国,爱中国人民,中国就是我的家,是这种爱把我的工作和生活同中国的命运联系在一起。"

爱泼斯坦终其大半生,倾尽心力献身于新中国的成长和成功之路。他曾被日军关押,曾在上海参加地下斗争,也曾在"文革"中坐过监狱,但他从未离弃过中国人民。他是一个卓越的作家和编辑，他是一个专业媒体工作者。爱泼斯坦不懈地修建中国与世界之间联系的桥梁。为了中国，和中国在一起，他不懈努力。他是一个杰出的国际主义战士，用他的一生来见证中国的革命和建设，他是一块"活化石"。

爱无国界，见证中国。

（高龙彬）

4. 哈尔滨：奥尔默特的故乡情

"我的父母可能从未想到在他们离开哈尔滨七十年后，他们的儿子代他们来到这里。哈尔滨，我来了！"2004 年 6 月 25 日，作为原居哈尔滨犹太人后裔、时为以色列副总理，奥尔默特在哈尔滨深情地说。

6 月 25 日，奥尔默特专程从北京赴哈尔滨祭扫祖父的墓地——哈尔滨市郊皇山墓地中的哈尔滨犹太公墓——远东地区最大、保存最完好的犹太人墓地。下午，奥尔默特一行来到哈尔滨犹太公墓时，雨中的墓地宁静肃穆。奥尔默特兄弟在祖父的黑色大理石墓碑前拿出《圣经》用希伯来文轻声祈祷，之后他们在祖父的墓前放上犹太人祭奠先人所用的小石块。奥尔默特说："我的家族和哈尔滨有着很深的情缘。我的父母在这里成长并接受了良好的教育。他们在哈尔滨感受到中国人民的友善，并从这里开始了他们那一代人的犹太人复国之路。父亲经常向我们讲到他在哈尔滨的日子。他还总是引以为豪地说起他曾经在一所学校为他的中国学生讲中文的经历。直到在八十八岁高龄去世时，他留在世间最后的话是用中文说的。虽然我听不懂那是什么意思，但我知道他的心始终牵挂着中国，牵挂着他在中国的故乡——哈尔滨！"奥尔默特的兄长以色列驻华公使衔参赞欧慕然说："我们兄弟始终有一个梦想：回到哈尔滨，去看看我们父母曾经生活过的地方。这已经是我第五次来到哈尔滨了，而这次是我们兄弟二人同行！"

奥尔默特在墓地里仔细端详着一个个用希伯来文或俄文标有墓主人名字的墓碑。他说："在这里安息着怀有犹太复国梦想的犹太人，他们长眠在中国的土地上。今天，我以一个犹太人国家——以色列副总理的身份回到这里，就是想告诉他们：犹太人的复国梦想实现了！"

从19世纪末开始，大批犹太人为逃避对犹太人的迫害和歧视纷纷从欧洲来到中国的东北城市哈尔滨，他们在这里建立起完整的社会体系和宗教、文化、商业生活圈。奥尔默特祖父母也在其中。奥尔默特的父亲在哈尔滨长大并于1932年从哈尔滨迁居以色列。奥尔默特的祖父在哈尔滨一直居住到1941年，并安葬在哈尔滨犹太公墓。哈尔滨被著名作家、记者伊斯雷尔·爱泼斯坦誉为"中犹友谊之城"。这里曾一度成为远东地区最大的犹太人聚集中心，在20世纪20年代，犹太人最多时达到两万余人。这里至今完好地保存着犹太会堂、学校、商场等典型犹太建筑。

黑龙江省社会科学院犹太研究中心研究员李述笑与奥尔默特有过四次会面。他回忆说："每当有来自哈尔滨的中国犹太人研究学者代表团访问以色列，奥尔默特都会抽空与大家会面。他把来自哈尔滨的客人都看成老乡，会详细询问'第二故乡'近年来出现的变化。"李述笑说，身为当今全球焦点人物，奥尔默特及其家族成员那份浓重的"中国情结"令人感动。奥尔默特曾告诉李述笑："家族曾经讨论是否应该把祖父母的遗骨移回以色列。后来，我们一致决定，尊重他们当初的选择。事实上，他们也属于中国，属于哈尔滨。对于我的祖父母，中国哈尔滨是他们最理想的归宿。"

中以友好，真情相见。

（高龙彬）

5. 手足情深
——侯耀华和侯耀文

著名相声演员侯耀文的去世，令其二哥侯耀华十分悲痛。正是弟弟的帮助支持，他的演艺事业才走到今天。

侯耀华出生于1946年，弟弟侯耀文比他小两岁。那个年代，家里经济条件并不好，再加上他们兄弟姐妹五人，全家只能勤俭度日。兄弟俩因年龄接近，从小同睡一张床，感情特别好。因为有着相声大师侯宝林这样一位父亲，耀华耀文兄弟感到特别自豪，也特别向往父亲所从事的事业。但因为自己尝够了当艺人的苦，侯宝林不愿意自己的孩子再说相声了。在侯耀华初中毕业面临职业选择时，他借口侯耀华的眼睛近视委婉地劝说道："一个演员在舞台上必须有光彩，你往那儿一站，人家就爱看你，人家就服气。可现在人家看得见你，你却看不见人家，你如何和人交流呢？再说了，你见过戴眼镜说相声的吗？"听了父亲的话，侯耀华最终选择了化工专业，并在毕业后进入化工行业，一干就是十一年。而弟弟侯耀文从小更喜欢相声，而且颇有天赋。1965年夏天，侯耀文考上高中，他刚报完到，就陪一个同学去考铁路文工团。在看别人考试的过程中，侯耀文的好奇心被逗上来了，也想试一下，没想到，他一试中的。经不住铁路文工团几次说情，侯宝林最终答应了儿子说相声。

侯耀文学相声后进步很快，并且突破了父亲以说为主的路数，形成了自己以唱为主的风格。1984年秋天，在沈阳举行的全国相声大赛上，侯耀文获得表演、创作一等奖。第二年，他和父亲一起到美国去演出，反响极其热烈。

弟弟的成功对侯耀华触动很大，对相声的热爱终于促使他戴着眼镜走上了舞台。但他发现自己无论怎样努力，也不可能逾越父亲与弟弟，他决定转而把目光投向影视领域。这时，侯宝林也意识到如果儿子热爱一件事，硬性阻止不如加以引导。他开始像支持小儿子一样支持侯耀华，但他也向侯耀华提议：你底子弱，得关起门来读书、练字、画画，提高自己的文化修养，研究影视理论。

侯耀华听从父亲的建议，在家里闭门学习了五年。五年后，他带着父亲的期望出山了。1988年，四十二岁的侯耀华参演电视剧《编辑部的故事》饰演编辑余德利。为了这个角色，他倾注了全部的心血。其间，侯耀文多次去探班，还主动帮助联系一些演员去友情出演。正是在这种情况下，侯耀华完成了他的第一部作品，并且一炮而红。

此时，哥哥距离弟弟出名已经过去了整整十四年，但侯耀文却对哥哥敬重有加。他常对人说："我二哥依然在管着我。他知道什么时候当二哥，什么时候当二爷。"意思是说在情分上可以随便，但在艺术上二哥特别较真。

侯耀华在演戏之余相继和宋丹丹表演了《卖画》、和郭达表演了《戏迷》等小品，他的喜剧才华逐渐展现出来。然而，因为一次演小品笑场，侯耀华被弟弟狠狠批评了一顿。一次他和郭达排练小品，郭达那天没刮胡子，头发也卷卷的，看起来有点滑稽，侯耀华在台上忍不住笑了场，说词时也跑了题。当时在一旁的侯耀文就生气地说："有你这样的吗？你笑场了。"侯耀华当时就愣在那儿，这是弟弟第一次当众批评他，他脸上一阵阵发烧。事后，侯耀文也意识到自己似乎太较真了，主动向哥哥赔不是。而侯耀华则拍着弟弟的肩说："没啥。我以后一定做得让你无懈可击，哈哈！"说罢，两人都笑了。

同胞兄弟，亦师亦友。

（高龙彬）

6. 华罗庚：为了国家民族，我们应当回去

1910年11月12日，华罗庚出生于江苏省金坛县一个城市贫民的家庭。1924年他从金坛县立中学初中毕业，入上海中华职业学校学习，因家庭贫困，一年后离开了学校，在父亲经营的小杂货铺当学徒。在此期间，他利用业余时间自学数学。1929年，他在金坛中学任庶务会计，开始在上海《科学》杂志发表论文。他的论文《苏家驹之代数五次方程式解法不能成立的理由》受到清华大学数学系主任熊庆来教授的重视。经熊教授推荐，他1931年到清华大学工作。他只用了八年的时间，从管理员、助教、讲师进而到英国剑桥大学研究深造。1938年受聘任昆明西南联大教授。在极为艰苦的生活条件下，他白天教学，晚上在菜油灯下孜孜不倦地从事研究工作，写下了名著《堆垒素数论》。但在国民党统治下，这一名著无法出版，只好送到国外出版，直到新中国成立以后才以中文版在我国正式发行。1946年秋，迫于白色恐怖，他出走美国，先后任普林斯顿高等研究院研究员、伊利诺大学终身教授。1950年，华罗庚同志响应祖国召唤，毅然从美国回到北京，先后任清华大学教授，中国科学院数学研究所所长、中国数学会理事

长、中国科学院数理化学部委员、学部副主任、中国科学技术大学数学系主任、副校长、中国科学院应用数学研究所所长、中国科学院副院长、中国优选法统筹法与经济数学研究会会长等职。他把自己的毕生精力,投入到发展祖国的科学事业、特别是数学研究事业之中。

王元先生在《华罗庚》这本书里讲,华罗庚非常坚决地要回中国的原因是他确信中国已经独立了,中国有了和平民主建国的条件,他要为中国的数学赶上世界水平作出贡献。另外,美国社会中存在种族歧视,不同的文化背景带来的孤独及中国共产党对他所做的工作,也有一定影响。

回国前,伊利诺大学给华罗庚的待遇很高,年薪约一万美金,并有四位助教。当时他租了杜布（伊利诺大学著名数学家）家的房子。杜布的房子很大,华先生租了他家的一层楼,爱人和几个孩子也去了。1949 年 9 月 9 日,华先生给朋友写信时说:"我暂不回去的消息是不确实的。只是'不立刻'回去,回去是不太远了。当然,在这儿年薪上万,助教四人,及其他一切都足以使人留恋。但愿我回去之后,可能用我的所长。"华罗庚先生回国前在一封信中说过,他回国是怀有一个远大志向的,这就是推动中国数学的独立。那时新中国刚刚成立。他在抗战时期就有了推动中国数学独立的抱负,而且他对那些留学回来的没有真才实学的人是看不起的。他说,中国应该搞出自己的数学来。

如王元先生所说,华先生回国与中国共产党对他所做的工作也有关。具体来说,可能与他的同乡王时风代表党的高层给他写信有关系。他肯定把党的一些设想、一些许愿告诉过他,所以华先生经过思想斗争以后,还是回国了。另外,他在思想改造运动时还说过,他愿意离开美国的一个原因是怕他的孩子到了成年必须在美国参军。

1950 年 3 月 16 日,著名数学家华罗庚由美国返抵北京。华罗庚在 1946 年应美国伊利诺大学之聘前往讲学。新生的祖国给华罗庚这个历尽坎坷沧桑的知识分子带来了无限希望。到了香港,他写了一封告中国留美同学的公开信。他在这封长达万言的信中,情真意切地动员爱国的知识分子放弃国外优越的物质生活,投入祖国的怀抱尽一份力。他真诚地呼唤说:"朋友们,梁园虽好,非久居之乡。归去来兮！为了抉择真理,我们应当回去,为了国家民族,我们应当回去,为了为人民服务,我们也应当回去,就是为了个人出路,也应当早日回去,建立我们工作的基础,为我们伟大祖国的建设和发展而奋斗!"

我爱着我的祖国和人民,我是人民的儿子。

(高龙彬)

7. 兼爱非攻

"兼爱"可算是一种古老的"博爱"思想,由儒家的"仁"和"礼运"的"不独亲其亲,不独子其子"发展而来。孔子将"爱人"含义的"仁",加上了宗法等级制的内容,改造成了"忠恕"含义的"仁";墨子主张"使天下兼相爱",则又抽去了宗法等级制内容,因为庶人也是可以被举为天子的,等级制的界限已被打破了。所以,墨家的"兼爱"是对儒家"仁"的发展,更是对儒家"仁"的否定。在墨子看来,儒家不兼爱的"仁",不能算是"仁"。"天下兼相爱则治,交相恶则乱"(《兼爱上》),天下之乱,起于人与人不相爱。臣与子不孝,君与父不慈,以及"大夫之相乱家,诸侯之相攻国",直至盗贼之害人,都是互不相爱的结果。如果天下人能"兼相爱"、"爱人若爱其身",那就天下太平了。墨子也讲"慈"、"孝",但并不以"孝悌"为"兼爱"之本,更不主张有等差的爱,所以,其"兼爱"具有反宗法等级制的特点,因此孟子说"墨氏兼爱,是无父也"。墨子的"兼爱"还要禁止"强执弱"、"富侮贫"、"贵傲贱"、"诈欺愚",反对贵族、富人欺压下层民众。并且,"兼相爱"和"交相利"是相结合的,墨子吸收并发展了子思学派"义"、"利"合一的思想,摆脱了孔子"君子喻于义,小人喻于利",只讲"义"不讲"利"的片面性。"兼爱"有利于自己,不"兼爱"则有害于自身,墨子将伦理道德和功利主义紧密地结合在一起。

"非攻"反映了墨家学派反对发动不义之战的和平愿望。"兼爱"主张天下人互爱互利,不要互相攻击,这就必然要主张"非攻"。当时兼并战争剧烈,农、工、商、士等庶人阶层和下层贵族都希望社会安定,墨家代表了他们要求停止战争的愿望。攻战之害,"春则废民耕稼树艺,秋则废民获敛","百姓饥寒冻馁而死者,不可胜数"。而且不仅被攻的国家受害,攻人的国家也要受害;由于兼并战争,将会导致"兼国覆军,贼虐万民",古代本有一万多国,"今以并国之故,万国有余皆灭"(《非攻下》)。墨子主张弱小国家团结起来,共同抵御大国兼并,这一理论是战国"合纵"的先声。而要求统治者"宽吾众,信吾师",认为这样"则天下无敌矣",既发展了孔子"为政以德"的思想,又启迪了孟子的"王道"主张。看来墨子是一个希望能和平统一天下的理想家。墨子"非攻",但并不反对防御战,墨家的守御是有名的,被称为"墨守"。《墨子·备城门》以下的十一篇中,记载着他们制造和使用防御战具的经验。他们帮助被攻的国家防御抵抗。《公输》篇中记载,当时有名的工师公输般替楚国制造了攻城的云梯,楚国准备用云梯去攻打宋国。墨子在鲁国听到这个消息,急行十天十夜,去游说公输般和楚王。并早派了弟子禽滑厘等三百人,带着守御工具,帮助宋国守城。就这样墨子用实力制止了楚国攻打宋国,及时平息了一场即将发生的战祸。墨子"非攻",却也不反对"汤伐桀,武王伐纣"那样的"革命"战争,认为"彼非所谓攻,谓诛也"。这显然汲取了《易传》思想,且直接启迪了孟子的"诛一夫"思想。墨子还把无衣无食的穷人视为"僻淫邪行之民",主张用兵禁止"寇乱盗贼"的"淫暴"行为,认为"有甲盾五兵者胜,无者不胜,是故圣人作为甲盾五兵"(《节用上》)。这一方面表示墨子主张用武力维护治安;另一方面也说明墨子并不站在下层穷苦民众的立场上,他只是上层平民的政治代表,他要维护其既得利益并保护私有财产。

"兼爱"是墨家学派的主要思想观点。其他非攻、节用、节葬、非乐等主张,也都是由此而派生出来的。"大不攻小也,强不侮弱也,众不贼寡也,诈不欺愚也,贵不傲贱也,富不骄贫也,壮不夺老也。是以天下庶国,莫以水火毒药兵刃以相害也。"当然,非攻并不等于非战,而是反对侵略战争,很注重自卫战争。自卫是反侵略的一个重要的组成部分,不自卫就会等于不反侵略。兼爱是大到国家之间要兼相爱交相利,小到人与人之间也要兼相爱交相利。而非攻则主要表现在国与国之间。只有兼爱才能做到非攻,也只有非攻才能保证兼爱。

无论是古代还是现在,人与人之间的互爱互利都是社会稳定的基石,而人与人之间的互怨互损将激发矛盾引发祸乱。

兼爱便必须非攻,非攻即反对攻战。

(高龙彬)

8. 爱的力量
——李清照和《金石录》

中国考古史上,《金石录》占有显著地位,这是宋代女词人李清照与她丈夫通力刻苦治学的结晶,留下了传诵至今的千古佳话。

李清照十八岁那年,嫁与官宦之子、太学生赵明诚为妻,住在古都开封。她不只精于诗词,而且爱好考古,赵明诚有同样的兴趣,新婚燕尔,夫妻俩就互吐心志,共同致力于考古,着手搜集、研究祖国的文化遗产。文物昂贵,夫妻俩虽然吃穿不愁还有积余,然购买金石书画,用钱就显得壑深难填了。李清照是个具有远大抱负的女性,锦衣玉食并非所求,在事业上有所建树才是所爱,平时省吃俭用,把点滴的钱用于购买文物,为此不惜典衣质物。相国寺,是京师最大的商场,在全国也首屈一指,商贾云集,百货毕具,往往有相当价值的文物出现。每逢初一、十五相国寺商场开市之日,李清照便与丈夫双双赶去,先入当铺当了衣物,然后浏览古董摊位,悉心选购文物,携回家去评品展玩。

结婚之初,赵明诚还在太学攻读,两年后学成任太守,有了可观的官薪。这时,李清照想的不是吃好穿好,而是萌生了拓展考古事业,收罗天下古文奇字的雄心。为使宏愿变为现实,她把生活费用压到最低水平,与丈夫约法三章:食去重肉,衣去重彩;首无明珠翡翠之饰,室无涂金刺绣之具。尽管如此,仍然入不敷出,李清照索性把陪嫁的金银首饰全典当了。一天,有人拿着南唐画家徐熙的名画《牡丹图》前来兜售,索价二十万。李清照实在没有那么多钱,便留住买主,与丈夫四处奔走亲戚朋友处筹借。一天下来,仍相差甚远,无奈之下,只好作罢,夫妻俩为此惋惜了好几天。

随着时间的推移,夫妻俩收集的文物越来越多,仅书法绘画就多至两千卷。其中不少是古代名人的字画、三代奇器,李清照早有计划,写一部专著以传后世，并拟题为《金石录》。为此，在收集的同时，她着手研究整理，每购得一物，便校勘题签。

李清照与丈夫约定，每晚校勘的时间，以燃完一支特长的蜡烛为准。烛光下，夫妻俩或舒卷细看，或摩玩品评，时而奋笔疾书，时而争论不休。一次购得了白居易的手迹《楞严经》，两人视为至宝，诵读展玩，两支蜡烛燃完了，仍毫无睡意！

物质生活清苦，精神生活却充满了情趣。李清照与丈夫经常做这样的游戏：晚饭过后共入书房，沏浓茶两杯，指架上堆积的书籍，问某一件史事或某一名篇，在哪一部书的第几卷第几页，猜对的为胜利者，可以品茶，输的不得饮。李清照饱览经、史、子、集，记性又好，赢的次数多，当她端起茶杯，望着丈夫的尴尬相，情不自禁笑了起来，竟使茶水倾覆衣衫上。后人美称李清照夫妻的游戏是"翻书赌茶"，文人学士纷纷仿效，以为雅事。

相濡以沫，终其一生。

（高龙彬）

9. 夫唱妇随
——梁思成和林徽因

1933年，梁思成夫妇第一次到山西考察时，林徽因在当时发表的文章中还感叹："现在唐代木构在国内还没有找到一个"。而到了1937年，第三次来山西考察时，竟意外地发现了佛光寺，这个纯正的唐代木结构的寺庙。起初他们只是觉得这大殿很是古老，究竟古老到什么程度，心里并没有底。先是梁思成发现，这大殿的屋顶架构，只有在唐代绘画里才有。工作到第三天，远视眼的林徽因，隐隐约约看到一根顶梁下有墨写的淡淡的字迹。对于考察者来说，再没有写在梁木上或刻在石头上的日期更让人喜欢的东西了。他们找来村民，搭起脚手架，正当他们手忙脚乱工作的时候，林徽因已辨出"佛殿主女弟子宁公遇"几个字。而殿外经幢石柱上也有这个名字，且有"唐大中十一年"的刻字。假定石柱是大殿建成不久后立的，已基本可以肯定这是一个唐代建筑。太高兴了，他们把布单撕开浸上水不断擦拭。梁上涂着土朱，一经水浸，字便显了出来，水一干马上又消退了。费了三天的时间，才读完全文，字体宛然唐风，"功德主故军中尉王"，正是唐代宦官监军时的职务。一座唐代建筑，是确凿无疑的了。

佛光寺的精华不止于此，北侧的文殊殿是座著名的金代建筑，面宽七间，进深四间，单檐歇山顶，具有辽金两代建筑的典型特征。其建造用减柱法，这种不规则的用柱法，元明以后已不多见，就是在宋金建筑中也很特殊。这样的结构形式，是我国现存木构建筑中的孤例，也是我国古代科技进步的实物例证。

上世纪 40 年代，梁思成和莫宗江来到应县发现此塔。但是，林徽因考察完云冈石窟已回到北平。见到应县木塔后，梁在给妻子的信中不无遗憾地说："塔身之大，实在惊人。每面三开间，八面完全同样。我的第一感触，便是可惜你不在此同我享此眼福！"

应县木塔的全名应是佛宫寺释迦塔。建于辽代清宁二年（1056 年），是现存最古的木塔。塔身总高 67.13 米，底层直径 30.27 米，平面八角，外观六檐五层（底层为双檐），各层间夹设暗层，实为九层。各层屋檐上，有挑出的平座与走廊，可供凭览。若是一座砖塔，也就平淡无奇了，奇就奇在它是全木结构，没有一块砖石（除了底层的土墙）。塔上所用斗、拱式样繁多，竟有六十余种，规格与变化之多，举世少见。这样雄壮华丽而又细部精巧的木塔，不光是我国，也是世界上木结构建筑的杰作。

爱我所爱，互相提携。

（高龙彬）

10. 师爱·父爱

——鲁迅和萧军

人们从各式书籍、文稿中了解到鲁迅是"横眉冷对"中国封建文化的巨人，但在周海婴的心目中，父亲永远是世上最慈祥的人，他集"大仁"

和"悲悯"于一身，对家人付出千百倍的爱。为了纪念父母，周海婴在2006年初出版了一本《鲁迅家庭大相簿》，书中收录了很多鲁迅从没有公布过的照片，他说，"通过这些照片，读者可以看到一个生活中的鲁迅，比如说他抱着我，或者我在前面，他从后面扶着我。这样的形象在以前公开过的照片中是没有的，通过这些照片，大家可以了解到他和家人间的亲密关系。"

周海婴在萧军纪念馆的一角静静地看着早已熟记于心间的物品。1986年9月，萧军、周海婴到当时的锦县，参加资料室的筹建。在参观资料室时，周海婴看到萧军、萧红与许广平，还有他在鲁迅先生墓前合影的照片时，停下脚步，久久地注视着。周海婴详细讲解一张张照片、一件件物品的来历。当被问及此时此刻的心情时，老人家不假思索、脱口而出："我感觉是和父亲鲁迅一起来的！"真是一字千金，周海婴笑了起来。在去锦州的路上，在萧军纪念馆、在往萧军故乡的路上、在萧军故居，周海婴的思绪一直也没有停止，他想到幼小时在上海，父亲鲁迅和"二萧"的长谈；想起了父亲为萧军、萧红举办的宴会；想起了他们送给他的小棒槌……印象中最深刻的还是父亲去世时的那一幕场景，周海婴在回忆录中有着这样感人至深的描写："七八点钟以后，前来吊唁的人也慢慢增加了，但大家动作依然很轻，只是默默地哀悼。忽然，我听到楼梯咚咚一阵猛响，外边有一个人，抢起快步，跨进门来，我来不及猜想，人随声到，只见一个大汉，直奔父亲床前，没有犹豫，没有停歇，没有俗套和应酬，扑到床前，跪倒在地，像一头狮子一样，石破天惊地号啕大哭。他扑向父亲胸前的时候，一头扎下去，好久没有抬头，头上的帽子，沿着父亲的身体急速滚动，一直滚到床边，这些，他都顾不上，只是从肺腑深处，旁若无人地发出了悲痛的呼号，倾诉了他对父亲的爱戴之情。我从充满泪水的眼帘之中望去，看出是萧军。这位重于友谊的关东大汉，前不几天，还在和父亲谈笑盘桓，替我们分担忧愁呢！而今也只有用这种方式来表达他对父亲的感情了。我不记得这种情景持续了多久，也不记得是谁扶他起来，劝住了他的哭泣。只是这最后诀别的一幕，在自己的脑海中凝结，形成了一幅难忘的画面。时光虽然像流水一般逝去，但始终洗不掉这一幕难忘的悲痛场面。"送别先生，送别恩师，在这痛彻心扉的时刻，萧军担任了万人游行及送葬队伍的总指挥。谈及鲁迅，周海婴认为鲁迅不是我们自己的,而是全国的、全世界的,鲁迅的作品还有他的精神是一笔宝贵财富。

一日为师,终身为父。

(高龙彬)

11. 毛泽东:"我替岸英求个情!"

1950年10月7日,天高云淡,金风送爽,菊香书屋更显得清幽典雅,呈现出一派少有的闲适。毛泽东点燃一支烟,走到窗前,对着一盆金黄色的菊花凝眸沉思。在缭绕升腾的烟雾中,他喃喃自语:"得贤将者,兵强国昌;不得贤将者,兵弱国亡。"读过古代兵书的人都知道,这是吕尚名篇《六韬》中的一句话。中午,毛泽东设家宴为即将赴东北就任的中国人民志愿军司令员兼政治委员彭德怀壮行。毛泽东没有专门的餐厅,宴会就在办公室兼客厅的菊香书屋东厢房举行。毛岸英把彭德怀接到餐厅。毛泽东一边和彭德怀握手一边说:"老彭啊,明天你就要去东北走马上任了,今天中午有时间,咱们吃个便饭。"饭菜不算丰盛,只是比平时的四菜一汤多了两个菜。彭德怀看了一下桌子上红红绿绿的家常菜,有苦瓜炒腊肉、辣子火焙鱼、肉末酸豆角等,高兴地说:"好菜,一看就是湖南风味!""都是岸英探亲时从家乡带来的,好多年没吃到这么地道的湘菜了!""是啊,我也有很长时间没吃过湖南的腊肉、腊鱼、辣椒了。"彭德怀说。

席间,毛泽东作为东道主频频举杯劝酒,彭德怀虽有海量,因肩负着天大的担子,不敢开怀畅饮。毛岸英则跑里跑外,端菜斟酒,添茶递烟,格外殷勤,惹得彭德怀不由得多看他几眼。宾主喝过几杯酒,毛泽东笑吟吟地说:"老彭啊,我有一事相求。""主席,你请讲!"彭德怀放下了筷子。"我这个儿子不想在工厂干了,他想跟你到朝鲜打仗去!"毛泽东指着岸英说,"抗美援朝,是政治局同志集体讨论决定的,儿子报名想当志愿军是他自己选择的,他要我批准,我可没得这个权力哟!你是司令员,你看要不要收他这个兵呢?"彭德怀闻言一怔,连忙对毛岸英说:"你在单位负有重要责任，恐怕离不开吧？去朝鲜可有危险呢，美国飞机到处扔炸弹，你还是在后方吧，在国内搞好社会主义建设也是对抗美援朝的支持嘛！"

听彭德怀这样一说，毛岸英有些着急："彭叔叔，这不是开玩笑，我考虑好几天了，你就让我去吧，我要亲眼看看美国鬼子这只纸老虎是个啥样子！我在苏联的时候，进过军事院校，当过坦克兵，和德国鬼子打过仗，参加过苏联的大反攻，还一直打到柏林呢！""好，有勇气！你这位参加过二战、打败过希特勒的坦克中尉，人不大，现代化作战经验还是蛮丰富的嘛！"彭德怀说完转过头去面向毛泽东，用征询的目光看着他，似乎在说：我哪能到主席家里招兵买马，这件事还得你这个当老子的做主呀！你是同意还是不同意呢？毛岸英给彭德怀斟上满满一杯酒："彭叔叔，我爸爸喝酒不行，您多喝一点，我敬您老人家一杯，这可是您喜欢喝的酒啊！""对了，岸英，你小子结婚快一年了，我还没喝过你的喜酒呢！""这次补上，这次补上！"毛泽东一边用筷子往彭德怀碗里夹菜，一边笑着说："抗美援朝我是积极分子，你老彭百分之百地支持我。不过这个决心可不容易下哟！一声令下，三军出动，那就关系到数十万人的性命。打得好没得说，打不好，危及国内政局，那我毛泽东对历史、对人民都没法子交代哟！""请主席放心，既然我们要出兵，就一定要打赢这一仗。"彭德怀坚定有力地说。

"事情哪有那么简单哟！"毛泽东沉默一会儿，接着说，"美国不仅财大气粗，而且兵多将广。我国钢产量只有六十五万吨，而美国的钢产量为九千八百万吨，是我们的一百六十三倍；美国有八十五年没有受到战争的破坏，武器装备上也比我们强得多，美国一个军有各种炮一千五百门，我们一个军才三十六门，差距太大了。"

彭德怀虎目圆睁："差距确实很大，风险也确实存在。但朝鲜有难，不论就国际主义来说，还是就爱国主义来说，我们都不能坐视不管。"

毛泽东打断彭德怀的话，转用低缓平和的口气说："老彭啊，我看你就收下他吧，我替岸英求个情！打仗是要有人上战场的，也一定会有人牺牲。既然我是军委主席，就应该首先把自己的儿子送上前线。岸英会讲俄语和英语，你到朝鲜免不了要跟苏联人、美国人打交道，有他在你身边，同各方面联络都方便些。"听了毛泽东这一番语重心长的话，彭德怀不再做声，只是两眼盯着天花板，眼眶泛着亮光，任凭泪水往下流。毛泽东为了中朝友谊，为了世界和平，把党的命运、国家的命运、自己的政治生命，甚至家庭都押上去了，足见他为打赢这场战争的勇气和信心！想到此，彭德怀猛然一拍桌子："好，我收下了！岸英，我带你去朝鲜！"毛泽东举起酒杯，朗声说道："那么，这杯酒……是为你们两个人壮行的啰！还是那句老话，祝你们旗开得胜，马到成功！"说完，很少喝酒的毛泽东破例地一下子把酒倒进嘴里。

身先士卒，伟人垂范。

（高龙彬）

12. 教子有方
——孟母三迁

"孟母三迁"的故事为历代所称述。如，东汉赵岐《孟子题辞》："孟子生有淑质，夙丧其父，幼被慈母三迁之教。"宋代苏轼作《崔文学甲携文见过》："自言总角岁，慈母为择邻"。元代关汉卿《蝴蝶梦》："想当年孟母教子，居心择邻；陶母教子，剪发待宾。"等等。"孟母三迁"成为后世母亲重视子女教育的典型，影响至今。昔孟子少时，父早丧，母仉氏守节。居住之所近于墓，孟子学为丧葬，躃踊痛哭之事。母曰："此非所以居子也。"乃去，舍市，近于屠，孟子学为买卖屠杀之事。母又曰："亦非所以居子也。"继而迁于学宫之旁。每月朔望，官员入文庙，行礼跪拜，揖让进退，孟子见了，一一习记。孟母曰："此真可以居子也。"遂居于此。

从前孟子小时候，父亲早早地死去了，母亲守节没有改嫁。有一次，他们住在墓地旁边。孟子就和邻居的小孩一起学着大人跪拜、哭嚎的样子，玩起办理丧事的游戏。孟子的妈妈看到了，就皱起眉头：不行！我不能让我的孩子住在这里了！孟子的妈妈就带着孟子搬到市集旁边去住。到了市集，孟子又和邻居的小孩，学起商人做生意的样子。一会儿鞠躬欢迎客人、一会儿招待客人、一会儿和客人讨价还价，表演得像极了。孟子的妈妈知道了，又皱皱眉头：这个地方也不适合我的孩子居住！于是，他们又搬家了。这一次，他们搬到了学校附近。孟子开始变得守秩序、懂礼貌、喜欢读书。这个时候，孟子的妈妈很满意地点着头说：这才是我儿子应该住的地方呀！良好的人文环境对人的成长和生活而言是十分重要的。现代的人们不仅要求高品质的物质生活，更需要高品位的精神生活。在个人空间、在居住方面、在社交圈里、在生活中，环境造就人才，环境也淹没人才。环境十分重要，比如把一个刚出生的婴儿交给一只母狼去抚养，婴儿长大后就具有狼的很多生活习性。这说明社会环境与一个人、特别是青少年的成长有直接的关系。孟子后来成为大学问家，与社会环境对他的熏陶感染有很大关系。空间应该适应、助益人的生长。

家庭教育对子女成长起重要作用。孟母三迁，说的是孟子母亲为了教育孟子和为了孟子的成长而三次选择居住环境的故事。这则故事又叫"孟母择邻"、"慈母择邻"。

里仁为美。择不处仁，焉得知？

（高龙彬）

13. 听杨绛讲故事：我和钱钟书

1932年春，杨绛考进了清华大学研究院读外国文学。在此之前，杨绛还在东吴大学读三年级时，她的母校振华女中校长为她争取到了美国韦尔斯利女子大学的奖学金，打算送她到美深造。经过慎重考虑，杨绛告诉父亲不想到美国留学，想报考清华研究院读文学。

后来她果然考上了清华，还因此认识了钱钟书。她的父母便开玩笑说："阿季（杨绛）的脚下拴着月下老人的红丝呢，所以心心念念只想考清华。"那时，清华大学的女生还不多，研究院里的女高才生当然更少。女生要想在大学里找个男朋友，真是太容易了。而杨绛非常独特，她不像一般女大学生那样爱打扮，她衣着朴素，甚至显得有些土气。可她毕竟是大名鼎鼎的上海大律师杨荫杭的女儿，名门闺秀，又是美国教会大学毕业，气质上自然不凡。她个头不高,但面容白皙清秀,身材窈窕,性格温婉和蔼,人又聪明大方,自然深受男生的爱慕。了解当时清华状况的人说:"杨绛进入清华大学时,才貌冠群芳,男生欲求之当偶者七十余人,谑者戏称为七十二煞。"

杨绛考入清华大学研究院不久,就知道了三年级本科生钱钟书的赫赫大名了。钱钟书名气真大,新生一入校便都会知道他。但他的架子太大,一般低年级的学生根本不敢冒昧去拜访他,所以许多新生都觉得他神秘,更想一睹他的风采。

1932年春天,在一个风光旖旎的日子,杨绛结识了这位大名鼎鼎的同乡才子。杨绛初见钱钟书时,他穿着一件青布大褂,一双毛布底鞋,戴一副老式大眼镜。钱钟书的个头不高,面容清癯,虽然不算风度翩翩,但他的目光却炯炯有神,目光中闪烁着机智和自负的神气。而站在钱钟书面前的杨绛虽然已是研究生,却显得娇小玲珑,温婉聪慧而又活泼可爱。钱钟书侃侃而谈的口才、旁征博引的记忆力、诙谐幽默的谈吐,给杨绛留下了深刻的印象。

两人一见如故,谈起家乡,谈起文学,兴致大增,谈起来才发觉两个人确实是挺有缘分的。1919年,八岁的杨绛曾随父母到钱钟书家去过,虽然没有见到钱钟书,但现在却又这么巧合地续上"前缘",这不能不令人相信缘分!而且钱钟书的父亲钱基博与杨绛的父亲杨荫杭又都是无锡本地的名士,都被前辈大教育家张謇誉为"江南才子"。两家都是无锡有名的书香世家,真可谓门当户对,珠联璧合。当然最大的缘分还在于他们两人文学上的共同爱好和追求、性格上的互相吸引、心灵的默契交融,这一切使得他们一见钟情。

正是"当时年少青衫薄"的时候,这位清华才子与这位"清水芙蓉"的南国佳人相爱了。他们没有在花前月下卿卿我我,而是在学业上互相帮助,心灵上沟通理解,文学成了他们爱的桥梁。钱钟书的名士风度、才子气质,使他们的恋爱独具风采。他隔三差五地便约杨绛写诗,有一首竟融宋明理学家的语录入诗,他自己说:"用理学家语作情诗,自来无二人。"其中一联:"除蛇深草钩难着,御寇颓垣守不牢。"他把自己的刻骨相思之情比作蛇入深草,蜿蜒动荡却捉摸不着;心底的城堡被爱的神箭攻破,无法把守。宋明理学家最主张"存天理，灭人欲"，而钱钟书却化腐朽为神奇，把这些理学家道貌岸然的语录"点石成金"，变成了自己的爱情宣言，这种特殊的恋爱方式恐怕也是独一无二的吧。

默契交融，白头偕老。

（高龙彬）

14. 教泽与启迪
——怀念先师赵俪生

赵俪生先生去世后，他的学生纷纷写文章纪念恩师。赵俪生先生的第一届研究生秦晖详细回忆了恩师的学术生涯。回想 1978 年，我们这些"文革"后第一届研究生进校时尽管都是动乱年代坚持读书的人，毕竟刚经历了"文化断层"，对传统用语不熟悉。一位师兄在文章中写道"先师赵俪生"如何如何，他大概是觉得"先师"是类同于"先生"而更为尊敬的一种称呼。结果赵先生读了哈哈大笑："我还活得好好的，怎么成'先师'了？"

赵先生平生之学涉猎极广，用他自己的说法是"打一枪换一个地方"。有人对此不以为然，有人则认为是"百科全书式的学者"。其实在我看来，赵先生平生治学一出于"爱智求真"的纯粹兴趣，二出于某种理想主义热情与责任感，至于要在某特定领域成为"名家"的目标，他是不在乎的。这样治学当然是有得有失。不过我认为，在信息时代的今天，没人能成为所谓百科全书式的学者，但是以有限的精力有限的信息处理量治同样严谨的学问，还是可以有不同做法。事实上不要说"百科"，今天一个学科内的上百分支乃至"二级""三级"分支，也不是哪个学科的某专家能全面掌握的。仅以中国史的断代分支论，明清史专家未必懂魏晋，甚至明清政治史专家未必懂明清经济，就是搞明清经济，研究农业的未必懂工商业，研究江南经济的未必懂辽东。一个学者其实一生不过能够研究若干"问题"而已。但是如果永远只在一个问题上钻牛角尖，虽然也能出成果，毕竟眼界狭窄，难成大器。所以，事实上，成大家者往往都关注过许多"问题"。区别只在于有些人研究的这许多问题集中在一个学科乃至一个分支，有些人的"问题"则分散在各处。但不管是聚是散，就单个问题而言都有严谨与否之分，甚至很难讲怎样做更有信息集中的优势。一个研究明清政治问题的人可能对明清美术无甚兴趣，但却对其他朝代乃至其他国家的政治问题有兴趣，而这样做的局限也并不见得就比在明清范围内既注意政治也注意美术者更大——只是从功利的角度讲，人们会说后者是"明清史专家"，而前者就说不清是什么"家"，于是有人或许就会妄自褒贬而已。

其实赵先生不是不知道这些。他就曾说过："兴趣不可过多，多所骛则少有成。一个主兴趣，配几个副兴趣，一辈子也就够了。例如，主兴趣油画，副兴趣国画和漫画。……总要求其互相邻近，以免浪费精力，且可配套成龙，一艺多技。主兴趣是最要害的。人一辈子成就大小，关键在此。除非万不得已，不可轻易'跳槽'。"但他自己却不是这样。众所周知，赵先生一生多次大幅度改变学问方向。他早年就读清华外语系，青年时代热心文学创作与翻译，后来治史，也是先以考据法治明清学术史，后转农民战争史（基本是通史），再转土地史（侧重晚唐以前），以及思想文化史（又侧重明清），期间还研究过西北史地之学与先秦子学等等。赵先生的天分、精力与信息处理能力都是出众的。但我以为更重要的是他的认真。生当一个特殊历史时代，具有丰富的社会关怀和求知欲，赵先生关注的"问题"就很分散。但这不难理解，他既然当年能够投笔从戎，又能卸甲读书，如此大的人生转折他可以拿得起、放得下，又何怪他一旦认为某个新"问题"对于时代、社会具有重大意义而自己又有条件研究时，会打破畛域，迸发新的研究兴趣。虽然就这些"问题"所在的各大学科，他也未必都被看成一流专家，但重要的是对这些"问题"本身他都有研究的激情，而且很认真，因此他对这些"问题"的研究同样是一流的。赵先生未必是整个思想史领域的权威，但他无疑是顾炎武研究的权威；他未必是马克思主义理论的权威，但无疑是"亚细亚生产方式"理论的权威。加上他对土地制度、农民战争这些重点领域的较全面的把握，为学而能如此，成就应该说是很大了。

赵先生对晚辈和学生的治学倾向持十分开明的态度，从不要求他们在风格上、领域上，更不用说观点上追随自己。即便同样治史学的先生的一子一女一孙，其学与先生也完全不同。我自己在1990年后也关注过不同领域的许多"问题"，有人因此说这是受赵先生的影响。但其实从1978年我师从赵先生直到1989年，我做的基本上是"钻牛角尖"的学问。后来的变化是时代风云与个人选择的结果，与先生并无直接关系。但先生的求知欲、责任感和认真态度，是我愿终身师法的。当年我"钻牛角尖"于明清鼎革之际，赵先生对此是鼓励的。但他也曾担心我的眼界太窄，他曾对我说：每个人的兴趣不同，研究的"问题"有大有小，但有志的研究者"大问题要越做越小，小问题要越做越大"。他自己是这样做的，他对我们这些后学的影响，也将垂于久远。

师者，授业，解惑，传道也。

（高龙彬）

15. 舒乙和《大爱无边》

舒乙，1935年出生，1954年赴前苏联彼得格勒基洛夫林业技术大学留学，曾任南京林业研究所、北京光华木材厂高级工程师。1978年开始从事老舍研究工作。1984年调入中国作家协会，参加现代文学馆的筹建工作。历任中国现代文学馆副馆长、馆长，北京市政协文史资料委员会副主任和文史资料编委会主任。著有散文集《老舍散记》（合作）、《老舍的爱好和关坎》、《大爱无边》，长篇传记文学《老舍》等。曾获满族文学奖，《十月》优秀散文奖等奖项。

当代人认识舒乙先生，大多是通过读他写的关于回忆老舍先生的文章，以及后来舒乙为现代文学馆筹建所做的一系列努力工作。当代人更细节化地了解老舍先生，也是得益于舒乙的回忆文章。更多时候，舒乙是以老舍的儿子存在于大家的印象中。舒乙的《大爱无边》，先是素白典雅的封面就给了我们一种朴实的吸引。《大爱无边》是舒乙在21世纪初的专辑作品，包括了舒乙近四年创作的新作品。书中配有舒乙的一些画作，还有大量照片，可谓图文并茂。虽然，这本作品集是舒乙的新作品，但文章中的时间跨度却有百年时间。舒乙先生的笔下有三个重要因素：父亲老舍先生、母亲胡女士以及他倾注了大量心血的现代文学馆。书中的大部分文章都是围绕这些因素展开。

舒乙先生的散文无论写人还是记事，都是用朴实的语言叙述，没有华丽辞藻作为点缀。舒乙不仅仅是一位年逾花甲的老人，也不仅仅是一位博学多识的学者（舒乙是北京某著名大学的博士生导师），舒乙更是一位孝顺的儿子。舒乙先生的母亲胡女士是一位高寿的老人，这本作品集中收录了多篇回忆母亲的文章，像《花之路》、《母亲今年九十四》，用真挚的语言描写了母子间的至爱真情。其中一个细节，胡絜青老人年逾九十仍然坚持记日记，虽然记的都是生活琐事，只有寥寥数语，但是内容却每每涉及同样已是老年人的儿子舒乙，记录着舒乙先生的许多生活细节。斯如所言：大爱无边！

书中配有一些舒乙先生画的画，大概这是受画家母亲的熏陶，但是舒乙的画又不同于母亲的画，舒乙的画多是粗线条勾勒，画面简单，仅仅是一个小院或者只是一个葫芦、一段墙。但却有一种源自生活的拙朴美感，亦如舒乙的文章，一样感人。

为文者先为人。生活中经常感动我们的不是那些所谓的轰轰烈烈的大事件，而是一些细节。比如母亲在琐碎中透着的关爱，抑或父爱在不言不语中的厚重。有一份感恩就是我们一生的财富，是我们成长和行走的精神支柱。一篇作品即使没有华丽的外表，仍能感动每个人的心灵，舒乙先生的作品就是如此，如一个陈旧的青铜器，不因其外形的简陋而埋没了光华，只要我们稍加抚拭，熠熠光彩就能照亮我们。

子承父业，泽被后世。

（高龙彬）

16. "玩物丧志"
——王世襄和收藏

被张中行称为"奇人"、黄苗子喻之"妙人"、朱家溍戏称"大玩家"的王世襄形象,在字里行间跃然纸上。

香港的新闻界,早就流传说北京有一位酷爱明式家具的"妙人",因在十年动乱中及以后一段时间没有房子摆放,把家具堆满一间仅有的破漏小室。这房子那时仰头可以看见星斗,在既不能让人进屋、也不好坐卧的情况下,老两口只好蜷促在两个拼合起来的明代柜子内睡觉。这位"妙人"就是王世襄。

——黄苗子

年前读王世襄的《锦灰堆》,我满心是故人夜雨话旧的欣悦,半点愁绪都没有;这回读《锦灰二堆》,我忽然格外缅念我尊敬的这位前辈,有些文字竟撩起我一丝难言的悬望,仿佛风雨畦田上目睹王世襄吟咏过的那几簇顽强的菜花。甚至静放翻读那部丰美的《自珍集》,我也加倍惦念俪松居这对堂堂正正做人做事的老先生和老太太:"文章信口雌黄易,思想交心坦白难!"

——董桥

我们同住在他的芳嘉园小院二十多年,每天天一亮,就听见他推着单车从我们东厢房窗下走出大门。

他是先到朝阳门大街旧文化部大楼前打太极拳,等到七点,对面朝阳菜市场一开门便进去买菜,所有男女售货员都是他的"老友记",把最新上市的鲜鱼、嫩菜、大闸蟹等都留给他。

——郁风

不言而喻,畅安的玩物丧志和古籍整理有因和果的关系。如果当年他玩得不投入,不执著,老来也就不可能把蟋蟀谱、鸽书整理好,他有一句名言:"一个人如连玩都玩不好,还可能把工作干好吗?!"畅安确实会玩,又能用玩的精神专心致志、一丝不苟整理古籍，因而他干出来的成果被人称为"绝活"。

——朱家溍

他所注意的多半在于贴近人民生活方面的事物，他居住北京多年，对地方文化积累的方方面面都有兴趣，着意钻研，对民族文化的细部加以观察、探讨，补得不少空白。这是一条研究文化史的正路，读了他的著作必将吸引更多的学人在这条寂寞的道路上前行。

世襄先生"玩"的是小事物，小昆虫，却处处为民族文化留下鲜明的印记。真的人不可无"癖"，有"癖"才有执著，而这正是完成任何一种工作所不可缺少的。

——黄裳

这位喜淘旧家具、研究竹刻漆器、擅长书画金石、精于诗词骈文、好放鹰、养鸽、遛狗、斗蟋蟀的文物大师，看来不是一个正襟危坐的老夫子，而是一个有才气、有情趣的杂家兼智者。其生活趣味何等丰富，艺术造诣多么宽厚。丰富的爱好，让他写出了一本又一本学术专著，且不说《明式家具研究》、《明式家具珍赏》的巨大影响，就是他写的《北京鸽哨》、《说葫芦》与纂辑的《蟋蟀谱大成》也令人读之惊羡不已。更难得的是，生于1914年的王世襄自中年后的五十年中，历尽坎坷，却一直以收藏爱好滋润其生活。从困难时期到十年浩劫，知识分子的生活待遇可想而知，他却处之泰然，四处搜罗明清家具，以至于斗室内家具成堆。人们常说"玩物丧志"，但王世襄却在"玩物"中玩出了大成就，他玩一行，精一行。通过考证、实践、研究而开阔思路。他著写的专著不仅在国内引起轰动，还荣获了荷兰王国颁发的克劳斯亲王基金会最高荣誉奖，在国际上传播了中国文化艺术的精华，成为当之无愧的国际知名学者。

提起王世襄，他是诗词家、书法家、火绘家、驯鹰家、烹饪家、美食家、美术史家、中国古典音乐史家、文物鉴定家、民俗学家……说起他的几十部著作，如《中国画论研究》（未刊）、《中国古代音乐书目》、《髹饰录解说》、《竹刻艺术》、《中国古代漆器》、《明式家具研究》、《北京鸽哨》、《说葫芦》、《蟋蟀谱集成》，多为煌煌巨册，亦全为填补空白的开山之作，熔铸了他几十年的心血。北京三联书店集中出版了他的著作，名为《锦灰堆》，全书共分三卷，大到明式家具，小到秋虫冬虫，举凡跟工艺、美术、吃的、玩的相关的，无所不谈，而且不做泛泛之言，不强不知以为知，内容绝对扎实可靠，包括家具、漆器、竹刻、工艺、则例、书画、雕塑、乐舞、忆往、游艺、饮食、杂稿、诗词十三类，读来如入宝山，获益多多。《锦灰堆》的名字出自"元钱舜举作小横卷，画名《锦灰堆》"，王世襄以《锦灰堆》名此集，带有自谦的成分。

然而，他喜欢玩，玩金鱼、蟋蟀、鸽哨、葫芦、竹刻、鹰、犬、古董、明式家具……玩物丧志这个词对王世襄来说，不起作用，他成了大学问家，完全是玩出来的学问。文博专家，收藏家，都不如说他是"玩家"，一位对中国传统文化痴迷的文人，他说："我热爱文化爱到了极点！"

爱我所爱，勇往直前。

（高龙彬）

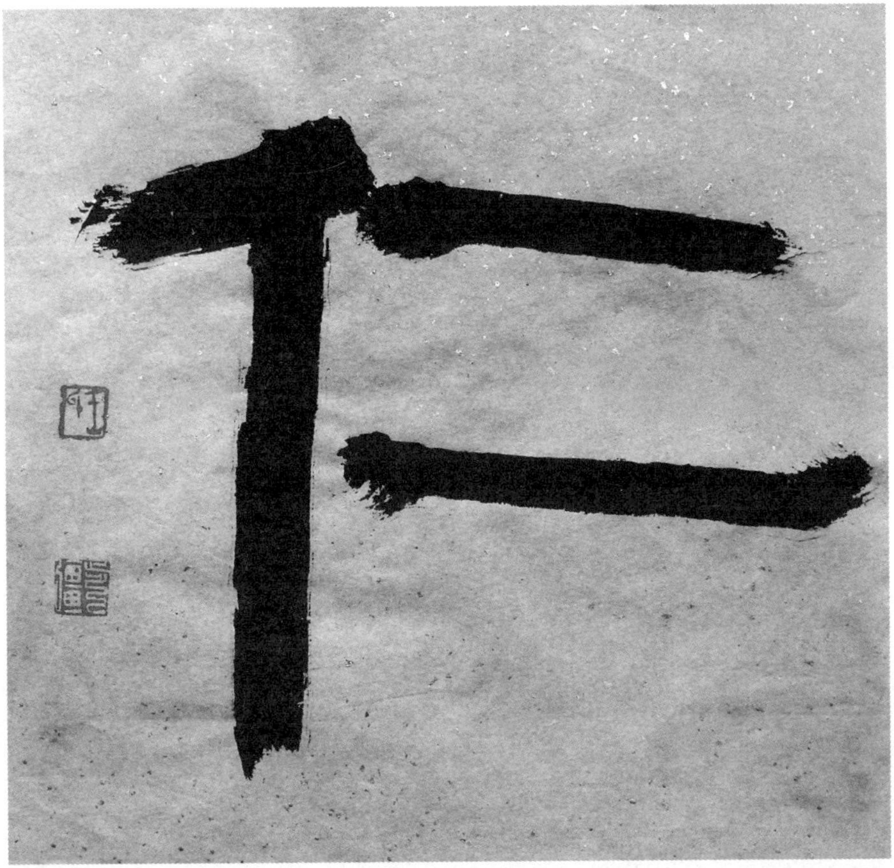

仁

题 解

"仁"是儒家学说的核心,对中华文化和社会的发展产生了重大影响。最初只有"人"字,后来以二人相爱,人旁加二为"仁",故"仁"由"人"而来。因此在古代汉语里,"仁"可作"仁义"之"仁"解,也可作"人"解。"仁"是中国儒家学派道德规范的最高原则,是孔子思想体系的理论核心。"仁"的最初含义是指人与人的一种亲善关系。孔子把"仁"定义为"仁者爱人",并解释说:"夫仁者,己欲立而立人,己欲达而达人","己所不欲,勿施于人。"孔子在回答子张问"仁"时还说,"能行五者于天下,为仁矣",五者为恭、宽、信、敏、惠。孟子发挥了孔子的思想,把"仁"同"义"联系起来,把"仁义"看做道德行为的最高准则。其"仁",指人心,即人皆有之的"恻隐之心"、仁爱之心;其"义",指正路,"义,人之正路也"。

孔子、孟子等先贤关于"仁"的思想具有很强的实践性特征,他们把关注的焦点投向社会,投向现实,时刻关注现实生活中如何实现人的全面发展问题,如何实现社会的有效统治的问题,它更多的是结合具体行为方式告诉人们应该怎么做,即有内在的如何达到"仁"的境界,也有外在的如何实现"仁"的方式方法;一句"志士仁人,无求生以害仁,有杀身以成仁"

成为后世多少知识分子报国捐躯的行为准则,多少"仁人志士"在此原则的指引下奋不顾身地为国家、为民族事业而奋斗终生。"仁"以其极为丰富的内涵,小到个人理想人格的培养,大到治理国家的理想社会行为,是包括了个体及群体生活在内的思想和行为各方面的理想人格修养体系。"仁"的思想在今天仍然具有其一定的合理性及适用性,仍然具体着强大的生命力,指引着个人完成品格修养,为社会进步提供可资借鉴的哲学思想。

(赵红卫)

1. 仁者无敌
——经国济世的大智慧

"仁者无敌"一语出自《孟子·梁惠王上篇》,是梁惠王在向孟子请教如何为政时,孟子说的话。有一次,梁惠王向孟子请教如何击败敌国,让百姓安居乐业,让国家富裕强大。孟子对梁惠王分析说:大王确实有仁慈之心,具备了施仁政的条件,比如大王看到有人要宰杀一头牛祭钟都不忍心,但是因为大王现在最大的欲望是征服天下,称霸诸侯,如果只想到用武力来满足自己的欲望,则不但达不到目的,相反还会招致祸害。因为这样做并没有把百姓利益放在首位,其结果只会是与他国结怨,给百姓带来灾难。而大王如果能够真正施行仁政,以民为本,以百姓之乐为乐,以百姓之忧为忧,则远方的百姓也会因为大王的德政而来归附,国内的百姓也会享受恩惠,安居乐业,甘为大王所用而拥护爱戴您。梁惠王听从了孟子的建议,施行仁政,使国家大治,再次证明了孟子的"仁者无敌于天下"的论点。"仁者无敌"的观点在《孟子》一书中多次被提及,这一观点与孟子主张的"王道"即德治、仁政是完全契合的。孟子认为只要国家治理者自身道德高尚,关心民生,就能够感化天下百姓,使人们心悦诚服,从而自觉自愿地归顺于国君的统治。

仁者无敌,在治理国家方面强调了"以德治国"的重要性。也许很多人会有疑问,单靠德行的感染力能治理好一个国家吗?孟子也考虑到了这一问题，我们今天讲究依法治国，孟子也想到了，他说"徒善不足以为政，徒法不能以自行"。德治与法治，单纯依靠哪一个方面也不行，而是要让二者相辅相成，不能偏废。道德毕竟是一种内在的、依靠自身修养而形成的一种约束力，在施政策略上它并不是万能的。但如果过于依靠法治，则又可能会难以令民众心服。如秦始皇统一中国，完成了自古以来的千秋大业，但也因为秦的严苛刑法，与民少恩寡义，致使秦的统治二世而亡。而中国古代历史上的两个强大的盛世汉与唐，无不是善施仁政的典范。西汉统治者独尊儒术，与民休养生息，减赋税，废酷刑。唐统治者清醒地认识到国家统治如舟，人民如水，"水能载舟，亦能覆舟"，正是因为以民为本的仁政，才成就了汉唐盛世，千载以下，仍为国家治理者的楷模。归于一句话，法律与仁德必须相辅相成，才能达到完善的为政。

事实上，仁者无敌不仅仅适用于治国，也同样适用于个人修养。对于个人来说，心中怀有仁义，自然能够感化敌人，战胜敌人，从而无敌于天下。"君子莫大乎与人为善"，一个具有高尚道德的人，其人格必会魅力无穷。人们常说"榜样的力量是无穷的"，大体也是这个意思。所谓"仁者"，也就是有仁德的人。孟子说："仁也者，人也。合而言之，道也。"也就是说：所谓"仁"者，就是人之所以为人的根本之道。有了这个根本之道，许多人生的难题也许就迎刃而解了。表面看上去，道德似乎很柔弱，它不能像法律那样是非立见，赏罚必行，它的作用显得很有限，以德服人有时看上去不如以力服人显得有力量、有效果。但从长远看，唯有仁德之人的所作所为，才足以感天地、泣鬼神、服人心。诚如孟子所言："以力服人者，非心服也，力不赡也；以德服人者，中心悦而诚服也，如七十子之服孔子也。"意思是说，以力服人，别人只是因为力量不如你才不得不服，而并非心服。而以德服人，别人就会心悦诚服，像孔子的弟子对孔子那样，是发自内心的崇敬与爱戴，"爱人者，人恒爱之；敬人者，人恒敬之。"（《孟子·离娄下》）仁者自然无敌。

> 仁者无敌。
> 与人为善，以德服人。
> 善施仁政，以德治国。

（赵红卫）

2. 医乃仁术
——医德与医术的完美结合

"医乃仁术"出自《孟子·梁惠王上》:"无伤也,是乃仁术也。"仁即爱人,"医乃仁术"是儒家仁的伦理思想在医学上的体现。它要求医生以治病救人为天职,无论亲疏远近、富贵贫贱,都应当以高度负责的态度进行救治。对待患者不仅要有精湛的医术,还要有一颗仁爱之心,给患者以同情、关爱、安慰。医生历来被看做是神圣的职业,人们经常把医学界尊为"杏林"。"杏林"一曲出自晋代葛洪《神仙传·董奉》,三国时董奉隐居在庐山行医,但他从不收病人医药费,而是让病人种杏树作为报答,少则一株,多则五株,几年下来,已经成万株杏林,董奉每年把卖杏的钱用来义诊济贫。杏林的传说成为美谈,后人常用"誉满杏林"来赞扬医务人员的高尚德行。"医乃仁术"的观念不仅反映了医学技术是救人之术,也表达了医生的一种道德信念,即通过行医施药来实现仁者爱人、济世救人的理想。清代名医徐延祚在《医粹精言》中说"欲救人而学医则可,欲谋利则不可,我之有疾,望医之救我者何如?我之父母妻子有疾,望医之相救者何如?易地以观则利心自淡矣……"学医以救人为目的可以,以谋利为目的则不可以,患者往往把自己的生命和健康寄托给信任的医生,而医生也就承担起诊治患者的全部医疗责任并以仁爱之心善待患者。

医德水准的高低直接影响到人们的生命安全和生活质量,所以一个医生不仅要有精湛的医术,而且需要高尚的医德,只有二者兼备的医务人员才能真正担当起人类健康的"守护神"。"医乃仁术",是仁爱与医疗技术的统一。而"仁"在二者中一马当先,医学虽以治疗为手段,但更应该以关怀仁爱为己任。完美的医学境界,应该是真、善、美的协调和统一。真即有真医术,善即时刻心系病人,美即医生与患者关系的和谐与协调。隋唐之际的大医学家孙思邈医德高尚,他把"医为仁术"的精神具体化。在其所著的《大医精诚》一书中说:"凡大医治病,必当安神定志,无欲无求,先发大慈恻隐之心,誓愿普救含灵之苦,若有疾厄来求救者,不得问其贵贱贫富,长幼妍蚩,怨亲善友,华夷愚智,普同一等,皆如至亲之想。"寥寥片语,再现了孙思邈的高尚医德情操。医乃仁术,无德不立。医生解人苦难救死扶伤,没有高尚医德是难以胜任的。古往今来,无论社会体制如何变迁,医生要具有良好的医德这一点是无可更改的。仁是中国儒家传统文化的内核,而医乃仁术就是中国医学文化的内核,它需要医者拥有求真的科学精神和扎实精湛的医学技术,也要求医者具有济世救人的人文精神。

当今社会上,也常出现个别人收受红包或是对病人不负责任的种种行为,身患疾病本已不幸,如果再乘人之危,贪财图利,对病人来说无疑是落井下石,这种漠视病人利益和生命的行为,确实令人心痛。但更让人欣慰的是,许许多多让人敬仰的白衣天使在默默实践着"健康所系,性命相托"的誓言。中央电视台2006年度感动中国人物,著名医学专家华益慰,一生兢兢业业,被患者誉为"值得托付生命的人"。他从医五十六年,做过数千例手术,挽救了许多患者的生命,没有出过一次医疗事故和差错。华益慰一生只做着一件好事,那就是对得起病人。不拿一分钱红包,不出一个医疗错误,这种极限境界,如果没有一颗仁爱之心,如果不是心中时刻装着病人,是不能达到的,华医生做到了高超医术与高尚人格的完美结合,用他的一生向世人诠释了什么是真正的医者。

许多和华医生一样的医者,以满腔的热情对待医学事业,对待病人仁爱赤诚,用心阐释着医学的仁义道德,其品格正如他们身上的衣服一样纯洁无瑕,散发着圣洁的光芒。

医术精湛很重要,

高尚医德不可缺。

爱人知人,医乃仁术。

提高医德,改善医患关系。

(赵红卫)

3. 以德报怨
——仁者胸怀

　　2008年7月15日，北京电视台《法治进行时》栏目播报了这样一则案例，2008年7月14日北京市第一中级人民法院审理了一起故意伤害案件，被害人马某因与人有财物纠纷，被刺身亡。而此时，马某婚期在即，父母正在家为他筹备婚礼，其母梁女士听闻噩耗，一夜白发，肝肠寸断，痛彻心扉，而且也一时间陷入了因丧失主要经济来源而导致的生活困顿。然而，出乎所有人的意料，当梁女士身临法庭，看到被告人宋某时，却强忍悲痛，含泪向法官为其求情，恳请法官从轻处罚被告人："人死不能复生，宋某还年轻，希望法官对他从轻处罚，让他有机会做一个对社会有用的人。"当这个淳朴善良的农家妇女第一次面对杀害儿子的凶手，在没有任何利益获偿的情况下，发自内心向法官说出这番话时，令在场法官及所有诉讼参与人无不深受感动，为之动容，被告人宋某更是感动得热泪盈眶。梁女士对被告人的谅解和宽容成为法官定罪量刑的酌定情节，法院随后对被告人做出了从轻处罚的判决。与以往不同的是，在念完判决书后，法官又宣读了长达两页半的判后寄语，这是在以往的刑事判决中从未出现过的。法官认为："在对这位柔弱的普通女性梁建红所遭遇的人生之大不幸深表同情的同时，更使我们这些法律职业人对其以德报怨、深明大义之举而心生崇敬。"

　　梁女士虽然只是一名普通的农家妇女，却向世人昭示了她的淳朴与善良、坚韧与刚毅、宽厚与博爱。面对不幸，不仅不思报复，反生恻隐之心，由恻隐而生大爱，可谓仁义至极。孟子曰："恻隐之心，仁之端也。"(《孟子·公孙丑上》)"人皆有所不忍，达之于其所忍，仁也。"(《孟子·尽心下》)"恻隐"之心，"不忍"之心，是对他人特殊境遇下的不幸而产生的哀痛和同情。梁女士的高尚在于当她对别人的不幸心怀恻隐之时，自己的内心也正承受着巨大的失子之痛，而且她所同情和宽容的人正是给自己带来不幸的人，但她却做到了把"不忍""达之于其所忍"。把一个母亲对亲生儿子的挚爱扩大到对他人儿子的仁爱，希望这个犯了错误的年轻人能够悔过自新，再做一个对社会有用的人。什么是仁，仁就是以博大宽厚的胸怀爱亲人，爱他人，是"泛爱众而亲仁"（《论语·学而》），是"其中心欣然爱人也；喜人之有福，而恶人之有祸也。"（《韩非子·解老》）这种情不自禁，从内心生发的不求回报的仁爱之心，常人也许能有，但又有几人能做到把这样一种博爱给予一个给自己带来不幸的"仇人"。梁女士的举动，让世人震撼，让铁面法官也动容，北京一中院法官在判后寄语中动情地写道："我们亲身感受了其崇高、博大的人格情操和胸襟境界。法官相信，梁建红的义举和在其身上闪现出的人性光辉、迸发出的人格力量，不仅会使我们感同身受，也必将会使更多的社会公众深有感触。法官乐见，在我们的日常生活中，厚德扬善、宽容大义渐成风尚，'锱铢必较，睚眦必报'为人不齿，唯其如此，中华之美德方能传承，社会之和谐方可实现。"

确实，梁女士所表现的宽厚仁爱是我们中华民族的传统美德，春秋时期的齐桓公曾与公子纠争王位，公子纠的部下管仲射了齐桓公一箭，差点要了他的性命。按说齐桓公与管仲之仇应当是不共戴天，但他登上国君之位后，却以政治家的敏锐，以博大的胸襟宽容并重用了管仲。齐桓公仁厚的态度深深地打动了管仲，从此，管仲便鞠躬尽瘁、尽心竭力、为国效劳，最终帮助齐桓公率先登上春秋霸主之位，成就了彪炳千秋的历史伟业。智者的肚量和仁者的胸怀，让我们看到了真善美的瑰丽动人。用宽仁回报伤害，用仁德回报怨恨，原来，可以让我们的生命呈现雨后彩虹般的美丽，可以让我们的世界呈现化干戈为玉帛的祥和。

上述案例中被告人宋某也深深被梁女士以德报怨的义举所震撼，在法庭上，他动情地叫了梁女士一声妈妈，并在给法官和梁女士的信中写道："破碎的家庭造就了我的自私，我的冷漠，我不相信亲情，我不相信任何人，可是我们的法官，还有那位伟大的母亲，让我真正地懂了什么叫'爱'……妈妈，在我今后的人生路上，将以您为榜样，用宽厚的胸怀对待社会，对待周围的每一个人。"被告人的悔过再次让我们看到了仁爱的力量，因为爱，被告人眼里灰暗阴冷的世界瞬间变得春光灿烂；因为爱，一个因为触犯法律而战栗的灵魂重新变得平和而宁静。正是"人能充无欲害人之心，而仁不可胜用也。"（《孟子·尽心下》）如果人们不为一己之私利而生害人之心，如果人们面对仇恨能够平和心态，宽以待人，避免冤冤相报，而是以德报怨，则犯错之人只要良心未泯，必会心怀感恩之心，尽力回报社会和那些善良的人们，消解恩怨，而让社会呈现和谐安宁的别样美丽。

以德报怨，仁者胸怀。

宽以待人，仁爱众生。

完善个人品德，促进社会和谐。

（赵红卫）

4. 仁者爱人
——汶川震灾中对生命的珍爱

2008年5月12日，四川汶川突发大地震，一时之间山崩地裂，天昏地暗，这原本应该普通平和的一天，从此成为人们心中挥之不去的永恒伤痛。灾难牵动着中南海的心。党中央、国务院高度重视，立即召开会议，成立抗震救灾总指挥部，研究、部署抗震救灾方案。地震发生仅一个多小时，胡锦涛总书记就作出重要指示："尽快拯救伤员，保证灾区人民生命安全。"地震发生两小时后，国务院总理温家宝乘专机立即飞赴四川灾区指导救灾工作。接着，十万仁义之师来了，他们肩负着稳定民心、救死扶伤及灾后重建的重任。十二日晚上，人们听到总理哽咽而坚定的声音："人命关天，只要有一线希望，我们就要尽全部力量救人。"十六日下午，胡锦涛总书记在救灾现场指示"首要工作是救人"，"重中之重是救人"。从5月12日到19日，救灾期间人们听到的最多的声音就是"救人、救人、千方百计救人。"时间在一点一滴地流逝，救援人群在与时间赛跑，过了黄金救援时间，人们仍没有放弃任何一点搜救生命的希望。5月17日1时被困108个小时的李克诚被救出，当日18时30分，被困124小时的卞刚芬被救出，次日9时15分，被困139小时的唐雄被救出……一个又一个生命的奇迹产生。中国领导人和中国人民的言行让世界为之动容，他们说："珍视生命，中国赢得了全世界人民的敬意和赞扬。希望必将与中国同在。"孔子曰："仁者，爱人也。"斯言不谬也。

为表达全国各族人民对四川汶川大地震遇难同胞的深切哀悼，国务院决定，2008年5月19日至21日为全国哀悼日。在此期间，全国和各驻外机构下半旗志哀，停止公共娱乐活动，外交部和我国驻外使领馆设立吊唁簿。5月19日14时28分起，全国人民默哀三分钟，是日，汽车、火车、舰船鸣笛，防空警报鸣响，人们垂首默哀，内心充满了悲痛，灾难让我们变得脆弱，同时，心中又无不充满了不屈于灾难的战斗力量，因为，灾难更让我们变得坚强。这一刻，唯愿逝者安息，愿生者坚强。

大灾面前见大爱。汶川震灾在中华大地激发起的生命大营救和对生命的尊重与珍爱，并不是偶然的，而是中华民族传统文化中仁爱传统的一次爱的释放，中华民族历来有珍爱生命、以民为本的宝贵精神文化传统，从管仲的"以人为本"到孔子的"仁者爱人"，"天地之性人为贵"；从孟子的"不嗜杀人者能一之"到荀子的"人有生有知亦且有义，故最为天下贵也"，一代代中华子民所遵循的仁爱思想，奠定了中华民族几千年来友爱互助、精诚团结的伦理思想基础，中国古代统治思想和制度在漫长的中国文化史上，都充满了对生命的珍惜与关爱。正是这种以人为本的文化传统，让中华民族在汶川震灾中，上上下下，团结一致，凝聚一心，谱写了一曲爱的颂歌。

这次灾难，再次让我们切实感到了生命的脆弱和珍贵，它是如此需要我们用心呵护和爱惜！一位震灾幸免于难者说："地震发生的一刹那，我顿时感觉生命那么的脆弱，感觉自己还有那么多的事需要去做，感觉自己曾经浪费了那么多时间！"是的，春去了可以再来，而生命如江水东流，一旦逝去就再无回头之日。而生于承平时代的我们，在平淡的时日中，又往往忽略了生命的珍贵。或浑浑噩噩，虚度年华；或漠视安全，损害身体。汶川震灾，以残酷的现实，再次让我们看到生命的脆弱和宝贵，我们虽不能决定生命的长度，但我们却可以拓展我们生命的宽度，珍惜每一寸光阴，多做有意义的事情，让我们的生活更充实，让我们有限的生命更有价值。让汶川震灾的逝者安慰，让生者再不负于生命。

仁者爱人，天地之性人为贵。

爱护生命，珍惜光阴。

（赵红卫）

5. 孔子师郯子
——以仁者为师

唐代文学家韩愈曾在一篇散文《师说》中谈到从师的问题:"圣人无常师,孔子师郯子、苌弘、师襄、老聃、郯子之徒,其贤不及孔子。孔子曰:'三人行,则必有我师。'"孔子虽为圣人,但善于择师,凡是有一技之长之人都是他学习的对象,都可以尊之为师。韩愈在文中提到的郯子,就是孔子曾尊为老师的一位贤者。郯子是春秋时期郯国的国君。当时周王室已日渐衰败,各诸侯国互相争战以扩大实力,而郯国虽只是其中的一个小国,但却颇有名气,其中主要的原因就是因为国君郯子的政绩、仁德与才华。鲁昭公十七年(公元前525年)郯子朝鲁,鲁大夫叔孙昭子在席间问起远古帝王少昊氏以鸟名为官名的事,郯子侃侃而谈,解释了少昊氏以鸟名为官名的原因和职务分配状况,当时孔子正在鲁国为官,也在场,孔子听了郯子的言谈,深感佩服。就在宴会后去拜见郯子,向他求教有关古礼及古代官制的问题,后来孔子便说:我听说周王室衰微之后,典章制度已残缺散失,只有偏远小国把这些传统文化保留下来了,现在我是真的相信了。这个故事就是传说中孔子问官于郯子的典故。至今保存在山东曲阜庙内的《圣述图》内有一幅插图叫"学于郯子",讲的就是孔子师郯子的故事。

春秋晚期,西周初年建立的礼乐制度已近崩溃,而郯子作为偏远小国的郯国国君却仍能做到讲道德、施仁义、以仁德来治理国家,保存了周代的许多典章制度,孔子的政治理想正是要建立这样一种以"仁"为思想内核的统治体制,所以当他听到郯子的言谈,立刻意识到这是一个礼仪之邦的君子,虽然当时孔子已经闻名鲁国,但他还是虚心地尊郯子为师,而郯子见孔子如此谦虚好学,便倾其所学,与孔子彻夜长谈。而且以仁者为师,他们不仅能做到学高为师,更能做到身正为范。郯子名垂后世,还有一个美德一直被世人视为楷模,元代郭居敬编撰了一部宣扬孝道的书叫《二十四孝图》,其中记载郯子性至孝,他的父母年老多病,想喝鹿奶,于是郯子披着鹿皮,到深山里去，混迹在鹿群之中，取鹿乳供养双亲，有一次被猎人当成了真鹿，差点被射死，郯子告诉了猎人自己扮鹿的原因，才幸免于难。郯子先正其身，然后再以仁德之理论规范来治理国家，必然会取得很好的效果，如果他只是要求民众仁德，而自己不身体力行，显然不会成为真正的仁者，也不会得到博学多识的孔子的尊敬与崇信。

孔子的师德观是"其身正，不令而行，其身不正，虽令不从"，"不能正其身，如正人何?"也就是要求为人师者，不仅仅要有理论知识而已，还要以身作则，用自己的实际行动和人格魅力来影响于人，如果自己都做不到仁义礼智，则又如何能教导他人呢。很显然郯子从内到外均做到了一个为人师表的好老师应达到的标准，堪称圣人之师，亦可为郯国子民的表率。孔子曾说"泛爱众，而亲仁"，要有爱心，要亲近仁者。因为仁者内怀仁爱之心，外显儒雅之气，他们宽容大度，胸怀天下，博爱苍生，如果能以仁者为师，则必如沐春风。仁者的仪态风范也会激起我们内心对善与美的渴望与追求，仁者的人格力量也会唤起我们对自我道德完善的渴求，所以亲近仁者，以仁者为师，是提高我们自身素质的好方法，也是让我们成为对社会有用之才的好途径。

以仁者为师，与智者为友。
学高为师，身正为范。
勤于学习，善于择师。

（赵红卫）

6. 晏子拒更宅
——清廉为官，以民为本

晏子即晏婴是春秋后期一位重要的政治家、外交家和思想家，尤其他的很多聪明机智、能言善辩的外交故事为大家所熟知。其实晏婴更是一位经邦治国之能臣。身为齐相，他节俭自律，运筹帷幄，虽身居高位，但却不屑于富贵奢华的生活，而是始终惦记民生疾苦，以身作则，力行节俭。春秋后期与西周初盛期相比，已显礼乐崩坏之象，齐国上下也正畅行奢侈绮靡之风。而晏婴身为齐相，却坚持住在临近喧嚣市场附近的一所老房子里。齐王认为这所地势低矮、经常尘土飞扬的老屋实在和晏婴的身份不太相称，提议要给他在高爽之地另建一处豪宅。但晏子却辞曰："君之先臣容焉，臣不足以嗣之，于臣侈矣。且小人近市，朝夕得所求，小人之利也，敢烦里旅！"意思就是说：国君的前任宰相就住在这里，与之相比我可能还不够资格住在这里呢，这所老屋对我来说，已经够奢侈的了。况且我住这儿靠近闹市，早晚需要什么很方便能买到，不需要再因搬家而麻烦里中众人了。于是齐景公就又问他：那你靠近闹市，知道什么东西贵，什么东西贱吗？当时因为齐景公刑法苛繁，许多人遭受刖刑，即古代一种把脚砍掉的酷刑。晏婴特意回答说：假肢很贵而鞋子很贱。景公听了，愀然动容，收起了笑容。从此以后，齐景公废除了很多严酷繁琐的刑罚。

晏婴正是从日常生活中的点点滴滴做起，清廉自守，以自己的实际行动提倡节俭，禁抑奢侈，尽己所能纠正奢靡的风气。廉政文化历来就是我国优秀的文化传统的一部分，孔子说："士志于道，而耻恶衣恶食者，未足与议也。"这是孔子教导学生的一句话，时至今日仍然有它的思想指导意义，有志之士应当追求道义，如果有人因为穿不上时髦的好衣服，吃不上山珍海味的食物就感到羞耻，那么这个人就不值得与他讨论问题，交朋友就更谈不上了。中国古代格言也说："非淡泊无以明志，非宁静无以致远"。只有少一点私欲，少一点贪心，才能做到淡泊，才能甘于清简朴素。谋私之心才不会躁动不止，也只有这样，高远的志向才能确立，这一颗心才能安定沉静下来。《晏子春华·内篇》记载，有一次齐景公问晏子：廉洁为政而能长久，这种行为是什么样的呢？晏子回答："其行水也。美哉水乎清清，其浊无不雩途，其清无不洒除，是以长久也。"廉政如同清澈的水一样，当水混浊之时，它所经之处无所不被污染，而当水清澈之时，它所经之处无所不被洗涤，这正是清澈能够长流的原因，而人们若能像清澈之水一样，清廉自爱，则必会如长流水一样芳名永驻。方志敏同志也曾说"清贫、洁白朴素的生活，正是我们革命者能够战胜许多困难的地方"。当今社会，人们身处市场经济的大潮，面对林林总总的诱惑，更需要这种耐得清贫的精神。许多贪得无厌、骄奢淫逸的贪官正是因为难抑心中的私欲和贪欲，给自己的人生也给国家带来严重损失。与胡长清"情如手足"的"大款"周雪华在交代他们的犯罪"心路"时说："我是一个钓者，把有副省长之尊的胡长清钓住了。但有时又想，我也是一条贪吃的鱼，这不正是因为他的权力，钓走了我的金钱吗？"

春秋时，宋国司城子罕为政清正廉洁。有人得到一块宝玉，拿去献给子罕，子罕拒绝说："您以宝石为宝，而我以不贪为宝。如果我接受了您的宝玉，那我们就都失去了自己的宝物。倒不如我们各有其宝呢？"这种以廉政为宝的精神正是传统文化为我们今天进行廉政文化建设提供的宝贵财富。其实要做到廉政也并不难，有一条基本精神就是心中有"民"。百姓如水，政权如舟，水能载舟，亦能覆舟。古代有君权神授之说，而如今则是"君"权民授。只有以民为本，关注民生，才能真正做到廉政。齐景公曾在晏子拒更宅后，有一次趁晏子出使的机会，在晏子住宅的原址扩建了一所豪宅，并驱赶了周围的百姓，晏子回国后，拒不进住，最后坚持恢复了旧居原貌，把被驱赶的百姓请了回来，仍然是与民为邻，感受着百姓的哀与乐，关心着百姓的疾与苦。晏子的行为正如他自己所言，如一湾清水，汩汩不息，千百年来，洗涤着一切贪婪之欲，激励着后世当政者清廉为政。无独有偶，于晏子两千多年之后，新中国的总理周恩来再现了这种清廉为官的本色。有一次总理身边工作人员乘总理出国访问的机会，抢时间搞了点简单的内装修，更换了窗帘、洗脸池与浴缸。总理回国见了十分生气，语重心长地对工作人员说："我身为总理，带一个好头，影响一大片；带一个坏头，也影响一大片。所以，我必须严格要求自己……你们花那么多钱，把我的房子搞得那么好，群众怎么看？一旦大家都学着修起房子来，在群众中会造成什么样的影响？"周总理这一番话发人深省。陈毅元帅说："廉洁奉公，以正治国者周恩来也。"周总理和晏子一样，以他们廉洁自律、关爱民生的博大心怀，为后世人提供了廉政之典范。

    水能载舟，亦能覆舟。
    以民为本，清廉为政。
    廉洁自律，树高远志向。

（赵红卫）

7. 环保志愿者
——仁民爱物的仁义之师

美国学者乔纳森·韦纳在《地球的奥秘》一文中说："大量事实与研究表明，人类创造美好文明的同时，也造成了日益严重的资源、环境、生态、人口等问题，这些问题对人类自身的生存与发展已构成了严重的威胁。人类改变着地球，地球也改变着人类。历史终于让人类开始懂得，只有使全社会每一个公民，特别是决策层了解地球，懂得人类只有和地球和谐共处，使关爱和保护地球成为行为准则时，人类才真正摆脱愚昧和无知，才可能创造最美好的人类文明。"现代文明尤其是工业文明给人类带来各种文明的成果的同时也造成了一系列的环境危机。环境问题已经作为一个不可回避的重要问题提上了各国政府的议事日程。保护环境、减轻环境污染、遏制生态恶化的趋势成为政府社会管理的重要任务。在我国，保护环境则是一项基本国策，环境保持日现成效，这其中就有着环保志愿者的很大的一份功劳。从中央到地方，从城市到农村，从孩子到老人，不分行业，不分年龄，不分贫富，一支支环保志愿者的队伍，不断发展壮大，他们不计报酬，不求回报，不为私利，默默守护着我们赖以生存的地球。

中国历来有重视自然环境保护的传统，先贤们很早就认识到保护自然环境的重要性。孟子即很重视人与自然环境之间的关系问题，他提出"顺天者存，逆天者亡。"(《离娄上》)天，即自然规律，人们要按照自然法则行事，而不能随意违背事物本身的性质和规律。比如水资源是人类赖以生存的最重要的资源之一，孟子说："民非水火不生活"(《尽心上》)。人们常说"饮水思源"，可是许多人却往往饮水而不思源，恣意破坏水源。现在，黄河上游的湖泊源泉有很多已经干涸，很大程度上是人为原因造成的。而因为自然和人为的诸种原因，水灾也是中国历史上最大的灾害之一，人们用各种办法阻止水灾，治理水灾，其中大禹治水即是治水成功的范例，也是环境保护的范例。"使禹治之。禹掘地而注之海，驱蛇龙而放之菹；水由地中行，江、淮、河、漢是也。险阻既远，鸟兽之害人者消，然后人得平土而居之。"（《孟子·滕文公下》）禹遵循着水的自然规律，不是用堵和塞的办法，而是顺着水性用疏导的办法治理水灾，对于危害人类的鸟兽，大禹不是用杀害的办法，而是用"驱"的办法，把鸟兽之害人者驱逐到适宜其生存的沼泽地带，这样，人兽各得其所，既保存了自然界生命的多样性，又保证了人类生活的安定，人与自然和谐相处。目前许多物种正濒临灭绝，大禹治水中对动物所采用的保护办法正可以为我们所借鉴。

儒家所讲"仁"与"仁政"，其实不仅仅是针对人的，其中的仁爱也是施于物的。《孟子·梁惠王上》曾这样具体描述人们对自然界所有生命的爱护，和对自然规律的尊重："数罟不入洿池，鱼鳖不可胜食也；斧斤以时入山林，林木不可胜用也。谷与鱼鳖不可胜食，林木不可胜用，是使民养生送死无憾也。养生丧死无憾，王道之始也。"数罟，就是网眼尺寸很小的鱼网，孟子反对用细网捕鱼，反对在树林的生长期入山砍伐树木，只有这样才能保证小鱼和小树的正常生长，才能避免造成生态环境的破坏，目前我们也有类似的法律条文禁猎禁渔，这其实也是需要人们的公德意识、自觉意识来完成的。这个道理看上去平常，却含蕴着深刻的道理，即人们在处理人与自然的关系时，不仅要为目前利益着想，更要为长远利益着想；不仅要为人类自身的利益着想，还要为自然界的生命发展着想。要"仁民而爱物"，（《孟子·尽心上》）我们现在几乎没有可能再发现新大陆了，地球只有一个，所以爱护我们的地球，自觉参与环保就成了每个人义不容辞的责任和义务。中国环保志愿者宣言中有这样一段话，希望我们能把它变为现实：只有到了社会上的每一个人都来关心和保护我们的地球时，才有可能从根本上解决环境问题。环保是一个真正需要从我做起，从现在做起，从身边做起的事业。让我们立即行动起来吧！为了保护地球的蓝色、为了我们子孙后代。

　　　　保护地球，仁民爱物。

　　　　节约用水，珍惜水资源。

　　　　环保工作，从我做起。

（赵红卫）

8. 刘备携民渡江
——得民心者得天下

中国古典小说名著《三国演义》中有一段很感人的故事，刘备军队在新野大败曹军之后，移驻在樊城。曹操为了报仇，亲自率领，杀奔樊城而来。当时曹军势大，刘备兵微将寡，诸葛亮料定抵挡不住曹军，便劝刘备放弃樊城撤退，以保存实力，但刘备却说："夫济大事必以人为本，今人归吾，吾何忍弃去！"他冒着被曹军追上、全军覆没的危险，不顾生命安危，带领城中百姓一同南下过江，途中刘备看到百姓拖家带口、扶老携幼、号泣而行，两岸哭声不绝，心中悲恸不已，哭道："为我一人而使百姓遭此大难，还有什么脸面活在世上！"说罢几欲投江，被众人劝住。刘备渡江后，回顾江北，见还有无数未渡江的百姓望南招手呼号，他急令催船渡百姓过江，直到百姓将要渡完，才上马离去。携民渡江这件事，在历代开国君主中实不多见，刘备爱民的名声由此在中原地区广为流传，为后人所津津乐道。裴松之注《三国志》特别引东晋史学家习凿齿的评论说："先主虽颠沛险难，而信义愈明，势逼事危，而言不失道。……其终济大业，不亦宜乎！"乱世之民渴望的就是这样一个宽厚爱民的好君主，仁德的刘备也就理所当然是众望所归了。

刘备宽厚仁慈的人格魅力特点，是中国传统的政治文化思想理念的体现。孔孟的政治主张强调"德治"、"仁政"，告诫统治者要"以德服人"，要用自己高尚的人品、崇高的道德来影响臣子，征服百姓。刘备深知遵循儒家政治思想理念的重要性，十分注意自身品德人格的修养，树立贤德之君的风范。携民渡江危险重重，从军事家的角度来说，他完全可以弃民保实力，但从政治家的角度来说，也又是一个成功的政治家的正确选择。这一事件大大地提高了刘备的社会影响和民众基础，真正体现了一个政治家对民众的关爱之情，民众也才因此真正感受到了刘备的爱民之心，从而对其有了发自内心的忠诚和爱戴。刘备临终时仍不忘告诫儿子刘禅："勿以恶小而为之，勿以善小而不为。惟贤惟德，能服于人。"正是这种贤德，成就了刘备一生受人敬重的政治品格。

改革开放以后选举制度成为了社会各方面选用人才、推举领导人物的基本策略，"得民心者得天下"也就成了合乎时代要求的实现形式。由于实行普遍选举和定期选举，作为领导者既要顺应民心才可能上台，也要顺应民心做事才可能获取连任的机会。如何才能得民心，孟子的一段话说得非常清楚："得天下有道，得其民，斯得天下矣。得其民有道，得其心，斯得民矣。得其心有道，所欲与之聚之，所恶勿施尔也。"（《孟子·离娄上》）意思是说，要想取得最高的统治权，成功之道在于获得民众的拥护；要想获得民众的拥护，成功之道在于获得民众的认同。要获得民众的认同，就要做到以下几点：民众所喜欢的，就为他们聚积起来；民众所厌恶的，就不要随意加在他们头上。换句话说，也就是多做得民心的事，多做对百姓有益的事，民众不高兴的事、不答应的事、损害民众利益的事，则要少做或不做。只有如此，才能得民心，才能得天下。

以德治国。

得民心者得天下。

顺应民心，为民服务。

（赵红卫）

9. 冯谖客孟尝君
——仁义重于利

《战国策·国策》中记载了这样一则故事：冯谖客孟尝君。战国时期齐国的孟尝君礼贤下士，门下有食客数千人，其中有一个叫冯谖，冯谖有一次弹剑唱道："长铗归来乎，食无鱼"，于是孟尝君让他食有鱼，后来冯谖又弹剑感叹"出无车"、"无以为家"等歌，冯谖都一一满足了他的要求，让他食而有鱼、出入有车、他的母亲也得到了很好的照顾。有一天，孟尝君询问府里的宾客有谁愿意替他到薛地收债。冯谖自告奋勇要去，并问孟尝君收完债后，用收上来钱买些什么回来，孟尝君说："看我家里缺少什么东西，就买什么。"结果冯谖到了薛城，派出官吏召集那些欠债的百姓都来核对借约。核对完了，就假传孟尝君的命令，把借约都烧掉了，百姓齐声欢呼万岁。回去后，孟尝君问他买了点什么回来，冯谖说：我看您府上珍玩美女样样都不缺，最缺的东西要算"义"了，因此我就买了义回来。孟尝君问义如何买呢，冯谖就把过程说了，孟尝君很不高兴。过了一年，孟尝君被齐泯王辞退，只好到自己的封邑薛城去住，走到离薛城还有一百里的地方，那儿的老百姓扶老携幼，在大路上迎接曾施于他们仁义的孟尝君，孟尝君这才明白了冯谖为他买"义"的意义。

仁义不像有形的财物一样立刻让人受益，所以孟尝君见冯谖用钱财买了看不见摸不到的仁义非常不高兴，但仁义在很多时候又确实是比利更重要的东西，所以孟尝君被驱逐回薛城的时候，他得到金钱买不到的仁义的回报。在中国传统思想文化中，义重于利、崇义贬利的倾向始终是传统文化的主流。这种伦理倾向在孔子时代即已定下了基调。孔子说："君子喻于义，小人喻于利"，意思是说，君子通晓仁义，小人只懂得利益。战国时期的孟子也是极为推崇仁义而轻利，《孟子》中有一则孟子见梁惠王的故事。梁惠王问孟子说："您不远千里而来，给我的国家带来了什么好处和利益？"孟子回答大王何必只言利，只要仁义就足够您治理国家的了。如果您以一国之君的身份问："对我的国家有什么好处"，臣子就会问："对我家有什么好处？"百姓就会问："对我有什么好处？"这样上上下下都只讲利益，国家就危险了！臣子会为私利而叛君，百姓会为私利而造反。这是先讲利而后讲义的后果。然而却从来没有讲仁义的人，会抛弃他们的亲人，也不见讲仁义的人会背叛他们的国家，所以大王要想做到长治久安，讲仁义就足够了，何必言利呢？在中国传统思想史的演变过程中，义、利的内涵虽或多或少地发生过改变，但重义轻利的根本精神则始终未变。先贤们认为在人生价值中道德生活是最高尚的，对完美品格和道德的追求是实现人生最高目标和价值的唯一途径。荀子说："仁义礼善之于人也，譬之若货财粟米之于家也，多有之者富，少有之者贫，至无有者穷。"有无仁义，仁义的深厚浅薄就代表了一个人所拥有的宝贵财富的多少。传统文化有时也会出现割裂义与利关系的情况，直接否定了利，羞于谈利，这也是存在问题的，只要不把利建立在损害仁的基础上，在讲仁义的同时，也应重视利。物质生活和精神生活其实并不是水火不容的关系，而应当是相互协调的关系。

如果我们漠视仁义，凡事以利益确定价值，有利大干、无利不干、见利忘义等行为，则必会损害个人的人格，甚至是集体利益、国家利益。不管社会如何进步，技术如何发达，人们的正义、仁爱、良知是永远无法用财物来折算的。也正因为它的无价，才让人们对此孜孜以求。中华民族在无情的雪灾面前，在泛滥的洪水面前，在残暴的地震面前，不计私利，团结互助，所有心怀仁义的人们在灾难面前的表现，再次证明了仁义重于利的高尚品格。

仁义重于利。

义利并重，仁义为上。

仁义是宝贵的精神财富。

（赵红卫）

10. 范仲淹先忧后乐
——仁者为政的境界

"先天下之忧而忧，后天下之乐而乐"，出自北宋著名政治家范仲淹的散文名作《岳阳楼记》。他认为为政之道要吃苦在先，享受在后。翻开史册，关于范仲淹的事迹有很多记述，不难看出，范仲淹是一位言行一致的政治家。他以"先天下之忧而忧，后天下之乐而乐"为座右铭，始终以兴利除弊为己任。范仲淹一生沉沦下僚，多次由于直言忠谏而被贬，但他始终不改"忧民之心"。一生以"先忧后乐"为行动准则，自律甚严。虽拿着官俸，但与家人节衣缩食，仅以吃饱穿暖为原则，但却乐善好施，救济贫民。晚年他在杭州做官，家人知道他有退休之意，就劝他提前在洛阳盖所私宅，修建园林，以备养老悠闲之用。但他却说："一个人如果有道义之乐，就不会在乎外表，何况是居室？我已经年过六十，所剩时间不多，不担心退下来没处住。况且士大夫们在洛阳修建的园林很多，谁会阻拦我去游览呢？"范仲淹死后，宋仁宗亲笔为他的墓碑题词为："褒贤之碑"。在他做过官的许多地方，人们都设有祠庙来纪念他。

范仲淹"先天下之忧而忧，后天下之乐而乐"的思想是对儒家仁政思想的阐释，孔子在《论语·雍也》中就已提出"仁者先难而后获，可谓仁矣"。意思是要先经历困苦艰难，而后再讲酬报，这就是仁。孔子一贯主张"仁者爱人"与"为政以德"的管理思想，强调伦理道德在政治策略中的重要性，认为"仁"是"德"的最高体现，管理的本质就是"修己安人"，提高自身修养，先实现自我管理，才能做到安人，即实现尽善尽美的社会管理。孟子也说"乐民之乐者，民亦乐其乐；忧民之忧者，民亦忧其忧。乐以天下，忧以天下。"（《孟子·梁惠王下》）只有时时处处关注民生，也才能得到民心。西汉刘向也曾提出过类似的论点，刘向《说苑·谈丛》中说："先忧事者后乐，先傲世者后忧。"常有忧患意识，才能见微知著，未雨绸缪，才有后乐。而如果漠视现实，则埋下忧患。这种勇于担当的忧患意识是中国文人士大夫的一种崇高情怀，至今对我们的生活态度和为政态度都有着积极的指导意义。孟子说："生于忧患，而死于安乐。"（《孟子·告子下》），忧劳可以兴业，可以兴国，而沉溺安乐者则会因不思进取而面临失败与消亡的危机。所谓"忧劳可以兴国，逸豫可以亡身"。（欧阳修《伶官传序》）

我们已经进入21世纪，物质文明迅速发展，人们每天面对着目不暇接的物质诱惑，许多人在林林总总的物质利益面前迷失了方向，耽于其中，乐而忘忧。而我们身边的世界是矛盾统一的世界，在经济高度发达的同时，精神文明也亟待提高。在和平宁静、蒸蒸日上的大好形势之下，又必然潜伏着种种的矛盾与危机。诸如经济危机、能源危机、环境危机、信任危机、军事危机等等，先忧后乐，居安思危，才能保持清醒的头脑，才能坚持不断改革开放的信念，才能更好更快地促进社会发展和进步。先贤留给我们的"先天下之忧而忧，后天下之乐而乐"的思想，是仁者为政的崇高境界，如指引我们前进的一盏明灯，长久地给我们智慧的启迪。

先天下之忧而忧，后天下之乐而乐。

乐以天下，忧以天下。

生于忧患，死于安乐。

（赵红卫）

11. 舜帝仁孝感天
——孝悌为"仁"之根本

《史记·五帝本纪》载："舜二十岁以孝闻名"，中国二十四孝故事"感天动地篇"亦有记述，说舜帝的父亲是个愚昧无知的人，后母很顽固，同父异母的弟弟象为人又桀骜不驯。三人都想杀掉舜，但舜却行事恭顺，孝顺父母，友爱兄弟。尧帝听说了舜的仁孝，把自己的女儿嫁给了舜，舜后来接替了尧帝的位置，以德孝治国，使万民丰衣足食，社会歌舞升平。孔子也非常重视孝悌，把孝悌作为实行"仁"的根本，提出"父母在，不远游"等一系列孝悌主张。孟子也把孝悌视为基本的道德规范。秦汉时的《孝经》则进一步提出"孝为百行之首"的理论。

"百善孝为先"，是中华民族历史悠久、源远流长的优良传统，从尧舜时代流传的孝故事算起，已有四千多年的历史了。《论语》曰："其为人也，孝悌而犯上者，鲜矣。不好犯上而好作乱者，未之有也。君子务本，本立而道生。孝悌也者，其仁之本与？"这句话阐述了"仁"的核心和根本即是"孝悌"。"孝"是孝敬父母，"悌"则为尊重兄长。为人"孝悌"者，基本上是不会"犯上"的，不会"犯上"的人，则不可能"作乱"。此外，"犯上"即不尊敬长辈。"作乱"则是不遵守社会和国家运行相关的法律规范。或者是违背社会公德，不遵守礼教。孔子认为如果一个人做到了孝悌，那么他基本上就不再去做一些不尊重长辈的事情，如果大家都是孝悌之人，尊敬长辈，则就不可能再去做一些违背社会公德尤其是违背礼法的事情了。总之，孝悌是仁义的源泉和根本。古代选官制度中甚至有"孝廉"一项，孝廉就是孝顺父母、办事廉正的意思。一个人如果在这一方面做得很好，就可以举孝廉了，即如果乡里有人以孝出了名，地方长官就有责任向上推荐，而且还可以直接委以官职。一个人如果不想做官了，最好的托词也是要回家奉养父母。因为历代最高统治者标榜孝道，不得不予许。例如汉代的李密不愿再为官，在其《陈情表》一文说："伏惟圣朝以孝治天下，凡在故老，犹蒙矜育，况臣孤苦，特为尤甚。""臣无祖母，无以至今；祖母无臣，无以终余年"。说自己是老祖母抚养长大的，现在老祖母老了，需要自己在身边孝顺、赡养。事情很快得到了恩准，这时候，孝已经外化为一种政治策略或社会公德。

事实上，孝，首先是一种最真实原始的自然情感，是人类共有的真情实感，从人出生的那一刻起，对父母的亲昵、依赖、敬爱关系已经建立。儒家不仅承认人有这种道德情感，而且认识到这种情感正是人的最高德性即"仁"的生长点。一切善与美的品行皆从孝而衍生出去，所以孝悌被认为是"仁"之本。这个"本"是指本根，即根苗，是"发端处"（王阳明语）。很难设想，对父母缺乏爱心的人，能够爱他人。只有敬爱孝顺父母，由此出发，才能对人类，从而对自然界的万事万物，甚至是无生命的事物都充满爱心。因为孝悌是亲情，所以它是一种发自内心的、切实的爱，是最真诚的生命关怀。如果我们能把这种最自然真挚的情感推及他人，则必会极大地提升人们的道德水平，极大地推动社会的进步。九月九日是中国传统的重阳节，也是老人节，敬老节，希望我们的孝亲不仅限于老人节，也不仅限于自己的老人，而能做到"老吾老以及人之老，幼吾幼以及人之幼"。或者说由孝悌而能亲仁，由亲仁而能施仁义于万事万物。

孝悌为仁之根本。

尊老爱幼为社会公德之基础。

尊老孝亲，仁民爱物。

（赵红卫）

12. 己所不欲，勿施于人
——仁的诠释

"己所不欲，勿施于人"一语出自《论语·卫灵公》。有一次孔子的学生子贡问，有没有这样一句话，它可以让人终生奉为行为的规范。孔子说："其恕乎，己所不欲，勿施于人。"这句话是儒家文化的精华之处，也成为后人出口成诵的经典妙句。这句话揭示了处理人际关系的一个重要原则，待人接物一定不要心胸狭窄，而应宽宏大量，宽恕待人，如果自己不想要某样东西或不想做某件事情，也不要强加给别人。而这也正是儒家思想内核"仁"的一个重要表现。孔子说仁者爱人，爱人当然也包括宽恕待人的一面。

己所不欲，勿施于人，简单地说也就是推己及人，或是民间常说的将心比心。凡事换一个角度，站在别人的立场来考虑一下，也就是人们常说的换位思考，从自己的内心出发，去理解和对待他人，设身处地地为别人着想，抱着这样一种公平的态度，也就会避免许多错误的想法和决定。战国时期，有一个叫白圭的人曾和孟子谈论起大禹治水的事，大禹接受治水任务的时候，刚刚和涂山氏结婚，新婚燕尔，但他想到因为洪水泛滥许多人正被洪水吞没时，心里就像失去了自己的亲人一样难受，于是率众治水，三过家门而不入，经过十几年的奋战，终于疏通了河道，使洪水流入江海，消除了水患，完成了千古流芳的业绩。但白圭提起大禹时却说，如果让他来治水，他肯定比大禹做得要好，只要把河道疏通，让洪水流到邻近的国家去就行了。孟子批评他说：你这样做是不对的，如果你把邻国作为聚集洪水的地方，一旦洪水倒流回来，就会造成更大的灾害，有仁德的人，是不会像你这样做的。这个故事也就是成语"以邻为壑"的由来。大禹治水的态度正反映了"己所不欲，勿施于人"的仁德行为，虽然把洪水引入大海，费工费力，但却是永久消除水患，即利本国也利他国的好事。白圭只想到了快速便捷地解除水患，却只顾及到了本国利益，而把祸事推给了邻国人民，而实际上这种不顾及他人利益的做法，在现实生活中也往往是损人不利己，自己最终也得不好处，甚至会深受其害。人们常说"种瓜得瓜，种豆得豆。"为人处世，唯私利是图，表面上看可能会暂时获利，而长此以往，正如孟子所说，一旦洪水倒流，一旦自己的行为为身边的民众所鄙弃，则只能会使自己自食其果。本欲损人，而恶果反而回报到了自己身上。

其实己所不欲、勿施于人的道理早已为人们所熟悉和理解，但道理易懂，实践起来却非易事，所谓非知之难，行之难也。目前，我们提倡建立和谐社会，己所不欲，勿施于人，体现着人们对美好人际关系的向往，但愿更多人能够身体力行地做到推己及人，己所不欲，勿施于人，让中华古文明的精华在今天焕发灿烂的光辉。

　　　　己所不欲，勿施于人。
　　　　推己及人，将心比心。
　　　　严于律己，宽以待人。

（赵红卫）

13. 商汤捕鸟，网开三面
——大爱无垠

　　有一个成语叫"网开三面"，出自《史记·殷本纪》，说的是商汤厚德仁慈的故事。商汤有一次出巡，看见一个捕鸟的人张开四面网罗，跪在地下祷告："自天下四方皆入吾网"，让天下四方的鸟儿都到我网中来吧。商汤觉得这样捕鸟未免太残忍了，就叫捕鸟的人撤去三面，说鸟儿想向左飞的就让它们飞走吧，想向右飞的也让他们飞走吧，实在是无法避开罗网的小鸟才可以把他们网罗起来。各国诸侯知道这件事后，都说商汤的仁德真是到了一种极致，不要说对人了，就连对禽兽也是如此仁德。后世的孟子评价商汤说："民之望之，若大旱之望雨也……'徯我后，后来其无罚。'"说老百姓像久旱望甘霖那样盼望商汤的到来，商汤来了，就不会再受到刑罚了。商汤因其仁慈宽厚而赢得了天下民心，统一了天下。

　　商汤对人民的仁慈，作为一个明君是可以理解的事，但他的仁爱能及于自然界的小鸟，这就很让人动容。人类与各类飞禽走兽共处于一个地球，都是这个星球不可分割的一部分，但近年来，由于人类生存发展的需要，有意无意间破坏了许多动植物的生存，甚至导致许多物种的灭绝。虽然人类因为自身高度发达的智慧而以极高的优越性与动植物区别开来，但我们又必须明白，动物和人类一样也是享有生命权和生存权。不能因为自身的强大而完全漠视和忽略其他生物的存在。大自然的存在是人类生存的基础，只有人类与所有的生命和谐相处，共同兴旺，地球才会保持它永久的生机。人类也才能不至于变成生态难民。我们常说己所不欲，勿施于人，但如果我们能像商汤所做的那样，不仅对同胞，对小鸟也充满了仁爱关怀之心，那我们就不妨把这句话改为己所不欲，勿施于万物。加拿大作家莫厄特与他的作品《与狼共度》的创作再次向我们讲述了一个大爱无垠的故事。莫厄特曾被加拿大政府派到北极去考察狼的罪恶，因为北极地区的驯鹿在急剧减少，被归因于是狼捕杀了太多的驯鹿。莫厄特一个人在荒无人烟的北极考察了一年，考察的结果偏离了他的初衷。狼捕杀驯鹿的数量与当地人类对驯鹿的捕杀相比，实在是微乎其微。导致驯鹿数量减少的真正元凶不是狼，反倒是人类自己。莫厄特陷入两难境地，要么违心地嫁祸于狼，得到当地某些从中谋利者的褒奖，要么实事求是，承担当局者的谴责和怀疑。莫厄特最终勇敢地发表了《与狼共度》一书，引起了社会争议，也带来了震撼世界的效果，甚至一些政府下令禁杀狼。莫厄特也由衷地感叹："狼使我认识了它们，也使我认识了自己。"

　　人类本身的行为决定了人与动物、人与自然的关系，善待世间万物，也就是为人类自身创造了一个和谐美好的生存环境。云南昆明滇池曾有很多海鸥栖息，某个时期却因为人们的种种不友好行为使海鸥渐渐离去，曾有人发动市民开展挽留海鸥的行动，开始尚有效，但久而久之又渐渐被大家所漠视了。但是，有一位老人风雨无阻，从不间断地来池畔饲养海鸥。有人发现了这位老人的行为，并把老人喂海鸥的场面拍摄下来，照片刚竖立起来，就有无数海鸥整齐地排列在老人遗像前，好像正在和老人作最后的告别。老人用一颗爱心关心着海鸥，他的英灵也得到了海鸥的深情抚慰。天地间的芸芸众生，无不渴望被关爱。人类自身离不开爱或不爱，推人及物，世间万物也需要被关爱，大爱无垠，当我们对世间万物付出爱心的同时，也必会得到大自然丰厚的回报，我们会得到一个充满生机、和谐美丽的生存环境。

　　　　关爱大自然，关注人类生存环境。

　　　　网开三面，大爱无垠。

　　　　关爱大自然就是关爱人类自身。

（赵红卫）

14. 刘宽责民，蒲鞭示辱
——待人处事，仁厚为本

《后汉书·刘宽传》载，汉桓帝时，南阳太守刘宽性情温良，即使在急迫匆忙时，也未曾见他容色严厉，言辞急迫。他的夫人也感到奇异，有一次为了试探刘宽的度量，在刘宽要赴朝会已经把衣冠装束整齐的时候，夫人命侍婢奉肉羹进入，故意翻倒玷污了刘宽的朝服，他神色不变，仍然很和蔼，关心地问侍婢说："肉羹是否烫伤了你的手？"他的宽宏度量，宅心仁厚竟然到此程度。对家人是如此，在处理政务上，刘宽也以仁厚宽恕著称。《后汉书·刘宽传》载："吏人有过，（刘宽）但以蒲鞭罚之，示辱而已，终不加苦。"即属下官吏有了过错，他只以蒲草做的鞭子轻罚，蒲草做的鞭子柔软，也打不太疼，略示耻辱，让犯错人知错而已。老百姓为此尊刘宽为宽厚长者。

老百姓常说"做人要厚道"。贺岁片《手机》引用此话后，这句调侃的台词便成为很多人的口头禅。2004年度十大网络流行语评选中，"做人要厚道"名列第一，这似乎在说明宅心仁厚仍是人们非常认可的传统美德。《论语》所谓"人者仁也"、"仁者爱人"，《庄子·在宥》："亲而不可不广者，仁也。"都是讲人要仁爱、要仁慈、要厚道，与人为善、不刻薄、不欺弱。甚至会不惜以德报怨，以善报恶。仁厚是做人的基本准则，是博爱情感的释放。它来自宽阔的胸襟，良好的修养。上文提到的宽厚长者刘宽有一次乘牛车外出，遇见有人丢失了牛，他看到给刘宽拉车的牛就感觉是自己的牛，刘宽默默不言，下车徒步回家了。后来，失牛人找到了自己的牛，亲自送还刘宽并叩头谢罪，而刘宽和颜悦色地说："世间相类之物，本来容易认错，又幸劳你把我的牛送回来，这有什么好谢罪的呢？"邻里都很佩服称赞他这种不与人计较的德量。仁厚者感人，可以让身边的人也感染仁厚，使人顿生向善之心，给自己带来内心的安宁，也给他人带来温馨。人的心中都住着天使和魔鬼，成为天使还是魔鬼有时候也只是一念之差。《三国演义》中曹操信奉"宁我负人，毋人负我"的人生哲学，有一次他兵败投奔吕伯奢，吕伯奢在后院和家人商议杀猪款待曹操的事，而曹操只是隐隐约约听到了杀字，就疑心吕伯奢要杀自己，凭着毫无依据的猜测，曹操就杀了吕伯奢全家。为了一己之私，不问是非就滥杀无辜，心胸可谓狭窄至极。这种狭隘带给他人伤害和折磨，而当事人怕是也难得心灵的安宁。我们今天建设和谐社会，需要的是宽容仁厚，而非刻薄自私。只有多一些理解的宽容，少一些责难和倾轧，这个世界才会变得更温暖。2009年1月温家宝总理访英期间，本来一派春意融融的景象，不想温总理在剑桥大学演讲时，却发生了一段小插曲。某一男子不辨形势，很无知地在演讲堂小吵了几下，结果，邪恶的目的非但没达到，还一下子把自己变成了一个小丑，在全场一片嘘声中被清理出去，简直是过街老鼠人人喊打！而温总理气定神闲，以静制动，微笑面对，从容不迫地说："老师们，同学们！这点卑鄙的伎俩阻挡不了中英两国人民的友谊。"全场听众由衷地爆发出热烈的掌声。温总理又提高声音说："人类的进步，世界的和谐是历史的潮流，是任何力量阻挡不了的。"掌声再次热烈响起，久久回荡在剑桥演讲厅上空，也回荡在每一个仁厚者心中。

　　　　待人处事，仁厚为本。
　　　　做人要厚道。
　　　　严于律己，宽以待人。

（赵红卫）

15. 济困扶危，"微尘"有情
——尘埃落定，大爱无声

　　2006年感动中国的人物中，有一个名字不属于一个人，而是属于一个集体，一个城市。"微尘"起初是青岛一位数次捐款不留姓名的普通市民，青岛市红十字会的工作人员在翻阅了捐款记录后惊讶地发现，早在2004年，有一位署名"微尘"的市民多次大额捐款，为"非典"、为新疆喀什震灾、为白血病儿童，为湖南灾区……正当人们在努力寻找"微尘"时，一个又一个"微尘"出现了。截至 2006 年感动中国人物颁奖时,青岛市红十字会收到的上千笔捐款中,很多捐助者都署名"微尘"。每一双充满善意的援手,每一张不同模样的面孔,都记录下一个共同的名字——"微尘"。"微尘"成了一个集体的名字,而今"微尘"扩展成一个关爱他人的爱心符号。以"微尘"命名的募捐箱、徽章,走进了青岛的大街小巷,成为青岛一个体现爱心的公益品牌。微尘来自人群,像一粒尘土,微薄而细小,寻找不到,却又随处可见,当尘埃落定,人们了解了什么叫大爱无声。

济困扶危,救人于水火历来是中华民族的优良传统,自孔孟以来,"仁"、"仁政"、"仁民爱物"、"仁义"等已深入人心,在不同的历史条件下,人们济困扶危的方式方法可能不同,但一颗博爱的心却是相同的。面对他人的困难与不幸,人人尽己所能,给予同情与帮助,是社会公德的要求,更是对人们品德修养的考验。而今在社会主义精神文明建设中,济困扶危已经成为一项重要的内容,形成了一人有难,众人相帮;一方有难,八方支援的良好社会风气。送人玫瑰手留余香,雪中送炭心留温暖,虽然个人的力量是微不足道的,但只有人人量力而行,才能形成万人同心的强大力量,一粒"微尘"是渺小的,但当无数"微尘"出现,足以抚慰万人的心灵,足以提升一个民族的品格。许多时候,灾难和不幸是无情的,是我们所无法改变的,但我们却可以用爱心和行动,把灾难的影响降到最低点。歌者丛飞,一个把生命和时间都献给了孩子的好人,他为社会公益演出 400 多场,义工服务时间 6000 多小时,无私捐助失学儿童和残疾人达 146 人,认养孤儿 37 人,捐助金额超过 300 万元,而自己一家人生活俭朴得让人难以置信。在丛飞罹患胃癌期间,他仍没有放弃对贫困山区孩子的救助,虽然因为病痛,他已不再拥有嘹亮的歌喉,但他却在人生的舞台上获得了人们最饱含敬意的喝彩,让人们知道了大爱无声。在四川震灾中,当谭千秋老师用自己的血肉之躯,为四个学生撑起一片延存生命的空间时,他用生命诠释了爱与责任。当年轻的谭铠毅然放弃可以让她功成名就的工作机会,而选择在西部贫瘠的土地培养稚嫩的生命之花时,当她的器官让另一个生命得以再度鲜活时,她又一次向世人简释了大仁大爱。

大爱无声,它不需要过多的语言,不需要华丽的修饰,只要一颗仁爱无私的心。一个鼓励的眼神,一双温暖的手,一种默默的守护与支持,与灾难和不幸相比，它可能没有扭转乾坤的力量，但都是神圣而伟大的，它让生命充满了希望，让人间洒满了温暖，让一切天灾人祸在人们的微笑中淡去。

大爱无声。

天灾无情，人间有义。

济困扶危，播撒爱心。

（赵红卫）

16. 杜甫善待扑枣老妇
——恻隐之心为仁

唐代诗人杜甫以一颗仁民爱物之心，写下了无数关心民瘼的诗篇，千百年来打动着读者的心。在陕西曾流传这样一首民歌："唐朝诗圣有杜甫，能知百姓苦中苦，诗歌作了千万卷，不留千年存万古。"正因为杜甫设身处地为贫苦百姓着想，他忧国忧民、心系天下的可贵品质不知感动了多少人。他关心百姓疾苦的故事也是数不胜数。

唐中叶安史之乱期间，人民陷入水深火热之中，许多人衣食无着。一个深秋的夜晚，正为民生多艰忧愁难眠的杜甫，听到院子里传来几声清脆的"啪啪"声，杜甫出门一看，看到一个老妇人正在打枣，老妇人见杜甫出来，慌忙转身要走。杜甫一看是住在附近的一个老寡妇，她的丈夫和儿子都已经死于战乱，杜甫深知，连年的战火已经让老百姓贫困到了极点。一股恻隐之心油然而生，他急忙叫住老妇人，对她说："以后只要是饿了，就尽管来打枣吃，不用客气。"杜甫和妻子甚至还招待老夫人在自己家里吃了一顿饭，并尽其所能送给衣衫褴褛的老妇人一件衣服。从此以后，每逢老妇人无以为食，便来杜甫的院子里打枣充饥。

后来杜甫把这茅屋让给了一位亲戚即吴郎居住，不料吴郎一来便把草堂四周插上篱笆，禁止别人进院打枣。杜甫知道了这事后，便写了一首诗劝告吴郎。即有名的一首《又呈吴郎》诗："堂前扑枣任西邻，无食无儿一妇人。不为困穷宁有此，只缘恐惧转须亲。即防远客虽多事，便插疏篱却甚真。已诉征求贫到骨，正思戎马泪沾巾。"这首朴实无华、感情真挚的诗，没有任何华丽辞藻的修饰，但它却表达了杜甫对贫苦百姓最深切的同情与关怀。他对吴郎说老妇人"不为困穷宁有此，只缘恐惧转须亲"，如果不是因为穷得万般无奈，无以为生，她哪里会去别人的院子里打枣呢，而且当她在别人庭院里扑枣时，心里总是怀着一种恐惧的心情，所以我们不但不应该阻止，反而要特意对老妇人亲善些，让她能安心打枣。你虽无意插上了篱笆，但当老妇人看到插上的篱笆，会以为你是真的要禁止她打枣。在这"正思戎马泪沾巾"的战乱年月，困顿者又何止老妇人一人，我们思之正可痛心，又怎么忍心禁止老妇人扑枣呢？

杜甫的一颗仁慈之心令人动容。孟子关于仁的第一个命题是："恻隐之心，仁也。"有恻隐之心即是有仁。只要人心中还有善的本性，那么就会有恻隐之心，孟子把恻隐之心即所谓的"不忍人之心"，分析得很具体也很深刻。他解释恻隐之心说："今人乍见孺子将入于井，皆有怵惕恻隐之心；非所以内交于孺子之父母也，非所以要誉于乡党朋友也，非恶其声而然也。"只要心中有良知的人，看到有孩子将要掉进井中，必然会产生恻隐之心，情不自禁要去救助。这与是否与孩子父母认识无关，也与个人所追求的名与利无关，而是内心善的本质的一种自然流露。杜甫见到老妇人扑枣，不由产生恻隐之心而善待老人，这是一颗"不忍之心"，但杜甫的善又不仅于此，当他听说亲戚插上了篱笆禁止别人扑枣的时候，他以博大而慈爱的心，不仅怜悯老妇人，而且同情关怀所有身处战火中的人，甚至他也以自己的宽厚仁慈，教给了吴郎非常重要的为人处世之道。吴郎在杜甫人格魅力的感召下，主动拔掉篱笆，允许老妇人再来打枣。这就已经超越了一般人所能做到的恻隐之心，而是将恻隐之心"扩而充之"的更大的"仁。"《孟子·尽心下》说"人皆有所不忍，达之于其所忍，仁也。"恻隐之心是对他人在特殊境遇之下产生的同情、怜悯之心，是仁，而孟子认为，把这种恻隐之心扩充开来，使它上升为一种在一般情景之下、在普遍意义上的仁民爱物之心，更是仁的表现。

显然，杜甫做到了这一点。杜甫自身艰难困苦、颠沛流离的坎坷生活经历，使他贴近了广大劳苦群众，对处于水深火热之中的广大人民总是抱着深切的同情，征夫戍卒、田妇野老、寡妻弱子、渔民樵夫，这些普通百姓的命运,无不牵动着诗人的心,可谓是无事不忧,无时不忧。当他怀着一颗悲天悯人之心,在秋风吹破他茅屋的时候,仍然深沉呼喊"安得广厦千万间,大庇天下寒士俱欢颜,……何时眼前突兀见此屋,吾庐独破受冻死亦足"之时,我们知道,"诗圣"之称号于杜甫来说是当之无愧的,他的仁爱与博大心胸正是这位伟人留给我们的巨大的精神财富。

  恻隐之心为仁!

  心怀天下,仁民爱物。

  提高修养,追求仁爱。

(赵红卫)

17. 老吾老以及人之老,幼吾幼以及人之幼
——仁爱天下

  2006感动中国人物——林秀贞,河北省衡水市枣强县王常乡南臣赞村农民,三十年如一日,像女儿一样赡养了六位孤寡老人,被她悉心照料的孤寡老人,都度过了幸福的晚年,享年都超过了八十岁。林秀贞还在当地带头创办个体企业,先后向八位残疾人传授了生产技术,并在自己的企业为他们安排就业岗位,为他们解决许多生活中的实际困难。林秀贞还先后出资四万多元帮助乡村中小学改善办学条件,资助本村和邻村十四名贫困家庭子女步入大中专院校,救治并收养了一名出生仅四十天的患病弃婴。这位朴实的农村妇女,以自己的爱心让一村之中老有所终、幼有所长、鳏寡孤独废疾者皆有所养。其颁奖词中说:富人做这等事是慈善,穷人做这等事是圣贤,官员做这等事是本分,农民做这等事是伟人,这位农妇让九州动容。《孟子·梁惠王上》中描述他心目中的理想社会时说:"老吾老以及人之老,幼吾幼以及人之幼",意思是人们由尊敬自己的长辈,从而推广到尊敬别人的长辈。由爱护自己的儿女,从而推广到爱护别人的儿女。这需要一颗无私博爱的心,林秀贞无怨无悔地做到了。

  尊老爱幼作为一种传统美德,体现了人们对社会老弱群体的关爱。

《礼记·礼运篇》亦云:"故人不独亲其亲,不独子其子。使老有所终,壮有所用,幼有所长,鳏寡孤独废疾者,皆有所养。"和孟子表达了一样的对理想社会道德的追求。要让人们在年老时有人奉养,以终天年;年轻的时候,社会能提供条件来发挥自己的作用;让年幼的未成年的孩子在社会的爱护下成长,鳏寡孤独的老人及有疾病残疾的,皆能有所养。这虽然是儒学家们表达的一种社会理想,但也是包括当代的人们对社会道德的要求。

  这句话说起来很容易,可以说是人尽皆知的道理,但事情往往难在做上,当今社会,生活节奏日益加快,人们尤其是处于社会中坚位置的中青年人,把很大的精力投入到了工作之上,而忽略了赡养老人抚育子女除了物质生活上的保障,更需要精神上的体贴和抚慰。对自己的老人和孩子能尽心尽责地做到赡养和抚育已属不易,再及人之老,及人之幼,又谈何容易。而且即使能做到,也是做一次两次、三天五天容易,如果要长期坚持,形成习惯和修养,又更属不易,但许许多多的林秀贞们还是做到了。究其原因,就是因为他们不只在理论上或说思想观念上认识到了"老吾老以及人之老,幼吾幼以及人之幼",而是从心灵深处认识到了尊老爱幼的必要性。俗话说"养儿方知父母恩"。当我们全身心体会到为人父母的责任和义务时,也从中深刻地体会到了自己父母的不易与付出。那份不求回报的付出,深沉而厚重,是寸草之心难以报答的三春之晖,而由此推开去,不仅自己的父母,他人之父母也曾含辛茹苦抚育后代的老人,不仅自己的子女,他人之子女,也是娇嫩如花,亟待滋养的珍贵生命。他们都应该得到我们的关心和爱护。只要我们从内心深处体会到这份仁爱,并付诸实践,一切将会变得更美好,家庭更温馨,社会更和谐。

  老吾老以及人之老,幼吾幼以及人之幼。
  心怀仁义,博爱天下。
  老有所终,壮有所用,幼有所长。

(赵红卫)

18. 为富有仁
——儒商精神之可贵

儒商在首先是商人的同时，又尊崇儒家文化所提倡的仁、义、礼、智、信，儒商的出现，是对"奸商"的鞭笞，也是对"俗商"的抛弃。有文化或者高学历并不一定就能称为儒商，儒商重要的品质是对所处的时代具有使命感，把赢利和对社会的奉献密切结合起来，即重利，也重义。春秋晚期，郑国有一位行商叫弦高，经常来往于各国之间做生意。公元前627年，他去周王室辖地经商，途中遇到秦国军队，当他得知秦军要去袭击他的祖国郑国时，便一面派人急速回国报告敌情，一面伪装成郑国国君的特使，以四张熟牛皮和十二头肥牛作为礼物，犒劳秦军。秦军原本打算在郑国毫无准备的时候，进行突然袭击，现在见郑国"使臣"跑来犒劳军队，以为郑国已经知道偷袭之事，只好班师返回，放弃了攻打郑国的计划。郑国避免了一次灭亡的命运。当郑国君主要奖赏弦高时，他却婉言谢绝了，"作为商人，忠于国家是理所当然的，如果受奖，岂不是把我当做外人了吗？"弦高不计个人的利益得失，心系国家安危，轻利重义，可谓是儒商的典范人物。

我们现在处于现代市场经济的大潮中，要求经济的迅速发展，更注重道德建设和和谐社会的建设。正是需要儒商、呼唤儒商出现的时期。而现代儒商除了应具备市场经济下的时代精神之外，儒家学说中的思想精华更是一个儒商需遵循的道义。儒家所提倡的"内圣外王之道"是塑造完美人格的必备修养。内圣，就是要求个人所能达到的最完善最完美的道德修养。而外王，即要求作为圣贤之人，不仅要追求个人道德的完善，更要把这种"内圣"外化为实践，即能够做到经国济世，为国家、为人民、为民族而建功立业。如何才能做到内圣，儒家学说中的"仁、义、礼、智、信"可以为儒商塑造自己完美人格提供有益的借鉴。这其中最重要、最核心的思想也即"仁"字，有了"仁"，也就能做到"己所不欲，勿施于人"（《论语·卫灵公》），能做到"已欲立而立人，已欲达而达人"（《论语·雍也》），能做到

"老吾老以及人之老，幼吾幼以及人之幼"（《孟子·梁惠王》），在经营管理中，也就能尊重人的价值，推行"人格化管理"。在现代企业中，许多儒商推行的"爱的管理"和"人情味管理"，也正是儒家的"仁者爱人"思想的具体运用和发挥。有了"仁"义之思，就不会局限于个人或小集团的利益，就不会时时处处把利字放在第一位，而把比利更重要的东西抛于脑后，孔子曰："不义而富且贵，于我如浮云。"君子爱财，取之有道，同时也要用之有道。

儒家提倡志在天下的经国济世之学，宋代范仲淹"居庙堂之高，则忧其民；处江湖之远，则忧其君"提出"先天下之忧而忧，后天下之乐而乐"。明清之际顾炎武则说"天下兴亡，匹夫有责"，这都是儒家的经世意识和参与心态的真实写照。现代儒商正是遵循儒家的这种经国济世理念，提倡"服务于社会，奉献于人类，把得之于社会的还之于社会"的经营理念。当代著名儒商李嘉诚先生，在2008年5月12日的四川大地震中，捐款一亿元人民币，用于为灾区学生设立特别教育基金。其实在此之前，李嘉诚教育基金已捐出三千万元人民币，用于祖国的各项教育事业。李嘉诚说："我的钱来自社会，也应该用于社会，我已不再需要更多的钱，我赚钱不是只为了自己。为了公司，为了股东，也为了替社会多做些公益事业，把多余的钱分给那些残疾及贫困的人。"我们现在建立和谐社会和有秩序的社会主义市场经济，正需要这样的儒商，既有儒家"内圣外王"的理想人格又有商人"善于运筹，精于操作"的经商之才。

　　　　为富有仁。

　　　　经商亦重仁义。

　　　　内圣外王，修养人格。

（赵红卫）

19. 管仲相齐
——大仁不拘小义

春秋初期，齐国国君齐襄公无道，鲍叔牙预知齐国将乱，便辅佐公子小白出奔到莒，后来，齐襄公被他的从弟无知杀死，无知自立为王，公子纠在管仲和召忽的辅佐下逃奔到鲁。公子小白即后来的齐桓公，他和公子纠均为齐襄公的异母弟。几个月后，齐大夫雍廪杀了无知，公子小白和公子纠均想回国称王。公子小白由莒回齐，公子纠则在鲁国卫兵的护送下由鲁回齐，另外派管仲率兵拦截公子小白。管仲与公子小白遭遇后，一箭射中了小白的带钩，小白佯死逃脱，管仲以为小白已死，就报告了鲁国，鲁军护送公子纠缓缓而行，不想公子小白早已先入齐，立为桓公。齐桓公击败了鲁军，并迫使鲁国杀了公子纠，交出召忽和管仲，召忽为公子纠自刎殉节，管仲则被齐军拘押到齐。齐桓公本欲杀管仲报一箭之仇，后来因为鲍叔牙的规劝，决定重用管仲，于是立管仲为相。

孔子的弟子子路是个为人很讲道义的人，他认为，桓公迫杀公子纠，作为臣子，召忽为之自刎，可谓是杀身成仁。而管仲却并不为公子纠殉节，从仁义上来说好像不如召忽。于是问孔子：管仲这样做能算是仁义的人吗？孔子回答说：齐桓公多次召集各诸侯国会盟，而不依靠武力，这都是得力于管仲，这就是管仲的仁德之处啊！孔子的另一个弟子子贡也不同意孔子的看法，他说：管仲不能算是仁德之人吧，他辅佐的公子纠死了，他不但不殉节，反而做了公子纠的对手齐桓公的宰相。孔子又解释说：管仲辅佐齐桓公，使齐国称霸诸侯，匡正天下，百姓们至今仍在享受他的恩惠。如果没有管仲，恐怕我们早就披头散发，衣襟左开，被少数民族统治和奴役了。所以，管仲岂能像一般百姓一样恪守小节，为了一个公子纠而默默无闻地死去呢？孔子作为儒家思想的创始人和代表，他也说过"杀身成仁"的论点，另一个儒家思想代表人物孟子也说过"生，亦我所欲也，义亦我所欲也，二者不可得兼舍身而取义者也。"但为什么孔子又如此赞赏管仲不为公子纠殉命，而是转而辅佐齐桓公成就大业的行为呢。其实孔子对生命的珍爱和对生命意义与价值的追寻，与他的杀身成仁的思想并不矛盾，在本质上是一致的。而问题的本质就是"大仁"、"大义"与"小仁"、"小义"的关系问题。在具体的道德实践中，要权衡轻重，辩证取舍，有时为了大仁就不得不违背小义，有时为了大义则不得不违背小仁。所以儒家说："子为亲隐，义不得正；君诛不义，仁不得爱。虽违仁害义，法在其中矣。"（《韩诗外传》）个人的名声利益并不能代表大多数人的利益，杀身成仁不应该是放弃整体的大仁与大义，而为个人的小义去牺牲。只有放弃一己之小仁与小义，才能在更高层次和更普遍的意义上维护真正的"仁义"。

所以，管仲"不羞小节，而耻功名不显于天下"，他不追求一时的节义虚名，不为了个人的小义而作白白的牺牲。对管仲来说公子纠代表不了整个齐国的利益，而让齐国富强起来，让齐国百姓安宁太平，才是管仲所追求的真正的大仁大义。所以管仲忍辱负重，在齐国辅政四十余年，改革内政、发展生产，终于使齐国九合诸侯，一匡天下，百姓安居乐业，受益无穷。正是因为管仲的远见卓识，才使他没有迷失在效忠于某个人的小义之上，而完成了真正的大仁大义。想当年西楚霸王项羽只因无颜见江东父老，至死也不肯过江东，放弃了有可能东山再起、成就霸业的机会，令后人无限叹惋。所以毛泽东他老人家也说千万"不可沽名学霸王"，作为一个有能力、有胆识的人，一定不要为了一时的所谓个人名声，而放弃施展才华、成就功业的机会。如果当年朝信不忍受胯下之辱，也就没有后来助刘邦平定天下的淮阴侯，所以不要因为拘于小节，而放弃了对大仁大义的追求，而要心怀一颗仁民爱物之心，尽己所能，造福于民，实现自己真正的生命价值。

大仁不拘小义。

大义与小节，正非要明辨。

沽名钓誉不可取。

（赵红卫）

20. 唐太宗废酷刑
——以仁德治天下

唐太宗李世民是中国历史上有名的明君，唐朝是取代隋朝而建立的一个政权，隋朝原本是一个很富庶的国家，但由于第二代皇帝隋炀帝的荒淫奢侈，残暴无道，国家很快就分崩离析。以隋亡为鉴是贞观年间唐太宗经常与大臣们探讨的一个问题，唐太宗自己曾总结说：一是由于隋炀帝大兴土木，浪费国家财力物力；二是美女珍玩，征求无已、贪心不足、欲壑难填。三是东西征讨，穷兵黩武，使百姓苦于兵役，民心思定，结果终至身戮国灭，为天下所不耻。这一切是唐太宗"耳所闻，目所见"的亲身经历。因此他"深以自戒"提出了著名的"三鉴"说："人以铜为镜，可以正衣冠；以古为镜，可以见兴替；以人为镜，可以知得失。"当时名臣魏征说："君，舟也；人，水也。水能载舟，亦能覆舟。"唐太宗对此深以为然。他以其雄才大略和成熟的政治家魄力，废酷刑，推广均田制度，改革政治制度，从谏如流，知人善任，广开才路。即为自己的李氏子孙奠下了百年基业，也造福了百姓，成为万世帝王的楷模。事到如今，他的许多治国策略与思想还是值得借鉴的，其以仁德治天下的成就，千百年来一直为百姓所津津乐道。

　　儒家历来强调以仁德治天下，儒学创始人孔子的最高境界是"仁"，而且他所说的仁也不单纯是指个人处世的匹夫之仁或小恩小惠的妇人之仁，而是包括经国济世在内的大仁大义。即掌握一定权力的人要勇于、善于克服自己的私心欲望，遵守秩序，有条不紊地治理国家，管理一方百姓。孟子则在孔子仁说的基础上，提出了著名的"仁政"说，要求把"仁"的学说落实到具体的政治治理中，把王道与仁政结合起来，"以不忍人之心，行不忍人之政，治天下可运之掌上"。不忍人之心即恻隐之心，即爱心。能行仁政，则天下可得到治理；不行仁政，则天下难以治理。孟子认为，国不分大小，只要行仁政，天下百姓就乐于跟随，天下归心。他曾对梁惠王说："地方百里而可以王。王如施仁政于民，省刑罚，薄税敛，深耕易耨。壮者以暇日修其孝悌忠信，入以事其父兄，出以事其长上，可使制梃以挞秦楚之坚甲利兵矣。"（梃，指棍棒。）意思是说，只要能施仁政，减省酷刑，减免赋税，以仁德教化百姓，则哪怕是拿着棍棒，也能打败秦楚的坚甲利兵，这段话是对以德服人的仁政策略的具体而生动的阐释。儒家不仅讲德即精神文明，而且也提倡让民富，即对物质文明也很重视，孔子曾提出富而教之的思想，有一次弟子问他，百姓富有了以后，再如何提高呢，孔子说："教之"。即使人民生活得到满足而富裕后，然后再施之以教，使人民有道德。把富民作为施教的前提和基础，可见对经济发展的重视。民富才能国安，民富才能给老百姓懂"礼"爱"仁"提供物质基础。

　　当代中国，物质文明和精神文明两手抓，全国上下致力于建设一个富强、民主、平等、和谐的社会。尤其近几年，中国经济飞速发展，人们生活水平的提高可谓日新月异，在物质富庶的同时，精神文明建设的重要性也日益突出。我们不必再像封建社会一样，必须期待有一个能施仁德的贤君，才能过上安居乐业的日子。当今社会，德才兼备者，均可为栋梁之才；胸怀天下者，均可为国家发展之谋士。封建社会依赖明君贤臣，而今天下兴亡匹夫有责，仁德，是每个人应具备的基本道德修养，仁民爱物，是每个公民应努力追求的精神境界和行为实践的标准。对于身处各个重要岗位的国家政策的制订者和实施者，以民为本，仁爱为怀，更是为民谋福、强国富民的必备要素之一。

以仁德治天下。

物质文明精神文明平衡发展。

三鉴之说，可资借鉴。

(赵红卫)

勇

题 解

　　勇，该字最早见于金文，据《说文解字》记载："勇，气也。从力，甬声。"段玉裁注："勇者，气也，气之所至，力亦至焉。""勇"是激发一个人奋起行动的内在于心的浩然之气，我们通常所讲的勇敢、勇猛、果敢、有勇气、有胆量即具有此种意思。

　　春秋时期，由于战争的频繁，勇德在实际中往往被视为一种战争德行，如奋勇当先、勇往直前等，它是人的重要德行之一。先秦儒家的重要代表人物又结合其他人生伦理道德对勇德作了深入而又系统的阐述，如《论语·宪问》中讲："仁者不忧，知者不惑，勇者不惧。"将勇和智、仁相提并论，视为"三达德"之一，是评价君子品格的重要标志；《孟子·梁惠王上》将勇划分为大勇和小勇两种，用来说明何者应当成为人们追求的优秀品质；《荀子·荣辱》篇中又将勇划分为四个层次，即狗彘之勇、贾盗之勇、小人之勇和士君子之勇，借此来判断人们在具体行动中表现出来的人格境界的高下。此后，士君子之勇的勇德作为中华民族的传统美德一直为国人所重视。

　　作为一个具有价值判断的道德规范，"勇"德不仅在中国古代社会发挥了重要的作用，是鼓舞人们不断前行的动力，并因此而成就了众多的仁人志士。即使在现代社会中,勇德仍然能够体现出它所具有的现代意义和价值。见义勇为,使人为了坚持正义而敢于担当重任;勇于开拓,使人为了取得改革的成功而敢于打破禁锢;勇于牺牲,使人为了保全他人利益而敢于放弃自己的利益。总之,勇德在弘扬社会正气、提升人格品质、维护社会稳定、促进社会和谐发展等方面将继续发挥着不可忽视的作用。

1. 毛遂自荐

据司马迁《史记·平原君虞卿列传》中记载:战国时期,赵国平原君门下有个食客叫毛遂,他在平原君家里已经住了三年,一直默默无闻。公元前257年,秦国军队包围了赵国都城邯郸,平原君奉命到楚国去讨救兵。他选了十九位文武全才的门客,一同前往楚国。就在出发那天,毛遂突然向平原君自己推荐自己,要求一起去楚国。平原君对毛遂自荐的举动,感到很惊奇,便对他说:"一个具有贤德与才能的人,好比一把锥子藏在口袋里,锥子的尖儿立刻就能看见。可是您在我这里都三年了,还从未听到过您有什么值得称道的事情。"毛遂反驳道:"如果您若是早一点允许我帮您谋划,那我的才能早就显露出来了。"平原君见他坚持要去,只好带他同行。他们到达楚国,就与楚王商谈联合抗秦的事,可是从早晨谈到中午,还没有谈出结果。毛遂等得不耐烦了,一手提剑便冲到楚王面前,毛遂两眼逼视着他,毫无胆怯的神态。面对盛气凌人的楚王,毛遂慷慨陈词,申明大义,从赵楚两国的关系谈到了这次援救赵国的重要意义,并对楚王晓之以理,动之以情。毛遂的勇气和正气深深地打动了楚王,使楚王感到非常佩服。最终在毛遂的劝说下,楚王接受了赵国的请求,当天下午就与赵国缔结了盟约。在楚军的援助下,赵国于是解围。

"天生我材必有用",如何使自己能够发挥作用,有时还需要我们用勇气来表现自己,让别人发现自己,任用自己。毛遂以自荐的方式赢得了平原君的重用,并且为赵国解除了困境。毛遂的这种勇气不仅使别人重新认识了自己,更重要的是实现了自我的人生价值。毛遂的这种心态在现代社会中越来越多地受到了重视和发挥。

被授予"中华杰出女性"、"全国三八红旗手"、"全国巾帼创业带头人"等诸多称号的廖海琼创业之初就以毛遂自荐的心态为自己打开了一扇成功的大门。1996年，十九岁的廖海琼在一家乡镇企业打工。一天，她得知某电视报招广告业务员，尽管她身材矮小，初中毕业，而且还不会说粤语，但她决定去应聘。顺利通过两关后，紧接着，她要"闯"报社老总的第三关。当她走进老总办公室时，老总只是看了她一眼后，便请她出去。她张了张嘴，但没说话，然后懵懵懂懂地走出办公室。走出报社大楼，廖海琼就后悔了，觉得不甘心。为了不失去这个宝贵的职位，于是她第二次敲开老总的门，老总一见又是她，便没好气地说："如果我没有看错，你一定是个外来妹，抱歉，打工妹在我这里统统不要！"廖海琼从没见过这种阵势，几乎是本能地反应："你不给我机会，怎么知道我完不成任务？"可老总根本不想听她解释："对不起，我现在很忙。请你出去，如果你还知道尊重人，请你随手关上门。"老总毫不客气地拒绝了她，她再次走出老总的办公室。坐在报社门前的台阶上，廖海琼一边懊悔自己的惊慌失措，一边又自我安慰，但是，生存的需要和工作的诱惑使她再次鼓起勇气第三次敲开了老总的办公室。这次没等老总说话，她首先开口："我们这份报纸办得很好，我原来单位每年都订，可以说我经常看，我之所以来应聘，是因为只有好报纸，才能给我发挥才干的空间！同时，这也是我放弃稳定的薪水，来你们这里应聘的原因。"没想到廖海琼"傲慢"的恭维，一下子刺到老总的神经，老总反问廖海琼："那你说说看，你原来是干什么的！凭什么让我相信你。"廖海琼说："我当过保姆，干过流水线，还做过保险，而且都非常出色。"说完，她将以前获得的荣誉证书递给了老总。看着廖海琼的证书和不屈的眼神，老总终于被她的执著打动了，他拨通了人事部的电话："请你给这个小姑娘安排住宿和晚饭！"此后的一切都顺理成章。

《论语·宪问》中说道："勇者不惧"，是指勇敢的人没有什么可以畏惧。正因为廖海琼自己给自己鼓足了勇气，勇于推销自己，才有了三次敲开老总办公室大门的经历，这也为她敲开了一扇成功之门。近几年来，我国的就业形式越来越严峻，创业条件越来越艰难。据统计，2009年高校毕业生达到六百一十万，加上往年没有就业的毕业生共约七百一十万，在金融危机的冲击下，对就业形势造成的压力无疑是雪上加霜。所以，在这种竞争空前激烈的环境中，为了成就自己的一番大事，为了使自己谋得一个理想职位，就必须要有"毛遂自荐"的心态和勇气，自己要主动站出来，充分展示自己的才华，勇于、善于推销自己，以便为大家所认识和接纳。

真可谓：

毛遂自荐，施展才华；

勇气当先，成就大业。

（刘辉萍）

2. 张骞通西域

秦汉之际，匈奴击败了生活在敦煌和祁连山一带的大月氏人，称霸大西北，并时时侵暴中原。为防御匈奴，秦时筑起了长城，而汉高祖则以和亲暂时平息边疆。及汉武帝时，已经积蓄了足够的反击匈奴的力量，汉武帝决定派人出使西域，以联络与匈奴有世仇的大月氏，夹击匈奴。可在汉代以前，西域对几乎所有的中原人而言都是十分陌生的地方，而且要到达大月氏必须经过匈奴控制的地方，路途漫长又充满艰险，非有勇有谋之人不能担负起此重任。到底该派谁去呢？汉武帝思来想去也没有合适的人选，最后决定公开招募，张骞"以郎应募，使月氏"。公元138年，汉武帝派张骞为使者，带领堂邑父等一百多人从陇西出发去寻找大月氏。当途径匈奴时，被匈奴兵围住，一百多人全成了俘虏。匈奴人给张骞娶妻生子，想留住他，但长达十年的时间里，张骞"持汉切不失，"念念不忘身负的使命。在被扣押期间，他采取韬晦之计，使匈奴人放松警惕，放宽对他的监禁。这一计果然有效，张骞抓住一个机会和少数随从逃跑，继续前往大月氏。但他们没有立刻找到大月氏，却闯入了另一个叫大宛的国家。由于双方都懂匈奴语，沟通很方便，大宛王早就听说远方的汉朝富庶、强大，对张骞等人很客气，并派人把张骞送到了大月氏。可是时过境迁，此时的大月氏已经不想与匈奴为敌了。张骞在大月氏住了一年多，始终无法说服大月氏去打匈奴，于是只好回国。途中他们被匈奴逮住,又耽搁了一年的工夫。后来,匈奴内部发生动乱,张骞和堂邑父才逃回长安。张骞第一次出使西域到归来,历时整整十三年,一百多人最后只剩两个人回来。后来,汉朝为了联合乌孙共同对付匈奴,张骞再次接受武帝的使命,二次出使西域。这样,张骞两次出使西域,密切了汉朝同西域的关系,促进了东西方经济文化的广泛交流,开通了历史上著名的丝绸之路,为以后东西方的交往提供了便利条件。

为了能够开通西域,在对大月氏知之甚少而又必须穿越匈奴控制的地区才能联系到大月氏的情况下,张骞不畏艰险,奉命西行。即使身陷囹圄时,他仍然不是想办法逃走返回汉朝求生,而是当机立断作出继续向西前行的决定。当汉武帝听说了张骞在西域传奇般的经历和所见所闻,深为他那忠于汉朝、历经磨难却依然勇往直前的精神所感动,便任命张骞为大使,负责接待外国使臣。汉武帝还考虑到他对西域地区广见多识,又封他为博望侯。

《礼记·乐记》说:"临事而屡断,勇也。"面临艰难处境和困难,只有不屈不挠、排除种种困难继续前进,方能成为大勇之人。我们现代社会中,常常会出现陷入困境中的情况,如有人从百万富翁突然变成一无所有,有人从优越的工作条件中调整到艰苦的工作环境中,有人从一个白领变成了失业者等等。如何重新创业,如何在逆境中生存,就需要及时调整自己的心态,就需要有勇气面对现实。同样,一个企业因管理不善而面临破产,如何在困境中起死回生,也考验着领导者的信心和勇气。

《中国民族》有这样一篇文章:2004年7月,青铜峡铝业集团资金亏损达三十亿元,公司濒临破产,工人等待下岗,整个集团一盘散沙,看不到任何生机。在企业处于困境中,很多人都是想着自己如何离开,寻找一个新的工作,但是,当时股份公司的董事长黄河却没有选择离开,而是勇敢地挑起重振企业的重担。他通过盘活固定资产,寻求外在支持,重组领导班子、引进技术人才等一系列措施,探索出使企业重新振作起来的一条有效途径。经过一年多的努力,竟然使这个濒临破产的企业起死回生。从2004年7月至今,青铜峡铝业集团在黄河的带领下,实现了质的转变,使一个即将破产的企业变成了全国最大的单体电解铝生产企业,固定资产、投资规模、生产产量都有了飞速发展。《周易·蒙》卦《象》中说:"山下出泉,蒙;君子以果行育德"。只有具备坚毅果敢的品质,才能做到处事不乱,才能在困境中探索出新路。对于一个国家、一个民族而言道理也一样,在这样激烈竞争的时代,困难、挫折不可避免,关键是执政者要端正心态,面对困难不离不弃,不亢不卑,勇于担当。

真可谓:

> 勇于开拓,探索新路;
> 否极泰来,终会有成。

(刘辉萍)

3. 妇女能顶半边天

1907年7月,"鉴湖女侠"秋瑾因组织推翻清朝政府的武装起义而被捕。入狱后当天晚上,绍兴知府贵福与山阴县知县李钟岳、会稽知县李瑞年在绍兴府三堂会审。大堂上,贵福连声喝问,秋瑾或不答,或问百答一,根本没把贵福放在眼里。拷问再三,秋瑾还是那几句话,只承认个人系家庭革命、夫妇革命,绝不承认有种族革命、政治革命的企图。贵福气得直跺脚,气急败坏地嚎叫:"大胆女子,竟敢如此蔑视本官,来人哪,动大刑!"秋瑾正气凛然,斩钉截铁地说:"要杀要剐随你们的便,革命党的事不必多问!"贵福无奈,只好退堂。次日,贵福再次审讯,在问秋瑾同党的姓名时,秋瑾回答说:"你曾经赠送过我'竞争世界,雄冠地球'的对联,同在大通拍过照片。"贵福大为恼怒,不敢再问,交给李钟岳审问。秋瑾仅书写了"秋风秋雨愁煞人"七个字来应对,别无他言。贵福觉得李钟岳不肯逼供,就改派幕友余某严加审讯。无论他们怎样用刑,秋瑾以坚强的毅力忍受着肉体的剧痛,拒不招认,丝毫不屈服。最后,官府只好拿出伪造好的罪证,强迫秋瑾按手印草草了结此案。然后,贵福又命令李瑞年执行其"即行正法"的手谕。第二天凌晨,秋瑾被押出牢房,走向刑场。但是,她端庄清秀的脸上神色自若,从容不迫。这位为民族解放事业英勇斗争的女英雄,怀着壮志未酬的遗恨,把鲜血洒在养育她的土地上,年仅三十三岁。在她的墓碑上,刻着孙中山亲笔题写的"巾帼英雄"四个大字,以表彰这位为挽救民族危亡、捍卫民族利益而英勇牺牲的杰出女性。

"苟利国家生死以,岂因祸福避趋之。"(林则徐语)近代以来,无数的爱国志士为了抵抗侵略、保卫祖国进行着英勇的斗争,他们不惜奉献出自己的青春,甚至献出了自己的生命,这些英勇行为激励着后人为保卫祖国而奋斗。现代社会中就有一位勇于保卫祖国的"蓝天骄女"——程晓健。据《中国军网》报道:1983年,当十八岁的程晓健以优异的成绩准备参加高考时,她却被空军某航校选为人民空军女飞行学员。她怀着喜悦的心情,跨进了空军航校。然而,那复杂的飞行原理,深奥的空气动力学、气象学,数以千计的飞行数据,还有那旋梯滚轮的军事体育训练,对程晓健来说,通往蓝天的道路并不那么容易。但是,困难面前她并没有低头,而是鼓足了勇气,信心百倍地投入学习和训练中。她刻苦钻研飞行原理,认真听课,细心记笔记,常常一个人在教室里学习到深夜。在烈日炎炎的盛夏,跳伞训练开始了,她每天要在两米高的跳台上,爬上、跳下近百次。汗水湿透了衣服,脸上晒脱了皮。经过刻苦学习,顽强训练,她以优异的成绩从航校毕业了。航校毕业后,作为全优学员和航校区队长,她主动要求到地处鄂西北偏远地区某应急机动作战部队磨炼。迄今为止,二十多年搏击蓝天,六种机型、三千多小时的飞行履历,把她锻造成了一位能征善战的特级飞行员;二十多年风雨磨砺,也把她造就成了一名成熟果敢的女军事指挥员。二十多年,从西北边陲到南海前哨,从大兴安岭到云贵高原,万里云天到处都留下了她执行人工降雨、飞播造林、货运包机的航迹。程晓健以自己的高超飞行技术和丰富飞行经验,多次出色完成重大急险飞行任务,被空军评为优秀女飞行员,被总政治部评为"全军妇女先进个人",被解放军选为人大代表。面对这些荣誉,程晓健说:"男同志能做到的,我也一定能做到。人们都说,女同志能顶半个天,我将永远忠于祖国和人民,积极献身保卫祖国的飞行事业。"

《孟子·梁惠王》曰:"文王一怒而安天下之民。"周文王的勇敢,在于勃然一怒抵挡入侵,使人民获得幸福。而女性更多地以女人的淡定、柔弱挑着保家卫国、建设国家的重担。她们为了国家的安全、荣誉,奉献了自己的才华、青春甚至生命。她们付出了极为艰苦的努力,从中表现出来的巨大的勇气超乎常人的想象。她们面对危难时的无畏、无私的心态更值得学习。

真可谓:

保家卫国，巾帼英雄，
自强不息，男儿气魄。

（刘辉萍）

4. 暴虎冯河

　　《论语·述而》中记载了这样一件事：有一次，孔子对弟子颜渊说，"国家用我，我就去干，不用我，我就隐藏起来，只有我和你才能这样去做。"旁边好胜心强的子路一听可就急了，他说："如果您统帅三军出征，将要跟谁一块去呢？"孔子对他说："暴虎冯河，死而无悔者，吾不与也。"意即赤手空拳去和老虎搏斗，没有船却非要趟水过河，这样做，死了都不会后悔的人，孔子是不能同他一块去的。孔子想要带的人，就是要遇到事情能够谨慎认真思考，善于出谋划策而能够争取成功的人。子路是孔子的弟子，是《论语》中十分可爱的一个人物，他的政治才能非常突出，能够治理好千乘之国，而且，性格刚强粗直，敢于直面批评孔子，以尚勇著称。但是，子路尚勇的性格特征有时表现为一种鲁莽行为，所以，经常受到孔子的批评。孔子则认为，君子认为义是最可贵的，君子只有勇，没有义，就会捣乱造反；小人只有勇没有义，就会做出伤天害理的事情。这种勇只能是一种小勇、匹夫之勇而已。

　　的确，如何发挥勇敢的作风是人生中一个重要的问题，有勇无谋的人是不可能成就大事，其最终结果也将因这种"勇敢"而吃苦头。在我们现实社会中，这种敢于逞能、故意表现勇敢的人或行为比比皆是。

　　据中国新闻网报道：百色市公安局原局长李红专从1998年4月至1999年1月，在任百色市公安局局长期间，先后收受百色市黑社会性质犯罪团伙首要分子周寿南、丁旭等人贿赂的钱、物折款共计人民币十五万一千元。收取巨额贿赂后，李红专为周寿南、丁旭开设的赌场和色情场所通风报信，使之逃避法律制裁。1998年8月，李红专在接到上级机关批转的一封反映周寿南一伙在百色饭店开设赌场和百色市公安局个别领导充当赌场"保护伞"

的举报信后，立即派人通知周寿南暂停"营业"。在上级领导前来检查工作时，李红专又隐瞒真实情况，极力为周寿南等人开脱罪责，致使犯罪团伙的非法活动愈演愈烈。2001年广西百色中级人民法院对李红专作出一审判决，以受贿罪和包庇、纵容黑社会性质组织罪，判处其有期徒刑十三年，剥夺政治权利两年。

《荀子·性恶》中说道："轻身而重货，恬祸而广解，苟免不恤是非、然不然之情，以期胜人为意，是下勇也。"专注于对外物的追求而忽视了生命，表面上看起来是非常勇敢，实际上只是下勇而已。作为一名政法干线上的领导干部，公然违背法律做出伤天害理的事情，从追求自身利益的角度来看，这种行为确实够得上很勇敢，而这种勇敢恰恰是荀子所不齿的下勇，是孔子所批判的那种匹夫之勇。

现实社会中，常常会看到持有这种看似勇敢而实则愚蠢心态的人以及由此表现出来的行为：为了小集团利益损害了大众利益；为了哥们义气为朋友两肋插刀等等，在这种"勇敢"行为之后，给人带来的是更多的痛苦而非幸福，故明智者不会以逞能为勇，在面临大是大非的问题的时候，应当是"战战兢兢，如临深渊，如履薄冰。"（《诗经·小雅》）常常引身作则，谨慎行事。

真可谓：

  匹夫之勇，戒之慎之。
  鲁莽之勇，终酿恶果。

（刘辉萍）

5. 董宣强项

范晔在《后汉书·酷吏列传》中记载：东汉时，光武帝刘秀的姐姐湖阳公主的家奴在大白天杀了人。事后，凶犯就躲藏在公主家里。洛阳令董宣知道了，亲自带人到公主门前等候抓捕。当那个杀了人的家奴坐在车上陪公主出来时，董宣上前拦住车马，大声斥令罪犯下车，当场将他拘捕归案。公主马上驱车进宫,向光武帝哭诉。光武帝大怒,招来董宣,命人用棍子打董宣。董宣说:"请让我说一句话,死也不遗憾。"光武帝问:"你想说什么?"董宣说:"陛下德行伟大,使汉朝又复兴起来。可现在您却包庇纵容杀害良民的家奴,包庇一个无视国法的人,那么国家的法律岂不是一纸空文了吗?而您又因为家奴的事杀我,陛下今后将如何治理天下?与其打死我,不如我自杀。"说完猛地用头撞柱,血流满面。皇帝手下人按住董宣,要他向公主磕头谢罪,董宣不肯。皇帝令人按他的头,可董宣以手撑地,硬着脖子,就不把头低下。最后,光武帝还是将董宣释放,称赞他是"强项令",还赏给他铜钱三十万枚。董宣敢于冒着生命危险去维护国家法律,维护社会正义,是勇敢的人才能做出的事情,现代社会也真有与此相似敢于坚持正义、反对邪恶的人。

据《南方周末》报道:2003年,中央纪委发布开除原河北省委书记程维高党籍的决定中提到被打击报复者的名字——郭光允,这在省部级干部违纪通报中尚属首次。出身贫寒的郭光允1973年调到石家庄建委工作,因为举报程维高的问题而被开除党籍,劳教两年。从郭光允第一次写匿名信反映程维高违纪问题的1995年到2003年,已经过去了八年时间。一个石家庄建委的科级干部和一个省级领导在违纪和腐败问题上的较量也持续了八年。在这八年时间里,郭光允遭遇到不断的打击、报复,甚至被关押监狱,危及生命安全,但是他坚持正义的信念一直没有动摇,反腐败的行为一直没有改变,2003年2月13日,郭光允终于迎来了石家庄市委机关工委的两个同志,他们代表省委、市委,代表党组织正式向郭光允道歉,承认以前郭光允的问题搞错了,予以纠正。当时中央三讲巡视组的阴法唐将军对郭光允评价很高,他说:"敢于向上反映程维高这样的人物的问题是不简单的,是要很大勇气的,更何况他反映的问题是对的。在遭受了打击报复以后,还一直不停,可以说确实是反腐败的一个典型人物。"以致后来有人称郭光允为"反腐败英雄"。

《论语·为政》道:"见义不为,无勇也。"如果不能维持正义,那不是勇敢的行为。《孟子·公孙丑上》道:"自反而缩,虽千万人吾往矣。"当我返身自问的时候,如果道义的确在我这边,那么,即使面前是千军万马,即使前面有再大的困难,我也会迎难而上。《荀子·荣辱》中也讲:"义之所在，不倾于权，不顾其利，举国而于之不为改规，重死持义而不桡，是士君子之勇也。"腐败问题的确是当今社会的一个毒瘤，反腐败就是现代社会中坚持正义的行为，由于反腐牵涉到不同阶层、不同人物的切身利益，这件事做起来非常困难，这就要求有关执法部门及执法人员必须有不畏强权、不惜牺牲自身利益、秉公执法、坚决维护法律尊严的勇气。分析董宣、郭光允及其他无数反腐英雄，我们可以看到他们的勇气来自于他们心系祖国、人民的心态，这种心态培养了他们"至大至刚"的"浩然之气"（《孟子·公孙丑》）。只因如此，他们才能在重重势力的阻隔和包围下，能够以大无畏的气概，甚至冒着生命危险去维护正义。如果咱们今天的当政者都能够时刻心系祖国、人民，如果咱们的执法者都能够时刻心系祖国、人民，那么中国的反腐败就会看到真正的希望。

真可谓：

> 胸中有正气，
> 强权岂可畏？

（刘辉萍）

6. 范滂辞母入狱

据《后汉书》记载：东汉灵帝时，有一位名士叫范滂，此人为官清廉，疾恶如仇，有气节，因其正直的性格得罪了不少宦官，引起宦官的不满，将他牵扯到当时的党争中，被捕入狱。在狱中，范滂为了让同一囚室的狱友少一些拷打，他总是护着他，争着为狱友受苦。后被放出狱。过了几年后，汉灵帝再次实行党禁，汝南郡的督邮奉命到征羌捉拿范滂。到了征羌的驿舍里，督邮关上门，抱着诏书趴在床上痛哭。驿舍里的人听到哭声，弄不清是怎么回事。消息传到范滂那里，范滂说："我知道督邮一定是为了不愿意抓我才哭的。"他就亲自跑到县里去投案。县令郭揖也是个正直人，他见范滂来了，吓了一大跳。他说："天下这么大，哪儿不能去，您到这儿来干什么？"他打算交出了官印，跟范滂一起逃走。范滂非常感激郭揖，他说：

"不用了,我死了,朝廷也许能把抓党人的事停下来,我怎么能连累您呢?再说,我母亲已经年老,我可以逃走,但是,她却逃不走,不是还连累她吗?"县令没有办法,只好把范滂收在监狱里。

范母听说儿子投狱,匆忙从家中赶来和他诀别。范滂跪在地上,仰头看着母亲的白发,泪珠一串串落下来,过了许久,慢慢地说:"二弟仲博为人孝敬,足以供养母亲,我到黄泉去跟随父亲,存亡各得其所。请母亲割慈忍爱,不要为我悲伤。"母亲把手放在范滂头上,久久凝视着儿子的脸,一滴眼泪也没有。一会儿,老人抬起头,望着前方,一字一句地说:"你如今能与李膺、杜密齐名,死又有何遗憾!既有美名,又想长寿,哪能兼而有之?"范滂跪在那里接受教诲,反复叩拜,诀别了老母,又回过头来对尚未成人的儿子说:"我想让你干坏事,坏事不能做;想让你做好事,可我就是榜样!"周围的人听了,无不垂头落泪。就这样,范滂遇害,时年三十三岁。

《孟子·告子上》中讲到:"生亦我所欲也,义亦我所欲也,二者不可得兼,舍生而取义者也。"生命与道义都是我所想要的,但是,二者只能取其一,权衡轻重,只有舍弃生命而保存道义了。范滂之死,就是舍生取义的典型代表。的确,生命对我们每个人来说只有一次,在生命与道义二者只能取其一的时候,我们到底如何抉择,不仅考验着我们的良心,更需要有巨大的勇气。

2008年5月12日,中国汶川发生了里氏8级的强烈地震,地震造成的破坏极为惨重,给国家人民生命、财产造成了巨大损害。在这场突如其来的灾难中,生与死就在一瞬间,把生留给自己还是留给别人考验着人们的道德良知和责任。然而,这一事件中涌现出许许多多的把生留给别人、把死亡留给自己的大勇行为。仅以教师为例,除了极个别的缺乏道德良知和勇气的人之外,大多数的教师表现出了极大的勇气和坚强。北川中学李佳萍老师在生命最脆弱的时刻,仍鼓励学生们坚持,她把沾满鲜血的玉镯和戒指摘下来交给身旁的学生说:"我不行了,请把这些东西转交给我老公,告诉我女儿和老公,我爱他们。"这是她给孩子们布置的最后的作业,六个孩子有五个活了下来;崇州怀远镇中学英语教师吴忠红,扯着嗓子高吼着,死死撑住已经变形的门框,催促同学们从身边冲出,发现楼上还有两名学生,吴老师又逆着人群跑向四楼，却再也没能出来；德阳市东汽中学教师谭千秋，张开双臂趴在桌子上，护住桌下的四个孩子；汶川映秀镇小学教师张米亚，跪扑在废墟中，双臂紧紧搂着两个学生；绵阳平武县南坝小学代课教师杜正香，卧倒在瓦砾中，头朝着门的方向，双手各拉着一个孩子，胸前还护着三个幼小的生命……还有汤宏、苟晓超、向倩和杜正香等教师，他们用生命诠释了什么是人民教师应该承载的使命，什么叫做真正的勇敢。韩非子曾说："智者弗能辞，勇者弗敢争。"（《韩非子·有度》）勇敢的人是不可战胜的。生死刹那间，许多默默无闻的人们，以各种各样的方式用一种大勇的心态传递着大爱，在生死关头以自己的行动铸就了不朽的永恒。

真可谓：

生死之际，方显大勇。
义字当先，怎能有憾？

（刘辉萍）

7. 不说谎话的臣子

据《旧唐书·韩愈传》中记载：韩愈是唐朝杰出的文学家，他不但善于写文章，还是一位敢于直言进谏的大臣。当时，唐宪宗执政晚年的时候，非常迷信佛法，他听说凤翔的法门寺里，有一座宝塔，叫做护国真身塔，那里面供奉着一根不寻常的指骨。传说那是佛祖留下来的一节指骨，每三十年才向人们开放一次，让人们瞻仰礼拜。这样，人们就可能得到幸福。唐宪宗听说后，就专门派了一个长长的队伍把这节指骨迎到了长安，还举行了一次隆重的瞻仰会。一帮王公大臣和贵族子弟纷纷跑来看，大家见皇上这么喜欢佛骨，于是也纷纷效仿皇上，连不喜欢佛经的人每天都念起经来。韩愈不信佛，他认为那是迷信的说法。他目睹长安从皇宫到官府、从皇帝到百姓都出现了迎拜佛骨的狂热劲头及乌烟瘴气的情景，于是他竭力劝说皇帝不要干那样愚蠢的事情。韩愈认为，佛教不仅不能使人长生，而且劳民伤财，有碍教化。还说佛法是中国自古以来就没有的，只是后来从天竺传了过来。他并且还郑重地告诉皇上,历史上凡是信佛的王朝,寿命都不长,可见佛是不可信的。唐宪宗听到韩愈这样劝告他,心中非常气愤,决心治他的罪,于是将他降职并发配远方。

韩愈反佛是墨家"兴天下之利,除天下之害"(《墨子·兼爱》)大无畏精神的再现,其目的是为了造福于天下百姓。他怀着对皇上的一颗忠心,抱着对民众的关怀,对国家对百姓负责的精神,不惜个人及全家的安危才冒险劝诫,结果招来被打击压制的悲惨遭遇。与韩愈敢于直言的勇气和心态相比,我们现在的领导干部中却缺乏面对现实和敢于讲真话的勇气和心态。据《中国青年报》报道:2007年10月12日,陕西省林业厅召开新闻发布会,宣布在陕西省镇坪县发现已经绝迹的野生华南虎,同时公布了镇坪县文采村村民周正龙10月3日拍摄的两张华南虎照片,并向其颁发奖金两万元。此后,周正龙又陆续展出数十张华南虎照片,一些相关部门的领导也极力认定镇坪县存在有野生华南虎,一时间华南虎事件闹得沸沸扬扬。可惜好景不长,随之就有科学院的院士提出质疑:"这是假虎,是用年画伪造的。"周正龙等"挺虎派"立即反击:"这是真的,敢以脑袋担保!"科学家虽有科学依据,却战不胜有靠山的农民,也只得把脑袋拿出来赌一赌虎的真假。但是,后来通过神探的鉴定、有关部门的详细考查以及老虎年画的发现,证实了所谓的"华南虎照片"全部都是假的。结果是有关人员分别受到行政警告、记过乃至撤职处分,至此,争论了大半年之久的闹剧终于收场了。这一事件中,涉及的人有普通平民和政府高官,从中反映出这些人在利益驱动下而不敢直面现实的懦弱心态。

孔子说:"君子喻于义,小人喻于利。"(《论语·里仁》)君子的勇敢行为是尚义,小人的勇敢行为是尚利。有些领导干部为了升官捞取政治资本,不择手段弄虚作假,编造政绩,讨得上级领导的欢心与重用,从而实现自己的政治野心;有些领导干部没有政绩,却睁着眼说瞎话,硬是把黑的说成白的,把无说成有,浮夸虚报,吹牛造假。"华南虎事件"中相关的政府官员就明确地表现出这样一种心态,这是一种典型的小人尚利之勇的心态。推而广之,在其他领域也充斥着这样的谎言,缺乏求真求信的勇气。市场经济物欲横流,说真话的远不如说假话来得实惠,说假话的好处被"开发"得越来越精美,你看看大街上的广告,哪个不用溢美之词大加渲染?你再看看一些电视台的广告，充斥耳目的虚假广告可以说到了倒胃口的地步，但依旧天天热播。还有假酒、假烟，甚至毒大米、毒奶粉、毒蔬菜等事件，更是考验着企业是否能够求真、是否愿意承担责任的勇气。

真可谓：

求真并不难，

只要有勇气。

（刘辉萍）

8. 勇于不敢

据《清史稿·张伯行传》记载：康熙四十八年（1709），张伯行奉旨从福建调任江苏巡抚，福建的百姓痛哭相送，如失青天。赴任后，张伯行立即发布檄文《禁止馈送檄》，"一丝一粒，我之名节；一厘一毫，民之脂膏。宽一分，民受赐不止一分；取一文，我为人不值一文。谁云交际之常，廉耻实伤。倘非不义之财，此物何来？"严禁下属馈送钱物，以整顿当时日益盛行的贪腐之风。对于百姓所得张伯行视为民脂民膏，力求赋税宽简。平常公务也杜绝礼品，不受一分一毫。有的州县官吏为了考科成绩，以利升迁，就不顾百姓困苦，任意加重赋税，百姓不堪忍受。张伯行果断地废除了许多的苛捐杂税。康熙四十九年（1710），张伯行以病为理由请求退休。康熙因爱惜其操守清洁，立志不移，不准他退休。张伯行只好忍辱负重，继续任职，为民为国尽力。在一次审理江苏乡试弊案中受到其他同僚的排挤，被康熙解除职务。扬州百姓听到消息之后罢市抗议，哭声震动了扬州城。第二天，扬州百姓拥到会馆，因为平时就知道张伯行清廉不贪，肯定不会接受礼物，便用水果蔬菜相送。张伯行依然婉言拒绝，百姓们哭道："公在任，止饮江南一杯水；今将去，无却子民一点心！"请不要推脱百姓的一点心意。万不得已，张伯行才收下一把青菜。张伯行去世后，皇帝赐谥号"清恪"，意思是为官清廉，恪勤职守，很精确地概括了张伯行的一生。

张伯行被誉为"江南第一清官"，就是因为他勇于不敢的心态所致，不敢喝老百姓的一杯水，不敢拿老百姓的一件物。《道德经》中曾经讲过："勇于敢则杀，勇于不敢则活。"过分地勇敢有时会给我们带来灾难。反观我们现代社会，能够持有"勇于不敢"心态的执政者又有多少呢？《南方都市报》曾报道郴州市集体腐败案，牵涉郴州市委副书记兼市纪委书记曾锦春、郴州市市长周政坤，在此案件中还有其他多名领导干部参与违法行为。诸如此类的事件比比皆是，作为地方父母官不是造福一方，而是祸害一方，与张伯行不收百姓的财物形成鲜明对比。

因此，张伯行为官"勇于不敢"的心态对我们领导干部的执政理念有着极强的警示和借鉴作用。作为一名共产党员，尤其是作为一名领导干部，就必须做到既要勇敢，又要勇于不敢。《周易·艮》卦《象传》中道："时止则止可，时行则行；动静不失其时，其道光明。"该勇敢前行的时候就前行，不能前行的时候就要停止，唯有如此，前途才能一片光明。因此，领导干部在工作中，要勇敢，就是要勇于探索、勇于开拓、勇于实践，要敢想前人没有想的、敢讲前人没有讲的、敢干前人没有干的、敢为天下先；在个人生活上，必须要勇于不敢，非自己所有的东西不敢取，油水便宜不敢捞，上门贿赂不敢要，琼浆玉液不敢喝，高档香烟不敢抽，在灯红酒绿、美色相诱面前不敢越雷池半步。只有如此才可能保持一个人的英雄本色，在工作岗位上立稳脚跟、踏实向前；在人格尊严上，显示出真正的仁者风范。做到勇敢容易，而做到勇于不敢则很难。老子常常告诫人们要"为而不争"才是圣人之道。《周易·蹇》卦《象》曰："见险而能止，知矣哉。"见到前面有危险而停滞不前，是明智的人。孔子也曾对子路"暴虎冯河"式的勇敢提出批评，孟子也说："富贵不能淫，贫贱不能移，威武不能屈，"（《孟子·滕文公》）要在各种诱惑面前能够保持自己的气节。勇于不敢并不是真的不敢去做，而是要明辨是非，能够持有勇于不敢的心态也并不是怯懦的表现，恰恰是一种更高层次的勇敢，是一种更智慧的勇敢心态，也是一种"大丈夫"的英雄气概。

真可谓：

> 智者之勇，勇于不敢。
>
> "不敢"非不敢，乃真正勇敢。

（刘辉萍）

9. 周处改过

刘义庆在《世说新语·自新》中讲了这样一个故事：魏晋之际，吴国义兴郡（今江苏宜兴）有一个名叫周处的人，此人年少的时候，性情暴躁、喜欢逞能，横行乡里，与南山虎、北海蛟一起，被人们称为乡里的"三害"，而周处是其中危害最大的一个。为了除去"三害"，乡里人鼓励周处去打老虎，真正意思是除掉其中的一个，当然更希望周处遇难，结果周处把虎打死了。乡里人又鼓励周处去杀蛟，周处在水中与蛟搏斗几天几夜，顺流而下。乡里人见周处不知去向，以为被蛟所害，都非常高兴。周处杀死蛟后上岸，返回家乡，已饿得形容枯槁，以致乡里人已认不出是他。当他问起除蛟的事情，乡里人回答他说希望周处能被除掉。周处感到非常惊讶，才开始意识到原来自己的形象在乡亲们心目中是如此之坏。从此，他下定决心痛改前非、洗心革面去重新做人。

孔子说："朝闻道，夕死可矣。"（《论语·述而》）周处在经历了一些事情之后，觉得自己以前的所作所为危害乡里，于是刻苦求知、发奋读书、改过自新。后来，周处还做了大将军，立功边陲，为百姓做了不少好事，时人还为他立碑纪念。"金无足赤，人无完人。"人非圣贤，孰能无过？只不过人们对待错误的心态不同，犯了过错，只要有勇气承认并愿意改过，就是一件好事，所谓"过则勿惮改。"（《论语·学而》）不肯改过的人，好像是漆黑的墙壁继续画上黑色颜料，在酸涩的菜肴再添加陈醋。"知耻近乎勇"（《中庸》），知道羞耻时就近乎于勇敢。每个人都有做错事的时候，关键是做错事后的心态，如果能够明白做错事是一件羞耻的事情，那也是一种勇敢。这之后便是要具有尽早去改正错误的勇气。

《社区》杂志有一期曾记载这样一件事：济南市某小区，有一位家住六楼的姓陈的居民，因为有些居民经常将蜂窝煤堆放在楼道上影响了他的往来通行，在他劝说、警告没有效果的情况下，他便从六楼用管子向楼道放水，致使楼道里堆放的蜂窝煤被淹倒塌，整个楼道里形成一条黑流，由此引起邻里纠纷。陈某的做法固然不可取，但反映了他对邻居死不悔过的态度的痛恨程度。还有些居民在房前房后的公用场地上乱搭乱建小房和简易棚子，作为存放物品甚至经商的场所。这不仅影响了他人的通行，而且可能造成安全隐患。火灾一旦发生，救火车无法通过，给救火带来困难。如果有危重病人，救护车开不进去，也必将延误抢救病人的时间。类似的事情很多，在一定程度上，妨碍他人的一些行为也可以视之为"过"。这类"过"或多或少地在我们身边存在，"过"是人们所共有的弊病，但是，对待过错的态度，在不同人身上却大相径庭。《周易·益》卦《象》曰："君子以见善则迁，有过则改。"有道德良知的人能够看见善的行为就倾心向往，有了过错就迅速改正，而"小人之过也必文"（《论语·子张》）。在社区里，经常会出现这样那样缺乏公共道德的居民，如随地吐痰、乱丢垃圾、大声喧哗等等，这些都严重地影响了社区居民的正常生活和邻里之间的关系。但是，他们明明知道自己犯了错误，却死不悔改。其实，"过而能改，善莫大焉"（《左传·宣公二年》），能够意识到自己的过错并勇于改正，这是最大的善事，也是一个人人格修养的重要体现，于人有利，于己有利，何乐而不为呢？

真可谓：

有过必改何足惧？
利人利己实可为。

（刘辉萍）

10. 不入虎穴，焉得虎子

数年前的《参考消息》载有一篇《绝途求生》的文章，其中说了许多人在特殊时刻爆发出平时难以想象的智慧和勇气的故事：某人独自到非洲大森林里去游玩，突然遇到一头狮子，狮子张开血盆大口向他扑来。在这种情况下，要么拼死搏斗，要么俯首待吃，别无其他选择。而搏斗、硬拼也无济于事……在千钧一发之际，他忽然想出一个办法，即在狮子大口刚刚触到他肩头的瞬间，他握紧拳头，用尽全身力气，将拳头猛地伸进狮子的喉咙里，然后伸开五指,紧紧抓住狮子的喉头……狮子被憋,牙咬爪抓可想而知。但他就是死死抓住不放,反正死活就在此一举。结果,这样一来竟然把狮子活活窒息死了。这种惊人的勇气、毅力、力量和智慧,都不是平常时期所能爆发出来的。其实,武松在景阳冈打虎也是被逼到了绝境,否则,他一是不敢打,二是敢打也不一定有那么大的力气。所以《孙子兵法·九地》中写道:"投之亡地而后存,陷之死地然后生。"也就是我们平常所说的置于死地而有后生,这种求生的力量和勇气往往会在瞬间爆发。

南朝刘宋范晔的《后汉书·班超传》中记载了这样一件事:公元73年,东汉名将班超带领三十六人出使鄯善国(今新疆一带)寻求他们同汉朝的友好交往。开始,鄯善国的国王盛情款待了班超一行人,班超对他痛陈当时各种利害关系。国王经过深思熟虑,表示愿意与汉朝缔结友好合约,并同意联合西域各诸侯国共同抗击匈奴,班超非常高兴。席间,一个官员突然急匆匆地赶到对国王耳语了几句,国王的脸色立刻紧张起来,随后匆匆地走了。班超一行人感到非常不解。过了不久,国王又回来了,让士兵将鄯善国的服装发给班超等一行人,众人称谢离去。可是此后一连三天,班超去求见国王签署和约,却总是被国王以生病为由拒之门外。班超仔细地回想起那晚的情景及国王慌张的神色,觉得其中必有蹊跷,于是暗中派人去调查。原来,匈奴使者突然来到鄯善国王宫中,责问国王是否收留了汉朝的使者。国王佯装不知,暗中派人催促班超等人回国,如果不从就要对他们下手,他宁愿得罪汉朝也不敢得罪匈奴,因为汉朝军队离他们太远,毕竟远水解不了近渴。这些话恰巧被班超派去调查的人听到了,他急忙回去报告班超。班超立即将下属召集起来,说:"同来西域,为的就是立功报国,现在匈奴使者才来几天,鄯善国态度就已经大变。如果他把我们交给匈奴,恐怕我们连尸骨都回不了家乡。大家看怎么办?"众随从异口同声地说:"事情紧急,一切听从将军安排!"班超激励大家:"好!不入虎穴,焉得虎子!今天咱们连夜突袭匈奴使者营地,发起火攻,乘他们摸不清楚我们底细的时候,一举消灭他们,这样鄯善国才会与汉朝和好。"入夜,班超率三十六名随从用火攻偷袭匈奴营地,匈奴众使者除一人逃脱外,其余都被烧死了。随后,班超率众闯进宫殿,国王连忙召集军士将众人包围。国王责问说:"哼,班超,我好好对待你,你竟然把匈奴人给杀了,我以后怎么向匈奴人交代?我要把你送到匈奴去！"班超大笑说："人家只知道匈奴一百三十多人已经死在你们鄯善国，你已经没有回头路可走了！况且我们都穿着鄯善国的服装，在匈奴人的眼里凶手就是鄯善国的人！匈奴使者我们也并没有全部烧死，还有一个人逃走了，我想他明天一定会在单于的账中讲述鄯善国是怎么将他们的使者杀死的。"国王听了后瘫坐在地上，自知已无退路，只好下令让军士退下，并换了副面孔满脸堆笑说："尊敬的汉使，本王刚才……只是开个玩笑，以做试探。来人！拿盟书来！"两国当即签下盟书，表示愿意和汉朝永久友好。于是，班超凯旋。

　　陷入狮口，如何保全性命？处于绝境之中，如何保全生命？当我们处于自然的险境中，当我们处于社会的困境中，如何改变周围的环境，摆脱危险，提升自己，这都需要当事人能够对形势作出准确的判断然后迅速采取行动。如何实现迅速逆转，需要有勇气。《论语·宪问》中说："仁者不忧，智者不惑，勇者不惧。"因此，在平时，我们就要养成克服遇事便畏难、退缩的懦夫心理，要学会遇事勇于面对。人生最大的敌人就是自己，如果有勇气战胜自己，那么还有什么不能够战胜的呢？当然在现实生活中，要想生存，要想更好地生存，不但要有敢于直面现实的勇气，还要有化解困境的智慧，否则，就像孔子说："好勇而不好学，其蔽也乱。"（《论语·阳货》）不好学则无智，无智而有勇，是小人之勇，只会犯上作乱而已。

　　真可谓：

　　　　有勇有谋，

　　　　方能绝地逢生。

（刘辉萍）

11. 郑和下西洋

　　据《明史·郑和传》中记载：郑和曾七次带领着明朝的船队，经历了许多艰难险阻，渡过茫茫的大海访问了西洋的很多个国家。有一年，皇帝决定让郑和带领一个船队，到西洋去访问那儿的国家。郑和接到皇帝的命令以后，立刻来到刘家港的港口准备船只。六月的一天，刘家港的岸上站满了人，人山人海。人们敲锣打鼓欢送郑和下西洋，在锣鼓声和人们的欢呼声中，郑和迈着坚定的脚步登上了航船。郑和这次下西洋带领着六十多艘航船，每艘船上都装了好多金银珠宝，每艘船上还有水手、舵工、翻译、医生等各种人员，所有船上的人加起来约有三万人。郑和带领着浩浩荡荡的船队，到一个叫旧港的地方，就是现在印度尼西亚苏门答腊岛的巨港。那时候，一个叫陈祖义的人把旧港占领了，专门抢劫路过这里的买卖商船，还欺负这儿的老百姓。陈祖义听说郑和的船队带了很多金银珠宝，就想动手抢，可他想郑和带了很多士兵，很不好对付，还是等到了晚上再说。没想到，陈祖义的这个阴谋诡计被一个叫施进卿的人告诉了郑和。船队靠岸以后，陈祖义假惺惺地来拜见郑和，郑和装作什么都不知道似的非常热情地接待了陈祖义。天慢慢黑了，海上刮起了大风，陈祖义带着海盗们驾驶着好多船，偷偷地朝着郑和的船队开过来了。陈祖义看到郑和的船上没有动静，便指挥海盗们往上冲。就在这个时候，突然，郑和的船上"当当当"铜锣敲响了，呼啦一下跳出来好多士兵，跳到陈祖义的船上，他们举起手里的刀，朝着海盗们就砍了起来。陈祖义和海盗们跟郑和的士兵打了一会儿，就招架不住，最后，海盗们被打败了，陈祖义也被郑和他们给抓了。这个消息一下在旧港传开了，旧港的老百姓和商人们别提多高兴，都感激郑和为他们除了一个大祸害。郑和带着船队离开旧港，又到了一个叫爪哇国的国家。爪哇国的国王特别热情地欢迎了郑和，郑和把带去的东西送给了爪哇国的国王。从那以后，爪哇国的国王经常派船队到中国来，两国建立了亲密的友谊。

　　过了三年，郑和带着船队第二次下西洋，来到一个叫锡兰国的国家。锡兰国的气候特别热，树叶一年四季都是绿的，而且到处都有野兽。锡兰国的国王亚烈苦奈儿是个又贪心又凶狠的人，他看见郑和的船上装着那么多东西，也想动手抢，可他知道郑和不是好惹的，就想了一条毒计。郑和上岸以后，就去拜见亚烈苦奈儿。亚烈苦奈儿笑眯眯地接待了郑和，他请郑和在王宫里住下。第二天，亚烈苦奈儿又派人去请郑和看狮子打架。亚烈苦奈儿在王宫一个大池子里养了很多的狮子、老虎，谁要是反对他，就把谁喂了狮子、老虎。亚烈苦奈儿想借着让郑和看狮子打架的机会，把郑和推到池子里让狮子吃了。没想到，亚烈苦奈儿派去的那个人来到郑和住的地方，发现郑和不见了。原来，郑和早就看出亚烈苦奈儿没安好心，天一亮他就回到船上，搬兵去了。亚烈苦奈儿一看自己的毒计落空，赶紧带着好多卫兵去抓郑和。这时候，郑和已经带着士兵们上了岸，他一看亚烈苦奈儿带着人来打了，指挥着士兵们跟亚烈苦奈儿战斗起来。结果，郑和打败了亚烈苦奈儿的卫兵，活捉了亚烈苦奈儿。郑和把亚烈苦奈儿带回国以后，皇帝为了跟外国建立友谊，又把亚烈苦奈儿放回去了。

郑和下西洋一共去了七次，共用了二十八年，到过三十多个国家，期间，充满了艰辛和困难，稍不留神就可能引来杀身之祸。郑和以积极进取的拼搏精神和勇敢的心态化解了一个又一个的难题，不仅保全了性命，而且还赢得了南洋诸国对中国的信任，使得这些国家和中国建立了友谊。

2008年中央电视台播出的电视连续剧《闯关东》，在全国观众中引起强烈反响。《闯关东》能够吸引到如此众多的观众，除了艺术上的因素之外，更重要的是它所蕴含的精神价值观念，这正是我们现代社会所缺乏的，如敢于和磨难进行抗争，无畏于牺牲生命不屈不挠地与天、地、人英勇奋斗的进取精神；敢于与人生命运进行抗争，无畏于任何阻力，为实现美好的人生追求，敢于置之死地而后生的拼搏精神；敢于为改变贫穷落后与自身的种种不良品性而进行抗争，无畏于任何陈规陋俗的束缚，勇于创新、与时俱进的科学精神等等，不仅是当事人所具备的一种精神，也是我们现代人应当具备的一种良好心态。与《闯关东》中所表现出来的精神相一致，我国正在进行的改革也需要有这种勇于进取，积极探索的精神。尤其是在改革不断深化的过程中，必将进一步冲击着人们思想上陈旧的、保守的观念。

荀子说："折而不挠，勇也。"（《荀子·法行》）面对困难，能够迎难而上，是勇敢者的行为。庄子说："勇士一人，雄入於九军。"（《庄子·德充符》）尧、舜等圣人为了能够保全人民的性命，引导人民去寻求新的生存环境，才会有勇者的无所畏惧，也才会像勇敢的武士一样，一人独闯千军万马之中。作为改革者，就要有勇于献身的高度历史责任感，有不怕任何艰难困苦的勇气，有勇闯禁区，敢想敢做的精神。作为现代领导者，也要必须做到要勇敢，勇于面对现实实行改革。在管理工作中，领导必须要勇敢，就是要勇于改正过错、勇于改革开放、勇于开拓创新；就是要敢想前人没有想的、敢讲前人没有讲的、敢干前人没有干的，要"傀然独立天地之间而不畏"（《荀子·性恶》）。尽管中国的改革正面临着许多矛盾、困难和问题，犹如一艘航船正行至长江三峡，绝壁横天险，无风三尺浪。然而，不改则退、不改则衰、不改则亡。所以，真的勇士，应当在改革的大潮中劈涛斩浪，知难而进，做新世纪的弄潮儿；真的勇士，应当敢于面对改革的挫折和失败，有勇气跌倒了再爬起来，受得住排山倒海的压力，经得起雷霆万钧的考验。

真可谓：

艰难困苦何足惧？

勇往直前真英雄。

（刘辉萍）

12. 果敢之勇

据《宋书·欧阳修传》记载：欧阳修不仅是开一代风气、影响深远的文学家，不仅诗、词、文、赋都有突出的成就，而且还是一位有胆有识，有果敢之气、刚正之节、见义勇为的政治家。为官后的欧阳修，对现实极为不满，他大胆向朝廷陈述自己的主张。当时朝廷上下都急于和西夏议和，执行投降妥协政策，不治边境。对此，欧阳修说：在朝之臣，苟且偷安，有君之君，于用兵之日而忘武备，这算什么样的君臣，这样的君臣治国家能富强得了吗？讲得在场的君臣都很不高兴。对于朝廷选用的人才，欧阳修很有意见，他们一天到晚，吃喝闲逛，吹吹拍拍。而很多有才之人，被排斥在官场之外。于是他上奏朝廷，破格选用人才，尽去寻常之格，以求非常之人。否则，国家很难搞好。欧阳修在人才问题上，不只是停留在口头或理论上，而是在实践中大胆向皇帝揭发不才之官，举荐有才之士。当时有一位宰相陈执中，愚蠢无才，只会借助权力搞不法活动，欧阳修气愤不已，连夜奏疏皇上说："陛下拒绝忠诚的言论，包庇愚昧的宰相，使皇上神圣的德望受到损害。"此后，欧阳修见宰相陈执中还没有被罢免，又连续上书，直至皇上罢免了陈执中宰相为止。

范仲淹很有才干，因为上书言事被贬官，朝廷的大臣多数都为之讲情，唯有司谏高若讷赞成贬黜范仲淹。欧阳修对此大发议论，说范仲淹平生刚正、好学通古今、天下共所知，今因得罪宰相要被贬黜，你不辨是非，诋毁于人，不知道人间还有羞耻事。为此，腐败的朝廷也把欧阳修给贬黜了。欧阳修议论政事，痛切直率，言无不尽。致使不少大臣非常仇视他，唯有仁宗赞赏他敢于说话，曾对侍臣们说："像欧阳修这样的人，从什么地方才能够找来呢？"后来任朝廷谏官的欧阳修更直率议政了。欧阳修对谏官职务是很重视的，他认为，"谏官虽卑，与宰相等。非材且贤者，不能为谏官。"像高若讷之流的谏官欧阳修极看不上的。

宋英宗继位之后，朝廷人员结构需要大规模调整，众臣之间的权利争夺也非常厉害，当人选尚未确定之前，欧阳修与韩琦等人受皇帝委托共同商定有关的重大政策。英宗因病没有亲自过问政事，皇太后垂帘听政，两人身边的宦官于是就制造事端，挑拨他俩人的关系，使俩人相互猜疑，几乎形成怨仇。欧阳修、韩琦同时上前劝说，太后又哭又吵，韩琦以皇帝有病来对太后解释，太后根本不听，而听信宦官的谣言。欧阳修见此情况向前诚恳地对太后说："太后服侍仁宗数十年，仁义德行，天下著名。过去温成皇后受仁宗宠爱，太后不加计较，从容对待。现在母子之间反而不能谅解吗？"太后听到此言，心情逐渐的平和了下来，也不再哭了。欧阳修又接着说道："仁宗在位有相当长的统治时间，功德恩泽永存于人们心中。他去世后，天下都拥护继位的君主，没有任何人提出不同意见。如今太后是一位妇人，我们不过是几个书生，如果不是仁宗的遗愿，天下谁肯听从号令呢？"此后又过一段时间，逐渐消除了母子的仇怨。

欧阳修一生以刚劲正直的风骨和气节作为行动的规范，他那果敢之气，刚正之节指导着他的政治生活，由此招致朝廷中庸人贼臣的仇视。小人当道，忠良遭谗，欧阳修屡遭诽谤，处境十分困难，但他并不因此放弃自己的原则，因此，在他病逝后，朝廷赠他谥号为"文忠"，以表彰他的勇敢、忠贞的行为。

孔子为了实现自己的理想，曾奔波于各诸侯国之间，有一次，他与弟子们被困于匡地，面对匡人的包围，孔子从容不迫地说："文王既没，文不在兹乎？天之将丧斯文也，后死者不得与于斯文也；天之未丧斯文也，匡人其如予何？"（《论语·子罕》）对于匡人的威胁，孔子表现出了超出常人的勇气和镇定。孟子曾经说："志士不忘在沟壑，勇士不忘丧其元。"（《孟子·万章下》）作为一位刚直不阿的臣子来说，能够坚持原则，即使身处险境也不忘据理力争。孔子也说："仁者必有勇，勇者不必有仁。"（《论语·宪问》）精神境界高尚的人一定非常勇敢，而勇敢的人不一定精神境界高尚。欧阳修从国家利益的高度来考虑事情，其所作所为表现出了一种仁者之勇。

真可谓：

> 胸中有正气，
> 他人奈我何？

（刘辉萍）

13. 陈之茂选才

据《宋史》记载：南宋时期，由于宋高宗的昏庸无道，将朝廷大权统统交给了卖国求荣，苟且偷安的秦桧，致使秦桧在朝廷中拉帮结派，大搞投降卖国，无情打击迫害忠良，百姓对他恨之入骨。自从他杀害岳飞之后，激起了不少的人愤怒，以不同的方式与秦桧做斗争，韩世忠亲自到宰相府质问岳飞被害事实真相，还曾有一个小军官半路行刺秦桧，如此等等，都表现出人民之中确有不畏权势者存在。这里就讲不畏权势，不徇私情的陈之茂怎么斗秦桧的故事。

陈之茂是当时很有影响的地方官。他性格刚强、直言敢为，从来就不畏权势。正当秦桧大权独揽，权威显赫之时，陈之茂已到了考取进士阶段，在考场上他面对秦桧，痛斥他苟且偷安、卖国求荣，暗杀忠良的罪行。秦桧气得非要把陈之茂的名字勾掉，取消他进士考试资格，但在主考官张九成的大力保举下，皇帝高宗才赐陈之茂"同进士出身"，没能获取进士，比进士低一级。陈之茂在做地方官时，从不放弃读书，苦心研究四书五经等儒家经典，由于他的努力，政绩卓著，官职也逐步得到晋升，但他那刚毅的性格始终保持着。有一年，他被任命为科举主考官。他想在这昏庸无道的社会里，应该多选拔一些有真才实学、有志气、有抱负的青年，改变目前的社会现象。可巧，这次参加考试有秦桧的孙子秦埙。身为宰相的秦桧一心想让孙子考取状元，但深知孙子的学习成绩非常糟糕，根本不可能做状元的。后来他听说这次主考官是陈之茂，为了孙子，他下决心通过主考官作弊，把他孙子取上第一名。于是就派人把陈之茂请到自己的府上。陈之茂到了宰相府，秦桧热情款待，边吃边谈。秦桧对陈之茂说："我孙子秦埙这次也参考，不知结果怎样。据他的老师说，他的学习很好，文章作得也很漂亮，是天下的奇才青年。希望你看考卷时，千万要仔细地看看他的文章，如果他能考上状元，那自然是再好不过了，按理说你做主考官，他考取第一名是不成问题的。"陈之茂一边听一边考虑，如果当面拒绝，他有权撤换主考官，如果答应他的要求，那不就违背了自己为国家选拔人才的心愿了吗？于是陈之茂选择了很有分寸的语言说："令孙既然才学出众，想必一定能考好，只要他的文章确实出类拔萃，下官一定会录取他为状元。"秦桧到底是人老头昏，他已经反映不过来陈之茂话中有话，只听到"状元"二字，就以为他满口答应了。考试结束，陈之茂仔细阅看考卷，一下子被一个叫陆游的考卷吸引了，从文章中不仅发现陆游才学出众，还有一套政治主张和爱国热情。陈之茂读完陆游的文章，再看看秦埙的文章，简直相差十万八千里。于是陈之茂毫不犹豫地取陆游为状元。秦桧得知陈之茂根本就没把他放在眼里，胆敢不取他孙子而取陆游为状元，恨不得马上杀了他。但事已如此，真要杀了陈之茂恐怕后果也不好办，何况这只是第一榜。因此，秦桧把希望寄托在后两榜上。并笑嘻嘻地对别人说："以后要好好重用陈之茂。"陈之茂对秦桧的报复早有精神准备，对他的威胁若无其事。当别人问起陈之茂时，他说："公正取士，不徇私情，这是主考官的责任。所谓权势有什么可怕的呢，大不了一死嘛！"后来，陈之茂写信给陆游，勉励他好好用功，准备第二年的礼部复试。

只有符合道义的勇，才是真勇、大勇。《左传》中记载："率义之谓勇。"（《哀公十六年》）"死而不义，非勇也。"（《文公二年》）陈之茂这种不畏权势，不徇私情，敢于向大人物秦桧挑战，敢于坚持道义，在封建社会里还是难能可贵的，今天看来也是值得赞扬的。

与此相反，在现代社会中却有些人不能够坚持道义，不能够绝弃私情来为国家选拔人才。据《中国青年报》2009年5月的报道的"罗彩霞事件"就是一个很典型的例子。经初步调查，在"罗彩霞事件中"，涉及选拔人才的一些重要职能部门，而这些职能部门却没有真正履行起为国家选拔人才的重任，让一些人冒名顶替他人混入人才队伍，这与陈之茂敢于触犯权贵选拔人才的做法形成鲜明对比，不能不令人感到汗颜。孔子曾经说过："君子义以为上。君子有勇而无义为乱，小人有勇而无义为盗。"（《论语·阳货》）勇敢的行为是以维持正义、坚守原则为基础的，而不是背弃正义鲁莽行事。荀子曾经说过："争饮食，无廉耻，不知是非，不辟死伤，不畏众强，悍悍然惟利饮食之见，是狗彘之勇也。"（《荀子·荣辱》）为了争得自己的利益，不顾廉耻、不顾道义，是狗彘般的勇敢，注定会被人所耻笑。

真可谓：

人才难得，秉公选才。
不徇私情，为国立功。

（刘辉萍）

14. 林则徐禁烟

据《清史稿·林则徐传》记载：清代后期，鸦片大量输入中国，对中国经济和社会造成了相当大的危害。林则徐历数了鸦片的巨大危害和白银流失的严重局面，最后发出警告说：如果对鸦片问题仍然放任自流，那么，用不了几十年，中国就没有能打仗的军队和维持朝廷开支的税收了。既然没兵没钱，社稷江山那当然就快结束了。林则徐向皇帝大声疾呼，再不对鸦片采取断然措施，过不了多久我们就会亡国亡家。道光皇帝看完林则徐的这件奏折后，大受震动，开始意识到问题的严重。连续八天八次召见林则徐，在详细询问了禁烟的具体措施后，任命林则徐为钦差大臣，节制两广军队和水师，前往广东查办鸦片。

1839年3月，林则徐到了广州。一到当地，他立即召集同僚商议禁烟的措施，一些原来对禁烟持反对态度的官员在林则徐深明大义的劝说下，也转变了态度,一致要求禁烟。这样,就给禁烟运动打下了一个良好的基础。林则徐为了缉拿鸦片走私者及其背后的窝点,一边严督官府查究,一边鼓励民间告发。一次,他召集各书院的数百名学生,假托是检查学业,实际上在每个人的试卷里夹了一张纸条,纸条上写出要了解的情况,比如某一个地区有哪些贩卖鸦片的走私团伙,他们的地址、姓名,以及其他一些活动等项目。这样,当地一些走私的细节,全部被林则徐所掌握。其中最让林则徐吃惊和气愤的是,当地一些官员居然也参与了鸦片走私这种罪恶的活动。一天,两广总督邓廷桢在督府召集了全部属下官员,文武大臣各站各位,上首并排坐着邓廷桢和钦差大臣林则徐。林则徐威严的目光扫过全场,突然大声喝问:"有哪位贪赃枉法的官员参与了鸦片走私,坦白从宽,抗拒从严!"此言一出,听者无不动容,禁烟派官员了然于胸,沉静地等待着,而那些不干净的官吏却坐立不安,大有末日来临之感。其实,林则徐私下早已查明,哪个人有无过失,他心里一清二楚,今日这个场面无非是杀鸡给猴看,严肃一下禁烟的措施,给每个人吃颗定心丸。因此,在确凿的证据面前,一批犯案的官员被一一发落。这一来,禁烟派的决心更为坚定,因为钦差大臣如同皇帝亲临,林则徐的一言一行都是代表最上层的意见的。

当然,林则徐最大的目标还是对英国烟贩的查办,经过反复核实,一个名叫颠地的英国走私商已经被林则徐秘密地注意上了,只等时机成熟,一网打尽。颠地之所以胆大妄为,是因为他有后台,这个后台就是英国驻华商务监督查理·义律。义律可以说是走私者的大头目,他亲自出面对抗林则徐的禁烟措施。当林则徐限令所有的英国商船在三日内把鸦片交出来时,义律立即下令英国船只做好战斗准备,以此相威胁,破坏禁烟。颠地因为受到林则徐的缉拿,也只好藏在义律那里,妄图逃跑。但以林则徐为代表的广州人民没有被威胁所吓倒,仍然一如既往地强令义律交出颠地,上缴鸦片。一个漆黑的夜晚,义律和颠地密谋之后,颠地穿一身中国人的装束,从义律的商馆溜出来,往江边跑去。然而,还没跑出多远,一队清兵已经从后面追来。这样,颠地只好扔掉瓜皮帽、长袍,现出原形,像条狗一样被带走了。义律依然顽固不化,拒绝交出鸦片。于是林则徐命令水师提督关天培派人将商馆死死围住,断绝了内外一切联系。这样,没过几天,义律就服软了,因为水和粮食都要由外面运送,现在商馆被围,连吃喝都是大问题了。义律终于屈服了，被迫交出鸦片两万多箱，重约二百三十七万多斤，中国人民的禁烟斗争取得了重大胜利。

1839年6月3日，林则徐亲自主持了震惊中外的虎门销烟，在虎门海滩，士兵和民夫，把一箱箱的鸦片劈开、切碎，倒进临近海滩的两个十五丈见方的大池中，用盐卤、石灰搅拌，侵蚀焚化后随潮水冲入大海。海滩上，浓烟滚滚，经过二十多天，这批鸦片才被全部销毁。虎门销烟大长了中国人民的志气，严重地打击了外国侵略者的嚣张气焰。林则徐这种敢于同外国侵略者进行斗争的勇气和决心受到了中国人民的赞誉。

韩非子曾说："以成智谋，以威勇战，其国无敌。"（《韩非子·饬令》）如果国人用一种极其勇敢的心态和行动去捍卫国家的利益，那么，这个国家将会是无所匹敌的。庄子思想中曾有这样的表述"临大难而不惧者，圣人之勇也。"（《庄子·秋水》）国难当头，如何维护国家利益和国家安危，需要极大地勇气和气魄。三国时曹植曾说过："捐躯赴国难，视死忽如归。"（《白马篇》）为了国家利益，可以抛头颅、洒热血，牺牲个人生命也在所不惜。这不仅是一种爱国的表现，更是勇敢者生命的表白。尤其是近代以来，有无数的仁人志士为了捍卫国家主权和维护国家利益而不惜献出自己的生命。林则徐本人就曾经说过："苟利国家生死以，岂因祸福避趋之。"（《赴戍登程口占示家人》）国难当头，怎么会因为计较个人的祸福利益而放弃斗争呢。谭嗣同在变法失败后也曾说："我自横刀向天笑，去留肝胆两昆仑。"为了实现国家的强盛，即使失去生命也在所不惜。正是历代的仁人志士怀着大无畏的勇气和气魄激励着中国一代又一代人奋勇向前，生生不息。

真可谓：

国难当头，挺身而出。

消除祸患，扬我国威。

（刘辉萍）

15. 范缜的无神论

据《梁书·范缜传》记载：公元489年的一天，南齐竟陵王萧子良盛宴宾客。席间一位年近四十的中年男子大胆而新奇地发表了反对佛教因果报应的言论，与笃信佛教的萧子良展开了激烈争辩。他就是我国古代杰出的无神论思想家——范缜。范缜性格耿直，不畏权贵，喜欢发表一些新见解，新看法。他目睹当时佛教的极度发展导致社会出现了种种负面效应，便挺身而出，批判佛教的种种谬论。萧子良质问范缜："如果你不相信因果报应，那么为什么世界上有人富贵，有人贫贱？"范缜说："人生下来，好比树上开的花一样，风吹花落，有的落到茵席之上，有的堕入粪厕之中，贫富贵贱纯属偶然，哪有什么因果报应之理？"萧子良无言对答，便召集众僧群起而攻之。有个叫王琰的信徒挖苦范缜道："你竟然不知你祖先的神灵在何处，真是太可笑了。"范缜毫不示弱地反击道："难道你知道你祖先的神灵在什么地方吗？那你为什么不自杀以后去侍奉他们呢？"萧子良见使用这种强硬辩驳方法不能够奏效，便派王融上前以高官厚禄引诱范缜放弃他的主张。王融说："凭你的高才，难道还担心做不到中书郎吗？"范缜听后哈哈大笑，义正词严地说："假如我范缜想卖论取官的话，早已做到尚书令、尚书仆射之类的高官了，何止达到区区的尚书郎一职呢？"并且，他还坚定地表示，宁愿一生穷困，不愿出卖灵魂。并将自己的主张写成了充满战斗气息的杰作——《神灭论》，系统地批驳佛教"人死神不灭"的主张。《神灭论》的问世，朝野一片喧哗，也震动了当时整个舆论界。梁武帝为此下诏动员王公权贵六十四人写了七十五篇文章围攻范缜，但范缜据理力争，与反对者进行辩解，始终不退却。他以有力的论证回击论敌，坚持了无神论的观点。

孔子曾经说过："志士仁人，无求生以害仁，有杀身以成仁。"（《论语·卫灵公》）作为有志之人能够为了坚持真理而不惜牺牲自己的生命。《春秋·谷梁传》中说"人之所以为人者，言也。人而不能言，何以为人？"这就是说，作为一个堂堂正正的人，就应该有话直说，如果不能勇于直言，那作为人还有什么意义呢？孔子就是一个敢于讲真话、善于讲真话的人。春秋时，陈侯修筑凌阳台，台还未修起，被处死的就有好几人。他又把三个监吏抓了起来，群臣中没有敢进言说话的。孔子到了陈国，见过陈侯，与陈侯一起登上凌阳台四下观望。孔子上前祝贺说："凌阳台多么美啊！陈王多么贤德啊！从古至今，凡是圣人修筑，哪里有不杀一个人而把台修成这样的！"陈侯听后，内心有愧，默默不语，派人放掉了被抓起来的三个监吏。"战而胜者，战其勇者也。"（《吕氏春秋·决胜》）孔子以其勇气婉言直陈，一语救了三条命。

反观我们现实社会，能够敢于直言，敢于讲真话的人真的实在太少了。儒家培养人格品质的目的是将人培养成为敢说敢作敢当的"君子"、"贤人"乃至"圣人"，而不是培养"乡愿"，因此孔子说"乡愿，德之贼也"，（《孔子·阳货》）对"好好先生"提出批评。作为美好品格的人，能够有"当仁不让于师"（《论语·卫灵公》）的勇气和魄力，而不是随声附和，敷衍了事。相反，现实中的一些真事往往被谎言、假象所笼罩，谎言似乎倒成了"真理"，使一些不真实、不公道的事情成了理所当然的事，使得一些人遭到不白之冤。即便如此，其中有一部分人却偏偏喜欢说假话、大话、空话、谎话，殊不知这类话说得愈多，危害愈大，就连小孩子都熟悉的"狼来了"的故事，应该成为这些人的警言。与此相似的还有一些人信奉尊口免开，"少说为佳"的处世哲学，处处只讲"万无一失"，"是非面前不开口，遇到矛盾绕开走"，甚至在歪风邪气面前也不说不讲，随波逐流，乐当"和事佬"，被人们戏称为"好好先生"。这些"好好先生"从来不谈论别人的缺点。和人交谈时，无论好事坏事，他一概说好。"好好先生"只会留下为人们千载耻笑的丑行，我们万不可步他的后尘。因此，我们不妨多讲一点真话，少讲一点谎言，在必要的时候，我们就要挺身而出，坚持真理，仗义执言，揭穿谎言，使人与人之间更真实一些，使社会更加和谐一些。

真可谓：

直言谏诤敢当先，好好先生切莫做。

（刘辉萍）

16. 汪应轸不媚权贵

据《明史·汪应轸传》记载：明武宗时期，庶吉士汪应轸因在武宗皇帝南巡之时，率领同为庶吉士的舒芬等人上疏谏止，几乎被杖打至死。随后出任泗州知州，泗州的老百姓不知道农桑之事，汪应轸到任后，便鼓励他们耕田，然后从州里支出钱从湖南买来桑树，教他们种植。同时，他又招募一些妇女去采摘桑叶，并教给她们养蚕的技术。一天，驿站的使者骑马来报，说武宗皇帝即将到达泗州。附近州府的官员听到这消息都惊慌失措，加紧敲诈勒索民财，用以作为迎驾的费用。这些行为害得老百姓纷纷堵死门窗，逃往外地躲藏。汪应轸却镇静如常。有人问他为何如此，他说："我和州中的士人、百姓素来都是互相信任的，即使皇上真的到来，一切费用早晚间便可筹措好。现在皇上何时来还没有定期，就匆匆忙忙去筹办，差官吏四处活动，很容易共同作弊。如果费用凑齐而皇上却没来，那又怎么办？"别的州府为了迎接皇帝，上千人手执火把在夜间等候，足足持续了一个月，不少人因此被冻死、饿死。汪应轸命令人站在榆树柳树间，一个人手拿十束火把。等到御驾夜里经过泗州时，持火把的队伍整齐有序，丝毫不乱。御驾经过别的州府时，一路上宫廷使者络绎不绝，任意敲诈勒索，毫不满足。汪应轸估计这些人实际上内心很虚弱，可以用威力镇服之，于是率领百名壮士，排列在他们的船旁，大声呼喊答应，声音传遍了远近的地方。宫廷使者们都感到震惊，不知他们要干什么。汪应轸指挥随从的人众急速拉船前行，顷刻之间，已过百里，很快出离了泗州地界，这样，后面到来的使者，也收敛了自己的行为，不敢私自勒索，而汪应轸一概以礼待之。于是，他们都谴责前面的使者，而十分赞赏汪应轸。武宗到了南都后，又传下圣旨，命令泗州进献几十名擅长歌舞的美女，这是因为宫使们怀恨汪应轸而使的报复手段。汪应轸上奏说："泗州的妇女没有才艺姿色，而且最近大都逃亡了，没有办法应诏。只有进献过去所招募的采桑养蚕妇女若干人，如果蒙皇上收纳到宫中，使他们采桑养蚕，实在有补于王化。"武宗皇帝看了汪应轸的奏书，只好下诏泗州暂停进献美女。

老子曾说:"慈故能勇,"慈悲的人往往是勇敢的人。"夫慈,以战则胜,以守则固。天将建之,如以慈恒之。"(《老子·六十七章》)管子也曾说:"权与明必胜,则慈者勇。"(《管子·幼官图》)慈悲的行为就是一种勇敢的行为。为政者如果能够以一种慈悲的心态对待自己的下属,对待自己的百姓,不仅会使下属、百姓受惠,而且也可以使自己获得他人的支持和拥护。汪应轸就是如此。孔子也曾经说:"己所不欲,勿施于人"(《论语·卫灵公》)自己不愿意去做的事情,不要强加给别人。很多人为了讨好上司不惜奴颜媚骨,唯唯诺诺,根本不考虑下属的利益和百姓的利益,将一些本不应该做的事强加给下属,导致他人牢骚满腹,甚至怨声载道,这种做法是十分错误的。但是,也不乏有勇气、有胆识的人为了维持正义而对抗上司。西汉刘向为了坚持正义,曾经与当时皇帝相抗衡,他说:"臣居广廷,作色端辩,以犯主君之怒,前虽有乘轩之赏,未为之动也;后虽有斧质之威,未为之恐也,此既之所以为勇悍也。"(《说苑·善说》)即使在封建社会,也有人为了百姓的利益勇敢地与上司"对着干",他们因此而名垂青史,永远活在人民的心中。因此,这种敢于维护下层民众利益的领导值得我们尊敬和学习。

真可谓:

慈故能勇,勇则得人。

(刘辉萍)

17. 见义勇为

据《法制日报》报道:2001年11月12日的傍晚,一名中年妇女正走在南京火车站附近一条僻静的马路上。她像是想起了什么事情,从口袋中掏出手机准备打电话。忽然,一只手从背后夺走了她的手机,可能是因为用力过猛,手机啪的一声掉在了地上。当小个子歹徒弯腰捡手机的时候,另一个大个子歹徒已用尖刀顶住了中年妇女的小腹。她还没回过神来,肩上的背包就被歹徒一把抢走了。"抢钱啦，有人抢钱……"眼看着歹徒仓皇逃跑，中年妇女如梦初醒，大声叫喊起来。这时，下岗职工周光裕骑车路过，见状立即调转车头，朝着中年妇女手指的方向奋力追去。追了一百多米，周光裕追上了两个狂奔的劫匪。他跳下车，一把揪住跑在后边的小个子歹徒，将他摔倒在地上，喝道："把抢的东西交出来！"这时，跑在前面的大个子歹徒举刀冲过来，对准周光裕的大腿就是一刀。周光裕愤怒了，猛蹬一脚，把持刀的大个子蹬倒在地上。小个子慌忙来抓他的手，可这一双手像钳子似的紧紧卡住了他。搏斗在继续。大个子歹徒一看碰上了一个不惜命的人，又怕又急，他猛地爬起来，挥舞尖刀，丧心病狂地朝周光裕的身上连刺了五六下，最后一刀刺透了周光裕的肺部。周光裕紧抓劫匪的手渐渐无力地松开，他倒在了血泊中。被送到医院后，周光裕因失血过多而死亡。周光裕见义勇为英勇献身的消息传开后，了解周光裕的人对他勇斗歹徒的行为一点儿都不感到奇怪，因为"他一直就是个有着强烈的社会责任感的人"。如今，"好人"周光裕走了。他留下的不仅是五十七年的坎坷足迹，也不仅是众口相传的瞬间壮举。他留下了我们这个时代一笔最可贵的财富，这就是"爱国守法、明礼诚信、团结友善、勤俭自强、敬业奉献"。事实上，在我们的社会里，正是有许多像老周这样平凡的人，用他们那并不宽厚的肩膀，默默地支撑着我们的国家、我们的社会、也包括维护着我们社会的安宁。愿我们每个公民都能从周光裕身上学到这种见义勇为的高尚品质。

《后汉书·朱晖传》记载：王莽新政失败后，天下正处于大乱的局面。年仅十三岁的朱晖随外祖父母家属从乡下老家到宛城去，在半道上遇到了趁火打劫的一群强盗，他们手里挥舞着大刀乱杀无辜百姓，即使是妇女、小孩都不能幸免于难。更有甚者，他们污辱妇女，剥光妇女衣服。与朱晖同行的其他人都吓得面如土色，惊慌失措，趴在地上不敢动弹。唯有朱晖看到眼前情景，怒不可遏，拔出剑来呵斥道："你们这些强盗，抢夺别人的衣服、财物也就算了，还侮辱妇女、孽杀儿童就有些太过分了。今天，我要为这些人与你们进行战斗。"强盗们听到朱晖义正词严地一番话丢下已经抢到的财物，拔腿逃跑。朱晖路遇不平、见义勇为、颇受世人敬仰，以后，他成为东汉初一代名臣。

在新的历史时期，见义勇为的美德常常得到发扬光大。1998年，我国安徽、江苏等许多地方遭到了百年不遇的特大水灾。在抗灾中涌现出无数大公无私、舍己救人、见义勇为的英雄人物和模范事迹。正是"沧海横流方显出英雄本色"。比如，安徽省凤阳县亮岗乡农民张作海，当他见到洪水茫茫，瓢泼大雨裹着大风，许多人爬上屋顶，爬到树上使劲呼唤救命的时候，便冒着生命危险划船抢救灾民。他救了多人，三次遇险，差点见了水龙王。当他在抗洪救灾报告大会上讲述到见义勇为、舍己救人的动人事迹时，受到了大家的一致称赞。2007年11月30日，山东籍士兵孟祥斌带着妻子和女儿到金华市区购物。在经过通济桥时，一名轻生女青年从十多米高的桥上跳下，孟祥斌一边冲向桥边，一边脱掉身上的衣服，跳水救人。十分钟后，前来救援的摩托艇渐渐靠近了他们，孟祥斌用尽最后一丝力气将女青年托出水面，交到救援人员的手中，自己却沉入水中，二十八岁的年轻生命陨落了。

老子曾经说："胜人者有力，自胜者强。"（《老子·三十三章》）战胜他人者只是有力者，而战胜自我者才是勇敢者、强者。见义勇为，张扬人间正气，是在正义和道义面前所表现出的不怕个人风险、不计个人得失的勇气和行为。这不仅是一种勇敢者的行为，这也是检验一个人道德品质优劣的一块试金石，也是衡量一个人品格高低的一把标尺。孟子在《告子》篇中说："仁，人心也，义，人路也。"就是说，仁是人的心，义是人的路。遇事胸怀正义感，莫做畏缩不前的人。见义勇为是靠勇敢的行为来体现的，而"勇"的精神是来自对"义"的正确理解和忘我的思想境界。它要我们"以义制利"，"以公义胜私欲"，而不能"以利害义"，更不能"见利忘义"。见义不为非为勇，莫做见死不救人。当见到他人遇到不幸之遭遇，特别是当别人的生命发生危险之时，如有人家中失火，或落入水中，或是发生了危及他人生命的突发事件，我们应该奋不顾身，舍己救人，切不要做见死不救的胆小鬼。

真可谓：

> 无私才能无畏，
> 见义则会勇为。

（刘辉萍）

18. 勇者的荣威

在中国近代史上，有许多为保卫国家安全而献出生命的故事，其中，甲午海战中就有很多这样可歌可泣的事件。公元1894年9月17日，黄海海面上炮声隆隆，硝烟弥漫。硝烟里，几十艘战舰往来奔突，不停地发射着炮弹。一颗颗炮弹呼啸着落入水中，炸起巨大的浪花。一场激烈的海战正紧张地进行着。战舰上有的挂的是日本的太阳旗，有的挂的是大清王朝的旗帜。原来这场海战是中日甲午战争中的一幕。清政府的舰队就是北洋舰队。自从日本挑起了侵略中国的甲午战争，北洋舰队的官兵们就想与敌军较量一番。但是，腐败的清政府畏惧日军的强大，一再拖延，不敢出去，因而使北洋舰队坐失了战机，陷入了被动局面。这天的一场海战是日军趁北洋舰队不备而突然发起的。当时，发现敌舰后，"致远"号的管带邓世昌坚决反对临阵逃跑，主张对阵应敌。他的意见得到了北洋水师提督丁汝昌的支持。此刻，北洋舰队在丁汝昌的指挥下，与日军的舰队进行着殊死较量。然而，有备而来的日本海军攻势猛烈，眼看着北洋舰队渐渐难以招架。丁汝昌所乘的旗舰"定运"号不幸中弹，帅旗都被炮弹击落了，丁汝昌也负了重伤。紧接着，"超勇"号被击沉，"扬威"号中弹起火，形势十分危急。"致远"号上的邓世昌见旗舰受损，北洋舰队失去了统一的指挥，毅然在自己的舰上挂起了帅旗，指挥其他战舰统一对敌，保护"定远"号。敌军看到帅旗，立刻集中火力猛攻"致远"号，"致远"号连连中弹，船身开始倾斜。这时，船上的弹药也已经用光了。看到这种局面，邓世昌召集所有的官兵到甲板上，果断地命令道："撞沉敌军旗舰'吉野'号，与敌同归于尽！"官兵们热血沸腾，齐声高呼："同归于尽！"邓世昌亲自掌舵，双目圆睁，紧紧盯着"吉野"号。"致远"号冒着浓烟，劈波斩浪，径直向"吉野"号冲去。"吉野"号上的日军看到"致远"号不顾一切地直冲过来，顿时惊慌失措，拼命向"致远"号施放鱼雷。不幸的是，就在"致远"号即将撞上"吉野"号的一刹那，"致远"号又被一枚鱼雷击中！一声巨响后，"致远"号顿时火光冲天，舰身缓缓沉入大海，舰上的所有官兵随战舰一同沉没。落水后，邓世昌放弃了救生圈，拒绝了别人的搭救，带着未能杀敌的遗憾，慷慨殉国！大海翻波，淹没了他的身体，而他英勇抗敌、为国献身的英雄事迹却永远留在了人们心中。

在战争年代有为了国家安全而英勇奉献自己生命的事件，即使在和平年代的今天，仍然有与此相似的事例。据《新华网》报道：2006年11月14日，空军驻甘肃某部驻地晴空万里，是个飞行的好天气。上午11时17分，李剑英驾机起飞，执行空中巡逻游猎任务。起飞、出航、空域动作和返航、解散加入起落航线均正常顺利。12时2分，李剑英向地面指挥员报告："检查好三转弯！""着陆！"指挥员回答。12时4分9秒，战机在下滑着陆过程中突然发出"砰、砰……"的响声——鸽群撞上了飞机并被吸入发动机，鸽子血和羽毛沾满了座舱盖前的防弹玻璃，模糊了李剑英的视线。紧接着飞机开始剧烈抖动，发动机转速陡然下降，温度急剧上升，高度平均每秒下降十一米！鸟撞飞机是世界性航空难题，每年都有不少飞机因此遭遇险情和空难。像李剑英驾驶的这种只有一个发动机的飞机尤其危险。12时4分15秒，飞机发动机在一百二十七米高度停车。失去动力的飞机好似一匹脱缰的野马，左倾右斜，上仰下坠。此时，跳伞立刻就能保住自己的生命。但李剑英深知，飞机下方有密集的村庄，那里居住着八百多户村民，附近还有砖瓦厂和公路收费站。飞机上有八百多升航油、一百多发航弹、一枚火箭弹和氧气瓶等易爆物品。如果跳伞，失去控制的飞机掉在任何一个地方，都会引起剧烈爆炸，后果不堪设想。12时4分18秒，李剑英收起起落架，飞机平稳下降。九十米、七十米……着陆！飞机落在了跑道延长线上，像箭一样向前冲出。当冲至离第一接地三十九点三米处时，飞机被高出地面3米多的水渠护坡挡住。12时4分25秒，飞机撞击水渠护坡后解体，航弹、火箭弹、航油、氧气瓶接连爆炸……短短十六秒，李剑英飞完了自己人生最后的航程。爆炸现场距离最近的一位群众仅不到二十米，但没有一人受伤。

无论是国家处于危难之际，还是处于和平时期，总会涌现出一批为了维护国家利益，为了维护人民利益而不惜牺牲个人生命的英雄。这些勇敢的人总是一往无前，而没有任何怯懦的心理，同时，他们也反对任何畏惧的行为。孔子曾说："君子不忧不惧"（《论语·颜渊》）真正的君子、丈夫是不会患得患失、怯懦不前的。《周易》中说："泽灭木，大过；君子以独立不惧。"（《周易·大过》）真君子处于危难之间具有非凡的气魄和勇气。西汉贾谊曾说："持节不恐谓之勇，反勇为怯。"（《新书·道术》）西汉刘向也认为："劫以刃而失其志者，非勇也。"（《新序·义勇》）《吕氏春秋》中认为："强者劫弱，众者暴寡，勇者凌怯，壮者傲幼，从此生矣。"他们都认为，畏惧是勇敢的对立面，要想保持勇敢精神就必须抛弃畏惧心理。管子说："谋士尽其虑，智士尽其知，勇士轻其死，"（《管子·山至数》）为了保卫国家，为了保卫他人安全，李剑英在生死选择之间没有产生任何畏惧心理，而是主动放弃自己的七尺之躯，他是一个顶天立地的男儿。既然生就了堂堂七尺之躯，就不应贪生畏死，见小利而忘大义。他用一种极其悲壮的方式诠释了什么叫做英雄、什么叫做大丈夫。临危不惧，死亦何所惧？

　　真可谓：

　　　　捐躯赴国难，拳拳赤子心。
　　　　勇士轻其死，肝胆化长空。

（刘辉萍）

礼

题 解

"礼"原是宗教祭祀仪式上的一种仪态，《说文解字》就说："礼，履也，所以事福致福也。"可知，"礼"原来并没有等级制度的伦理道德方面意义，在阶级社会出现后，人类开始有等级之分，宗教祭祀也随之出现了身份的限制和区分，于是，作为宗教祭祀仪态的"礼"便开始具有了社会身份区分的内容，逐渐转化为奴隶社会和封建社会的一种身份制度。我们说的封建礼教的"礼"有着作为政治的等级制度和伦理道德两个方面的属性，作为等级制度的"礼"，强调的是"名位"。也就是孔子所谓的"君君、臣臣、父父、子子。"作为伦理道德的"礼"的具体内容，包括孝、慈、恭、顺、敬、和、仁、义等等。在"礼"两个方面的属性中，等级制度为"礼"的本质，而伦理道德方面的属性则为等级制度的外在显现。封建礼教实际上是通过向人们灌注孝、慈、恭、顺、敬、和、仁、义等，把这些外在于人的伦理道德观念变为人的内在需求，去束缚人们的思想，限制人们的行为，把人们变为统治阶梯的忠实奴仆，以达到维护封建等级制度的目的。正因为如此，所以中国封建社会的历代统治者都把封建礼教作为维护其统治的不二法门。自从民国以来，我国的礼仪制度在不断变得简单化、人性化，随着新中国的成立，在继承礼文化传统的基础，人们对礼的规范和价值也有了新的认识。抛弃了古代"礼"中的糟粕,继承并发扬了其中的高尚的成分,使成为人们日常生活中所必需遵守的道德规范和行为规范,已经脱离了原先为封建时期森严的等级制度服务的本质,而是维系社会良好风气的道德规范。

(赵红卫)

1. 孔融让梨
——谦让化解纷争

东汉文学家孔融,是孔子的二十世孙。小时候聪明好学、才思敏捷、知书懂礼、深得父母喜爱。四岁时,有一天,父亲买了一些梨子,特地拣了一个最大的梨子给孔融,孔融摇摇头,却另拣了一个最小的梨子说:"我年纪最小,应该吃小的梨,大梨就给哥哥吧",父亲听后十分惊喜。孔融让梨的故事,很快传遍了曲阜,并且一直流传下来,成了父母教育孩子们谦让有礼的好例子。现在我们正在建设一个和谐的美好社会,谦让有礼的道德传统显得尤为重要,在人际交往中,不可避免的会产生各种各样的利益冲突和纷争,而处理这些不和谐因素的最好办法就是讲求谦让、大度谦让、和睦共处,可以说是一切和谐的真谛和根源。东汉光武帝建武期间,朝廷有一个惯例,即在每年岁终祭神之后,皇帝会诏赐官员们每人一头羊。但羊有肥有瘦,大家又都不想吃亏,于是纷纷出谋划策,想平均分羊,有人提议杀羊均分羊肉,有人提议抓阄分羊,其中一个叫甄宇的博士(古代的一种官职名)认为身为朝廷命官,不论是杀羊还是抓阄都不符合仁礼之道,于是就带头取了羊群中最瘦的一只,于是众人再无争执,纷纷向甄宇学习,选取羊群中较瘦的羊来领取,大家在谦让中很快就把羊分了下去。后来,人们送给甄宇一个美称"瘦羊博士"。

现实生活中,有些人常怕自己吃亏,为人处世总爱斤斤计较,蝇头小利,也不放过,不惜与人争得面红耳赤,其实凡事谦让一点,自己主动吃点亏,往往能把棘手的事情做好,把很难处理的问题解决得妥妥当当。清朝康熙年间有个大学士张英。他的家人与邻居为了争三尺宽的宅基地发生纠纷,家人以为张英在朝中身居高官,会帮助自己打赢这场官司,就写信向张英求助,张英阅信后坦然一笑,挥笔写下一首诗:"千里修书只为墙,让他三尺有何妨?万里长城今犹在,不见当年秦始皇。"家人接信后,深为感动,让出了三尺宅基地。邻居见了,也主动让出三尺宅基地,于是就有了历史上有名的六尺巷,一场纠纷就在谦让中化干戈为玉帛了。

　　明代学者方孝孺说:"虚己者进德之基"。表面上看,谦让者好像吃亏了,但他们却往往因为自己的肚量而让人们更加敬重,人际关系也会更加和谐,孔子说:"恭则不侮,宽则得众。"在生活道路上,谦让有礼之人往往比别人更容易得到帮助和支持,因此心胸的阔大,懂谦让的人也往往更能为国为民建功立业。现在我们国家提倡构建和谐的社会,无论是个人矛盾还是国际争端,都主张用和平的方式而非以相争的方式来处理矛盾,谦让友爱是和谐文化对完美人格的一个基本要求,只要留心一下,就不难发现那些成就杰出的人,往往就是胸怀宽广、不怕吃亏的谦恭有礼之人。孔融四岁能让梨,后来成为三国名士,以学问和礼让留名青史。我们尊崇有加的圣人孔子更是一个谦谦君子,他的学生子贡曾以"温、良、恭、俭、让"五个字来评价他的品格,其中的"让"字,在人格塑造过程中,可以说起到了极其重要的作用,谦让使人面对责任义务和功名利禄之时,总是以先人后己对待功名,以先己后人对待责任,孔子正是因为具备了这一品格,所以在他周游列国期间,能受到各国国君的礼遇,这一品格也更成就了孔子在中国文化史上无可替代的崇高地位。对一个政府来说,谦恭友爱也是提升其公信力的重要因素,大度谦让,可以说是一切和谐之源,它不仅增加社会的凝聚力,也会使人们在彼此谦让和相互关爱中感受到做人的价值和尊严,体验人生的美好和生活的幸福,激发出不竭的想象力和创造力。

　　　　谦让化解纷争。
　　　　谦恭有礼,提高人格修养;
　　　　谦虚礼让,化干戈为玉帛。

(赵红卫)

2. 孔子问礼
——崇德尚礼，孜孜以求

《史记·孔子世家》等文献资料中记载了孔子问礼于老聃故事。鲁国的孔子苦苦钻研仁与礼的学问，可终是感觉没有学通透。当他听说老子经过多年苦心探索钻研，知识渊博、深谙天道时，就决定去拜访老子。他来到周的都城洛阳，问礼于老子。老子对他说："你说你寻求了十二年而不得，那是当然的。……原因就是道不可见、不可听、不可言、不可赠送。寻求道，关键在于内心的感悟。心中没有感悟就不能保留住道；心中自悟到道，还需和外界的环境相印证。……自己正的人才能正人，如果自己内心不能正确领悟大道，心灵活动便不通畅。"老子的一席话，对孔子触动很大，他对自己的学生说："鸟，我知道它们善飞；鱼，我知道它们善游；兽，我知道它们善于奔走。对于鸟，可以用箭射它；对于鱼，可以用网捕捉；对于兽，可以用陷阱擒获。至于天上的龙，我不知道龙的形状，也不知道它是怎样乘着风飞上天的。我今天看见了老子，就像见到了龙一样啊！"

孔子虽向以智者、仁者著称，但他还是对自己尚未悟明的道理，孜孜以求，孔子在答鲁哀公问政时说："仁者人也，亲亲为大。义者宜也，尊贤为大。亲亲之杀，尊贤之等，礼所生也。"（《礼记·中庸》）这里说的是仁、义、礼的关系。"杀"，衰减的意思。亲亲有亲疏、远近、层次上的差别；对待贤人，也会依德才在禄位上有高下的区别。"仁"是以爱亲人为起点的道德感。"义"是合宜、恰当、正当，尚贤使能是社会之"义"的重要内容。"礼"就是"仁"与"义"的具体化、形式化，体现了亲亲、尊贤为内容的社会秩序。仁义在内，礼仪在外；仁义是实质，礼仪是形式。孔子特别强调"克己复礼，天下归仁"，表明克制自己情感欲望，使言行举止合乎一定的规范，在实践中做到有礼有节。通过完善个人的品格修养来实现礼的秩序。

一个人没有礼，就会仪态尽失，没有了把握言行之标准。一个国家没有礼就没有处理政务的尺度。没有规矩方圆，就会寸步难行。《礼记·曲礼上》曰："夫礼者，所以定亲疏、决嫌疑、别同异、明是非也……道德仁义，非礼不成；教训正俗，非礼不备；分争辨讼，非礼不决；君臣、上下、父子、兄弟，非礼不定。"在某种意义上礼就有了法的功能，所以"礼法"二字经常并称。这里面当然有时代的限制，不可以毫无辨别的直接拿来为我所用，但我们不能不承认，这些"礼法"在特定的时代确实标志着社会的"进步"与"文明"。

《礼记曲礼》中说"人有礼则安，无礼则危，故曰'礼者，不可不学也'。"三礼之学是中华民族宝贵的精神遗产，在社会主义建设中具有其现代价值。礼乐文化不仅促进社会秩序化，而且促进社会的和谐化。一种稳定和谐的秩序的形成，总是离不开礼仪规范作为调节，包括一定的等级秩序、礼仪礼节。"礼"的目的是使"四海之内合敬同爱矣。"（《礼记·乐记》）也就是礼文化是使人与人、团体与团体、国与国能够和谐相处，守礼是安定社会、消弭战争、节制骄奢、调节冲突、协调关系前提。孔子对礼的孜孜以求，不仅让他自己由困惑而通透，也为中华文明的两千多年的传承做出了巨大的贡献。直至今日，其正面影响仍不容忽视。就现代生活而言，在外在强制的法律与内在自觉的道德之间有很大的空间，介于二者之间的包含社会礼俗在内的成文与不成文的规范。其实很多就是靠"礼"来维持和协调的。促成社会健康、和谐、有序地发展，不能没有新时代的礼仪文化制度作指导。我国历来是礼仪之邦，今天我们仍然面临提高国民文明程度的艰巨任务。在这一方面，我们完全可以学习孔子崇德尚礼，孜孜以求的精神，尊礼而重道。

　　崇德尚礼，有礼有节；
　　守文明礼仪，建和谐社会。

（赵红卫）

3. 成丁礼
——人生新起点

　　成丁礼在不同的国家，不同的民族，及一个国家和民族的不同阶段都是不一样的。在中国古代，冠礼是成年礼的一种高级和代表性形式，是跨入成年人行列的男子的加冠礼仪。《礼记》云："夫礼，始于冠"、"男子二十，冠而字"，"已冠而字之，成人之道也。"字，表字。即在冠礼上在原本的名字之外再取一个表字。所以冠礼对古人来说是非行不可的成人之礼。冠礼从氏族社会盛行的成丁礼演变而来，一直延续至明代。具体的仪式是由受礼者在宗庙中将头发盘起来，戴上礼帽。由于要穿戴的服饰很多，于是分为三道重要程序，分三次将不同材料制成、代表不同含义的帽子一一戴上。"三加"之后，还要由父亲或其他长辈、宾客在本名之外另起一个"字"，只有"冠而字"的男子，才具备日后择偶成婚的资格。与男子的冠礼相对，女子的成年礼叫笄礼，也叫加笄，在十五岁时举行，就是由女孩的家长替她把头发盘结起来，加上一根簪子，改变发式表示从此结束少女时代，可以嫁人了。成丁礼在古代往往标志着一个人从此就具备了结婚的资格，今天婚姻年龄由法律规定，成丁礼也不再是标志成年的必备仪式了。但是仍然有很多成人仪式在举行，也有众多的青少年参加这一仪式，来激励和鞭策自己的成长。

　　一个人是否成人了，虽不是一个简单的成人仪式所能完成的，但举行成人礼更重要的意义是带给年轻人一种精神力量，在成人仪式上，年轻人体会到了一种责任感和使命感，2008 年 7 月 9 日 "我自立，我自强——中华泰山成人仪式"在山东泰山举行，来自北京、四川、山东等地的近两百名青年学生参加了这场隆重的成人典礼。通过攀登泰山，让同学们亲身体验了勇于攀登、自立自强、锲而不舍的精神，也深刻体会到了"不积跬步，无以至千里"的含义。通过成人典礼的具体仪式，让同学们深刻感悟到我自立、我自强的青春誓词的分量，责任感和历史使命感陡增。成人礼标志着生命的一个新起点，它不仅表示一个人年龄上成人了，更重要的意义在于，它标志着一个人需要肩负的使命增多了，权利和义务也增多了。它虽不能标志着一个人心智的成熟，却因为成人时刻的到来，昭示着对一个人心智成熟的更高期待，当今社会，法律上规定十八岁就可以成人了，成人礼也常常是在这个年龄段举行，而心智的成熟则不是那么容易判断的，它不具备明确的特点。当我们面对责任，勇于承担而不推脱的时候；当我们面对困难，勇于克服而不是回避的时候；当我们面对不幸，微笑面对而不是怨天尤人的时候；当我们摆脱了无所事事，而充满信仰和激情的时候；当我们认识了一个有缺点又有优点的自己，坦然接受而不丧失自我的时候。我想这就是一个人真正成年的时刻了，而成丁礼，正是人生的一个新起点和新契机。

　　成丁礼，人生的新起点。
　　自立自强，勇于攀登；
　　成人仪式，启迪成长。

（赵红卫）

4. 三顾茅庐
——礼贤下士，贤者归心

　　三顾茅庐的故事出自《三国演义》，汉代末年，黄巾事起，天下各路英雄纷争，汉宗室刘备听说诸葛亮很有学识，又有才能，就亲自到隆中卧龙岗去请诸葛亮出山辅佐他。他接连去两次都没有遇到诸葛亮，第三次去，诸葛亮正在睡午觉。刘备亦不惊动他，一直恭敬的站到诸葛亮自己醒来，才彼此坐下谈话。诸葛亮见刘备有志替国家做事，而且如此诚恳地请他帮助，就决定全心全力的辅佐刘备建功立业，后来帮助刘备建立西蜀政权，与曹操、孙权平分天下。诸葛亮在著名的《出师表》中，也有"先帝不以臣卑鄙，猥自枉屈，三顾臣于草庐之中"的句子。后世人常引用这句话来形容求贤若渴的诚恳态度，把三顾茅庐的故事作为结交朋友的楷模。

　　刘备一知道诸葛亮为贤德之士，就毅然决然三顾茅庐，表现了对人才和朋友的极大尊敬，这正因为他的诚心和虚心，才能让具有经国济世之才的诸葛亮心甘情愿忠心不二的辅佐他打天下。这种礼贤下士的态度，经常是指旧时代君主或高官降低身份去敬重、结交身份比自己低而有才识的人，其目的往往在于让有才德的平民给自己效劳。"下士"一词就是指古代介于士大夫和庶民之间的阶层，也指还没有做官的读书人。今天的民主社会，大家是为社会进步和人类进步的共同的目标而努力，已无所谓谁为谁效劳的问题，但在现实生活中，毕竟人们的才识、学问、身份、地位还是有区别的。上下级关系也是存在的，任何一个成功人士或是身为上司的人，如果能像刘备一样尊重贤才，为了事业发展而爱惜人才，不耻下问，则必会让自己的事业更上一层楼。人们常说："敬人者，人恒敬之；爱人者，人恒爱之"。一个成功的人，或是职位较高的人，必像像成熟的稻穗一般，勇于低下头，对自己的员工或是对待朋友谦虚以待，则必会让员工或朋友感到心情愉快，也因为感受到了这种尊敬，他们在工作中也会更忠诚、更努力。一个人格高尚，品行豁达的人，必会善于结交德才兼备的朋友，不仅能获得志同道合的友谊，也会让自己立身处世左右逢源、得道多助。唐朝房玄龄说："欲崇诸己，先下于人"。要是希望得到众人对自己尊重，首先要有甘心下风的风范。结交有才能的人，不论是比自己才能高的还是比自己才能低的，只要真心以待，谦虚宽容，就会得到良师益友相伴，在事业和生活中集思广益、事半功倍。如汉代刘安所言："两心不可以得一人，一心可得百人。"相反如果恃才傲物，拒人于千里之处，则必会给自己的生活和事业平添许多障碍。我们必须清醒地意识到虽然财富不是朋友，但朋友却是一个人难得的财富。

而且对待有贤德的人才，要有宽阔的胸襟、谦虚的态度，这才能真正结交良友，得到良才。有一段故事很值得一提，当年曾有人问诸葛亮："当今之世，英雄人物不只刘备一人，孙权也不错，为什么不跟随孙权呢？"诸葛亮回答说："孙权能够用我，但不能尽我之才，两者之间，我选择刘备，能让我尽情施展才华，才能够满足我个人的志愿。"所以要让贤者归心，除了选才用能，还要考虑用才能之士的态度，给有才之士以充分的信任和尊敬，以礼相待、谦恭有礼，才能网罗到真才实学为我所用。刘备渴求贤才三顾茅庐的谦逊态度是很值得后人学习的。

礼贤下士，贤者归心；

对待贤才，谦逊有礼；

知人善任，事半功倍。

（赵红卫）

5. 举案齐眉
——琴瑟和谐亦需有礼

《后汉书·梁鸿传》记载了东汉初年隐士梁鸿的一则故事。梁鸿博学多才，崇尚气节，由于他品德高尚，许多人想把女儿嫁给他，他却一一谢绝了。与梁鸿同县有一位孟氏女子叫孟光，长的又黑又丑，但品行端庄，年过三十也未出嫁，别人问她为什么挑来捡去的不嫁人，她说一定要遇到像梁鸿那样有贤德的人才嫁。梁鸿听说后，深感这就是自己一直寻觅的知心人，于是不以孟光貌丑为意，娶其为妻。婚后他们隐居于霸陵山中以耕织为业，闲来咏诗作赋，琴瑟和鸣。后来，梁鸿为避征召他入京的官吏，到了吴地。一家人住在大族皋伯通家宅的廊下小屋中，靠给人舂米过活。每次归家时，孟光都准备好食物，举案齐眉，请梁鸿进食。皋伯通见此情形，大为吃惊，认为能受到妻子如此敬重的人一定不平凡，于是把梁鸿一家迁入他的家宅中居住，并供给他们衣食。梁鸿也因此有了著书立说，展现自己才华的机会。

也许有很多人认为举案齐眉在夫妻之间太过造作，其实在当今社会，人们也确实没有必要再把吃饭的几案高举过眉头。但举案齐眉的故事对我们的启示意义在于告诉了天下夫妻一种相处的精神和生活态度。朝夕相处的夫妻，爱情在时光的流逝中渐变为亲情，初恋时彼此感觉神秘的光环也逐渐消退，双方的缺点暴露无遗，说话行事也不再拘禁，不再讲究方式。但矛盾却往往在这不讲"礼"的小事中产生。或许内心的一份真爱仍在，但表达爱的方式却因为"礼"的缺失让求近之心反成疏远之意，甚至在不断升级的矛盾中连曾经的真爱也被消磨殆尽了。诸如妻子可能会期待丈夫在事业上有更大的进步，丈夫可能会期待妻子更温柔体贴，但如果任何一方忽略了互尊互敬的礼貌，直接数落对方，则不免会出口伤人，会给对方留下难于弥合的精神创伤。《孟子》说："辞让之心，礼之端也。"人与人之间要保持和谐的关系，互相谦让是必不可少的，这也是大部分人在交往中能够做到的。但在如左右手般亲密的夫妻之间，却又往往忽略了"礼"存在的必要性。其实当妻子把饭菜端上餐桌，丈夫说一声谢谢，不知要让妻子心里增添多少甜蜜。当丈夫为支撑一个家而奔波劳碌之时，妻子说一句辛苦了，又不知让丈夫心里平添几多温馨。

夫妇之道是人伦的根本，夫妇是家庭的核心，而家庭又是组成社会的基本细胞，所以夫妻关系的和谐，对促进家庭的稳定、社会的祥和，具有重大的意义。中国传统礼仪向来注重夫妇之礼，《礼记·经解》云："婚姻之礼废，则夫妇之道苦，而淫辟之罪多矣。"即云有情男女自成婚大礼告成，直至白首偕老，夫妇之礼皆不可废。之所以如此重视夫妻之礼，也正是因为夫妇关系在社会和谐中承担着非常重要的责任。目前因为夫妻关系不和而导致离婚率居高不下，带来家庭教育缺失等一系列的社会问题。而在离婚的原因中，夫妻相处礼节的缺失应该是其中一个很重要的因素。

说起婚姻爱情，人们常常自觉或不自觉的提起或回忆起初恋时光，细究个中原因，往往是因为人们在相恋之初，彼此之间还有一段距离，说话做事都很注意分寸，彼此之间的美好印象就正在这分寸中产生了。几乎每个人的相恋之初或婚姻之始都曾经举案齐眉。然而结婚之后，日日共处一室，激情澎湃渐渐被平淡如水所代替，神仙伴侣渐渐变成人间的柴米夫妻，彼此亲密无间到无任何距离可言，说话做事也不再如初相识时一般讲究，当爱情渐渐演变成亲情之后，又有几人能够真正做到举案齐眉，相敬如宾呢。

日子在柴米油盐中累积着，重复着。磕磕绊绊在所难免，而如果夫妻双方能够将心比心，互爱互谅，互尊互敬，必会"执子之手，与子偕老"，成就一世相濡以沫的情缘。

> 琴瑟和谐，相敬如宾。
> 举案齐眉，互尊互爱。
> 互爱互谅，相濡以沫。

（赵红卫）

6. 邻里相处礼在先
——家庭礼仪

我国自古为礼仪大邦，我国民众自古具有"温、良、恭、俭、让"等优良品德。谦逊克让、以礼律己、以德待人。而邻里之间，每日低头不见，抬头见，是人们生活距离最近的人，对邻里相处来说礼仪是重要而不可或缺的。《礼记》云："礼之所兴，众之所治也；礼之所废，众之所乱也"。于国于民，礼仪都是不可随意放弃的。我们不妨先看一些邻里相处，失却礼节的故事。现代有个成语叫"疑邻偷斧"。说的是古时候，有个老头丢了斧子，就怀疑是邻家儿子偷去了，怎么看邻家儿子的言行举止都像个偷斧子的人，幸亏后来找到了斧子。才让邻家儿子摆脱了嫌疑，假若斧子没有找到，岂不冤枉好人？虽然这是个寓言，但在现实生活中"疑邻偷斧"的却有人在。因为相处的近，所以自家有了事情，就立刻疑心是邻居做了手脚，东家丢了东西，怀疑西家，西家损了财物，又疑心东家。其实，这些又往往是无凭无据的怀疑，并非邻居所为。邻里相处，疑神疑鬼对双方并无好处，只会徒增烦恼。邻里之间，应当互相尊重，彼此信任，以礼相待，这才是邻里和睦的前提。

战国时又有一个"以邻为壑"的故事，再次让我们看到了礼仪在邻里相处中的重要性。战国初魏国有水利专家叫白圭，非常出名，号称善于治水，但他治水的方法却是以邻为壑，把本国的洪水排到邻国去，这样本国的百姓是获利了，可是邻国的百姓却遭殃了。孟子当时曾反对白圭的这一做法，批评他说，古代先贤大禹治水，是四海为壑，不仅本国人民受益，而且四方邻国同样受益，而你把邻国当成蓄水池，实在是不道德的事。确实要想邻里和谐，以邻为壑的做法显然是做不到的。遗憾的是现在邻里之间仍不乏"以邻为壑"之人。如有的人为了自己家里干净卫生，把自家垃圾杂物堆放在楼道，自己家倒是干净了，可邻居们却不方便了。或者，有的人为了自家门前不积水，把道垫得很高，自己的目的是达到了，可一下雨，雨水都流进对门邻居家去了。这样失却礼仪，只顾自己便利，而不顾邻居利益，甚至是损人利己的行为，也不可能带来邻里和谐。毗邻而居，要的是相互的谦让和理解，所谓与人方便，自己方便。

每个家庭在日常生活中都会遇到大大小小的困难，这个时候，往往就能体现出俗话所说的"远亲不如近邻"的便利。邻里之间互相帮助，积极主动的帮忙而不是幸灾乐祸，会带给邻居无限温暖，邻里关系也会良性循环，越来越好。人们的生活习惯方式往往因人而异，这个时候，就更需要邻里之间的相互体谅了。如果楼上住着老人和年幼的孩子，住在周围的邻居就应该有礼有节，避免高朋满座，喧哗歌唱到深夜的状况。只有注重邻里相处的礼节，学会宽容、礼让，对邻居以礼相待，平易近人，才有可能换来邻里和谐。一个微笑，一声温暖的问候，一次真诚的道歉，甚或逢年过节，一次礼节性的拜望祝贺，都是促进邻里和谐的因素。我们正在提倡建设和谐社会，这其中邻里和谐可谓重中之重。

  邻里相处礼在先；

  远亲不如近邻；

  以邻为壑不如与邻为善。

（赵红卫）

7. 曾子避席
——礼仪重在实践

曾子是孔子的弟子之一，有一次他在孔子身边侍坐，孔子对他说："以前的圣贤之王有至德要道用来教导天下之人，由此百姓就能和睦相处，君臣之间也互相没有抱怨，你知道这些道理是什么吗？"曾子听了，知道孔子要教他经国济世之道，立刻从坐着的席子上站起来，走到席子外面，恭恭敬敬地回答道："我不够聪明，哪里能知道这么深奥的道理，愿听老师教诲。"古人都席地而坐，当曾子听到老师向他提问时，就避席而答，这是一种非常礼貌的行为，是为了表示他对老师的尊重，其中也包含着曾子对老师所问问题的参悟，圣贤所讲至德要道里必含尊礼重教之礼。

曾子避席是两千多年前的尊礼故事，此后一千多年，年方七八岁的陈祎（即后来的唐代名僧玄奘），有一次听父亲给他和兄弟们讲《孝经》，讲到曾子避席一事，父亲解释说按照礼仪，"师有问"，弟子应当"避席起答"。又问孩子们说"这就是曾子避席的故事。你们明白了吗?"几个哥哥都坐在座位上说明白了，只有陈祎站了起来，整理好衣襟，站到边上，毕恭毕敬的说："明白了。"不同的时光，同样的故事，向我们讲述了一个亘古不变的道理：学习礼仪重在实践。曾子、玄奘在听从师长教诲的同时，立刻体悟到其中包含的道德礼仪，并在第一时间把它们用于实践，如果曾子、玄奘听的是尊师重礼的道理，却没有尊师重礼之行，就不能算是真正听懂了或是真正学会了师长所讲道理。真正的礼不是一种约束，而是发自内心的以诚恳、恭敬的态度对待他人与事物，在这一过程中，自然而然就会产生礼，正如曾子、玄奘用自己的实际行动展示了自己学礼的过程，而他们有礼貌的行为本身也正是一种礼，是后人学习效仿的榜样。

我们要建立一个和谐文明的社会，礼仪是不可或缺的，若不守礼，人人言行粗鲁，必会导致人际关系的破裂、社会秩序的混乱。而守礼又并非易事，唐代诗人白居易曾向一位高僧请教应该用什么态度来学习佛法？禅师只讲了一句话：诸恶莫做，众善奉行。听了这八个字以后，白居易笑了，他说："三岁小孩都知道。"禅师接下一句："八十老翁做不得。"三岁小孩都知道的道理，八十岁的人都不一定做得到。为什么，就是因为理论与实践并不是等同的，懂道理与把道理用之实践并不是一回事，日常生活中的尊老爱幼、遵纪守法、维护公德都是遵守礼仪的表现，都是我们从孩提时代起就开始从父母、老师那里学习的规范，可谓是人尽皆知的。诸如不乱扔果皮、纸屑；不随地吐痰、倒污水；看电视、听广播、放音乐，音量不要太大，时间要适宜；下楼梯脚步要轻，关门声要小等等，这些听起来耳熟能详的礼仪，在日常生活中我们又常常会见到失守的现象。所以对于德育，我们一直以来花费巨大的人力物力长期的做这项工作，就是因为"非知之难，行之惟难；非行之难，终之斯难"。懂得某个道理不难，而真正难得的是在实践中运用这个道理；也并不是说会运用某种理论就是最难得的，最难得的是能有恒心在这条路上一直走下去。

近代以来，由于种种复杂的原因，中华民族的一些传统礼仪受到了冲击甚至不当的批判，有些人甚至连起码的礼仪规范也难以遵守了，种种"文化自戕"，使我们在自我约束的态度、力度上经常显得苍白无力。当代社会，各种法律制度已经相当完备，但具体到日常生活和工作，在外在强制的法律制度与内在自觉的道德约束之间也尚有很大的空间，其中包含社会礼俗在内的成文与不成文的规范，这些礼仪规范往往需要通过加强自身约束力，才能得以实现。也只有人人把礼仪内化为自己自觉遵行的规范，实践于日常酬酢之间，传统文化道德的精髓才会被人们吸收利用，其当代德育价值才能得以正确的体现，德育工作也才能真正做好，国民的文明程度才能真正提高，社会健康、和谐、有序的发展才能顺利进行，中华民族的光辉形象也才会得以再塑。

非知之难，行之惟难。

非行之难，终之斯难。

学习礼仪，重在实践。

(赵红卫)

8. 子路背米
——尊老孝亲的典范

孔子的弟子中有一个叫子路的人，子路为人耿直又精通武艺，深得孔子器重。孔子曾评价子路说："片言可以折狱者，其由与？"正常的断狱必须两个以上的证人，但孔子认为子路的话笃实无欺，所以只要听子路的一面之词便可断狱了。但只有一件事，让孔子感到奇怪，就是每过一段时间子路就要请一次假返回家。孔子问他："子路，为什么你老回家？"子路谦恭地回答："学生的母亲爱吃郰邑的稻米，我要常常背这里的大米回家看望母亲！"原来，子路曾随村里的生意人到五十多里外的郰邑去做生意，在郰邑的集市上看到有小贩卖稻米。子路看见了，觉得很新鲜，就买了一口袋大米，从郰邑背回家。母亲吃到香糯可口的米饭竟赞不绝口，子路感到很高兴，出于孝心,他每隔一段时间,就要走五十多里路为母亲背回郰邑的大稻米,供给母亲吃。多年以后的一天,子路在与孔子周游列国的路上,看着前后的随从,不由得感叹道,现在我们这么多人,一出动就上百辆车马,有那么多粮食,想当年我家里穷,为了让父母吃到一点米,要步行一百多里路到城里去买,现在要是我的父母活着该有多好啊!孔子听后感叹道:子路不仅在父母生前孝顺,而且死后也以思念的方法孝敬父母,这才是真正的孝啊!

中国传统文化向来讲究"敬老孝亲",儒家文化的创始人——孔子是"敬老孝亲"的首倡者和实践者。孔子所创儒家学派的核心思想是"仁爱",而"仁爱"思想的根本就是"首孝悌"。要求"事父母,能竭其力。"(《论语·学而》)仁爱是一种博大而普遍的爱,不仅要爱父母、敬兄长,而且要把这种宗亲之爱扩大到全社会,要在整个社会范围内尊老爱幼。儒家思想的另一位奠基人孟子继承和发扬了孔子的孝悌思想,提出"老吾老以及人之老,幼吾幼以及人之幼"的思想,把孝悌扩大到一个更高的道德层次。我国目前属于发展中国家,人口众多,老人数量庞大,八十岁以上高龄老人将以平均每年百万以上的速度增长,当年,我国已进入老龄化社会,完全依靠政府和社会是不切实际的,所以我国目前的养老方式还是以家庭养老的方式为主。而且老人在需要物质赡养之外,更需要精神上的抚慰,而亲情也是政府和社会难以给予的,所以敬老不仅需要社会制度法规的规范,更需要我们每个人从自身做起,尊老敬老,尽自所能给予老人一个幸福的晚年。子路常对人讲:"树欲静,风不息;子欲养,亲不在。今始知椎牛祭墓,如鸡豚之奉于生前也。"谁言寸草心,报得三春晖。老人为家庭和社会奉献了一生,晚年理应得到社会的尊敬和子女的赡养,且敬老爱老的核心在于"尊重"。桓宽说"孝在于质实,不在于饰貌。"(《盐铁论·孝养》)孔子说:"今之孝者皆谓能养,至于犬马皆能有养,不敬何以别乎?"这句话启示我们孝顺的重点不在于有能力养父养母,而在于"敬"。即照顾父母长辈的心意不仅仅是要老人衣食无忧,还要以"尊重"、"尊敬"为出发点,维护老人的生命尊严、人格尊严,注重老年人情感、精神需求,让老人活得快乐、充实、安宁。

我国已进入全面建设小康社会、构建社会主义和谐社会的新时期。家庭是社会的细胞,家庭和谐是社会和谐的基础,家庭美德是社会公德的根基,是家庭和谐的重要伦理保证。因此，构建社会主义和谐社会，必须重视家庭美德建设，弘扬中华民族敬老爱老的传统美德，这不仅能促进小家的和谐，更是安国定邦之良策。

尊老爱幼，促进社会和谐；

孝父母，竭其力；

虽为寸草心，定报三春晖。

（赵红卫）

9. 要言不烦
——言谈中的礼仪

要言不烦这个成语出自《三国志·魏书·管辂传》。三国时代，有一个人叫管辂，他精通《周易》，名闻全国。正始九年（公元248年），吏部尚书何晏宴请管辂，想听他谈谈《周易》，同时邀请了尚书邓扬，以示重视。可是，管辂在开始的交谈中，却并不谈《周易》中的事。邓扬就问管辂："你一直以善谈《易》见称，而你今天在最初的言谈中却并不涉及《易》中辞义，这是什么缘故呢？"管辂回答说："夫善《易》者不论《易》也。"对这个回答，何晏彼为赞赏，称赞说："可谓要言不烦也"，今天大家常用要言不烦来指说话或写文章简明扼要，不繁琐。另有一个故事恰恰与管辂的要言不烦相反，明朝《礼部志稿》载，洪武九年（公元1376年），刑部主事茹太素上了一份陈时务书，长达一万七千字，朱元璋叫中书郎读给他听，读到六千三百多字，还未进入正题。朱元璋大怒，让人将茹太素打了一顿。事后，朱元璋说，茹太素要反映的事有五百个字就足够了，何须堆砌那么多辞藻，让人听了以后如坠五里云雾，实在难明其意。

先贤孔子是个哲学大师，也是个语言大师，《论语》中，他总是喜欢用简洁准确的语言，阐明深刻的道理，在教化后辈，传道授业方面取得了巨大的成功。孔子的语言如诗歌一样，简洁明快而又内蕴丰厚，许多人生格言至今仍被世人视为至理，诸如"岁寒，然后知松柏之后凋也。""三军可夺帅也，匹夫不可夺志也。""君子坦荡荡，小人常戚戚。"等等。孔子的语言审美风格再次证实了要言不烦的重要性。但今天，喜欢说长话，写长文章的人仍然不少，为什么会出现这种现象呢？也许原因很多，或是为了表现自己的水平，认为话说少了，文写短了分量轻，不长篇大论显不出自己的水平。或是害怕说不清楚，于是面面俱到，不分详略。但上述考虑的结果，往往是话越说越多，文越写越长，于是重复的话，无关紧要的话，空话套话就都出来了，其结果是，轻则耽误时间，重则祸国殃民。相反，如果能恰当的做到要言不烦，则会产生积极的效果，甚至会使原本可能很麻烦的事情，在瞬间得以顺利解决。

　　1940年12月17日，当时英国处于欧洲反法西斯侵略的最前线，由于黄金外汇已经枯竭，英国已无力按照"现购自运"的原则从美国得到军事装备，一些美国议员拒绝再给英国支援，当时的美国总统罗斯福为此特别举行了记者招待会，在记者的等待中，罗斯福终于到场了，他说："尊敬的女士、先生们！如果我的邻居失火了，而我拥有浇花的水管，我应该把水管马上借给邻居灭火，而不是讨价还价。因为我帮邻居灭火时，也避免了火势蔓延到我的家！"于是罗斯福一语定乾坤，他用极简洁而形象的语言，准确表达了美国不支持英国会产生的后果，有力地驳斥了反对者的观点，真可谓是要言不烦。

　　当然，文章、讲话长短，不一定非要时间短，篇幅小，其关键还是取决于内容和需要，当长则长，该短则短，而可长可短的，不妨还是简短些好。在交谈中语言准确简明是非常重要的礼仪，最好要点明确、言简意赅，给人干净利落的感觉。如果啰里啰嗦，废话连篇，则不免让对方感到无所适从，难以完成准确有效的沟通。同时交谈中也要注重把握时间，见好就收，适可而止。不然，就像茹太素那样因耽搁时间而挨板子，但白白浪费听众或读者的时间，也是一件损人不利己的事。如果能尽量做到要言不烦，于己于人，都是受益多多，那我们又何乐而不为呢。

　　　　　　提倡要言不烦，重视言谈礼仪；
　　　　　　忌空谈，尚实用；
　　　　　　言简意赅，回避繁琐。

（赵红卫）

10. 礼仪有容
——不学礼无以立

"礼仪"即包括"礼",即礼节,也包括"仪",即容貌、举止。它是外在的行为方式与内在精神涵养的结合。敬爱的周总理在南开读书的时候,在大立镜旁又糊了一面"纸镜",上面写着:"面必净,发必理,衣必整,钮必结,头宜正,肩宜平,胸宜宽,背宜直,气象勿傲勿怠,颜色宜和宜静宜庄。"他通过语言、举止、服饰、态度和作风,把良好的文化修养、渊博的学识、精深独到的思辨能力等等形成高雅风度的内在因素,自然地转化成了外在的仪容,尽显了一位伟人巨大的人格魅力。

仪表是个人修养的表征,而行为则是内在素质的外在体现,内在的涵养必须通过外在的礼节才能呈现。个人的仪容,小则会影响自身,大则会影响民族、甚至国家的声誉。中华自古称"礼仪之邦",两千多年前,孔子即把"礼"视为做人的根本,曰:"博学于文,约之以礼","不学礼,无以立"。《中庸》亦有"礼仪三百,威仪三千"之说。而其中的"礼容"一目,是礼仪修养不可或缺的一个方面。无论婚嫁、丧祭、射飨、觐聘,行礼者都有相应的礼容与之相应,《礼记》云"颜色称其情,戚容称其服",即人的体态、声音、容色无不与所行之礼相称。孔子是十分看重礼容的,《论语》中记:"孔子于乡党,恂恂如也,似不能言者。"恂恂,严肃恭谨的样子;"其在宗庙朝廷,便便言,唯谨尔。"谨,谨慎小心的样子;"朝,与下大夫言,侃侃如也。"侃侃,说话理直气壮,不慌不忙的样子。"出,降一等,逞颜色,怡怡如也。";怡怡,喜悦欢乐的样子。"没阶,趋,翼如也。"翼如,恭敬小心的样子;"有盛馔,必变色而作。"在不同的礼仪场合,孔子或恭谨、或愉悦、或变色,无不随着不同的礼仪和不同的场合而转换。礼节与礼容互为表里,不可分割。

行礼在于表达内心的情感,如果仅有仪节而没有礼容,则礼仪也无从体现,甚至不能称为真正的礼仪。元朝有个文人叫胡石塘,很有才华,名声也很大。但平时不拘小节，元世祖听闻他的才学，聘他入京。上朝的时候，他没有察觉自己的斗笠戴歪了。皇上问他："你平时所学的是哪些学问？"胡石塘回答说："全是治国平天下的道理"。元世祖笑道："自家一笠尚不端正，又能平天下耶？"随即把胡石塘逐出宫门。这个故事再次让我们看到了外在仪容的重要性。胡石塘虽有满腹经纶，但却因礼容的欠缺而失去了发挥自己才华的机会。在现实生活中这种因礼容缺失而影响自己前途命运的事件可谓比比皆是。而因礼容得体做到事半功倍的范例同样也是举不胜举，周总理对礼容的重视和实践，正是成就其完美品格的重要因素。

传统礼节中有许多礼容仍完美的体现着一个人的品格修养。如鞠躬、拱手、起立等，无论居家还是出行，独处还是聚会，礼容均是不可或缺的礼仪环节，体现着一个人的内在涵养。

　　礼仪有容；

　　不学礼，无以立；

　　礼仪三百，威仪三千。

（赵红卫）

11. 孔子师项橐
——道之所存，师之所存

春秋时期，孔子和他的学生们周游列国，宣传他们的政治主张。一天，孔子师徒来到鲁国，一个孩子正在路当中玩，挡住了他们的去路，孔子问，小孩子不该在路上玩，而且你看到我们的车来，为什么不躲开呢？小孩指着地上说："老人家，你看这是什么？"，孔子一看，原来是用碎石瓦片摆的一座小城。小孩又说："您说，应该是城给车让路呢？还是车给城让路呢？"孔子一时被问住了，竟无言以对。孔子觉得这孩子很懂礼貌，就问："你叫什么名字，几岁啦？"孩子说："我叫项橐，七岁了。"孔子对跟随他的学生们说："项橐七岁而知礼，可以做我的老师了。"经过孔子的褒奖，项橐后来名扬九州，被后人尊为圣公，南宋大儒王应麟编写的《三字经》说："昔仲尼,师项橐,古圣贤,尚勤学。"盖出于此。

孔子不仅师项橐,而且"师郯子、苌弘、师襄、老聃"等等。《论语》中有一段记载,说一次卫国公孙朝问子贡,孔子的学问是从哪里学的?子贡回答说,古代圣人讲的道,就留在人们中间,人人身上都有古代圣人之道。所以孔子向一切可以学习的人学习,并无常师,无常师就是没有固定的老师。孔子自己也在《论语》中提到了他的择师标准,他说:"三人行,必有我师焉。择其善者而从之,其不善者而改之",这几乎是一句家喻户晓的话,意思是说三人同行,其中必定有我们的老师,我们可以选择他好的地方向他学习,如果看到他有不好的一面就对照自己加以改正。从师不必管年龄大小,不必分身份贵贱,只要有值的我们学习的地方,我们就可以尊之为师。正如唐代文学家韩愈所言"无贵无贱,无长无少,道之所存,师之所存也。"我们从师的目的是学知识,学道理。道理存在的地方,就是老师存在的地方。完全没有必要一定从师于比自己长者,比自己尊者,所谓"弟子不必不如师,师不必贤于弟子。"在现实生活中,"三人行,必有我师"的虚心好学精神,并不是一件能够轻松做到的事情。人们常犯的通病,往往是常看到自己的长处,而常看到别人的短处。看到身边的同学、同事、朋友与自己年龄相当,职位相当,学问相当,就或羞于师之,或不屑于师之,白白放过了很多学习的机会。而圣贤如孔子却能做到不耻下问,师无常师。实在是平凡如我辈学习的榜样。

人非生而知之者,谁也无法做到全知全能,尤其是当今社会信息庞杂,学科分类多如牛毛,细如发丝。几乎可以学一个人穷尽一生也难个"万事通",所以不断学习就变成必然的事情。向身边的人学习正好可以迅速方便的充实我们自己的知识漏洞。孔子就向来重视相互学习,取长补短,他教育学生要"敏而好学,不耻下问",反对不懂装懂,他告诫他的学生要"知之为知之,不知为不知,是知也"(《为政》)。要"毋意(不凭主观臆测)、毋必(不武断)、毋固(不固执己见)、毋我(不唯我正确)"(《子罕》)。所以,在今天对我们仍有着深刻的启示意义。如果我们总是囿于一己之见,耻于下问,则无疑是放弃许多自我提高的机会。孔子的学生曾子也曾睿智的提出:"以能问于不能,以多问于寡。"所谓"不能",所谓"寡",表面上看上去,好像不如我们自己,但"闻道有先后,术业有专攻。"总有一些方面是我们可以学习的,退一步说,即使没有,那么我们还可以择其不善者而改之,从反面提醒我们自己不出恶言、不为恶行。总之,不论何人,只要他身上又值的我们学习和借鉴的地方,我们不妨虚心一点,诚恳一点,尊之为师而师从之,圣人尚能如此,我们又有什么理由不如此呢?取人之长,补己之短,丰富知识,提升德行,何乐而不为呢?

> 道之所存,师之所存;
> 取人之长,补己之短;
> 虚心学习,不耻下问。

(赵红卫)

12. 千里送鹅毛
——礼轻情义重

"千里送鹅毛"的故事发生在唐朝。当时,云南一位少数民族的首领为表示对唐王朝的拥戴,派特使缅伯高向太宗贡献天鹅。但在运送途中,不慎让天鹅飞走了,缅伯高忙伸手去捉的时候,只扯得几根鹅毛。虽然没有了天鹅,但缅伯高没有放弃,仍然不远万里,长途跋涉到了长安并献上礼物。唐太宗见是一个精致的绸缎小包,便令人打开,一看是几根鹅毛和一首小诗。诗曰:"天鹅贡唐朝,山高路途遥。沔阳河失宝,倒地哭号啕。上复圣天子,可饶缅伯高。礼轻情意重,千里送鹅毛。"唐太宗看了诗,又听了事情原委,连声说:"难能可贵!难能可贵!千里送鹅毛,礼轻情意重啊!"这一片鹅毛建立在深厚的感情基础上,礼虽轻,承载的也是重如泰山的友情。这个故事体现着送礼之人诚信的可贵美德。今天,人们常用"千里送鹅毛"来比喻送出的礼物虽单薄,但情意却异常浓厚。后来民间在礼尚往来中,也效法唐太宗宽厚待人的明智之举。不管礼物的多少和贵贱,常借"千里送鹅毛,礼轻情意重"这句话,来表达送礼者和收礼者之间真挚的情意。

我国是"礼仪之邦",向来重视"礼尚往来",西汉戴圣《礼记·曲礼上》言"礼尚往来,往而不来,非礼也;来而不往,亦非礼也。"人们在日常交往中礼尚往来是不可或缺的礼仪。传说春秋时期,孔子在家收徒讲学,名闻天下,常被请到鲁定公的宫中讲学,鲁国季府的总管阳货也非常希望能和孔子交谈,但因政见不和,孔子借故不见他,有一次阳货去拜访孔子给他留下了一只烤乳猪,因为他知道孔子是最讲礼仪的,孔子如果真遵循礼尚往来的礼节回访阳货。或许一只烤乳猪对睿智的孔子来说并不算什么,但因他代表了阳货渴求与圣贤交往的情义,所以虽礼轻,但却意重,他的意愿也得到了孔子的尊重而得以实现。目前,和人们的物质生活的迅速提高有关,很多时候,人们送礼的含金量越来越高,人情债常常让人们不堪重负,难以招架,长此以往,礼尚往来,也许就会失去它原本增加交情的意义,而变成阻碍友情发展的负担。要走出礼尚往来的误区,不再使人情债成为困扰人们对友情渴求,礼轻情意重的观念是非常值得提倡的。

逢年过节,走亲访友,送礼物是人之常情。但是,送礼也要适量,最好不要超出自己的经济承受能力,也无须和别人攀比。因为深厚的友谊绝不是靠送重礼来维持的,礼轻情义重,有真挚的情意做基础,礼物虽轻,却能让朋友高兴,自己也舒心,由此,友谊也会更牢靠,而如果一味送重礼,也许会让友人感到无所适从,说不定会弄巧成拙破坏了情意的温馨和纯洁。很多情况下,真心与物质的多少贵贱是不成比例的。2008年5月12日的汶川震灾,激起了中华民族的空前的团结,人们有钱出钱,有力出力,可以说只要不把自己置身事外,无论捐献金钱的多寡,无论出力的大小,只要尽了一份心,那就是对受灾同胞的一份真挚的情意,哪怕是一句关切的问候,都是值得我们肯定和赞美的,因为"千里送鹅毛,礼轻情义重"。有难同当,有乐共享,才是友情的真谛,礼物是承载情意的载体,而不是维系友情的纽带,只要有一颗珍视友情的真心,哪怕礼物轻如鸿毛,也会承担友情的千钧重量。

千里送鹅毛,礼轻情义重;
礼尚往来,传递友情;
珍视友谊,善待朋友。

(赵红卫)

13. 张良圯桥进履
——宽容大度，待人以礼

　　张良是西汉高祖刘邦的军师，跟随刘邦前，张良曾闲居下邳。有一天他到下邳桥上散步，碰到一个老人，老人故意把他的鞋子掉到桥下。然后冲着张良说："孩子！下桥去给我把鞋子拾上来！"张良听了一愣，虽有点不情愿，但一看他是位老人，就强忍怒气，到桥下把鞋拾了上来。但老人又命令说："把鞋子给我穿上！"张良一想，既然已经把鞋子拾上来了，不如就给他穿上吧，于是就跪在地上给老人穿鞋。老人让张良穿好鞋后，对张良说："你这个孩子值得培养"。后来送给张良一本书，对他说："认真研读这本书，就可以成为帝王之师了！"张良一看，原来是《太公兵法》（辅佐周武王伐纣的姜太公的兵书）！后来张良归附于刘邦。根据这本《太公兵法》，张良经常向刘邦献计献策，成了刘邦运筹帷幄，决胜千里的军师。刘邦称帝后，封他为留侯。张良之所以有如此大的成就，与当初他对待老人的宽容态度密切相关，因为张良的大度，使老人感觉他品行端正，是个可塑之才，于是把一部的珍贵的《太公兵法》传授给了他，给他日后辅佐刘邦平定天下奠定了基础。而如果张良当时不是宽容而是任性而为，苛责老人。则事情的结果可想而知又会是另一番景象，说不定张良就会因此而失去成才的机会。

　　豁达大度、宽大容人历来是先辈们高尚的道德风范。"君子忍人所不能忍，容人所不能容，处人所不能处。"，就是古人倡导的宽容之道。秦始皇曾因在众多宾客中发现了一个奸细，而想要驱逐所有秦国人之外的宾客，他身边的谋臣李斯写《谏逐客书》劝止说"太山不让土壤，故能成其大；河海不择细流，故能就其深；王者不却众庶，故能明其德。"山之所以高峻是因为一石一土的积累，而海之所以深广，正是因为它能纳百川的气魄。而所为一个国家的君主，只有大度容人，才能成就国富民强的大业。法国作家雨果说"世界上最宽阔的东西是海洋，比海洋更宽阔的是天空，比天空更宽阔的是人的胸怀。"只有拥有一颗宽容博大的心，才能用客观而冷静的目光看待世事，才能不计个人得失，才能增强一个集体的凝聚力，才能让家庭、单位、社会变得和谐稳定。北宋重臣韩琦，是一代忠臣，很有名望。有一次他的亲戚献给他一只玉盏，说是农人从坟墓中得到的，是价值连城的绝世珍宝，为此他答谢了亲戚一百两金子，平时格外珍爱这只玉盏。在一次宴会上他特别设置了一张桌，在上面铺盖锦缎，把玉盏放在桌子上，准备为嘉宾敬酒。不想一个差役不小心碰倒了桌子，把玉盏全摔碎了，在座的来宾无不惊愕，做错事的差役也惊慌不已。但韩琦却不动神色的说："东西总有破的时候。"又对打破玉盏的差役说："你是因为不小心才打破玉盏的，又不是故意的，这有什么罪呢？"正是因为韩琦的宽厚仁慈，才打动了后人，成为流芳百世的佳话。

表面看上去，张良、韩琦等人的大度宽厚，好像是一种退让软弱，但这种宽容与软弱有着本质的区别，它不是不讲原则的一味容忍，而是一种更高层次的自信，大度容人，就是既有做人的原则，又有"海纳百川，有容乃大"的胸襟。容人之心如黏合剂一般，能让人获得友谊，赢得民心，能使家庭更和睦，社会更和谐。

    海纳百川，有容乃大；
    忍人所不能忍，容人所不能容；
    心胸宽广，大度容人。

（赵红卫）

14. 陈蕃悬榻待友
——修身有礼，结交良友

《后汉书·徐穉传》记载，徐穉学问渊博，见识深远，时称为"南州（即江南）高士"。豫章太守陈蕃，平时不常待宾客，但他非常敬佩徐穉的才学，喜欢与他畅谈，至深夜不止。为此专备一副床榻，供徐穉留宿用，他一走，便将床榻悬吊起来。后人常用悬榻来比喻礼待贤士，结交良友。

现代社会，社会分工日益精确，人们如果想获得成功，靠单枪匹马几乎是不可能的。每个人在人生道路上都离不开朋友。而俗话说"物以类聚，人以群分"，交什么样的朋友是一件很重要的事情，一个人选择什么样的朋友，甚至直接反映了他的性格和品行。孔子对交朋友曾经有过非常精彩的论述，他认为可以作为好朋友有三种人即益者三友，友直、友谅、友多闻。这三类朋友可以在不同的方面提升我们的修养，促进我们事业的进步。友直，就是正直的朋友，这种朋友往往为人坦荡、刚正不阿、处事果断、勇往直前。他们会在我们胆怯和犹豫时给我们勇气和力量。友谅，谅，信的意思，友谅就是诚实的朋友。这类朋友诚实可靠，值得我们信赖，给我们安全踏实的感觉，同时也督促我们净化和升华自己的心灵。友多闻，即见多识广的朋友，拥有这种的朋友，我们可以从他那儿学到许多知识，给我们的学习、工作、生活提供有益的借鉴。孔子也提到了三种对我们不利的朋友。即损者三友，这三友分别叫友便辟、友善柔、友便佞，他们能带给我们的孔子有两个字概括即"损矣"。友便辟，是指专门喜欢谄媚逢迎，溜须拍马的人，这类朋友不管我们是做对了还是做错了，他都会毫不犹豫地说"好极了"、"不错"。和真正诚实的朋友相反，长此以往，在这种朋友的熏染下，我们就会失去了对自己的正确判断而变得盲目自大，忘乎所以。因为这类朋友的甜言蜜语总会让人感到舒服愉快，而忘记了对是非原则的坚持。又一种叫友善柔，也就是我们俗话所说的"两面派"，人前和颜悦色、恭维奉承，人后又会传播谣言，恶意诽谤。许多人交上这类朋友，就难免会被伤害，动摇了自己追求友谊的信心。孔子所说的第三类损友叫友便佞。便佞就是言过其实，夸夸其谈，也就是俗话中的"光会耍嘴皮子"的人。表面上看这类朋友和多闻广见的朋友好像差不多，但最大的区别在于，这类朋友虽巧舌如簧，但实际上并非真才实学，是腹内空空，除了一张好嘴什么也没有的人。虽然我们现在须要善于表现自己，善于做交际的人才，但如果只说不做，还不如多做少说。

  孔子向我们介绍了益者三友和损者三友。而选择什么样的人做朋友，就不是别人能规定的事，而是需要我们自己去选择了。要想得到对自己人生进步有益处的朋友，并不单单是寻找友真、友谅、友多闻的人，它还需要我们自己提高修养，善待有可能成为我们益友的人，保持一颗仁爱之心，辨别是非，谦恭有礼，诸葛亮说要"亲贤臣，远小人"。我们不妨说亲益友，而远损友，如果我们自己不注重自身的品格修养，不分是非的交朋友，益友也就会渐渐地离我们而去。陈蕃身为太守，坚持原则，谢绝了为了谋求个人利益而登门的人，而是谦逊真诚的接纳了徐穉为自己的好友，有这样一位品行高洁而又博学好友，也正证明了陈蕃自己的修养和品味。孔子说人的一生"少之时，血气未定，戒之在色。"，中年时"血气方刚，戒之在斗"，老年时"血气既衰，戒之在得"，可见不论人生的那个阶段我们都需要朋友，有了益友，就会让我们变的沉静、智慧、心境平和、与人为善，而不慎结交了损友，则会让我们为此而付出沉重的代价。所以提高自己的修养，多交益友，无疑会开启我们更多彩的人生。

　　选择益友，远离损友；

　　提高自身修养，结交良师益友；

　　结交良友，终生受益。

（赵红卫）

15. 蔡邕倒履迎友
——礼出于友情

　　《三国志·魏书·王粲传》记载了这样一则故事，王粲徙居长安，当时任左中郎将的蔡邕非常欣赏他的才华，当时蔡邕已经是名闻天下，显声于朝廷，家里时常是宾客盈座。有一天，蔡邕正在休息，听家人说好友王粲来访，急急忙忙穿上鞋子去迎接，慌忙中把鞋子都穿反了。等王粲到了，众人一看，原来是一个又矮双瘦，身材单薄的年轻人，大家都为蔡邕如此敬重一个貌不惊人的晚辈感到吃惊。而蔡邕却介绍说："这是王公子，有奇才，我都比不上他，我们家的文章书籍，都应当给他才合适。"蔡邕惜才爱才的故事，就是后来人们常说的"倒履相迎"的典故。蔡邕不论贫富贵贱，对朋友平等相待、有礼有节，为朋友之间友好相处提供了一个好的范例。

　　懂礼节，是中华民族的传统美德，我们身居礼仪之邦，大多数人能做到知书达理、待人以礼，任何社会的交际活动都离不开礼貌与礼节，可以说礼节是人际交往的前提，是交际生活的钥匙。但是我们常常能在与陌生人的交往中做到彬彬有礼，而在经常亲密无间，无话不谈的朋友之间，却有时忽略的礼的重要性。朋友之间，往往在才学、相貌、家庭背景、工作环境等方面存在差异，如果在某些方面处于优势的一方，言谈举止中不注意礼节，与朋友在一起无所顾忌，毫无节制的表现自己的优越感，有一种居高临下之势，这种炫耀则可能会使友人感到自尊心受伤害，说不定会由此而产生敬而远之的想法。所以朋友相处，态度谦逊、虚怀若谷、平等待人是十分必要的。东晋时二品官王文度与三品官范文期是同僚，王文度年轻职位高，范文期年长却职位低。两人走路时总是互相谦让，请对方走在前面。有一天，王文度无意地走在了范文期的前面，连忙谦逊地说："簸之扬之，糠秕在前"，意思是说：你看我走在前面就像簸扬时谷皮冲在前面一样，真正有内涵的还是在后面的米粒，用米粒来褒扬走在后面的范文期。范文期也当即回应道："淘米汰之，沙砾在后……"意思是说：不好意思，我走在后面就像淘米时被淘洗出来的沙砾。你走在前面正如米粒，比沙砾尊贵多了。我们在日常生活中虽不必像王文度、范文期一样如此拘礼，连走路都一定要分出个前后左右来，但二人的谦虚礼让精神还是很值得我们学习的。

礼仪本身就是一种特殊的语言，它体现在我们的生活中的一言一行之中，往往在细微之处就可窥见一个人的礼仪修养和精神面貌。蔡邕倒履迎友的故事千年以后仍为人所津津乐道，就是人们从他慌忙迎接朋友，生怕怠慢了朋友而穿倒鞋的小细节中，体会到了他对朋友的真诚，当时王粲无官无衔，一文不名，而蔡邕身居庙堂，身份显赫，但他却能做到对王粲平等以待，尊敬有加。朋友之间，知识水平等各个方面肯定会有高低不同，但寸有所长，尺有所短，如孔子所言，三人行必有我师，所谓天外有天，人外有人，所以无论一个人的地位有多么显赫，有多么高的学识，都应该怀着一颗谦逊的心去善待身边的朋友。其实也只有把自己放在与人平等的地位上，时刻关注对方的存在，照顾到对方的情绪和心理承受能力，即不过于拘谨，也不过于散漫，做到有礼有节，才能赢得朋友永远的友谊，而一份真诚的友谊，会为我们的人生平添许多蓬勃的生机。

  待友之道，有礼有节；

  维护朋友自尊，获得朋友尊敬；

平等待人，谦逊有礼。

（赵红卫）

16. 杨时程门立雪
——尊师守礼

　　程门立雪讲的是宋代学者杨时和游酢向程颐拜师求救的故事。程颐和他的哥哥程颢是宋代著名的儒学家，杨时和游酢向二程求学非常恭敬。二人曾以程颢为师，程颢去世后，他们都已四十多岁，而且已经是进士了，然而还是继续去找程颐求学。程门立雪的故事就发生在他们初次到嵩阳书院，登门拜见程颐的那天。相传，杨时、游酢去嵩阳书院拜见程颐，正遇上老先生在休息。杨游二人怕打扰先生休息，就恭恭敬敬地立在门外，等候先生睡醒。那时正值冬天，外面正巧下起了雪，等程颐醒来发觉的时候，门外积雪已经有一尺多深了。而杨时和游酢仍然还有一丝疲倦和不耐烦的神情。杨游二人虚心求学、尊师守礼的故事深深打动了世人，程门立雪的故事也被后人传为尊师守礼的佳话。

　　尊师守礼历来是中华民族传统美德的重要规范。伟大的思想家、教育家孔子把教育与政治视为同等重要的事情，主张实行礼义教化。其后学荀子也认为"国将兴，必贵师而重傅"。唐代大文学家韩愈说："举世不师，故道益离。"意思是说只有尊敬老师，整个社会才能按照正确的方向顺利发展。宋代大文豪苏轼也说："斯文有传，学者有师。"认为文化的发展与人才的培养，都离不开教师。明代政治家海瑞认为"师道立则善人多"，如果全社会形成了尊师重教的风气，那么具有良好行为的人就会越来越多。清代思想家谭嗣同也说"为学莫重于尊师"，学习最重要的就是要尊重老师。古往今来的尊师守礼已成为了中华民族的优秀传统，代代相传、沿袭至今。特别是新中国成立后，国家决定从1985年起每年的9月10日为教师节，经全国人大常委会通过的《中华人民共和国教师法》，也于1994年1月1日起正式实施。所有这些制度和措施都为在全社会树立起尊师守礼风尚起到了重要而隐定的保障作用。

程门立雪的故事和许许多多的尊师故事一样生动形象地展现了莘莘学子虔诚拜师、尊师守礼的行为。他们虽博学多才，但乃虚心好学、尊敬师长，这其实不仅表现了他们重视自身学业的进步，更表现了他们对品德和意志修养的重视。尊师需要外在的礼节，比如见到老师要问好，听老师讲课要起立致意，听老师讲话要态度认真等等，这些尊师礼仪听起来好像很琐屑，但具体到每个人身上，却未必都能做得好。"老师早！"、"老师好！"、"老师再见！"等简单的问候语，表达了对师长的尊敬和礼节，这种礼仪表面看起来是个形式，但它体现了学生内心对老师的敬重和学生自己的德行修养。如果没有对知识的强烈渴求，没有对老师发自内心的敬重，没有对自己言行举止的严格要求，杨时和游酢也就做不到立雪一尺而纹丝不动。同时，这种礼仪也是一种对老师的鼓励和激发，它会让老师感到身上的责任和义务，激发起老师的使命感和责任感，会让老师更乐意更舒心的把平生所学毫无保留的教授给自己的学生。程门立雪故事中的师长程颐见杨时与游酢如此谦恭有礼，深为感动，立刻把二人请进室内，以下的故事我们就都知道了。

当今社会，各类知识的发展可谓日新月异，而教师的职责正在于传道、授业、解惑，"国之将兴，必贵师而重傅。"尊师守礼是社会文明和进步的重要标志，尊师守礼的优良传统也正待我们更好的继承和发扬。

尊敬师长，有礼有节；
尊师重道关乎国家兴亡；
师道立而善人多。

(赵红卫)

17. 周公制礼作乐
——治世有礼

中华民族向来是礼仪之邦，礼文化源远流长，是中国文化的标志和基础。中华文明礼仪甚至早于文字的产生，中国有五千年的文明史，就是因为中国拥有独一无二的，没有中断的礼文化，有文字记载以来，周公制礼作乐可以说是上古时期，古代文明达到鼎盛，臻于完美的一个重要标志。周公，姓姬，名旦，为周文王第四子。周公辅佐周武王伐纣灭殷，武王死后，又辅佐其子成王治理国家。史书载"周公制礼作乐"，是周公为了巩固周王朝的统治，在政治及文化方面制定一套完整的典章制度，它展示了一个完善的国家典制，国中的一切都井然有序，这套制度促成了周王朝的繁盛，后人称"周礼"或"周公之典"，对后世王朝统治者产生了深远的影响。《汉书·礼乐志》云："《六经》之道同归，而礼乐之用为急。"实际上，宋明以前，尤其是两汉时期，对于礼和礼学的研究一直是儒家学者关注的重点。孔子特别推崇周公所制定的一系列礼乐制度，认为国家"兴于诗，立于礼，成于乐"，老子亦言："夫礼者，忠信之薄而乱之首也"，后来《周礼》与《仪礼》、《礼记》合称"三礼"，成为古代礼乐文化的理论形态，对礼法和礼义作了最权威的记载和阐释，规定着历代的礼制规范。

中华民族的具体的礼仪规范是随着历史长河的前进而前进的，但其中又有着诸多亘古不变的东西存在，比如天人合一的理念，表现了对自然规律和人事的和谐与尊重。比如"民为贵"、"君为轻"的理念，更是优秀历代统治者所追求的以民为本的德化统治策略。比如"长幼有序"的伦理规范，更是体现在中华民族的变通百姓生活的点点滴滴。源远流长的礼文化积聚了中华民族的传统美德，是祖先留给我们后人的宝贵精神财富。无论是经国济世还是修身齐家，礼文化都起着不可替代的作用，礼是"天之经也，地之义也，民之行也。"（左丘明）。可以说礼为中国文化之纲领，而三代之古礼，又是礼文化系统的端绪。

当今社会提倡和谐文化，创建文明社会，礼文化更是不可或缺的。从大处说，"国尚礼则国昌"；从小处说"家尚礼则家大"；对个人说则是"身有礼则身修，心有礼则心泰"（清·颜元）。江泽民同志曾指出：我们在建设有中国特色社会主义、发展社会主义市场经济的过程中，要坚持不懈地加强社会主义法制建设，依法治国，同时要坚持不懈地加强社会主义道德建设，以德治国，强调了德与礼在社会主义建设中作为治国方针策略的重要性。而今一股学习古典文化经典的热潮早已兴起，《周礼》、《礼记》、《仪礼》等礼学经典广泛传播，全社会构筑文明的工程自上而下已经启动。所有这些都将是我们面对当今世界各国软实力激烈竞争的坚实的基础和后备力量。同时礼的培养也是提高个人内在修养和外在风范的必由之路,孔子说:"博学于文,约之以礼。"礼包涵了礼貌、谦让、恭敬等许多美好的品质。在日常生活中尊老爱幼、遵守法纪、维护公德无不是守礼的表现。表现于个人它是一种彬彬有礼、文雅高尚的风度。而若人人守礼,则建立和谐文明的社会自是指日可待。若不守礼,则必人心思动,甚至带来社会秩序的紊乱,如《礼记》所言"人有礼则安,无礼则危。"个人如此,社会也是如此。

礼仪虽常以制度的形式存在,但真正的礼又不是一种法律规范的约束,它是发自内心的精神需求。以诚恳、恭敬的态度对待他人与事物,礼就会自然而然的产生,不论是国与国之间的交往,还是个人的人际关系的处理,都是如此。有了"礼",我们可以修身、养性、持家、立业;有了"礼",我们可以凝聚人心、激励士气、醇化民风;有了"礼",我们还可以繁荣经济、发展政治、推进文明。学习祖国的传统文化,实践炎黄子孙之文明礼仪,我们会再塑中华民族的光辉形象!

  人有礼则安,无礼则危;
  国尚礼则国昌,家尚礼则家大;
  身有礼则身修,心有礼则心泰。

(赵红卫)

18. 将上堂,声必扬
——访人有礼

《弟子规》中这样一段话:"将入门,问谁存。将上堂,声必扬。人问谁,对以名。吾与我,不分明。"意思是说拜访朋友,入门前要先问拜访对象在不在,或进入客厅时,要提高声音打一声招呼:"有人在吗?"提示主人,有人来访,且不可稍无声息地忽然进入别人家里,如果正是主人不方便见客的时候,就很容易造成彼此的尴尬。如果有人问"是谁?"的时候,拜访者应当报出自己的名字,而不能只是回答"是我",使对方听不明白到底是谁。这段话教给了我们访人的一些重要礼仪。看似小事，却是一些不可轻忽的礼节。向来以善于教子闻名的孟母，在孟母三迁的故事之外，也留给了后人许多其他的教子之道。其中就包括"将上堂，声必扬"的访人礼节。有一次，孟子推门进入房中，看到妻子正在换衣服，当场大怒。因为儒家有很多伦理规范，尤其对女性的禁锢较多，妻子白天在家换衣服，在今天看来只要是在私人空间里，实在和礼数挂不上钩，但孟子却觉得妇道人家这样做是有违礼数的（因孟子思想有时代的局限性，我们也不必过于苛责先人），便要休妻。孟母知道后教育他说："将入门，问孰存。将上堂，声必扬。将入户，视必下。君子不察于礼而责礼与人，不亦远乎？"意思是说你进门的时候，没说一声"有人在家吗？我要进去了"来提醒妻子自己回家了，而且也没有遵循其他礼仪，诸如进入别人的房门，不可东张西望，应当把眼光朝下看。自己已经失于礼仪，反而要苛责他人，这不是与循礼相去更远吗？孟子这才明白，原来是自己失礼在先，也就放弃了休妻的想法。我们平时离家和家人说一句"我走了"，回家后和家人说一句"我回来了"。都在入门出门的生活细节里，让人看到了有礼有节的个人修养。

访人之礼，体现于访人过程的时时处处，诸如"步从容"，走路姿势要端正，从容不迫，而不要左摇右晃。"勿践阈，勿跛倚"，进门不要踩到门槛，站立时要避免身子歪曲斜倚，仪态不端。"缓揭帘，勿有声"进门的时候动作轻缓，开门关门，轻开轻关，而不要噼里啪啦的弄出很大的动静。"入虚室，如有人"，进到没人的屋子里，要像进到有人的屋子里一样；不要因为无人而放纵，尤其在别人家里，更不能东张西望，东摸西摸。"用人物，须明求"，在别人家做客要使用别人的物品，必须事前对人讲清楚，而不要乱拿乱用，以引起主人的不悦。这些访人过程中行为的要则，如果我们能即知即行，必会提高办事效率，增进友谊，促进和谐。诸如，如果我们去医院探视病人，因为医院是一个救治病人的特殊场所，病人多需要安静的养息环境，所以我们在去医院前，就最好弄清楚所探视的病人在什么病区，在那个病房，在几号病床等等，而避免到了医院，到处打听，扰乱医院的清静氛围。当然即是去探视病人，又与正常状况下访友不同，不妨准备一些能给病人带来愉悦心情的小礼品，把自己的祝福带给病人。可以说，访人礼仪看上去细琐繁复，而做到这些礼仪也并非难事，其根本，还在于拥有一颗真诚与友善之心，只有对他人有发自内心的尊敬和友爱，对自己有严于律己、宽以待人的要求，才能把这种修养时时处处体现于日常生活的细节之中。

　　　　将上堂，声必扬；

　　　　探亲访友，有礼有节；

　　　　礼仪体现于生活细节。

（赵红卫）

19. 瓜田不纳履，李下不整冠
——防患于未然

"瓜田不纳履，李下不整冠"，这句话出自《乐府诗集·君子行》，三国魏曹植所写，原诗如下："君子防未然，不处嫌疑间。瓜田不纳履，李下不整冠。"

意思是说，从人家瓜田边经过，即使鞋子脱落了，也不要弯腰去穿，否则人家会疑心你在偷瓜。同样，在人家李树下经过，即使帽子碰歪了，也不要举手去整理，否则人家会疑心你在偷李子，俗语所说"瓜田李下，各避嫌疑"，就是这个典故。人们也把难于解释的嫌疑，叫做"瓜李之嫌"。这实际也告诉了人们一个道理，即凡事都应防患于未然，把有可能发生的不好的事情或有可能产生的不好的思想，尽量遏制于萌芽状态，做到防微杜渐，有备无患。

"瓜田不纳履，李下不整冠"看上去好像有点过于小心了，但如俗语言："小心驶得万年船"。凡事多用心总是不错的，这也是先贤们早已经认识到的一个真理。《易经·既济》中说："君子以思患而豫防之。"唐代著名政治家陆贽也说："非止排难於变切，亦将防患於未然。"而今江泽民书记也曾说过："隐患险于明火，责任重于泰山"，由此，可见防患于未然的重要性。唐代诗人白居易有一首五言古诗《紫藤》非常形象的给我们阐释了防微杜渐、防患于未然的道理。全诗如下："藤花紫蒙茸，藤叶青扶疏。谁谓好颜色，而为害有余。下如蛇屈盘，上若绳萦纡。可怜中间树，束缚成枯株。柔蔓不自胜,袅袅挂空虚。岂知缠树木,千夫力不如。先柔后为害,有似谀佞徒。附著君权势,君迷不肯诛。……寄言邦与家,所慎在其初。毫末不早辨,滋蔓信难图。愿以藤为诫,铭之于座隅。"当枝叶婆娑的青青藤蔓顺势而上,缠绕上参天树木的时候,人们并不以为意,感觉到的是"柔蔓不自胜,袅袅挂空虚。"柔弱的藤蔓似乎对树木构不成任何威胁,但想不到的是它却有千夫力不如的力量,竟能把参天树木"束缚成枯株。"这就如我们生活中因为不慎初,不善于辨别是非正误,而导致恶劣的后果。小者影响个人前途命运,大者影响国家兴盛败亡。而因为不慎初,我们不仅意识不到隐患,甚至会迷惑于某种隐患因素带来的假象而不能自拔,所谓"附著君权势,君迷不肯诛。"所以白居易深深感慨,不论是国家还是个人,一定要谨记慎初,不然就会失之毫厘,谬以千里,贻害无穷。即使后来再认识到错误之所在,也如临渴掘井、江心补漏一般,怕是为时已晚了。

东汉和帝即位后,窦太后曾一度专权。任人唯亲,她的哥哥窦宪官居大将军,文武大员也多为窦姓,掌握着国家的军政大权。许多忠心皇室的大臣,都看出了其中的隐患,为汉室江山捏着一把汗。大臣丁鸿就是其中的一个。丁鸿有勇有谋,决心为国除掉这一祸根。几年后,天上发生日食,古人往往把天象的异变与国运的兴衰联系起来,丁鸿就借这个当时认为不祥的征兆,上书皇帝,指出窦家权势对于国家的危害,建议迅速改变这种现象。和帝本来也早有此打算,于是迅速撤了窦宪的官,收回了窦氏诸兄弟的军政大权。而丁鸿的奏章中也说,如果皇帝要整顿政治隐患,就应在事故开始萌芽时就注意防止,而不要等到局势难以把握时再出手,这样才可以消除隐患,使得国家能够长治久安。防患于未然,防微杜渐,对国家是如此,对集体、对个人又何尝不是如此呢。

防患于未然;

防微杜渐,有备无患。

(赵红卫)

20. 逢桥先下马，过渡莫争船
——行路礼当先

东汉光武帝时，将军冯异作战非常勇敢，屡立战功，但为人却谦和忍让。在路上与其他将军相遇时，他总是把车避在一边，让别人先过。每当行军休息时，诸将军坐在一起谈功论赏，冯异则常常躲开，自己坐在树下默然不语，军中人称之为"大树将军"。冯异将军的谦虚实为我们学习的典范，现实生活中，我们经常看到这样的情景：在十字路口，大家争着抢着拥挤着，结果造成了交通堵塞谁也无法通过，彼此耽搁了时间，影响了情绪。而如果能像冯异将军一样，彼此之间谦让一下，表面看起来好像会晚行一会，但实际上大家都会在这种谦让中迅速而顺利的通过。生活告诉我们，谦让不仅是一种美德，同时谦让者本人也会是最终的受益者。

李炳南教授《常礼举要》把让路的礼仪总结为"逢桥先下马，过渡莫争船。"行路礼仪和日常其他礼仪一样，都是对个人礼仪的一项基本要求，这也是为了保证社会和谐有序的公德要求。尤其当今社会，交通工具越来越便利的同时，交通拥挤的状况也越来越严峻，作为行路人，养成遵守交通规则的自觉意识，其中当然也包括遵守交通法规可能包含不到的交通礼仪规则，这即是对自己的安全负责，也是为他人的安全负责的行为。而违反交通法规，不遵循交通礼仪是对行人和自身安全构成威胁，也是造成交通拥挤的主要原因。而违规行为的发生，又往往并不是因为违规者不懂得交通规则，而是从内心深处缺乏谦让意识，争先抢先图一时之快，却往往因此而带来不可弥补的遗憾。

行路如此，生活中的点点滴滴无不如此。《尚书》云："满招损，谦受益"。自古以来谦虚、谦让就是我们中华民族的传统美德。反观今日，由于受到各种竞争意识的冲击，这种虚心、谦下为怀的人生态度在一些人的脑海里渐被淡忘，甚至有人会认为自谦过时了。而孔子早就教导我们说"奢则不孙，俭则固。与其不孙也，宁固。"意思是说，人一奢侈了就会变得不谦让，过分节俭了就会寒酸，但与其不谦让，不如宁可寒酸。如今我们正处于一个蒸蒸日上的新时代，不仅物质生活得到极大满足，精神上也变得自信满怀。但各种压力也在增加，功与利在很多人眼中变得重要起来，谦逊礼让与仁义温情有时在无意间就被利害争斗所取代了。能够做到如冯异将军一样对名与利淡薄视之，实属不易。《菜根谭》亦云："盖世功劳，当不得一个矜字"。一旦失去了谦逊的心态，再大的功劳，在傲慢自大中，也会顿失光泽。失去了谦虚的本心，成功也会远离了我们，再无由来临，就像杯中水已满，想再加之而不能的道理一样。所谓"日中则昃，月盈则食"。

谦逊带来的益处不胜枚举。无论是路途中，还是工作生活中，相互之间的摩擦、纠葛、恩怨总是在所难免，遇到这些事情，互相谦让一下，生活就会豁然开朗，问题就能得到顺利解决。古希腊神话里，有一则"仇恨袋"的故事。大力士赫格利斯所向披靡、无人能敌，有一天，他在狭窄的山路行走，突然被一只袋子绊了一下。赫格利斯生气地对袋子猛踢一脚，谁想那个袋子不但纹丝不动，还气鼓鼓地膨胀起来。恼怒的赫格利斯找来一根木棒，不停朝布袋砸去，结果袋子却越来越大，最后将整个山路堵得严严实实。过了一会儿，走过来一位智者，对精疲力竭的赫格利斯说"朋友，它叫'仇恨袋'。当初，如果你不理会它，或者干脆绕开它，它就不会和你过不去，也不至于把你的路堵死。"智者的话启示我们，任何时候，谦让一下，眼前就会变的豁然开朗。忍一时风平浪静，退一步海阔天空。愿克己尊人的谦行，能够留在我们心中，带来我们心境的安宁，社会的和谐。

  行路礼当先；

  逢桥先下马，过渡莫争船；

  满招损，谦受益。

（赵红卫）

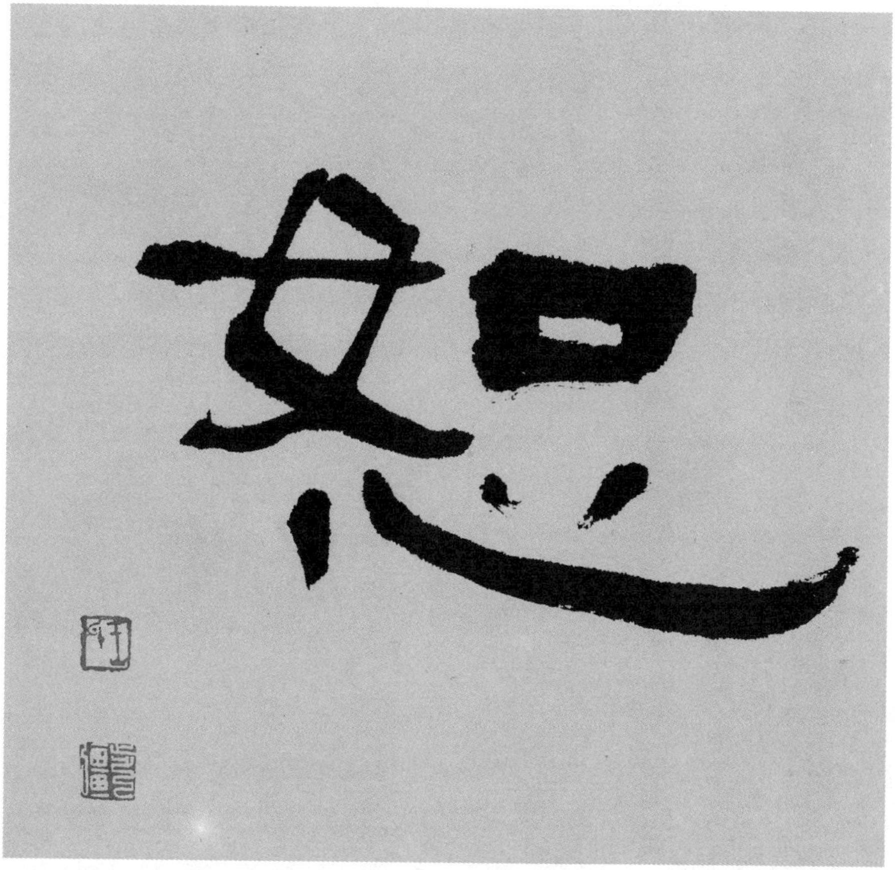

恕

题 解

恕，始见于《论语》，或单用，或与忠合称为忠恕。从字面看，如字下是一心字，如心为恕，意思是以己心为人心，将心比心。《论语》中释恕为"己所不欲，勿施于人"，就是你不想要的，也不要强加给他人；贾谊《新书》中说"以己量人谓之恕"；《声类》中亦言"以心度物曰恕"；后朱熹解释为"推己之谓恕"。可见，人们对恕的基本解释就是推己及人，将心比心，也就是以自身的感受去推知他人的感受，设身处地为他人着想，理解他人，善待他人。能如此做，就说明其心中能容下他人，能接受他人，自然这里面就包含有宽容之意。所以，后来人多将恕与宽相连。现代各类字典中对恕的解释是：推己及人、仁爱待物；宽宥、宽容、原谅。

行恕是为达仁。孔子认为，恕是行仁之方，循恕即可达仁。程颐也认为"恕则仁之施"，"恕者入仁之门"。所以，《说文解字》将恕解释为："恕，仁也。"《管子》中说："非其所欲，勿施于人，仁也。"孔子也曾用"己所不欲，勿施于人"来解释仁。恕还包含着自律的理念。当以己心推知他人、衡量他人时，同时也是对自己的反观，要求他人做到的，首先自己要做到。因而，恕的精神是"严于律己，宽以待人"。

自古以来人们都将恕视为美德。汉代董仲舒说："圣人之德，莫美于恕。"后人曾国藩也说："善莫大于恕。"今天，恕依然是人们能够和谐相处最基本的道德准则。由于人与人之间存在着个性、思维、行为等方面的差异，相处或交往中就难免产生矛盾，发生摩擦。如果人们总以自己的意志、利益为中心，不去考虑他人的利益或感受，那么，人与人之间的关系就会处于紧张状态。所以，孔子认为恕是人们可以"终身行之"的道德准则。

（乔 敏）

1. 己所不欲，勿施于人
——恕的诠释

《孟子》中记载了这样一件事：战国初，有个善于修筑堤防的水利专家叫白圭。一次，白圭在孟子面前夸耀自己说："我的治水本领已经超过大禹了。"孟子当场驳斥他说："你错了！大禹治水，是顺着水性疏导，所以拿四海当大水坑，让洪水流入了大海。现在你却把邻国当做排水的沟壑了，让水都流进了邻国。水倒流叫洚水，洚水就是洪水，凡是有仁爱之心的人都讨厌的。所以你错了！"

大禹治水，三过家门而不入，因为他心怀天下百姓。他历经千难万险，费尽周折把洪水引入大海，就是为了让天下苍生都免于洪水的灾害。白圭只看到本国的利益，为了不让本国人民遭受水灾，就把水堵到邻国去，让洪水危及邻国百姓。这种只图自己一方的利益，把自己不愿承受的灾祸转嫁到别人身上的做法，与儒家倡导的"己所不欲，勿施于人"的处事准则正相反，所以孟子毫不客气地予以批驳。

"己所不欲，勿施于人"，来自《论语》中孔子和弟子对话。子贡问老师："有没有这么一个字，需要一生遵循，可以终身受用，终身受益的呢？"孔子非常肯定地回答说："其恕乎！己所不欲，勿施于人。"（《卫灵公》）即自己所不想要的，也不要强加于他人。仲弓请教孔子如何实践仁，孔子答曰："出门如见大宾，使民如承大祭，己所不欲，勿施于人。"（《颜渊》）由此看出，孔子认为"己所不欲，勿施于人"就是"恕"，并且它是一个人应该终身奉行的道德准则，循此就能达到至高精神境界"仁"。

"己所不欲，勿施于人"蕴含着一个简单而深刻的道理：自己所不想要的，也不要强加于他人；自己所不想做的，也不要强让他人去做，就像我们不愿意被偷、被抢、被伤、被杀，因而我们也不能对他人做这样的事一样。其基本意思是推己及人，将心比心，以自身的感受去理解他人的感受，设身处地为他人着想。这一切的落脚点就是理解他人，善待他人。能站在他人立场上考虑问题，主观上肯替他人着想，心中能容下他人，能接受他人。自然这里面就包含有宽容之意。所以，后来人多将恕与宽相连。现代各类字典中对恕的解释是：推己及人、仁爱待物；宽宥、宽容、原谅。自古至今，这些都是人与人和谐相处的最基本原则。

今天，随着生活圈的日益扩大，人们之间的接触越来越多，交往越来越复杂，而彼此之间的理解与宽容却越来越少，经常为一点小事就产生矛盾，引发冲突，甚至酿成大祸。《大学》中说："所恶于上，毋以使下；所恶于下，毋以事上；所恶于前，毋以先后；所恶于后，毋以从前；所恶于右，毋以交于左；所恶于左，毋以交于右。此之谓絜矩之道。"意思是说，我憎恶上级以无礼待我，我会推知下级也有此心，所以不能无礼对待下级；我不愿下级对我不忠，我也不能以不忠去对待上级。对待前后左右的人，也莫不如此。这也就是孔子所说的"己所不欲，勿施于人"。如果，我们与人相处时能如此想如此做，我们周围肯定会出现和睦相处，其乐融融的景象。

然而，事情并非如此简单。一般人都不愿被批评，被指责，相反更喜欢听一些表扬、赞美之类的话。如果我们拿此心去推己及人，当孩子做错了事，该批评时没批评；朋友出现了过失，该规劝时没规劝；领导决策失误，该指出时没指出。甚至我们以己之恶去恕人之恶，就像明代吕坤所言："好色者恕人之淫，好货者恕人之贪，好饮者恕人之醉，好安逸者恕人之惰慢，未尝不以己度人，未尝不视人犹己。"（《呻吟语·人情》）这是恕的原意吗？这是"己所不欲，勿施于人"的真正含义吗？不是。我们肯定都听过这样一个故事：一个大盗被判死刑，行刑前他要求再喝母亲一口奶，结果他咬掉母亲的乳头。儿子埋怨母亲在他第一次偷东西时，不仅没有批评阻止他，还夸奖了他，才使他一步步陷入罪恶的深渊。现实中，朋友相互包庇、妻子纵容丈夫贪污受贿以至于锒铛入狱的事例不乏其人。恕并不是无原则的姑息，更不能恕恶。宋代理学大家朱熹曾说过："自有《六经》以来，不曾说不责人是恕。……合责则须责之，岂可只说我是恕便了。"（《朱子类语》）人不可能不做错事，做了错事就要改正。古人云："人非圣贤，孰能无过？过而能改，善莫大焉。"孔子亦言："过则勿惮改"，"过而不改是为过矣"。当我们有过失时，我们肯定希望能得到别人的谅解，希望能有改过的机会。而那些真心为你好，真心待你的人，也会指出你的缺点或失误处，并帮你改正，你也会乐意接受。我想，如果我们也能以此心对待那些犯错之人，恕就应是过与改之间那座善意的桥梁。孔子所说的"君子成人之美，不成人之恶"，应成为我们推己及人时所遵循的原则。

另外，"己所不欲，勿施于人"还包含着一个重要的理念，那就是自律。古籍《尸子》曾对恕做过一个概括："己所不欲毋加诸人，恶诸人则去诸己，己欲诸人则求诸己，此恕也。"意思是，自己不想做的，不要强加到别人身上；憎恨、不满别人的，自己则应先行改正；你希望、要求别人做到的，首先自己要做到。这其中所贯穿的精神就是"严于律己，宽以待人"。这是一种自我修养，也是与人和谐相处的最基本、最重要的道德准则。

  善莫大于恕。
  施诸己而不愿，
  亦勿施于人。
  唯俭可以助廉，
  唯恕可以成德。

（乔　敏）

2.《当我老了》
——用感恩之心体谅父母

2006年12月6日的《参考消息》上转载了这样一首诗，名字为《当我老了》。诗中，一位老人向子女轻声倾诉：

当我老了，不再是原来的我。请理解我，对我有一点耐心。

当我把菜汤洒到自己的衣服上时，当我忘记怎样系鞋带时，请想一想当初我是如何手把手地教你。

当我一遍又一遍地重复你早已听腻的话语，请耐心地听我说，不要打断我。你小的时候，我不得不重复那个讲过千百遍的故事，直到你进入梦乡。

当我需要你帮我洗澡时，请不要责备我。还记得小时候我千方百计哄你洗澡的情形吗？

当我对新科技和新事物不知所措时，请不要嘲笑我。想一想当初我怎样耐心地回答你的每一个"为什么"。

当我由于双腿疲劳而无法行走时，请伸出你年轻有力的手搀扶我。就像你小时候学习走路时，我扶你那样。

当我忽然忘记我们谈话的主题，请给我一些时间让我回想。其实对我来说，谈论什么并不重要，只要你能在一旁听我说，我就很满足。

当你看着老去的我，请不要悲伤。理解我，支持我，就像你刚开始学习如何生活时我对你那样。当初我引导你走上人生路，如今请陪伴我走完最后的路。给我你的爱和耐心，我会报以感激的微笑，这微笑中凝结着我对你无限的爱。

读过这首诗，我相信很多人心里会有种酸酸的感觉。从我们呱呱坠地嗷嗷待哺之时，到学会说话、走路，再到上学、工作以至成家立业，人生的哪一步没有父母的扶持与付出？十几年乃至几十年中，他们用爱心和耐心教会我们吃饭、走路、学习、做事，即使他们不能为我们做什么了，他们期待与鼓励的目光、他们关切的叮嘱、他们默默的祝福依然围绕着你我。他们像蜡烛一样不停地燃烧自己照亮孩子。孩子成人后，他们已近风烛残年，而正值青壮年的子女是否能体会到他们此时的心情呢？他们也不想将菜汤洒出，但抖动的手已拿不稳汤匙；他们已不能为子女遮挡风雨，但关爱之情却与日俱增；他们已追赶不上新科技，可交流却想继续；他们也不想麻烦子女，可病老的身躯常常无能为力。然而，当这一切遭遇到子女的不耐烦、子女的遗忘、子女的不理解时，老人的心该是如何滋味？诗中那轻轻的九个"请"字，其实是何等的沉重！父母的恩情与这几个小小的请求孰重孰轻？更何况很多父母甚至连这些请求都没有。孩子的幸福就是他们最大的幸福，孩子的快乐就是他们最大的快乐！面对着照顾我们无微不至的父母，面对着这几个

"请"字，我们是不是也该好好地反省一下自己呢？我们是否借口工作忙而少回家，是否已不耐烦于父母的唠叨，是否忽视了父母的年老体衰？有一天我们也会变老，父母现在的处境和心情，不就是将来我们的影子吗？我们对孩子的爱是无私的、无条件的，而父母对我们的爱不也是如此吗？我们有何理由不能对父母多一份理解、关爱和帮助呢？

"可怜天下父母心"，这是人们常说的一句话，已为父母之人对这句话的体会应该是最深的，因为他们在为子女付出着，他们在切身体会着。可是做儿女的是否对此也能有深刻的体会呢？恐怕不尽然。子女多在父母的呵护下安逸的生活，他们多的是向父母的索取，少的是对父母的体谅。于是父母常对子女说"等你们自己做了父母后就知道了"。可是等自己做了父母后，等自己为了孩子奔波操劳时，等自己感受到做父母的不易时，是否还记得当年父母曾对自己的付出呢？一位父亲对儿女说："我到你们家，不希望你们把我当父亲看，只要把我当儿子看就行了。"这虽是玩笑话，讲的却是实情。我们能否真的像爱孩子一样爱父母呢？我们能否将心比心，以自己做父母的感受去理解自己父母的感受，以自己爱孩子的心去爱我们的父母呢？然而，现实中却出现了父母不如宠物的现象。

2008年即将过去的时候，一位网友发表了一篇《怎么会让母亲有这样的想法……》的帖子。帖子中一位母亲对儿子无奈地哭诉："儿呀，娘好想做你家的一条狗。"因为，她的儿子对家里养的狗是百般疼爱，照顾得无微不至，而对自己多病的父母却弃之不管，甚至连个电话都不愿意打。帖子是否真实，且不论，现实中如此不孝的子孙却比比皆是。两千多年前，孔子认为只是能让父母吃上饭而缺乏敬意并不是孝，因为对犬马也能养活。可是今天却出现了父母不如宠物的现象，真是对人性莫大地讽刺。鸦尚有反哺之义，羊尚有跪乳之恩，人岂能不如禽兽！也许宠物带给了你欢乐而让你尽心照顾，而年迈的父母却只能带给你麻烦，成为你的累赘，所以竟弃而不顾。可他们病残的身躯，他们弯曲的腰椎又因何而来？一个不懂得感激父母、体谅父母的人是可耻的，一个不会爱父母的人是可悲的。或许，在你的言传身教下，多年后你的孩子也会如此对你，那时的你是否才会流下悔恨的眼泪？

古训云："百善孝为先。"孝是做人的起码准则。面对有养育之恩的父母，我们应该怀着感恩的心，去用心地体会他们对我们的爱，设身处地去理解他们、体谅他们，真心地去爱他们、照顾他们，只有这样才能真正做到孝。

孝是宽容，宽容父母的唠叨、鼻涕与口水；孝是体谅，体谅父母的迟缓、固执与保守；孝是理解，理解父母的孤独、忧虑与烦恼；孝是关心，关心父母的冷暖、心情与喜好；孝是报答，报答父母的养育、教导与辛劳；孝是快乐，快乐父母、自己与社会。

做人切记：

  父母恩情深似海，人生莫忘报亲恩。

  树欲静而风不息，子欲养而亲不在。

  以感恩之心体谅父母，以反哺之情孝敬父母。

（乔　敏）

3. 播种宽容
——用爱心去宽容孩子

英国著名解剖学家约翰·麦克劳德上小学的时候，有一天，他想看一看狗的内脏是怎样的，就和几个同学偷偷杀死了校长家的爱犬。这显然是一个在我们看来不可轻饶的错误。但值得庆幸的是，约翰·麦克劳德遇到的是一位开明的有着高超教育艺术的校长，校长对他的处罚就是要求他画一幅狗的骨骼图和一幅狗的血液循环图。正是这个高明的"惩罚"，使麦克劳德爱上了生物学，并最终走上了诺贝尔奖的领奖台。多年后，麦克劳德谈起他的校长仍十分感激，认为校长是对其一生影响最大的人，是他心目中最好的老师。这就是宽容的力量。假如当时校长一气之下采用了粗暴的惩罚手段，麦克劳德的兴趣火花可能就此熄灭，这位未来的科学家极有可能会因此"夭折"。然而这位理智、宽容的校长看到的是孩子的兴趣和求知欲，他更愿意用一只死去的狗鼓励孩子们完成他们的探索。

著名教育家苏霍姆林斯基说："有时宽容引起的道德震动比惩罚更强烈。"

宽容是什么？宽容是宽大有气量，不计较、不追究，是包容。深层次上，宽容应是爱，是尊重，是理解。教孩子，首先要爱孩子。孔子倡导"仁者爱人"，孟子提出"幼吾幼，以及人之幼"，陶渊明说"善待之，亦人子也"，就是要人们有一颗仁爱之心。奉行"爱满天下"的陶行知先生认为："爱是一种伟大的力量，没有爱就没有教育。""真教育是心心相印的活动，唯独从心里发出来的才能打动到心的深处。"陶先生经常以其博大的爱心和宽容的胸怀对待孩子们。他当校长的时候，有一天看到一位男生用砖头砸同学，便将其制止并叫他到校长办公室去。当陶行知回到办公室时，男孩已经等在那里了。这时，陶先生出乎意料地掏出一颗糖给这位同学："这是奖励你的，因为你比我先到办公室。"接着他又掏出一颗糖说："这也是给你的，我不让你打同学，你立即住手了，说明你尊重我。"男孩迟疑地接过第二颗糖，陶先生又紧接着说："据我了解，你打同学是因为他欺负女生，说明你很有正义感，我再奖励你一颗糖。"此时男孩感动得哭了，说："校长，我错了，同学再不对，我也不能采取这种方式。"陶先生于是又掏出一颗糖："你已认错了，我再奖励你一块。我的糖发完了，我们的谈话也结束了。"

　　男孩原以为要受到陶先生严厉地批评，但他没听到一句批评的话，听到的只是四句表扬的话，接受的是四块奖励的糖。因为陶先生爱孩子，尊重孩子，理解孩子。他不想用简单的批评伤及孩子的自尊，引起孩子的反感；他想通过肯定与鼓励，让孩子自己意识到什么是对的，什么是错的，什么该做，什么不该做；他想让孩子感受到理解与重视，因此产生自我价值感，而至自重自爱。孔子在谈到治理人民时说："道之以政，齐之以刑，民免而无耻；道之以德，齐之以礼，有耻且格。"（《论语·为政》）意思是，用政法、刑罚治理人民，只是让他们暂时地免于罪过，却没有廉耻心。如果用道德、礼教来教育，人民不但有廉耻心，还能人心归服。教育孩子也是这个道理。

　　人非圣贤，孰能无过？容人之过，本是情理之中的事，尤其是对孩子。孩子不可能不做错事，也许因为他们能力不济，也许是无意失误，当然也可能是故意捣乱。但是，"养不教，父之过；教不严，师之惰"的观念影响着很多父母和教师。他们认为只有严格管教孩子才是真正爱孩子，因而不断地督促孩子上进。他们不能容忍孩子的错误，孩子一旦做错事，他们就会严词训斥,甚至棍棒相加。很多教师也对"屡教不改"的孩子给予严厉惩罚。如此管教之下,多数孩子可能会"老实"、"乖巧"了,但是,孩子的自信心、兴趣心、开拓心都被罚掉了。而且,过严的教育有时会适得其反,令孩子厌烦而走向叛逆,出现厌学、逃学现象,甚至产生更严重的后果。

做错事是孩子的权利,应该允许他们出错。孩子正处在从不知到知的成长过程中,他们要在不断地探索、感知中学习,这就难免犯错。孩子出现错误时,要考虑到他们的年龄。我们不能以成人的标准去评价孩子的行为,千万不要认为孩子有能力在孩提时代就能像大人一样行事。想一想小时候的我们,因一次不经意的错误而遭到父母或老师的严厉批评时,在他们不容分辩的批评中,我们可曾感到委屈与无所适从呢?如此想时,我们就不会去苛求孩子,也就不会因为孩子无法达到我们的高要求而苦恼了。其实犯错误是人生经验积累的一个渠道,我们不正是从一次次的错误中总结经验教训,不断进步的吗?孩子也一样,正如他们的个头是一天一天长高的,他们的经验积累、避免错误也是一天一天进行着。当孩子做了错事时,他们需要的是正面地引导和鼓励,需要的是理解与体谅,需要的是一个宽松的成长环境。孩子就像一片肥沃的土地,播下良种,再经过用心地照看、经营,就能收获丰收;而播下莠子,得到的只能是杂草。我们如果在孩子身上播下了宽容、信任,培育出的将不仅仅是有知识的新人,更是富有人格力量的新人。这种新人不仅能够用宽容来回报宽容,更重要的是他们能够在宽容中形成自信的品质,而自信正是通向成功的桥梁。

当然,宽容也是有原则的,不是一味的姑息,就像爱有尺度,不能溺爱和纵容。曾子说:"君子之爱人也以德,细人之爱人也以姑息。"(《礼记·檀弓上》)

宽容是一种仁爱的光芒。

宽严相济才是真正的爱。

宽容就像天上的细雨滋润着大地。它赐福于宽容的人,也赐福于被宽容的人。

(乔 敏)

4. 世恩夜待
——无言的教育

《中华传统美德故事》中记述了这样一则故事：明朝时期有个叫陈世恩的人，他是万历年间的进士。他们一家兄弟三人，长兄孝顺廉洁，老二世恩谦逊有礼，平易近人，老三却游手好闲，无所事事，经常一早出去，深更半夜才回家。大哥对三弟一再教育，劝他改正，却令三弟很烦，依然我行我素。陈世恩就对大哥说，再这样下去可能会伤兄弟间的和气，让他试试。于是世恩每天夜里在门口等着三弟回家。三弟半夜回来后，世恩亲自锁好门，然后亲切地问弟弟冷不冷，饿不饿，关心有加，并不提弟弟晚归之事。如此数夜后，三弟终于反悔，再也不晚归了。

可以推想，当看到大哥的苦口相劝对弟弟不仅不起作用，反令其反感时，陈世恩可能会想到，弟弟已经长大，总对他这样说教，会伤及他的自尊心，让他感觉不到家人的温暖，因而更愿意到外面去。所以他没有去批评弟弟，只是通过夜夜等候让弟弟感受到哥哥的关爱和尊重，让弟弟在这真情关切的包容中体谅到哥哥的苦心，从而改正自己的错误。一位教育家说，教育其实很简单，一腔真爱，一份宽容，如此而已。陈世恩正是用其宽容的心和真诚的爱感化了弟弟，用自己的行动教育了弟弟。这是一种无言的教育。

生活中，人们难免会犯一些错误。当一个人犯错时，应允许他有改过的机会，给他一个台阶下，让他在一种关爱中认识并改正自己的错误。这是一种宽容，也是一种尊重。尽管批评是教育的一种方式，能让被批评者直接了解自己的错误，进而改正。但批评并不是好的教育方式，尤其是一些严厉的、不近人情的批评，常常会伤及人的自尊，特别是对年轻人和孩子的教育上，过于严厉的批评往往会适得其反。但是，现在很多父母和老师仍然把严厉的批评作为教育做错事孩子的主要手段，有时甚至会用侮辱性的语言挖苦讽刺孩子，无视孩子的自尊。在他们眼中，小孩子是没有自尊的。这完全是个错误的观念。孩子也是一个独立的个体，不仅有自尊，而且也有自己的想法，且正处于观念形成时期，此时的教育对孩子至关重要。俗话说，种瓜得瓜，种豆得豆。经常处于严厉批评下的孩子，其性格可能会扭曲，要么怯懦，要么乖戾叛逆；而在爱与鼓励、尊重中成长的孩子，他们身上将会具有更多的爱心与自信。所以，自古至今，教育都讲艺术，讲智慧。我国著名的教育家孔子，在两千多年前就主张"身教胜于言教"，并身体力行这一原则。孔子教育弟子，正人要先正己，"其身正，不令而行；其身不正，虽令不从"。他自己对学生没有任何隐瞒，没有一点不向学生公开的；他要求学生好学乐学，他自己就"好古敏学"；他要求学生见利思义，他自己就是"不义而富且贵，于我如浮云"的人。有一次，孔子说："我不想说话了。"子贡就问："假若您不说话，那我们传述什么呢？"孔子回答说："天说了什么？四季照样运行，百物照样生长。"孔子大概想告诉学生，无言的行动胜过百句说教。的确，在与孩子相处时，我们会感觉到，经常是看似不经意的一句鼓励、一个温柔的爱抚、一个饱含深情的注视、一句关切的话语、一个感人的故事等等，要比当面指错、大声呵斥，甚至挖苦、讽刺的教育效果好得多。父母和老师的举止、处事都会潜移默化地对孩子形成很大的影响。

相传古代有位禅师，一晚在禅院里散步，突然看见墙角有一把椅子，他一看便知有个出家人违反寺规越墙出去了。老禅师也不声张，走到墙边，移开椅子，就地而蹲。一会儿，果真有一小和尚翻墙过来，黑暗中踩着老和尚的背脊跳进了院子。当他双脚着地时，才发觉刚才踩的不是椅子，而是自己的师傅。小和尚顿时惊慌失措，张口结舌。但出乎小和尚意料的是，师傅没有厉声责备他，而是以平静地说："夜深天凉，快去多穿一件衣服吧。"

禅师不仅是宽恕了弟子，更以默默的关爱和自己的行动教育了弟子。这是一种"润物细无声"的教育，是一种心灵与心灵的碰撞。如果禅师严厉批评了小和尚，甚至采取了一些惩罚措施，如此，小和尚可能认识到自己的错误了，可在批评惩罚之后，也会如释重负，不会对自己的行为有更多的反省。但我相信，禅师的一句"夜深天凉，快去穿一件衣服"的话，将胜似无数句的批评，也一定会涤清小和尚的心灵并将照亮他今后的人生之路。人都是有血有肉有感情的，当犯错的人感觉到他人的理解与尊重，体验到真情时，他同样也会以真情相报。真情是开启人心灵的钥匙，唯有真情才能打动人的心。

身教胜于言教。

桃李不言，下自成蹊。

榜样的力量是无穷的。

(乔 敏)

5. 宽容对方的十条缺点
——婚姻幸福的秘诀

几年前，南京两起博士离婚案件曾引起了人们的关注，因为他们离婚的理由让人匪夷所思。一是学术观点分歧，一是挤牙膏方式不同。同为哲学博士的夫妻两人，因为对黑格尔"绝对理念"思想的理解出现分歧而争吵不休，谁也不肯让步，最后男方提出离婚，其理由是：我爱哲学胜过一切，我不能跟一个学术观点和自己不一样的人生活下去。另一名工科博士，每次挤牙膏习惯从中间挤，妻子希望他按正常方式从下往上挤，可博士总不能改掉这个习惯。每天早上刷牙时，两人都会为此争吵，最终婚姻走到了尽头。

生活中看似平常的小事情为什么竟引发婚姻危机呢？单就这两起离婚案件看，一个共同点在于他们都缺乏宽容心，不能相互体谅与包容。他们把自我看得很重，认为自己是正确的，希望把"异己"的对方改变为"同己"，希望对方包容自己。其实，这也是当前婚姻状况中存在的一个很普遍的问题。近几年，离婚率一直呈现持续走高之势，尤其是现在二、三十岁的年轻人，被称为80后的独生子女，已成为离婚高发人群。他们多以自我为中心，社会责任感和家庭责任感淡薄，缺乏宽容、理解的个性，经常为一些生活琐事发生争吵，一旦产生矛盾又不懂得自我调适和互相谅解，很容易草率离婚。

宽容是什么？《大英百科全书》解释为：允许别人有行动和判断的自由，对不同于他自己或被普遍接受的方针或观点持有耐心而不带偏见的容忍。法国思想家伏尔泰说："我不同意你说的话，但我誓死捍卫你说话的权利。"由于每个人的生活方式、思维方式、行为习惯、个性特点等不同，人与人之间存在着各种各样的差异，宽容就是要承认并容忍这些差异的存在。婚姻是两个个性不同的人走到一起，过同一种生活，不可避免会产生矛盾、发生争吵。其实争吵并不可怕，夫妻吵嘴是两人相处过程中很正常的事情，如果通过争吵能让事情弄个水落石出，化解误会，增进了解，还是件好事情呢。但是不容忍、不体谅却很可怕。"小不忍，则乱大谋"，就像这两起离婚案件，婚姻很容易就走向了破裂。

如何维持幸福美满的婚姻呢？两千多年前孔子说的一些话，用到今天的婚姻家庭中来，也十分很贴切，可以给我们很多启示。孔子说："无求备于一人！"（《论语·微子》）就是不要对一个人求全责备。的确，金无足赤，人无完人，每个人都有自己的缺点和不足之处。希望对方做好并不是一件坏事情，但是要有分寸，不能事事责求。改或不改，都应该尊重对方。婚姻中最忌拿对方的缺点、不足与别人的优点比，这是最具伤害性的挑剔方式之一。将心比心，你愿意对方将你和别的人比吗？孔子教育人们"己所不欲，勿施于人"，自己不想做的，就不要强加到对方身上。所以两人相处，要多看对方的优点、长处，多给对方些赞扬与鼓励。在你的认可中，对方会充满自信与力量，自然会努力进取。除此之外，还要检点自己，反省自己的不足。孔子说："躬自厚而薄责于人，则远怨矣。"（《论语·卫灵公》）如果我们多责备自己，对自己要求严些，少责备对方，对对方多些理解、宽容，自然就不再抱怨了。婚姻中的抱怨就如一把双刃剑，既伤害自己，也伤害对方。

"执子之手，与子偕老"，千百年来一直是人们对美满婚姻不懈的追求与理解。一位老奶奶在她五十周年金婚纪念日那天，向来宾道出了她保持婚姻幸福的秘诀。她说："从我结婚那天起，我就准备列出丈夫的十条缺点，为了我们婚姻的幸福，我向自己承诺，每当他犯了这十条错误中的任何一条时，我都愿意原谅他。"有人急迫地问老人："那十条缺点到底是什么呢？"她回答说："老实告诉你们吧，五十年来，我始终没有把这十条缺点具体列出来。每当我丈夫做错了事，让我气得直跳脚的时候，我马上提醒自己：算他运气好，他犯的是我可以原谅的那十条错误当中的一个。"

"婚姻如水，宽容是杯"，此言极是。用宽容盛起的婚姻才会平稳、幸福，因为宽容可以营造温馨、和谐的家庭氛围，并能让婚姻永保活力。如果能像这位老奶奶一样,有着宽容的心和忍让的品性,你就会发现,幸福其实就在自己身边。

小不忍,则乱大谋。

十年修得同船渡,百年修得共枕眠。

一桩完美的婚姻,存在于瞎眼妻子和耳聋丈夫之间。

(乔 敏)

6. 仁义胡同
——邻里和睦相处之道

明朝年间,山东济阳人董笃行在京城做官。一天,他接到家信,说家里因盖房砌墙与邻居发生争执,希望他能借权望出面解决此事。董笃行看后遂作诗一首寄回:"千里捎书只为墙,不禁使我笑断肠;你仁我义结近邻,让出两尺又何妨。"家人读过此诗后深感有理,建房时便让出了几尺。邻居见董家如此,也主动让出了一些地方。结果两家房子盖成后,中间形成了一条胡同,被人们称为"仁义胡同"。

董笃行的"你仁我义结近邻",可谓一语中的,道出了邻里和睦相处之道。"仁义"二字,一直为孔子及其后世儒家所崇尚、所践履,它是维持人与人之间和乐关系的关键。讲仁义,就是与人相处时要心存善意,为对方着想,不伤害对方,不做损人利己之事。讲仁义就要做到"己所不欲,勿施于人"。换位思考一下,你不想做的,为什么要他人去做?你想要的,为什么不考虑对方也想要?如果能推己及人,以自身的感受去理解对方的感受,设身处地为对方着想,心中只多这一个"恕"字,自然会化解很多矛盾。董笃行的家人和邻居,开始一心只考虑自己的利益,想把自家的地方扩大些,无视对方的利益,结果你争我抢,互不相让,邻居几近仇人。但当董家首先做出让步后,邻居受其感染,"你敬我一尺,我还你一丈",事情遂圆满解决。

邻居,是重要的人际关系和社会关系之一,邻里和睦,是整个社会文明祥和的基础。孔子非常重视邻里关系，认为"里仁为美，择不处仁，焉得知？"大意是住的地方要有仁德才好，如果不选择有仁德之风的地方居住，怎能算是明智呢。从中可以看出，孔子认为邻里之间应该仁厚和谐。要保持邻居的和谐关系，就离不开孔子所倡导的恕道。生活中矛盾无处不在，无时不在。左邻右舍，朝夕相处，难免磕磕碰碰出现摩擦，一些看似很小的事情，譬如两家小孩子打架、邻居养宠物、楼上往下滴水等等，如果处理不当，就会产生邻里矛盾。有矛盾并不可怕，关键是要有个正确的态度，如果双方都寸步不让，"你不仁我亦不义"，较起劲来，谁都不肯先低头，谁都想成为"胜者"，结果导致怒目相向甚至大动干戈。一位检察院的工作人员说，她在办案中多次遇到因为一点小事就大动干戈、邻里互殴引发的刑事案件。本一些鸡毛蒜皮的小事，却因互不相让而酿成大错，经常是"胜者"入狱，"败者"伤痕累累，悔之亦晚矣。常言道：远亲不如近邻。既然是亲密的近邻，遇事为什么就不能心平气和的商量着解决呢？如果能为对方多考虑一些，各自作出一点让步，本着"大事化小，小事化了"的原则，事情就会得到很好的解决。

  让步，要先从自己做起。"德不孤，必有邻"，要想有好邻居，自己首先要做个好邻居。据《南史》记载，南北朝时有个叫吕僧珍的人，为人正直，品德高尚，很受人们的尊敬和爱戴，人们都愿意和他接近。有一个名叫宋季雅的官员，仰慕吕僧珍的名声，特地买下吕宅旁的一幢房子，与吕为邻。一天吕僧珍问宋季雅："你花多少钱买这幢房子？"宋回答说："一千一百金。"吕听了大吃一惊："怎么这么贵？"宋季雅笑着说："我用一百金买房屋，用一千金买个好邻居。"这就是后来人们常说的"百金买屋，千金买邻"的典故。好邻居难能可贵，人人都希望有个好邻居，但也应想到，你自己也是他人的邻居。当你希望对方如何好时，你该扪心自问，自己是否已做到。俗话说，两好换一好。如果你能用体谅、包容之心，真诚地关心邻居，设身处地为他们着想，他们又怎能不以此相待呢？茫茫人海，能住到一栋楼宇中、一个屋檐下，已是缘分；而且，说得现实点，邻居们抬头不见低头见，关系搞好了，既能营造一个和谐的小环境，又能在需要时得到援手，不亦乐乎？现在很多地方设立了"邻居节"，就是为了拉近邻里关系，加强邻里之间的沟通。有了沟通才能相互理解、相互信任，才能有和谐的邻里关系。

　　从自身做起，从现在做起，多一分理解，多一分宽容，多一分体谅，多一分关心，多一分真诚，善待邻里、善待我们周边的人，让我们都能做个好邻居。正所谓：

　　　　远亲不如近邻。

　　　　好邻居，胜金宝。

　　　　退一步，海阔天空；让一步，柳暗花明。

（乔　敏）

7. 管鲍之交
——友情的至高境界

　　《史记·管晏列传》中记载了春秋时期管仲与鲍叔牙流芳千古的友情故事。管仲年轻时有个经常来往的朋友叫鲍叔牙，鲍叔牙很了解管仲的贤德才能。当时管仲家里很贫困，常常占鲍叔牙的便宜，但是鲍叔牙并不介意，始终对管仲很好。后来，鲍叔牙作了齐国公子小白的家臣，管仲作了公子纠的家臣。在公子小白和纠争夺王位中，管仲想置公子小白于死地，曾射了小白一箭。等小白登位成为齐桓公后，公子纠被杀，管仲成为囚徒。齐桓公本想杀死管仲，但鲍叔牙极力推荐管仲做宰相，自己则甘居其下辅助他。重用下的管仲成就了齐桓公"九合诸侯，一匡天下"的霸业。鲍叔牙死后，管仲在他朋友墓前大哭不已，感叹道："我当初不得志的时候，曾经与鲍叔合伙做生意，赚了钱后我自己拿走大部分，鲍叔不认为我贪财，因为他知道我贫困。我曾经替鲍叔办事，结果使他处境更难了，鲍叔不认为我愚蠢，他知道时运有利有不利的时候。我曾经几次做官，结果都被国君辞退，鲍叔不认为我没有才能，他知道我没有遇到时机。我曾经几次作战，每次都躲在后面。鲍叔不认为我胆怯，他知道我家里有老母亲。公子纠失败了，召忽为公子死了，我却忍辱活着，鲍叔不认为我不懂得羞耻，他知道我不以小节为羞，而以功名没有显露于天下为耻。生我的是父母，真正了解我的是鲍叔啊!"

　　管仲的这番话道出了管鲍之交的真谛所在,那就是朋友间的理解与包容。鲍叔牙总是站在朋友的立场上,处处为朋友着想,不计较管仲给自己带来的麻烦,不妒忌管仲的才能,真心地帮助管仲成就事业,并甘愿身居其下,这是何等深厚的胸怀和气度!即使今天看来,管仲也非为一般朋友所能容忍,只其一,即钱财之争就足以让很多朋友反目成仇了,更何况还甘居朋友之下呢。战国时期的庞涓不就因嫉恨同窗义兄孙膑的才能,怕他超过自己,遂屡屡在魏惠王面前使坏,致使孙膑遭到黥刑和膑刑,最终两人各侍其主而成为你死我活的敌人,庞涓也落得个兵败身亡的下场。管仲是幸运的,因为他得到了鲍叔牙这一知己。正是在鲍叔牙的理解、包容、帮助与举荐下,管仲的雄才大略才得以展现。可以说,齐国的强大离不开管仲的谋略,而管仲的辉煌事业却是由鲍叔牙成就。

　　朋友相处,包容的心态非常重要,包容是赢得朋友的保证。古人云:"金无足赤,人无完人。"每个人除了其闪光的一面外,都会有这样那样、或多或少的缺点。"水至清则无鱼,人至察则无徒。"(《大戴礼记·子张问入官》)朋友有缺点,会犯错,自己也有缺点,也会犯错。当一个人出现了过错、失误或被人误解时,总喜欢到好友那里去倾诉或发泄,希望得到朋友的理解、同情、安慰。这时的朋友就是一个善解人意的好听众,会和你一起难过、一起愤怒、一起担忧,在你平复之后,朋友会和你一起分析、一起解决。这就是朋友。真正的朋友间不需要掩饰缺点,因为只有了解了真实的你,朋友才会理解你、接纳你,才能包容你。包容朋友的过失,是对朋友改过自新的最大鼓励,是为了让朋友更好地改过,当然不是放纵。孔子在《论语》中曾有"朋友切切偲偲"一语,意思是朋友间要互相批评,互相责善。而批评、责善的前提就是要承认朋友有缺点并接受这个事实,然后给朋友改过的机会,帮助朋友认清错误并加以改正,"过则无惮改","过而不改,是谓过矣"。如果,一个人不能容忍朋友的过错,对朋友的过错一味指责,一概排斥,我想,这个人最终会成为孤家寡人。

　　古人言:"取人之直,恕其憨。取人之朴,恕其愚。取人之介,恕其隘。取人之敬,恕其疏。取人之辩,恕其肆。取人之信,恕其拘。""遇刚鲠人须耐他戾气,遇俊逸人须耐他妄气,遇朴厚人须耐他滞气,遇佻达人须耐他浮气。"·(《格言联璧·接物类》) 这些话讲得非常有道理。与朋友相处，只取其长，勿计其短，鲍叔牙不正是这样做的吗？

包容是一种智慧，一种气度。佛经有言："一念境转。"面对他人的过错，耿耿于怀、睚眦必报带来的只会是心灵的负累，真正的智者会选择一份包容，一份泰然。2007年元月11日，凤凰卫视总裁刘长乐拜访了佛光山开创者星云大师，寻求众多人生问题的开示。后二人关于人生哲理与处世原则的对话结集为《包容的智慧》一书。在日益纷繁复杂的社会氛围中，为了克服人性的弱点，解决心理的迷惑，保持心灵的宁静，星云大师在书中给世人开出了一剂医治心病的"心药方"：好心肠一条，慈悲意一片，道理三分，敬人十分，道德一块，信行要紧，老实一个，中直十成，豁达全用，方便不拘多少。此十味药，用包容锅炒，用宽心炉炖，不要焦，不要躁，去火性三分（脾气不要大），于整体盆中研碎（同心协力），三思为本，鼓励做药丸，每日进三服，不限时，用关爱汤服下。如果能配出上述药方，则百病可除。这一切是想告诉世人，我们一生所渴望的善待、愉悦、从容、和睦、宁静等，其实都只源于"包容"二字。

胸怀包容存知己。

唯有善解，才有包容。

心胸有多大，事业有多大；包容有多少，拥有就有多少。

（乔　敏）

8. 宰相肚里能撑船
——领导的素养

据汉刘向《说苑·复恩》记载，春秋霸主楚庄王一次设宴招待群臣，天色已晚而酒意正浓时，一阵风将烛火吹灭。黑暗中，有人斗胆拉住了一妃嫔的衣裙。拉扯中妃嫔将此人的帽缨拽掉了，然后告诉了楚王，要求点灯找出那个没有帽缨的无礼之人。楚庄王却认为，赏赐群臣喝酒，让他们酒后失礼，怎么能为了显示妇人的贞洁而使臣子受辱呢？于是命令大家说："今日和我共饮，不拉断帽缨就不算尽欢。"当一百多个臣子都拉断了自己的帽缨后，楚王才命令掌灯。宴会终于尽欢而散。过了两年，晋楚交战。有个臣子经常冲锋在前，五次交锋，五次斩获对方首级，最终打退敌军取得了胜利。楚庄王奇怪地问他为何奋不顾身，他回答说："我就是那夜饮酒时被拽掉帽缨的人啊。"

调戏君王的宠妃，无疑是对君王的羞辱，当属大逆不道的行为，怕是在劫难逃的。然而，楚庄王很明智，也很大度，他认为不能因酒后失态的小事就惩罚他的臣子，让君臣关系失和。试想一下，如果楚庄王当时勃然大怒，立刻将那越轨者揪出斩首或重罚，在场的其他臣子肯定会不寒而栗，认为楚庄王是"不爱江山爱美人"的暴君，难免人人自危。这在"良禽择木而栖，贤臣择主而事"的春秋时期，会因此让国内的谋臣良将"易主"而去，也可能将影响到国家的发展乃至存亡。楚庄王的做法不仅保住了自己的面子，还笼络了那位越轨者的感情，以至产生了"滴水之恩，当涌泉相报"的效应。楚庄王此举着实高明，因为他懂得宽阔的胸怀、恢宏的度量对一个领导者是多么的重要。俗话说："量小失众友，度大集群朋。"没有容人之量，便不能用人之才。一个英明的领导者要有兼收并蓄的宽广胸怀，能容人之错，谅人之短。以宽宏之心待人，可以赢取别人的信任和帮助，方能聚集人才成就事业。谁愿意与凡事斤斤计较，妒贤嫉能、心胸狭窄的人共同寻求发展呢？孔子就反对领导者"居上不宽"（《论语·八佾》），认为"宽则得众"（《论语·阳货》），只有宽厚才能得到大众的拥护。"宰相肚里能撑船"就是领导度量的最高体现。

通情达理能让人宽宏大量。"人非圣贤，孰能无过？"只有通人之常情者才能容他人之过。这基于人与人之间的关爱，基于"己所不欲，勿施于人"的"恕道"。

东汉基业的开创者光武帝刘秀和东汉王朝的终结者曹操，尽管他们出身不同，获得权力的手段各异，但他们都是深通人性的大度量领导者，他们也因此而建功立业。有意思的是，他们在争夺天下的征战过程中竟有过相同的举动：烧掉缴获的自家官兵私通敌方的信件。刘秀在与王郎争夺河北时，王郎军兵势凶猛，刘秀所部屡战屡败，形势一度十分危急。刘秀的部将中有不少人悲观失望，暗中给王郎写信献殷勤，企图留条后路。后来刘秀在援兵的帮助下稳住阵脚，并开始反攻，最终攻占其都城邯郸，捕杀了王郎。在邯郸城里，刘秀发现了上千封私通王郎的书信。刘秀对这些信连看也不看，当着各路将领的面将信付之一炬，并说："让那些以前做错事的人从此安心吧。"刘秀不计前嫌的度量令那些原来反对他的人既感激又佩服，反而愿意为他效力了。曹操烧信事件发生在官渡之战结束后。当时，曹操以七万人马大败拥有七十万大军的袁绍于官渡，清理战场时，曹操在袁绍的军帐中发现了一束自己手下一些人暗通袁绍的书信。曹操的亲信建议按信查对姓名，将通敌者揪出来杀掉。曹操却说："当时袁绍强大，连我自己尚不能自保，何况别人呢？"遂下令把这些书信全部烧掉，表示既往不咎。刘、曹二人可谓是智者，因为他们知道，在那敌强我弱、形势危急、看不到希望的特殊情况下，趋强弃弱的本性让部下做出不忠之事，是可以理解的。刘、曹二人正是以己心推人心，通情达理地宽恕了那些不忠的人。他们的一把火，烧毁的不仅仅是通敌信件，更是他们与手下将士们之间的嫌隙。此"宰相肚里能撑船"的度量，为他们赢得了人心，亦赢得了政权。

今天的领导者同样也应具备"宰相肚里能撑船"的度量，这是做领导一个最起码的素养。领导者对下属有没有宽容心，在一定程度上决定着单位的凝聚力，也决定一个领导者能否得到下属的支持和协助。当今时代，崇尚个性的自由与发展，领导要是气量小了，便不能容纳各种风格、各种能力的人为一个整体，便不能使部下八仙过海，各显神通。因此会使自己的世界变得狭窄起来，同时还会失去一部分人的支持。故作为领导者一定要心胸开阔，能接受别人的缺点，能容纳各种人，并善于求同存异，这样才能成就宏大的事业。

海纳百川，有容乃大。

成大事者必有远大的志向和超人的度量。

世界上最宽阔的是海洋，比海洋更宽阔的是天空，比天空更宽阔的是人的胸怀。

（乔　敏）

9. 以责人之心责己,以恕己之心恕人
——宽恕的真谛

《圣经》中有这样一则故事:耶稣传道期间,一群法赛利人将一个行淫时被拿的妓女带到耶稣面前,对耶稣说:"夫子,这妇人是正在行淫之时被拿的,摩西在律法上吩咐我们,把这样的妇人用石头打死。你说该把她怎么样?"耶稣说:"你们中间谁没有罪的,谁就可以先拿石头砸她!"法赛利人听罢纷纷离去,只剩那个女人站在那里。耶稣对她说:"我不定你的罪,去吧,从此以后不要犯罪了。"

"你们中间谁没有罪的,谁就可以先拿石头砸她!"一句机智又发人深省的回答。反观我们自己,谁不曾有错?但,我们经常是看到别人的过错而很少看到或无视自己的过错,我们很容易宽恕自己却很难宽恕别人。为什么会这样呢?因为我们首先会相信自己,相信自己是正确的。这一先入为主的观念便拒绝了客观。等发现自己错了时,虚荣心又会让我们固守下去。或者,我们承认了错误,可我们了解导致这一切的缘由,所以,我们会想法原谅自己。但这种错误如果放在别人身上,我们就很难如此宽容了,因为我们常用另一种标准来评判别人,又常以自我意志、利益为中心。有两个笑话,影射的就是这类人。

笑话一:甲说:"新搬来的邻居好可恶,昨天晚上三更半夜跑来猛按我家的门铃。"乙说:"的确可恶!你有没有马上报警?"甲回答:"没有,我当他们是疯子,继续吹我的小喇叭。"

笑话二:晚饭后,母亲和女儿一块儿洗碗盘,父亲和儿子在客厅看电视。突然,厨房里传来打破盘子的响声,然后一片沉寂。儿子望着他父亲,说道:"一定是妈妈打破的。""你怎么知道?""她没有骂人。"

笑话中的甲,愤怒于新邻居的半夜敲门,却不认为是自己半夜吹喇叭影响了邻居,更不会意识到以前邻居的搬走是因为他的喇叭声。生活中总有一些人只看到别人缺点而看不到自己缺点,只强调别人的过失而推卸自己的责

任，出现问题，必先责人。即使发现是自己的过失，或不得不承认、面对自己的过失时，却很容易能宽恕自己。这就像笑话中的那个母亲，平时对做错事的孩子肯定大发雷霆，横加指责，但面对自己的过失，却保持沉默。或许她心里能默默说一句"不小心，下次注意"就宽恕了自己，然而，她却不会用这句话宽恕别人。这种责备求全他人而宽恕自己的做法，难免要引起怨言，产生矛盾，甚而能导致更严重的错误。如有些领导犯了重大决策错误，造成了千百万的损失，他却千方百计地找理由开脱自己，推卸责任，甚至找个替罪羊代己受过；有些领导对群众或下属的小过失，总抓住不放，追究责任，无限扩大，有的下属只因在开会时打瞌睡就被免了职。这种"严于律人，宽以待己"的态度和做法，完全与中华传统道德精神相背驰。

孔子所倡导的恕道，是要通过自己的感受、需求去理解、善待他人，自己所不想要的，就不要强加给他人。《尸子》中说："己所不欲毋加诸人，恶诸人则去诸己，己欲诸人则求诸己，此恕也。"意思是，自己不想做的，不要强加到别人身上；憎恨、不满别人的，自己则应先行改正；你希望、要求别人做到的，首先自己要做到。这里面贯穿着严于律己，宽以待人的精神，只有严格要求自己，然后才能去要求别人。孔子说："躬自厚而薄责于人，则远怨矣。"（《论语·卫灵公篇》）多责备自己，少责备别人，就会远离怨恨。宋代范纯仁曾告诫弟子："人虽至愚，责人则明；虽有聪明，恕己则昏。"意思是，最愚蠢的人，在指责别人时头脑是清醒的；即使非常聪明的人，宽恕自己的过错时就是糊涂的。所以他要求弟子"但常以责人之心责己，恕己之心恕人。"（《忍经·唯得忠恕》）应该经常用责求别人的心态来责求自己，用宽恕自己的心态来宽恕别人。清代金缨的《格言联璧》中亦有"以恕己之心恕人，则全交；以责人之心责己，则寡过"一语。只有对别人宽容了，才会交到更多的朋友；只有严格要求自己了，才会少犯错误。

"以责人之心责己，以恕己之心恕人"，正是针对世人"责人恕己"病症开出的一服良药。当我们面对别人的过失时，我们换位思考一下，自己会不会犯这个错误，如果自己犯了这个错误，该如何纠正，又能否宽恕自己？只要我们多替对方想一想，我们就能理解他，不苛求于他，也就能宽恕他。当然，宽恕也是有原则有分寸的，应以法律、道德为底线，超过了底线，就是姑息、纵容甚至是犯罪了。

责人要宽，责己要严。

以春风待人，以寒风自待。

能敬之人，时时见得自己不是；不敬之人，时时见得自己是。

（乔　敏）

智

题 解

  《说文解字》:"智,识词也。从白从亏从知。"《释名》中也说:"智,知也。无所不知也。""智"是"知"的后起字,本义是智慧、聪明,有才能,有智谋。孟子认为:"是非之心,智之端也。"荀子认为:"知而有所合謂之智。"从"智"的引申意义上说,将"知"置于"天(日)"之上,包含着两种不同的"智"。孔子"五十而知天命",其实是知"天命"之不可知,是体悟到了"天命"的存在及其与人生存的关系,以及只可意会不可言传的品性,因而只能"畏天命";相反,"小人不知天命而不畏也","小人"之所以对"天命"为所欲为、无法无天,正是因为他们不知"天命"之不可知。大智慧尊重真实,把事物的本来面目看得高于一切。大智慧应时而动,顺势而为,与时俱化。大智慧是实践的智慧,是人格的智慧,而不是知识的智慧、机巧的智慧。大智慧不同于可以授受的知识和技能,只能体悟而不能言传。大智慧顺性而为,虚怀若谷,超然洒脱,有容乃大。大智慧遇事不盲动,明辨其是非,三思而后行。大智慧反对自我中心主义,与外物和他人和谐共处、互惠双赢。大智慧是有德者的智慧,无德者的智慧只是一种反智慧。大智慧体现在学习智慧、教育智慧、情感智慧、领导智慧、军事智慧、生存智慧、创造性智慧以及处理与外物和他人关系的智慧等等诸多方面。在现代伦理社会中,努力拥有并善于运用大智慧,就会使自己成为一个实事求是的人、一个与时俱进的人、一个躬身践行的人,就会正确处理与自然界、与他人以至与万事万物之间的辩证关系,就会将自己的聪明才智置于公平、正义和博爱的规约之下而成为德才兼备的典范。

(柳士彬)

1. "崔杼杀其君"
——尊重真实是智者的第一美德

据《春秋》记载:齐国的崔杼杀害了他的国君,史官秉笔直书"崔杼杀其君",史官因此惨遭杀身之祸。史官的大弟弟接掌兄职,照写"崔杼杀其君",结果又被崔杼杀害。次弟也遭受了同样的厄运,直到三弟继续照写不止,崔杼才迫于无奈最终放了他。当时齐国南部的"南史氏"听说了这件事后,便手捧简册,日夜兼程赶往临淄,准备续书此事,当得知齐史已有公正定论,而且崔杼也已经停止杀戮,"南史氏"这才最终作罢。

这则史事告诉我们:史家最重要的工作就是对历史做忠实的记录,如果因此冒犯了权威,那他应该以不惜失去自己的生命为代价。秉笔直书的史官四兄弟以及前赴后继的"南史氏"就是这样的史家,其实他们并不傻,并不是不知死活的智障者,恰恰相反,他们是真正的智者,是无畏的智者,是极具智慧的人,因为他们尊重历史,尊重真实,他们把历史和真实看得高于一切。由此我们说,真实是智慧的应有之义,坚持真理,实事求是,尊重真实,是智者的第一美德。

子贡问孔子:"子如不言,则小子何述焉?"孔子回答说:"四时行焉,百物生焉,天何言哉?"(《论语·阳货》)孔子在这里强调的正是事物的真实性,世界万物都是依其本性而存在,它本来就是这个样子,哪能以某一个人说的为准呢?庄子也从反面说明了同样的道理:"天无私覆,地无私载,天地岂私贫我哉?"(《庄子·大宗师》)其实,关于任何事物的真理并不是某个人的一己私见,不是自己的自由意志,不是自己的喜怒哀乐,而就是该事物自然而然的本体存在，它真实自足，它自本自根，它自成标准，它没有外在目的。因此，我们要成为一个真正的智者，成为一个能够把握事物真实性的智者，就必须还历史以本来面目，还自然以本来面目，还世界万物以本来面目，像马克思所说的那样，"按照事物的真实面目及其产生情况来理解事物"，而不能将事物私有化、人格化和意识化。否则，就只能成为庄子所批判的"不可以语于海"的"井蛙"、"不可以语于冰"的"夏虫"以及"不可以语于道"的"曲士"（《庄子·秋水》）。

　　　　智慧首先表现为真实。

　　　　智者首先尊重真实。

　　　　智者的言行是实事求是。

（柳士彬）

2. 愚人的智慧
——该如何控制自己的冲动

　　据佛经记载，有个人很笨，但运气不错。一次，围墙被暴雨冲倒了，他竟从墙里挖出了一坛金子。可他依然很笨，他也知道自己的缺点，就请教一位禅师，禅师告诉他说："你有钱，别人有智慧，你为什么不用你的钱去买别人的智慧呢？"于是，愚人找到一位僧人问道："你能把你的智慧卖给我吗？"僧人答道："可以，但我的智慧很贵，一句话一千两银子。"愚人接着说："只要能买到智慧，不管多少钱我都愿意出。"于是僧人便说："你遇到困难的时候不要着急处理，先前进三步，再后退三步，这样往返三次，你就能得到智慧了。""智慧就这么简单吗？"僧人看出了愚人的心思，就对他说："你先回去吧，如果你觉着我的智慧不值这些银子，那你就不用买了，如果你觉着还值得，那再回来给我银子也不迟。"愚人回家的当天夜里，在昏暗中发现自己的妻子与另外一个人睡在炕上，他顿时怒火中烧，抄起菜刀正准备向那人砍去，就在这时，他突然想起了白天自己要买的智慧，于是先前进三步，再后退三步，还没等愚人这样往返走完三遍，那个躺在妻子身边的人惊醒了，问道："儿啊，深更半夜的，你在干什么？"愚人听出此人正是自己的母亲，心里暗惊："要不是白天所遇到的智慧，今晚就错杀母亲了！"第二天一大早，愚人就给那位僧人送银子去了。

这位愚人一开始确实愚笨，但后来却成了智者，成了大智若愚的智者。他的智慧正在于：遇事不盲动，明辨其是非，三思而后行。否则，仅凭一时冲动，不注意控制自己的怒气，那必将酿成大错。从某种意义上说，"智"就是一种判别是非的能力。仁与智其实并不矛盾，智是仁的先决条件，正是有了智，仁才有恰当的表现，如果爱人而不能知人，那很容易被蒙蔽和陷害。尤其是在复杂的事情上表现仁爱，那更需要智的能力，否则，即使有仁爱之心，也会因为有不智之举，最终导致不幸和懊悔。

孔子说："智者不惑。"（《论语·宪问》）这是很高的境界。其实，由愤怒引起的冲动，就是一种情感受激濒临失控的边缘状态，愤怒的情绪往往容易导致过火的行为，激发对立事物的强烈反馈，形成怒上加怒的恶性循环。这时，最好的办法就是，先强迫自己从引发愤怒的环境中脱离出来，截断愤怒升级并付诸行动的途径，然后从大局和长远出发审视自身的生存状况，把引发憎恨的人与事化解为是非明辨的客观对象，这样才能消灾免祸，防患于未然。人们常说"聋聩"者失聪，"躁急"者失智，其实反之亦然，失聪者"聋聩"，失智者"躁急"。

小怒从一数到十。
大怒从百数到千。
暴怒从万数到亿。

（柳士彬）

3. 束情于笼
——情感智慧的致命弱点

郑板桥五十二岁始得一子，因公务缠身，他让其弟代为抚养，但不许将小鸟等动物关在笼中以供孩子玩弄。郑板桥在《教子篇》中解释说，他

"平生最不喜笼中养鸟。我图娱悦,彼在囚牢,何情何理必屈物之性以适吾性乎?"养鸟可以,但必须"养之有道耳,欲养莫如多种树,使绕屋数百株,扶疏茂密,为鸟国鸟家,将旦时,睡梦初醒,尚辗转在被,听一片啁啾,如《云门》、《咸池》之奏;及披衣而起,洗面漱口啜茗,见其扬影振彩,倏往倏来,目不暇给,岂非一笼一羽之乐而已。大率平生乐处,欲以天地为囿,江汉为池,各适其天,斯为大快,比之盆鱼笼鸟,其钜细仁忍何如也。"意思是说,养鸟不如多种树,在房前屋后种满树木,让鸟儿都栖息于此,每天早上睡梦初醒时,就能听见鸟儿唧唧喳喳的叫声,起床洗漱后,就能看见鸟儿翩翩飞舞的身影。人生在世的最大乐趣就是使自己融身于大自然之中,并使世界万物都能依其天性自由自在,这种乐趣绝不是用笼子养鸟所能比拟的。

郑板桥的养鸟之道蕴涵着一种最高境界的情感智慧。应当承认,人们对待外物和他人的情感确实具有一定的私有性,但这种私有性不是单向的,不是单独存在的,也就是说,一个人不能从自己单方面的情感需求出发去对待外物和他人,自己私欲的满足不能以控制外物和他人的情感需求为代价,不能以牺牲外物和他人的情感自由为目的,如郑板桥所说的那种"屈物之性以适吾性"的做法是相当危险的。庄子早就警示我们说:"民湿寝则腰疾偏死,鳅然乎哉?木处则惴栗恂惧,猿猴然乎哉?三者孰知正处?民食刍豢,麋鹿食荐,蝍蛆甘带,鸱鸦耆鼠,四者孰知正味?猨猵狙以为雌,麋与鹿交,鳅与鱼游。毛嫱、丽姬,人之所美也,鱼见之深入,鸟见之高飞,麋鹿见之决骤,四者孰知天下之正色哉?"(《庄子·齐物论》)如果由人睡在潮湿的地方就会腰痛或偏瘫而推知泥鳅也会这样,如果由人住在树上就会恐惧发抖而推知猿猴也会这样,如果由人喜欢吃禽兽之肉而推知麋鹿、蜈蚣、猫头鹰和乌鸦也会这样,如果由人都认为毛嫱、丽姬是美人而推知鱼、鸟和麋鹿也会这样,那就完全遮蔽并违背了这些动物的生存本性。人的这种单向度的私情私欲所导致的后果只能是把泥鳅置于干燥的炉火旁,把猿猴关进牢靠的铁栏内,也只能会强迫麋鹿、蜈蚣、猫头鹰和乌鸦去改变自己的饮食习性,强迫鱼、鸟和麋鹿来欣赏毛嫱、丽姬所谓的美丽。显然,这种后果的后果可想而知、自不待言。

孔子说:"己所不欲,勿施于人"(《论语·卫灵公》),"己欲立而立人，己欲达而达人"（《论语·雍也》）。对孔子而言，"爱人"就是为他者承担责任，但这种责任的承担并不是毫无限制地绝对地"推己及人"，也就是说，这并不意味着把自我的私有情感和意志作为强行霸权推向他者从而引发对立和冲突。当前，我们要高度警惕那种仅仅为了一己之情和一己之利而将外物和他人置于致命境地的错误观念和做法，其唯一正确的选择就是放弃唯我独尊、"束情于笼"的情感自我中心主义，还外物和他人以自由并善待之，以与外物和他人和谐共处、互惠双赢。《闻奇录》中就记载了这样一个故事：关中有个商人因犯罪被关押数日，出狱后深感自由之可贵，便将笼中很会"说话"的鹦鹉放归了自然。

己欲乐而使他者乐。

己欲自由而使他者自由。

吾之性情不屈他者之性情。

（柳士彬）

4. 第一万零一页情书
——真爱的最高智慧

一位小伙子深深地爱着一位姑娘。他用一封封寄出的情书表达着自己忠贞而炽热的爱情，而姑娘每次都巧妙地回避着他的请求，但又不让他完全失去希望，而且每次还想方设法指出情书表述方面存在的诸多不尽如人意之处。就这样过了一年又一年，小伙子的情书竟写了一万页。这时，小伙子的情感忍耐力已经接近崩溃的边缘，绝望的悲哀一阵阵袭上心头，然而，由自己那一万页鲜活澎湃的情思以及姑娘的每次精心回复所构筑起来的心灵世界，却使他幡然醒悟：这难道不正是一种最为壮丽、最为真挚的爱情历程吗？为什么不继续这样写下去呢?！于是，他寄出了第一万零一页情书。他成功了，终于赢得了这位姑娘直白表达的爱情。

汉代乐府民歌《鼓吹曲辞》中有一首题为《上邪》的诗，其中有这样的句子："山无棱，江水为竭，冬雷震震，夏雨雪，天地合，乃敢与君绝。"

我们惊叹这首诗所表达的爱情是如此得坚定和执著，同样，我们也惊叹那位小伙子所追求的爱情是如此得坚定和执著，但相比之下，更让我们感佩于心的，却是那位姑娘在与小伙子交往过程中所表现出来的超人智慧。

其实，从收到第一封情书之日起，姑娘就被小伙子的质朴善良和执著追求打动了，继而她又发现，小伙子的文笔虽然稚嫩但却异常清新，虽然粗糙但却极富内涵，同时她也知道小伙子是待业青年，在工作和事业上还是一片茫然，而自己已经有了稳定的工作和学术研究方向。既然如此，那怎样才能把这两个方面有机结合起来，也就是说，怎样才能一方面使小伙子的爱情之火能够熊熊燃烧下去而不致熄灭，同时又能够激励小伙子发挥所长、事业有成呢？正是出于这样一种考量和用心，正是为了让炽热的爱情转化为他们在事业上比翼双飞的动力，姑娘才用含蓄暧昧而又充满诱惑的笔触，一次次激发着小伙子的爱情冲动，又一次次提升着小伙子的写作水平。最后，姑娘成功了。显然，姑娘的成功就是小伙子的成功，小伙子的成功就是姑娘的成功，正是姑娘的良苦用心和过人智慧才成就了小伙子的成功。

爱情是事业的催化剂。
爱情需要执著，但更需要智慧。
智慧爱情不是花前月下的缠绵，
而是比翼双飞的发展。

（柳士彬）

5. 盲人的灯笼
——该如何处理与他人的关系

佛经中记载了这样一个故事：一位僧人在漆黑的晚上赶路，因为天黑得伸手不见五指，所以被路人碰了好几次。突然，他发现前面有人提着灯笼走过来，这时他身边的人解释说："这个瞎子真奇怪，明明什么也看不见，但每天晚上总是打着灯笼。"僧人走近打灯笼的人问道："你真的是盲人吗？"那人回答："是的，我从出生就没有看见过一丝光亮。"僧人困惑了："既然这样，你为什么还打灯笼呢？是为了不让别人说你是盲人吗？""不是的，我听别人说，每到晚上人们都变成了和我一样的盲人，所以我就在晚上打着灯笼出来。"僧人感叹道："你的心地多好啊！原来你是为了别人！""不，我是为了自己。"僧人更困惑了，问道："为什么是为了自己呢？"盲人回答："我什么也看不见，但我走路的时候从来没有被别人碰到过，这正是因为我的灯笼为别人照了亮，同时也让别人看见了我。"僧人恍然大悟。

　　在如何处理与他人的关系问题上，这位盲人的言行中蕴涵着最为高尚的智慧。这种智慧就是，为了别人同时也是为了自己。具体而言，帮助别人也就是帮助自己，关爱别人也就是关爱自己；通过帮助别人而帮助自己，通过关爱别人而关爱自己。反之则未必，也就是说，帮助自己未必意味着帮助别人，关爱自己未必意味着关爱别人。问题的关键在于，帮助别人是帮助自己的先决条件和前提，关爱别人是关爱自己的先决条件和前提。这位盲人正是首先帮助、关爱了别人，然后才得到别人的帮助和关爱的。这种他者至上的高尚智慧，是任何一个利己主义者或自我中心主义者都无法想象、无法比拟的。这种差别也正是"地狱"与"天堂"的差别：地狱里，一群人手拿长勺围着一桶汤，但因勺子太长够不着自己的嘴，而只能望汤兴叹、一筹莫展；天堂里，同样是一群人，也是手拿长勺围着一桶汤，虽然勺子也很长，但大家都舀起汤来让对方喝，结果人人都兴高采烈、心满意足。

　　孔子非常重视自我与他人的关系，而且每每把"我"与"人"相对举时，总首先对"我"的局限性惕惕于心，并将"见贤思齐，见不贤而内省"（《论语·里仁》）时刻作为"我"在与他人相处时永恒的姿态。孔子之所以时时"虚""我"，其原因正是为他人的进入开辟和预留空间，也就是说，不虚无自我就不能接纳他人。其实，人与人之间真正意义上的和谐关系，不是一种相互占有、相互利用和相互控制的"我—他"式的关系，而是一种和平共处、共同生存、共同发展的"我—你"式的关系。在这种"我—你"式的关系中，其中任何一方的存在完全取决于另一方的存在，也就是说，"我"通过与"你"的关系而成为"我"，"你"通过与"我"的关系而成为"你"。一个人必须走出自我并进入"他者"、成为"他者"才能存在，才能不失去自我。现实生活中一个简单的例子是，如果我们友好地对待他人，就极有可能会发现他人是友好的，而在其他情况下，比如说漠视他人甚至侵犯他人，那极有可能会发现他人是敌意的。总之，人与人之间应该相互尊重，互通有无，和而不同，而不是自我中心，同化他者，唯我独尊。这是和谐人际关系的真正涵义。

我因你为我，你因我为你。

我中有你，你中有我。

我就是你，你就是我。

（柳士彬）

6. 刮金救人
——该如何处理与神灵的关系

佛经记载了这样一个故事：一个穷人向荣西禅师哭诉："我们家已经好几天没有东西吃了，眼看就要饿死了，请师父发发慈悲，救救我们吧，我们一家人永远不会忘记您的大恩大德。"荣西禅师听后很是同情和着急，但因连年大旱，寺里也是吃了上顿没下顿，如何帮助这家可怜的穷苦人呢？荣西禅师一时束手无策。突然，他看到了身边镀金的佛像，于是便毫不迟疑地爬了上去，用小刀把佛像身上的金子刮下来，用布包好，交给那个穷人，说道："用这些金子去换些粮食，救救你的家人吧！"穷人大惊："这怎么能行呢?!"众弟子也忍不住说："佛祖身上的金子就是佛祖的衣服，师父怎么可以拿去送人！这不是冒犯佛祖吗？这不是对佛祖的大不敬吗？"荣西禅师非常认真地回答："我佛大慈大悲，他肯愿意用自己身上的肉去布施众生，更何况是身上的衣服呢！即使将整个佛身都奉献出去，只要能够拯救众生于水火，那也是符合佛祖的心愿的。"

显然，荣西禅师深谙神灵对于人的意义，人与神灵之间并不是格格不入、水火不容，神灵之所以为神灵，神灵之所以存在，恰恰是因为他是为人的，为了人类的生存，为了人类的向善，为了人类的幸福，而不仅仅是一个供人崇拜的现成的摆设。这正是在处理人与神灵之间关系问题上的最高智慧。在我们的现实生活中，经常看到不计其数的信男信女纷纷走进各种各样的庙宇，向供奉于其中的神灵五体投地、顶礼膜拜，那种虔诚的样子确实叫人感动；但当从庙宇出来或祭神仪式结束后，他们却又违背神灵的旨意，依然为所欲为、我行我素，继续做着那些伤天害理的事情。毫无疑问，这种意识和行为与荣西禅师的大智慧是大相径庭、相去甚远的。

孔子说："祭如在，祭神如神在。"(《论语·八佾》)这句话的意思是说，在祭神的时候到神意所在之处去，就与神同在。由此可见，孔子所反对的是在人生经验（如祭仪）之外"存在"、在某个幽冥世界中行使"主宰"权力的鬼神，所以他才"不语：怪，力，乱，神"且"敬鬼神而远之"(《论语·述而》)。与此相反，对经由人的本真生存活动所揭示或所生成的鬼神来说，孔子却是极其真诚地推崇备至并完全投入的。"子曰：'鬼神之为德，其盛矣乎！视之而弗见，听之而弗闻，体物而不可遗。使天下之人斋明盛服，以承祭祀。洋洋乎！如在其上，如在其左右。'"(《中庸·十六章》)从这个意义上说，人与神之间是完全相通相融、无分轩轾的，神灵之心永远不可能被外在感官捕捉到，因而是"视之而弗见，听之而弗闻"，所以，将神作为一个凝固化的实体，作为一个人格化的对象，作为一个现成化的教条，从而去认识、去崇拜、去祈求，这显然是不合适的，只有采取"祭神如神在"的姿态，才能化解或取代人与神之间的这种距离，从而达至一个"洋洋乎！如在其上，如在其左右"的至诚境域，最终使神之盛德微妙地自行显现出来。

  佛不是身外之物。
  佛是我，我是佛。
  我心即佛心。

（柳士彬）

7. 苏轼听涛
——什么是大智慧

苏轼写过一首著名的词叫做《临江仙》：

夜饮东坡醒复醉，归来仿佛三更。家童鼻息已雷鸣。敲门都不应，倚杖听江声。　长恨此身非我有，何时忘却营营？夜阑风静縠纹平。小舟从此逝，江海寄余生。

通常情况下，人们深夜回家时的心情都很急切，盼望着尽可能早一点进门休息，如果这时连连敲门却没有人来开，那一定会更加急躁，甚至会因此大发雷霆，结果与家人闹得都很扫兴。与此不同，苏东坡索性不再敲门，就在这万籁俱寂的深夜，转而倚杖临江，仔细聆听起江水之声来。苏东坡借用庄子"全汝形，抱汝生，无使汝思虑营营"之意，感叹自己当下人生，自己一生颠沛漂泊，经常是身不由己，何时才能不为外物所羁绊而任性逍遥呢？何时才能驾一叶扁舟，远离尘世喧嚣，在江海深处安闲宁静、超然物外地度过自己的余生呢？在这里，苏东坡又借用了孔子的"道不行，乘桴浮于海"之意，体现了作者当时渴望得到精神自由和灵魂解脱的心境。事实上，苏东坡已经达到了这样的境界，他已不再执著于当前的情境，空灵自在，眼前滔滔江水之声反而使他增添了一种不同于常人的全新感受。这就是智慧，这就是大智慧。

庄子清楚地指出了有知之知与无知之知的区别：有知之知是关于物的知识，无知之知则是关于道的知识；有知之知是有限的，无知之知才能让人超越；有知之知是借助于知识所达到的知，无知之知则是忘掉知识之后对世界的理解。人们必须先忘掉有知之知的世界，才能到达无知之知的世界，即只有忘掉物才能走向道。在忘掉万物之后，心就会成为一个虚室，一个无的虚室，但就在这虚室里，却生发出无限的光明。这是真正的智慧之光，它可以穿透万物，到达万物之初，它引领着人从外物回归到道，同时也就回归到生命本身和德性本身。在此基础上，庄子还区别了两种

"知",即两种"智"——"大知"与"小知"。庄子说:"大知闲闲,小知间间。"(《庄子·齐物论》)评注者成玄英对"大知闲闲"的解释是"顺性而为"、"虚怀若谷"、"超然洒脱"。也就是说,人的德性本来就是超然物外、洒脱自如、有容乃大的,它没有任何成见和偏见,因而也就不会受是非判断的约束。与"大知"相反,"小知"则时时分别是非,事事区分好恶,处处设立壁垒,因此它使人的天性无法得以充分发展,却使人情绪激越,总急于取舍——取一边舍一边——而不能让人轻松自如。

在今天我们这样一个急功近利、物欲横流的世界,智慧只属于少数人,多数人对外物的兴趣远甚于智慧,尽管他们拥有权位、财富和盛名,但他们并不自在,并不快乐。毫无疑问,苏轼、庄子等人的大智慧为那些"逐万物而不反"以至于溺死于外物中的人们敲响了生命的警钟。

小智让人逐物不反、作茧自缚。

大智让人超然物外、泰然自若。

大智是人生命之根、德性之本。

(柳士彬)

8. 人格的魅力
——教育智慧的真谛

据《论语》记载,孔子对包括弟子们在内的后人产生的影响可谓至重至深,颜渊就曾喟然叹曰:"仰之弥高,钻之弥坚,瞻之在前,忽焉在后。夫子循循然善诱人,博我以文,约我以礼,欲罢不能。既竭吾才,如有所立卓尔。虽欲从之,末由也已。"毋庸置疑,孔子之所以对后人产生如此重大、如此深远的影响,其根本原因即在于孔子本人光辉的人格魅力,正是这种光辉的人格魅力,才使颜渊"从之"不行,"欲罢"也不行。这种人格魅力正是一种最重要的教育影响源,也正是教育智慧的真谛。

西方的教育智慧以培养和发展心智能力为最终目标,强调纯知思考和知性工作的重要作用,"吾爱吾师",但"吾尤爱真理"。显然,对这种教育智慧而言，真理以及作为真理表现形式的知识是第一位的，发现真理、创造知识是最重要的教育目的，一切教育智慧都围绕于此并体现于此，而教师的人格则是第二位的，教师的人格力量与真理和知识相比是次要的、派生的，由教师的人格因素引发的教育智慧也总处于从属和附庸的地位。例如，从整个西方教育史可以看出，众多的教育学派就好像是千门万户，个个傲然独立，其间虽然有前后承续的关系，但彼此都具有不同的精神面貌。

不同于此，我国教育的终极目标在于塑造完美的人格，教师的人格魅力对学生来说是最重要的影响源，与西方的教育智慧不同，我国的教育智慧并不着眼于知性方面的训练，而是直接从行动中、从实践中去磨炼，在行动和实践中所磨炼的正是自己的人格。"行有余力，则以学文"，从人格培养的意义上说，行的价值远远大于知（即真理和知识），孔、孟所推崇的古圣王就都是具有非凡人格的行动性榜样。其实，教育智慧的真谛即在于运用人格的力量去培养完美的人格，人格教育最重要的因素是人，教育过程实质上就是接受光辉而典范的人格的熏陶过程。《康熙字典》中说："按经典相承作智。"荀子也说："学莫便乎近其人，学之经，莫速乎好其人。"（《荀子·劝学》）因此，从这一人格教育的意义上说，师承就不仅仅是人生的跳板和瞬间的事情，而变成了"一日从师，终身为父"以及"一日为师，终身为师"；同时，真理和知识也便处于了次要和从属的地位，教师和学生的最大愿望也不在于发现真理和创造知识，而在于承前启后、继往开来。

中国人之所以有尊师重道的传统，正是这种人格教育的本质使然。一个人所拥有的知识，只有不断地被淘汰、被更新，才算是小有成就，而一个伟大的人格一旦形成，他的光辉在历史上就可以历久而弥新，后人所能做的就只是弘扬其伟大于不灭，永葆其风范于不坠。因此，人格教育所要唤醒的不是发现和创造的野心，而是对伟大人格的企慕崇敬之情。司马迁在《史记·孔子世家》中说："高山仰止，景行行止，虽不能至，心乡（向）往之。余读孔氏书，想见其为人。"爱因斯坦也曾说："教育，是人们遗忘了所有学校灌输的知识后仍能存留的东西。"毫无疑问，司马迁和爱因斯坦心目中所崇尚的教育正是这样一种人格教育，其中所蕴涵的也正是教育智慧的真谛。

一日从师，终身为父。

一日为师，终生为师。

吾爱真理，吾尤爱吾师。

（柳士彬）

9. "傲慢是什么"
——道德教育的最高境界

唐朝大将郭子仪威震天下、权倾朝野，但他却是一个经常聆听禅师说法的佛教信徒。一天，郭子仪问禅师："傲慢是什么?"禅师听罢以一种极其傲慢无礼的态度喝问道："你也配问'傲慢是什么'!"众人大惊，郭子仪乃堂堂相国，禅师对他怎会如此傲慢无礼？当然，郭子仪也被激怒了，正当他要发火的时候，禅师又恢复了先前慈善的面孔，笑着对郭子仪说："这就是'傲慢'。"

这个典故中蕴涵着不同寻常但却十分高超的道德教育智慧。当郭子仪追问"傲慢是什么"的时候，禅师并没有动用思辨和语言的技巧，去详尽地解读和阐释"傲慢"这一概念的内涵和外延，而是通过自己的言行体态直截了当地把"傲慢"的意思活生生地展现在学徒面前，使自己与被解释的对象完全融为一体，在这一过程中，学徒立即顿悟，不仅明白了"傲慢"这一概念的内涵和外延，而且也养成了谦虚和善的道德品性。显然，与人们通常所采取的语言解读式道德教育相比，这种身体力行式道德教育的效果是更为有效、更为理想的，这也正是道德教育的最高智慧和最高境界。

禅师的道德教育智慧是我国传统道德教育思想的一个缩影和直接表现形式，在儒、释、道三家看来，做人与学问、道德与知识之间并没有直接的关系，这与苏格拉底"知识即道德"的思想无疑是大相径庭的。正是如此，一字不识的惠能成为了佛教史上伟大的导师；正是如此，陆象山的那句名言——"今人略有些气焰者，多只是附物，原非自立也。若某则不识一个字，亦须还我堂堂地做个人。"——至今还广为流传。道德教育既然可以不依赖知识，那如何才能对人的道德产生影响呢？在这个问题上，儒、释、道三家的观点依然是一致的，那就是身教。孔子说："其身正，不令而行；其身不正，虽令不从。"（《论语·子路》）佛陀告诫众弟子："若自不行而教化人者，譬如有人为水漂溺，语岸上人我能救汝，无有是处。"庄子所说的"视乎冥冥，听乎无声"（《庄子·天地》），其实指的也正是这种潜移默化的身教。

我国自古就有经师和人师之分，经师所教的是以知识学习为主的记问之学，而人师所解决的是如何做人的问题，《学记》早就明确指出："记问之学，不足以为人师。"然而，我们目前的道德教育却仅仅成为了记问之学和记问之教，如何做人的问题被置之度外。当下，从小学到中学再到大学，我国的道德教育（甚至包括整个德育）都在接受着以美国心理学家柯尔伯格为代表的认知发展学派的强有力指导，认为道德教育的基础即在于激发学生对于道德问题和道德观念的思考，道德教育的根本目的就是促进学生道德判断、道德推理等道德认知能力的发展。很显然，道德认知能力的发展与如何做人以及道德素质的真正提高并不是一码事，正像经师与人师之间有着本质区别一样。目前我国道德教育价值取向与我国传统道德教育思想的背离、割裂以及由此所引发的一系列负面效应，确实应该引起我们的高度关注。

　　　　学不在多，贵在力行。
　　　　道，行之而成。
　　　　德之高，行之巨。

（柳士彬）

10. "一口吸尽西江水"
——充满智慧的教学法

据《禅宗全书》记载，庞蕴是唐朝中期著名的禅门居士，他在拜见石头禅师时问道:"不与万法为侣者是什么人?"庞蕴话音未落,石头禅师就立即用手捂住了庞蕴的嘴,这时庞蕴略有省悟。后来,庞蕴见到了马祖禅师,他又提出了同样的问题,马祖听罢回答:"待汝一口吸尽西江水,即向汝道。"一听这话,庞蕴即刻大悟,随即写下偈诗一首,以表达自己此时的感受:"十方同一会,各各学无为,此是选佛处,心空及第归。"石头禅师捂住庞蕴的嘴,是表示这个问题不能言谈,而在马祖看来,要说出那个不与万法做伴、超然物外的人是谁,简直就像一口吸尽西江水那样不可能。虽然两位禅师处理同一问题的方式有所不同,但其中所蕴涵的基本教学理念和价值取向却是完全一致的,那就是:任何事物都是不可言说的,就像"道可道,非常道"一样,说出来就不是那个事物本身了,所以,为了保持事物的本来面目,就必须采取一种独特的教学法,即潜隐的、间接的、无形的不言之教。

  总体而言,我国传统教学与现代知识教学有着极大的不同。知识教学须要按部就班,有一定的程序和步骤,而且过程缓慢;而我国传统教学则重在实践和开悟,在适当的时机条件下,教师只要只字片言、一遮一拨,就能使学生茅塞顿开、大彻大悟。这是教学艺术的一种特殊形态,也是教学智慧的最高境界:所授受的事物被潜移默化于无形之中、不言之中,师生之间相通相融,和和煦煦,如坐春风。我国宋代教育家程颢(字伯淳,人称明道先生)的弟子侯仲良在回忆程门教学的情形时说:"朱公掞(亦程氏弟子)见明道于汝州,归谓人曰:某在春风中坐了一月。"(《宋元学案·明道学案》)南京师范大学文学院博士生导师何永康教授在回忆他的老师——我国当代词学大师唐圭璋教授时说:"只见他老人家端坐在黑板前,一遍又一遍地将名篇诵读。'对潇潇暮雨洒江天,对潇潇暮雨洒江天,对潇潇暮雨洒江天……'这抑扬顿挫的吟诵声,把我们渐渐地、静静地带入了美妙的诗境;然后,'柳永啊,他想啊,想啊,想啊……'想什么呢? 唐老未做一字解释,只让我们全班同学由着性子自己去想象,去补充。这种'教法',如今恐怕过不了'教学评估'大关,但当年我们委实获益良多,一个个青年学子都跟着唐老做了'美好的心灵的远游'。"(转引自杨启亮:《体验语文:一种教学方法论的阐释》,《语文教学通讯》,2002年第10期)这种奇异的教学法,在当代恐怕很少有人能够领会了。但毫无疑问,在中国教学史上,它却代表着一种极高的境界,是人类精神教育和智慧教育的典范。这种教学法亦可适当地应用于知识教学领域(其实,这种教学法在进行精神教育和智慧教育的同时,也可完成知识教学的任务),如果学生在知识方面已经达到了一定的高度,那教学同样可以删去一些不必要的环节,只需稍加点拨,就可达到默契于心、相悦以解的境界。

  道隐无名,说似一物即不中。

  终日吃饭,未曾咬着一粒米。

  终日行走,未曾踏过一片地。

(柳士彬)

11. 禅师的画像
——学习智慧的典范

  据佛经记载,盘山寺主持宝积禅师预见自己即将离开人世,他让众弟子每人给他画一幅肖像。几天后,肖像画好了,弟子们笔下的宝积禅师有的端庄清秀,有的慈祥可亲,有的威严肃穆,总之是千姿百态、五花八门。宝积禅师看后非常失望,他大声喝道:"这些年你们是怎么跟我学禅的?你们没有一个会画,你们自己对照着看看,画得到底像不像我?如果像我,那就是扼杀了我;如果不像我,那就把画像烧掉吧!"

  "如果像我,那就是扼杀了我;如果不像我,那就把画像烧掉吧!"宝积禅师最后所说的这句话确实非常经典,因为其中蕴涵着过人的智慧。这个故事表面上说的是众弟子如何看待宝积禅师一事,实际上暗中指涉的是人如何看待外物,即如何处理人与外物之间的关系问题。在这个问题上,宝积禅师的过人智慧就是,人不能成为外物的奴隶而失去自我,也不能使外物成为人的奴隶而失去外物。众僧画得像禅师不行,画得不像禅师也不行,唯一可行的就是似像似不像或是在像与不像之间。似像似不像或在像与不像之间,实质上就是真正意义上的"天人合一",即人与外物相通相融、和谐相处,人不是外物的奴隶,外物也不是人的附庸。

我国唐代大禅师青原惟信说过这样一段话:"老僧三十年前来参禅时,见山是山,见水是水。及至后来,亲见知识,有个入处,见山不是山,见水不是水。而今得个休歇处,依前见山只是山,见水只是水。"(《青源惟信禅师语录》)青原惟信的这句话实质上指出了三种不同的人生境界,或处理人与外物之间关系的三种不同方式。第一种是人在外物面前无能为力,完全处于被动接受地位,"见山是山,见水是水",这里面没有人,没有人的地位和位置。第二种是人在外物面前无所不能,人处于绝对的支配地位,"见山不是山",而是猴子,"见水不是水",而是蛟龙,人想叫它成为什么它就成为什么。第三种就是我们所说的"天人合一",人与一切事物相通相融、浑然一体,人是山,山是人,人是水,水是人。这是处理人与外物之间关系的最高境界或最高智慧。学习从根本上说是处理人与外物之间关系的一种活动方式,因而学习的最高境界或最高智慧,就是学习者与被学习者之间的"天人合一"。比如,以画画为例,同样是画一只鸡蛋,在我国是看谁画得最像鸡蛋,画得最像的就是最好的,而在美国则是看谁画得最不像鸡蛋,画得最不像的就是最好的。显然,这两种完全对立的观念和做法正是宝积禅师和青原惟信所极力批判和超越的,其原因正在于没有使画者与被画之物保持那样一种"天人合一"的和谐关系,如果人在画中显,同时物在画中现,那画者就成了与所解之牛无分轩轾的庖丁,就成了与假肢浑然一体的残奥健将。

  人不能胜天,天不能胜人。
  真正的和谐是天人不相胜。
  学习的要义是使天人合一。

(柳士彬)

12. 取款机前的黑手
——反向智慧的恶果

  前不久,中央电视台经济频道的《生活》栏目报道了这样一件事:

2008年7月的一个夜晚,在河南郑州的一条繁华街道上,一个男青年紧跟着一位取款的顾客进了一家自助银行,这家自助银行共有三台自动取款机,男青年抢先一步来到最右边的取款机前,那位顾客只好使用中间的取款机,因为最左边的取款机上贴着一张白纸,上面赫然印着四个大字——"此机故障"。等那位顾客取完钱之后,男青年也离开了这家自助银行。又过了几个小时,此时已是深夜,那个男青年再次走进这家空无一人的自助银行,他来到中间的取款机前,把一个类似小灯箱的东西拆了下来,又顺手扯下了那张印有"此机故障"的白纸。最后,他又来到银行门口,在刷卡器上做了一番手脚之后离开了这家银行。天网恢恢,疏而不漏。这个男青年所做的这一切都被安装在这家银行的摄像机拍摄了下来。原来,这是一只经常在自动取款机前频频出没的黑手:在夜深人静的时候,他首先将一个读卡器安装在银行门口的刷卡器上,等顾客用银行卡刷卡进入银行时,银行卡上的所有信息就被储存在了这个读卡器中;然后,他又将一个小型摄像机安装在中间的取款机上,看起来就像是一个用于照明的小灯箱,等顾客在这台取款机上取款时,银行卡的密码就被摄像机拍摄了下来;第三步,他将一张印有"此机故障"的白纸贴在最左边的取款机上,顾客一看就只能使用中间的那台取款机,因为最右边的取款机已经被"他人"抢占了。所有这一切完成之后,黑手拆走了所有设备,复制了一张张银行卡,将顾客们卡里的钱统统取走了。

应该承认,这个男青年的确很"智慧",但可惜的是,他走向了正义智慧的反面,成了一种反向智慧。当然,等待他的只有法律的审判。在我们的现实生活中,这样的案例可谓是屡见不鲜、比比皆是,这也促使我们在时刻保持高度警惕、及时总结经验教训的同时,也应该反思这样一个问题:伦理道德与知识、智力之间到底是一种怎样的关系。

司马光说:"德才兼备为圣人,德才双无为愚人,德胜于才为君子,才胜于德为小人。"在德行与知智之间的关系问题上,一个人的道德品性与他所拥有的知识和智力之间并不成正比。譬如,一个老农民可能只字不识,但他却很有可能是一个品德高尚的人;相反,一个拥有高智商和丰富知识的科技工作者,他的道德水准却有可能极其低下。如果一个人片面过度追求知识和智力的增长,那不仅无益于其伦理道德水平的提高,还有可能会对他的德性修养造成伤害，因为知识和智力是消极的，知识和智力的过分执着对人德性的发展有损无益。这也正是道家倡导"去知"、"去智"的根本原因之所在。因此，我们应该处理好伦理道德与知识、智力之间的关系，做一个德才兼备的"圣人"，而不是德胜于才的"君子"，更不是才胜于德的"小人"，尤其是在这样一个科技理性泛滥、道德水准低下的时代，否则，必然会吞下反向智慧的恶果。

没有智慧的道德是无能。

没有道德的智慧是危险。

智慧道德双丰收是楷模。

（柳士彬）

13. "手诀"与"心诀"
——技巧与智慧的区别

吴道子是唐代绘画大师，被称为"画圣"，对当时和后世的绘画艺术产生了深远的影响。他曾经在长安、洛阳等地道观寺院绘制了三百余间宗教壁画，所画之物千姿百态、无有同者。吴道子的弟子卢棱伽也是唐代著名画家，擅长画物象，作过许多壁画；尽管如此，吴道子却坚持认为，卢棱伽只是学得了他的"手诀"，而没有学得他的"心诀"。

从吴道子的观点来看，"手诀"与"心诀"是两个不同的东西，二者有着严格的区分，但吴道子没有进一步说明"手诀"与"心诀"到底是什么。我们认为，"手诀"实质上就是技巧，"心诀"实质上就是智慧；"手诀"是表浅的，"心诀"是内在的；"手诀"是低级的，"心诀"是高级的；"手诀"是科学的，"心诀"是艺术的；"手诀"是可见之物，"心诀"是不可见之神；"手诀"可以临摹习得，"心诀"只能用心体悟。

卢棱伽的艺术虽已属上乘，但仍未得其师之"心诀"，"心诀"之难得，由此可见一斑。有位物理学家说过："我懂得很多物理学知识，知道物理学研究的技巧，能写'歌词'，但就是不能'谱曲'，这是我第一次真正接触那些处于精力旺盛时期的思想家时的真实体会。"尽管"心诀"难得，但获得"心诀"也并非不可能之事。那怎样才能"谱曲"呢？那位物理学家认为，只有掌握了一种提高科研质量的思维方式，才能运用"技巧"谱出美妙的歌曲。显然，这种"提高科研质量的思维方式"就是被称作"心诀"的东西。诺贝尔奖获得者中，有相当一部分曾接受过前辈诺贝尔奖获得者的教诲，他们几乎一致认为，在名师门下学习时，从老师那里学得实际知识并非最重要的，在通过科学文献和情报资料获得知识这个意义上，专门研究某一问题的学生有时比他们的老师懂得还多。相比之下，他们从老师那里学到的最重要的东西，是获得新知识的思维方法和"运用之妙"的艺术，而不是那些实际知识本身。一位诺贝尔化学奖获得者说："我跟老师学习就是学习他怎样思考、怎样活动以及怎样对待事物。"不平凡的学生向老师学习是这样，不平凡的老师对学生的要求也是如此，孔子就曾告诫自己的学生"学而不思则罔"（《论语·为政》）。由此可见，被吴道子称之为"心诀"的东西，其实就是带有鲜明个性的思维方式、思想方法，或是发现问题、分析问题和解决问题的与众不同的思路。这种不同于技巧的智慧，是一个成功者之所以获得成功的关键，也是一个成功者之所以影响后人的活的灵魂。

"手诀"是雕虫小技。

"心诀"是大智大慧。

实践贵在求"心诀"。

（柳士彬）

14. 同样是一片叶子
——认识事物的智慧

有一则寓言故事，说的是一位老和尚让他的两个小徒弟每人摘了一篮子杏，并对他们说："你们看看这些杏是不是都有核儿？谁先弄清楚了，我就先把真经传给谁。"师兄回到自己的房间，一个一个地剥，一个一个地砸，忙得满头大汗。与师兄不同，师弟从中挑了几个，不慌不忙地剥着砸着。等师兄把一篮子杏全部剥完砸完，气喘吁吁地告诉师父每个杏都有核儿时，师父却笑着说："你师弟先弄清楚了。这些杏有大有小，有青有黄，有酸有甜，只要每样挑出两三个剥开来看，就知道所有的杏都有核儿了。"

认识总体事物必须从认识个别事物开始，但并不是说只有无一遗漏地认识每一个事物，才能把握同类事物的全貌和本质。在这则寓言故事中，"师弟"所采用的就是这样一种选择典型或抽样调查的方法。这种方法尽管不是百分之百地准确可靠，但我们认识事物却要经常用这种方法，因为每一类事物都不计其数，不可能也没有必要拿来一一解剖才能弄清这类事物的情况。《吕氏春秋》说："有道之士，贵以近知远，以今知古，以所见知所不见。故审堂下之阴，而知日月之行、阴阳之变；见瓶水之冰，而知天下之寒、鱼鳖之藏也。尝一脔肉，而知一镬之味、一鼎之调。"恩格斯也曾指出，分析十万部蒸汽机并不会比分析一部蒸汽机提供更多的东西。1961年，周恩来总理通过对河北省邯郸地区武安县伯延村这一个村的实地调查，就得知了全国几亿农民的心声：解散食堂，回家做饭；包产到队，包活到组，以产定分，按劳分配。如果不做这种典型调查，而是整天东跑西颠、道听途说，"钦差大臣满天飞"，那对情况的了解必然是不深不透，对事物的认识也必然缺乏真知灼见。

观"一叶"能"知秋"，所以要进行典型调查；但同时"一叶"也能"障目"，使人不见"泰山"，所以也要注意防止以偏概全。"一叶落知天下秋"，看到一片叶子从树上落下来，就一定能够得出"秋天来了"的判断吗？不尽然。比如，夏天也会有因虫害而凋零飘落的树叶。正因如此，唐代有一个七岁的孩童就曾写过一首题为《夏日》的诗，其中有这样两句："闲云生不雨，病叶落非秋。"由此看来，"一叶"既能"知秋"也能"障目"，问题的关键取决于我们如何看待这一片叶子。其实，任何事物都既有共性也有个性，如果把一片叶子看成共性（即具有共性的叶子），那么就可得出"秋天来了"这样的结论；反之，如果把一片叶子看成个性（即具有个性的叶子），以至于把个性当成共性，那这片叶子就会遮蔽我们的眼睛，得出的结论也必然是不符合实际的。

"一叶"能够"知秋",
"一叶"关联"一切"。
"一叶"能够"障目",
"一叶"不是"一切"。

(柳士彬)

15. 让人觉着不是在领导
——领导智慧的最高水准

周恩来在《怎样做一个好的领导者》一文中说:"领导党的方式和领导群众的方式是不同的,领导群众的方式和态度要使他们不感觉我们是在领导。"在半个多世纪漫长的领导生涯中,周恩来确实是这样做的。"让人觉着不是在领导",正是周恩来高超领导智慧的真实写照。周恩来从不发号施令,从不强加于人,从不以命令的口吻讲话,即使是发布命令或作出指示,也没有给人居高临下、被迫接受和无条件服从的感觉。据美籍华人张大卫博士《中流砥柱,各有千秋——周恩来与邓小平》一书记载,周恩来在国内参观调查时总坚持两条原则,一是群众要见他,那就让他们见,二是尽量少打搅群众;1946年,在与国民党进行政治协商谈判期间,周恩来每次进入会议室之前以及每次离去的时候,都要微笑着与每一个值勤的美国士兵、中国警卫、职员以及办公室的工友们一一握手,这是周恩来与其他与会代表的最大不同;许许多多群众都这样看待周恩来:他来参观时群众都想和他交谈几句,甚至只是远远地看上他几眼也行,对其他一些官员则没有同样的感情,因为其他许多官员似乎非常复杂而且令人费解,而周恩来则像父母、师长一样和善可亲。

《论语》中记载:"季康子问政于孔子曰:'如杀无道,以就有道,何如?'孔子对曰:'子为政,焉用杀?子欲善而民善矣。君子之德风,小人之德草,草上之风,必偃。'"(《论语·颜渊》)在如何领导民众、治理国家方面,孔子与老庄一样,也坚定地主张"无为而治"(《论语·卫灵公》),并将"无为而治"视为最高超的领导智慧——孔子曰:"无为而治者,其舜也与?"毫无疑问,周恩来的"让人觉着不是在领导"与舜的"无为而治"具有异曲同工之妙,二者的价值追求是完全一致的,都是最高水准的领导智慧。只有"无为而治",才是真正的治理;只有"让人觉着不是在领导",才是真正的领导。孔子追怀舜"无为而治"的太平盛世,我们追怀周恩来"让人觉着不是在领导"的领导智慧。

就目前的情况来看,有的领导从不以领导自居,但他的下属却总是把他当做最好的领导;有的领导从不高高在上,但他的下属却把他的地位抬得至高无上;有的领导从不发号施令,但他的下属却总是雷厉风行地执行他的命令。相反,有的领导却没有真正理解"公仆"的涵义,时时端着领导的架子,唯恐人们不把他当做领导,结果恰恰相反,人们并不把他当做是一个名副其实的好领导;有的领导处处高高在上,以势压人,结果人们从心里鄙视他、贬低他;有的领导事事喜好"一言堂",喜好发号施令,唯恐人们不照此办理,结果每每是"你有政策,我有对策"。实践证明,让人觉着不是在领导的,却实施了最有效的领导;刻意让人强烈感觉是领导的,却走向了最有效领导的反面。

公仆是公众的仆人。

最好的治理是无为而治。

最好的领导是让人觉着不是在领导。

(柳士彬)

16. 阿莉阿德尼公主的引线
——解决复杂问题的智慧

相传,古希腊克里特岛国王米诺斯和皇后帕西法厄生了一个牛头人身的怪物,国王为了遮丑,就召集能工巧匠建造了一座非常复杂的迷宫,把怪物关在了里面,并强迫雅典人每年进贡七个童男和七个童女给怪物吃。为了解除雅典人民的苦难,雅典王子提修斯混在这些童男童女中来到了克里特岛,决心杀掉这个怪物。国王的女儿阿莉阿德尼公主一见到提修斯,就爱上了这个英俊而勇敢的年轻人,她深知不管谁走进这个迷宫都难以找到出路,于是就把建造迷宫的能工巧匠给她的一个线团,悄悄转给了提修斯,让提修斯把线团的一头拴在迷宫的大门上,一边放线一边往里走。结果,按照阿莉阿德尼公主的办法,提修斯历尽艰难曲折,终于找到并杀死了怪物,然后又顺着那条引线走出了迷宫。

恩格斯在《自然辩证法》中讲到物种起源与演进问题时说:"生物学上的新发现,甚至使最顽固的分子也不得不承认那条可以把人们从植物学和动物学似乎越来越深地陷进去的迷宫中引导出来的阿莉阿德尼线了。"恩格斯所说的"阿莉阿德尼线",实际上就是那条帮助提修斯走进、走出迷宫的阿莉阿德尼公主的引线,只是恩格斯在这里用以强调的是要善于从错综复杂、千丝万缕的事物中找出规律、理出头绪,只有这样才能有利于复杂问题的解决。"西安事变"就是这样一个极具复杂性的问题,"西安事变"的和平解决,体现的正是这样一种解决复杂问题的高超智慧。1936年12月12日,"西安事变"爆发,周恩来亲赴西安,着手和平解决"西安事变"。周恩来所面对的矛盾可谓是错综复杂、纵横交错:首先是张学良与杨虎城的意见就不统一,张学良认为能够用抗日救国的真诚感动蒋介石,如果确实如此,那他依然拥护蒋介石的领袖地位,而杨虎城则认为蒋介石阴险奸诈,对他绝不能"放虎归山"。面对这种情况,周恩来对张、杨二人进行了耐心细致的思想教育工作,帮助他们分析当前的各种矛盾及其相互关系,明确建立抗日民族统一战线的重要性,最终使张、杨二人首先接受了和平解决"西安事变"的主张,决心逼蒋抗日。其次,杨虎城部队中的许多军官都强烈要求杀掉蒋介石,周恩来及时来到群情激昂的西北军之间,帮助他们分析局势:在大敌当前的情况下,要爱国就必须从国家和民族的整体利益出发,不计个人私仇。周恩来的话使许多军官热泪盈眶。在国民党统治集团内部,周恩来的方针是争取主战派,并通过他们影响蒋介石,削弱亲日派。宋氏兄妹到达西安后,周恩来立即与其会晤,阐明共产党的主张,晓之以利害,动之以真情,促使他们做蒋介石的工作。至于蒋介石本人,周恩来针对他的两面性,在压制其妥协一面的同时,极力促动其抗日的一面,最终迫使蒋介石接受了"停止内战,一致抗日"的主张。至此,"西安事变"

终于得以和平解决。

"西安事变"和平解决的过程,表现了周恩来解决复杂问题的高超智慧,这种智慧也就是善于在一团乱麻似的复杂情况中,紧紧抓住并充分利用了那条"阿莉阿德尼线"。毫无疑问,在当时的局势下,中日矛盾是主要矛盾,与此相比,共产党与蒋介石以及张学良、杨虎城与蒋介石之间的矛盾是次要矛盾,正是从解决中日这一主要矛盾出发,共产党才不计前嫌、以德报怨,制定了和平解决"西安事变"的方针;与张、杨之间的矛盾以及他们各自派系内部的矛盾相比,张、杨与蒋介石之间的矛盾是主要矛盾,只有这一主要矛盾得以解决,其他次要矛盾的解决才有可能;与张、杨各自派系内部的矛盾相比,张、杨之间的矛盾又成为主要矛盾,也只有先行解决这一主要矛盾,才能继之解决派系内部的次要矛盾。周恩来就这样睿智地理清了"西安事变"中各种错综复杂的矛盾关系,抓"主"带"次",以"次"促"主",将主要矛盾和次要矛盾分别分层次地一一解决,环环相扣,步步为营,最终完成了这一极具复杂性和挑战性的任务。

擒贼擒王,牵牛牵鼻。

纲举目张,统揽全局。

线索是解决复杂问题的关键。

(柳士彬)

17. 不战而屈人之兵
——兵家的最高智慧

我国战国时期有一个"止楚伐宋"的故事,说的是强大的楚国聘请能工巧匠公输般负责制造攻城器械——云梯,准备攻打弱小的宋国。墨学创始人墨翟得知此事后,从鲁国日夜兼程赶往楚国,与公输般展开了一场类似沙盘推演的模拟攻防演练,公输般九次变换攻城方法,但都被墨翟一一化解。最终,楚国放弃了攻打宋国的图谋。

赢得战争的胜利往往取决于一定的军事实力,但有时智慧尤其是军事智慧却能使战争在开打之前就已经分出了胜负。墨翟之所以能够止楚伐宋，避免了一场真刀真枪的生死较量，其原因正在于他过人的军事智慧，这种军事智慧就是兼爱非攻、反对不义之战、依靠智慧制止战争。兵圣孙武说："不战而屈人之兵，善之善者也。"兵学始祖姜尚说："全胜不斗，大兵无创。"齐国宰相管仲也说："至善不战。"毫无疑问，这些兵家思想都秉承着一种"非攻"、"慎战"的军事传统，它们主张通过谋略和外交取得全胜，应将血腥的搏杀转变为智慧的较量，大力倡导不战而战、不争之争、以智克力。概括起来，这些兵家思想的共同特征是，强调了战争的道德属性，重视战争中的人心向背，主张战争应"以仁为本"，战争的目的不是为了消灭敌人，而是"以战止战"，应把战争当做解决问题的最坏和最后的手段，这也正如孙武所说"上兵伐谋，其次伐交，其次伐兵，其下攻城"。由此不难看出，我国古代的这些兵家思想已经形成了一种以智慧为代表的兵学文化，已经超出了军事学领域，成为一种战略家的大智慧。

当前，世界范围内的不安全因素依然众多，局部战争频频发生，世界大战的隐患仍旧存在；在这样一种情况下，到底应该怎样更加理性地看待并解决战争问题，已经成为摆在我们每一个世界公民面前的紧迫课题。现代军事战略家利德尔·哈特明确指出，自从核武器出现以后，孙武的"不战而屈人之兵"观点，应该成为今后认识战争、解决战争的主导思想。我国古代的"非攻"、"慎战"思想，不仅深刻影响了并将继续影响着中国，而且深刻影响着整个世界。"非攻"、"慎战"已经成为当代中国国家战略最重要的组成部分，即使综合国力已经位居世界第一，中国也永远都是一个友善和平的大国，应该说，在战争问题仍然没有得到解决的当代，中国为世界其他国家树立了光辉的典范。

  斗智为上。

  以智止战。

  不战而胜。

（柳士彬）

18. 沉锚效应
——创造性智慧的大敌

相传，年轻时的诸葛亮就是一位谋略过人的智者。一次，诸葛亮家的马被邻居偷走了，诸葛亮和衙役在邻居家的农田里找到了自家的马，但邻居说这马是自己的，拒绝将马交还诸葛亮。这时，诸葛亮灵机一动，用双手把马的双眼捂住说："既然你说这马是你家的，那你说它的哪只眼睛是瞎的？""右眼！"邻居回答。诸葛亮拿开右手，只见马的右眼光彩照人。"哎，我弄错了，左眼是瞎的！"邻居纠正说。诸葛亮拿开左手，马的左眼同样明亮清澈。"糟糕！我又弄错了。"邻居还在为自己辩护。这时，衙役实在看不下去了，大声说："够了，够了！这已经足以证明马不是你的！诸葛亮，你把马牵走吧。"

心理学中有一种沉锚效应理论（又叫锚定效应理论），是说以一个位置为锚，事物的变动范围受这个锚的限制；引申义是指人们在对某人某事做出判断时，易受第一印象或第一信息的支配，就像沉入海底的锚一样把人们的思想固定在某处。在上面的故事中，诸葛亮之所以能够让邻居不得不乖乖交还自己的马，所运用的正是这样一种沉锚效应理论。沉锚效应实质上就是一种思维定势，诸葛亮首先让邻居在意识中认定马有一只眼睛是瞎的，然后再让他判断到底是哪只，结果邻居受了这样的暗示，猜完了右眼猜左眼，就是想不到马的眼睛一只也没有瞎。邻居局限于这一思维定势，只能在其中左右摇摆、来回打转，而诸葛亮有意识地将这一思维定势反向运用于对方，巧妙地解决了棘手的问题。

思维定势与创造性智慧是相对的，如果仅仅局限于思维定势，那创造性智慧就荡然无存，只有超越了思维定势，创造性智慧才能得以生成和显现。思维定势或者说沉锚效应，是创造性智慧的大敌。在现实生活当中，我们经常会遇到先入为主、囿于常规或简单折中的情况，鲁迅先生在《无声的中国》一文中写道："中国人的性情总是喜欢调和、折中的，譬如你说，这屋子太暗，说在这里开一个天窗，大家一定是不允许的，但如果你主张拆掉屋顶，他们就会来调和，愿意开天窗了。"在这里我们倒不是想指认这种先入为主、囿于常规或简单折中的做法有什么危害，而只是想说这种做法不利于创造性智慧的形成，换言之，要想具有创造性智慧，就必须超越种种思维定势。其实，世界万物唯一不变的就是变，变是世界万物的根本特征。因此，我们要想具有创造性智慧并发挥其作用，就不能受第一信息的束缚，不能指望毕其功于一役，也不能局限于某一方面、某一模式或某一样态，而应及时了解第二、第三信息乃至更多的信息，同时采取开放性思维方式和创造性思维方式，进行多维度、多因素、多时段的系统考察，这样才能扬弃主观先见，摆脱认识的惯性，最终使创造性智慧的养成变成现实。

先见不足为信。

定势阻碍创造。

智慧在于出新。

（柳士彬）

19. 老鼠与狐狸
——为了生存的智慧

据专家考察，在北美洲阿拉斯加的茫茫荒原上，有一种老鼠，以吃食植被为生，繁殖力极强，但当种群繁殖过于旺盛以致对植被造成严重危害时，其中一部分老鼠的皮毛就会自动变成鲜亮耀眼的黄色，以吸引天敌捕食的目光，如果天敌仍无法使鼠群数量降低到到适当的范围，老鼠便会成群结队地奔向山崖，相拥相携，投海自尽。同时，这块土地上还生长着一种狐狸，以捕食老鼠为生，是阿拉斯加老鼠的天敌，但它们对老鼠的捕食也并非肆无忌惮、无所节制，当鼠群数量减少、狐群数量增加而严重威胁鼠群繁衍时，狐狸也会果断采取行动，限制自身种群的无限膨胀，其中一部分狐狸会相约聚集在一起，夜以继日地、玩儿命似地疯狂跳舞，直到力竭气绝而亡。

看完这样的报道,我们感慨良多。我们不得不修正以前的一种观点,即智慧是专属于人的,只有人类才有智慧,而人类之外的生物界没有智慧。应该说,这种观点是狭隘的、错误的,不仅人类有智慧,动物有智慧,甚至植物也有智慧,任何有机生命体都有智慧,智慧属于所有有机生命体。阿拉斯加的老鼠和狐狸有意识、有目的、有计划、有组织、自觉自愿地自行调整整个种群的数量,而不惜牺牲部分成员的生命,为的就是自身整个种群的繁衍生息,和自身种群的健康、协调、有序和可持续发展,这确实是一种智慧,一种生存智慧,一种伟大的生存智慧!这种智慧是何等高超、悲壮和美丽!这着实可歌可泣、发人深省!

总体而言,目前我们人类还没有具备像阿拉斯加老鼠和狐狸一样的生存智慧,或者说在生存智慧问题上还没有达到阿拉斯加老鼠和狐狸那样的高境界。我们至今没有处理好与其他物种之间的关系,而仅仅从自己的角度去思考自己的问题,只要能为我们所用,我们都会极尽加工、改造和统治之能事,根本不顾其他物种的死活。这就是一种标准的"人类中心主义",最终,我们只能吞下"人类中心主义"的恶果,只能导致人类自身这一物种的毁灭。其实,人类的生存和发展必须而且只能以其他物种的生存和发展为前提,而不能以牺牲其他物种的生存和发展为代价,只有其他物种得以健康、协调、有序和可持续发展,人类才能真正获得健康、协调、有序和可持续发展,二者是相互促进、互为裨益的。因此,从这个意义上说,我们坚持科学发展观,就必须以包括人类在内的所有物种、所有有机生命体为本。阿拉斯加老鼠和狐狸的生存智慧确实应该赢得我们人类的理解和尊重,我们不能因为自身的进化走在了其他物种的前头而沾沾自喜,也不能因为以自己霸主的铁蹄征服自然而豪情万丈,我们应该低下高昂的头颅,在其他物种乃至自然界面前,应该谦虚地、虔诚地向其他物种学习,向自然界学习,应该与万事万物保持和谐共赢的关系。老鼠和狐狸尚且具有如此的生存智慧,何况作为万物之灵长的人呢?

  每一物种的存在都有合理性。

  尊重自然就是尊重自己。

(柳士彬)

德

题 解

"德"字起源很早,从行、从直。其最初仅为"直行、上升"之义,由此义引申为"好的政治行为"、"恩惠、恩泽"、"功、绩"等多层意旨,后来又被儒家学派赋予了"善、孝、忠、俭"等多层伦理意蕴。在儒家学派看来,"德",从根源上看首先是指人内心的情感或者信念;用于人伦,则又指人的本性、品德,具体所指包括忠、孝、仁、义、温良、恭敬、谦让等多方面内容。道家则认为各种事物所得之自然即为"德",对人而言,便是品德。宋明理学家则把"德"字看做是实行某种原则,有所得于心,"德"即"得"。

无论各家各派怎么说,"德"字所呈现的后起之义都与心态有关,是一种根源于心态而后形诸于外在伦理关系的核心价值体系,是以善恶评价为标准,依靠社会舆论、传统习俗和人的内心信念的力量来调整人们之间相互关系的行为规范的总和。"德"在现实社会生活中包括社会公德、婚姻家庭道德、职业道德等等,更多的时候,"德"字专指个体的道德品质或道德行为。

"德"字在当代逐渐被"道德"一词所取代。在今天,道德不仅是一种由人们在实际生活中根据其需求而逐步形成的具有普遍约束力的行为规范,具有良好的群众基础，更是发展先进文化，构建人类文明，特别是精神文明的重要内容。同时道德也是一种心灵的契约，只能靠人们的自觉遵守和社会舆论来实现其制约的力量。故我们在探讨"德"的范畴时，重点关注心灵的契约性以及社会舆论的制衡性，从"德"与社会、传统、权力、才干、金钱、法律、对外交往等多重关系以及"德"的养成、传播、作用等十五个方面分别加以审视。

（马士远）

1. 宁做三奶　不嫁穷人
——消极道德要不得

据《华商报讯》载：网友"我是农家女"在新浪杂谈版里发了《宁做三奶，不嫁穷人》的帖子，该帖迅速在论坛里蹿红，并被搜狐、猫扑等各大论坛疯狂转帖，仅短短三天时间点击率就飙至70多万，回复达2700多个。更令很多人意外的是，网友中选择顶帖（支持）的占4100多人，而踩帖（反对）的仅有740多人。另据《每日新报讯》载：有三人情绪激动地坐在商场楼顶，随时都有跳下的可能，可是围观群众不但不劝解，反而发出令人反感的声音："赶快跳呀，等半天了！"有的人甚至说："我就知道他们不敢跳，要不早就下来了，等什么呀！"两名逛街的女孩看到后，随口说出："跳下来多好玩呀，我还没看见过呢！"七八个学生模样的孩子看到后，竟大声地说出："要不咱等一会儿，也许他们就跳了呢！"无独有偶，《华商晨报讯》载：一女子日前在沈阳欲跳楼，有上千人次围观，有人搬来板凳坐着看跳楼，有人为了看热闹，竟回家拿了饼干和矿泉水后又匆匆赶回来继续守候。不可否认，上述社会现象在当下确实不是个别的存在，究其根本原因，"躲避过度的崇高，复现人性真实与平凡的本来面目"恰是这些社会怪现象存在的伦理支点。

在经历了封建伦理道德大批判和社会主义崇高道德大解放之后，道德在当下因被过度放大，有时候确实成了一个虚伪的代名词，人们挣脱了过度道德的压抑，迫不及待地释放着所谓的"真实自我"，卑微和无赖泛滥成灾。于是我们身边就有了范跑跑之类的"自由主义人权斗士"和"真小人为英雄"等一波又一波的反崇高之论；于是人们不再谈论道德，甚至嘲笑有道德的人，老实意味着懦弱，认真被看做迂腐，而狡诈滑头却被视为成熟与幽默，成为新新人类的道德至尊；于是"男人不坏，女人不爱"的口号频繁地叫响于寻爱男女的唇齿之间，雷锋们却被无情地丑化和贬低，渐渐沦为公开场合的饰物以及私下里的笑柄；于是"顶贴堕落"、"喝彩跳楼"，甚至"身体写作"、"围观强奸"等现象似乎已经成为新时代公民意识的某种泛性，人们只在行为上遵循消极道德的路径，而在心理上对积极道德并没有严格的要求，一个人只需要遵守一些道德规范或行业道德规则就可以了，并不在内心里努力追求成为一个有道德的人。但时下兴起的这股"反崇高"潮流常常意味着失去约束后的放纵，事实上常常与真正的平凡和真实的人性擦肩而过。不分是非的反崇高，事实上是从内心深处主动放弃对道德的守望，其结果往往会矫枉而过正，使人们常常以卑琐和不上进来显示自己的真实与平凡，故屡屡碰触伦理道德的底线。

  曾子曰："慎终追远，民德归厚矣。"在经历了五四时期至今的几次道德标准的大起大落后，中华民族确实走到了亟须重新平衡道德杠杆的十字路口。要想重新实现"民德归厚"的社会，"慎终追远"，从优良的传统道德伦理中汲取精华当是行之有效的捷径。孔子曰："子欲善而民善矣。君子之德风，小人之德草，草上之风，必偃。"其意思是说，君子的道德好比风，平民百姓的言行表现像草，风吹在草上，草一定顺着风的方向倒。联系当今社会，其意在于，要想民德归厚，首先就要有一种可以效仿的君子之德。社会基层道德的失衡根源于一些拥有权力的人或政府部门或企业单位的不道德行为，若这些人、单位、部门仅仅以不触犯法律为行为底线，做一些无羞耻之心的事，民众自然就会以之为参照，结果当然只能是"民免而无耻"。这种以不触犯法律为底线而产生的无羞耻之心的民风，不仅会引起个体心灵和精神的失衡，更会造成整个社会伦理心态的失衡。

  孔子曰："道之以德，齐之以礼，有耻且格。"《晏子春秋》中就记录了一个环境对道德产生重要影响的故事：有一次，楚王设宴招待晏婴，当宾主双方都喝得有几分醉意的时候，只见两个小吏绑着一名犯人从楚王面前走过。楚王故作惊奇地站起来问道:"绑着的人是干什么的?"小吏禀报说:"他是齐国人,做贼的。"楚王转过头来讥讽地对晏婴说:"哦,齐国人。你们齐国人都惯于偷东西吗?"晏婴不慌不忙地回答说:"我曾经听说过,橘树生长在淮南,就能结出橘子,移植到淮北,就会长成枳实;叶子虽说相似,但两者的味道却大不相同。这是什么原因呢?因为水土不同。这个人在齐国不偷东西,到了楚国就成为盗贼,恐怕也是楚国的水土使这人变成这个样子的?"面对窘迫局面,晏婴恰是抓住外在环境对人们的道德观念、善恶标准的影响来还击楚王之刁难的。看不到外在环境在公民内心深处的影响作用,就不能理解道德观念在不同地区、不同国度的差异性和善恶标准的相对性。可见,加强公共道德环境的建设,是扭转当下所流行的以反崇高为名义、而事实上是不分是非善恶的不道德行为的关键一环。从去年年底开始进行的抵制互联网低俗之风的专项整治活动就非常有意义,对净化公共道德环境,扭转当下日益严重的失衡的社会伦理心态,必定会起到重要的建设作用。

只有当美德被光明磊落地赞赏、真心实意地效仿的时候,在普通公民心里才能留下一片圣洁的天地去守望道德的星空,和谐社会才会真正到来。

辅世长民莫如德!

消极道德要不得。

(马士远)

2. 慎终追远　民德归厚
——数典忘祖者亟须补上的一课

随着黄金周长假的推行,以及改革开放以来对外经济、政治、文化交往的逐步加深,不少国人对我国一些已经延续了几千年的传统节日观念日趋淡漠,特别是一些年轻人更是如此,中秋、清明、端午、重阳、腊八等蕴含丰富民族文化品质的传统节日在人们心目中的地位逐渐被圣诞节、愚人节、母亲节等舶来的洋节所取代。例如,所谓的"80后"、"90后"们对我国极富诗意的七夕节往往无动于衷，甚至闻所未闻，而对西方的被巧克力与玫瑰花包装的情人节却趋之若鹜，甚至乐此不疲。而当我们热衷于模仿、接受各类舶来的洋节的时候，我们的邻居韩国却于2004年决定将其"江陵端午祭"向联合国教科文组织申报2005年度的"人类口传和无形文化遗产"。俄罗斯国家杜马近期也审议了一项新法案，为防止青少年受到破坏性的西方不良文化的影响，禁止学校把万圣节、情人节这些西方节日定为假期，禁止庆祝在国内越来越受欢迎的情人节等西方节日。

韩国等这些举措惊醒了许多中国人。我们中华民族很早就有追宗敬祖的优良传统，以儒家文化为核心的中华文明，是世界上唯一延续了五千余年而从未间断过的人类文明。这种奇迹的出现绝不是偶然的，究其根源，应与其几千年来强烈的追祖、敬祖文化的核心理念息息相关，很早就有反对"数典而忘祖"的传统。《左传·昭公十五年》载，春秋时晋国大夫籍谈作为诸侯国的代表出使周朝，周景王问他，何以晋国不纳贡？籍谈回答说，因为晋国从来没有受过王室的赏赐，哪有器物来贡献？周景王把晋国从始祖唐叔开始，曾经不断受过王室赏赐的事儿一一列举出来，然后讥讽道："籍父其无后乎？数典而忘其祖。"意思是说籍谈身为晋国司典的后裔，说起国家的礼制掌故来，竟然把曾经掌管史册的自己的祖先都忘记了。

我国诸多的传统节日是祖先留给十三亿中华儿女无形的宝贵财富，这些节日是在漫长的历史长河中经过长期冲刷、积淀而逐渐形成的，每个节日都富含有我们先祖经过漫长社会生活实践而得来的无穷智慧，在漫长的历史长河中，也曾经对多元民族共融的社会风俗行为以及思维观念产生过极其深远的影响，对凝聚民族精神、加强民族团结始终都起着至关重要的促进作用。在我们现实生活中，一些历史虚无主义者往往不加分析地盲目否定老祖宗传给我们的文化遗产，否定自己的民族文化，甚至否定一切。如在"文化大革命"中，所谓的无产阶级革命派们企图完全抛弃以往一切文化遗产，把他们认为是"封建思想毒瘤"的众多珍贵古籍送到造纸厂做纸浆，这种荒唐做法的可怕后果是可想而知的。我们知道，今天是从昨天走来的，今天是历史的终结，但今天却又走向明天，今天是未来的开端，不论是个体，还是一个国家、一个民族，真正的智者无一不是在总结学习继承前人优秀文化遗产的基础上成长壮大起来的。后来者能幸运地站在前人的肩膀上，总是比打倒前人后站在他们的肚脐眼上要高得多，看得远；而割裂历史、抛弃遗产、非议前人、数典忘祖、哗众取宠等自掘坟墓式的张扬自我，最终其结果就只能像掰包谷的熊瞎子一样，是不会有任何收获的。

在《论语·学而》中，孔子的学生曾子曾经说过："慎终追远，民德归厚矣。"终是结果，远是远因。这句话的原意是强调只要重视富含追祖、敬祖意蕴的丧祭活动，就可以影响民风，就可以使老百姓向淳朴敦厚的道德品质回归。曾子的这句话告诉我们，如果要想有好的结果，必须先有好的开始。当下我们只有认识了这个道理并继承了好的开始、优良的道德伦理传统，社会道德的风气才能真正归于厚道严谨。

中国几千年来的风云变幻遗留给我们的不仅仅是王朝更替、帝国兴衰，"慎终追远"的信仰坚守早已奠定了华夏民族历尽磨难、日益深厚的文明习俗。在中国人民大学校长纪宝成先生等不少有识之士的建议下，实行了很久的黄金周节假日制度终于在2008年进行了改革，其重要的变更内容就是取消五一黄金周，增加中秋、清明、端午三个法定节假日。这一举措赢得了许多国人的赞同，因为其彰显了"慎终追远"的民族优良传统，这些节日多有着祭祀先人的严肃性，能够充分表达国人"慎终追远"的情怀，对培养国人良好的公共道德文化品质极具现实意义。

"德"字这艘航船一直是历史长河中的领航者，历经千年而经久不衰！

在重振中华文明、复兴民族文化的当下，让我们牢牢记住曾子的这句老话：

慎终追远，民德归厚矣！

（马士远）

3. 百合谷地的传说
——"修德以服远"永远不过时

民间流传着一个"百合谷地"的传说：在一个偏僻遥远的山谷里，有一个高达数千尺的断崖。不知道从什么时候起，断崖边上长出了一株小小的百合。百合刚诞生的时候与周边的杂草没什么区别，但是她的内心里却潜藏着一个纯洁的念头："我是一株百合，不是一株野草！唯一能证明我是百合的办法，就是开出美丽的花朵！"于是她努力地吸收阳光雨露，深深地扎根，直直地挺着胸膛。终于，百合花一朵一朵地盛开了。花朵上每天都有晶莹的水珠，野草和蜂蝶都以为那是昨夜的露水，只有百合自己知道，那是极深沉的泪滴！每到春天，野百合就努力地开花、结籽，她的种子随风飘落在山谷、崖边、草原。多年后，到处都开满了洁白的野百合。从此这儿就被人们称为"百合谷地"。百合高洁，引来四方游客。

　　大自然万物如此，人类亦如此。孔子曰："远人不服，则修文德以来之。"自古以来，天下为天下人所有，有德之君，顺乎民心，则天下归之；昏庸之主，误国殃民，则天下离之。儒家学派还更形象地做过这样的描述："为政以德，譬如北辰，居其所，而众星拱之。"这是用天象来比喻人间，用北极星来比喻统治者治理天下的德行。这道理早已成为了中华治理社会的优良传统。就拿我国古代的民族发展史来说吧，中原华夏周边曾经分布着东夷、西戎、南蛮、北狄等许多少数民族，他们都像天上的星星那样环绕在华夏周边；尧、舜、禹、汤、文、武、周公等贤德之人，用其清香四溢的德行治理中原大地，渐渐地这些民族纷纷归顺华夏，最终形成了人类发展史上光耀千代的东方文明！如《尚书》就记载了这样一个实例：三苗"昏迷不恭，侮慢自贤，反道败德"，欲望膨胀而蠢蠢欲动，不愿服从帝舜。帝舜于是命大禹带兵征伐。三十天过去了，丝毫进展都没有。伯益献计于大禹，教大禹用至诚之心感动教化三苗。于是大禹班师回朝，效仿帝舜大施文教德政。过了七十天，果然三苗前来归顺。

　　无独有偶，汉代陆贾说服越南王，更是与其建议汉高祖以儒为师、以德治国分不开。如果汉高祖仍然沉迷于"乃公居马上而得之，安事《诗》、《书》"的胜利中，恐怕还会有一个接一个的南越王向汉高祖挑衅，统一南方将会是南柯一梦，商纣、秦二世的悲惨写照将由他续写，更不会有刘家四百年汉室王朝。由此观之，以德为师，修德服远，确为国家处理民族关系、对外关系的既不伤身也不动神的好方法。

　　古语云："与善人居，如入芷兰之室。"古代有个"千金买邻"的故事：有一个品德高尚的人，在他家的周围，每个人都因为他高尚的品德而愿意去亲近他，甚至有好多远方来的人都刻意地去拜访他。有一天，一个人用千金买下了他旁边的房子，而那个房子其实连百金也不值。他问那个买房子的人为何如此？那个人说："因为您的品德太高尚了，我愿意花上千金买一个好邻居。"可见修德服远早已成为中华伦理中的重要组成部分。

明朝时期，郑和率领两百多艘大船，两万八千名将士下西洋；其船队是世界上最早的远洋船队，比西班牙航海家哥伦布发现新大陆早七十二年，比麦哲伦绕行地球一周早一百多年，更比达伽马领先到达印度。郑和有绝对的武力可以征服其所到达的国家和地区，但是其船队从来没有肆意地侵犯过这些国家和地区。他们所经之地，都是以和平友好的理念与当地人交往相处，如郑和与马六甲王朝的和睦交往，就已经成为马、中两国历史长河中永远美好的回忆与历史见证。郑和下西洋之后，世界上许多国家纷纷派遣使者前来中国，以便更好地理解中国文明，极大地促进了世界的融合与联系。

在当代国际社会中，中国始终坚持和平共处五项基本原则，服务世界大局，促进世界和谐，造福人类。二战结束后，中华人民共和国对外宣布把日本对中国的战争赔偿一笔勾销，并且还在中国大陆修建日本人公墓，这些做法赢得了日本民众和诸多学者的称赞和感激；2008年北京奥运会，中国领导人主动邀请日本首相到北京观看赛况。这些以德服人、以德服远的做法已经成为我国对外处理国与国关系的金钥匙。在目前的世界经济危机大潮中，中国已经成为国际上最具影响力的大国之一，综合国力和国际地位日益提升，国际社会对我国的期待日益增多；之所以会有如此局面，正是因为中国在世人目前所表现出来的和平、友好、善意、真诚以及积极进取的良好国际形象起了关键作用。反观美国等部分西方发达国家，经济、军事等实力远比中国强大，但其凭着综合实力在世界各地到处推行强权政治、霸权主义，肆意侵犯别国领土，干涉他国主权，已经成了专横霸道的代名词，在国际社会中的形象已经逐渐降低，其核心利益集团也呈现瓢分瓜裂之势。

可见，从古至今，从自然界到人类社会，修德以服远都是无法改变的真理。

让我们学习百合的情操，用高洁的品德充实自己，凭着高洁的心灵去赢得天下！

以德立身，朋友遍天下！

修德以服远，确是一把处理对外关系的金钥匙！

（马士远）

4. 视远唯明　听德唯聪
——我们需要更多的伯乐与千里马

甄别文物还得靠行家里手，一般凡夫俗子做不到；有贤能的人出谋献策，更得要有机会遇上"耳聪目明"的主政者。改革开放已有三十余年，但回首当初，要不是改革开放总设计师邓小平他老人家的"视远惟明，听德惟聪"，恐怕率先萌芽起来的"吴市场"至今仍是"犹抱琵琶半遮面"，吴敬琏先生本人更可能是无大用武之地，也许至今还淹没鲜闻矣！

能视远谓之明，所视不远，不谓之明；能听德谓之聪，所听非德，不谓之聪。中共十二届三中全会之前，中国国内的语境可谓是"万马齐喑究可哀"，"秋风肃肃闷煞人"，邓小平先生能提出改革开放已属不易，但"计划经济为主，市场经济为辅"的论调仍是大行于天下，势不可当。当时国内的一些有识之士对商品经济"蠢蠢欲动"，著名的经济学家吴敬琏先生正是在此关键时刻从国外取经而归，与一些有识之士一起披荆斩棘，起草了一系列关于建立"商品经济"的文章和草案，这些文章和草案的开创性观念与当时党内的一部分保守人士的论调相左。还是邓小平他老人家的一席话免了吴敬琏们的好多口舌："我的印象是写出了一个政治经济学的初稿"，"这次经济体制改革的文件好，就是解释了什么是社会主义，有些是我们老祖宗没有说过的话，有些新话。我看讲清楚了。"吴敬琏等有识之士讲话大胆，改革思路颇有新意，邓小平同志以高瞻远瞩的目光，对吴敬琏等人的评价甚高，及时地肯定了他们所作出的努力。紧接着国家就出台了《中共中央关于经济体制改革的决定》，就这样，"社会主义计划经济必须自觉依据和运用价值规律，是在公有制基础上的有计划的商品经济"被写进了中央文件。其实邓小平同志早在1962年7月7日接见共青团三届七中全会全体代表时就曾说过,"不管白猫黑猫,抓住老鼠就是好猫",管它姓资还是姓社,只要能坚持"三个有利于"的铁原则,努力践行全面发展的科学观,建设好具有中国特色的社会主义,就可以"运用脑髓,放出眼光",好好实践"拿来主义"。

孔子曾说过:"直哉史鱼:邦有道,如矢;邦无道,如矢。君子哉蘧伯玉:邦有道,则仕;邦无道,则可卷而怀之。"前者是坚守道义,致死不渝;后者是"道不同不相为谋"。《公冶长》记载:"宁武子:邦有道,则知;邦无道,则愚。其知可及也,其愚不可及也。"君主有道,我就贡献聪明才智;你无道,我就装痴卖呆敷衍你。儒家另一部经典《大学》也说:"民之所好,好之;民之所恶,恶之。此之谓民之父母。"用今天的话讲,就是与人民同呼吸共命运,像父母对儿女那样贴心扒肝地付出,心甘情愿地奉献,才是当政者应该做的,才会有更多的"直哉史鱼"。

中国历史上敢谏与善于纳谏者数不胜数,如邹忌和齐威王、魏征与唐太宗的诤谏与纳谏的故事,早已为大家耳熟能详了。但自古以来,谏难,纳谏更难。比干挖心、屈原跳江,可谓敢谏,然不遇明主,终至身死人亡,丧国失地。综观历史上的主政者要想成就一番霸业,身边没几个敢于直言进谏的诤臣是根本不可能的,而即使有了这样敢于进谏的臣子,若其主政者所视不远、所听非德,恐怕也难以实现霸业之梦想。当年商王太甲返回亳都,初复王位,抱负满怀,摩拳擦掌,一心要效仿先王,一展宏图,于是问政于伊尹。伊尹闻太甲有偌大抱负,很是欣喜,诚恳警示太甲要"视远惟明,听德惟聪"。这是什么意思呢?就是要他目光清明,能看得远,就不会被浅近者所蔽;耳朵聪敏,能听到有德之言,就不会被险邪者迷惑。只有这样才能德施万泽,国治民安。"文革"十年浩劫之后,百业待兴,在邓小平同志领导下政府果断改革,万物复苏,当是时有志于改革者雄赳赳,气昂昂,满腹经纶,更有治国经略种种,只待贤德者,便喷涌而出,一发而不可收。吴敬琏者,幸哉,遇小平。然古上之贤臣能相,个个忠胆,献言献策,稍有不慎,便要"坠身于危棘将死之域"。萧何为民请上林苑中空地,高祖大怒,将其抓入大狱,王卫尉挺身进言,高祖虽不大高兴,最后还是放了萧何。无独有偶,汉文帝免了周勃的丞相之职,有人火上加油,诬告其有谋反之心,文帝欲治其罪,傅太后短短几句,便说服了汉文帝赦免周勃。高祖、文帝明而受言，有大德也，高祖开世、文景之治，何能接连演绎，其要旨当寓于此。汉元帝时，萧望之受先帝之命辅佐朝政，被人嫉妒，诬之为"朋党"，元帝没弄清楚情况，便把萧望之送到牢里，后来知道是弄错了便下令放了他，这时又有人蛊惑说："皇上刚即位，还没来得及德化闻名于天下，这时便把师傅放了，恐不能服众，应把萧望之贬为平民。"于是汉元帝就稀里糊涂地将萧望之"免为庶人"。何等昏庸，难怪历史上有人为其安排了"当时柱杀毛延寿"的历史闹剧呢！

虽然当下在各行各业中确有不少不惑的智者、不忧的仁者、不惧的勇者，但仍需要主政者们"视远惟明，听德惟聪"。人人心中都有一杆秤，既要时时拿它来衡量自己，也会不停地拿它来称量别人。电视剧《宰相刘罗锅》的主题曲唱得好："天地之间有杆秤，那秤砣就是咱老百姓……"，公道自在人心里，主政者能否真正做到耳聪目明，老百姓心里最清楚！

视远惟明，听德惟聪。

德厚者进，佞说者止。

（马士远）

5. 币厚伤德
——礼尚往来需要讲究"度"

俗话说："有钱能使鬼推磨"，俗话又说："钱不是万能的，但没钱是万万不能的。"但俗话也说了："金钱是水，欲望是船，水涨船高，便有了翻船的可能！"近年来，在市场经济、商品经济的大潮冲击下，很多人往往在不得已的情况下成为了金钱的奴隶，不是以厚币拖人下水，就是被别人以厚币拖下水，而最终成为阶下囚。如俞芳林，广西钦州市原市委书记、市人大常委会主任，曾任中共北流市委书记、玉林地区行署专员、中共玉林地委书记。2002年10月3日，被法院以受贿罪、巨额财产来源不明罪判处无期徒刑，剥夺政治权利终身，现在英山监狱服刑改造。检察机关查获其主要的犯罪证据有：8公斤重的金条、金块、金砖、金戒指、金项链，还有金手表、金手镯、宝石，外加美元、泰铢、土地使用证等。显然，这些价值不菲的东西都是别人对其"礼尚往来"中的"礼"物。中国号称礼仪之邦，国人很重感情，不同时代的人们都对感情联络这一处世法宝颇有领悟，而感情联络常常以"礼尚往来"的基本形式表现出来。"来而不往，非礼也"的习俗已经延续了几千年，历史发展到今天这个以商品为基本表现形式的经济时代，在人与人、团体与团体、国与国之间，礼尚往来的习俗不但没有丝毫减弱，而且逐步上升为"以币载情"的新局面。这种现象不得不让我们对其加以重新审视。

孔子非常强调礼尚往来。因为"礼"的需要，孔子不得已而见南子，使子路感到很不高兴。孔子虽看不起阳货的为人，但为了礼尚往来，他仍想趁着阳货不在家的时候去回拜他。但孔子又说："君子喻于义，小人喻于利。"礼尚往来，带着对对方的祝福、祝愿或抚慰、关怀或回敬，"往而不来，非礼也；来而不往，亦非礼也！"但绝不应该带有任何祈求财富之目的。礼尚往来时，若以币厚、币薄来衡量，不仅会伤他人之德，同时也有损自我之德。若为了自我利益而在他人身上搞感情投资，利用对方出差、治病、升迁、婚嫁丧娶之机，或在逢年过节时"进贡"，对其展开糖弹攻势，事实上是在坑害别人，逼其失德！而那些小的敢收，大的能纳，从烟到酒，从车到房，"礼"者不拒，满口说着"下不为例"却暗自里"妥善处理"者，却是甘愿自我失德，其所作所为正应了"苍蝇不叮无缝的蛋"那句俗话。

古人云："币厚则伤德，财移则殄礼。"一切事情都讲究个度，自古以来，礼尚往来都贵在情谊，千里送鹅毛，礼轻情意重，君子之交淡如水，而不在往来之"礼"的多少。而习俗一旦变成了以"礼"之多少来衡量感情之深浅、关系之疏密，事实上就已经将礼尚往来的本质变形为纯粹的利益关系了，其本质也就变形成了行贿受贿问题了，这时可谈的就只有道德与法律了！

礼尚往来与行贿受贿之间有着十分的相似性，二者仅一步之遥。同样是送礼、回礼，同样是你情我愿的事情，稍不留神便有可能使"行贿受贿"化妆成了"礼尚往来"。《刑法》第389条规定："为牟取不正当利益，给予国家工作人员以财物的，是行贿罪。"犯罪分子行贿手段花样不断翻新，如行贿人为了牟取不正当利益，把住房、汽车等长期"借给"有关人员使用，并包揽一切费用，还有的进行色情贿赂等。而受贿之人，往往有着"人家送来了就收下吧"的心理，看似拿人钱财，与人方便，实则在帮助别人实现欲望的同时，也破坏了自己的道德！不义之财莫伸手，伸手必被捉！

在现实生活中，有时人们感觉行贿受贿好像离自己还很远，但当笑看形形色色的人们为了争取正当的或者不正当的利益而不得不"礼尚往来"的同时，偶尔也会吃惊地发现自己已经卷入行贿受贿的行列了！其实，这些关系的处理都只是一个度的问题，让我们牢记：

　　礼尚往来，币厚易伤德。
　　君子有财，用之须有道。
　　君子爱财，取之亦有道。

（马士远）

6. 德亦财富　德亦效益
——谈企业的道德问题

一名在一家民营企业工作的大学毕业生早在2006年时就曾经在自己的博客里这样写道："我生在礼仪之邦，长在朴实的孔孟之乡，虽不真正明白何为道德，但是心中却似乎有一把道德的尺子。有些事情做了，心里坦荡荡，有些事情做了，心里不踏实。当我到了企业，当我跨入这个我曾经梦想的舞台，我惊诧了！企业的道德在哪里呢？我进的是一家民营企业，是一个典型的劳动密集型企业，工人含辛茹苦，挣那么一点被企业压了又压的工资；做人事工作的我，稍微有一点提高福利的举措，就被当头棒喝，'工人你管他做什么，走了，再招啊'。虽然我还可以用'企业追求利润最大化'的经济理论来解释，但是当公司要我用霸王条款合同去欺瞒工人，用扯皮耍横去驱赶工人的时候，我心里开始不踏实了，企业真的是唯利是图么？……这些，曾经我以为耻的行为，现在天天发生在我的身边，这就是所谓的环境。这也许真的不算什么，但是如果这是一种普遍现象的话，那真是我们民族的悲哀。"

其实，企业道德问题在我国是随着改革开放的深入而逐步出现的一个新问题，虽然在企业成长发展历程中，也始终伴随着与之相适应的道德规范体系的逐渐形成和完善，但许多企业及所谓的企业家们毕竟在道德的自生性方面还欠缺许多。就道德内在的自律属性而言，道德只有在内生的情况下方容易发挥作用，即使是被某种外在的道德所教化和感召，也必须首先被道德的行为主体所接受，从而变成其内在的观念意识。

引起社会广泛关注的三鹿奶粉事件，可谓是典型的企业道德问题。据说早在2008年3月初三鹿的领导层就已经知道了奶粉污染问题，却一直在蒙蔽着消费者，让那些已经吃了问题奶粉的儿童继续吞食着有毒的奶粉，让一个个小生命继续在危险中煎熬。后来只是迫于媒体的压力，三鹿在不得不公开的情况下才承认过错。而且面对问题，三鹿最初是把责任推给奶农，说是奶农为了提高兑水牛奶的蛋白质浓度而私自添加了三聚氰胺，而奶农们则说，是厂家蛋白含量要求标准过高，不加三聚氰胺就难以达到收购的指标。其实这些都是表面现象，加入者、收购者，甚至包括那些质检员、技术员、各层管理者，乃至政府各级企业管理部门，难道就对三聚氰胺一无所知吗？企业的良心何在？一个个微弱幼小的生命，一位位痛心疾首的家长，甚至包括我们每一个公民，都在为这些黑心企业、黑心老板买单！本来红红火火的中国奶制品企业几乎一夜崩溃，蒙牛、伊利、光明等奶制品巨头也均卷入这一事件，大量的产品下架、召回，甚至导致市场终端几近真空！

企业追求利润最大化的前提是要守住道德的底线。众所周知，身处以竞争为主的市场经济时代，任何一家企业追求公司利润最大化本来是无可厚非的，但其前提是要以守住商业道德的底线为准。毕竟，早在两千多年前，我们的亚圣孟子就曾明确地说过，"周于德者，邪世不能乱"。对一个品德高尚的人来说，不必过分地强调外部环境的不良影响，只要自我坐守住高尚的道德，即使身处风气污浊的环境中，也绝不会动摇自己的良心与意志。常其德者保其位。同样身处中国改革开放经济大潮中的黑龙江省的部分乳制品企业，却始终没有背离其基本的商业道德标准，在这次"毒奶粉"事件中，不但没有受到冲击，反而赢得了良好的社会声誉，抢占了率先复苏的先机。二者对比，何去何从，中国的企业家们心里理应有明确的选择。

还是孔子说得好:"富与贵,是人之所欲也;不以其道,得之不处也。贫与贱,是人之所恶也;不以其道,得之不去也。"见利要思义,在当今阶段的商品社会中,同种商品之间的竞争相当激烈,在激烈的竞争中,任何企业都要牢记"德亦财富,德亦效益"八个字,不论竞争再激烈,环境再纷繁复杂,也要始终把商业道德放在首位,无愧于自己的良心。只有"周于德者",才能赢得消费者的认可,才能使自我立于不败之地;反之,若时刻惦记着利润、效益,不顾消费者的死活,这样的企业必将被商品社会所抛弃。不单是企业单位,就是医药卫生、教育文化等实体单位,在面对实际利益和经济效益之时,都要牢记这一原则。一个只重视财务利润的公司,根本没有讨论商业道德的资格,它的体制不仅暗示了一个"唯利是图"的价值观,也在很大程度上纵容了 CEO 们的所作所为,而这种纵容让公司的领导们甚至忘记了自己是谁。错误的价值观和错误的自我判断,让公司的领导者们最终迷失在权力和金钱面前。对于一个公司来说,商业道德的缺失要比管理和战略上的失败严重得多。在当前世界性经济危机的冲击下,我国的企业家们除了要及时地做好技术层面的升级换代外,更重要的是要按照以下理念尽快提升企业的自我道德观念,尽快培养健全所管公司企业内部的道德体系:

周于德者,"邪世"不能乱。

德亦财富,德亦效益。

(马士远)

7. 良心做事　正直做人
——别上道德法庭的被告席

在没有法律的年代里人们依靠道德标准来约束自己的行为,那么如今法律逐渐健全了,道德就不重要了吗?大家肯定都会果断地回答:重要啊!但是在当代纷乱嘈杂的社会中,形形色色的道德罪犯却"逍遥法外",无处不在。例如前些年以"草根"名嘴著称的郭德纲,为了两百万元的酬金而不惜为"藏秘排油减肥茶"虚假疗效"吹喇叭",有人企图通过法律来追究郭德纲的责任,但法学界认为,对虚假广告代言人的法律责任尚无明确的条款,这是一个有待弥补的漏洞。然而这些法学界的同志们忘了,还有一个法庭的审判正在等着郭德纲,这就是"道德法庭",郭德纲撞在了道德法庭的"枪口"上,成了道德法庭的被告,受到了舆论的一致谴责。郭德纲虽然不服,在"德云"网站上极力辩解,但任凭其三寸不烂之舌有多犀利,都无法洗刷掉自己的过错。中国有句老话说得好:"不做亏心事,夜半敲门也不惊!"世界上没有不透风的墙,不论是谁做了亏心事,无论在公众面前能隐瞒多久,但是最后真的躲不过去,最起码在自我良心上都过意不去,就连做梦都不得安生,始终备受着良心的折磨!在当下社会应该上道德法庭被告席的人不可胜数,例如交通肇事逃逸的、不孝敬父母的、贪污受贿的、玩忽职守的等等,郭德纲只是之一而已。

　　司马牛曾请教孔子什么样的人才是君子。孔子告诉他说:"君子是一些心中无忧无惧的人。"司马牛还是没听明白,就又问:"无忧无惧就是智者所求的君子标志吗?"孔子说:"内省不疚,夫何忧何惧?"孔子的意思是君子自我反省而做到问心无愧,上对得起天地神明,下对得起世事良知。孔子担心的不是是否不忧不惧,而是能否内省自讼,故孔子谓:"已矣乎,吾未见能见其过而内自讼者也。"(《公冶长》)孟子也说过:"仰不愧于天,俯不怍于人。"孔孟的意思,用今天的话说就是:不做亏心事,上不了道德法庭的被告席。

　　当代中国正处在由传统社会向现代社会、由计划经济向市场经济的转型期,社会开始尊重个人的独立选择,并给予个人更多的选择自由,这是一种历史进步。但是一个人若过分地强调自我而忽略了社会公德,就会混淆善恶、美丑,颠倒是非曲直,超越基本的道德底线,进而变得荣辱不分,丧失做人的羞耻感,在受到某种欲望的驱使时,往往因一念之差而做出遗憾终生的事情。

　　2008年5月12日下午14点28分,一场突如其来的大地震不仅牵动着亿万中国人的心,将我们的时光拉扯得异常漫长,同时也给所有当事者出了一道抉择难题。在地震发生的那一刻,有用自己宽阔的胸膛保护了4个孩子的谭千秋,也有丢弃学生而选择逃离的都江堰光亚中学教师范美忠。当范美忠在网上说出就是自己的母亲也不救而首选逃命之时，在互联网上许多网民以"道德沦丧"、"没人性"、"没良心"等激烈的言辞迅速给以抨击，不仅戏谑地称其为"范跑跑"，而且还有网民作了一首"范跑跑十不该"的歌：

"一不该啊二不该，你不该地震时候第一个跑出来。第一个跑出来也没关系呀，你不该不管学生也不喊一声。三不该啊四不该，你不该跑了以后还不想悔改。不想悔改其实也没关系呀，你不该还要坦然把它写出来。五不该啊六不该，你不该还要在网上发表出来。发表出来其实也没关系呀，你不该说自己并没有做错。七不该呀八不该，你不该口口声声为自己辩白。自我辩白其实也没关系呀，你不该说别人做了无所谓高尚。九不该呀十不该，你不该说你只会把女儿来爱。爱你女儿我们都支持你呀，你不该连你妈妈也不爱。……中国人我们该不该，搞清楚范跑跑的是非黑白？一屋不扫何以扫天下的尘埃呀！美好世界不会自己从天上掉下来！不管你的理由多么充分，你也从此被钉上了道德的耻辱柱上。"

是啊，范美忠的行为虽然没有触犯任何法律条文，但却从此被钉在了道德的耻辱柱上，永远成为了道德法庭上的罪人。公道自在人心里，不做亏心事，上不了道德法庭的被告席。老百姓心中都有一杆秤，谁是谁非，孰轻孰重，谁都能分辨得清楚！范美忠在追求生的欲望的同时丧失了其做人的羞耻感，而羞耻感是个体违背道德或感到无能之时，基于是非观、善恶观、荣辱观而产生的一种自觉的指向自我的痛苦体验，是个体内心里的道德法庭，始终起着良心发现、纠正错误、抑制罪恶的作用，可以有力地遏制人的消极行为和不良道德行为发生。做了亏心事，不管你是北大毕业的高材生，还是人类灵魂的工程师，无一例外地都要站在道德法庭的被告席上接受良心的谴责与审判！

可见，道德法庭的存在非常重要，对稳定社会民心、维护社会正常秩序起着非常重要的作用。我们生活中还真有个道德法庭，记得在《正义周刊》上看到过这样一篇报道：《刘庄村有个道德法庭》，说的是在沂蒙山区苍山县地处偏远、经济落后、民情复杂的刘庄村，由于多年来村民纠纷不断，单纯依靠行政手段根本无法治理该村。为此在该县磨山法庭指导下于1998年在该村成立了一个"道德法庭"，"法官"们由该村九名威信较高的老干部、老党员和村民代表担任，他们以道德作为评判纠纷的标准，及时主动地处理各种村民纠纷，收到了显著成效。自"道德法庭"建立以来，该村没再发生过一起刑事案件和社会治安案件，无一人上访，有力地维护了当地的社会稳定。

良心做事，正直做人！

不做亏心事，上不了道德法庭的被告席！

（马士远）

8. 崇人之德　扬人之美
——一把处理人际关系的金钥匙

古时候有个叫武阳的女子，极好嫉妒，有一次她丈夫观赏桃花时说了声"美哉"，便引起了她的无名妒火，竟让家人把桃树砍掉。虽然如今我们生活在文明时代，但嫉妒还是每时每刻发生在每一个角落。"伯乐识马"的故事人人皆知，人们总是叹息：先有伯乐而后有千里马，千里马常有而伯乐不常有。这就提出一个问题来，伯乐为什么不常有？其实具有伯乐水平的人很多，只不过不够有胸怀，并不是识不出千里马，而是识出来也不重用罢了，甚至还有人怕千里马，不希望身边有千里马，倘若谁遇到这样的伯乐，岂不悲哉？一些人惯常嫉贤妒能，只希望自己成功，不希望别人发达，这大概就是伯乐不常有的缘故吧。其实，嫉妒者很少有真正的快乐，因为别人的成功总是让他陷入苦恼之中。嫉妒心强，容不得别人比自己强。要是别人长得漂亮，她就说："不要看她长得人像西施，早晚是个狐狸精。"同事某某升迁了，他会说："那是用钱买的，何足道哉？"你在报刊上发表了文章，他便说："报纸杂志上有那么多的人写，有什么了不起！"发现某人偶尔迟到早退了，他就跑去给领导说："某某经常迟到。"某人要是在工作上出现小小的差错，他就给别人说："某某的工作能力实在不敢恭维。"别人家里发生了一点小事，他便给到处传扬，弄得满城风雨，听上一点，就能说出来一大篇。这类人有时还当面一盆火，背后一把刀，表面上装作很关心你，背地里又告你的黑状，让你防不胜防。所谓人言可畏，我们"畏"的正是这类人的一张嘴。"众口销金，积毁销石"，说得也是这类人的闲言碎语所产生的巨大负面效应。这类人的危害是显而易见，不仅在一个集体里制造紧张空气，使流言盛行，混淆是非，使一件简单的小事变得复杂，甚至可以使某些人的事业损失、人生失败！

　　孔子曰："君子成人之美，不成人之恶。小人反是。"这类人理当属于"反是"的小人之列。"崇人之德，成人之美"，是我们中华民族一直提倡的传统美德之一。人的一生其实就是如何做人的一生，人在这个世界上不断前行的路最重要的应是"心路"，"心路"开阔，一生之事也就都开阔了！然而，在当今这个物欲横流的世界里，我们许多人的"心路"往往变得越来越狭隘了，不知心痛感觉的麻木世人们早已忘却了"崇人之德，扬人之美"的传统操守，尔虞我诈、钩心斗角、捕风捉影成为不少人用心追逐权力私欲的武器。

　　"崇人之德，扬人之美，非谄谀也"，出自《荀子·不苟》章，意思是说：推崇别人的美德，宣扬别人的优点，并不算是阿谀奉承。荀子虽然主张人性恶，但反对以敌视的心态去为人处世，而是主张在日常人际交往过程中要以善良的愿望和宽容的胸怀去对待他人，主张主动地去赞美、推崇别人的美德与优点，当然这种赞美与推崇绝不能无中生有，否则就会变质，走向其反面，变成阿谀奉承。

　　在日常生活中，我们常常会寻找各种理由来宽容自己所犯下的错误或失误，甚至故意回避、隐瞒自我的缺点，却对他人的不足或失误耿耿于怀，甚至以讹传讹，造谣生事。为什么会是这个样子呢？这不仅是因为我们常人往往缺少"像宽容自己一样去宽容别人"的胸怀，更重要的是我们忘却了我们文化传统中"崇人之德，扬人之美"的处事古训，不能以宽容之心去对待别人，不善于主动去发现别人的长处，不善于去发现别人值得自己学习、值得自己去尊重的地方。其实，"崇人之德，扬人之美"不会让我们失去什么，相反还会使我们彼此得到应有的敬重。社会需要美德，人生需要美德，生活需要美德。崇人之德，也就是崇己之德；扬人之美，也就是扬己之美。我们每一个人在生活中都会遇到挫折、遇到不如意的事，当我们包容别人的时候，别人也会包容我们，当我们给别人留下一些空间的时候，我们同时也就会得到一片蓝天。但愿我们都能主动向路人问好，向路边的一草一木问好，使世界处处跳动着和谐的音符，但愿我们都能把"您身上的优点正是我所欠缺的"挂在嘴边！

哈利法克斯曾说过："真正的美德如河流，愈深愈无声。"如果我们每一个人都能把"崇人之德，扬人之美"的美德付诸实践，不再吝啬自己的崇人之举，不再吝啬自己的扬人之语，并使之成为每一公民为人处世的自觉追求，成为一种处事习惯，敢于跳出自我封冻的心路，学会宽容，乐于赏识和称誉别人，那么，我们就会发现，原来生活是这么地丰富多彩！原来我们向世界微笑的同时世界也会向我们微笑。

就让我们面带微笑地去"崇人之德，扬人之美"吧：

　　欣赏他人的成就！

　　从心里给别人以热烈的掌声！

（马士远）

9. 女子无才无大德
——巾帼不让须眉的时代

众所周知，在1991年的中美知识产权谈判过程中，被世人称为"铁娘子"的吴仪率领中方代表团与傲慢的美国代表展开了针锋相对的斗争，当美方代表说出"我们是在跟小偷谈判"的话语时，吴仪寸步不让地回敬到："我们是在跟强盗谈判，看看你们的博物馆，有多少东西是从中国抢来的。"美方代表顿时哑口无言。出人意料的是，言辞犀利、软硬兼施的吴仪并未引起美国人的反感，相反却赢得了对方的尊重，被媒体戏称为"很会修理傲慢美国人的女人"。我们人类社会已经进入了巾帼不让须眉的时代，人才不分男女，有才者居之，无才者退之，这已经成了这个时代的基本规则。吴仪之所以能在中美知识产权谈判中为国争光，凭借的恰恰是其无与伦比的才能与智慧，她为我国改革开放事业所做出的贡献是巨大的，完全可以称其为有"大德"的一代女性！中国经历了几千年的男权社会，女子的职责一直被定格为相夫教子，才学往往成了多余之物，在以往人们评价女人时，也往往把德与才相分离，甚至到今天还有不少人存有这样的观念。其实，女子的德与才完全是可以兼容的，有德有才的女性更能彰显当代女性的魅力，而无才之女肯定无大德！当代诸多女性以其冷静、精明、睿智、细心、谨慎、坚韧、耐劳等优秀品质，在经济、政治、文化各领域都所取得的成就，足以说明这一点。

"男人拥有聪明才智可以成就事业，女人拥有聪明才智则非但不是好事，还是搅乱天下、酿成灾难、祸国殃民的根源"的"女祸论"由来已久，早在《诗经》时代就已有之。"哲夫成城，哲妇倾城"、"懿厥哲妇，为枭为鸱"（枭、鸱都是极凶猛的飞禽，喻狠毒）、"乱匪降自天，生自妇人"等诗句都含有这一层意蕴。为了不让"哲妇倾城"，就必须使女性不能成为"哲妇"；使其不成为"哲妇"的最好做法就是把她们限制在家庭的小圈子里，使之成天忙碌于家庭事务，不知亦不问世事。汉代女子到了十岁就禁止外出了，要深居闺房，学习执麻、治丝、织纴、制糟酱酒浆等等一大堆"女事"，按照"男主外、女主内"的角色扮演，使女性"无非无仪，唯酒食是议"，即只让她们学习掌握家务劳动的技术，而不让其参与到社会教育体制之中去学习各种文化知识，特别是关于社会、政治、经济、文化、思想方面的知识。

根据东汉班昭所著《女诫》的记载，女子出嫁之前除了要加紧练习家事技术外，还要进行所谓的"女教"，以达到规范女性言行举止的目的。"女教"的内容为"妇德、妇言、妇容、妇功"四个方面，是封建礼教对女性要求的具体化。班昭是著名史学家、文学家班彪的女儿，其兄班固也同为著名的史学家。班昭虽为女流，却得益于家学渊源，文慧超群，曾有公卿大儒马融之辈向她问业，被《中国妇女史》的作者陈东原誉为"好一个了不得的女子"。然而，无奈受制于封建礼教伦常，班昭不但遵从三纲五常，还应邀进后宫给嫔妃们讲解妇德，并运用自己的文思，将原本散漫浮泛的男尊女卑封建礼教系统化，编撰而成《女诫》。此书与《烈女传》、《女训》等著作一起，成了封建时代进行"女教"的范本，也成为牢牢套在中国女性脖子上的千年枷锁。由女性来做束缚女性的事，呜呼哀哉！

"女教"绝非等同于近代中国历史上出现的"兴女学"，"女教"的目的与"兴女学"正好相反，它不是为了推进妇女解放，而是为把套在女性脖子上绳索拉得更紧。尤其引人注目的是，"女教"在"德、言、容、功"

四方面的表述，都是以"不必"这样的否定形式来进行阐述的："妇德不必才明绝异"、"妇言不必辩口利辞"、"妇容不必颜色美丽"、"妇功不必工巧过人"。显然，这些规训要求女性本来可以做到的也不必、不要去做，即佯装自己做不到，更无须尽量做到极致、做到最好。这四个"不必"、特别是"妇德不必才明绝异"，事实上就是"女子无才便是德"说法的滥觞。"女子无才便是德"是一句封建时代的老话，封建统治者以此来确保男权中心主义的统治地位及对女性的压迫与控制。当中国以礼仪之邦自立于世界民族之林或在对传统道德文化进行继承光大之时，这句老话已经不能被许多中国人接受，我们确实有必要对这句老话重新进行一番检视。男人大都要求妻子尊崇"相夫教子"的古训，入得厨房，出得厅堂，倘若所有的妻子都目不识丁，那她们教养出来的孩子会是什么状况就可想而知了。经过近百年来女权运动的蓬勃开展之后，对当代女性而言，德跟有才、没才确有一定的关系，只不过这种关系已经演化成了"女子有才亦是德"。谁规定了治理国家便是男人的事，而女子就不能运筹帷幄指点江山？

"女子无才便是德"这句老话，将女性的"德"与"无才"紧密联系起来，以"德"为由，剥夺女性受教育的权利，进而剥夺了女性的创造、创新权利，将她们置于愚昧无知的境地，从而造成了中国女性上千年间"女憧憧，妇空空"的状态。在这一老话的钳制下，无论是未婚女子还是出嫁妇人，大都不知不识，头脑空空，懵懵懂懂。其实，这句老话所体现的不仅仅是封建社会对女性的歧视，亦不仅仅是父权制文化对男女两性的双重价值标准和双重道德标准的错误认定；更紧要的是，"女子无才便是德"作为一种封建统治的手段，曾经严重地掩蔽了数以万计女性聪明才智的发挥。

其实，有才并不是造成女子无德的根源，关键在于女子如何施展自己的才华。女子无才，很容易沦落为牙尖嘴利的市井街妇，遇到大事之时很难懂得厉害轻重，她们虽不会干出惊天动地的坏事，恐怕也很难做出大益于人类的好事，何言其德！

德才兼备的女性是一眼清泉，是天边一道靓丽的彩虹。
女子无才必无大德！贤妻良母要做，经营天下亦为！
怀有超世之才可气吞山河日月者，并非只有男子！

（马士远）

10. 以德报德
——无需背负太多

乌鸦有反哺之恩，羔羊有跪乳之德，从很小的时候起，我们便懂得了"滴水之恩当涌泉相报"的道理。有个来自陕西农村的女孩，在其求学路上得到了很多好心人的帮助和支持，回报恩人成为这个女孩努力奋斗的原动力，在其掌握了一定的网络技术之后，她率先成立了国内第一家以报恩为主题的公益网站——中国报恩网。她以这种独特的方式来报答那些曾经帮助过她的人，同时也为那些需要帮助的人和社会上许多爱心人士之间搭建起一座联系沟通的桥梁。这个女孩用自己的智慧和付出，努力实践着儒家几千年来所倡导的"以德报德"的古训，使其生命里充满了无穷的社会价值！"德"是评价人格高下的一个重要标准，是维系良好民俗国风的至关重要因素，然而，当我们需要面对"以德报德"的时候，在思想上并不需要背负太多。

曾经听说过这样一个故事，一个名叫苏子的农村孩子，在她的记忆中，每到过年时节，爷爷都要带着父亲到同村的一户人家去送礼，爷爷去世后父亲又总是带着她去那户人家送礼，因为那户人家的男主人曾经救过父亲的命。有一次，苏子在学校里与一位同学发生了争执，那个同学骂她说："你真是狼心狗肺！我大伯还救过你爹的命呢！"苏子回家后问父亲，"他家救了你一次，可我们已经给他家送了三十多年的东西了，以后不送不行吗？"父亲厉声打断了她，"别胡说！那咱不成了忘恩负义的人了？"苏子一下子住了口，两眼中充满了无奈的迷茫：一次的相助，到底要偿还多少？到底要偿还多久？

这样的以德报德，也未免太沉重了！帮了别人，就一定要人家永远感激吗？被别人帮过，就需要永远卑微地去面对恩人吗？其实，面对二者，我们都不需要背负太多。施德者，也许只是举手之劳的无心之举，其初衷并不在于索取回报；得到帮助的人，固然不可轻易忘掉恩人，但也未必需要一对一的回报。只要我们像恩人一样，学会给予，学会爱别人就够了。感恩不需要过于重视外在形式，无德也可以相报，有德也可以不报，滴水之恩，涌泉相报，关键要看如何去报。

感恩门前背负太多，势必会羁绊我们正常的前进脚步。当遭遇困难时，有人愿意帮助您，请您别再犹豫，要勇敢地去接受，然后不亢不卑地继续生活。当您有能力帮助别人之时，也请您不要吝啬，一个微笑，一句鼓励……只要真诚地付出就可以了。在给予与接受之间，永远不应该存在高低贵贱之分。2006年8月，湖北某市总工会组织了一次主题为"感恩的心"的爱心活动，在这次活动的仪式上，一些穿着朴素的大学生被要求在舞台上跳舞、唱歌，以此来表达他们对十几位企业家帮助的感谢，而且组织者还请求同学们向大家介绍自己的家庭和学业情况。结果是主动发言的人一个也没有，沉默，沉默……最后，有几位同学哭着离开了舞台，当场放弃了受助！这样的资助仪式，对受资助者来讲，是自卑，是尴尬，甚至是一种屈辱；对企业家们来讲，不是光荣，不是给予，真正的给予者，应该是"与人玫瑰，手留余香"。"以德报德"是传统，是美德，其实它更应该是一种动力，一种善良而又美好的人性加速器。只有当我们把狭隘的"以德报德"的私心放大成宽广的"以德报德"的公心，用感恩的心做人、做事，使"以德报德"真正成为一种习惯，我们才是真正地继承了华夏民族延续了两千多年的这一优良传统。

由上可知，以德报德，其最重要的精髓所在应该是人性使然。曾经有人问孔子："以德报怨，何如？"孔子的回答是："何以报德？以直报怨，以德报德。"由此可知，孔子是倡导用理智来对待仇怨、用恩德来对待恩德的。但随着现代科技的迅速发展，人类作为最高级的动物，其人性却在不断地走下坡路。当人们仅仅只是按狭隘的"以德报德"的原则来行事的时候，给社会带来的后果是非常可怕的。大家都听说过农夫与蛇的故事，现代社会中的许多人都担心会在不知不觉中做了那个被蛇咬死的农夫，因而当其面对弱小、面对危难、面对同类不幸之时，往往表现出可怕的冷漠与麻木，人性在以"以德报德"、"无德不报"的幌子下扭曲变形。因此，在社会公德急剧下滑的当代社会，我们每一个社会成员都要准确地读懂儒家学说中的"以直报怨，以德报德"，并结合当代社会的基本特点，将其基本内涵扩展到更高层面，努力做到：

以直报怨，以德报德，无德亦报！
面对恩德、怨仇，我们确实无需背负太多！

（马士远）

11. 以德兼人者王
——兼与以力、以富兼人者商榷

从前，有一位禅师，在夜里巡逻时看到墙角处有一张高脚的凳子，他心里明白地知道，肯定是有人爬墙溜到外面游乐去了。于是，他顺手把凳子移开，自己站在凳子的地方，等候外出的僧人回来。夜深人静的时候，游玩回来的僧人不知道凳子已经被搬走，踩着禅师的头跳下地来，当其看清面前站着的禅师时，慌张地不知如何是好。这时，那位禅师充满关爱地说道："夜深露重，小心身体，不要着凉，快回去多穿件衣服。"从此，寺里再也没有僧人出去夜游了。

在这则故事里，那位禅师没有空洞的说教，没有严厉的惩罚，而是用其崇高的品德以及宽广的胸怀，感化了那些沉迷于游乐的僧人。"以德兼人者王"，说的正是这个道理。以德兼人可以使人自我反省、心悦诚服；反之，如果采取威逼利诱的方式，即使短期内能收到些成效，但长此以往，最终将会离心离德。治理一个群体如此，治理一个国家也是如此！

荀子在其《议兵》篇里将战争的胜负归因为三种基本形式，即"有以德兼人者，有以力兼人者，有以富兼人者"。以德兼人，就是依靠实施德治来获得民众的支持；以力兼人，就是单凭强大的军事实力来征服民众，使其屈服；以富兼人，就是依靠经济实力来诱惑民众，使其归顺。荀子得出的结论是："以德兼人者王，以力兼人者弱，以富兼人者贫。"

荀子的这一论断被许多历史事件所证实。如汉高祖刘邦在与项王争夺天下的过程中，不争一时之长短，在首先攻下咸阳城时约法三章，还军霸上，以德赢得了老百姓的拥护，最终彻底击败了项羽而赢得天下；建立西汉帝国后，刘邦仍省吃俭用，实施德于民，与民休养生息。其子孙文帝、景帝也较好地贯彻了这一以德兼人的主张，最终促成了著名的"文景之治"。唐太宗李世民可谓是"以德兼人者"的典范，他强调"德礼为政教之本"、"正身修德"，特别是在澄清吏治、开明的民族政策等方面都是其实践"以德兼人者"的具体体现。正是在此理念的推动下，其治理的社会被冠以"贞观之治"的美名。

综观古今中外的治国史，"以德兼人者王"的事例不胜枚举，而"以富兼人者贫"、"以力兼人者弱"的例证也比比皆是。权力和财富总是诱惑人的，也总是能威慑人的，但二者都只能求得一时，而不能求得长久。在漫长的历史发展历程中，那些最具有权力与财富的人应该是那些被封为"天子"的皇帝。就说始皇帝——秦始皇吧，在其以秦国强大的财力、强悍的军力兼取东方六国之后，为了能更好地控制这些被兼并来的人们，巩固其帝国的长久统治，秦始皇仍采用其以力兼人、以富兼人的惯性思维，耗费巨大人力、物力来修驿道、建宫室、筑坟墓，来威慑劳动人民，修长城、设酷刑、用酷吏，甚至焚书坑儒来压制持不同意见者。老百姓心里都有自己的一杆秤，从来都不是好惹的。武力、财富兼人的结果自然是各地起义不断，短短几年，强大的秦帝国便土崩瓦解，连给秦帝国统治者自我检讨反思的机会都没有，这是秦始皇所始料不及的。重蹈秦始皇覆辙的大有人在，如隋炀帝便是其中的一位，在其掌握国家大权之后，其做法与秦始皇如出一辙，修京杭大运河动用了无数的财力、人力，工程确实浩大，也确实很壮观，但隋帝国同样也没有逃脱短命王朝的命运!

近百年来的美国对外关系史也是"以富兼人者"、"以力兼人者"的典型代表。为了称霸世界，美国利用其靠掠夺得来的巨大财富在全球范围内建立起众多的军事基地，以此来支持那些对其唯命是从的国家，如其对以色列的经济、军事支持，对伊拉克的侵略，对伊朗、朝鲜、古巴等国家的封锁等，都是以力兼人者、以富兼人者的集中表现。美国这些一系列对外政策可谓是得不偿失，不仅劳民伤财，耗费了大量的人力、物力、财力，而且更重要的是给整个地球都带来不良影响，给世界人民带来了灾难，同时也削弱了美国自己，使自己背上了巨额外债，最终导致了严重的华尔街经济危机。

在今天这个物欲横流的时代，无数人为了追逐无限的权力和财富而不惜丧失人格尊严，以至于迷失了自我，长期被权力和财富控制着，最终成为权力与财富的奴隶。呜呼悲哉！

以德取胜，才是根本的取胜。

以富、以力取胜，最终都会搬起石头砸自己的脚！

（马士远）

12. 道听而途说
——真正有德者不为

明代屠本峻编著的笑话集《艾子外语》中有这样一则笑话：战国时期，艾子从楚国回到齐国。刚进都城，便遇到爱说空话的毛空。毛空极其神秘地告诉艾子，说有家人家的一只鸭子，一次生了一百个蛋。艾子不信，说："不会有这样的事吧！"毛空说："那可能是两个鸭子。"艾子摇摇头："这也不可能。"毛空又改口说："大概是三个鸭子生的。"艾子还是不信。"那也可能是四个、八个、十个。"毛空就是不愿意减少已说出的鸭蛋的数目，艾子当然无法相信。过了一会儿，毛空又对艾子说："上个月，天上掉下一块肉来，有三十丈长，十丈宽。"艾子又不信，毛空急忙改口说："那么是二十丈长。"艾子还是不信。毛空说："那就算十丈吧！"艾子实在忍不住了，再也不愿意听毛空瞎吹了，便反问道："世界上哪有十丈长、十丈宽的肉？还会从天上掉下来？是你亲眼所见吗？刚才你说的鸭子是哪一家的？现在你说的大肉又掉在什么地方？"毛空被问得答不出话来，只好支支吾吾地说："那都是在路上听人家说的。"艾子听后笑了，他转身对站在身后的学生们说："你们可不要像他那样的'道听途说'啊！"

"道听途说"这则成语的意思是在路上听来的话就在路上传播，泛指没有根据的传闻。在任何时候，道听而途说的行为都是不道德的行为，《论语·阳货》早就指出过："道听而途说，德之弃也。"其意思是说，从道路上听来了一些没有根据的话，就在道路上不负责任地传播，这从道德作风来说是要不得的，其造成的后果是很严重的。据说孔子的学生曾参住在郑国的时候，有一个与他同名的人杀了人，于是有人跑去告诉曾参的母亲说："可不得了啦，曾参杀人了！"曾母不信，只管织布。一会儿，又有一个人来告诉曾母："曾参杀人了！"曾母还是不信。可是，等到第三个人来说同样的话时，她便立即起身而逃了。大诗人李白曾为此写诗说："曾参岂是杀人者？谗言三及慈母惊。"以讹传讹的危害是很严重的，有时不仅可使本来和谐的群体崩溃，而且甚至会危及到他人的生命。在大家熟悉的三人成虎、众口铄金以及"曾参杀人"等典故中，之所以谗言三及，之所以三人成虎，都是由道听而途说的人造成的。

不管是读书做学问，还是提高道德修养，做人处世，我们都应该根据实际的事实材料，用分析的眼光看问题，而不要轻易去相信一些流言。谎言重复多少次都还是谎言，但对于听到谎言的人来说往往会造成一种真实的效果，造成视听混乱，这是在我们日常生活中需要切记的。去年末，韩国多名艺人相继自杀就与道听途说、以讹传讹有关：起初安在焕自杀后，艺人韩某某因为网上流传安在焕之死是他逼的，且这种说法越传越广，最终导致其服安眠药在家中自杀，其家人也因压力过大而移居国外。而后来韩国警方的调查结果却是该事件纯属谣言。但谁也无法改变人已死去的事实。可见，道听而途说的毒害性有多可怕，以讹传讹者有多么令人讨厌！

真正有德者不但不会去道听而途说，而且还会使流言蜚语在他们那儿中断，使谣言这颗定时炸弹永远失去点燃的导火线。在科技不发达的时代里，道听而途说是传播谣言的主要途径，但随着传播工具的进步，道听途说的方式发生了很大改变，电视、网络、报纸、广播、手机等提供的信息真真假假，极容易混淆人们的视听。我们今天给那些擅长道听途说的人送了一个很生动形象的名字叫"小广播"，"你听说了吗？……"往往是小广播们最常用的开场白；那些以娱乐视听提高阅读率为目的，专门从事捕风捉影的小道记者们被起了个不雅的名字叫"狗仔队"。无论是小广播还是狗仔队，他们往往不仅自己听信谣言，而且还会再加上自己的猜测来迎合大众猎奇的心理需求，竭尽其能事来传播。

有这样一个真实的故事：波兰的一家儿童医院，因为救治了许多白血病患者而闻名世界，可依旧有更多的家庭是因为付不起昂贵的医药费，伤心欲绝地看着一朵朵鲜花在痛苦中夭折了。一天上午，邮政银行给儿童医院送来一笔数目巨大的捐款,有了这笔巨大的捐款,许许多多白血病儿童的生命就充满了希望,充满了阳光!很多医生和家长都想知道那位捐款者的名字,可惜儿童医院没有半点关于捐助者的信息,到了邮政银行,汇款人也没有留下姓名。后来,有位工作人员回忆说,捐助者是个漂亮的年轻女子,似乎很熟悉却一下子想不起是谁。碰巧,电视播出的节目中正批评一个叫杰德捷泽扎克的女运动员,说她在雅典奥运会中夺得女子200米蝶泳的金牌,是波兰在游泳项目上的第一位奥运冠军,为国家争了光。可是,她回国后却把这枚金牌拍卖了,得了一笔巨款过起了奢侈富足的生活……银行工作人员的眼睛陡然亮了,就是她,捐款者就是奥运冠军杰德捷泽扎克!原来,媒体的猜测完全是错误的,媒体的道听途说与猜测差点毁了杰德捷泽扎克的声誉!

由上可见,流言蜚语是破坏团结的定时炸弹,要想不点燃其导火线,我们就必须牢记:

无知而妄言,害人而毁己。

流言、讹言止于德者。

有德者如同一轮明月,沉默却撒给世界无限清辉!

(马士远)

13. 德厚者进　佞说者止
——德不称位,不详莫大焉

我们到底该需要什么样的主政者呢?浏览凤凰网时,偶然瞥见2008年的十大评论,点开来看了看,其中排在第六位的题目为《给我们一个政治家》的评论吸引了我的注意力,该文是龙应台先生写的。在文章中龙应台先生针对台湾的现状,表达了她自己的一个"给孩子一个政治家"的愿望。龙应台先生从孩童与政治家的培养话题说起,真可谓是用心良苦,令人景仰。循着她的精神,追随马丁·路德·金《我有一个梦想》的旨归,就想起了哲学巨著《沉思录》的作者马可·奥勒留,也许他是西方历史上唯一的一位哲学家皇帝，但他是一个比他的帝国更加完美的人，这本"自己与自己对话"的长篇巨著大部分内容是作者在鞍马劳顿中写出来的，是作者对身羁宫廷的自身和自己所处混乱世界里"追求一种摆脱了激情和欲望、冷静而达观"的生活感受的沉思。温家宝总理在谈到"三聚氰胺"事件时就引用了马可·奥勒留在其《沉思录》里说过的一句话："请看看那些所谓的大人物，他们现在都到哪里去？都烟消云散了。有的成为故事，有的甚至连半个故事都算不上。"

是啊，主政者内心的道德修养最重要。上下搜寻中华五千年历史，各朝各代最高统治者都是在建基之前兢兢业业，克俊明德，德泽广被，惠民万里，一旦等到功德已满，便往往忘乎所以然了，善始善终者鲜矣。君王行一时之德者千人可数，朝三暮四者十人可计，贯一而终者一二者可为。如楚昭王遭受到了吴王阖闾带来的灾难，国家灭亡，被迫出逃出国，国内父老给他送行时，楚昭王说："父老反矣，何患无君。"父老曰："有君如是其贤也！"相遇从之，或奔走赴秦，号哭请救，竟以复国。无独有偶，汉高祖刘邦虽在入关时以与父老约法三章收买民心，但在其登基后，喜怒无常，市井之嘴脸露于是，三反其德，萧何因识时务而得以保全，张良因信黄老之术而发毫不损，只有韩信犹犹豫豫，终不能下个决心，落得诛杀九族之下场，甚是惨痛。其实，施德之难，盖以主政者不能修身以德为因。马可·奥勒留作为皇帝，时刻警醒自己"必须忘了自己是恺撒，而且只在像任何一个人一样行事的条件下完成自己的工作、使命和皇帝的职责：'当心自己恺撒化，别让自己染上这种精神。让自己保持简洁、诚恳、纯粹、严肃和自然的样子，喜欢公正，在完成自己的职责中表现出虔诚、仁慈、热情和坚定'"。帝国、君权都不是他的特权，在他看来，他和跳舞者、鞋匠一般，把自己的日常生活按照一般条件做好。《沉思录》备受温家宝总理推崇，想必温总理也是如此这般领会和践行的吧。

2009年1月14日，中央组织部召开部机关处以上干部会议，中组部部长李源潮在讲话中强调，要"坚持德才兼备、以德为先"的标准选人用人，迎难而上，共克时艰。就选人用人的标准而言，李源潮部长此次在德才兼备的后面加了"以德为先"这四个字，实在加的好。无论是六七十年代提的"又红又专"，还是后来提的"德才兼备"，都是将红与专、德与才相提并论,这也并非不可,但却少了主次之分,就往往会被人将二者平分。平分了还算有幸,危险的是有人将"才"看得比"德"重。甚至在选人之时,有人干脆就将"德"方面的条件降低为只要过去未有违法乱纪的行为就可以了,因为德性是一种内在的、隐匿的、无法在短时间内量化的、模糊的形而上的东西。这种倾向是非常危险、非常可怕的。"德才兼备,以德为先"八个字,显然比只有"德才兼备"那四个字要全面得多、辨证得多、深刻得多、高明得多。这些年来,我们党清除出了干部队伍中的那些贪官、恶官、色官,恐怕一概不缺的是"才",一概缺失的都是"德"。他们当起吞噬国家财产的"蛀虫"来,搞起往上爬的作秀"政绩"来,玩起欺上瞒下的伎俩来,干起鱼肉百姓的勾当来,一个比一个有"才干",一个比一个会玩"花样"。

一个人的学历学位、专业技能、知识储备、经验积累、创新能力等,往往成为衡量其是否胜任某一职位的基本标准。将能力与社会职位挂钩,有超强能力者挂高位,次者挂中位,低者挂微位,无能者无位,"有财无才莫进门",已经成为当今用人、选人的惯例,这确实不失为社会的一大进步。但是,"德不称位,不祥莫大焉。"在某种意义上讲,德有高低、上下之分,德性的高低、上下,不仅是衡量一个人之所以为人的重要标准,更是界定一个人能否胜任某一职位的核心因素所在。从某种角度看,一个德不称位的人,越有"才",对党、国家造成的损失,对社会造成的影响,对老百姓造成的祸害就会越大。反之,倘真的选了、用了"以德为先"的干部,台上坐的都是"以德为先"的官员,台下的老百姓们便一定会放心,因为,"德"是良心,而才能却可以通过再培训来逐步提高。

量德谋位,善莫大焉!

德不称位,不祥莫大焉!

(马士远)

14. 感动中国的丛飞
——德无常师　主善为师

刘禹锡在其《乌衣巷》里云："朱雀桥边野草花，乌衣巷口夕阳斜。旧时王谢堂前燕，飞入寻常百姓家。"在此笔者并非想要追忆怀古之幽思，也并非伤今悼古感怀而溅泪，只是借了它的本义来略呈我想表述的一个再平常不过的道理而已，即聊聊我们现实生活中的一些平凡人物，以及这些平凡人物做的那些他们觉得该做的事儿。因为这些寻常人家所做的那些他们觉得该做的事儿，常常能反映出一个社会一个时代的主流民意。

冥冥之中第一个闯进我视野的竟然是丛飞。不知是什么原因，也不知是什么地点什么时候，我的一位好友曾经在闲谈中突然冒出了"丛飞"二字。丛飞这名字对我而言既熟悉而又遥远，在我的脑海中形成的模糊印象，只不过是一个歌手用自己的力量帮助一群孩子上学而获得了"感动中国"人物奖而已。他得奖的时间是 2005 年，而 2006 年便英年早逝了！日子说长也长，要短也短，总之是人去楼空影还在。不管是对他的追悼还是对自己遗忘的自责，或是鬼使神差，笔者不自觉地上网查了一下，却被当年《感动中国》写给丛飞的颁奖词一下子给怔住了："从看到失学儿童的第一眼到被死神眷顾之前，他把所有的时间都给了那些需要帮助的孩子，没有丝毫保留，甚至不惜向生命借贷，他曾经用舞台构筑课堂，用歌声点亮希望。今天他的歌喉也许不如往昔嘹亮，却赢得了最饱含敬意的喝彩。"颁奖词言辞真挚恳切，感人至深。

丛飞的一言一行，今天想来仍叫人捶胸顿足怨苍天：幼年贫困被迫辍学打工，看见贫困孩子渴望读书的眼神而感同身受、如坐针毡，家居简陋衣服凑合穿的物质贫乏的寻常人，却精神特别富足，负债累累却心甘情愿地热心于公益事业，难道这样一位面对贫困孩子家长催学费有苦难说的寻常人就这样地短命？丛飞所经历的苦痛非常人能忍受，种种心酸，三言两语是说不尽也道不完的，但即使再困难，他依然始终微微一笑给人以温暖，给人带来无穷的幸福和快乐，甚至在其含笑离开之前，还是没忘了给人类做出最后的一次奉献，把其眼角膜和有用的器官捐献出来！他不是什么伟人，更不是耶稣，然而，当别人抢了他的第一场演出费时，他却说一点都不恨那个人，仍要感谢那个人。他只是个寻常人家，做了一些他觉得他该做的事儿，也就是做了一些中国古人常说的善行罢了。

　　孔子曾强调贯一而终并终身践行之。小德，我们每个人或多或少都敢说自己曾经或正在拥有着，而少有人敢言自我有大德者。其实，集腋成裘，积沙为丘，在老百姓眼里小德常有就能成大德。在普通而又伟大的丛飞身上，小德不就被其演绎升华成大德而大放光彩了吗？说他普通，是因为丛飞不过是一个二三流的歌手而已，说他伟大，是因为他不仅是一名永远的义工，更是一百七十八名孩子的父亲。作为一名歌手，丛飞做到了对职业的执著与热爱，作为一名义工，丛飞从普通一员渐升为星级义工，作为一名"父亲"，丛飞更是让"孩子们"得到了应有的爱与温暖。早在上古时期，我们中华民族就有"德无常师，主善为师"的主张，在广袤的中华大地上，在滚滚流逝的历史长河中，无数志愿者、热心助人者的脚印早已踏遍了祖国大地的每一角落。"德无常师，主善为师"一直就是我们这个民族的主流民意，当今社会也不例外，汶川地震的无数救援者和钱物捐献者，数万名的奥运志愿者，他们的所作所为都是发自内心的善举，丛飞和白芳礼老人正是他们中的代表。白芳礼老人一句"我嘛都没干，又让上面重视了"，难道不让人倍感亲切吗？本是人生七十古来稀，可以安享晚年，白芳礼老人却做了一个重大决定：蹬三轮，救助贫穷孩子。这一蹬，便是十多个春秋，日复一日，年复一年，从没有间断过。白芳礼老人的行为无疑是一记响亮的耳光，重重地打在那些秉持"事不关己高高挂起"信条者的脸上！

　　当然，在现实生活中，我们身边一直不乏向善的榜样，亦不乏一失足成千古恨的罪人，更不乏一辈子平平庸庸既没做过多少好事也没做过太大坏事的凡人，但当这些人看到丛飞的行为及命运时，几乎没有一个不为其感动而流泪的，而这恰恰正反映了我们这个社会所潜在的主流民意。前日看了大师克日什托夫·基耶斯洛夫斯基蓝、白、红三部曲之一的电影《红色情深》，最让我深思的是快到片尾时老法官说的那句再平常不过的话：

"对与错常在一念之间。"是的,但一念之间的抉择绝不是随机的,而是与抉择者所具备的基本道德素养息息相关,只要我们都牢记"德无常师,主善为师"的古训,然后在自己的言行上下工夫,我们这个古老的文明之邦就能常保社会的稳定与进步!

  德无常师,主善为师。

  皇天无亲,唯德是辅!

(马士远)

15. 生生之谓德
——不是佛心胜似佛心

  释迦牟尼曾经讲过这样一个故事:有个国王每天都要吃鹿肉,于是,士兵们每天都要去树林里捕杀野鹿。鹿王见每天都要死去好几头鹿,十分痛心。他独自到国王的宫殿里去向国王求情。国王十分吃惊,惭愧地说:"其实一天一头鹿就够了。"于是他们达成了协议,每天送一头鹿到皇宫,这样就避免了无辜野鹿的死亡。有一天,按顺序应是将一头怀孕的母鹿送进宫里,但这只母鹿对鹿王说:"我心甘情愿去,但没出生的小鹿是无辜的。"鹿王听后十分不忍,于是让排在其后面的另一只鹿去。而那头鹿却说:"轮到我决不推辞,但即使只有一天的寿命,我也不想放弃。"推来推去实在没有办法,鹿王只好自己进宫去。国王问之缘由,鹿王如实禀告,国王听后万分感动,惭愧地说:"上天有好生之德,畜生尚且如此,何况人乎?"于是他下令以后禁止捕杀野鹿。

  显然这是一则寓言似的佛家说教,符合佛家"救人一命胜造七级浮屠"的信仰。其实在我国上古尧舜禹时期,也早已产生了"好生之德"、"生生之谓德"等类似的观念。《尚书·大禹谟》就有"与其杀不辜,宁失不经;好生之德,洽于民心"之说。"好生之德"指有爱惜生灵、不事杀戮的品德。《易经》中也有"生生之谓德"的断语。

  古语云:"为鼠常留饭,怜蛾不点灯。"不知大家听说过刘文典教授放鼠的故事吗？在西南联大时，刘文典教授的学生李埏在向他借的一本《唐三藏法师传》的书页中，发现了一张老师用毛笔画的老鼠，遂要求老师解释为何如此。刘文典教授听后大笑不已，解释到：以前自己在乡下点香油灯看书时，灯芯上的油常常会滴在灯盘上。一天深夜，他在灯下看书时，见有一只老鼠爬到灯盘上明目张胆地吃起了盘子上的香油。他本想打死它，但转念一想，老鼠也是在讨生活呀，我读书也是为讨生活，何必相残呢？于是随手用毛笔画了一幅老鼠像夹在书中。李埏听后十分感慨地说："先生真有好生之德！"

也许刘文典教授的做法会被今人讥笑为多愁善感、迂腐可笑，但在我们的社会生活中，人们许多的"好生之德"举动在其受到广泛认可之前，往往成为俗人们奚落的目标。在现实生活中，当人们在街边村舍看到流浪的小猫、小狗顿起怜悯之心，常带回自己家里精心饲养，当其面对鲜艳芬芳的春花朵朵时不忍心采摘。虽然不时有人对这类举动进行讽刺挖苦，但这恰恰在不经意间呈现出了人性所拥有的"好生之德"的一面。生生之谓德，能使有生命的事物得以生存，就是人的大德。早在十七世纪的时候，英国的著名自由主义思想家洛克就开启"天赋人权"学说之端，十八世纪的法国民主主义大思想家卢梭又把天赋人权说发挥得更加系统而彻底，并著有《爱弥尔》一书，以阐释其理论。但是，难道只有人权是"天赋"的吗？其实，"生"的权力属于所有的生物群体，我们应该对"天赋狗权"、"天赋猫权"、"天赋草权"等等也是大自然的公理有更加理性地认识，因为一切生命都有其生存的权利。

几乎所有的人都承认，残忍地对待动物是不道德的。但是，这绝不仅仅是由于对动物的残忍终将导致人类模仿照搬而残忍地用在人类自己身上，同时也是由于一切动物都是能够感受苦乐的生命体。动物是拥有某些权利的主体，而动物之所以拥有其权利，正是因为它们也是拥有内在价值的生活主体，能够体验到某种对它们自身来说是或好或坏的生活，是因为它们同人类一样也拥有体验苦乐的能力。动物感受痛苦的能力给予了它们一种权利，即不把痛苦无谓地加诸在它们身上的权利；它们体验快乐的能力也给予了它们一种权利，即不被剥夺大自然赐予它们的任何一种愉快和满足的权利。

当然，与人的权利相比，动物的权利是一种较为弱势的权利，因而我们在某些情况下可以为了人的权利而牺牲动物的权利，但这并没有使动物拥有生存的权利这一论点变得毫无意义，因为它仍要求我们对牺牲动物的权利的行为提供必要的道德辩护。所有的有机体个体都具有平等的内在价值，拥有平等的道德地位，因此，人类作为道德代理人，必须尊重所有活着的有机体，用不伤害、不干涉、诚实和补偿正义这些基本的伦理原则来指导和调节我们与其他生命群体的关系。敬畏生命是中华先祖留给我们的无价之宝，对于任何一个拥有"好生之德"的人来讲，敬畏每一种生命存在形式都是其发自内心深处的本性使然，因为这是人类保持合理生态伦理关系进而促进人类自身延续的庄严诉求。

    生之源本，性之所求。
    德之所在，根之源宿。
    好生之德洽于民心。
    生生之谓德。

（马士远）

慎

题 解

  谨言慎行、敬事赴善曰慎。如《国语·周》："慎，德之守也。"持重曰慎，小心之称。如《史记·孔子世家》："孔子母死乃殡五父之衢，盖其慎也。"诚，使之信实不欺曰慎。如《诗·小雅》："慎尔言也，谓尔不信。"谨、谨防曰慎。如《中庸》："莫见乎隐，莫显乎微，故君子慎其独也。"重视曰慎。如《吕览·节丧》："慈亲、孝子之所慎也。"小心的，曰慎。如慎言、慎行、慎择。慎，是心真，也就是说，唯有用真心，才能真正做到谨慎，才能体察自己存心是否真诚、行事是否审慎？《国语》云："慎，德之守也。"《易经》云："慎不害也。"《荀子·劝学》云："故言有招祸也，行有招辱也，君子慎其所立乎？"由此可见，谨慎之行持，是保障我们安身立命、成功处事的基石。

  人之谨慎，首先从真心不自欺开始。因为，"人之神，则天地之神，人之自欺，所以欺天地，可以不慎哉。"是故，当我们有不好的念头、不正当的言行，都要审慎地想一想，这样做是不是违背、欺辱了我们善良的本性？如果是，要慎自弗行。有了不自欺的慎行，向外扩展，就能用真诚之心，慎待他人，慎于应事。譬如在诸葛孔明的《前出师表》中就有"先帝知臣谨慎，故临崩寄臣以大事也"的记述。在当今这个纷繁复杂、瞬息万变的社会里,尤需我们审慎地面对现实,谨慎地把持自己,方不会被浊恶吞噬,不被五光十色的诱惑所俘虏。因为一念之差,可以铸成大错。有许多大罪起初不过由于一点儿贪心、嗔恨、私欲、傲慢、淫念存于心中,终酿出极大的恶事来,断送自己的前程,损害了家庭和社会。故,唯有谨慎的行持才是明智之举。

(高龙斌)

1. 防微杜渐

南朝宋范晔《后汉书·丁鸿传》载:"若敕政责躬,杜渐防萌,则凶妖消灭,害除福凑矣。"东汉和帝即位后,窦太后专权。她的哥哥窦宪官居大将军,任用窦家兄弟为文武大官,掌握着国家的军政大权。看到这种现象,许多大臣心里很着急,都为汉室江山捏了把汗。大臣丁鸿就是其中的一个。丁鸿很有学问,对经书极有研究。对窦太后的专权他十分气愤,决心为国除掉这一祸根。几年后,天上发生日食,丁鸿就借这个当时认为不祥的征兆,上书皇帝,指出窦家权势对于国家的危害,建议迅速改变这种现象。和帝本来早已有这种感觉和打算,于是迅速撤了窦宪的官,窦宪和他的兄弟们因此而自杀。丁鸿在给和帝的上书中,说皇帝如果亲手整顿政治,应在事故开始萌芽时候就注意防止,这样才可以消除隐患,使得国家能够长治久安。

常见贪官身陷囹圄后哀叹:多少钱也买不来自由!并不约而同忆起最初破戒时的忐忑不安。如"河北第一秘"李真也曾有拿条烟就失眠的时候,但后来收金佛、金像眼都不眨。最终他把自己贪进地狱,骨灰都无处存放,做一秘时何尝想到这一步。领刑九年的邵建伟也提到,他一直珍藏着二十多年前刊载他拒收一百元事迹的报纸,但他后来贪占四百八十余万元仍难收手。当初的好品德为何难以持久?大概还是在防微杜渐上出了问题。对自觉身份高贵者来说,以小人物举例说服力不一定强,看看政坛名人怎样防微杜渐,也许更能显示榜样的力量。

胡耀邦诞辰九十周年之际,相关追忆、纪念性文章数量众多,其中有不少防微杜渐的范例。1961年1月，正是三年困难时期，他的胞兄和堂弟进京办事用公款作路费，并带来一些土特产。他给村党支书写信说："我们怎么可以用公共积累给某些干部和社员出外作路费呢？一切违反财政开支的事，万万做不得。做了就是犯了政治错误……送来的冬笋和芋头，退回去又不方便。只好按你们那里的价值退回二十四元……我一万次请求你们，今后再不许送什么东西来了。如再送，我得向你们县委写信，说你们犯了法。"送几个芋头是犯法？如今看来不可思议的事，当年真真切切发生过。二十多年后的1984年1月，时任总书记的胡耀邦到贵州安顺考察，晚饭后他主张连夜赶往广西百色。当时路况不好，又有大雾，子夜时分车到望漠，实在无法前行，只好住下。望漠很穷，招待所全是大通铺，他在县委书记办公室的单人床上睡了几小时，次日晨接着赶路。中午到了广西一小镇，他说：不要找人家地方安排了，就在街上吃吧。说着在路边小摊要了三毛钱一碗米线。吃完饭老百姓才发现是总书记，于是围过来鼓掌，他起身恭恭敬敬给大家鞠了一躬，上车走了。五年后胡耀邦去世。他的女儿满妹在纪念他的书中谈到，父亲十几平方米的小卧室里，单人木板床上铺着补丁褥子，枕头是破背心填满旧棉絮缝成的，一只台灯碰裂的灯口上，有很久以前缠的胶布，写字台上有一只用了二十年的铁质台历，他常用的茶杯是一个咖啡瓶……对比一些官员的名牌行头和铺张习气，可知防微杜渐是一种襟怀，更是一种长年历练的习惯。

　　周恩来早年临习过魏碑，亦喜欢收藏书法作品，对北魏书法更是情有独钟。1973年10月，他陪同外宾到洛阳龙门石窟参观。当时的服务部有《龙门十二品》拓本出售，他爱不释手，但一问售价高达五百元，只好叹口气恋恋不舍放回原处。洛阳市一位领导脱口说："总理，我们送一套给您吧！"没想到他遽然作色："你这个同志怎么能这样讲？国家财产怎么能随便送人？"那位领导闻言连声认错。参观途中，他又在一个货摊上看到那套拓本，便小声问随行人员带了多少钱，当得知只有不到三百元时，就再没提买拓本的事……据说如今官场流行"雅贿"，由送钱财改送古董文物及名人字画了。但愿周总理买拓本的故事，能给一些官员提个醒。

　　陈云不收礼也是有口皆碑的。即使是在部下向他表达敬意时也是"来者必拒"，哪怕礼物再轻。一年秋天，某大军区两位同志进京汇报军事演习情况，带来当地产的两盒葡萄。陈云让他们拿走。他们说："这不是送礼，只是让您尝尝。"陈云说："我吃十颗，叫十全十美，剩下的你们带回去。"

有人说：如今在官场混，上线入圈的不少，腐败不是一串就是一窝，江湖险恶身不由己，防微杜渐谈何容易……官场的确存在一些潜规则，但潜规则怕见阳光。假如人人都能以上述政坛名人为榜样，常常用阳光下的显规则照耀自己，警钟长鸣，洁身自好，坚持不入圈也不上线，官场生态将会如何？这样也许会失去一些好处和升迁的机会，但起码有一点：肯定不会像一些贪官那样一输到底，甚至连小命也搭上。利害相权，各有取舍，就看怎么掂量了。

以身作则，廉政为民。

（高龙彬）

2. 海瑞罢官

很多人都知道，一场对《海瑞罢官》的大批判，成为"文化大革命"的导火索。这部历史剧当时所起的作用，寄望于史学家去作结论。只是时隔四十多年后，再来谈《海瑞罢官》及其人，又能使我们有何感慨呢？

海瑞，字汝贤，明正德九年（公元一五一五年）十二月生于海南，祖籍福建。童年贫困而不幸。四岁时父亲海翰去世，孤儿寡母（谢氏，时年二十八岁）相依为命，以几亩薄田和谢氏做针线女红维持生计。

海瑞一生，历经四朝。自公元一五五四年在福建延平府南平县当教谕（一种低级学官），到万历十五年（公元一五八七年）病死在南京都察院右都御史任上，历经三十三载，却有一半时间被罢官，赋闲时间最长的一次达十六年，真可谓仕途坎坷，宦海沉浮。就在做官的短短十余年间，海瑞那种惊天地、泣鬼神的为官之道，却让贪官污吏闻风丧胆，百姓拍手称快。古人云：正人先正己。据史书载，海瑞当知府时，亲自带人衙后种菜，少食酒肉。唯一一次"奢侈"是送母亲两斤肉做寿礼。海瑞当了应天府巡抚，辖区多为江南繁华富庶之乡，仍节俭如常。他规定官员外出巡视，下属不准出城迎接。工作餐允许有鸡、鱼、肉各一样,但不得用鹅和黄酒。伙食标准二至三钱,含蜡烛、柴火等开支。海瑞的清廉,百姓由衷拥护,却坏了官场"规矩"。于是乎招来官场一片斥责。甚至出现他调升应天府巡抚任命刚一公布,阖府官员几乎快要哭出来的情况。请求改调他处的、自动离职的大有人在。缙绅之家纷纷把朱漆大门改成黑色,以示素朴。江南织造太监也夹起尾巴,把自己的轿夫由八人减到四人。由此可见,海瑞的清廉和声威,使官场小人如鼠见猫一般。

钦差鄢懋卿,系当朝权相严嵩党羽,奉命巡视浙江盐务。特别下达通令,声称本院"凡饮食供帐俱宜简朴为尚,毋得过为华奢,靡费里甲"。大做官样文章,行沽名钓誉之实。可沿途官员却不当真,接待极其奢靡,每席耗银三四百两,还供女人为其享乐。鄢大人乐得来者不拒,一概笑纳。时任严州府淳安知县的海瑞,对此行径颇为反感。上禀帖一封说:"我要是按通令做,深恐怠慢了大人;要是按前面的样子来做,又怕违背了大人体恤百姓的美意。恳请大人明示。"鄢懋卿看过禀帖,啼笑皆非,只好不过严州,绕道而行。

海瑞卒于一五八七年,享年七十四岁。晚年官居二品的右都御史大人(相当于现在的监察部长),留下的积蓄不够其殡葬之资。"检点行囊中奉银八两,葛布一端,旧衣数件而已。"还得靠同僚捐资葬己。海瑞去世之后,南京人民奔走相告,如丧考妣。送葬的人们白衣素冠,哀声不绝于道,队伍延绵逶迤长达百里之余。他去世前,南京都察院佥都御史王用汲去照顾海瑞,只见用葛布制成的帏帐和破烂的竹器,有些是贫寒的文人也不愿使用的,因而禁不住哭起来,凑钱为海瑞办理丧事。海瑞的灵柩用船运回家乡时,穿着白衣戴着白帽的人站满了两岸,祭奠哭拜的人百里不绝。朝廷追赠海瑞太子太保,谥号忠介。

千古绝唱,永垂史册。

(高龙彬)

3. 胡适的"敬慎无所苟"

胡适主张言论自由须负责任，于1933年正式提出"敬慎无所苟"的议政理念。"独立的精神"、"研究的态度"、"清楚的思想"等是实现该理念的必要条件。胡适等尽力践履这一理念是自觉追求"责任伦理"的体现。"言论自由须负责任"是胡适的一贯理念。1928年底，《新月》的部分成员出于对现实政治的不满，组织了一个团体"平社"，拟在《新月》之外另创《平论》杂志，以便"站立在时代的低洼里的几个不合时宜的书生"，发表"偶尔想说的'平话'"。胡适为此撰写发刊辞《我们要我们的自由》，其中指出："我们深信，争自由的方法在于负责任的人说负责任的话。我们办这个刊物的目的便是以负责任的人对社会国家的问题说负责任的话。我们用自己的真姓名发表自己良心上要说的话。"

具体议政方面，"言论自由须负责任"的理念体现为应发表负责任的议论。1931年为祝贺《大公报》发行一万号，胡适撰文《后生可畏》，将《大公报》之所以当得"中国最好的报纸"的荣誉，归结为该报"在这几年中做到了两项最低限度的报纸职务，第一是登载确实的消息，第二是发表负责任的评论。"1932年5月22日，《独立评论》第一号出版，胡适所撰的《引言》中亦称希望"用负责任的言论来发表我们各人思考的结果"。1933年，胡适正式提出"敬慎无所苟"的议政理念。当时一位读者来信希望《独立评论》社的朋友联合宣言"主张坚决的战争"，对此建议，胡适撰文《我的意见也不过如此》，表示"我极端敬仰那些曾为祖国冒死拼命作战的英雄，但我的良心不许我用笔锋来责人人都得用他的血肉去和那些最残酷残忍的现代武器拼命"。针对董时进刊发在《大公报》上的《就利用"无组织"和"非现代"来与日本一拼》一文，胡适指出"老实说，我读了这种议论，真很生气"；认为"凡不负责任的高调，都是废话……言之必可行也，这就是'无所苟'，这就是自己对自己的话负责任"。在此基础上，他提倡应以"敬慎无所苟"的态度作政论，认为作政论的人，更不可不存这种"无所苟"的态度。因为政论是为社会国家设想，立一说或建一议都关系几千万或几万万人的幸福与痛苦。一言或可以兴邦，一言也可以丧邦。所以作政论的人更应该处处存哀矜、敬慎的态度，更应该在立说之前先想象一切可能的结果，——必须自己的理智认清了责任而自信负得起这种责任，然后可以出之于口，笔之成书，成为"无所苟"的政论。不能如此的，只是白日说梦话，盲人骑瞎马，可以博取道旁无知小儿的拍手欢呼，然而不是诚心的为社会国家设计。

吴相湘为胡适所作的传记中称，自"敬慎无所苟"的理念提出后，胡适与丁文江、傅斯年、蒋廷黻等均"谨守这一态度如宗教信仰一样坚定"。其中，胡适尤为突出，蒋廷黻曾回忆，胡适在办《独立评论》的工作中，明白地表现了两点坚强特性，即"他对于个人自由与责任的热爱，以及他用理性的态度去接触一切问题"。《独立评论》自1932年5月22日创刊至1937年7月25日停刊，共出244期，期间除了"编辑后记"外，胡适撰写政论123篇。这些政论的核心关怀是抗日问题和民主问题；其中有关抗日问题的政论更是体现了胡适对"敬慎无所苟"理念的力行。抗战伊始，胡适就主张通过不失主权原则的外交手段、借助国际组织的力量去解决中日问题。事实证明，胡适的这种想法是正确的。

言论自由，

为国为民。

（高龙彬）

4. 网上慎交友

2007年12月，在杭州上大学的二十一岁的俞小姐发现自己在网上认识的"老公"在问她借了四万五千元后就突然人间蒸发了，她这才意识到自己是上当受骗了，马上向公安机关报了案。今年6月初，俞小姐以"泡泡妹"的网名在网上玩一种叫"劲舞团"的网络游戏，在游戏里认识了一个名叫"淘气猪爷"的网友，两个人通过网上聊天，相互比较谈得来，随着沟通的深入，俞小姐和"淘气猪爷"在游戏里"结婚"了，成了一对虚拟世界里的"老公"和"老婆"。

7月16日，俞小姐的"老公"说自己工资还没发，但身边没有钱了，问能不能借点钱周转一下。出于对"老公"的信任，俞小姐二话没说就汇了两千元钱给他。之后没多久，"老公"因为同样的理由，让俞小姐又汇了四千元钱给他。接着，出于信任，俞小姐怕钱放在自己身边花得太快，便主动打电话给"老公"，问他能不能帮她保管？"老公"同意后，俞小姐汇出了一万元。在一次电话聊天当中，俞小姐的"老公"说准备买房子，但身边没有钱，想问她借一些，俞小姐没有多想，又往"老公"的账号里汇了人民币三万元，先后共汇款4.5万元。

西湖公安分局北山派出所接到事主俞小姐的报案，将此案立为刑事案件侦查，通过俞小姐汇款的对方账户名查询，初步确定"老公"在上海频繁活动，据此在上海开展网上作战。侦查员发现有一黄某年龄及户籍与事主反映十分相似，但由于事主俞小姐从未与"淘气猪爷""老公"见过面，所以不能确定该黄某就是案犯。在通过案犯经常使用的QQ查得其一张照片，确认作案者就是黄某。在上海市公安局刑侦部门的大力配合下，一举将犯罪嫌疑人黄某抓捕归案。经初步审讯，黄某对其犯罪事实供认不讳。目前该黄某已被西湖警方刑事拘留。

网络交友诈骗犯罪是以非法占有为目的，利用互联网工具建立信任关系，采用虚拟事实或者隐瞒事实真相的方法，骗取数额较大的公私财物的行为，是一种新型刑事犯罪，具有四个特点：一是犯罪方法简单，容易进行；二是关系人距离较远，无法核实情况的真实性；三是渗透性和不确定性强；四是社会危害性大，直接威胁群众的经济利益。

勿以恶小而为之。

前车之鉴，警惕常存。

（高龙彬）

5. 周恩来总理："穿补丁衣服照样可以接待外宾"

星移斗转，光阴荏苒。敬爱的周恩来同志离开我们整整三十多个春秋了。三十多年前，百万首都人民肃立十里长街，顶风冒雪，哭送周恩来灵车的动人情景，至今还历历在目。随着时光流逝，人们对周恩来怀念和敬仰之情，不但没有淡薄，反而与日俱增。

那么，周恩来为何有如此巨大的魅力博得人民的颗颗爱心？这是因为，一方面，他在缔造和建设新中国的伟大历史进程中，为党和人民建树了不可磨灭的丰功伟绩；另一方面，他毕生严于律己，清正廉洁，不求索取，但求奉献，把一切献给了党和人民，连自己的骨灰都撒到中华大地，完全彻底地实践了他"活着为人民服务，死后也要为人民服务"的宏愿。正是这两个方面的有机结合，构成了周恩来特有的纯真的人格魅力，从而赢得了人民衷心的爱戴和钦佩，甚至连他的一些国内外政敌也不得不为之折服。

周恩来廉洁自律的表现是多方面的，也是一贯的。在此，仅就同当前对领导干部廉洁自律要求相关的一些方面，列举一些具体事例，从细微处见精神。

在人们的印象中，周恩来总是那样衣冠楚楚，风度翩翩。殊不知，他仅有的几套料子服装，大都穿了几十年，有的破损了，精心织补后继续穿。有一次，他穿织补过的衣服接待外宾，身边工作人员说这套"礼服"早该换换啦。他笑笑说："穿补丁衣服照样可以接待外宾。""织补的那块有点痕迹也不要紧，别人看着也没关系。丢掉艰苦奋斗的传统才难看呢！"他的衬衣磨破了，换上新的领口和袖口照旧穿。1963年，他出访亚非欧十四国，到了开罗，他换下缝补多次的衬衣，随行工作人员不便拿给外国宾馆去洗，只好请我驻埃及使馆的同志帮忙，并叮嘱洗时不要用力，以免搓破。大使夫人看到后，感动得边洗边流泪。至于他穿用了几十年破旧的睡衣、皮凉鞋和第一代上海牌国产手表等，已作为珍贵文物，存放在中国历史博物馆。

周恩来的家常饭菜很简单，主食经常吃些粗粮，副食一般是一荤一素一汤。他规定的工作餐标准是四菜一汤的家常饭菜。他说："四菜一汤既经济又实惠。"他在外地视察或主持会议，同大家吃一样的饭菜，不搞特殊，离开时一定付清钱和粮票。他不仅自己这样做，还要求其他领导干部也这样做。有一次，他出差到上海，听说有的领导同志带着夫人、孩子到地方去，所有的食宿费用都由地方开支，非常生气。回北京后，他在全国第三次接待工作会议上向各省市代表提出："今后无论哪个领导到省里去，吃住行等所有开支，地方一概不要负担，都要给客人出具账单，由本人自付。这要形成一种制度。"一位专机机长的回忆，颇为传神地反映了他在饮食方面的律己要求。有一次，这位机长看他吃饭，掉了个饭粒在桌上，他连夹两次才夹住放进嘴里，笑着吃了。看到这种情景，这位机长后来感慨地说："我心里不禁百感交集。什么叫廉洁，看看总理就知道了。"

建国初期，周恩来搬进了中南海西花厅，一住就是二十六年，直到他去世。西花厅是清朝乾隆年间修建的老式平房，潮湿阴冷。身边工作人员于心不安，多次提出修缮，但他坚决不同意。1959年底，趁他和邓颖超出差外地时间较长，他们对西花厅进行了保护性维修。他回京一进门就惊讶地问："这是怎么回事？谁叫你们修的？！"他还说："我身为总理，带一个好头，影响一大片；带一个坏头，也影响一大片。所以，我必须严格要求自己。"按照他的要求，撤掉了新添置的地毯、沙发、窗帘、吊灯等陈设。事后，对这次"修房风波"，他主动在国务院会议上作了三次检讨，向到会的副总理和部长们说："你们千万不要重复我的这个错误。"

周恩来对自己乘坐的轿车没有什么特殊要求，后来他经常乘坐的专车是红旗轿车。他说："别人不坐我坐，我喜欢国产车。"国家进口了一批高级奔驰车后，有关部门想给他换一辆。他不同意，严肃地说："那个奔驰车谁喜欢坐谁坐去，我不喜欢，我就坐'红旗'。"在用车问题上，他公私分明，毫不含糊。他去理发，医院看病，探亲访友，看戏等，都算作私人用车，总要叮嘱身边工作人员照章付费，从工资中扣交。

周恩来的基本生活要素，衣食住行的俭朴作风，受到了长期在他身边工作的人员交口称赞。有位秘书说："总理除了工作，个人一生无所他求。特别是生活的俭朴，更是众口皆碑。"不是亲眼所见是很难想象到了什么程度。

同周恩来接触较多的一些知名人士，对他廉洁俭朴的生活作风也是赞不绝口。宋庆龄说："周总理在个人生活和作风上，和他在政治上一样，是一个真正的共产主义者。"

克勤克俭，人民的好总理。

（高龙彬）

6. 明德慎罚

明德慎罚是西周的立法指导思想之一，《尚书·康诰》："惟乃丕显考文王，克明德慎罚。"所谓明德，就是提倡尚德、敬德，它是慎罚的指导思想和保证。所谓慎罚，就是刑法适中，不乱罚无罪，不乱杀无辜。

"中国政治与文化之变革，莫剧于殷周之际。"国学大师王国维的这句名言，揭示了殷周之际的社会大变动所带来的文化大变革这一史实。"明德慎罚"的思想就是这一文化大变革的产物，它的出现是对殷商"帝罚"、"神判"思想的反动。殷商初期占统治地位的意识形态是"天命"、"天罚"思想，但随商王朝国力的强盛，商王朝统治者自命为天之子，由是"天罚"实质上演变为"帝罚"思想，忽视民的存在而为所欲为。西周的奠基者周文王极为重视道德，被孔子赞叹为"仁哉文王"。周文王的继承者周武王在灭殷之后，更是从理论上总结了殷商兴亡的经验，指出从成汤到纣王的父亲帝乙，"罔不明德慎罚，亦克用劝"，才保住了王权，后来纣王失了德才招致亡国之祸。西周的建立，在周武王看来也是由于能够实行德治的结果——周文王"克明德慎罚"，所以"受天有大命"，"在武王嗣文作邦"。但最早使用"明德慎罚"这一概念，明确提出明德慎罚思想的是周武王的弟弟周公旦。周公在其命书中大量谈论教与罚的使用方法，阐述其明德慎罚的主张。如《尚书·康诰》曰："孟侯，朕其弟，小子封。惟乃丕显考文王，克明德慎罚，不敢侮鳏寡，庸庸，祗祗，威威，显民，用肇造我区夏。"此文是周公在平定三监之乱后封康叔于殷时对康叔的训诫之词。所谓"庸庸，祗祗"，是指任用那些该任用的人，尊敬那些该尊敬的人，这属于统治者修身明德的范畴；至于"威威"，是说惩罚那些该惩罚的人，属于"慎罚"内涵。周公同时指出，只有继承周文王的德行，王权才能保住。

"明德慎罚"思想的基本内容，包含了崇尚德政和慎用刑罚两层含义。明德是道德教化，是正面引导，是不会产生负面影响的。刑罚则是惩罚手段，体现了统治者"恶恶"之心。其与教化的不同之处在于其如果不在适当限度内使用，往往会产生相反的社会效果，使民积怨，以至于威胁到统治者的政权。"慎罚"即是认真地对待刑罚，在合理的限度内使用刑罚，使刑罚达到预期目的、避免事与愿违的结果的一种主张。其慎用刑罚的基本要点，一是要慎重断案，不滥用刑罚，提倡罚当其罪，要十分谨慎地使用"中罚"，用刑不可偏重，也不可偏轻，要使刑当其罪。二是在定罪量刑时，要区分故意与过失，惯犯与偶犯，这在古代思想史上，无疑是一大贡献。三是注重教化，周公认为使用刑罚并不是单纯为惩罚人，而是为了劝民为善，防止犯罪。明德慎罚"亦克用。要囚，殄戮多罪，开释无辜，亦克用劝。"在中国思想史上，第一次明确地把"德"与"刑"结合起来，对后世儒家"德主刑辅"思想的形成产生了极大的影响。可以说，儒家的礼治、德治、人治思想，德主刑辅、先教后诛、宽猛相济、刑罪相称等思想大都发端于周公。

"明德"与"慎罚"虽然作为为政手段一起使用，但两者并非同等重要。"明德"是核心关键，"慎罚"是辅助手段。以德化人，教而后刑。德治必须辅以法制，德治并非万能，"明德慎罚"即是"德"、"罚"兼用的最好诠释。无论在什么时候、在哪种情况下，我们都应当坚持刑法不是万能的，惩罚不是最终目的的观点。正如周公认为刑罚的目的是勉励人民立德，我们的刑罚惩罚是为了改造，改造是为了不再危害社会。传统思想告诉我们，刑乃惩恶于已然，德乃禁恶于未然。由于道德规范没有国家强制力作为后盾，我们必须要有法律来制裁那些未能避免的危害社会危害他人的行为，救济受害者。同时我们也应当倡导德治，以减少危害社会危害他人的行为的发生。

以德治国，德主刑辅。

（高龙彬）

7. 新房入住前要慎查

每年一入冬，按照合同约定，北京部分期房陆续向业主交房。专业人士表示，目前很多买房人对收房的概念理解很模糊，收房实际上并不等于交钥匙，而是房屋所有权的交接。看到期待已久的新房子马上要交钥匙，业主在签字交钱时一定要谨慎，并要拿到契税和公共维修基金的发票，另外业主最好亲自检验一下房子，一旦发现问题，要及时和开发商沟通交涉。由于交房涉及合同法及国家住宅质量规范两个法律层面的问题，许多买房人在收房流程中犯了错误。收房时没有仔细检查就盲目在收房通知书上签字，之后再找验房公司验收，已经无济于事，只要签了字就给了开发商推脱责任的理由，这是目前房产纠纷产生的一个重要原因。所以在收房流程时，业主要仔细看合同并检查收费款项，对契税、公共维修基金一定要拿到发票，另外在签字环节一定要睁大眼睛，不能签字的条款如果盲目签字，维权将成为空谈。

新房出现裂缝事件在北京一些商品房中曾经出现过多次，在检查房屋有无裂缝时，业主首先要仔细查看房屋地面和顶上有无裂缝，没有裂缝最好，如有裂缝，要看是什么样的裂缝。一般来说，与房间横梁平行的裂缝，虽属质量问题，但基本不存在危险，修补后不会妨碍使用。若裂缝与墙角呈45度斜角，甚至与横梁呈垂直状态，那么就说明房屋沉降严重。看房屋的外墙墙体是否有裂缝，若有裂缝也属严重的质量问题，有漏水的隐患。承重墙是否有裂缝，若裂缝贯穿整个墙面且穿到背后，表示该房存在危险，对这类房屋，购买者一定不能存有侥幸心理。房间与阳台的连接处是否有裂缝，如有裂缝很有可能是阳台断裂的先兆。对于精装修的新房，业主要查看厨房、卫生间以及其他部位的墙地砖有无变形开裂，检查墙地砖有无空鼓，用一个小金属锤随意地敲敲瓷砖就可以了，有空洞声音，说明没有铺设好，这样时间久了瓷砖可能会开裂和脱落，遇到这种情况应重新铺设。如果空鼓率超过5%，说明存在质量问题。空鼓率是指100块瓷砖当中存在多少空鼓的，它的空鼓率就是多少。厨房和卫生间的瓷砖要铺到顶，阴角阳角要达90度，四角无磕碰，包括房顶四角和地面四角。另外，业主要注意查看房屋的地面和顶层渗水情况，要仔细检查房屋墙面是否有变色、起泡、脱皮、掉灰等，这些都是渗漏的迹象。如果买的是顶层，一定要查看各个房屋的顶面有无雨水渗漏的痕迹。冬天，房间里的墙面如果有结露现象，类似夏天冰镇的瓶啤在室温下外瓶壁出现的水滴，这个墙面的保温层肯定有问题。这一点在冬季交房的业主要格外关注。另外，用纸卷点火后灭火冒烟，放在烟道口下方10厘米左右，看烟是否上升到烟道口立即拐弯吸走可以检测厨房烟道。卫生间若没有窗户，则应有通风孔，同样用上面的方法测抽力，烟道、通风口中可用手电查看是否存有建筑垃圾。在检查管道安装质量时，可用手使劲晃动暖气管和上水管，看是否固定牢固，如果松动，应重新固定。打开水阀看厨房、卫生间的排水是否流畅，下水管可能被建筑垃圾堵塞。需要注意的是，尽可能让水流大一点、急一点，一来看看水压，二来试试排水速度，放水同时用卫生纸擦拭上下管道底部看有无渗漏。如精装修房内已装有各种设备，可以把洗菜池、面盆、浴缸放满水，然后排出去，检查一下排水速度。对马桶的下水检查则需反复多次地进行排水试验，看看排水效果。而关闭房屋内各水阀开关，观察水表是否空转可以检查水表的质量问题，如有则通知房管维修部门检查水管及各水阀是否渗漏。如果业主担心房屋的环保问题，可选择放心的室内空气质量检测机构进行检验，正规检测机构一般在五至十个工作日内出具检测报告。另外，建议业主在验收施工项目的工程质量时还应该花时间检查一下建材的品牌。据了解，一些精装修楼盘业主在验收时，发现防盗门、卫生洁具、装饰材料、灯具、整体橱柜等都出现了与原来合同约定的品牌不符的问题。建材产品和设备品牌被更换，意味着住宅品质的改变。业主更应检查被更换的品牌与原合同约定的差别，小心被更换了档次下的建材产品。

  从小处着眼，
  谨慎无大错。

（高龙彬）

8. 慎独

"慎独"是我国古代儒家创造出来的具有我国民族特色的自我修身方法。儒家经典《大学》说:"诚于中,形于外,故君子必慎其独也。"《礼记·中庸》说:"慎乎其所不睹,恐乎其所不闻。莫见乎微,故君子慎其独也。"就是说,一个有道德修养的人,要做到在别人不能看见的时候,能慎重行事;在别人不能听到的时候,能保持警醒。不要认为隐蔽的和微小的过失,就可以去做,而放松对自己的要求。因此,当独自一人时,同样要严格要求自己,防微杜渐,自重自爱,把握住自己。"慎独"虽然是古人提出来的,但并没有因时代的变迁更迭而失去现实意义,就是因为它已经成为道德修养的一种有效方法和高尚境界,它依靠在实践中所形成的道德信念来约束自己的行动,是衡量一个人道德觉悟和道德品质的重要标准。

一个人要做到慎独实属不易。当然,慎独之人,已不是一般人所能企及。这种人,有生活大气度,有忘我精神,有站立高处统率的特质,做事张弛有度,经常切中事情关键,游刃有余地把事情处理好。毛泽东主席曾有过一个英明的论断:"一个人做点好事并不难,难的是一辈子做好事。"同理,一个人在大庭广众之下做君子并不难,难的是独处时也做君子。

我们党历来提倡"慎独"。刘少奇同志早在《论共产党员的修养》中就提出了"慎独"的要求:"除开关心党和革命的利益以外,没有个人的得失和忧愁。即使在他个人独立工作,无人监督,有做各种坏事的可能的时候,他能够慎独不做任何坏事。他的工作经得起检查,绝不害怕别人去检查。"刘少奇同志这段精辟的论述,为我们加强道德修养指明了方向。在改革开放、实行社会主义市场经济的新时期,江泽民同志也多次强调党的各级领导干部要做到"自重、自省、自警、自励",同样是提醒我们加强修养,做到慎独。"慎独"作为中国古代优秀文化传统的组成部分,今天仍然需要发扬光大。尤其在新的历史时期,在价值观念呈现多元化的情况下,加强自我克制和约束,洁身自好,做到"慎独",就显得尤为重要。慎隐是慎独的基本要求。慎隐就是指隐处自律,是指没有人在场、个人独自活动的时候,也不能无所顾忌,为所欲为,不要做见不得人的"亏心事"。古人云:求粉饰于耳目易,求无愧于隐处难。许多事实表明,一些人犯错误往往是在缺少监督情况下发生的。他们都抱有侥幸心理,认为自己做的事情是隐蔽的,无人知晓。古人曾说,"暗昧之事,未有幽而不显,昏感之行,未有隐而不彰。修操于明,行悖于幽,以人不知……是盗钟掩耳之智也。"暗处与明处,幽处与显处,在一定条件下是可以转化的。处在暗处、幽处就放纵自己,甚至做坏事,是十分愚蠢的。任何事情只要做了,就是客观存在。俗话说,"要想人不知,除非己莫为",错误的行为,终究会暴露。

同时,慎欲就是必须把握欲望的"度"。任何事情都有自身的度。"度"就是保持自身质的数量界限或范围。在这个范围内,事情的本质没有发生根本变化,超出这个范围就会引起质变,变成另一种事物。黑格尔说过:一切人世间的事物——财富、荣誉、权力、甚至快乐、痛苦等皆有一定的尺度,超过了这个尺度,就会招致沉沦和毁灭。同样,欲望也应当适度。人都有欲望,物质的、精神的,它可以激励人们去奋斗。但是欲望要适度,适度之欲望就是遵循法纪和道德的要求,用正当的手段实现正当的欲望,是无可非议的。反之,过度之欲望,就会导致私欲膨胀,就会变成邪恶,就会不可避免地使用一些不正当手段来达到欲望的满足,轻者犯错误,严重者走向犯罪的深渊。邓小平同志说:"每一个人都应该有他一定的物质利益,但是这绝不是提倡个人抛开国家、集体和别人,专门为自己的物质利益奋斗,绝不是提倡个人都向'钱'看。"所以,对个人欲望要把握好度。当个人欲望萌生时,要想一想,它是否正当、合理,切合实际,是否符合法律和道德的准则。要淡化、抑制非分的欲望,强化追求健康的欲望。

慎省就是自我校正、自我反省。一个人要进步,需要经常地、认真地反省自己,找出思想和行为中的不良倾向和不好念头,去劣存优,在"无人见处"下工夫,不断校正前进的方向。慎省,就要坚持以维护党和人民的利益为标准,经常进行自我检查,在自己的内心建立一个道德法庭对自己进行道德裁判。在做每件事之前,先想一想如何规范和约束自己的言行,违反规定的事不能去做;行动过程中,时刻提醒自己不触"高压线";事情结束之后,进行总结和反思。慎省要做到经常,要"吾日三省吾身"。通过自我反省，自我解剖，自我总结，克服缺点，改正错误，加强自我控制。

慎微就是注意小节、小事，微处自律。不能因为事情小而放纵自己，"娇纵生于奢侈，危亡起于细微"，"勿以善小而不为，勿以恶小而为之"。一个人的道德修养和精神面貌，往往是通过日常的小事、小节反映出来。雷锋是一名普普通通的士兵，在他短暂的一生中，既没有硝烟弥漫的英雄壮举，也没有剧烈的矛盾冲突撞击，有的只是那些平平凡凡的小事。他遇到的都是常人遇到的，他做到的只要大家愿意做都可以做到。助人为乐，拾金不昧，关心他人，谦虚礼让……雷锋正是通过这些小事为他人送去温暖，带去春风。雷锋精神是新中国一面光辉的旗帜，一支闪光的精神火炬，它教育鼓舞了一代又一代人。所以在道德修养上、要从点滴小事做起，构筑起牢固的思想道德大坝。

"慎独"的最高境界是孔子所说的"随心所欲"。这里讲的随心所欲不是我们日常所说的想干什么就干什么，而是指道德修养到一定程度后所达到的一种道德境界。人的思想已经道德化，人已经成为道德化的人，所思、所想、所做、所为由道德自由支配，不以道德而负累，真正达到无忧无惧，身心宁静。这是每一个有志于道德修养的人追求和向往的崇高境界。只要我们从"慎独"开始，持之以恒，就一定能够实现从道德修养的"必然王国"到"自由王国"的飞跃。

　　自重、自省、自警、自励。
　　人前人后一样，有人无人一样。
　　表里如一；防微杜渐。

（高龙彬）

9. 慎始慎终

胡锦涛总书记在党的十七大报告中指出，全党同志特别是领导干部都要讲党性、重品行、作表率。总书记的讲话高屋建瓴，意味深长，具有很强的现实针对性和重要的指导意义。对于胡锦涛总书记的这番讲话，领导干部一定要常想常思，做到慎始慎终。常想前车之鉴，始终把心中的廉洁弦绷紧。许多领导干部落马的教训已经告诫我们，作为领导干部，一旦在廉洁问题上出事，害国害民害自己害家庭，贻害无穷。作为领导干部，一定要从一起起前车之鉴中吸取教训，要以对党、对国家、对人民高度负责的态度，经常算一算政治影响账、经济成本账、家庭幸福账、身体健康账，居安思危，增强讲党性、重品行、作表率的积极性、主动性和创造性。常想形势之迫，始终把人民交给的权用好。实践证明，只有对形势有清醒的认识，才会有开拓创取的精神；有了开拓进取的精神，才会自觉为人民服好务，当好公仆。各级领导干部要清醒地看到当前复杂国际形势带来的压力和挑战，看到经济社会发展中存在的矛盾和问题，看到前进道路上的困难和风险，把忧患意识贯穿到党性锻炼和品行修养的过程中，以自身的模范行动影响和带动群众，切实用好手中的权力。常想责任之重，始终把肩头的担子挑好。居"官"为民，是党员干部神圣之责。经常想一想身上的责任，有益于保持清醒头脑，牢记党和人民的重托，在政治上、思想上始终有一种危机感和压力感，自觉防止分心走神，精力外移。对于一个有事业心、责任感的党员干部来说，不为民办实事、解难事、做好事，不能"为官一任、造福一方"，就应感到内心不安、脸上无光。"邑有流亡愧俸钱"，古人尚知责任重大，我们的各级领导干部更应该常思责任之重，关心群众疾苦，尽心尽力为群众谋福利。

  儒家经典《大学》一书开宗明义便阐述了这样的道理："大学之道，在明明德，在亲民，在止于至善。"就是激励人们要弘扬自己的美德，不断除旧革新，以期达到理想、完美的境界。具体就是通过"致知（探究事物的道理）、诚意、正心、修身"，最终实现"齐家、治国、平天下"。这就把改造主观世界和改造客观世界结合起来了。孟子提出"穷则独善其身，达则兼济天下"（《孟子·尽心上》），进一步阐发了孔子的大学思想。范仲淹"先天下之忧而忧，后天下之乐而乐"（《岳阳楼记》）的忧乐观，林则徐"苟利国家生死以，岂因福祸趋避之"的得失观，毛泽东"为人民利益而死，重于泰山"（《纪念张思德》）的生死观，都给我们树立了仰为观止的道德高山，我们应当从中汲取有益的教诲。

  "君子曰，学不可以已。"（《荀子·劝学》）强调的是人要自强不息，不断地加强学习。有人说每个领导干部都具有两种"资产"：一种是"有形资产"———职位产生的权威；另一种是"无形资产"———人的道德品质和人格魅力。只有当这两种"资产"有机结合时，才能实现"资产增值"，才能不断提升领导干部的领导水平和执政能力。而其中"无形资产"的获得，只有靠个人孜孜不倦地进取学习。所以说，作为一名干部，除了要有大局观念、政策观念、组织纪律观念外，特别要强化学习意识，把它作为一种政治责任、一种精神追求、一种思想境界去把握，从而开阔眼界，增长知识，陶冶情操，提高道德修养，增强为党和人民工作的本领。

思想境界提高了，道德修养加强了，对个人的名誉、地位、利益等问题就会想得透、看得淡，才能保持一种"物利两忘"的淡泊心态。比如说组织上根据需要对人事进行调整，这是一种很正常的事情，这个时候尤其需要保持清醒的头脑，调整好心态，淡泊名利，宠辱不惊。《中庸》里有这样一段话，说得很好："君子素其位而行，不愿乎其外。……在上位，不凌下；在下位，不援上；正己而不求于人，则无怨。上不怨天，下不尤人。故君子居易而俟命，小人行险以侥幸。"修身怀德要有"临深履薄"的畏惧心。领导干部手中的权力是党和国家赋予的工作职责，而不是个人牟取私利的工具。领导干部必须要树立正确的权力观，让党和人民放心。权力既能使人高尚，也能使人毁灭。谁不了解权力的两面性，谁就会在这个问题上栽跟头。因此，手中掌握权力的同时，心里时刻要有"如临深渊、如履薄冰"（《诗·小雅·小旻》）的畏惧心、危机感。一旦有了权钱交易，就等于授人以柄，被钳制住了，就等于把自己的命运完全交给了别人。

滕州文公台有一块宋代官衙门口竖立的戒碑，上面刻着"尔禄尔俸，民脂民膏，下民易虐，上苍难欺"十六个大字。清人张伯竹曾言："一丝一粒，我之名节；一厘一毫，民之脂膏。宽一分，民受赐不止一分；取一分，我为人不值一文。"因此，千万不要为了一点蝇头小利，丧失党性，丧失立场，丧失原则；丢了人格，丢掉饭碗，丢了性命。"一失足成千古恨"，慕马案、成克杰案、胡长清案、李真案都是血的教训。只有祛除私欲，奉公守法，对权力时刻怀有一颗畏惧心，方能行得正、坐得稳、身自安、心自静。

领导干部必须要有每日"三省吾身"的精神，认清自己的位置，保持清醒的头脑，坚持公道正派。新时期的公道正派有什么涵义？中组部部长贺国强同志把公道正派归纳为：对己清正，对人公正，对内严格，对外平等。山东省委组织部长刘伟同志提出要做到"五慎"：慎言、慎微、慎欲、慎权、慎交友。依照我个人的理解，慎言，就是要言之有据，按政策规定说话，不该讲的一句不说；要言之有情，心平气和，有亲和力。慎微，就是要注意生活细节，防微杜渐，做政治上的明白人、作风上的正派人。慎欲，就是要善于节制自己，防止自己的爱好、兴趣、习惯被人利用，成为自己成长进步的绊脚石。慎权，就是要树立正确的权力观，不搞以权谋私，不把别人对部门对岗位的尊重，看成是对自己的尊重。最后，交友要交良友、益友、诤友，不把朋友关系异化成酒肉关系、金钱关系、交换关系。谨言慎行，自重自爱。

　　　　靡不有初，鲜克有终；
　　　　三省吾身，一生谨慎。

（高龙彬）

10. 博学之　审问之　慎思之　明辨之　笃行之

"求是"是浙江大学的校训，亦是笔者所见文字最为简洁而寓意却极为深刻的校训之一。浙江大学的前身，是清光绪二十三年（1897年）由浙江巡抚廖寿丰和杭州知府林启创办的"求是书院"。"求是"则源于《汉书·河间献王传》中"修学好古，实事求是"一句。当时正值变法前夕，新学兴起，也为穷经证理，注儒训诂的书院私学带来了一股新风。当时廖给清廷的奏章就说："图治，以培养人才为第一义。育才，以讲求实学为第一义。"力主"求是书院"以培养"务求实学，存是去非，切于实用"的人才为办学宗旨。这在当时也是有政治眼光的。其开设的课程也不是四书五经一类旧学，而是"国文、英文、数学、格致、化学、历史、地理、体操等"。甚至聘请了美国传教士为总教习，并开各省派遣留日学生之先河。戊戌变法后，1901年改名为浙江求是大学堂，次年又改称浙江大学堂。1914年后一度停办，1928年复办后定名为浙江大学。

复办后的浙江大学百废待兴。1936年4月，竺可桢先生出任了浙大校长。作为哈佛大学的博士，著名的气象、地理学家，教育家，在领导浙江大学的13年中，他为这所著名大学的建设与发展做出了巨大的历史贡献。他的以"求是"为核心的办学理念，不仅塑造了几代浙大人，也深深影响着中国的大学精神。竺可桢也成为我国与蔡元培、梅贻琦齐名的少数几位高山仰止的著名教育家之一。浙江大学从"求是书院"以来就有读书不浮躁，做事讲勤奋的传统学风。为了发扬这种学风，1938年11月，竺可桢先生在校务会上提出把"求是"作为浙大的校训。"求是"两字除了源出《汉书》外，明代浙江大哲学家王守仁也有"君子之学，唯求其是"之语。在给学生作报告时，竺先生对"求是"精神的涵义有过深刻的论述。他认为，"求是"的本质是对真理的信仰，英文是 Faith of Truth。美国最老的哈佛大学校训亦是"求是"，可谓不约而同。他说："求是就是要排万难冒百死以求真知。"并以布鲁诺、伽利略、牛顿、达尔文、赫胥黎等，不怕火焚、不怕唾骂、不屈不挠、追求真理的精神来激励大家。

同时，竺可桢认为"求是"也是一种精神，即"牺牲精神"。他说："我校求是精神，即只知是非，不顾利害。诸葛亮之'成败利钝，非所逆睹；鞠躬尽瘁，死而后已'，即此意也。"他希望浙大的学生都应具备这种精神，"不顾利害以求真理，祛除成见以就理智"。他自己在浙大以身作则，学问一丝不苟，读书慎思明辨、考察真实记录，待人诚恳谦和，处事克己奉公，成为师生的楷模（参见《中国大学教育发展史》曲士培著，山西教育出版社，1993年7月）。此外，竺先生对"求是"的路径也有独到的见解。他认为"求是"之路径不完全限于读书或实验。他说："《中庸》说得最好，就是'博学之，审问之，慎思之，明辨之，笃行之'。"当时正值抗日战争爆发，浙江大学艰难西迁，竺先生在"学、问、思、辨、行"五字中，更突出"笃行"的思想，引导学生用自己的行动关心国家的前途和命运。他推崇说，孙中山先生的革命精神，张苍水反清复明舍生取义、从容就义的精神，都源自于求是精神。他希望学生"学成以后将来能在社会服务……使我国家能建设起来成为世界第一等强国"。"拯救我们的中华民族，拯救我们的祖国，吃苦耐劳，牺牲自己，努力为公，这就是大家到浙江大学来的共同使命。"

追求真理，不怕牺牲，博学笃行，拯救祖国的"求是"精神，在竺先生的倡导躬行下，使抗战中的浙江大学产生了巨大的凝聚力，一批名师荟萃浙大。数学有钱宝琮、陈建功、苏步青，物理有胡刚复、王淦昌、朱正元，化学有王葆仁、王琎、卢嘉锡，生物有罗宗洛、贝时璋、谈家桢，土木工程电机有钱令希、王国松，历史、地理有谭其骧、任美锷、钱穆，农学有蔡邦华、吴福桢，教育有费巩、黄翼、丰子恺等。在学生中后来亦有李政道、吴健雄、谷超豪等一大批杰出科学家出现。真是群星灿烂，人才济济。在八年抗战的艰苦年代，浙大能聚集这么多学界泰斗、民族精英，也是竺先生"求是"的办学理念在师资队伍建设中的具体体现。我们知道清华大学梅贻琦曾有著名的"大师"说，而竺可桢则有"灵魂"说，即"教授是大学的灵魂"。我想魂者应是崇高之精神所在，知识之力量所依，良好之学风所继。在竺先生看来，一所好的大学，教育的成功，关键在有好的教授，他们是知识、人格、校风得以传承的校魂。他说，教授"以研究学问为毕生事业，以教育后进为无上职责"，他们云集学校就会酿成崇尚学问的良好学风、熏陶培养出博学敦行的人才（参见《大学教育之主要方针》竺可桢1936年4月25日就任浙江大学校长之演说）。竺先生以"求是"为主旨的办学理念是如此的朴实无华，又博大精深。他留给后世的精神遗产，犹如先生自己所言的是海上之灯塔，社会之光芒。

　　博学好古，
　　实事求是。

（高龙彬）

11. "一言兴邦"和"一言丧邦"

楚庄王三年不鸣，一鸣惊人，岂不是一言而兴邦；邵公苦口婆心几番劝说，历王置若罔闻，三年便流亡他国，岂不是一言而丧邦？智愚与得失、兴衰与盛衰，古往今来不曾打破……慎言不是少言甚至不言，那就成了文狱，成了文革，成了蛮横腐朽令人恐惧的九重魔界，成了魔鬼大行其道、上帝大打其盹的十八层地狱，成了一潭死水——激不起半点儿涟漪。但我分明隐约听到那修眉朗目、冰雪容颜之下的几分浅嘲，分明隐约听到秋水双瞳、沉静温和之外的几丝余韵，分明隐约听到容色繁华时代少年尖刻却又准确、寒冽而又苍凉的口吻。

青年时期的毛泽东说，他们没有时间谈情说爱，谈论女人、私人问题，时局是如此危急、求知是如此急迫……也许，你会惆怅生不逢时；也许，你会感叹世态炎凉；也许，你会埋怨人心不古。也许，这一路碎石嶙峋；也许，这一路晨光熹微；也许，这一路斑驳黯淡；也许，这一路有多少愁怨、多少伤痛。但，朋友，迎着风就是真谛，大步向前何惧艰险！一重又一重的激励荡开我们青涩年纪上正在成长的襟怀；一段又一段的故事触动我们火热血脉中行将迸发的奇迹。青春，何应被辜负?!

在某著名刊物上读到一篇《自律三题》的文章，文中讲到一个县委组织部长的遭遇。一次，这位组织部长到一家家具厂调研，其间对一套样式新颖的家具说了几句赞叹的话，没想到几天后，厂长奉乡长之命，将那套家具拉到了部长的家。原来他们以为，这是部长在"暗示"，并自以为"心领神会"。又有一次，部长在朋友面前无意中聊起某某画家所画的山水很有功力，几天后，那朋友就捧来了这位画家的一幅山水画轴。家具和画虽然都被拒之门外，但它们着实让那位新任组织部长"吓出一身冷汗"。几次教训之后，那位部长真切地感到领导干部一定要慎言，为此，他特地在居室高悬"慎言"两字以自律。

读了这个故事，我真的为现在还有这样纯正的领导干部而欣喜。要当上县委组织部长，一般来说，需具备两个条件：一是担任过一段时间的下级领导干部，比如乡镇党委书记、机关局长等；二是在可提拔的领导干部中，属于比较优秀的，特别是比较廉洁的。既然担任过领导干部，即使你自己没有亲自干过行贿受贿的事，总也听说过别人干过。即使你从不与别人闲谈这类丑恶之事，报纸、电视总是要看的，现在的报纸、电视，哪一天没有这方面的报道。在行贿受贿高发、腐败案件频发的环境里，在胆大妄为者割了一茬又冒出一茬的情况下，人家向他送一套家具一幅画，竟然会"吓出一身冷汗"，如此纯真、"胆小"，实在难能可贵。不过，这位组织部长由此而总结出来的教训，却未免太天真。他总结教训的思路是：人家向他送家具送画，是因为他无意中说了赞美的话，如果他不说这些话，就不会有人向他行贿，于是得出结论，"领导干部一定要慎言"。他没有想一想，在担任组织部长之前，无意中说这么两句话，有人"心领神会"吗？如果早就有这种情况，也不至于现在吓出冷汗，现在才开始"慎言"了。他更没有想一想，老百姓看到一幅好画、一套好家具，不要说仅仅夸奖几句，无人给你送上门来，就是只想打点折扣，磨破了嘴皮恐怕也不一定有用。说穿了，人家对你"心领神会"，完全不是因为你说话不慎，而是因为你掌握着他们头上的那顶帽子。

这位组织部长的"慎言"，也没有可操作性。到工厂，不能说某个产品好，看书画，不能说那个作品好，那么，到基层调查，不能说那项工作好，否则会以为你暗示分管这项工作的干部可以提拔；也不能说那项工作不好，否则又会以为你想处理那项工作的分管干部。开会时，也不能表扬、批评。而且，说那个画家有功力，是在一位朋友面前。就是说，在亲戚朋友面前，也不能对事、对物、对人说评价性的话，否则，亲戚朋友也会"心领神会"，因为他们或者他们的朋友们，也有人想弄个一官半职的。就是说，这位部长无论是在工作场合，还是私人场合，都只能说些"今天天气哈哈哈"了。如此"慎言"，如何为官，又如何做人呢？

依我之见，这位组织部长被"吓出一身冷汗"之后，应该思考的，是怎么改革干部的任用制度，让更多的人有发言权、决定权，如有的地方已经在做的民主推荐、公开竞争、全委票决那样。扩大用人民主，改掉少数人说了算的毛病，组织部长即使说话不够"谨慎"，也不会有人"心领神会"，即使胆子再小，也不会被人吓出冷汗。

　　　　语言是一门艺术，
　　　　更是折射深层问题的镜子。

（高龙彬）

12. 慎战

《孙子兵法》是中国历史上最伟大的兵书，古人云"其孙子者孙子不遗，后孙子者不遗孙子"。而以色列战略学者克里默德则说："在所有的战争研究著作中，《孙子兵法》是最好的，而克劳塞维的《战争论》只能居第二。"也就是说，《孙子兵法》堪称世界上最伟大的兵书，而不仅仅是中国的。《孙子兵法》虽然是一本兵书，但孙子对战争却一直保持一种谨慎的态度。《孙子兵法》开篇（即《计篇》）即指出"兵者，国之大事，死生之地，存亡之道，不可不察也"；随后即提出"五经七计"作为估算战争能否胜利的重要标准；接着又阐述了"庙算"的重要性，认为只有战争前对各方面进行了全面而周详的分析，战争取胜的把握才会大。《计篇》作为开篇，对整本书起着提纲挈领的作用，以下十二篇都是在《计篇》的基本思想下延伸发展的。如在《谋攻篇》中的"知彼知己，百战不殆"，在《地形篇》中"知天知地，胜乃可全"，在《军争篇》中"避其锐气，击其惰归"……无不是对"慎"的具体阐述。孙子的慎战思想中"慎"大致可以归纳为：一，对是否进行战争的谨慎；二，对如何进行战争的谨慎。对于是否进行战争，孙子认为"上兵伐谋，其次伐交，其次伐兵，其下攻城。攻城之法为不得已"。对于如何进行战争，"兵贵胜，不贵久"、"以迂为直，以患为利"等更是数不枚举。

孙子之所以提出慎战，是有多方面历史和现实原因的。首先，这要从孙子所生活的时代背景来说。孙子生活在春秋晚期——一个大分裂、大动荡的年代，诸侯割据，战乱不休，民不聊生，礼崩乐坏，旧秩序被打乱，新秩序有待建立。一方面，孙子受当时所流行的社会观念所影响，非常向往齐桓晋文时代通过"伐谋伐交"而不仅仅用战争所成就的伟业。孙子是一个非常重视历史的人，所以他也希望能减少战争，尽量"战胜于朝廷"，从而成就一番伟业。另一方面，他所处的现实环境（诸侯割据，战乱不休）又让他不得不考虑使用战争手段。虽然还处于春秋晚期，但新兴地主阶级已经开始崛起，战争几乎成为了他们从没落奴隶主贵族手中夺取政治权力的唯一方式；加之诸侯之间由"争霸"逐渐演化为带有统一性质的兼并战争，各诸侯国之间争抢地盘，战争有增无减。其次，孙子出生于武将世家，为名将司马穰苴之后，对祖上的了解和长辈对其的培养，使他对战争的残酷性了解很深。"将不胜其忿而蚁附之，杀士三分之一而不拔者，此攻之灾也"、"亡国不可以复存，死者不可以复生"是其对战争残酷性深刻的体会，所以对战争慎之又慎。"战争是政治的延续，是流血与暴力的政治，它固然是文明嬗递过程中一个不可逾越的阶梯，但从战争的本质来看，它对物质文化的毁耗、对人类生命的吞噬等种种严重后果也同样显而易见。"远在两千多年的孙子，虽然没有如今人一样说出这样的话，但他却一定是深知其理的。并且在随后助吴伐楚的战争中，他生动实践了他的伐谋、伐交、伐兵、攻城思想。

就孙子提出慎战思想的意义而言，首先是对于当时社会的一些意义。孙子处于"百家争鸣"的时代，墨家主张"兼爱非攻"，儒家主张以"仁"，道家主张"无为"，这三派都是不主张战争的；而法家却奉行对内法制、对外战争的政治策略，鼓吹战争万能论。但就对战争的思考与分析而言，孙子的观点无疑是取诸子所长：既没有否定战争所带来的进步性，也没有忽视战争的残酷性，不主张把战争当做解决一切事情的万能药水——即主张"慎战"。所以说孙子作为一个兵家，却不仅仅是一个简简单单的用兵高手，还是在那个混乱时代对战争有着清醒的认识，并引领人们对战争正确认识的具有跨时代意义的军事政治思想家。

同时，孙子所提出的慎战对后世有着不可磨灭的深远影响。例如烛之武退秦师、韩信遣使传檄平定燕地等，都是后人"慎战"、伐谋伐交、不战而屈人之兵的典型例子。但天底下不总是有这种好事的，所以居安思危、平时加强国防建设等思想，也是慎战的具体实施——慎战不代表不备战和不战。但《孙子兵法》中也没有明确反对侵略战争的观点，只是说战争要"令民与上同意"，即民众的与君主的意愿一致。但这里并没有指出要民众思想主导君主思想，还是君主思想主导民众思想，也就是说只要结果是大家（君主和臣民）都愿意干这事就行了。这样的思想策略，无疑给侵略战争提供了很好的蓝本。当年希特勒就是诱导和利用日耳曼人的极端民族主义思想发动第二次世界大战的,这一点教训不得不吸取。但几乎同一时代,中国共产党却以广大工农群众的意愿为己任,成就了蒸蒸日上的中华人民共和国。也就是说孙子的"慎战"思想中的有些理论有时也是一把双刃剑,要看使用者是谁,如何使用。而且,不能太苛求古人和苛求一种思想,孙子时代礼崩乐坏,诸侯国家观念淡薄,战争正义性质观念淡薄。

　　在两千多年后的今天,就《孙子兵法》现实意义而言,无论修身齐家,还是治国平天下,都是非常有益的。凡事预则立,不预则废,与"多算胜,少算不胜,而况于无算乎"出于同理。而就我国而言,现虽处于和平年代,但国际反华势力灭我之心不死,霸权主义更加猖獗,恐怖势力也十分活跃,战争的威胁时时存在。在这样的大背景下,中国一方面要"令民与上同意"而加强精神文明建设,特别是爱国主义教育和忧患意识;而"日费千金,然后十万之师举矣",平时要加强经济建设,增强国家经济实力。另一方面在合理加强军备的同时,要强调"慎战"思想,尽量用非武力手段解决问题,以利于综合国力的全面和持续提高。特别是在处理台湾问题方面,慎战思想是非常有借鉴意义的。一场战争,无论是否正义或者是否胜利,都将是"万骨枯",更何况"兄弟阋于墙",伤的更是自己,所以要尽量努力使用非战争手段即"伐谋伐交"来解决台湾问题。但慎战不代表不战,若有一天台湾政局发生巨大变故、外国军队入侵或是和平统一已经不可能的情况下,就要考虑使用武力解决,即使国家要因此而遭受巨大损失;也就是说,平时要加强备战,在现实社会中有实力才是有发言权和影响力的。

　　　　凡事预则立,

　　　　不预则废。

(高龙彬)

13. 《地狱之门》:李真的启示

　　日常生活中,每个人都有自己的朋友,俗话说"多个朋友多条路",广交朋友是人之常情,本无可厚非,但偏偏有一些领导因交友不慎,最终走上了邪路，不仅自己身败名裂，而且给党和人民利益造成了严重危害，其惨痛教训发人深省。眼下，有些领导干部刚上任时尚能严于律己、洁身自爱，然而，随着时间的推移和职务的提升，就不愿接受来自组织和群众的监督，随心所欲，经常与社会上一些不三不四的人"交朋友"。而一些心怀叵测者，往往以"交朋友"为幌子，拉拢腐蚀领导干部，以达到不可告人的目的。有少数领导不辨是非，热衷于用手中的权力为"小帮派、小圈子"通关系、谋私利，完全忘却了原则和立场。还有少数领导干部意志薄弱，经不住"朋友"的教唆、怂恿，胆大妄为，充当不法分子的"保护伞"；更有利欲熏心者，知法犯法，与不法分子沆瀣一气，大搞权钱交易，最终走上了违法犯罪的道路。领导干部同普通人一样，也有七情六欲，也需要正常的人际交往，但凡事都必须要以不违背党纪国法为前提，谨小慎微，三思而后行，切莫意气用事、逞一时之能，那样极易迷失方向、误入歧途。因此，领导干部在办事情、处朋友时，一定要正确把握自己，廉洁自律，克己奉公，甄别清浊，防微杜渐，真正做到"权为民所用，情为民所系，利为民所谋"，亲君子，远小人，抗诱惑，拒腐败，树立人民公仆的良好形象。

《地狱之门》一书讲述的是原河北省国税局长李真，利用职务之便，贪污受贿，最后被处以极刑的事情。李真，1962年出生在河北省张家口市，1990年任河北省某副省长的秘书，1994年任省委办公厅副主任，1997年任河北省国税局长。从李真的简历上来看，年纪轻轻就担任这么高的领导职务，是一件非常幸运和荣幸的事情，本应珍惜机会，好好的为人民服务，甘当人民公仆才对；而他由于自己的仕途一路顺风，骄傲起来，在加上平时不注重党性的修养，渐渐地扭曲了自己的世界观和人生观，最后走向了不归路，非常令人惋惜。

李真出生于革命干部家庭，父母在建国前就参加革命。他从小生长在党的阳光下，三十五岁任河北省国税局长。可谓年轻得志，但他却辜负了党和人民的培养，贪污受贿，沦为不可饶恕的罪人。李真在给党和人民带来极大危害的同时，也把他的家庭推向了痛苦的深渊。他被处决时，母亲七十余岁，孩子只有十一岁，上演了一幕人们最不愿看到的"老年丧子，幼年丧父"的家庭悲剧。中共中央政治局常委、中纪委书记吴官正同志在2004年1月召开的中纪委三次全会上明确提出，在反腐倡廉的工作中，首先要加强反腐倡廉的宣传教育工作,完善反腐倡廉"大宣教"工作格局,促进党和国家机关工作人员特别是领导干部的廉洁自律。结合在全党开展保持共产党员先进性教育活动,深入学习"三个代表"重要思想,学习《中国共产党党章》和《江泽民论党风廉政建设和反腐败斗争》。以权力观教育为重点,加强理想信念教育,提高党员领导干部的思想道德水平。把自律与他律、教育与管理结合起来,引导领导干部树立马克思主义的世界观、人生观、价值观和正确的权力观、地位观、利益观,是势在必行的。李真也有过憧憬,他刚从政时,也想当一名焦裕禄式的好干部,也曾经有过一定的成绩。但是,随着自己的地位不断提高,职务的不断升迁,权力不断地扩大,来巴结人也多了,接触的人也复杂了,在这种周围环境极大变化的情况下,加上平时不注重加强自己的世界观和人生观的修养,导致自己越陷越深,最终东窗事发,锒铛入狱。毁了前程、毁了自己,也毁了家庭。李真的事情,可以说是一个教训,给广大领导干部上了生动的一课,也为那些平时要求不严,不注意世界观和人生观的修养,不注意党性修养的个别领导干部敲响了警钟。可以说,我们党在这几年对于惩治腐败是决不手软的,特别是这几年查处的一批大案要案,涉及人员职位之高、案值之大、人员之多,都是空前的,如成克杰、刘方仁、田凤岐、幕绥新、马向东、李嘉廷、李纪周、王怀忠等,这充分显示处我党对惩治腐败的决心。早在建国初期,我党就对惩治腐败现象就没有手软过。原天津市委书记刘青山和地区专员张子善就是典型的例子。我国正处在社会主义初级阶段,人民生活还不富裕,社会主义的建设任重而道远,更是需要一大批一心一意、克己奉公的建设者来建设它。我们党和政府在这几年在改善公务员队伍的待遇上,有了很大的改进,在全国职工的福利待遇上,公务员的各项福利待遇是走在前列的。为了满足自己不断的膨胀私欲,而铤而走险,实在是不可取的,人有欲望是正常的,但是,也不能为了满足自己个人私欲,而视国家法规而不顾,邓小平在《共产党员要接受监督》一文中说过:共产党员,特别是党员干部谨小慎微不好,胆子太大也不好,做事要有所畏,有所怕,不能无所顾忌。小平的话是很有深刻含义的,其中包含着深刻的辩证法。这就是共产党一方面要不怕,这里所说的不怕,是说为了改革的需要,要大胆创新,一方面要有一个怕字放在心头。说不怕是因为我们正处在改革的时代，许多事情我们是头一回遇到，这就需要无所畏惧的精神，大胆实践，勇往直前。说一个怕字，是就自我修养而言，凡是遇到个人利益得失的时候，就要三思而行、如履薄冰、如临深渊，时刻记住，一失足将酿成千古之恨。怕还是不怕，根本的区别还是为公还是为私。为一个公字，要敢字在前，为一个私字要慎字当头。有了这样的自觉，就可以建立起廉洁的党风，就使我们的干部走在河边不湿鞋。孔子曰："从心所欲不逾矩。"这个矩，在今天来说，就是党纪国法，就是规范我们行动的规矩。有了这个规矩，对其有敬畏之心，时刻想到"不越矩"，得到的将是更大的精神自由。

地狱之门，其实不远；

清醒理智，前车可鉴。

（高龙彬）

14. 想好了你再跳

按职场"金九银十"的说法，2008年10月初，出现第一个跳槽小高峰。面对奥运后各行业不断上升的人才需求指数和对职业规划的反思，不少职场人士都在此时跃跃欲试，重新调整或规划自己的职场方向。眼下，在一些跳槽现象较为密集的行业中，如金融、地产、医疗、传媒等，跳槽队伍年轻化趋势也更加明显。不过相比以往职场人士关注"钱途"的跳槽动机，现阶段对职业发展、职业定位的考虑已成为越来越多职场人士的跳槽主题。

暑期刚过，在某地产公司担任营销经理的李俊就向公司递交了辞职信，他为自己规划了另一条出路，即进入知名房地产网络公司担任市场部总监。"今年地产走势仍旧不明朗，房价整体跳水，开发商压力相当大，这些压力自然会分解到我们头上。"谈及跳槽后的感受，李俊表示，并非为逃避压力而跳槽，而是为了重新规划自己的职业道路。"虽然薪水有一定的提升，但我更看重的是将来的发展契机和提升空间。"其实，李俊这一次的跳槽距离上次的"变动"仅半年时间。"半年前，地产行业整体走势还算不错，为了赶上春季跳槽的高峰期，我抓住了时机，可到了公司才发现；不论是人员机制还是管理制度都存在一些问题。"当问及当时跳槽的状态,李俊如此表示:"我并没有得到预期的发展空间。"目前,学广告出身的他看到网络媒体的发展潜力,于是将职业目标转向了传媒行业。

近年来,随着经济的飞速发展,人才流动的加快,职场人跳槽的周期也日渐缩短,企业能够接受的跳槽周期也有所减少。李俊半年来两次跳槽,在目前看来,应该是顺利实现了"变身",但是从长远看来,这并不利于人生职业规划。"对于大部分企业来说,越来越看重人才对企业的忠诚度,比如一年内的频繁跳槽还是让企业很难接受的。一般来讲,企业能够接受的合理范围在两到三年的时间,太短的跳槽周期无论对于职场人的个人积累还是对于留给东家的印象都有可能不利。"武汉越秀人力资源培训中心首席顾问宋文艳表示,相比每年春节过后二三月份的跳槽高峰期,在九月份,不少职场人士都会选择时机进行职业规划调整,或为了预期规划有所行动。"根据江城人才需求的大背景,来抓住利于自身能力优势的机会是比较明智的,但是过于频繁跳槽还需冷静考虑。"

越跳越高,是每个职场人士的愿望,跳槽成功的每一个步骤都需要走得坚实谨慎,才能最终"夺金"。人力资源专家表示,当一个人有了谨慎的考量和明确的职业规划后,他的每一次跳槽目标都是清晰的,他肯定也能够最终获得职场的胜利,取得耀眼的成绩。那么,什么是清晰的职业规划呢?"把握人才职场需求规律,制定合理跳槽规划。尽量多参考、借鉴专业人才机构推出的才情报告和猎头报告,了解人才市场需求动向。"武汉华中新世纪人才开发交流有限公司王波表示,除了了解市场需求外,职场人士切勿局限于薪酬待遇,"一个优秀的企业如果想要吸引到优秀的人才仅仅给出具有诱惑力的薪酬是不够的,还要给员工提供良好的发展平台和良好的工作氛围,因而对于企业雇主品牌建设的要求已经被提到一个新高度。"

据智联招聘2008上半年招聘报告显示,奥运会带来新型热门职位,像经济型连锁酒店的高层管理人才、工程管理人才等。此外,金融业迎来行业繁荣发展,与之相关的基金管理、理财投资领域则持续存在较大需求空间。智联招聘市场部经理张震宇表示,比较前几年的职场跳槽调查,现阶段职场人士对于个人发展空间的看重比例明显提高,可见职场人已经不再简单追求眼前利益。"在当今工作压力较大的状态下,工作动力与自身目标是紧密相连的。通过设计职业规划,不断为自己设置新目标,能够使求职者获得更好的个人发展的同时实现'快乐工作',这种跳槽动机是可以肯定的。无论对于招聘企业还是人才市场或职场人本身,都是一个好的信号。"张震宇如是说。

  深思熟虑,方能出奇制胜。

(高龙彬)

15. 诸葛亮的人格魅力

  诸葛亮不仅仅是中华民族的智慧的代表,更重要的他是千百年来士大夫知识分子的人格之神。在中国历史上,德才兼备的人不少,但像他这样集智慧与人格于一身,可谓绝无仅有。他所张扬、实践的"鞠躬尽瘁,死而后已"的忘我精神,为历代所推崇备至。诸葛亮的人格、节操、风范,概括起来是如下四个方面:

  淡泊明志,宁静致远。诸葛亮隐居隆中时,博览群书,广交士林,关心时势,每自比管仲乐毅,负有担大任、致高远的远大抱负。但他又绝不是那种醉心于功名利禄、汲汲于荣华仕进的俗子。事实上,当时曹操称雄天下,挟天子以令诸侯,他的朋友石广元、孟公威皆投其麾下,他却不为所动,其兄诸葛瑾在东吴颇得重用,他也不去投靠。最后,刘备三顾茅庐,以千古未有的求贤至诚深深打动了他,他才毅然步出草庐,一匡天下。在著名的《诫子书》中,诸葛亮曾如此谆谆告诫:"夫君子行,静以修身,俭以养德,非淡泊无以明志,宁静无以致远。"真乃至理名言,也是他淡泊节操的真实写照。

  尽瘁国事,忠心辅政。诸葛亮先后辅佐刘备、刘禅两代皇帝,忠心耿耿,公而忘私,刘备很信任他,临死托孤于他,并大义地提出让出家天下,但他没有夺取君位的政治野心,侍奉扶不起的阿斗,更加殚思竭虑,"亲理细事,汗流终日",最后以身殉职,病死军中,时年五十四岁。诸葛亮辅佑后主,实际上是执一国之政,出帅入相,但后主并不感到他的威胁,群臣并不感到他的僭越,倘非心底无私,国而忘家,焉能如此!

任人唯贤,清正廉明。在《出师表》中,诸葛亮曾一针见血地指出:"亲贤臣,远小人,此先汉所以兴隆也;亲小人,远贤臣,此后汉所以倾颓也。"真乃金玉良言,至今仍振聋发聩。诸葛亮如此进谏后主,他本人则更是任人唯贤的典范。托志忠雅的蒋琬,清廉有才的费祎,智勇双全的姜维,都到他的重用和培养。他死后,这几人成为蜀国的中流砥柱。托孤大臣李严运粮失责又谎报军情,被诸葛亮废为平民,但对李严之子仍加以信任,并促进他劝父改过自新。由是李严不仅不抱怨,而是心怀感激,诸葛亮去世,李严因悲痛发病而死。诸葛亮知人善任,明之以法,晓之对情,其服人心如此!在廉洁上,亦堪称典范。他曾上书后主,如实申报个人财产。书曰,臣家在成都,有桑树八百株,薄田十五顷,一家可以温饱,臣随身衣食,都是官府供给,决不别作经营,增长私产一寸,臣死以后,如查出多余财产,那就是对不起国家。光明磊落,苍天可鉴。

坚韧一心,竭尽人谋。诸葛亮的政治理想,是"匡复汉室,还于旧都",一统天下,但现实却是极严峻的:三国之中,对手魏国势力最为强大,其土地、人力、财力、物力比吴蜀二国的总和还要多,而蜀国相对最弱。诸葛亮深知这一点,"与其坐而待亡,孰若伐之"(《后出师表》),于是毅然挑战极限,采取一切积极措施,发愤图强,以挟泰山而超北海的气概,"驱驰千万众,怒目瞰中原",虽劳而无功,仍不失为英雄壮举,这既是诸葛亮的悲剧,也正是他的伟大。这种尽力而为的奋斗精神,后人无不感慨系之。成都武侯祠一联云:已知天定三分鼎,犹竭人谋六出师。而杜甫的《蜀相》一诗,更可谓是诸葛亮的千古知音:出师未捷身先死,长使英雄泪满襟!

> 静以修身,俭以养德。
> 鞠躬尽瘁,死而后已。
> 非淡泊无以明志,非宁静无以致远。

(高龙彬)

俭

题 解

  "俭",作为一个道德伦理范畴,由来已久。"俭"在先秦典籍中,本义、引申义都普遍运用,根据不同语言环境将它释为克制自己、不放肆;谦逊,谦让;简易,简陋;节俭,节省。"俭"释为克制自己、谦逊。《论语》中"俭"出现六次,杨伯峻《论语词典》四次。《孟子·离娄上》:"恭者不侮人,俭者不夺人。侮夺人之君,惟恐不顺焉;恶得为恭俭?恭俭岂可以声音笑貌为哉?"《礼记·檀弓下》:"曾子曰:'晏子可谓知礼也已,恭敬之有焉。'有若曰:'晏子一狐裘三十年,遣车一乘,晏子焉知礼?'曾子曰:'国无道,君子耻盈礼焉。国奢,则示之以俭;国俭,则示之以礼。'"《荀子·富国》:"故墨术诚行,则天下尚俭而弥贫。"《国语·周语下》:"宫室不崇,器无彤镂,俭也。"

  到现代汉语中,"俭"的其他意义几乎不用,只有"节俭、俭省"义了。"俭"的本义当为自我约束、自我克制,使自己的思想、行为不放肆,突出人的内在修养。由此引申为节俭、俭省,是说人们生活消费的节约、俭朴而不事奢侈浪费,说白了其实是一种生活观和消费观。这种观念赖以产生的经济基础是自给自足的自然经济。在我国市场经济飞速发展的今天,再让人们回到自给自足的小农经济时代是不可能的。但人们追求生活美好、幸福，不断改善生存质量的任何时候，倡导节约俭朴、摒弃浮华奢侈却永远不失其价值和意义。

（高龙彬）

1. 勤俭的大敌：陈良宇腐败案的警示

2007年7月底，陈良宇的"身影"曾短暂出现在上海市。作为反腐典型教材，陈良宇在中央纪委最新录制的反腐倡廉教育片中现身说法。片中，陈良宇出现的影像并不多，但其坦言自己在亲属、下属的管理教育上存在问题，并承认自己生活作风不够检点。一年前的同一时刻，上海市党政官员集体学习的教育片是《党在我心中》。时任上海市委书记陈良宇在上海市"保持共产党员先进性教育活动"动员大会上讲"党课"的镜头被放在片头。他要求党员像爱护自己的眼睛一样要珍惜共产党员这个称号、荣誉和责任，讲话不时被掌声打断。时隔一年，陈良宇在镜头中出现时，再次说到"先进性教育"，但是，这次他低着头说自己放松了自我教育。7月26日，中共中央政治局会议审议了中央纪委《关于陈良宇严重违纪问题的审查报告》，决定给予陈良宇开除党籍、开除公职处分，对其涉嫌犯罪问题移送司法机关处理。

1987年，陈良宇便开始以权谋私，在项目审批、招商合作、土地规划、职务升迁等方面为他人谋利，收受他人财物计260余万元。中央纪委最新公布的陈良宇罪名是"利用职权玩弄女性，搞权色交易"。在这之前，中央纪委初核报告只列出陈良宇的四大罪状，即"涉及上海社保基金遭违规挪用"、"为不法企业主谋取利益"、"袒护有严重违纪违法问题的身边工作人员"和"利用职务上的便利为亲属谋取不正当利益"。

陈良宇案发后，有美国媒体曾说，陈良宇之子陈维力外逃美国。据此前消息人士透露，陈良宇曾挪用公款给家人，包括从上海社保基金中挪用1.25亿美元给儿子。陈良宇之子陈维力在中国体育界可算得上是名人。1992年，陈良宇作为后备干部前往英国伯明翰学习，随后将儿子一同带去留学。在陈良宇的扶持下，1993年6月，申花集团成立。同年12月，上海申花足球俱乐部成立，隶属申花集团。这是中国职业足球的第一个俱乐部，陈维力在该俱乐部任副总经理。在申花历练之后，在上海市众官员的努力下，陈维力一度前往亚足联，成为这一机构中为数不多的中国人。但陈维力其后萌发经商念头，其所入职的华闻控股公司后来入主新黄浦集团，在上海社保案中扮演着重要角色。有传媒报道称，陈良宇之弟陈某曾在周正毅的公司担任董事。陈某曾被曝与周正毅一起染指上海市静安区热门地块"东八块"，并谋获前"上海市农村信用合作社"五十亿元非法贷款。陈良宇的妻子黄毅玲是陈良宇的中学同学。在陈良宇任上海高层领导后，黄毅玲极少公开露面。有段时间，黄毅玲常与一位前任领导的夫人联袂出席慈善晚会。陈良宇的父亲陈更华是一位高级工程师，"文革"中被迫交出家中一间住房。"文革"后，陈更华为要回这间住房四处奔走，但未有结果。陈良宇官升上海市委副书记期间，授意吴明烈为其父解决住房。吴明烈立马买了一套一百三十九平方米的住房给陈的父亲。

陈良宇此前在一本宣示上海成就的书中表示，要"阔步走进新世纪"。现在看来，前几步他走得相当成功。但他再无机会"阔步"——在自己设定的"华山天险一条路"上，陈良宇一脚踏空，就此刷新中共官员腐败史的新纪录。

引以为鉴，洁身自好，
贪奢必败，勿陷泥沼。

（高龙彬）

2. 毛泽东和红烧肉

中央领导人的养生保健有什么秘诀？能不能向大众公开？针对这个很多人关心的问题，中央保健委员会副主任、国家卫生部副部长顾英奇先生主编了一本国家领导人的养生之道的书。该书作者都是卫生部北京医院各科的知名教授、专家，其中大多数作者曾为当时的中央领导人，如毛泽东、周恩来、刘少奇、朱德、陈云、邓小平等做过保健工作，积累了别人无从接触的保健经验。后来，他们又长期从事临床、科研和教学工作。可以说，这是一批既具有高超的为群众服务才能，又有丰富的为领袖服务经验的保健医学专家。他们以医生的视角记录下毛泽东、周恩来、刘少奇、朱德、陈云、邓小平等老一辈无产阶级革命家，科学健康的生活方式及高雅的生活轶事。通过本书，读者可以领悟到开国领袖们健康长寿的奥秘所在，学到领袖人物的许多健康长寿之道。

顾英奇，解放军总参谋部授予主任医师职称。毕业于哈尔滨医科大学。名誉教授、第七届全国政协委员、第八届全国政协常委；曾任中央警卫局保健处保健医师、主治医师、副主任医师、主任医师；副处长、处长；曾任朱德、陈云、林伯渠等多位老一代领导人的专职保健医生；国家卫生部原副部长、中央保健委员会原副主任；中国红十字会第五、六届常务副会长、党组书记，中国红十字基金会原会长。现任中国老年保健医学研究会会长，全国老干部健康指导委员会副主任；中国科普作家协会会员。他在书中这样记述到：

不少人见到我就问："听说毛主席喜欢吃红烧肉，经常吃红烧肉？是这样吗？！"听问者的声调，可知带着点疑问、惊奇、不理解，并含有指责的意思："你曾为毛泽东做过保健医生，怎么能让他经常吃肥猪肉呢？"我常常这样回答："我在他老人家身边工作的时间里，很少见到他吃红烧肉。我陪他老人家吃饭时，也记不得是否吃过红烧肉。"

在自然灾害期间，毛泽东连猪肉也不吃了。1962年的春节，我最后一次到中南海去看望他老人家，毛主席把我留下来吃晚饭，当毛主席的内勤卫士李银桥把饭菜端来时说："为还苏联的债，猪出口了，毛主席指示，不要给他吃猪肉，所以，也没有猪肉给你们吃。但你们要吃好啊！"至于说到革命战争时期，能量付出的很多，指战员们有肉吃，那当然是件大喜事，就像农民过年过节一样的感受。那时我们叫"会餐"，能吃到红烧肉更好了。人们在营养不足的时候，都想吃肥一点的肉。记得在困难时期，拿着肉票去买肉，谁都抢着买肥的，因为，油是高能量密集的食品。同等重量的油，要比糖类或蛋白质对机体贡献出一倍多的热量。我想，毛泽东在战争年代吃过红烧肉（和我们一样）。提起那些惊心动魄的年月，吃过红烧肉也是难以忘怀的美事。也可能他向他身边的工作人员讲过或回忆过吃红烧肉的感受，或提出过想吃红烧肉。但在进城后，我在他老人家身边工作时，做他的医生和秘书，但他从来没有对我说过想吃这个中国的名牌食品"红烧肉"。我曾建议他少吃动物油和肥猪肉，但我不能担保，我在他老人家身边工作时期内，他吃过红烧肉或以后他经常吃红烧肉。

　　食之有道，健康为先。

（高龙彬）

3. 俭以养德

　　诸葛亮《诫子书》讲到，夫君子之行，静以修身，俭以养德。非淡泊无以明志，非宁静无以致远。夫学须静也，才须学也。非学无以广才，非志无以成学。淫慢则不能励精，险躁则不能冶性。年与时驰，意与日去，遂成枯落，多不接世，悲守穷庐，将复何及！

　　这是说，德才兼备人的品行，是依靠内心安静精力集中来修养身心的，是依靠俭朴的作风来培养品德的。不看轻世俗的名利，就不能明确自己的志向，不是身心宁静就不能实现远大的理想。学习必须专心致志，增长才干必须刻苦学习。不努力学习就不能增长才智，不明确志向就不能在学习上获得成就。追求过度享乐和怠惰散漫就不能振奋精神，轻浮暴躁就不能陶冶性情。年华随着光阴流逝，意志随着岁月消磨，最后就像枯枝败叶那样，（成了无所作为的人）对社会没有任何用处，（到那时，）守在自家的狭小天地里，悲伤叹息，还有什么用呢？

　　节约是一种美德，早已成为不争的事实，古人正因为意识到这一点，遂有"俭以养德"的说法。"居陋巷，一箪食，一瓢饮"的颜渊，其一生几乎都在贫苦中度过，却始终"不改其乐"，安贫乐道的精神在他身上得到最生动地体现。也许有人会说那是因为囊中羞涩，不得不节约，如果生活阔绰，他就未必如此了。但我们必须认识到：作为孔老夫子最得意门生的颜渊凭借自身的能力，不是没有显达的机会，只不过他从不注重物质的享受，而是在俭朴中坚守着君子固穷的执著，完成了自我人格的升华，成为伟大德行的化身。诚然，一个人能够做到勤俭节约并不一定就具有多高的素质，但在勤俭节约的过程中却可以慢慢培养一个人的道德情操。试想，一味地贪图安乐，声色犬马，不愿过艰苦朴素的生活，终日在欲望中沉沦，还有谁会"己欲立而立人，己欲达而达人"，还有谁会"先天下之忧而忧，后天下之乐而乐"？所以，我们修身养性就应该反对奢侈浪费，只有这样，才能更好地做到慎独，才能由己推人，"老吾老，以及人之老；幼吾幼，以及人之幼"，而正是在这个过程中，人们做到了以"俭"来养其"德"。

勤俭节约是一个人素质的体现，是一个人完善自我的要求，是每一个炎黄子孙所应该做到的。在全社会高度提倡勤俭节约的大环境下，我们如何才能树立节约意识，保持良好的养成，培养高尚的道德呢？这就需要从现在做起、从自我做起、从身边做起、从点滴做起，在生活中节约一粒粮、一度电、一滴水……我们相信只要持之以恒，有始有终，必将可以达到集腋成裘、聚沙成塔的效果。我们必须深刻认识"俭以养德"的道理，不然，现在对浪费现象不够重视，当习以为常时，也就积重难返了。

由俭入奢易，由奢入俭难。

（高龙彬）

4. 亿万富翁"吝啬鬼"坎普拉德的节俭生活

身着一件褪色外套、一双磨损旧鞋，戴着一副老式眼镜，这名八十一岁老翁看起来就像是靠养老金勉强过日子的"穷汉"。而他的真实身份是瑞典宜家公司创始人，英瓦尔·坎普拉德，身价数百亿美元却始终过着节俭生活。坎普拉德如今以约314亿美元身价排名世界富豪榜第七位，但这名亿万富翁却是出了名的"吝啬鬼"。

1943年，坎普拉德十七岁时开了家小铺，取名Ikea，即今天世人熟知的宜家。"i"、"k"分别取自他姓名的首个字母，"e"和"a"则取自他成长的家庭农场艾尔姆塔里德（Elmtaryd）和附近村庄阿根纳瑞德（Agunnaryd）。坎普拉德于1965年创办了第一家宜家商场。然而一场大风击碎了商场的霓虹灯，由此引发的火灾烧毁了整家商场。这不吉利的开业并未影响宜家的扩张，宜家现已发展成为年营业额近180亿美元的跨国家居巨头。

宜家创意的"扁平封装"理念自二十一年前登陆英国市场后，席卷了无数英国家庭。尽管相对而言分店较少，但宜家已成为英国家具市场四大零售商之一。英国《每日邮报》报道，十分之一的欧洲人都想过要拥有一张宜家公司出售的大床。

坎普拉德的家乡建起了一座坎普拉德的雕像。在出席剪彩仪式时，坎普拉德竟把彩带工整地折好后递给市长，告诉他彩带还能继续使用。参加一个商业晚会时，坎普拉德被保安人员挡在了门外，因为他们看见坎普拉德从一辆公交车上下来。这名亿万富翁甚至把他的"吝啬"发扬到伦敦的旅行中。在那里，他出行只乘公交车或地铁。坎普拉德还自豪地说，他解雇了长年为他服务的理发师，因为新聘的理发师每次只收取十二美元费用。面对外界说他"吝啬"的声音，坎普拉德说："我是有些小气，可那又怎么样呢？"

也许是为了与宜家公司简约的文化理念配合，坎普拉德始终坚持节俭甚至堪称拮据的生活。坎普拉德和妻子玛格丽塔现住在瑞典一幢普通别墅里，过着半退休生活。坎普拉德把宜家公司交给三个儿子共同经营，因为他不想任何一个儿子独揽大权。坎普拉德夫妇经常光顾便宜的餐馆，在下午食品减价时到当地市场采购，并且像普通百姓一样跟小商贩讨价还价。甚至连自己居所里的家具，坎普拉德都是在宜家大卖场中淘回。坎普拉德说，每次花钱时，他都会问问自己宜家的顾客是否也一样承受得起。"如果我开始追逐奢华的生活，那么只会让其他人跟风。作为领导者，树立榜样很重要。"

坎普拉德从来缺乏光鲜的外表。他没有时髦的服饰、昂贵的手表和豪华的轿车，出门旅行总是坐经济舱。如果公司为他预订了昂贵的东西，他会非常恼火。在宜家总部吃工作午餐，他会从自己的钱包里掏出钞票付账。他喜欢喝酒，但不一定要贵重，一瓶廉价的威士忌能让他更加愉快。不过，就如为坎普拉德著书立传的人们所言：正是由于坎普拉德坚守着这些习惯，宜家王国的成本体系才不会崩溃。坎普拉德的孩子们与他在很多地方也是相同的。他们都继承了坎普拉德家族的节俭，他们的言行举止也是简单化的，他们可以说好几种语言：丹麦语、英语、德语和公司内部使用的"宜家语"，他们同样严肃认真，并小心谨慎地保持低姿态。

"吝啬鬼"，大作为。

（高龙彬）

5. 只要还能用就要一直用下去：
毛泽东七十三个补丁的睡衣

毛泽东的睡衣是一件棉织品，他特别喜欢，整整用了二十年。睡衣破了补，补了又破，反复多次，最后工作人员觉得实在太旧了，就要求换一件新的，但毛泽东不同意。他说："习惯了，还是这件补丁叠补丁的好穿。"这件睡衣到1971年"退役"时，已经补了七十三个补丁。

有一双从建国时开始穿的皮拖鞋，也是毛泽东的心爱之物。毛泽东到哪里都喜欢带着它。1965年在长沙，身边工作人员看到这双拖鞋破得实在不能再用了，就劝毛泽东换一双新的。毛泽东仍坚持补一补。鞋匠一看就给扔到了地上，不肯修。经反复请求，人家才勉强接了活儿。还有一次，也是在长沙，当毛泽东休息的时候，工作人员把这双皮拖鞋拿到阳台上去晒，结果用时却找不到了。后经询问才知道，原来是值勤人员巡逻时，觉得这样破的拖鞋放在毛泽东的房间附近不太雅观，就拿走扔到垃圾堆里去了。工作人员赶紧找回来，拿给毛泽东继续穿。

毛泽东从小养成了一年四季穿长筒袜的习惯，袜底破了剪开加一层新袜底再用，一双袜子能穿多年。但时间长了，袜筒就松了，经常滑落在脚踝上且容易露出补丁。工作人员担心这样会影响体面，在毛泽东会见外宾时，常常提醒他坐下时要收腿，以免让人看见袜子上的补丁。后来提醒多了，就变成了一句简略的暗语："小心，家丑不可外扬。"贵为一国领袖，毛泽东就是这样地节俭。

牙膏、牙刷、肥皂，是我们每天都能见到的东西。湖南的农村，以前用牙粉清洁牙齿，这算得上是一种"环保"的东西。早年乡村农户难得见也买不起牙膏，通常是把稻壳洗净后晾干或烘干，再烧成白色的有一定化学活性的灰。这种"白灰"含有丰富的二氧化硅和钠、钾、钙等成分，清除牙垢能力强，效果非常好，又省钱。毛泽东小时候用的就是这种土制的"牙粉"。现在，在韶山毛泽东故居的厨房墙壁上，我们还可以看到一个用来装牙粉的竹筒。

新中国成立后，人们的生活渐渐地好起来，牙膏也走入寻常百姓家，可是，毛泽东仍然喜欢用牙粉。卫士长李银桥有一次忍不住说："主席，现在大家都不用牙粉了，您以后也用牙膏吧！"毛泽东笑答："我不反对你们用牙膏，生产出来就是为了用嘛。不消费还能发展吗？不过，牙粉也可以用嘛。我在延安用的就是牙粉，我已经习惯了啊！"又说："今后如果每个人都用上牙膏了，我就不再用牙粉啦！"毛泽东使用生活用品的原则：只要还能用就要一直用下去。当你看到他用过的牙刷的时候，一定会惊奇地发现：每一把牙刷都已是"不毛之地"！卫士劝他换一把牙刷的时候，他总是说："我看还可以用呢，再说旧的比新的好用啊！"

在韶山毛泽东同志纪念馆里还陈列着一个长方形的普通的棕色肥皂盒，这个肥皂盒以前就摆在毛泽东住处卫生间盥洗台上。其实，节俭的毛泽东很少使用肥皂，一生都没有用过高级香皂。他说："我不习惯。我用清水洗了一辈子脸，效果蛮好，为什么非得用香皂呢？"当然，当他手上沾到用清水洗不去的油和墨汁的时候，他还得用肥皂。毛泽东常练书法，手上难免沾到墨汁，这时，他便会用肥皂去清洗，但也只是很小心地轻轻擦一点。等肥皂用得只剩很小一块的时候，他也不丢掉。他曾说，一个人节约一块肥皂、节约一条毛巾微不足道，但一千个人、一万个人都来节约，就是一个很大的数目了。

1972年2月21日，美国总统尼克松不远万里来到中国，开始了一次被称为"谋求和平的旅行"。这时的毛泽东仍然卧病在床，肺心病等多种疾病严重地困扰着他。他躺在床上，若有所思地看着瓶中的液体顺着管子一点一点地滴下来，突然，他皱了皱眉头，问道："尼克松应该到了吗？"工作人员回答说："已经到了。"毛泽东沉吟一会儿，果断地说："我要马上见他！"工作人员立即将他搀扶起来，帮他换好衣服。

毛泽东的头发又长又乱，胡子也好久没有刮了，护士叫人给他理发刮脸，又按照以前的惯例给他戴上白色的假领假袖，套上灰色中山装。毛泽东与尼克松的会见原定只有 15 分钟，实际上却持续了整整 65 分钟！正是这段谈话，打开了中、美之间尘封已久的大门。中、美两国首脑历史性握手的照片第二天便刊登在国内的各大报纸上。毛泽东会见尼克松时穿的假领假袖，现存于韶山毛泽东同志纪念馆。这副假领长 48 厘米，宽 9 厘米；假袖全长 25 厘米，袖围 38 厘米。

以身作则，榜样引领。

（高龙彬）

6. 俭节则昌，淫佚则亡

曾经，"艰苦奋斗"作为先辈们拼搏战斗的口号，激励中华儿女团结起来，赢得了革命最后的胜利。此时，毛泽东同志向全党提出："务必使同志们继续保持艰苦奋斗的作风。"曾经，"艰苦奋斗"作为新时代建设者的标语，使我们的国家逐步强大起来。此时，邓小平同志告诫全党："我们的国家越发展，越要抓艰苦创业。"世纪之交，江泽民同志强调："过去干革命需要艰苦奋斗，今天搞社会主义现代化建设，同样要靠艰苦奋斗。"如今，我们的发展正面临黄金发展和矛盾凸显的双重考验时，胡锦涛同志又一次提醒我们，要"以艰苦奋斗为荣、以骄奢淫逸为耻，""越是改革开放和发展社会主义市场经济，越要弘扬艰苦奋斗的精神。"

中华民族自古就以勤俭作为一种传统美德。在先秦诸子之中，墨子以乐于过类似苦行僧的生活而闻名。他反对骄奢淫逸、靡费财物，提倡节俭。墨子《辞过》说："俭节则昌，淫佚则亡。"这话很有道理。李商隐在《咏史》中说："历览前贤国与家，成由勤俭破由奢。"纵观历史，大到邦国，小到家庭，从表象上看无不是兴于勤俭，亡于奢靡，所以中国传统的儒家文化非常重视勤俭，这也是今人应该遵从的一种美德。

节俭必须克服虚荣心理。司马光说："俭，德之共也。侈，恶之大也。

共，同也，言有德者，皆由俭来也。"有的人之所以纵情奢靡，一个重要原因就是以奢为荣。这些人在办事时，或住高级豪华宾馆，或大摆豪华宴席，或进超级夜总会，一掷万金，摆阔斗富，炫耀自身价值，藉以抬高自身的身价。因此，现在提倡节俭就是用更理性的态度对待生活和工作，节俭要防虚荣。我国著名的杂交水稻之父袁隆平，几十年如一日，奋斗在田间地头，奋斗在世界水稻研究的最前沿，他创造的财富难以用金钱衡量。有人算过，从1971年至2006年，全国累计增产稻谷约6000亿斤，他获得了中国和国际上大奖有十几次，领回的奖金也不少。按说他完全有条件"奢华一把"，可是他没有这样做，把省下的钱都用来支持科研事业，他那饱经风霜的面容和一名普普通通的农民没有什么两样，看不出一丝的虚荣，却显得那样可敬。给现在的领导人员做足了榜样！

每年的惯例政府都要出台一份红头文件：《禁止请客送礼》，其中心思想不外乎就是提倡节俭。如何刹住奢侈之风，是时下社会热点话题之一。在今年全国"两会"上，一政协委员展示了一本相册，133幅照片皆是各地的"豪华怪相"。有委员指出，老百姓看到的楼堂馆所只是一种表象，诸如公费出国旅游、公款吃喝、公车私用，那些看不见的公务消费的"黑洞"就更可怕。由此可见，增强节俭意识是一项非常必要、非常迫切的任务。节俭是中华民族的传统美德。古往今来，节俭一直被人们视为治国之道、兴业之基、持家之宝。"静以修身，俭以养德。"节俭朴素，人之美德；奢侈豪华，堕落之始。坚守并增强节俭意识，才能始终立于不败之地，始终昂扬进取；失去节俭意识，百毒可侵，终会破败。有人认为，现在经济发展了，生活水平提高了，再讲节俭没有什么实际意义了。这种认识是片面的。节俭不仅不会因时代的变迁而过时，而且还会随着物质文明的提高和社会的进步，具有更丰富的时代内涵。

节俭，节省简朴之意，就是不要大手大脚、铺张浪费。坐吃山空，不知节俭，一味糟蹋，是要毁掉人和事业的。一些地方、一些人缺乏节俭意识，奢靡成风，摆阔显富，他们无端消耗着社会的财富，败坏了党风政风和社会风气。增强节俭意识，领导干部首先应从自身做起，正人先正己，带头艰苦奋斗，不事浮华，不慕虚荣，带头勤俭节约，嚼得菜根吃得苦，把钱用得明白、合理。

节俭，有节制俭约之意，就是要管住自己。有一本书这样写道："节俭在许多方面都是卓越不凡的标志。节俭的习惯可以表明一个人的自我控制能力，同时也可表明一个人不是其欲望和弱点的牺牲品，他能够支配自己的金钱，主宰自己的命运。"一些人追求奢侈，嗜好铺张，原因之一在于管不住自己。攀比也罢，仿效也罢，终究是做了欲望的俘虏。管人管钱管物，最根本的是要管住自己，不疏懒，不放纵。节俭，有"节"才能俭，守住做人的"贞节"，守住为官的"气节"，自律自强，克勤克俭，才能高风亮节、廉洁为民。

节俭是一种品质，需要始终坚守；节俭是一种要求，需要自觉践行；节俭是一种精神，需要大力弘扬。节俭，不仅可以节约钱财，节省资源，累积财富，更重要的是它可以提升人的品性，培育一种奋发进取的精神。节俭不是不懂情趣、不爱生活，而是用更理性的态度对待生活和工作，区别轻重，把握节奏，好钢用在刀刃上。"勤俭是咱们的传家宝"，节俭意识，这是什么时候也不能忘记和丢掉的。

自律自强，高风亮节。

（高龙彬）

7. 杨绾清廉节俭美名传

唐朝中期的杨绾是一位名臣。其所以出名，主要不在于官至宰相、官位显赫，而在于他清廉节俭的品德。据《旧唐书·杨绾传》记载，唐肃宗时，杨绾官升中书舍人，并因为年长而被尊为舍人中的"阁老"。按照当时的惯例，中书省的办公官署及官员俸禄等款项，身为"阁老"的他可以分得五分之四。但素以节俭为本的杨绾却打破惯例，将办公官署及其他俸禄平均分给所有的中书舍人。此举受到朝廷上下的一致赞誉。不但如此，杨绾素来俭朴，品德高尚，不论是荣处"阁老"之尊，还是身居吏部侍郎之位，一向都是以"质性贞廉，车服俭朴"闻名。

如果说，此前杨绾的俭朴还只是得到好的名声，受到官员们称赞的话，那么，当了宰相以后他的俭朴的品德就具有了榜样和导向的作用。唐代宗时，官员的奢侈之风弥漫于整个朝廷。大历年间，杨绾被擢升为宰相。俗话说："铁打的衙门流水的官。"朝廷的人事变动是常有的事情，本不足为奇。然而奇怪的是，杨绾任相不过数月，整个朝廷的风气却发生了很大的变化。比如说，家中极其富有的御史中丞崔宽，不但平日里吃穿用行豪华奢侈，而且家中花园里楼台亭榭一应俱全，其规模和豪华程度在当时堪称天下第一。就在杨绾当宰相的当天，崔宽就悄悄地让人拆毁了花园中的楼台亭阁。比如说，平时喜听奏乐又很讲排场的中书令郭子仪听说杨绾官拜宰相，就下令将军营中的乐伎减掉了五分之四。比如说，平日里颇受皇上宠信的京兆尹黎幹，每次出门都是车水马龙、前呼后拥，随行的队伍光是马夫驭手就有百人。杨绾当上宰相之后，黎幹立马减将随从人员从百余人减少到只剩十多人。至于其他官员，因为杨绾拜相而自觉或不得不开始节俭的更是不计其数。

杨绾的影响和带动作用为什么会这么大？道理很简单，高官的品德具有重要的示范作用和号召力。皇上任命崇尚节俭的杨绾做宰相这件事，本身就好比下了一道节俭的诏书。朝廷各级官员连这点儿门道还看不出来？还不赶紧收敛奢侈，效法节俭？这是榜样的力量，也是道德的力量。

与杨绾具有同样启示意义的还有一个人，那就是三国时魏国的毛玠。据《三国志·魏书》载：毛玠"少为县吏，以清、公称"，曹操汉末为丞相时，任他为主持选拔官吏的东曹掾，"其所举用，皆清正之士"，"务以俭率人，由是天下之士，莫不以俭自励，虽贵宠之臣，舆服不敢过度。"因为在选拔官吏的领导职位上任用了一个清廉节俭的毛玠，不但选拔出的官员多"以俭自励"，更使得官场出现相应的清廉节俭之风，可见"身教重于言教"的说法绝非虚妄之言。

重要岗位、关键岗位上使用什么人，具有导向的功能和意义。身居领导岗位的人崇尚什么样的生活方式，是奢华还是节俭，对下属的生活情趣和精神状态有着直接的示范和影响效用。健康的生活作风，不但能熏陶人、成就人，也能影响和造就出良好的官场风气和社会风气。这就是杨绾、毛玠们给我们的启示。

上梁不正下梁歪，中梁不正倒下来。

（高龙彬）

8. 周总理"一件衬衣"的启示

记得读小学的时候，语文书里有一篇课文叫《周总理的衬衣》，课本里说周总理的衬衣打了许多补丁，总理还是舍不得扔，补了又补还是把它穿在身上，老师给我们讲课时说这表明总理很朴素，具有艰苦奋斗的思想。时下，百姓的日子也越过越红火，在物质比较富裕的今天，我们重温一下周总理"一件衬衣"，总理的朴素意识、艰苦奋斗的思想显得更加的弥足珍贵。

据《瞭望东方周刊》报道，仅 2006 年，中国餐饮业的餐饮浪费就高达 2000 亿，也就是说，2006 年有 2000 亿的剩菜剩饭被当做垃圾倒掉，人们戏称牙缝中流走的财富。身处"民以食为天"的国度，"吃饭"历来是件头等大事，可有谁会想到极其平常的"吃饭"竟会有如此触目惊心的餐饮浪费。面对泔水桶里泼走的 2000 亿元，有多少食客会有负罪的感觉，想想周总理的"一件衬衣"，又有多少干部会感到脸红。物质生活富裕了，并不是要我们丢掉勤俭节约。在十届全国人大五次会议重庆代表团的审议时代表强调，越是形势好了，越要保持清醒头脑；越是条件好了，越要发扬优良传统。各级干部特别是领导干部要进一步增强忧患意识，始终保持开拓进取的锐气；要进一步增强公仆意识，始终牢记全心全意为人民服务的宗旨；要进一步增强节俭意识，始终发扬艰苦奋斗的精神，团结带领广大群众不断夺取改革开放和社会主义现代化建设的新胜利。这些话无疑给铺张浪费的少数干部敲响了警钟。

改革开放三十年来，我们的确取得了非常大的成就，但我们不能不承认也还存在着这样或者那样的问题。在一些地方、一些部门和一些同志身上，节俭意识不强，他们出手阔绰，花钱大方，经常出入高档酒店，办公楼越造越高，办公室越坐越大，奢侈之风盛行，与老一辈革命家厉行节约的作风与精神形成巨大的反差。在建设"节约型社会"的浪潮中，面对形形色色的浪费，我们更应该学习周总理勤俭节约的精神，向铺张浪费说"不"。勤俭节约，艰苦奋斗，无论过去、现在还是将来，永远是我们党的优良传统和优势，是我党克服和战胜任何艰难困苦的强大精神动力，是我们党的立业之本，取胜之道，传家之宝。已有的成就是靠艰苦奋斗取得的，未来的辉煌也要靠艰苦奋斗去创造。各级领导干部一定要带头发扬艰苦奋斗、勤俭节约的精神，带头反对铺张浪费和大手大脚，带头抵制拜金主义、享乐主义和奢靡之风，在各项工作中都要贯彻勤俭节约原则，真正把纪念周总理、学习周总理贯彻落实到日常工作和生活之中，而不是喊喊口号、开开座谈会就完事了。

　　克勤克俭，廉洁为民。

（高龙彬）

9. 人人参与建设资源节约型社会

　　党的十七大报告强调，必须把建设资源节约型、环境友好型社会的要求落实到每个单位、每个家庭。建设资源节约型、环境友好型社会是全民族的共同事业。坚持节约资源和保护环境的基本国策，关系人民群众的切身利益和中华民族的生存发展，把祖国建设成经济繁荣、环境优美、生态良好的美好家园，既是亿万人民的共同愿望，也是每一个公民义不容辞的责任。因此，人民群众是建设资源节约型、环境友好型社会的力量源泉，要把节约资源和保护环境的基本国策贯彻好，必须紧紧依靠广大人民群众，广泛动员全社会的力量共同参与。要广泛深入持久地开展资源节约和环境保护宣传，切实提高全民的资源环境意识，提高全社会对建设资源节约型、环境友好型社会重大意义的认识，增强紧迫感和责任感，使每个公民、每个家庭、每个社区、每个单位都积极行动起来，从一点一滴做起，从力所能及的事情做起，充分发挥广大人民群众节约资源、保护环境的积极性、主动性、创造性。要积极开展资源节约和环境保护的公益活动，加快形成健康文明、节约能源资源的消费方式。要广泛开展科普宣传，鼓励有利于环境保护和可持续发展的文学、电影、戏剧等各种艺术形式的作品发表，鼓励创建绿色学校、绿色社区、环境优美乡镇等活动，使广大群众在实践中进行自我教育。要在中小学进行国情教育，在全社会弘扬环境文化，努力形成节约资源、保护环境的良好社会氛围。

企业应自觉遵守有关节约资源、保护环境的法规。党的十七大报告强调把建设资源节约型、环境友好型社会的要求落实到每个单位，理所当然地包括企业在内。实际上，每一个企业特别是生产型企业，在生产产品、创造社会财富的同时，必然要消耗一定的能源资源，而且也会造成一定程度的环境污染。因此，要加强能源资源节约和生态环境保护，增强可持续发展能力，必须把建设资源节约型、环境友好型社会的要求落实到每个企业，这既是当前形势的迫切需要，也是现代企业的发展方向。随着时代的进步，绿色生产、节约生产已成为企业竞争力的重要标志。每一个企业，都应当本着对人类社会和资源环境高度负责的精神，加大节能、节材和环保方面的投入，完善有关设施，生产绿色产品，承担相关社会责任。每一个企业，都要积极开发应用有利于节约能源资源、保护生态环境和促进循环经济发展的技术和产品，加快节能降耗技术改造，严格执行环境法律法规和污染排放标准，完善和落实突发环境事件的应急预案，努力建设资源节约型、环境友好型企业。

各级政府应切实发挥好管理和服务等职能。创造良好的节约能源资源氛围、促进生态环境不断改善，是各级政府的重要职责。各级政府应高度重视加强能源资源节约和生态环境保护工作，切实做到责任到位、措施到位、投入到位，扎扎实实地解决资源节约、环境保护工作面临的问题和困难。要实行有利于节约能源资源和保护生态环境的经济政策，建立健全促进节约能源资源和保护生态环境的价格、税收、信贷、贸易、土地和政府采购等政策体系。要进一步增加节约资源、保护环境方面的投入，加强污染防治和生态保护项目、环境公共设施建设，同时拓宽投融资渠道，鼓励企业增加这方面的投入，积极引导社会资金参加环保建设，形成多元化的投入格局。要加大资源环境执法力度，做到有法必依、执法必严、违法必究，严厉查处资源环境违法行为，决不允许违法者逍遥法外。

节约社会，人人有责。

人人参与，发展才有可持续。

（高龙彬）

诚

题 解

"诚"是儒家伦理的重要范畴,从辞源上讲,它产生于西周时期,但"诚"的观念,早在原始初民的宗教祭祀活动中就已产生,并逐渐由"人神"关系发展到反映"人德"关系;从观念上讲,它产生于原始宗教祭祀活动,是人对神的绝对崇拜的产物。随着神的地位的逐渐降低,人的力量的逐渐高涨,以及神的逐渐伦理化,"德"逐渐被认为是决定事情成败的关键,"诚"的观念遂由对神的虔诚信仰过渡到对道德的虔诚。如果说对神的虔诚是一种完全皈依于神而丧失掉自我主体性的精神状态,那么,对德的虔诚却恰恰是主体意识到了自己的道德责任,主动对自身进行道德反省的积极的心理态度。所以,"诚"的观念对象由神进到德,是人的主体性意识高涨的反应。"诚"的含义是"真实的"和"实在的"。"诚"可以扩展为诚实、诚恳、诚挚、诚朴、诚笃、诚意、诚信等。在现代社会,尤其要提倡"诚"这种道德操守,它不仅可以使人与人之间变得和谐融洽、诚心诚意,从经济学的角度看,人类遵守"诚实"或"诚信",可以使社会利益最大化,使社会成本或内耗最小化。要让人类生活得到良性的发展和进步,"诚"是不可或缺的极其重要的精神价值财富。

(张 琳)

1. 曾参、晏殊的故事
——人而无信　不知其可

曾参，春秋末期鲁国著名的思想家、儒学家，是孔子门生中七十二贤之一。他博闻强志，品德高尚，十分注重修身养性。据《韩非子》记载：有一次，曾参的妻子要到集市上买东西，年幼的孩子吵着要去。曾参的妻子不愿带孩子去，便对他说："你在家好好玩，等妈妈回来，将家里的猪杀了煮肉给你吃。"孩子听了，非常高兴，不再吵着要去集市了。这话本是为了哄孩子说着玩的，过后，曾参的妻子便忘了。不料，曾参却真的把家里的一头猪杀了。妻子看到曾参把猪杀了，就说，"我是为了让孩子安心地在家待着，才说等赶集回来把猪杀了烧肉给他吃的，你怎么当真呢？"曾参说："孩子是不能欺骗的。孩子年幼无知，处处会模仿父母，以父母为生活的榜样。今天你欺骗了他，就是教他学你的样子骗人。做母亲的欺骗自己的孩子，那孩子就不会相信自己的母亲了。这不是教育孩子的好办法啊！"在曾子的妻子看来，说一句谎话，并不当一回事，尤其是哄骗不懂事的小孩子，更是微不足道。凡之，若以假为真，动刀杀猪就太不划算了。但在曾子看来，却是恰恰相反，他是"重信轻财"，以信实为重，以杀猪为轻。这个故事虽然古老，但值得现代人的深思。

我们再看看另一个故事。北宋婉约派词人晏殊，素以诚实著称。在他十四岁时，有人把他作为神童举荐给皇帝。皇帝召见了他，并要他与一千多名进士同时参加考试。结果晏殊发现试题是自己十天前刚练习过的，就如实向真宗报告，并请求改换其他题目。宋真宗非常赞赏晏殊的诚实品质，便赐给他"同进士出身"。晏殊任职时，正值天下太平，于是，京城的大小官员便经常到郊外游玩或举行各种宴会。晏殊家贫，无钱出去吃喝玩乐，只好在家里和兄弟们读书写作。有一天，真宗提拔晏殊为辅佐太子读书的东宫官，大臣们惊讶异常，真宗说："近来群臣经常游玩饮宴，只有晏殊闭门读书，如此自重谨慎，正是东宫官合适的人选。"晏殊谢恩后说："我其实也是个喜欢游玩饮宴的人，只是家贫而已。若我有钱，也早就参与宴游了，我是有愧于皇上的夸奖的。"这两件事，使晏殊在群臣面前树立起了信誉，而宋真宗也更加信任他了。此事说明，一个人为人诚实，表里如一，不弄虚作假，对于取得别人的信任是多么的重要啊！一个人能耐再大，本事再多，道德品质不好，也没人任用。晏殊因为诚实不欺，后来得到朝廷的重用。

　　以上两件事能给我们什么启迪呢？孔子曰："人而无信，不知其可也！大车无輗，小车无軏，其何以行之哉？"孟子也说过："思诚者，天之道也。"可见，自古以来历代圣贤都把诚信放在人格品质第一位。的确，诚信是人必需的品质之一。诚信诚信，诚实守信，所谓诚实，就是为人坦荡，不弄虚作假；所谓守信，就是遵守诺言，不口是心非。诚实守信是相互依存的，为人缺乏诚信，就没有人信任你，那人活在世上还有什么意义呢？没有诚信，人岂可博得他人信任，立足于社会；没有诚信，国家焉能强盛，屹立于世界之林？同诚信的曾参、晏殊相比，现代的人们恐怕要逊色不少。人们越来越言而无信：在生意场上，商人们似乎忘却了"童叟无欺"的诺言，为了一己之利，尔虞我诈，做出一些害人害己的事；在政治外交上，一些国家由于不遵守与另一国家的条约规定，使两国交恶，甚至关系破裂，造成一些不必要的损失……就连日常生活学习中，很多人都做过自欺欺人的事。不过，诚信说来容易，做起却难。因此我呼吁大家从小事做起，做一个诚实的人。这正是：

　　　　曾子杀猪，晏殊罢考，佳话长存，皆因诚实。
　　　　日常小事见诚伪。
　　　　诚实驶得万年船。
　　　　诚实为贵。

（张　琳）

2. 周幽王烽火戏诸侯
——自取其辱的闹剧

据《史记》载,西周最后一位君主,乃周宣王之子,史称周幽王。这位周幽王本是个庸才,却刚愎自用,听不得一点逆耳忠言;又是一位色鬼,时常耽于声色,而误了朝政。所以,在他周围全是一群逢迎拍马的奸佞之徒。其中以虢石父、尹球、祭公易三位奸佞最为出名,被幽王并列三公。

俗话说,乱世出忠臣。一些忠诚的臣子见幽王蒙昧狂妄,与一班小人把国家搞得乌烟瘴气,纷纷起来奏谏,都被幽王逐出朝堂。幽王在位第三年,废掉王后申后及太子宜臼(申后之子),立褒姒为后,立褒姒之子伯服为太子。幽王非常宠幸褒姒,为了她,压根儿不理国事,天天沉湎于游猎饮宴,不过,褒姒是一位冷美人,自入宫来,从无笑脸。为博取褒姒的一笑,幽王下令,宫内宫外人等,能让褒姒一笑者,赏赐一千两金子。虢石父绞尽脑汁,终于想到一个办法,就是史书所讲的"烽火戏诸侯"。周幽王下令,在都城附近二十多座烽火台上点起烽火——烽火是边关报警的信号,只有在外敌入侵急召诸侯来救援的时候才能点燃。有个叫郑伯友的大臣劝阻周幽王说,烽火台是为了战时救急用的,这个玩笑开不得。大王现在这样戏弄诸侯,失信于他们,如果到了真有急事时,诸侯又以为大王在戏弄他们,不派兵相救,那如何是好啊。周幽王不听,烽火一起,各路诸侯点集大军,纷纷来到,却看见幽王与褒姒在饮酒作乐,褒姒看到平日威仪赫赫的诸侯们手足无措的样子,终于开心一笑。五年后,即公元前772年,申侯联合缯国和犬戎举兵进攻西周,周幽王听到犬戎进攻镐京的消息,惊慌失措,连忙下令把骊山的烽火点起来。烽火倒是燃起来了,可是诸侯因为上次上了当,谁也不来理会他们。幽王惨败,带着褒姒、伯服等人逃至骊山,后被杀。犬戎攻破镐京,西周遂亡。

400年后,到了春秋战国时,在周幽王"烽火戏诸侯"的同一个地方,秦国的商鞅在秦孝公的支持下主持变法。当时战争频仍,人心惶惶,为了树立威信，推进改革，商鞅下令在都城南门外立一根三丈长的木头，并当众许下诺言：谁能把这根木头搬到北门，赏赐十金。围观的人不相信如此轻而易举的事能得到如此高的赏赐，结果没人肯出手一试。于是，商鞅将赏金提高到五十金。重赏之下必有勇夫，终于有人站出来将木头扛到了北门。商鞅立即赏了他五十金。商鞅这一举动，在百姓心中树立起了威信，而商鞅接下来的变法就很快在秦国推广开了。新法使秦国渐渐强盛，最终统一了中国。这就是历史上有名的"立木为信"。

我们对比来看：一个"立木取信"，一诺千金；一个帝王无信，戏玩"狼来了"的游戏。结果前者变法成功，国强势壮；后者自取其辱，身死国灭。可见，"信"对一个国家的兴衰存亡起着非常重要的作用。正如英国的一位哲人所说，你可以在某些时间欺骗所有的人，也可以在所有的时间欺骗某些人，但你不可能在所有的时间里欺骗所有的人。幽王作为一国之君，视国家大事如儿戏，荒唐愚昧，毫无信义，以骗人来取乐于己，最终他失去了他人的信任，只能有灾祸的结局。

烽火戏诸侯，自欺欺人，自取其祸，身为天下笑。

芸芸众生，小至个人，大到国家，诚实为安身立命之根本！

（张　琳）

3. 李白与杜甫诚挚的友谊
——诗仙和诗圣的惺惺相惜

"文人相轻，自古而然"。但李白与杜甫的友谊，却成为文学史上的一段佳话。他们是唐代两个最伟大的诗人，也是中国乃至世界文学史上两个伟大的文学家，洛阳相会使他们产生了亲如兄弟般的友谊，二人互相寄赠的诗篇，至今仍广为流传。

他们在杜甫父亲杜闲的家里相识，共同度过了一段美好时光。杜甫在诗中描写当时的情形是："余亦东蒙客，怜君如兄弟。醉眠秋共被，携手日同行。"两人可谓一见如故。李白当时已经是诗名远扬的大诗人了，而杜甫还默默无闻。性格孤傲的李白和杜甫是很投缘的。后来两人各奔东西,但有诗互相寄赠,杜甫的诗中充满了对李白的崇敬,而且对李诗风格评价甚当。如《春日忆李白》:"白也诗无敌,飘然思不群。清新庾开府,俊逸鲍参军。渭北春天树,江东日暮云。何日一樽酒,重与细论文。"他还陪同李白去求仙访道,二人越过黄河,到了王屋山,去寻访道士华盖君。谁知走到清虚洞天,才知华已死了。千山万壑,一片沉寂,寺院也是一片荒芜,他们只好沮丧而返。之后,李白去陈留拜访时任采访使(监察官)的李彦允,杜甫则到了梁宋(今河南一带),李白接着赶来。在梁宋,他们又遇见了高适。高适当时仍未中举,正在梁宋和山东一带漫游。杜甫在开元末年曾与他在汶水结识,如今重逢,这三个诗人便在这里度过了一个浪漫而放荡的秋天。

三人同游了汴州东南的梁园,梁园是汉文帝二儿子梁孝王刘武建的离宫,原有平台、兔园等名胜。经过南北朝的战乱,此时已荒芜了,但断壁颓垣,遗迹尚在。三人在凭吊中不禁为历史沧桑巨变而感叹,他们同上酒楼,饮酒做诗,十分兴奋。天宝四年(745),杜甫和李白到了山东齐州,秋天,杜甫到了兖州,李白又由任城(今山东济宁)赶来相会。这次重逢,杜甫写出这样四句诗赠给李白,表达了怀才不遇,愤世嫉俗的心情:"秋来相顾尚飘蓬,未就丹砂愧葛洪。痛饮狂歌空度日,飞扬跋扈为谁雄?"他们白日携手同行,晚间共被酣睡,友情比去年在洛阳和宋州时又增进了许多。他们有时走出兖州北门,寻访范隐士的居所,在那里任情畅谈,常常守着一杯酒仔细讨论诗文。这是两个诗人最后的会合。不久,杜甫西去长安,李白重游江南,两人在兖州城东的石门分手,临别,李白赠杜甫一首诗:"醉别复几日,登临遍池台。何时石门路,重有金樽开?秋波落泗水,海色明徂徕。飞蓬各自远,且尽手中杯!"

此后,杜甫功名不就,困守长安,抑郁不得志的生活使他更觉友谊的可贵,因而写下了著名的《春日忆李白》;而李白重返东鲁探亲,想到了昔日和杜甫同游齐鲁的情景,也是思念倍增,写下了《沙丘城下寄杜甫》。两人从此天各一方,一直到相继去世,没有再见面。

李白与杜甫的友情,可能是中国文化史上除俞伯牙和钟子期之外最被推崇的了,但他们的交往,却是那么短暂。相识已是太晚,作别又复匆忙。闻一多先生认为李杜的相遇是中国文学史上最为激动人心的一刻,或许只有老子与孔子的相遇能与之相比,并把这次相遇比作"太阳和月亮的相碰"。那么李白和杜甫二人,谁是"太阳"?谁是"月亮"呢?从创作风格来看,李白是太阳,热情奔放;杜甫是月亮,内敛深沉。从当时的影响力来看,李白依旧是"太阳",诗名远播,光芒四射。杜甫仍然是"月亮",诗名未就,光华初露。殊不知,这时的"月亮",他日却会放射出和太阳一样耀眼的光芒。郭沫若称:"李白和杜甫是像兄弟一样的好朋友,他们在中国文学史上的地位就跟天上的双子星座一样,永远并列着发出不灭的光辉。"虽然两人在文学道路上的追求与探索各不相同,却能惺惺相惜,肝胆相照。

李白是诗仙,杜甫是诗圣。仙出世,李白一生都在作浪漫的想象飞行;圣入世,杜甫一生都在现实的荆棘与泥水中行走跋涉。李白写幻想,杜甫写现实;李白写过往未来,杜甫写当今时事;李白写梦中世界,杜甫写梦醒时分;李白变复杂为单纯,杜甫变单纯为复杂;李白近道,杜甫为儒;李白是传奇,杜甫是诗史;李白是天之骄子,杜甫是国之人杰。李白诗秀在神,杜甫诗美在骨。两人都以他们超凡的诗才和博大的襟格,撑起了唐代诗坛一片"高不可及"的瑰丽天空;都以其高贵的人格和真挚的友情,谱出了文学史上一段"文人相重"的千古佳话。

人与人交往最重要的,莫过于真诚,而且要出自内心的真诚。

(张　琳)

4. 下岗职工张金合的艰辛创业路
——诚实就是力量

日本"经营之神"松下幸之助说过一句话:"由诚实建立起来的信用既是无形的力量,也是无形的财富。"这句话用在张金合身上,非常合适。这位陕西省铜川矿务局陈家山煤矿的下岗职工,历尽艰辛,饱尝困苦,终于走出了一条属于自己的创业之路。让我们来看看他的故事吧。

据《西安晚报》:张金合今年46岁,中等身材,戴着一副高度数的眼镜,从外表看纯粹是一介书生。1997年9月,陈家山煤矿精简富余人员,张金合所在的综掘二队要下岗一人。张金合是技术人员，是可以留在矿上的，但他看到即将下岗的同事陈某家庭十分困难，五口人仅靠陈一人的工资生活，就做出了一个在别人看来很傻的举动：他主动要求下岗，并在第二天就到矿干部科办理了下岗手续。他用自己的牺牲保住了别人的饭碗，为此，他招来了老父亲的一通臭骂："金合啊金合，我把你从小学供到大专，到头来就是让你主动下岗吗？我又是何苦呢？"岳父也非常生气："你现在是个有家有口的人，你离开了单位，一家人怎么吃饭！？"面对家人的极力反对，张金合考虑再三，决定自筹资金自主创业，这在当时的陈家山寨子沟可是一个惊世骇俗的想法。

开弓没有回头箭。刚起步的那一年，没有资金，没有合适的场地，他到处筹集资金，终于筹了三万元，总算立起了自己"商店"的门面。张金合的生意开张了，先是搞粮油零售，由于对当时的市场行情不够了解，没有事先做好商情的调查和预测，蚀了本钱。于是，他又转向百货零售，以小百货和日用生活品为主来经营。经商可不是一件轻松的事，冬天，张金合冒着严寒，手冻得裂着口子，粗糙的手上渗出了红红的血迹，顾不得那钻心的疼痛，关注着顾客的要求；夏天，张金合顶着炎炎烈日，不停地擦拭着满脸的汗水，时刻洞察着行情的变化。然而他的从商之路并不平坦，挫折接踵而至，先是九八年他遭遇到资金困难，就连三百元现金交房租都得向别人借。2000年7月的一天，张金合去西安进货归来查点当日的货物时，发现凉席遗失了五件，损失近两千元；2000年10月，他由于进货的劳顿，一回到家里便倒头大睡，竟忘记了去商店值夜，第二天一早便发现商店被盗，丢失两台冰箱、两台彩电，损失近万元！面对巨大的损失，他没有气馁，继续他自己的路。

1998年10月的一天，有一个推销商拿着紫阳茶厂的介绍信，推销"陕青"，张金合现场打开包装，茶叶质量确实好，于是，张金合一次就进了六包茶叶，可是，这三百斤茶叶在刚刚销售了三四斤，张金合就发现茶叶质量变了，这六包茶叶全是假冒货！张金合和妻子刘红侠果断停止了这批茶叶的销售，并且将这三百斤假冒货交给了耀州区庙湾镇工商所，展示给群众。2003年抗击"非典"期间，有一段时间陈家山的食盐等生活用品的价格猛涨，平时一包八角的食盐，竟上涨到两元！当时张金合手里存有十七吨食盐，张金合的食盐没有涨一分钱，全部平价销售，从而赢得了信誉，被铜川市盐业公司定为陈家山食盐定点批发商。2004年6月，来自富平的经销商李师上当受骗，血本无归，张金合向他伸出援助之手，赊给他一万九千元的粮油和一万五千元的货物，李师感动得热泪盈眶，体会到了人间的真情，令他终生难忘。2008年初，天寒地冻，大雪封山，庙湾地区商品价格迅猛上扬，张金合作为一名经营者，不为所动，提出了"按进货的价格卖货"，宁可自己赔本，也不挣昧心钱。随着时间的推移，经验的日积月累，张金合商店的规模在不断地扩大，由过去的单一零售到大规模的批发，由个人进货到商家供货上门，固定资产由三万多元激增至三百五十多万元，经营范围也由单纯的小百货、副食品扩大到烟酒，日用百货等八大类一千多个品种。

张金合下岗不失志，在社会上重新找到自己的位置，实现了人生价值，他的诚信创业的小康之路越走越宽。我们来看看，张金合并没有什么惊天动地的大事业，不过就是一些日常小事，看似平淡，其中却内蕴道理。有子曰："信近于义，言可复也。"张金合是固执的，坚持这一点不放，那就是童叟无欺，绝不骗人。这种有时显得冒傻气的理念却让他大获成功，因为大家都相信他，而信任是无价的，正如富兰克林所说："失足，你可以马上恢复站立；失信，你也许永难挽回。"这种诚实大度的经营理念，其实正是最好的经营理念！

    对人以诚信，人不欺我；
    对事以诚信，事无不成。

（张　琳）

5. 考场作弊
——失去的不仅仅是成绩

  高校期末考试如火如荼，与之随行的考场舞弊也渐渐引起广泛关注。据《扬子晚报》：2005年1—11月，全国共查处各种考试舞弊事件2513起。

盘点多年来的"考场事件",诚信依然是摆在大学生面前的一份沉重的考卷。反思这几年的考场作弊,各种丑闻比比皆是:河南省镇平县发现高考作弊;河南省濮阳县三中高考考点集体作弊;濮阳市反贪局某副处长在家中向高考考场传送答案被抓现行;湖南省衡阳市的中考前一天,试卷答案就已经满天飞;大学英语四级考试题目提前泄露;广西、广东的高考历史试题被"猜中"70%以上,被疑泄题……

如今看来,光局限于考场范围,单凭"作弊"两字,来理解屡禁不绝的考场舞弊事件,已显得太过单一。反思考场作弊,当从社会大背景下去思考,需要我们进一步开阔视角去观察,这也是治理考场舞弊的关键所在。有考试,就会有作弊。在偌大的中国,在数百万人参加的考场上,要让考场作弊完全绝迹是不切实际的。然而,现在的考场作弊却到了让人无法容忍的地步。与前些年的小范围、隐蔽性相比,现在的作弊已经发展为公开的、大范围的集体行动。作弊正在不断走向专业化、组织化、现代化。随着"寻枪手"、"高薪聘请考试高手"等广告普遍入侵校园,"枪手"成为考场作弊的兴风作浪者,他们专门替人考试,藉此牟利。而那些为考生和枪手牵线搭桥,提供中介服务者渐渐发展成了"替考公司"。他们手里掌握了大量"固定枪手",不仅在各高校张贴广告,还化名进入各高校BBS上发布消息,通过网络扩大"业务"范围。

违规作弊是可怕的,而视作弊为当然则更加可怕。这表明至少在出现作弊的那些地方,考场之外的社会之"场"已经发生了质变。作弊考生实际上在竞争面前选择了自我淘汰,同时,选择作弊也表明了这个人的社会诚信的缺失,现在如此泛滥的作弊,反映出整个社会在诚信方面的极大缺失。诚信何以变得如此沉重?不知从何时开始,考试的严肃性已被淡化,作弊在校园泛滥成灾。这是一个公然的却又穿着隐形衣的过程,在这个过程中诚信被人遗忘。

当"别人都在作弊,我不作弊就显得不公平"之风蔓延时,是否就意味着大家都作弊就能体现出公平竞争?当一种行为成为一种观念并形成潮流时,作为当代大学生,明知这种潮流是不合理的,也会选择随波逐流?在分数与利益面前,"诚信"在人们心中变得一文不值。我们不无感叹:当诚信遭遇弄虚作假、高分的利益、习以为常的社会不良之风时,显得何等脆弱!

英国科学家哈伯特说：失掉信用的人，在这个世界上已经死了。诚信是一个人的基本品质，一种职业的基本道德，谈及它的时候隐约有几分沉重。当弄虚作假给我们的社会造成重大危害时，人们会纷纷指责他人遗忘了诚信，而很少有人意识到从我做起。坚守诚信与取得高分其实并不矛盾，平时脚踏实地的学习，投入相应的时间和精力，所谓水到渠成、厚积薄发，平时努力了，考试自然成竹在胸，不必花心思去想如何安全作弊。面对激烈的竞争，面对社会的压力，学生们应该形成一种正确的价值取向：

学就学到真本领，做就从自我做起，不让舞弊之风肆虐。

（张　琳）

6. "许三多现象"的启迪
——国人的诚信之忧

农民工出身的王宝强一夜成名，速度之快，影响之大，连他自己都觉得好像在做梦。这个没有接受过表演专业培训但充满热情的年轻人，蹿红影视圈，靠的是什么呢？2004年，王宝强出演了冯小刚的《天下无贼》，饰演"傻根"，颇有影响；2007年，王宝强在电视剧《士兵突击》中扮演"许三多"，大红大紫。《南方周末》2007年度最具影响人物居然就是"许三多"！把年度人物颁发给一个角色，一个虚拟人，前所未见，由此可见"许三多"的深入人心和影响力。

纵观王宝强的这些角色，无一例外，都是憨厚、实在、耿直甚至有点冒傻气的形象。这些形象一改过去影视剧的传统英雄形象，不再机智勇敢，不再无所不能，不再不食人间烟火。观众们纷纷给予赞许、理解、认同，然而在这些形象的背后包含着什么？说明了什么？笔者以为颇耐人寻味，试分析之。

"许三多现象"其实恰恰说明了：当今的中国人有着严重的诚信缺失感！这里"诚信"指的是：诚实，可以让人信任。"许三多"诚实、可靠、厚道到了有点"傻"的程度，可是，他受到了最大范围的追捧，最大热情的赞美，网络和媒体上关于"许三多"的消息不胜枚举，为什么？原因很简单，少的就是好的，物以稀为贵，人亦如此！这个物欲横流的现实社会，许三多太少了，几近绝迹。"许三多"确实令人折服，值得全社会推广，可是我们仔细想想，其实用"老实可靠"四个字就可以基本概括他。

"老实可靠"为什么有如此大的力量？一，"老实可靠"才能让人信任，才能直指人心，有了这种基本的品格，社会才能和谐稳定。二，"老实可靠"这种品行太少见了，人们渴望它，呼唤它，我们已经久违了"老实可靠"！从"华南虎照片"的赤裸裸欺骗到"楼盘虚高，房价飞涨"的可恶神话，从"三鹿奶粉事件"的道德沦丧到"高考作弊"的习以为常，中国人被忽悠怕了！人们不知道什么是真的，什么是假的，社会上的很多事情都是扑朔迷离。正因为如此王宝强所塑造的"许三多"才会大大成功，才会被人们所认同。

孟子曰："思诚者，天之道也。"几千年来，中国人以勤劳诚恳著称，君臣父子，家国朝野，始终以人的老实可靠为荣，以人的撒谎欺骗为耻。事实业已证明，孔孟的道德标准是好的，是善的，"许三多"这个形象是人性本善的最基本表现。可惜的是，当今社会的民众已经找不到诚信的感觉。这种诚信感缺失对一个民族来说是危险的，说明一个民族已经迷茫找不到方向。

　　待人以诚，待事以诚，则人、事皆成！
　　老实可靠的民族才会有希望。

（张　琳）

7. 三鹿集团的表演
——诚信缺失与道德沦丧

三鹿奶粉事件，举国震惊。一时间，三聚氰胺成为中国人最耳熟能详的化学物质。三鹿奶粉事件的层层揭幕，引发了整个中国乳制品行业的大地震，引发了整个国家对食品安全与卫生的深刻反思。痛定思痛，给笔者留下最深刻印象的是三鹿集团的一些行为和言论，正所谓细节反映本质，诚哉斯言！

据新华网、人民网、兰州晨报：三鹿作为毒奶粉的始作俑者，被新华网曝光，社会哗然。同时七名患儿的父母联名写下了申请书，上书甘肃省卫生厅，要求彻查病因。三鹿集团通过人民网公开回应：三鹿是奶粉行业品牌产品，严格按照国家标准生产，产品质量合格，目前尚无证据显示这些婴儿是因为吃了三鹿奶粉而致病。如果真的有这样的问题，相信质检部门会查个水落石出。三鹿集团委托甘肃权威质检部门对三鹿奶粉进行了检验，结果显示质量是合格的。同时，三鹿表示，造成婴儿肾结石，原因是多方面的，哺养小孩子需要多方面的知识，婴儿肾结石与三鹿无关。

中国西部天地商贸有限责任公司（三鹿集团合作公司）周浩义董事长对记者信誓旦旦地说："一个月前，我们听到了一些情况反映，也是消费者反映，他们的孩子食用了我们的奶粉后，身体不舒服，因此，我们主动找到省卫生厅，通过省卫生厅上报卫生部，把我们所有流放市场的系列产品送样进行了检测，结果是我们的产品没有一样不合格的。因为我们的产品都是严格按照国家标准生产和检测的，我们的态度也是对消费者高度负责的。我们可以肯定地说，我们所有的产品都是没有问题的。"

三鹿集团传媒部部长崔彦锋则回应："作为具有六十多年历史的国家知名企业，三鹿几乎成了我国奶粉的代名词，因此我们具有极高的社会责任感，婴儿奶粉是专门为婴儿生产的，在生产中对理化、生物、卫生等标准也是完全按照国家配方奶粉的标准执行并全面检测的。我们可以肯定地说，我们所有的产品都是没有问题的。"

"我们可以肯定地说，我们所有的产品都是没有问题的！"成为三鹿各方对事件的统一回应口径。

2008年9月11日，中国卫生部发布消息：经调查，石家庄三鹿集团股份有限公司生产的三鹿牌婴幼儿配方奶粉受到三聚氰胺污染。三聚氰胺可导致人体泌尿系统产生结石。与此同时，甘肃省质量技术监督局新闻发言人魏光华说："我局郑重声明，我局技术机构至今未曾接受过三鹿集团的委托检验。"

这出闹剧却让笔者笑不出来，是啊，三鹿集团是个大企业，可是，它有一点点最基本的道德吗？三鹿集团采用抵死不认、能蒙就蒙、能骗就骗的伎俩，见招拆招，和"肾结石宝宝"及国人进行着一场道德沦丧的博弈，目的很明显，就是希望把损失降到最低，影响减到最小。三鹿集团有没有想过那些无辜的孩子？有没有想过那些痛苦的父母？这正如温家宝总理所说："企业没有良心，天地难容。"天涯论坛的网友口诛笔伐，结论是："一个中国的大企业，怎能这样无耻？"而像三鹿这样的企业，在中国并非绝无仅有，诚信缺失、道德沦丧却大言不惭、信口开河，子曰："其言之不怍，则其为之也难。"大哉斯言！

诚信与道德能铸造人。诚信与道德能铸造大企业。甚至，诚信与道德能铸造整个民族的魂魄！

（张　琳）

8. 颜回抓饭的故事
——诚实与"眼见为实"

在曲阜市孔府东邻，有一座气势雄浑的古建筑——复圣庙，祭祀的是孔子的弟子颜回，所以后人又称之为"颜庙"。孔子收徒，有教无类，不问贫富，只要好学深思，他都招进门下。颜回家境贫寒，其貌不扬，但他机敏聪慧、道德高尚、贫贱不改志向，因此深得夫子倚重。

据史书记载，有一次，孔子在陈绝粮七日，滴水粒米未进，只在屋内弹琴读书。这天，颜回讨来一碗米，点火烧柴，为老师做饭。一会儿工夫，饭煮熟了，颜回用一只大碗盛满，放在灶上。然后，颜回抓了一撮米饭，犹豫了一下，立即塞进了嘴里。孔子彼时正坐在门口，颜回的一举一动他看得很清楚。

孔子深深地叹了口气，自思："我素来以为颜回朴实敦厚，诚笃无私，没想到他竟然偷饭吃，君子不欺暗室，颜回太令我失望了！"这时，颜回把饭毕恭毕敬地端上来，说："老师您等急了吧，请用饭。"孔子不动声色地说："我夜里梦见了祖先，这碗饭应先祭祖。"颜回说道："老师，这饭不能敬祖了。"孔子问:"为什么?"颜回低着头说:"老师曾说过,用手抓过的饭不洁净,不能祭祖,这碗饭我用手抓过了。""你为什么用手抓饭?""我刚才把煮熟的饭放在锅台上,突然从屋顶上落下一团灰,掉在饭里,我怕夫子吃了不干净的饭,就用手把灰抓了出来。又见灰上粘了很多米粒,弃之可惜,我就把这团饭连同灰尘一起吃了。"

孔子松了口气:"原来如此,我错怪颜回了。"此后更加器重颜回。这件事孔子感触很深,都说眼见为实,耳听为虚,以今日之事观之,眼见亦不为实。生活中这样的误区不在少数,我们往往有这种错觉:自己亲眼看到的东西一定是真实不假的。其实大谬不然,错就错在我们过于相信自己的一己之智,而忽略了事物本身的复杂性、曲折性和深刻性。君不见当今社会,骗子屡屡得手,气焰猖狂,他们就是利用了人性的弱点——"眼见为实"之误,因此,凡事应仔细体察,三思而后行。反过来再看颜回,不欺暗室,光明磊落,"一箪食,一瓢饮,在陋巷,人不堪其忧,回也不改其乐。贤哉回也!"一个古代的仁人志士跃然纸上!

颜回抓饭,夫子敬之,千古传佳话。

俯仰天地间,君子坦荡荡。

眼见不为实,诚实须自求!

(张 琳)

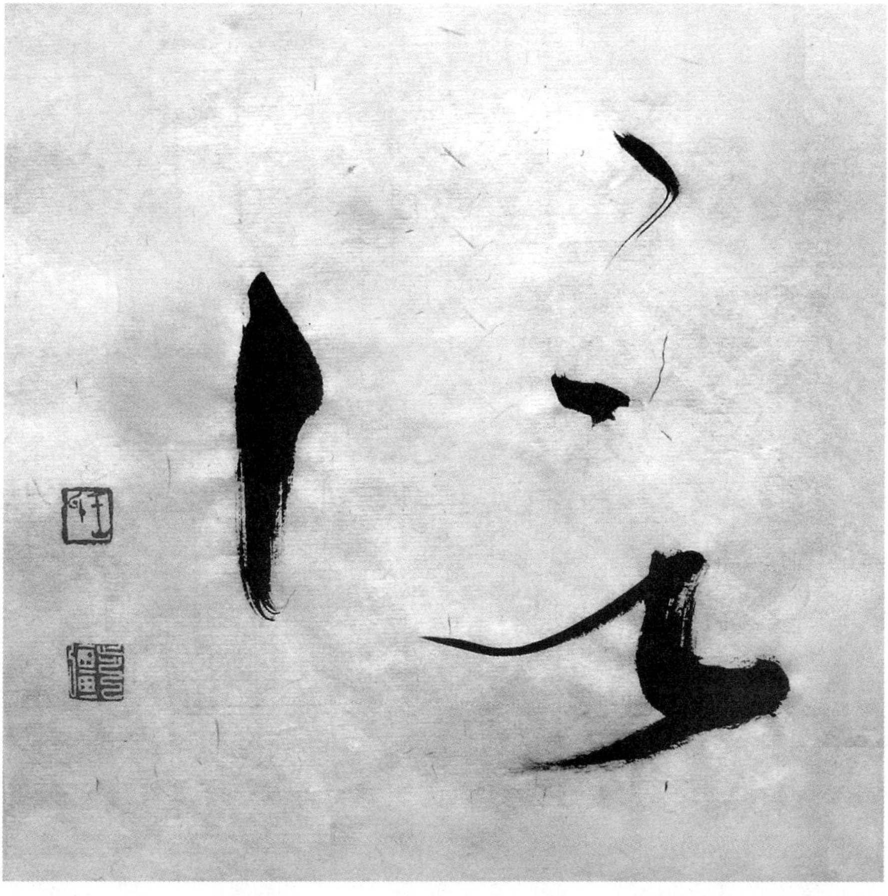

信

题 解

　　信是我国古代的基本伦理范畴，它与仁、义、礼、智并称"五德"或"五常"。信观念的历史源远流长，可以说它是与人类的诞生相伴相生的。《易传·系辞上》："言出乎身"，意思是说言语是从人身体内发出的，人说话要兑现，要身体力行。从字源意义来看，信源自人与人之间的相互信任。人类最早的信任关系无疑是家庭中的母子（女）关系，立足于子女对母亲的依赖和信任。自此信观念由家庭推及社会。其最原初的形态是盟誓，对天盟誓。如"歃血为盟"、"莅牲为盟"等等，《淮南子》就记载有："夏后氏不负言，殷人誓，周人盟。"因此诚信一开始就带有神圣的意义。先秦时期，诚信观念为诸子百家所接受并加以推广成为社会伦理道德的基本规范。当今社会的诚信涵义大多在这一时期得以确立。如以孔子为代表的儒家仁义之信、忠诚之信、职业伦理之信；以商鞅为代表的法家法律信用以及以老子为代表的道家精诚、至诚之信。

　　信字从人从言，其基本语义是指人要言行一致，诚实不欺。据《说文解字》解释：信，诚也，从人言。"诚"与"信"互训相通。中国最具权威性的语文工具书对信字的伦理涵义解释如下：①诚实不欺。②守信用，实践诺言。③果真，确实。信字经常与忠、诚、义等构词达义。就个体而言，信字包含既不自我欺骗,又不能欺骗他人的意思。孔子提出"敬事而信"、"谨而信"。一个人言语行事要谨慎行之,言出必行。孟子提出有诸己谓之信,意思是说自己具有的美德,相信别人也能具有的,体现出对他人的信任和尊重。

信观念发展至今已经成为社会得以进步的基石。诚信问题不仅牵扯个人的伦理规范,而且日益成为行业组织乃至国家、社会生存发展的关键。不仅对个人,更是对企业等组织而言,信誉或信用已经成为一种价值资本。一个人的失信影响可能是有限的,但国家乃至社会的集体失信后果是不堪设想的。现代社会由于工具理性的盛行,人与人之间变得日趋陌生、疏远,欺骗、不信任乃至不自信问题时常出现。一些人甚至疾呼当今社会遭受诚信危机。在这样的情况下,我们尤其需要重新思考信的观念,以当前的诚信问题和社会发展的转型为契机重建我国的诚信观念和体系。

(秦发盈)

1. 商鞅立木为信
——政府必须取信于民

据《史记·商君列传》记载:春秋战国时,秦国的商鞅在秦孝公的支持下主持变法。当时处于战争频繁、人心惶惶。为了树立威信,推进改革,商鞅下令在都城南门外立一根三丈长的木头,并当众许下诺言:谁能把这根木头搬到北门,赏金十两。围观的人不相信如此轻而易举的事能得到如此高的赏赐,结果竟然没人肯尝试。于是,商鞅将赏金提高到五十金。重赏之下必有勇夫,终于有人站起将木头扛到了北门。商鞅立即赏了他五十金,以表明诚信不欺。这一立木取信的做法,使老百姓确信新法是可信的,从而使新法顺利地推行实施。这就是历史上著名的"商鞅立木为信"。"商鞅立木为信"的故事成为国家(政府)取信于民的典范而被广为流传。北宋著名政治家、文学家王安石有诗为证:"自古驱民在信诚,一言为重百金轻;今人未可非商鞅,商鞅能令政必行。"

商鞅变法得以推行的关键就在于从一开始就重视取信于民的重要性。商鞅变法时期，各国诸侯战争不断，民众饱受战争摧残，对国家极度不信任，刚一开始秦国民众不敢相信搬动木头即可得到赏金就是例证。商鞅深知要想取得变法成功，必须首先重树国家的威严、法律的威信。为此商鞅主张统一赏罚，加强国民教育，提出壹赏、壹刑、壹教。"立木为信"即是培养国家的法律信用以及民众对国家的信任。如果商鞅变法不首先取得民众的信任，或者如果商鞅不足额支付搬动木头之人赏金，变法就不会得到民众的支持，因此变法首先要解决民众对变法可能的质疑，正是做到了赏罚分明，诚实守信，商鞅变法才得到广大人民群众的支持，顺利地压制了保守势力的反对，取得了一定的成功。

历史上大凡取得成功的国家和统治者都对取信于民有深刻的理解，唐朝贞观之治，李世民深谙"水能载舟，亦能覆舟"之理；抗战时期、解放战争时期，中国共产党"农村包围城市"，军民鱼水情深，最终取得抗战、建国的胜利，无不体现和验证了赢得人民群众信任和支持的重要性。我国自古重视取信于民的重要性，诸如"民惟邦本，本固邦宁"，"民为贵，社稷次之，君为轻"，"得民心者得天下，失民心者失天下"等等。儒家创始人孔子对此有经典表述说：子贡问政，子曰："足食，足兵，民信之矣。"子贡曰："必不得已而去，于斯三者何先？"曰：去兵。子贡曰："必不得已而去，于斯二者何先？"曰："去食。自古皆有死，民无信不立。"（《论语颜渊》）说的是治理国家去兵、去食存信的道理。如果没有人民群众的信任和支持，即使国富兵强，国家也不会长久存在。对此，我们国家一些政府部门和机构还未引起充分重视。比如有些政策朝令夕改，让民众无所适从，极大地挫伤了群众对政府的信任度。有报道称，某公安部门给予提供破案线索人员的赏金大打折扣，不能按约足额支付。一段时期，政府"打白条现象"现象曾盛极一时，至今仍无法完全消失。这种种现象看似小事，其实就如蚁溃堤坝之灾，以小积多就会慢慢蚕食广大人民群众对政府的信任。这应该引起国家和政府的高度关注。令人可喜的是，各级政府正在为建设诚信政府而努力，互联网上诸如"诚信广东"、"诚信山东"等网站的建设就是证明。

  立木取信，诚信治国。

官民鱼水，互信互利。

诚信是为政之本，治国之纲。

（秦发盈）

2. 华南虎照事件
——"三人成虎"拷问诚信

就在08奥运年临近之际，全国人民全力关注北京奥运会之时，一件至今让人匪夷所思、不得其解的虎照事件吸引了人们的眼球。2007年10月12日，陕西林业厅公布了猎人周正龙用数码相机和胶片相机拍摄的华南虎照片。众所周知，业界普遍认为野生华南虎在我国已濒临灭绝，先后被我国和联合国列为国家一级保护动物和第一号濒危物种，甚至位列为世界十大濒危物种之首。如今突然有人宣称亲眼看见野生华南虎，并用相机记录了这一珍稀物种。此条新闻迅速引起全国各大媒体的强烈关注，甚至包括顶级学术杂志《科学》。周正龙一度成为拍虎英雄，被媒体称为"周老虎"。随后，虎照的真假问题受到来自网友、华南虎专家等方面的质疑，各方人员积极发表意见，各执一词，最后形成了以周正龙为代表的"挺虎派"和以中国科学院植物学家傅德志为代表的"打虎派"。在提供证据辩证的过程中，当事人甚至以各自脑袋担保本方为真，被人们戏称为"三个脑袋之争"。在当事人中，就包括"挺虎派"的陕西林业厅副厅长朱巨龙以及信息宣传中心主任关克等。由于陕西省林业厅作为政府机构被卷入其中，力图澄清事情原委的陕西省政府、国家林业局等政府部门作为一方当事人也被卷入其中。古语云：三人成虎。华南虎照事件就是这三方势力相互博弈的过程。最终历时近8个月有余法院二审裁定华南虎照为假，周正龙也按相关法律得到相应惩罚。近期某媒体又爆出周正龙力图翻供，公安机关再次介入调查，如此等等。整个事件真真假假，令人费解。正像某些媒体宣称的华南虎照事件虽然暂时"尘埃落定"但远未"水落石出、真相大白"。华南虎照事件错综复杂，本文无疑探讨华南虎照事件详细始末，而是借此引发人们对事件中的诚信危机进行思考。

纵观整个事件，我们不禁要问究竟谁撒了谎，究竟相信谁？整个事件的直接当事人是周正龙，他的话语至今是扑朔迷离，闪烁其词。另一当事人陕西省林业厅信息宣传中心主任关克在其博客中至今仍质疑各类鉴定技术的可信性。暂且抛开谈论各类媒体和人员刨根问底式的追问，单就当事人的诚信问题，已经远远不止是虎照的真假问题了。周正龙作为一个普通的农民，他的言行真假仅仅是其个人的诚信问题。如果他真是利欲熏心，欺瞒获利，世间无非又多了一个无信、无义之徒罢了。但虎照是通过陕西林业厅公布的，虎照的真假就已关乎政府的公信问题。我国自古重视建设诚信国家。孔子把诚信列为国家实施仁政的重要表现，主张"谨而信"，"敬事而信"。从当前的结论来看，陕西省林业厅作为政府官方机构在公布虎照行为上，存在严重的违规违纪、行政不作为和乱作为问题，十三名涉案官员因此受到相应处理。这极大地创伤了政府的公信度。究其原因，一些官员为谋私利，大搞政绩工程，做表面文章，置信义于不顾，个人提拔在先，群众利益置后。殊不知，"信近于义，言可复也"，意思是说诚信许诺符合于仁义，说的话才能兑现。在整个虎照事件中，一些领导不注重调查取证，偏听下级汇报，造成某些领导说错了话，做错了事，却不敢于承认错误，不得已只能将谎言进行到底，于是一个个谎言接踵而至，最终使自己走上歧途。古话说：兼听则明，偏信则暗。如果我们的领导干部多听取群众的声音，体察民情，多做实事，以身作则，诚信为民，华南虎照事件的闹剧也就不会发生。

  三人成虎？
  诚信缺失究可哀。
  政府威信首在诚，
  执政信义最可贵。

（秦发盈）

3. 天水高考替考事件
——公务员自身诚信的质疑

就在四川汶川等地区发生 5·12 特大地震刚刚过后，毗邻之地甘肃天水市也发生了一次震惊全国的高考"地震"。2008 年 6 月 7 日，天水市有关部门在该市秦州、麦积两区发现山东籍考生替考情况，后经深入调查取证，共查实替考生二十七人，其中，属山东籍高考移民并由山东籍学生替考的违纪考生十五人，属山东籍高考移民的违纪考生十人，属本地户籍并请山东籍学生替考的违纪考生两人。以上违纪考生均系山东阳谷一中高二学生。这一替考事件系由阳谷县农业局副局长霍继刚及霍继刚之妻张玉茹策划组织带领，由天水市六中教师蒋鑫在天水市接应安排、冒名替考。替考所需假户籍证明、身份证均是由蒋鑫通过该市麦积区公安分局下属的琥珀、五龙、中滩、甘泉、东岔等五个基层派出所的个别民警违法办理。替考考生的高考报名手续是由霍继刚等人利用关系在麦积区第三职业中学和天水市第六中学办理。有关部门认定：这是一起有组织、有预谋的高考移民和外省籍考生替考相互交织的高考严重作弊案件。

众所周知，考试作弊早已不是新鲜事，林林总总的作弊手段和花样数不胜数，不仅有成人考试作弊，未成年人考试作弊如今也日趋猖獗。该案件再一次沉重地揭开了教育领域的诚信伤疤，而且性质更为恶劣，不仅涉及多名政府公务人员，更为甚者作为教书育人之楷模的教师也直接组织者参与其中，正是他们把成长中的懵懂无知的学子引入歧途。该事件所牵扯公务人员作为社会诚信的信使和维护者知法犯法，把人们对他们的诚信角色践行的质疑引向了风口浪尖，我们不得不拷问你们究竟怎么了？身为人民的公仆、祖国的园丁你们颜面何在？尽管这不代表全部，仅仅代表少数，但这足以让国人震惊。

我国自古重视诚信教育。孔子把"信"列为教育弟子的四教之一，主张"人而无信，不知其可也；大车无輗，小车无軏，其何以行之哉！"（《论语·为政》）意思是说，人如果没有诚信，就无法做人，就无法立身处世。孔子把"言必信，行必果"作为为士之人的最基本的标准，也是首要的标准。子贡问曰："何如斯可谓之士矣？"曰："言必信，行必果，硁硁然小人哉，抑亦可以为次矣。"该事件所牵扯之公务人员连最基本的诚信不欺都做不到，有何颜面谈教论育？这不得不令我们惊醒而思。所谓学高为师，身正为范。身为教师和公务员，不能确立其自身良好的品性和过人的美德，你所教、所管之人谈何折服于你？孔子讲："其身正，不令而行；其身不正，虽令不从。""上好礼，则民莫敢不敬；上好义，则民莫敢不服；上好信，则民莫敢不用情。"（《论语·子路第十三》）意思是说，君子施政，如果做到明礼、仁义、诚信，民众不会不尊敬、不会不服从也就不会不真心相待。教师和政府公务员是国家的特殊行业，承担着国家未来优秀人才品性的养成、民众的信任和寄托，尤其需要自己三思而后行，严于律己，以身作则。

　　公务员，讲诚信。
　　言必信，行必果。
　　严于律己，以身作则。

（秦发盈）

4. "戒欺"
——百年老店的经营之道

　　胡庆余堂是清末著名红顶商人胡雪岩耗白银三十万两于1874年创立。是名副其实的百年老店，号称"江南药王"，素有"北有同仁堂，南有庆余堂"之说。胡庆余堂始建之初，即秉承南宋太平惠民和剂局方，广纳名医传统良方，精心调制庆余丸等药品，济世宁人。百余年来，诚信不欺是胡庆余堂长久不衰的经营之道、生存之本。位于杭州吴山北麓的胡庆余堂国药号营业大厅至今保留着由胡雪岩亲手书写的一块匾额："戒欺"。以这两个字告诫属下及后人："凡百贸易均着不得欺字，药业关系性命，尤为万不可欺。""采办务真，修制务精，不至欺予以欺世人。""戒欺"匾并不是信口雌黄，随便一说，胡庆余堂从一开始就认真地践行这一承诺。以入药为例，胡庆余堂人从创办人胡雪岩开始就坚持派人到山东采购驴皮；去淮河流域采购淮山药、生地、黄芪；去川贵采购当归、党参；去江西采购贝母、银耳；去汉阳采购龟板；去关外采购人参、鹿茸等等。至今仍保持着去药材原产地采收药材这一传统，力求从源头上保证药材质量。正是如此的坚持，"戒欺"匾和胡庆余堂才为世人所信赖和传唱，"戒欺"匾才成为胡庆余堂诚信不欺的金牌名片。

大厅内还悬挂着一块金字匾额："真不二价"。如果说"戒欺"匾是针对胡庆余堂人说的，那么"真不二价"匾就是对顾客的诚信宣言。此匾反过来读就是"价二不真"，所表达意思言简意赅，却字字掷地有声。"戒欺"匾告诫胡庆余堂人不自欺，"采办务真，修制务精。"严把质量关，从创业之初就做到货真价实，树立起胡庆余堂的品牌和信誉。"真不二价"匾郑重声明，胡庆余堂人绝不欺瞒顾客，让顾客相信物有所值。如果说这两块匾表达了胡庆余堂诚信经营的表面或是外核，那么由表及里，大厅门楣上镌刻的"是乃仁术"匾就蕴含了胡庆余堂长久不衰的内核。"是乃仁术"四个大字取自《孟子·梁惠王上》："医者，是乃仁术也。"孔子讲："信近于义，言可复也"意思说诚信许诺只有符合仁义，说的话才能兑现。"仁义忠信，济世救人"成为胡庆余堂诚信经营永不枯竭的动力之源。这三块匾共同诠释着胡庆余堂诚信经营的内涵和文化，正是对这些祖训的恪守成就了胡庆余堂的百年辉煌。无独有偶，北京同仁堂也是响当当的百年老店，历代同仁堂人也恪守"炮制虽繁必不敢省人工 品味虽贵必不敢减物力"的祖训，践行"修合无人见 存心有天知"的自律准则。象胡庆余堂、同仁堂一样的中华老字号还有不少，如杭州剪刀张小泉、天津包子狗不理、北京烤鸭全聚德、国酒茅台、五粮液等等，我们不胜枚举。正是他们对诚信经商、仁义并举坚持不懈的践诺，才成就他们家喻户晓的美誉，也正是他们才成就了中华民族诚信不欺、义利并举的儒商形象。近期热播的电视剧《乔家大院》、《走西口》、《闯关东》等无不体现出象晋商、徽商等几代儒商在人民群众中根深蒂固的地位。大仁、大义、大礼、大智、大信的浩然正气，感天动地。他们对企业诚信不欺的诠释,不知会令坑蒙拐骗、见利忘义之徒做何感受?难道那些犹如昙花一现的企业对此不该有所启发吗?

戒欺匾,树信誉。

诚信经营,义利并举。

人无信不立,店失信不兴。

(秦发盈)

5. 曾子杀猪
——如何教孩子诚信做人

《韩非子·外储说左上》记载了这样一个故事:有一天,曾子的妻子要去赶集买菜,儿子哭闹着要跟她一块去,怎么劝都不听,曾妻没办法就哄儿子说:"你在家等着,等我回来给你杀猪炖肉吃。"儿子信以为真,就不再闹着去了,也停止了哭泣。曾妻从集市回来,就见曾子正磨刀准备杀猪,她赶忙阻拦说:"家里就养了那几头猪,等着逢年过节的时候用的,我是跟孩子说着玩的,你怎么能当真呢?"曾子答道:"对小孩子怎么能随意撒谎呢?孩子天真无知,好多道理都是从父母身上学得,如果父母说话不算数,不是教孩子去欺骗吗?如此孩子还能再听我们的话?"于是,曾子果真把猪杀了。孩子最终得以享受一顿美餐。这就是历史上著名的"曾子杀猪的故事"。这一故事成为家长教育孩子的美谈而源源流传。

曾子杀猪的故事可谓孩子的诚信启蒙教育的典范。由此我们可以看出家长和家庭在孩子诚信教育中扮演着关键的角色。作为衣食父母,家长与孩子接触的时间在孩子一生当中是最多的,父母的一言一行孩子都看在眼里,思在心里,因此家长对孩子生活规范和伦理价值的教化是无形的,也是最关键的。古话就说:"子不教,母之过。"曾子纠正妻子失信于子的行为,体现出了他诚实正直的人格魅力。曾子重孝道,著有《孝经》,规范人间孝道伦理;曾子非常注重自身修养,提出:"吾日三省吾身——为人谋而不忠乎？与朋友交而不信乎？传而不习乎？"可见，曾子对待工作、交往是多么严肃和真诚。曾子被称为仅次于孔子的一代宗师，被人尊称为"宗圣"。所谓有其父必有其子，曾氏后代为恶者甚少。曾子杀猪教子的行为在我们日常生活中看似平淡无奇，但真正能够做到的恐怕少之又少。大多数家长可能忙于工作或应付烦心事务而无暇顾及和思考这些鸡毛蒜皮的小事对孩子可能造成的影响。也有些家长可能认为这仅仅是善意的谎言，大可不必如此较真，只要在大是大非的问题能够做到教育孩子就可以，或者根本就把孩子的诚信启蒙责任推给学校。殊不知，正是如曾子杀猪教子一样的点滴琐事的不断累积，养成了孩子幼时的生活习性和价值观念，幼时的认知和模仿一旦学成，根深蒂固，难以调教。近期某网站爆出一两岁男孩就已经会抽烟，而且脏话连篇的新闻，并附上图片，情境着实让人惊讶。由此可知，这个孩子周围的生活环境是何种状况。真该如蒙学经典《弟子规》所言："奸巧语，秽污词，市井气，切戒之。"由此，我们不得不说，孩子的教育，家教尤为重要。家长务必慎言慎行，少说多做，及时做好孩子的沟通，甘当孩子的楷模。

  儿童诚信教育无小事，
  言而有信，童叟无欺。
  诚信应从娃娃抓起。

（秦发盈）

6. 狼来了
——莫把诚信当儿戏

  据《伊索寓言》记载：从前，有个孩子每天都去山上放羊。有一天，他觉得很无聊，就突发奇想。站在山顶上向山下高喊："狼来了！狼来了！救命啊！"山下村民正在地里忙碌，听到喊声，纷纷扛着锄头、扁担跑上山来。但山上哪里有狼，这只是放羊娃的一个恶作剧。村民们气愤地下山去了。这个孩子觉得这样蛮好玩的。于是有一天，他又一次朝着山下高喊：

"狼来了！狼来了！救命啊！"山下的村民听到他一声高过一声的凄惨呼喊声，以为狼真的来了，就又一次扛着锄头、扁担匆匆忙忙地赶上山来。村民们又一次上当了，连狼的影子也没有。村民们又一次气愤地下山去了。有一天，狼真的来了。放羊娃在山顶上高声呼救，但任凭他喊破了嗓子，再没有一个大人赶上山来。放羊娃与羊群被狼吃掉了。狼来了的故事不知经过多少家长和孩子的言传身授，在国内外几乎家喻户晓，甚至被拍成电影和歌曲，如今已成为家长教育孩子戒除谎言的经典故事。

狼来了的故事看似简单易懂，但却透露着平凡而又令人惊醒的诚信问题。放羊娃一而再再而三地欺骗山下村民，最终导致放羊娃失信于村民而被狼活活吃掉。从整个故事来看结果是惨痛的，过程却更值得我们深思。放羊娃可能是出于童心未泯而来戏弄村民的，前两次村民之所以上山救人是出于人与人之间互助互爱的信义精神。古话说：事不过三。第三次就没有一个村民上山施救。这个故事告诫人们诚信无小事，不要把诚信当做儿戏。或许有人会为孩子开脱，只是个玩心太重的孩子而已，不必如此认真。殊不知，"诚信"二字的最初涵义就带有神圣的意义，信义是不可亵渎的。一旦欺骗或失信，后果不堪设想。小则朋友离弃，大则国破家亡。早在几千年前，就有以信义为儿戏的惨痛教训，也就是周幽王烽火戏诸侯，可谓中国版的"狼来了"故事。西周最后一个皇帝周幽王是一个非常残暴而腐化的君主，他非常宠幸一个妃子，名叫褒姒，褒姒长得很漂亮，但就是从未开颜一笑。周幽王尝试了各种办法都没法博得美人一笑。一次，他们去烽火台游玩，有臣子为讨好皇帝，出主意说何不点烽火招来各路诸侯来逗娘娘开心一笑呢？于是幽王真得命令士兵点起烽火。那个时候烽火台是为联络各路诸侯共同抵御西戎的信号台。一旦某个国家点起烽火，盟国都会带领军队赶来支援。各路诸侯看到烽火真得带兵急匆匆感到西周。却发现根本就没有西戎入侵，只是幽王为博得妃子一笑的闹剧。各路诸侯都非常气愤，但敢怒不敢言。后来，一个诸侯国真得联合西戎攻打周国，周幽王于是又一次命令士兵点起烽火，但这次各诸侯国汲取上次教训都没赶来。结果，周幽王惨败被杀，西周灭亡。周幽王和放羊娃以身家性命告诫人们失信和渎信的惨痛教训。

　　诚信无小事，

莫把诚信当儿戏。

失信易，树信难。

一言不实，百事皆虚。

（秦发盈）

7. 季布一诺千金
——诚信交友的典范

　　据《史记·季布列传》记载，秦朝末年楚国人季布，为人性情耿直，乐于助人，而且信守承诺，凡是许诺过别人的事情，无论如何都会想办法做到，从不食言。对于季布的侠义诚信，人们都交口称赞。当时楚地流传着这样一句话："得黄金百斤，不如得季布一诺。"此话充分体现了人们对季布的诚信为人的敬重和认可。

　　楚汉战争时期，季布是楚霸王项羽的将领。季布英勇善战，曾经打得刘邦节节败退，为项羽立下赫赫战功。项羽战败，季布不愿纳降，于是四处流亡漂泊。汉高祖刘邦建立汉朝后，仍对季布记恨在心，遂下令全国通缉季布。季布东躲西藏，四处逃命。一次藏于濮阳一周姓家中，周氏知道他就是季布，因平日亦仰慕季布为人，于是帮助他改名换姓转投到当地朱姓的义士家中。朱氏结交汉朝权贵人士颇多，一次在跟汝阴侯滕公谈及季布时，见滕公亦对季布的诚信为人赞赏有加，于是劝说汝阴侯滕公为季布向刘邦求情赦免。汝阴侯进谏刘邦，据陈季布为人正直，深得人心，为不可多得之人才。刘邦最终听从滕公进言，特赦季布，并召见季布，封为郎中，为汉朝服务。季布"一诺千金"遂成为千古佳话，广为流传。

　　季布诚信为人，侠义肝胆，不仅得到人民、朋友的信任和支持，而且在关键时刻挽救了自家性命。季布的成功不在于一时一事，而是长期坚持的结果。正是对仁义忠信的践行才为季布积累一笔宝贵的财富，成就了季布一世的美名。俗话说：群众的眼睛是雪亮的。正是季布一点一滴地信守诺言，才赢得了人们的信任。孔子曾提出著名的"益者三友，损者三友"说，意思是说结交正直的朋友，诚信的朋友，知识广博的朋友，是有益的。结交谄媚逢迎的人，结交表面奉承而背后诽谤人的人，结交善于花言巧语的人，是有害的。故事中的周氏、滕公以及季布都是信义之士，是为当时的君子之列。孔子主张君子不言而信。"君子不失足于人，不失色于人，不失口于人，是故君子貌足畏也，色足惮也，言足信也。"（《礼记·表记》）季布正是不言而信的典范。与朋友交，言而有信，这是孔子最起码的交友原则。取得朋友的信任和支持是孔子为政的重要内容。孔子的爱徒曾子重视自身修养；一日三省吾身，与朋友交往诚信与否？可见孔子对于朋友诚信交往的重视。"朋友怀之"是孔子交友的最高理想。意思是说，与朋友交往，能够达到令朋友不时地惦念，就可以列为交友的典范了。反观当今社会，与人交往，能够做到"不言而信"的人寥寥无几，究其原因，大概是不能做到与朋友交往，以诚相待，尤其是在关涉切身利益问题上，总有些私心杂念，甚至斤斤计较，美其名曰："人不为己，天诛地灭。"退一步讲，季布一诺千金是至诚至信的典范，不能强求每一个人都能做到。但为人贵诚，以诚待人，是做人的起码准则，孔子的著名论断"人而无信，不知其可也"深刻地论证了这一问题。诚信贵在坚持，一点一滴地积累就会汇流成河。

　　季布一诺千金，堪为诚信楷模。

　　为人贵诚，诚信无价。

　　以诚待人，学做真人。

（秦发盈）

8. 五元钱的背后
——诚信从小事做起

　　据《中国青年报》报道，新华网、中国文明网等多家网络媒体转载了这样一个故事：刘志贤，是甘肃天水市人，1952年被分配到甘肃省庄浪县新泰区（现万泉镇）政府工作，任助理员。当时，人们的收入普遍不高，作为一般干部，刘志贤月工资水平也不过十二元多点，除去买些日常生活用品，生活相当拮据。有一天，刘志贤接到一封家书，说一远方堂兄回家省亲，希望与他相见。刘志贤急于回家，但发现自己已囊中羞涩，连基本的路费都不够，更别说买东西回家了。他拿着家信找区政府秘书万孝军请假，并向万秘书借了五块钱，许诺发补贴后尽快还上。一星期后，等发补贴后，刘志贤去还钱，却碰巧万秘书下乡去了，钱没还上。后来，刘志贤因多次工作调动，无法当面还清欠款。期间，刘志贤曾多次打听和写信给万秘书表达还款一事，都是杳无音信，石沉大海。1976年3月时，他托人打听万秘书下落，得到结果说，万秘书已经去世了，但刘志贤还是不确信。1994年刘志贤退休后单位安排他去陕西临潼疗养。陕西离甘肃很近，于是他想去寻找万秘书，却因一场大病而耽搁下来。随着年龄的增长，身体的疾病及衰老已经不能让老人忍受长途奔波了。但这些年来，每年过年，老伴曹素珍都听到刘志贤念叨："这钱得还上。"因此，将这笔借款送还，成为他们老两口的心愿。2006年春节，已年届七旬的刘志贤毅然决然地亲自去甘肃天水还款。于是，在弟弟的陪同下，老人从河北任丘市辗转近两千公里，回到自己曾经工作过的甘肃省庄浪县万泉镇。经多方打听，终于了解到当年的万秘书早已去世，随后找到万秘书的儿子万招财。刘志贤老人说明了情况，拿出五百元钱要他收下。万招财感到很是惊讶，因为从没听他父母说过这事，说什么也不收。却拗不过刘志贤老人，最终收下了这笔钱。万招财没花这笔钱，而是用这笔钱买了一个花瓶，放在家里，他说这样一看到花瓶就能感觉到刘志贤老人真挚的情意，这让他非常感动。后来两家像亲戚一样经常走动。这就是老人时隔五十三年千里归还五元钱的故事。故事虽小而平常，却被传为佳话。

　　欠钱还钱本来是一件再平常不过的事情，刘志贤老人时隔五十多年千里还钱无疑堪称新时代诚信还钱的表率。万秘书作为刘志贤老人的同事，在他提出要求时，毫不犹豫地借给刘志贤老人钱。从这里我们可以感受出朋友、同事之间那种真挚的互助互爱、相互信任的关系。正是这种平凡而真挚的情意敦促着和感动着老人必须把这个钱还上。只有还上这个钱，老人才能心安理得，正如老人自己所说：还不上这钱，这一辈子良心上都会不安。有句俗话说好：有借有还，再借不难。虽然钱不是很多，但老人更看重的是五元钱背后沉甸甸的信义，从这个意义上说，刘志贤老人还的是情义债，也正是对这份情义的看重，两家人后来因此而更加亲近，情同亲戚。荀子讲，养心莫善于诚。意思是说，修养身心，最好从诚信开始做起。刘志贤老人对诚信还钱的认真践行，提升了自己的道德品性，赢得了人们的敬重，也留给我们一些启示。按照孔子对士的要求，借钱还钱的人只是做到了最低水平的要求，但看看当今社会又有多少不正常的现象：借钱不还正成为一种常理，债主成了孙子，欠钱的成了爷；包工头绞尽脑汁故意拖欠农民工工资；大学生助学贷款时常不能及时还款等等，孔子讲："人而无信，不知其可也。"这些人连最基本的处世做人的要求都达不到，我们必须从道义上坚决地予以谴责。

　　欠钱还钱，天经地义。

　　有借有还，再借不难。

　　诚信从小事做起。

（秦发盈）

9. 撒谎工具
——是善意的谎言还是诚信危机？

　　据《羊城晚报》报道，最近，一款俗称"电话骗子"的手机撒谎软件收到好多网民的关注，网上下载率超级火爆。据了解，这种"手机撒谎软件"的工作原理非常简单，只要将预先录制好的背景声音与通话者讲话的声音同时发送，就能制作出用户在公车或会议室等各种声音场景，依此达到使用者寻找借口脱身的目的。与此同时，一些制造借口的网站也应运而生。比如一家名为"通情借口"的网站因出售"借口"服务，吸引了好多网民的眼球。这些网站或软件均以赢利为目的，只要给钱就给申请者提供借口服务。现年三十八岁的哈尔滨市民张女士就是这家"通情借口"网站的受害者。利用这家网站提供借口服务，她丈夫竟然与一个女人偷情，而她竟然茫然不知。张女士说，近半年丈夫经常"忙"得没时间回家。每次在她要发火质问丈夫时，总有丈夫的同事或朋友接过丈夫手中的电话，向她"说明情况"。一个偶然的机会，张女士发现了丈夫的私情。在斥责和追问之下，满脸愧意的丈夫终于交代他在一家借口网站购买了包月服务，只要向对方的卡里存钱，就会享受到各种借口服务。每次的出差、开会、商务考察、领导视察的借口，都是那家网站的工作人员编造的。这样可消除她的疑虑，方便跟情人约会。记者现身验证时，网站工作人员十分钟内就为记者编出了三条借口。在这家网站提供的服务项目中，有恋爱借口、工作借口、偷情借口、生活借口等，承诺提供一切需要的借口，以便帮助客户摆脱世事、获得暂时自由。在这家网站的首页，记者看到这样一句话："借口是一种善意的欺骗，我们需要一个可以快乐的理由，一个可以放松的借口。"这些撒谎工具无疑是高科技的产儿，究竟是善意的谎言还是诚信危机？

在如何看待这些撒谎工具的问题上，人们褒贬不一。据《羊城晚报》称，在受访者中，持认同观点的以学生和上班族居多。他们从这些工具中获得了益处，比如张小姐利用它成功摆脱了男客户的纠缠；某高三学生可以逃脱家长的监督可以去打自己喜欢的篮球。反对者认为，中华民族有着优良而悠久的诚信传统，一些新事物或者新行业不能单纯为追求利益而突破人们的道德底线。对此事物，我本人持反对态度。首先，撒谎和欺骗就是不对的事情，尽管先秦诸子百家各自观点不同，但他们都自始至终坚持诚信的观念。孔子讲诚信是一个人处世立身的基础，荀子讲诚信乃天下之行数。谎言和欺骗从性质上讲就是不道德的，偶尔的谎言和欺骗危害不大但会造成你效我仿，无处不在的谎言和欺骗就会带来诚信危机，导致国破家亡。对此，孟子早有先见之明：朝不信道，工不信度，君子犯义，小人犯刑，国之所存者幸矣。意思说，一个国家政府施政不信奉道义，工匠不信守行业标准，官吏违背义理，百姓触犯法律，这样的国家还能生存，那真是太侥幸了。其次，虽然有些时候我们需要善意的谎言，孟子也提出言不必信，行不必果，殊不知孔孟早已告诫我们：君子诚信只有符合仁义才是正确，才能实现。"信近于义，言可复也。""大人者，言不必信，行不必果，唯义所在。"让我们时刻谨记孔子的告诫："人而无信，不知其可也。"

    诚信光荣，失信可耻。

    事事、时时、处处拒绝谎言和欺骗。

做至诚之人，铸至诚之邦。

（秦发盈）

10. 杜丽失金复夺金
——战胜自我才能战胜对手

在刚刚过去的北京奥运会首日比赛中，可能大家都还记忆犹新的是志在卫冕的杜丽在全国十三亿人的瞩目下与北京奥运会首金擦肩而过。从射击台上走下来，杜丽哭了，哭得那么彻底。这一哭与四年前雅典奥运会夺得首金时的回眸一笑形成了鲜明的对比。人们普遍的猜测是杜丽压力太大了，这不是她的真实水平，她本该可以发挥得更好。赛后，舆论中出现更多的是包容和理解，指责和埋怨占了少数。四天后，杜丽不言放弃在其兼项女子五十米步枪三姿赛中一举夺金，为中国队夺得第十九枚金牌。正应了那句古话：失之东隅，收之桑榆。这一次，杜丽又哭了，但这是喜极而泣。从主项失金到兼项得金，杜丽给人们带来了犹如坐过山车似的情绪波动。正是这种强烈的对比和反差，让人们深深地记住了这位美丽而又自信的山东姑娘。

杜丽失金复夺金的过程表明一个人只有战胜自己才能战胜对手。这里，一个人的自信心起着至关重要的作用。杜丽不是没有实力，入选奥运会的选手都是顶尖水平，这一层次的比赛比的就是自我的调整和控制，可以说比赛最大的对手就是自我。如果运动员能够好好地调整比赛状态，为自己正常发挥出水平提供良好的比赛环境和要素，他/她的胜算就会更大一些。相比其他运动项目，射击比赛又有其独特性，即偶然性比较大。稍微的情绪变化或者外在不可知因素的影响都可能对比赛成绩起到至关重要的作用。因此射击比赛偶尔的失误属于正常范围之内。首日比赛，在全国人民沉甸甸的嘱托和期待下，杜丽失去了这块分量极重的金牌。我们不能说杜丽不想获得这块金牌，赛前杜丽曾说她太想让五星红旗第一次飘起了。实际上正是因为太想获得这块金牌而使她失去了这块金牌。过于沉重的心理压力显然影响到了杜丽对自己的控制，她无法发挥出自己的真实水平。赛后中国射击队领队肖昊鹏就表示杜丽的表现并不意外,大家应该多给她一些鼓励。杜丽本人也没有轻言放弃,而是鼓足勇气,自强不息,继续拼搏努力,最终用行动回击了质疑。从这短短的四天时间,我们看到了杜丽从认识自我、自我调整到战胜自我的心理路程,这是一名优秀的运动员所必备的品性。正如老子所讲:"知人者智,自知者明。"(《老子》)不管是运动员也好,还是普通老百姓也好,只有真正了解自我,战胜自我才能赢得事业的成功。孟子在论述人格的品性境界时,提出善、信、美、大、圣、神六个递进的层次:"可欲之谓善,有诸己之谓信,充实之谓美,充实而有光辉之谓大,大而化之之谓圣,圣而不可知之之谓神。"善就是指自己喜欢并想要的,所谓信就是说把自己喜欢并想要的"善"实存于自身即视为"信",而所谓美就是那些实存的善充满他自身的视为"美",充实而又鲜明地表现出来视为"大",游刃有余、融会贯通即为"圣",达到神妙不可测度的境界则是"神"。日常生活中,圣而神的境界不多见,但是把自己所喜欢的或追求的做到既信又美且大的不乏人在。这些人共同的品性就是追求卓越,敢于挑战自我,战胜自我,不甘于平庸,追求上进。如果人人都想着战胜自我,勇于挑战,敢于创新,社会才能进步,中华民族才能真正崛起。奥运精神和魅力就在于此。

　　杜丽战胜自我,勇夺金牌。

　　厚德载物,自强不息。

　　敢于挑战,追求卓越。

(秦发盈)

11. 忠信至爱
——谢延信为妻敬孝三十载

　　2007年,《感动中国》年度人物评选出这样一个人:谢延信,河南省滑县人,是河南焦作煤业(集团)鑫珠春工业有限责任公司机电科工人。三十三年前,他娶了本村姑娘谢兰娥。新婚一年,妻子就因生产时患上产后风不幸去世。妻子走后,留给老谢的是一个残缺不全的家庭:患有肺气肿、胃溃疡等多种疾病并已丧失劳动能力的岳母,先天呆傻的妻弟以及一个嗷嗷待哺的女儿。妻子临走时嘱托老谢:要好好照顾自己的爹妈和智障兄弟。面对这突如其来的打击,老谢没有退却,而是勇敢地承担起这份沉甸甸的责任,他跪在岳父母前承诺:"爹、娘,兰娥不在了,俺就是您的亲儿子。你们有病俺伺候,百年之后俺送终。"老谢原名叫刘延信,为了使岳父母放心,他改姓谢。从此,老谢以自己的质朴和善良承担起维持着这个不幸家庭的责任。屋漏偏逢连阴雨,1979 年岳父又因患脑中风,从此瘫痪不起。岳父瘫痪在床十八年,他精心护理,端屎端尿,洗澡按摩,十八年老人没有得过褥疮。一老,一瘫,一傻,一幼,家庭的重担全部压在了谢延信的肩上。风风雨雨,三十年如一日,酸甜苦辣,个中滋味,恐怕只有老谢本人能体会,但想想妻子临走时的嘱托和自己的承诺,他无怨无悔。这就是谢延信忠信至爱的故事。老谢的事迹被广为报道,他本人也获得感动中国年度人物、"中原二十四孝贤"、"十大敬老楷模"特别奖。老谢的故事还被改编成电视剧,2008 年国庆节在中央台首映。

  谢延信为了妻子的一句嘱托而承诺一生,他的言行平凡无奇,没有豪言壮语,但他却阐释了一份至诚至爱的伟大。即使老谢出名后,他依然坚守信道,用平常心履行着自己的承诺。孟子说:"悦亲有道:反身不诚,不悦于亲矣。"(《孟子·离娄上》)意思是说,反省自己要诚心诚意,否则不能取悦父母。谢延信作为一名普通工人,他可能不懂得伦理道德之类的大道理,但三十多年来老谢始终信守承诺,坚持为妻孝敬老人。这份忠诚、坚持与执著深深地感化着周围的每一个人。在老谢患病后,他的第二任妻子义不容辞地肩负起照顾老人和家庭的责任。忠信是中华民族的优良传统。儒学宗师孔子就提出了"主忠信"思想,主张以忠信之人为师,远离欺诈之人。孟子更进一步推崇至诚至信的修养境界,主张反身以诚,追求诚信是人间正道,做人的根本所在。"诚者,天之道也;思诚者,人之道也。""至诚而不动者,未之有也。"(《孟子·离娄上》)意思是说至诚至信之人经常会使人感动。老谢的忠诚至信感动了整个中国。自古以来,朋友之间都讲求仁义忠信,更何况父母、子女、兄弟姐妹之间的亲情关系。父母对待子女,义无反顾,责无旁贷,一句"可怜天下父母心"尽表父母对待子女无条件的忠诚。反观一些子女对待父母无所谓的态度,令人痛心。父母老迈不能动弹的有住着猪狗不如的窝棚的，也有几家子女为轮流照顾父母而争论不休乃至大打出手的，更有把父母撵出家门，弃之街口，不管不问的。这种强烈的反差尽显一些子女们忘恩负义的丑恶行径，不客气地讲，他们甚至禽兽不如。朋友之间尔虞我诈、酒肉朋友、背信弃义的现象时常出现。搞得社会风气极度恶劣，人与人之间失去了信任和支持。对这些人讲忠诚至信，根本是天方夜谭。但我们也有"桃园三结义"的美谈，关羽甚至因其忠信仁义而被好多商人视为财神供奉。天地真理、人间亲情是不可更改，我们希望那些忘恩负义、背信弃义的人们多一些道德反省，为自己，更为自己的后代多保留一些道德榜样，少一些千古骂名。

谢延信为妻敬孝，信守承诺。

忠孝两全，感动中国。

反身以诚，学做忠信至诚之人。

（秦发盈）

12. 学术造假
——大学诚实守信的伤疤

2008年10月，中国药科大学药理学教授、博士生导师戴德哉揭露了一起学术造假事件：谢教授接到国内外多家期刊负责人关于其论文与其他论文出现相似的问询函件，随后谢教授查实先他一步发表的论文署名作者均是其早已毕业的博士生贺海波。而贺海波已于三月前被浙江大学药理学院聘为副教授。于是谢教授发函要求浙江大学药理学院查证此事。浙江大学成立的调查组调查显示：贺海波及其所在研究室相关人员涉嫌学术道德问题的论文二十篇，其中贺海波涉及论文九篇。除作为合作作者的一篇论文外，贺海波作为第一作者的八篇论文均不同程度地存在剽窃、抄袭原博士生导师实验数据，以及一稿两投、部分图表数据张冠李戴、重复发表、擅署他人名字、擅自标注基金资助、捏造知名专家帮助修改英语等严重学术不端行为。其中贺海波8篇有学术造假内容的论文的通讯作者均署为中药药理研究室吴理茂主任。在贺海波所有涉及学术造假的文章中均有工程院院士李连达的名字。这一事件为多家网络媒体报道后轰动国内外学术界。教育部等多家主管单位做出重要批示要求严查此事。经过多方查证，2009年3月15日，在这个特殊的日子浙江大学公布了对相关责任人的处理结果：原药学院副教授贺海波的造假行为在国内外已造成严重后果，浙江大学已决定将其开除；贺海波所在的中药药理研究室吴理茂主任被解聘；现任院长李连达院士对该事件负有疏于管理、教育不力、监管督察不严的责任，现院长任期届满，将不再续聘。这一轰动国内外的学术造假事件暂告一段落。

贺海波的学术造假只是众多造假案例中的一例，学术造假在大学中早已不是新鲜事物。大学不再是象征着纯洁的象牙塔，而是物欲横流，充满着利益纷争。贺海波的造假动机据他本人交代是为了留校和晋升，这肯定不是个体现象，也是中国大学中大部分人学术研究所抱持的意图。于是有人把学术造假归咎于我国科研体制和评价机制。当然我们不能否定这一缘由的存在。但应该说学术造假的整治更需要学术专家个体的自律，毕竟学术研究需要真诚和严谨。在金钱或利益的面前，从事着神圣而严肃的科研工作需要客观、公正以及坚定的信念，不能为金钱或利益所动摇。而恰恰是一些人把持不住自我，存在侥幸心理，一念之差酿成大错。法家韩非子就曾说："巧诈不如拙诚。"科学研究需要老老实实，需要耐得住寂寞，不能存在偷懒或者侥幸心理。中央台的《大家》栏目讲述很多著名学者的学术经历，他们往往是对某一领域倾其一生，无怨无悔。学术造假说到底就是不真诚，是一种自我欺骗。《礼记大学》很早就提出："所谓诚其意者，毋自欺也。"意思是说真诚实意不能自我欺骗。宋代哲学家陆九渊也说："慎独即不自欺。"荀子也曾提出"养心莫善于诚"。弄虚作假对于修养身心和学术研究是一大忌讳。北宋理学家程颢、程颐讲："学者不可以不诚，不诚无以为善，不诚无以为君子。修学不以诚，则学杂；为事不以诚，则事败；自谋不以诚，则是欺其心而自弃其忠；与人不以诚，则是丧其德而增人之怨。"（《河南程氏遗书》卷二十五）大体意思是说学者做学问要真诚，不能弄虚作假。大学是培养未来创新人才的摇篮，需要我们净化大学的环境，继续弘扬大学神圣的精神，还大学一片学术研究的乐土。

学术造假，骗人害己。

做学问要老老实实，耐得住寂寞。

大学精神贵在诚实、客观、公正、创新。

（秦发盈）

2011年山东省首届社会科学优秀普及成果一等奖暨
山东省首届社会科学普及十大优秀作品奖

2012年山东省社会科学优秀成果二等奖

2013年全国第十五届社会科学优秀普及作品奖

主　编　傅永聚
副主编　修建军
　　　　李敏红

生活中的儒家伦理

山东文艺出版社

义

题 解

"义"是一个非常古老的道德范畴。《礼记·中庸》中说:"义者,宜也。"唐代大文学家韩愈在《原道》篇中也提出"行而宜之谓义"。由此看来,"义"就是一种符合社会要求的思想原则与行为规范。历代思想家对义做过很多论述和阐发,如孔子把仁看做与义几乎相同的概念,孟子在《孟子·离娄》中说:"义,人之正路也。"把义看做是为人处世的基本规范。董仲舒也说:"爱人为仁,正我为义。"墨子则主张为义就是利,能利天下就是义,他所说的利是和私利相对的概念。宋明理学家推崇孔孟的观点,把"义"看做根本的道德标准。尽管对"义"的解释有差异,但"义"作为一种道德理想,是古代社会人们孜孜以求的人生境界。

由"义"出发,延伸出了不少相关概念。如我们把社会下层群众反抗统治者的斗争称为"起义"、"举义旗";资产阶级和无产者的反封建斗争也称为正义的行为;各民族和国家为维护民族独立和解放进行的反侵略、反法西斯主义战争,如中国人民的抗日战争也都被看做正义的事业;而战争中来自国内外的援助也被称为人道主义、国际主义。可以说,在我们这个时代,凡是为人民群众、为国家、为民族、为社会作出贡献的言行,都可以用一个"义"字来概括。

"义"是一个历史的概念，但在现代社会中仍然具有普遍的价值。和"义"相关的许多概念，如义以生利、先利后义、见利思义、舍生取义、见义勇为、仗义执言、大义灭亲、国际主义、民族大义、铁肩道义等等，都有值得我们吸收、借鉴、弘扬的地方。在我们构建社会主义和谐社会的伟大实践中，也要把"义"的伦理精髓发扬光大，并赋予其鲜明的时代意义。

（胡海香）

1.《论语》与算盘
——义以生利的完美体现

在日本近代史上，涩泽荣一是最杰出的实业家和社会活动家之一，他先后在金融、运输、采矿、纺织、钢铁、造船、建筑等领域创办了500多家企业，为日本近代工商业的发展作出了巨大贡献，他也因此被称为"日本近代实业界之父"和"日本近代化之父"。

涩泽荣一为什么能取得如此巨大的成就？借鉴了西方资本主义国家的先进经验是一方面，而他本人认为更重要的，则是中国儒家特别是《论语》中的思想和智慧。他曾说："我们有必要研究日新月异的欧美新的东西，但决不能忘了东方自古以来传承下来的东西中，也有不能摒弃的东西。"这绝不是虚言，而是针对当时日本工商业界道德水平低下、丑恶现象普遍存在、经济不能健康发展的现实而提出的解决方案。在他的名著《论语与算盘》中，涩泽荣一系统阐述了自己的理解。在他看来，把《论语》同算盘相提并论，似乎有点"风马牛不相及"，但《论语》中所讲的修身待人的普通道理完全可以用在经济上，只有依据仁义道德和正确的道理去致富，其富才能持续下去。为此，他在日本国内大声疾呼，要把"缩小《论语》与算盘间的距离"当做最重要的任务来做，他本人也完美地实践了这一点。当时在日本明治政府大藏省任要职的他果断选择了退出政坛，创办了日本第一家股份制公司银行，由此开始了极具传奇色彩的企业家生涯，并通过从事教育、文化、福利等社会事业的方式来改造和回报社会。

以今天的情况来看，涩泽荣一的《论语与算盘》当然不能奉为金科玉律，但中国传统思想中的很多言论确实值得工商业者重视。生活在孔子之前的有识之士就已经提出"义以生利，利以丰民"的名言，孔子也对此做了系统论述，除了强调道德水平和物质利益之间的协调一致外，还上升到国家政治的高度。在中国历史上，能做到"义以生利"的也不在少数。比如春秋战国时期的范蠡，曾"十九年之中三致千金"，靠的就是薄利多销；白圭则以"智、勇、仁、强"作为自己的经营之道，也取得了巨大的成功。而最有代表性的，当属在明清时期创造了数百年辉煌业绩的徽商。

众所周知，徽商来自当时中国的经济欠发达地区，但他们为什么能够迅速崛起并称雄市场？靠的就是其以义为本的商业理念。在经商活动中，徽商历来看重"以儒术饰贾事"，秉承"财自道生，利缘义取"的原则，再加上他们原来就有的吃苦耐劳的"徽骆驼"精神，又遇到合适的发展机会，能够占据市场半壁江山也在情理之中。重义修信、以义取利，使徽商获得了良好的市场信誉，也使其成为后世所谓"儒商"的模板。清代开墨店的徽商胡余德就是一个很好的例子。胡余德曾研制出一种在水中久浸不散的墨品，有位顾客慕名购买后，在回家路上不慎将墨袋掉入河中，捞起来后发现里面的墨因水浸已开始溶化。经仔细调查，胡余德发现这批墨锭没有按照规定进行生产。于是胡余德当面向这位顾客道歉，并用另一种名墨赔偿，还立即让所属各店停止制售，并将流向市场的墨高价收回，当众销毁。这样一来，墨店虽然受到一定损失，但赢得了顾客的信任。于是，"义以生利"的效应便得到了完美体现。由此可见，在明清商业发展史上"无徽不成镇"繁荣局面的出现，的确不是偶然。也有人这样总结徽商的成功之道："义在利先，财道自生，利缘义取，由义而生利，与读书济天下，二者皆为天理。"徽商重视文化教育，在经商之余仍然不忘读书，而且不论走到哪里，都积极开办各种学校教育后人，这也是他们能够长期统治商业领域的原因之一。

不论是徽商，还是涩泽荣一，他们能取得成功，除了本人的商业头脑之外，在经营管理中的良好心态也是关键因素。正如北宋著名理学家程颐所说，"君子未尝不欲利，但专以利为心，则有害。"在传统文化的浸润下，他们坚持以义为本、义以生利的商业伦理，并努力实现义与利在商业实践中的结合,既赢得了消费者的心,还赚取了实实在在的经济利益,可谓一举两得、义利兼收了。这种做法,对于当代的市场经济无疑也具有重要的借鉴意义。让我们谨记:

　　　　义为利之源,利为义之果。

　　　　义生利,利在心。

　　　　欲获利,必行义。

(胡海香)

2. 肾结石婴儿
——见利忘义酿成的悲剧

　　对于中国来说,2008年注定是不寻常的一年。年初的大雪灾、5月的汶川大地震接踵而至。而北京奥运会的圣火刚刚熄灭,令全国人民揪心而震惊的三鹿奶粉事件又浮出水面。为了提高检测时的蛋白质含量,并降低生产成本,生产者添加了大量原本只是化工原料的三聚氰胺,而长期食用受三聚氰胺污染的奶粉会造成婴幼儿生殖、泌尿系统的损害,导致肾结石,诱发膀胱癌,进而危及生命。根据相关统计,光是从2008年9月12日至17日,全国各地报告的临床诊断患儿就达到6244例,死亡3例。作为国内最大的奶粉生产企业,又享有国家免检待遇,三鹿产品遍及全国各地,而受害者又是代表国家和命运未来的婴幼儿,因此这次奶粉事件的影响也非常巨大。有人在网上作诗打趣道:"国家免检,无人去管。三鹿奶粉,害人不浅。周岁儿童,命悬一线。问问政府,质量谁管?为何免检?人命谁管?"

　　事实上,婴幼儿因为食用奶粉而成为受害者的事例,三鹿奶粉事件并不是第一桩。2004年在安徽阜阳发生的著名的"大头婴儿"事件就是一例。婴儿发病和死亡的主因是由于劣质奶粉导致的营养不良,劣质奶粉中蛋白质含量极低,不能满足婴儿的生长需要。比如,按照3—6个月婴儿的生长需要,蛋白质每日摄取量为每公斤体重3克,而劣质奶粉只能提供0.07克,与所需标准相差甚远。所以,长期食用这种几乎没有营养的伪劣奶粉的婴儿，就会产生四肢短小、身体瘦弱、头部偏大的症状，严重者还会失去生命。

北宋程颐说过："君子未尝不欲利，但专以利为心，则有害。惟仁义，则不求利而未尝不利也。"而从大头婴儿到结石婴儿，一个个痛苦的小生命，让有良知的中国人心寒。若工商业者都如此这般见利忘义，只注重眼前利益，目光短浅，哪里谈得上什么可持续发展呢？其结果必然是像三鹿集团那样，一个打拼50年、价值近150亿元的品牌企业，仅仅几个月内就成为11亿多元负资产的破产企业。正如有媒体指出的，与其说是三聚氰胺打倒了三鹿，倒不如说是三鹿自己打倒了自己。古人早就告诉我们，先义而后利，以国家、民众利益为上，胸怀宽广，高瞻远瞩，必定会取得理想的经营效果，实现利国、利民、利己的完美结局。

这不仅让人又联想到身边发生的事。自古以来，医院一直是救死扶伤的地方，医生这一职业也为人们所尊重。但近年来，我国各地却屡屡出现医院先收费再救人的现象，导致病人因延误病情而死亡：2003年10月，家住西安西郊的赵先生遇车祸被撞成重伤，肇事司机驾车逃逸。躺在雨地里苦苦求生的赵先生被110巡警发现后送往医院，没想到医院却因家属不能立刻交纳住院押金而不及时对伤者进行手术治疗。在被送到医院五个小时后，赵先生不幸死在了抢救室内；2005年7月，在桂林市七星区穿山乡七星村委福隆园村一巷子内发生抢匪抢劫事件，附近正在睡觉的民工鲍光蛇追上抢匪与之发生搏斗，鲍光蛇小腹上被捅了一刀，伤势严重。亲属将其送到桂林市人民医院后，因亲友们都没带现金，伤者抱着露出来的肠子在医院等待了一个小时后才被送进手术室，十分钟后，伤者死亡；2006年9月，成都某重点大学土木工程学院成教学生向涛在校内被人用刀刺伤，送到成都铁路局中心医院后"因没带够医疗费而未得到及时抢救"，不到二十岁的大学生向涛终因失血过多死去……太多了！当医院也蜕变成为只认钱不认人的吸血虫，当对金钱的渴求远远超过了对人生命的珍视，我们的社会将会变成一个以见利忘义为唯一追求的畸形体。

社会是发展的，人们的道德观和价值观也是不断变化的。今天的人们不再耻于谈利，对财富和利益的追求也被视作正常的欲望而接受。只要是通过自己的劳动所谋取的利益，不但不会受到指责，而且会受到法律的保护和舆论的赞扬。但如果不择手段、巧取豪夺,走上见利忘义的邪路,那终究会落到可耻的结局,会被法律和道德的鞭子痛加挞伐。因此,在社会上大力倡导"以诚实守信为荣,以见利忘义为耻",不仅是建设社会主义和谐社会的一项重大而紧迫的任务,而且是与我们每一个人息息相关、需要我们每一个人自觉承担、主动参与的社会责任和公民义务。正所谓:

> 见利忘义,天厌人弃;
>
> 不求利,反得利;
>
> 勿忘义,百事济。

(胡海香)

3. 冯谖废券
——先义后利的典范

《战国策·齐策》记载了这样一个故事:有一次孟尝君派门客冯谖到封地薛邑去收债,说是收回债买些家里所缺的东西。冯谖到薛地后,派官吏召集应该还债的人,偿付息钱。结果得息钱十万,但尚有多数债户交纳不出。冯谖便用所得息钱置酒买牛,召集能够偿还息钱和不能偿还息钱的人都来验对债券。债户到齐后,冯谖一面劝大家饮酒,从旁观察债户贫富情况,一面让大家拿出债券验对,凡有能力偿还息钱的,当场订立还期,对无力偿还息钱的,冯谖即收回债券,并假传孟尝君的命令,将债券烧毁。大家都非常感动,"民称万岁"。孟尝君听到冯谖烧毁契据的消息,十分恼怒,责问他为什么要那样做。冯谖说,您应该把薛邑的百姓当做自己的子女,不应该用商贾的手段向他们敛取利息。所以我就假托您的旨义,把债赏赐给那些无力偿还的百姓,这样做"乃臣所以为君市义也"。孟尝君听后虽然心里不快,但也无可奈何。又过了一年,有人在齐王面前诋毁孟尝君,孟尝君丢了相位,只得返回自己的封地,距离薛邑尚有百里,百姓们早已扶老携幼,在路旁迎接孟尝君。孟尝君此时方知冯谖焚券买义收德的用意,感慨地对冯谖说:"先生当年为我所买的义,我今天见到了!"这就是历史上著名的"冯谖焚券"的故事。

在上面这个故事中，孟尝君最初确实损失了"利"，也就是债券；最终却得到了"义"，也就是百姓群众的拥戴。用"身外之物"的损失换取可传之后世的大义，这恐怕可称得上是最大的利了。荀子就曾说："先义而后利者荣，先利而后义者辱。"信哉斯言！在当今的市场经济中，这种"先义而后利"的思想仍然很有用武之地，它强调的是工商业者在考虑商业利益时必须重视商业道德。如果"先利而后义"，只注重眼前利益，目光短浅，其发展必定没有前途；如果能做到"先义而后利"，以国家、民众利益为上，胸怀宽广，必定会取得理想的效益。这样的例子，在历史上和现实生活中也屡见不鲜。

中国古代史书中记载，公元前627年，秦将孟明视率军准备对郑国发动袭击，当秦军到达距离郑国八十余里的滑国时，忽然被一个叫弦高的郑国商人拦住去路，他自称郑国派来的使者，是来犒劳秦师的。而事实上，他本打算赶着牛群去洛阳经商，却遇到了来袭的秦军，于是急中生智，一面冒充使者，以自己所带的四张皮革和十二头牛犒劳秦军，一面急忙派人回郑国报告。弦高的举动使孟明视误以为郑国早有准备，于是放弃了攻打郑国的打算。可以看出，郑国因为弦高的机智和义举而逃过一劫。与弦高类似，西汉商人卜式愿把自己的一半家产献给国家作防务费用，以减轻北方游牧民族匈奴的骚扰。这些"先义而后利"的典型例子，对今天的经营者仍具有很大的启示作用。

现在，在我国许多地方都开展了免费为贫困家庭的白内障患者进行复明手术的"光明工程"。比如有媒体报道山东烟台市残联与当地企业联合发起"光明工程"计划，该企业连续三年、每年出资51.8万元为518名贫困白内障患者免费实施复明手术。有位80多岁的老人杨某，患白内障已经十多年，走路、吃饭都成了大问题，经过短短的三天时间，视力就完全恢复，而且未收一分费用。"光明工程"使广大城乡低保对象、五保户、优抚对象及其他贫困家庭的白内障患者受益，同时提升了地方政府和医院的威信和知名度，加强了群众和政府的和谐关系，增强了患者和医院的信任，由此而成为一项"民心工程"。这项以义当先的工程也为政府和医院带来了巨大的物质和精神利益，成为"先义后利"的典范。

可以说，在工商业经营活动中，要在"先义后利"和"见利忘义"之间做出抉择是一件非常困难的事情。这就要求我们的经营者一定要摆正心态，从小处做起，以义取利，树立良好的信誉，以获得更大的成功。这就叫：

先义后利，实为取利；
先利后义，反受其耻；
以义市利，万民铭记。

（胡海香）

4. 为人当学田稷母
——不义之财不可取

在西汉大学问家刘向编订的《列女传》中，有一位没有留下名字的女性，她是战国中期齐国人田稷子的母亲，因此书中称她为田稷母。田稷子曾被拜为相国，平时公务繁忙，他本人又廉洁清正，俸禄微薄，不能很好地赡养母亲。这时候，有一个下级官吏想托他办点私事，献给他百镒黄金，田稷子碍于情面收下了，并将所得的百金奉于其母。田稷母看着百金，非但没有高兴，还责骂儿子说："士应当注重自身的品德修养，使自己的行为高洁，不苟且贪求。现在国君把治理国家的重任交付给你，而你却上欺国君，下负百姓，更忘记了平时我对你的教诲之言。做臣下，你这是不忠；做儿子，你这是不孝。实在让我痛心啊！"听了母亲的话，田稷子羞愧难当，赶紧把所有礼金退还给了下属，并到齐王那里请罪，要求把自己处死。齐王听说后，对田稷母亲的义举大加赞赏，不仅免除田稷的死罪，还让他官复其位，给予田稷母亲丰厚的赏赐。齐王认为田稷母用廉洁的方式教化儿子的做法值得钦佩，便下诏令全国人都要学习她。后来人们歌颂道："田稷之母，廉洁正直。责子受金，以为不德。忠孝之事，尽财竭力。君子受禄，终不素食。"

在物质生活极度贫乏的战国时代，作为一位官员的母亲，田稷母用自己的言行督促儿子贯彻廉政，其高风亮节同样令我们当代人为之感慨。田稷母口中传承的家训说："非义之念，不萌于心。非礼之利，不入于家。"《孟子·尽心上》也说："非其有而取之，非义也。"都明确强调了"义"在个人修养中的重要地位。以后历代名人贤士纷纷以此来规范子孙后代的言行，形成了中华民族家庭教育的优良传统。明代的海瑞就是其中一位代表。他任淳安知县时，穿布袍，吃粗粮糙米，让老仆人种菜自给。为了给母亲祝寿，买了二斤肉。总督胡宗宪的儿子路过淳安县，随带大批人员一路作威作福，还将对他稍有怠慢的驿丞双脚倒吊。海瑞没收了这位公子的大量现银，还令人将他押解至总督衙门。在呈报总督的公文内，海瑞声称，这个胡公子必系假冒，因为总督大人节望清高，不可能有这样的不肖之子，也不可能拥有这么多的金银财物。胡宗宪看罢呈文苦笑不已，却拿海瑞毫无办法。人们为海瑞的言行所感动，称之为"海青天"。

　　当然，我们也应该看到，古人也有"人为财死，鸟为食亡"这样的俗语。这不仅是说鸟和人，而且也包括了整个世界万物。为了那不断膨胀的欲望，动物们会落入人类设计的陷阱；而人类则会落入自己设计的陷阱之中。于是，有的人在利欲熏心之下往往铤而走险，大捞不义之财，最后锒铛入狱，身败名裂。

　　现如今，这种事情比比皆是。1994年，时任广西壮族自治区政府主席的成克杰，面对中央电视台的镜头装出一副悲天悯人忧国忧民的样子，声泪俱下地说："看到灾区人民受苦受难，我真不好受呀！"又慷慨激昂地说："我要书写一些老百姓永远不会忘怀，认为我没有偷懒，正在努力为他们作贡献的历史，当然我绝不会书写相反的历史。"然而，就是这位"一心为民、无私奉献"、誓死要书写让老百姓永不忘怀的贡献史的"好官"，五年后竟稳稳地坐上了"中华第一贪"的交椅。原江西省副省长胡长清一贯以"清正廉明"自居，他每次回老家都不带随从，坐的是普通型的桑塔纳轿车，每月给母亲50元生活费，总喜欢到附近的村民家里去走走，他会到地上满是鸡屎的村民家里去喝茶，也会抱起满身泥土的孩子去亲脸……他这一番廉洁亲民的行动，感动得村民们连呼他是清官，他的亲属也莫不以有他这样的清官而自豪，可是他们又哪里知道，他们眼里的清官在担任江西省副省长期间，平均每天收受的贿赂相当于当时江西省五个农民一年的收入！这些大捞不义之财的国家蛀虫，最终都得到了应有的下场。

为人当学田稷母。只有心怀天下苍生者，才能坦然面对充满诱惑的不义之财。也只有那些清廉为民者，才能得到人民的拥戴！有道是：

身外物，似浮云；
不义财，不可取；
今学古，田稷母。

（胡海香）

6. 武训行乞办义学
——点燃希望，义耀千秋

"人人都有受教育的权利"，这是 1948 年《世界人权宣言》向全人类发出的呼声。为了实现这一梦想，世界各国的政府和民间组织采取了很多行动。在我国《宪法》第四十六条中，也明确规定"中华人民共和国公民有受教育的权利和义务"，《教育法》第九条也规定："公民不分民族、种族、性别、职业、财产状况、宗教信仰等，依法享有平等的受教育机会。"在 20 世纪 90 年代，有一双"渴望读书的大眼睛"令国人过目不忘，这是一幅一个小女孩的照片，她手握铅笔头，两眼直视前方，对上学与求知充满了渴望。这双大眼睛，代表的是在我国影响巨大的帮助失学儿童继续学习的"希望工程"。

希望工程是共青团中央、中国青少年发展基金会发起倡导并组织实施的一项社会公益事业，其宗旨是资助贫困地区失学儿童重返校园，建设希望小学，改善农村办学条件。希望工程自 1989 年 10 月实施以来，至 2004 年 15 年间累计接受海内外捐款 22 亿多元，资助 250 多万名贫困学生上学读书，援建希望小学 9508 所，培训希望小学和农村小学教师 2300 余名。可以说，希望工程是我国 20 世纪 90 年代社会参与最广泛、最富影响力的民间社会公益事业，取得了令人瞩目的实施成果和综合效益，赢得了党和政府以及全社会的高度评价。

中国古代最伟大的教育家孔子曾经说过"有教无类"这样的名言，本义是不分贵族与平民，不分国界与民族，只要有心向学，都可以入学受教。与此相适应，孔子的弟子来自当时的鲁、齐、晋、宋、陈、蔡、秦、楚等不同国度，打破了"学在官府"的局面。可以说，孔子的"有教无类"所倡导的平民教育理念与当代中国的"希望工程"在本质上有很大的相似之处，他们强调的都是人们的受教育权。为了这一理想，历史上有不少仁人志士作出过巨大贡献。清代著名的平民教育家武训就是其中一位杰出的代表。

武训七岁丧父，以乞讨为生，求学而不得。吃尽文盲苦头的武训决心行乞兴学，改变下层民众目不识丁的局面。二十一岁时，武训开始行乞集资，将讨得的较好衣食卖掉换钱，而自己只吃粗劣、发霉的食物和菜根、地瓜蒂等，边吃边唱："吃杂物，能当饭，省钱修个义学院。"在行乞的同时，他还拣收破烂、绩麻缠线，边绩麻边唱道："拾线头，缠线蛋，一心修个义学院；缠线蛋，接线头，修个义学不犯愁。"经过长期经营，到光绪十二年（1886年），武训已置田230亩，集资3800余吊，于是决定创建义学。光绪十四年（1888年），花钱4000余吊，武训建起第一所义学，取名"崇贤义塾"。他亲自跪请有学问的进士、举人任教，跪求贫寒人家送子上学。不收学费，经费从武训置办的学田中支出。每逢开学时，武训先拜教师，次拜学生。置宴招待教师，请当地绅士相陪，而自己站立门外，专候磕头进菜，待宴罢吃些残渣剩羹即去。平时，他常来义塾探视，对勤于教事的塾师，叩跪感谢；对一时懒惰的塾师，跪求警觉；对贪玩、不认真学习的学生，下跪泣劝："读书不用功，回家无脸见父兄。"在武训的感召下，义塾师生无不严守学规，努力上进。此后，武训又兴办了两所义学。为免妻室之累，武训一生不娶妻、不置家。有人劝他娶妻，他唱道："不娶妻，不生子，修个义学才无私。"其兄长亲友多次求取资助，他毫不理顾，唱道："不顾亲，不顾故，义学我修好几处。"山东巡抚张曜闻知武训义行，特下示召见，并下令免征义学田钱粮和徭役，另捐银200两，同时奏请光绪帝颁以"乐善好施"匾额。清廷授以"义学正"名号，赏穿黄马褂，其名声由此大振。光绪二十二年（1896年）四月二十三日，武训在琅琅读书声中含笑病逝于临清御史巷义塾，终年59岁。师生哭声震天，市民闻讯泪下，自动送殡者达万人。武训的业绩受到世人的钦敬，许多名家题词，全国出现以武训命名的学校多处,并曾一度将原堂邑县改称武训县。在鲁西北的冠县、临清,至今还有不少以"武训"命名的学校:冠县的武训高中、冠县柳林镇的武训学校、临清的武训实验小学等。

作为生活在社会最底层的乞丐,武训却办起了三处义学,这无论是在中国还是在世界教育史上都是绝无仅有的事情。武训办义学使很多普通人能够享受到学堂教育,这在本质上和我们所提倡的全民教育、大众教育是一致的,因而值得我们尊敬和学习。正如陶行知先生所说:

一生到老,四处奔波。

朝朝暮暮,快快乐乐。

兴学,兴学,兴学。

(胡海香)

7. 两肋插刀应慎行
——江湖义气的困境

在中国古典文学名著《三国演义》中,塑造了很多栩栩如生的人物形象,讲义气的关羽是其中的一个典型。刘备为曹操所破后,张辽到关羽营中劝降,关羽提出了三个条件作为投降的前提:只降汉帝,不降曹操;优待二嫂,保障安全;一听到大哥刘备的消息,便当辞去。一向以权术收揽人才的曹操想以"厚恩"感化关羽,三日一小宴,五日一大宴,美人计、送战袍、赠赤兔、封侯等事都是为此而做。当曹操送赤兔马时,关羽"喜而再拜",但原因却让曹操伤心不已:"我知道此马日行千里,如果知道了兄长的下落,就可以在一天内见面了。"但关羽是忠义信用之人,知恩图报,用斩颜良、诛文丑立功以报答。在得知刘备下落后,关羽毅然挂印封金,过五关斩六将而去。

《三国演义》对关羽的兄弟义气是持赞许态度的,近年来一部以兄弟义气为主题的国产电影《投名状》也在国内引起了广泛关注。这部电影的主角是清朝末年三位生死与共的结拜兄弟,他们曾经具有江湖兄弟的义气,也有劫富济贫的义举。但大哥是一个大阴谋家，他借助以二哥、三弟为首的一帮兄弟的力量，成立"山字营"暂时为清廷效力，乘机结集军力。随着大权在握，他要清除一切的障碍，并不惜害死二哥，他的所作所为伤透了对他崇拜不已的三弟。就在就职大典上，大哥死于刺客之手。这部电影的主题，是认为没有完美的江湖义气，只有欺骗和利用，以及醒悟后的自相残杀。这就对中国武侠片中兄弟义气、江湖义气这一主题发出了挑战：在《投名状》里，欲望压倒了承诺，冠冕堂皇的理想原来只是肮脏的阴谋，"不求同生，但求同死"的口号，在不是你死就是我亡的事实面前显得苍白而可笑。

自古以来，中国人是非常重视义气的。汉人董仲舒在《春秋繁露》中就对春秋时期那些重义气的人物表达了赞赏。明人陶宗仪也在《辍耕录·结交重义气》中说："前辈结交重义气，不以贵贱贫富易其心，诚可敬也。"《辞源》对"义气"一词有两种解释，一是指"刚正之气"，二是指"忠孝之气"。但在当代社会中，"义气"的含义已经悄然变化了，甚至被狭隘地理解为"为朋友两肋插刀"。而事实上，义气是讲原则的，如果不问是非，为迎合朋友的不正当需要而不顾后果地做某些事情，那么这种义气就是一种无知和盲从，是与现代文明社会极不相容的，还会造成害人害己的结果。特别是现在的大中学生，由于身体和心理不够成熟，对发生在自己身边的事没有清醒的认识，于是经常会为所谓的"哥们义气"做出一些让自己后悔的事。

有份报纸上说了这样一个故事：王辉是某中学初二的学生，他有两个比他年龄大一点的"铁哥们儿"，一个是本校三年级十七岁的李杰，一个是校门口水果摊摊主、十六岁的孙朝。有了李杰和孙朝的保护，王辉自觉得了不起，谁对自己稍有不恭敬，他就会大打出手，而谁要是对他的"铁哥们儿"不敬，他也会"义无反顾"地帮助他们。一天晚上，他的"铁哥们儿"李杰告诉他说，班长栾某因为白天值日的事情和自己吵了起来，并且将这件事情告诉了老师。王辉一听，马上拍着胸脯，表示自己一定要帮着出这口气。当天晚上，王辉、李杰、孙朝三人各拿一把一尺多长的西瓜刀，在学校阅览室里找到了正在埋头看书的栾某，并将栾某骗出校园。刚走出校门，毫无防备的栾某就被三人团团围住，不容分说就拳打脚踢。栾某的一个同学上前劝阻，被三人用西瓜刀刺中胸部，在送往医院的途中停止了呼吸。栾某也因动脉大出血而生命垂危，后经抢救脱险。一个月后，王辉、李杰、孙朝三人在潜逃中被抓获。由于受"哥们儿义气"的驱使，王辉、李杰、孙朝三人共同持刀行凶，构成了杀人罪和伤害罪，被依法处理，断送自己一生的前途，他们也将遗憾终生。类似这种"哥们儿义气"丝毫不顾及社会的准则、国家的法律，是一种很不理智的行为。这样的结果，往往是伤害他人、损害集体，甚至是坠入犯罪的深渊。

真正的"义气"是讲原则的，是建立在维护集体利益基础之上的没有私心的友谊，是最纯洁最美好的东西。如果不分青红皂白地"为朋友两肋插刀"，就不是真正的朋友之为，更谈不上真正的义气。因此，全社会的人都应该关心青少年的健康成长，加强对青少年的法制教育和道德教育，使古老的"义气"走出"江湖"。这正是：

    人世间，非江湖；
    辨是非，世真情；
    守法制，真义气。

（胡海香）

8. 女司机的故事
——见义勇为真性情

  有这样一个流传广泛的故事：一名漂亮的女司机驾驶一辆中巴客车行使在山间公路上。在一个偏僻地带，三名持枪歹徒强迫中巴停下，要带女司机下车去"玩玩"，女司机大声呼救，全车乘客噤若寒蝉，只有一中年瘦弱男子应声奋起，却被打伤在地。男子大呼全车人出来制止暴行，却无人响应，任凭女司机被拖至山林草丛。此后，三歹徒与衣衫不整的女司机归来。女司机要被打伤流血的瘦弱男子下车。中年男子急了，说："你这人怎么不讲道理，我想救你还有错吗？""你救我？你救我什么了？"几个乘客窃笑。中年男子气极，坚决不下。女司机扬起脸无情地说："你不下车，我就不开。"

这时，刚才还对暴行熟视无睹的乘客们却齐心协力地劝那男子下车："你快下去吧，我们还有事呢，耽搁不起！"于是，那男子的行李被从车窗扔出，他随后被推搡而下，汽车又平稳地行驶在山路上。车快到山顶，拐过弯去就要下山了，车左侧是劈山开的路，右侧是百丈悬崖。汽车悄悄地加速了，女司机脸上十分平静，双手紧握着方向盘，眼睛里涌出晶莹的泪水。一歹徒似乎觉察到了什么，说："慢点开，慢点开，你想干什么？"女司机并不说话，车速越来越快。歹徒企图扑上去抢方向盘，汽车却像离弦的箭向悬崖冲去……第二天，当地报纸报道：伏虎山地区昨日发生了惨祸，一中巴摔下山崖。车上司机和十三名乘客无一生还。

相信您也一定经常看到这样一类新闻：某月某日，某地几个流氓歹徒在光天化日之下欺压甚至毒打某百姓，旁边有人围观，有人视若无睹，也有人见之拂袖而去。没有一个老百姓上前阻止歹徒的暴行，最后是记者对此事发出的感慨：面对歹徒光天化日之下令人发指的暴行，群众中竟没有一个人见义勇为。国民的心真是冷漠麻木！

见义勇为是中华民族的优良传统。《论语·为政》中说："见义不为，无勇也。"荀子也告诉我们说，勇敢是值得提倡的，但前提是符合正义。无义之勇没有意义，见义勇为才值得颂扬。虽然可能给自身带来危险，但如果符合正义，那就可以勇敢去做，有时候还可能牺牲自己的生命。必须看到的是，正如上面所举的例子一样，尽管我们都知道什么是正义的，但当事情真的发生在自己身边的时候，很多人却选择了沉默！有人在街上与劫匪搏斗，没人帮忙，没人报警，看热闹的人倒是不少；孩子掉进了湖中，上百人站在岸上观看而无人搭救；有人要跳楼自杀，围观者不是想方设法施救，反而起哄"鼓励"跳楼者"快跳"；马路上，有人出车祸倒在血泊中，无人救助，血流满地……因此，如何加强公民的见义勇为意识，敢于挺身而出，是当代领导者必须认真考虑的课题。

当然，现实生活中也不乏危难时刻见义勇为者。2007年7月，山东济南遭遇了特大暴雨的袭击，暑期归家的曲阜师范大学体育学院学生彭琳在避雨时看见在离自己不远处的马路中央，有母女两人正在湍急的水流中拼命挣扎，几乎马上就要被卷走，看见这一险情后，虽然前面是将近一米深的滚滚洪水，但彭琳仍义无反顾地跳了下去。为了防止被大水冲走，他脚贴着地面，慢慢地挪着步子，终于靠近了大水中的两个妇女，一把抓住了其中一人，又伸手拉起了另一个人，三人一起搀扶着回到了"岸边"；2006年11月，上海大学生汪洋与赵向敏在松江大学城立信会计学院食堂内一起复习功课，发现一男子在窃得一女生的手机后逃跑。汪洋和赵向敏两人跟踪该男子到了网吧，当发觉犯罪嫌疑人躲进卫生间后，汪洋勇敢地冲上去，扭住犯罪嫌疑人，欲将其送往派出所。该犯罪嫌疑人穷凶极恶，拔刀刺向汪洋。110接报后赶到现场，只见汪洋已倒在血泊中，经医院抢救无效牺牲；2005年9月，杭州市小河地区三宝新村发生一起抢劫案件。在追击犯罪嫌疑人过程中，来杭创业务工人员汪佳华与犯罪嫌疑人顽强搏斗，不幸被捅伤手臂，造成三根血管断裂，肱肌断裂，失血性休克。在现场群众的协助下，公安干警终将犯罪嫌疑人当场抓获归案……

时代呼唤英雄，社会需要英雄。在21世纪的今天，我们的社会仍然需要每个公民凭借正气和勇敢精神，同犯罪分子，同一切损害公众利益的行为作斗争。只有这样，才能惩治邪恶，弘扬正气，维护社会安定。为此，国家应该有意识地在全国范围内开展见义勇为教育，培养勇敢精神，并加强立法以保护见义勇为者的合法权益。正如有的人说的那样：当我们的爱的阳光洒到别人身上时，我们会更温暖！

义与勇，大可为；

赠人玫瑰，手有余香；

见义勇为，万世重光。

（胡海香）

9. 陈良宇案
——多行不义必自毙

自2006年夏天开始，一起波及上海政要、国企高管、民营企业富豪的社保基金案使全社会感到震惊，案件背后是一个错综复杂的权钱交易网：有数十亿元社保基金被挪用，数十亿元国有资金被借用违规入市炒股等。而这起案件的主角,是中央政治局委员、上海市委书记陈良宇。在上世纪80年代,陈良宇是上海市委重点培养的年轻干部,但随着职权越来越大,陈良宇身上自私、狂妄、贪婪的弱点也逐渐暴露出来。出任上海市委副书记、分管人事干部后,陈良宇拉帮结派更加肆无忌惮。时任黄浦区副区长的陈超贤已出现经济问题,陈良宇却断然将其调任长宁区区长。陈良宇喜欢体育,出任市委书记后,就将他原来的网球教练、一名区级学校的体育老师提拔到市政府办公厅任职。陈良宇还经常利用媒体为自己进行正面宣传,树立亲民勤政的形象。甚至给电视台立下规矩:凡是有陈出席的活动,报道篇幅不能短于三分钟,而且必须在6时30分的新闻开播后率先播出。权力的膨胀使陈良宇在生活上也逐渐腐化堕落,开始明目张胆地接受贿赂。而在上海社保案发前,还曾滥用职权给国家造成直接经济损失三亿余元。2008年4月,陈良宇被天津市第二中级法院以受贿罪、滥用职权罪判处有期徒刑十八年,受到了法律的严惩。这也体现了中央加强党风廉政建设、坚决惩治腐败的坚强决心和鲜明态度。

　　《左传》中有这样一句名言:"多行不义必自毙。"陈毅元帅也有一句著名的话:"善有善报,恶有恶报,不是不报,时候未到,时间一到,一切都报。"这两句话正可作为类似陈良宇这类人的最好注脚。陈良宇是聪明人,他利用党和人民赋予的权力,一方面披着伪善的外衣,而且步步高升;另一方面则处心积虑地构建自己隐秘的利益集团,将党纪国法玩弄于股掌之间,一次又一次地干着为人所不齿的勾当。就在陈良宇倒台的前一个月,他还在全市干部大会上冠冕堂皇地大唱执政为民,要把反腐倡廉工作一抓到底的高调。两相比较,让人不禁郁歔:尽管我们都知道"多行不义必自毙",知道"善有善报,恶有恶报",可为什么还有这么多人行不义之事呢?

　　让我们再看历史上的几个著名例子。桀是夏朝最后一个国王,他文武双全,但荒淫无度,暴虐无道。他动用大量人力物力、财力去建造倾宫、瑶台,又从各地搜罗美女充填后宫,昼夜与宠妃及宫女饮酒作乐。四方诸侯纷纷背叛,商汤趁机发兵伐桀,夏军大败,夏桀出逃,夏朝由此灭亡。商代最后一位君主纣王天资聪颖,材力过人,但他又刚愎自用、巧言饰非,耽于酒色、暴敛重刑,导致民怨四起。他把两个忠心耿耿的大臣九侯和鄂侯剁成肉酱,又把九侯的女儿也是最爱他的妃子挖掉眼珠,用烧红的铜斗烙掉双手。周武王起兵讨伐，诸侯纷纷响应，在牧野之战中，商军大败，纣自焚于鹿台，商朝也由此灭亡。北齐皇帝高洋整日不理朝政，喜怒无常，荒淫残暴，平时就常将煮杀人的大锅，肢解人的长锯、锉、礁等刑具摆在庭中，喝醉了酒之后，就以杀人取乐。有一次，宰相李遑病故，高洋亲去祭吊，问李遑妻子："想不想你的丈夫？"回答说："结发夫妻，怎不想念？"高洋说："既然想念，何不前往？"抽出配刀，把她的头砍下，扔到墙外。他动用十万民夫在国都修筑了三座豪华宫殿，还大肆屠杀汉族人民，使国家成为一个黑暗无比的"人间地狱"。腐化的生活缩短了高洋的寿命，到三十岁时，高洋已经不能吃饭了，每天只靠几碗酒度日，最后终于死在昏醉之中。

纵观上述种种，我们可以看到，隐藏在人心里的贪欲具有极大的魔力，如果遇到适宜生长的土壤、阳光、空气，它就能迅速膨胀，从而使人忘记人世间所有的规范与伦理，做出最骇人听闻的事情。但这些人的结局也惊人得一致：恶有恶报！回望历史，类似的教训还不够多吗？

前车鉴，不可忘；

学桀纣，必自辱；

人间正道是沧桑，多行不义必自毙。

（胡海香）

10. 我以我血荐轩辕
——舍生取义得其所

"砍头不要紧，只要主义真。杀了夏明翰，还有后来人！"这是中国共产党员夏明翰在被国民党反动派杀害前写的一首气壮山河的就义诗，这一曲用热血谱写的革命战歌，激励了无数后人为之奋斗。夏明翰，1900年生于湖南衡阳，自幼聪颖，爱好诗书。五四运动时期参加衡阳学生爱国运动，是衡阳学生联合会的领导者，1919年衡阳检查日货运动达到高潮，牟利商人恨学生入骨，他们说通夏明翰的祖父，把夏明翰禁闭在家，直到1920年才找机会逃出，到长沙开始了革命生活，年仅二十岁。他作风正派，性情和善，勇于负责，勇于斗争，原则性强，很快就把许多优秀的青年群众团结在自己周围。中共八七会议后，在湖南积极参加组织秋收起义。1928年2月，夏明翰在汉口被国民党反动派逮捕。他知生命将要结束，忍着伤痛用半截铅笔给母亲、妻子、大姐分别写了三封信。在给妻子郑家钧的信上，他还留下了一个带血迹的吻印。3月20日凌晨，夏明翰被带到刑场，执行官问他有无遗言，他大喝道："有，给我拿纸笔来！"在留下那首就义诗后英勇就义。

在新中国诞生的漫长征途中，像夏明翰这样的英烈不计其数。这其中，不仅有共产党员，还有很多希望祖国摆脱落后混乱局面的爱国志士。著名将领吉鸿昌曾长期参与军阀混战，后来在共产党人的感召下加入党组织，积极组织和参加民族救亡运动。1934年11月，吉鸿昌被国民党反动派逮捕。在法庭上，吉鸿昌义正词严地说："我是中国共产党党员，由于党的教育，我摆脱了旧军阀的生活，而转到为工农劳苦大众的阵营里来，为我们党的主义，为全人类解放事业而奋斗，这正是我的光荣……"行刑前，吉鸿昌用树枝作笔，以大地为纸，写下了四句诗："恨不抗日死，留作今日羞。国破尚如此，我何惜此头！"

舍生取义，是中华民族的传统美德。孟子说："生，我所欲也，义，亦我所欲也，二者不可得兼，舍生而取义者也。"这就明确告诉我们，每个人都应该以天下大义为重，在"生"与"义"发生冲突而不可兼得时，宁可舍生而取义。古人尚且认识如此，何况我们呢！正因为如此，古往今来，舍生取义者无不受到人民群众的爱戴。在一定意义上，舍生取义并不是生命的终结，而是生命的另一种"延续"。

2008年四川汶川大地震发生后，山东莒县洛河镇东皂湖村的十名农民带着五十公斤煎饼和铁镐等工具，开着农用三轮车行程两千五百多公里到灾区参加抗震救灾。一路上，他们饿了吃煎饼，渴了就喝凉水，却把五十箱方便面，三十八箱矿泉水全部捐给了灾区群众。随后，他们又赶到绵阳安县救灾。在那里，他们每天三点钟起床，为灾区搭建帐篷，搬运救灾物资，十九天里就搭起了二百多顶帐篷。他们还从废墟里捡了十五多万块砖头，为灾区群众铺路。他们开三轮车救灾的壮举感动了每一个中国人，留下了"四川地震中最牛救援队"的佳话。四川眉山师范附小接到选派一名教师到地震灾区支教的任务,符合条件的教师们一下子就有九人报名。广东边防总队深圳特检站卫生队队长张春玉在与病魔抗争的同时,还主动请缨到一线参加抗震救灾斗争。海军南海舰队某潜艇基地艇员队的四级士官吴强本来休假在家,却强忍父母亡故的悲痛,坚强挺立在废墟之上,帮助乡亲奋力救灾……他们为什么要这样做,为什么能这样做?就是一个"义"字!

我们可以往前追溯。代表汉朝出使匈奴的苏武,宁愿被流放北海(贝加尔湖)茹毡饮雪,也不屈膝失节;南宋抗元英雄文天祥在被俘后不受高官利诱,英勇就义,留下了"人生自古谁无死,留取丹心照汗青"这一千古名句;清末政治家谭嗣同在戊戌变法失败后坚决选择留在国内而不是流亡海外,誓作为变法维新流血的第一人,"我自横刀向天笑,去留肝胆两昆仑"的诗句,表达了自己为追求理想而视死如归的精神;爱国学者闻一多殉难前也曾宣称,"前脚跨出大门,后脚就不准备再跨进大门!"

臧克家在一首诗中说:"有的人活着,他已经死了;有的人死了,他还活着。"这些舍生取义的仁人志士们,虽然失去了宝贵的生命,但留给后人的,却是无穷的财富。在"生"与"义"之间究竟如何抉择,在我们心里也应该有一杆秤!

生在世,心有义;
身虽逝,义长存;
舍生取义,名垂青史。

(胡海香)

11. 土尔扈特回归
——民族大义垂青史

土尔扈特是我国蒙古族中一个古老的部落,为了躲避明末清初的战火,土尔扈特人来到了当时尚未被沙皇俄国占领的伏尔加河下游继续游牧生活。

远离祖国的土尔扈特人无时无刻不想念着自己的祖国。在以后的一百多年里，土尔扈特人始终保持着与清朝政府的关系。后来，在沙俄帝国的政治、军事和宗教压力下，土尔扈特人决心返回故土。1771年1月4日，土尔扈特人首领渥巴锡召集全体战士总动员，点燃了土尔扈特人心中奔向光明的火焰。本来他们打算等伏尔加河结冰以后，住在河北岸的一万余户踏冰过来集结，一起返回祖国。不想那年天气晴朗，河未结冰，而沙俄已开始征兵，情况万分紧急。渥巴锡只能带领南岸的人先走。一个西方历史学家这样描写离开时的场面："整个部落异口同声高呼：'我们的子孙永远不当奴隶，让我们到太阳升起的地方去！'"渥巴锡亲率骑兵做开路先锋，妇女老幼赶着牧群居中，留下一万名战士殿后。俄国女皇叶卡捷琳娜二世闻讯大发雷霆，派大军围追堵截。在乌拉尔河畔，土尔扈特的殿后部队与哥萨克骑兵展开血战，不幸全部壮烈牺牲。1771年8月底，渥巴锡率领的土尔扈特部众终于渡过伊犁河，回到祖国怀抱。八个月的残酷战斗、艰难跋涉，加上饥寒交迫、瘟疫流行，使十七万土尔扈特人死伤大半，幸存者仅七万多人。不久，渥巴锡等人在清朝官员的陪同下来到避暑山庄晋见乾隆皇帝。乾隆下令在新建的普陀宗乘之庙竖起两块巨大的石碑，用满、汉、蒙、藏四种文字铭刻他亲自撰写的《土尔扈特全部归顺记》和《优恤土尔扈特部众记》，用来纪念这一重大的历史事件。东归英雄们的史诗将永远被传唱下去。

  在中国古代，很早就产生了夷夏之辩，地处中原相对发展水平比较高的华夏族人有很强的优越感。随着地区之间经济文化交流的日益频繁，民族平等观念也开始出现。孔子就看到了少数民族社会文化的进步，认为自己可以在少数民族地区实现自己的政治抱负。孔子的学生子夏则说："四海之内，皆兄弟也。"这都是很可贵的思想。后来的唐太宗也明确提出："自古皆贵中华、贱夷狄，朕独爱之如一。"体现了开明、开放的政策，民族矛盾也缓和了。清朝虽然是满族政权，但统治稳定后推行的各项政策也很注意维护民族团结。新中国成立后，国家非常重视民族问题，推行了区域自治制度，开创了民族关系发展与融合的新局面。

  令国人愤怒的是，也有少数人在国内外兴风作浪，阴谋把中国的一些民族地区从祖国疆域中分裂出去。其中，活佛达赖的活动最为猖獗。从

1960年以来，达赖就在欧美各国四处活动，挑拨他们与中国的关系。在他看来，西藏曾经是一个"独立"的国家，在藏族人与汉族人的关系方面，藏族是藏族，汉族是汉族，是不一样的。在他的煽动下，西方一些国家也做出过推波助澜的事，严重损害了双边关系。2008年3月14日，拉萨爆发达赖集团策划的暴力事件，一些暴徒殴打和砍杀无辜群众，焚烧学校和商店。紧接着，四川阿坝、甘肃甘南分别发生打、砸、抢暴力事件，暴徒们呼喊着"西藏独立"的口号，携带石块、自制汽油弹，挥舞着"西藏流亡政府"的旗帜，闯入政府机关、警察局、医院、学校、商店和市场进行破坏活动。面对"藏独"势力的暴力行径，西方部分媒体却视而不见，连篇累牍播发失实新闻。尽管形势一度非常严峻，但分裂主义分子和西方一些别有用心的媒体不能改变新中国民族团结和国家统一的事实，他们已经为此接受正义的审判。

在新疆，也有一批民族分裂分子受到历史上泛伊斯兰主义和泛突厥主义的影响，想通过暴力恐怖的手段把新疆从中国分裂出去，建立所谓的"东土耳其斯坦"。这些"东突"恐怖分子主要在欧洲和中亚活动，有数十个大大小小的组织。小的组织一般是集会、散发宣传品、贩毒，或者在新疆制造一些暴力事件。大一点的组织在欧洲开展活动，比如开会要求新疆独立等。近年来，在国际反华势力的支持下，"东突"恐怖分子伺机从事分裂破坏活动，在新疆制造了多起暴力事件，严重威胁了国家安全和地区稳定。现在，"东突"已经被国际社会公认为恐怖组织，生存空间被大大压缩了。

"五十六个民族五十六朵花，五十六个兄弟姐妹是一家。"这首唱遍大江南北的歌曲表达了全国人民的美好心愿。我们相信，中华民族的博大胸怀和中国社会各项事业的蓬勃发展将使越来越多的人认识到，维护祖国统一和民族团结才是最神圣和伟大的事业，那些不顾民族大义的人一定会被历史所抛弃！有道是：

　　　　渥巴锡，向光明；
　　　　分裂耻，团结荣；
　　　　四海之内皆兄弟，民族大义不可轻。

（胡海香）

12. 白求恩精神
——国际主义的赞歌

  抗日战争时期，反法西斯联盟除了军事上协同作战外，在其他领域也开展了广泛的合作。中国人民最为熟悉的，恐怕是不远万里、突破重重阻挠来到延安参与医疗救助活动的加拿大著名医生诺尔曼·白求恩。他带领流动医疗队活跃在晋察冀抗日根据地，不顾危险，在前线就地施行医疗手术，挽救了许多战士的生命。他还帮助八路军医护人员提高医疗水平，为部队培养了一批合格的医护工作者。他以高度的敬业精神、对人民群众的高度热忱赢得了根据地干部、战士和老乡的尊敬和爱戴。在一次手术中，白求恩的手指不慎被割破而遭感染，在抢救无效后不幸逝世。在去世前，他还这样说道："不要难过……你们……努力吧……向着伟大的路……开辟……前面的事业！"可以说，为了中国人民的解放事业，白求恩贡献了自己的一切，他将永远活在中国人民心中。毛泽东同志为此写下了《纪念白求恩》，赞扬他"毫不利己，专门利人"的精神。

  印度医生柯棣华也是这样一位受中国人尊敬的国际主义战士。抗战爆发后，柯棣华便参加了印度政府组织的援华医疗队。不久，柯棣华的父亲去世，他强忍悲痛坚持留在中国。柯棣华和同事走遍了晋东南、冀西、冀南、冀中、平西和晋察冀敌后抗日根据地，以饱满的热情投入工作，他们和抗日军民一起过着艰苦的生活，但没有任何怨言。后来，柯棣华与一位中国女子结婚，还加入了中国共产党。1942年，柯棣华因癫痫病发作而离开了人世。毛泽东同志为他写了挽词："全军失一臂助，民族失一友人。柯棣华大夫的国际主义精神，是我们永远不应该忘记的。"

  白求恩和柯棣华被中国人民所景仰，是因为伟大的国际主义精神。所谓国际主义，就是从本国人民和世界各族人民共同的根本利益出发，在生产、生活和社会斗争中相互支持，相互援助，以实现全人类的解放。这种理念事实上很早以前就已经出现了。春秋时代的列国经常签订"同恤灾危、备救凶患"的盟约,《左传》中还有"凡侯伯救患、分灾、讨罪,礼也"的说法,可见这是为当时列国所公认的。而到了21世纪的今天,全球化浪潮席卷世界,地区之间既有合作,也有不少因为经济利益、宗教信仰不同而发生的冲突。在这种形势下,国际主义仍然应该大力提倡。可以说,新中国在这方面的贡献是值得大书一笔的。

新中国成立以来,就致力于发展与同处第三世界的发展中国家之间的友好合作关系,特别是非洲国家。早在20世纪60年代,周恩来总理就强调,中国政府严格尊重受援国的主权,中国提供的援助绝不附带任何条件,这一原则直至今天仍然是中国向非洲国家提供援助的指导方针。当时中国向非洲提供援助的主要形式包括项目建设、提供实物以及派遣专家等。改革开放后,中国对非洲援助方式和项目形式开始出现多样化,内容更加丰富,效果更加显著。无偿赠送、无息贷款、贴息贷款、技术援助、项目建设、直接建厂、专家指导、劳务服务、人员培养、技术培训等逐渐成为援助或合作的方式。自20世纪90年代以来,中国对非洲的援助注重在技术管理指导、优惠贷款提供、投资贸易促进中心建设、重债穷国债务减免、经贸官员培训、自然灾害紧急救助等方面拓展内容和加大力度。与国际援助相比较,中国对非洲援助的最大特色是无私真诚,不以援助向非洲国家施压,从不对非洲国家的内部事务说三道四。这一点与某些西方国家以宣扬自身政治价值观甚至试图主导受援国内政外交为目的的做法完全不同。

半个世纪以来,中国对非洲提供的援助在推动相关国家经济发展、改善民众生活以及提高教育、医疗、卫生水平等诸多方面发挥了重要作用。中国的许多援建项目如坦赞铁路、毛里塔尼亚友谊港等已成为当地重要的经济枢纽。对于中国政府的努力,非洲受援国家普遍给予好评,很多非洲国家政府首脑在众多场合对中国的援助都表示了感谢和赞赏,中国的国际地位也不断提高。中国多次在联合国人权会上挫败西方反华提案,联合国大会多次粉碎台湾"重返联合国"图谋以及中国成功申办2008年奥运会,均得到了非洲国家的鼎力相助。

中国的对外援助,特别是援非行动,非常生动地体现了国际主义精神,在本质上与抗战时期白求恩、柯棣华等国际友人的做法是一致的,是白求恩精神在新时代、新形势下的实践。可以说,只要世界各国的政府和人民都能放下心里那块或傲慢或自卑的顽石，真正以"世界是一家"的立场来处理之间的问题和不理解，世界才能真正变成美好的人间！这就是：

　　白求恩，义长存；

　　柯棣华，得人心；

　　中华援非最无私，国际主义建功勋。

（胡海香）

13. 墨子救宋
——兼爱非攻真侠义

　　战国时期，列国混战不断。有一年，楚国请著名工匠鲁班制造攻城的云梯等器械，准备攻打宋国。墨子听说后，先安排大弟子禽滑厘带人帮宋国守城，又亲自到楚国去劝阻楚王。墨子说："现在有一个人，丢掉自己的彩饰马车，却想偷邻居的破车子；丢掉自己的华丽衣裳，却想偷邻居的粗布衣，这是个什么人呢？"楚王不假思索地答道："这个人一定有偷窃病吧！"墨子说："楚国方圆五千里，土地富饶，物产丰富，而宋国疆域狭窄，资源贫困。两相对比，正如彩车与破车、锦绣与破衣。大王攻打宋国，这不正如偷窃癖者一样？如攻宋，大王一定会丧失道义，并且一定会失败。"楚王没什么话说，就借口鲁班已造好攻城器械，拒绝放弃攻宋的决定。墨子又对楚王说："鲁班制造的攻城器械也不是取胜的法宝。大王如果不信，就让我与他当面演练一下。"楚王答应后，墨子就用腰带模拟城墙，以木片表示各种器械，同鲁班演习各种攻守战阵。鲁班攻城的器械都用尽了，墨子守城的器械还有剩余。于是鲁班说："我知道怎么赢你，可我不说。"墨子答道："我也知道你如何赢我，但我也不说。"楚王莫名其妙，问："你们说的是什么？"墨子义正词严地说："他以为杀了我，宋国就守不住。但是，我的学生已经带着器械到了宋国，即使杀了我，你也无法取胜！"听了这番话，楚王只好放弃了攻打宋国的计划。这就是历史上著名的墨子救宋的故事。

作为在战国时代独具特色的平民思想家，墨子曾受到当时社会的高度重视。在墨子的学说中，兼爱、非攻都有普世意义。非攻主张表达了墨子对生命的关爱，可以称得上是一种和平主义精神，是兼爱精神在军事战争领域内的表现，当然可以看成仁与义的一种表现形式。所有战争都有义与不义之分，爱人利人为义，害人杀人为不义。而墨子以自己的实际行动实践了自己的主张，化解了一场严重的人道主义危机，使楚国史书上少了一次不义的攻伐。从这一点上来说，墨子不仅是一位思想家，还是一位敢于仗义执言的侠义之士。

我们中国人民向来是有正义感的，也是不甘屈服的，当国家面临生存危机的时候，总会有千千万万人站出来保卫国家和人民的安全。其中最典型的事例，当属建国初期的抗美援朝运动。1950年朝鲜内战爆发后，美国采取武装干涉政策，操纵联合国通过决议，组织"联合国军"出兵朝鲜，并命令美国海军第七舰队侵入台湾海峡，美国飞机还多次侵入中国领空进行侦察和轰炸扫射。面对美国的侵略行径以及中国自身安全受到的挑战，中国迅速掀起抗美援朝运动，抗美援朝、保家卫国成为全国人民的共同心愿。1950年10月，以彭德怀为司令员兼政治委员的中国人民志愿军渡过鸭绿江，进入朝鲜参战。在收复平壤、把敌人赶回到三八线附近后，初步扭转了朝鲜的战局。全国人民踊跃参加爱国募捐运动，并组成慰问团分赴朝鲜各地。此后，朝鲜战场出现了谈谈打打的复杂局面。在著名的上甘岭战役中，交战双方先后动用兵力达十万余人，反复争夺四十三天，其激烈程度是战争史上罕见的。美军向上甘岭发射了二百万发炮弹和五千枚炸弹，发动了九百多次冲锋。但志愿军战士在异常艰苦的条件下顽强奋战，守住了阵地。著名英雄黄继光就是这次战役中涌现出来的。最终，战争双方签订了停战协定，抗美援朝运动胜利结束。

抗美援朝运动显示了中国人民勇于抗击外国侵略的坚强决心，也是受到广大发展中国家支持的义举。仔细想来，抗美援朝运动和墨子止楚救宋的做法在本质上是一致的。里面体现的，都是人世间的真爱，以及贯长虹、吞宇宙的正义之气。与此相比，中国古代连绵不断的那些大侠们似乎有点相形见绌了吧？

兼爱，人间大爱；

非攻，以义制暴；

墨子救宋真侠义，抗美援朝谱新篇。

（胡海香）

14. "人鉴"魏徵
——仗义执言真忠良

魏徵是唐太宗时期的大臣，以性格刚直、才识超卓、敢于犯颜直谏著称。有一次，唐太宗问他："历史上的人君，为什么有的人明智，有的人昏庸？"魏徵举了历史上尧、舜和秦二世、梁武帝、隋炀帝等例子说："多听听各方面的意见，就明智；只听单方面的话，就昏庸。"又有一天，唐太宗读完隋炀帝的文集，跟左右大臣说："我看隋炀帝这个人，学问渊博，也懂得尧、舜好，桀、纣不好，为什么干出事来这么荒唐？"魏徵接口说："一个皇帝光靠聪明渊博不行，还应该虚心倾听臣子的意见。隋炀帝自以为才高，骄傲自信，说的是尧舜的话，干的是桀纣的事，到后来糊里糊涂，就自取灭亡了。"有一次，魏徵在上朝的时候跟唐太宗争得面红耳赤，唐太宗想要发作，又怕在大臣面前丢了自己接受意见的好名声，只好勉强忍住。退朝以后，他憋了一肚子气回到内宫，见了长孙皇后，气冲冲地说："总有一天，我要杀死这个乡巴佬！"长孙皇后很少见太宗发那么大的火，问他说："不知道陛下想杀哪一个？"唐太宗说："还不是那个魏徵！他总是当着大家的面侮辱我，叫我实在忍受不了！"长孙皇后听了，一声不吭，回到自己的内室，换了一套朝见的礼服，向太宗下拜。唐太宗惊奇地问道："你这是干什么？"长孙皇后说："我听说英明的天子才有正直的大臣，现在魏徵这样正直，正说明陛下的英明，我怎么能不向陛下祝贺呢！"这番话使唐太宗冷静下来，火气也全消了。魏徵任职期间曾先后向太宗陈谏二百多事，无不受到采纳。

纵观中国古代历史，那些取得巨大成就的君主无不是善于任贤纳谏的。正如唐太宗所说："以铜为鉴，可以正衣冠；以史为鉴，可以知兴替；以人为鉴，可以明得失。"魏徵死后，太宗还感叹道："我现在失去一面镜子了！"一般情况下，谏臣都是忠正不阿之士，他们能够在朝廷中立足，靠的就是心中的"义"。商朝名臣比干就自称"以义自恃"，只是他太不走运，碰上了昏庸暴虐不听劝谏的纣王。西汉时期的汲黯为人刚直，当汉武帝声称要"振兴政治、效法尧舜"时，汲黯却当面泼冷水说："陛下内多欲而外施仁义，怎么能效唐虞呢？"很多朝臣为他担心，劝他明哲保身，他却说："天子设公卿大臣，不是为了匡正错误难道是专作阿谀奉承的吗？我既在其位，总不能只顾个人安危，见错不说，使皇帝陷于不义之地！"可以看出，不管是比干，还是汲黯，抑或魏徵，他们心中的"义"也就是适应现实要求的最基本原则。于是，我们对于他们的仗义执言也就可以有更清楚的认识。

  当今社会的发展日新月异，同时也伴随着各种各样的问题，更需要有人仗义执言。幸运的是，我们确实看到了不少这样的人，曾任湖北省监利县棋盘乡党委书记的李昌平就是其中一位。拥有经济学硕士学位的他在乡镇基层工作了十七年，对农业、农村和农民的现状有深刻认识，在一封写给时任国务院总理的朱镕基的信中，李昌平这样说道："现在农民真苦，农村真穷，农业真危险！"这个排比句式以及它所携带的信息震动了总理，朱镕基先后两次在信上作出批示，引发了声势浩大的农村改革，中央对三农问题的关注也迅速增加。2008年北京奥运会后暴露出来的奶粉中添加三聚氰胺的丑闻又促使一位名叫张殿的绍兴市个体粮油经营户联想到了关系到全国人民生命安全的面粉增白剂问题，于是也给现任总理温家宝写了一封信："据我所知，市场上销售的面粉不同程度地添加有增白剂，市场上的面粉也是越来越白，因为不加这种增白剂，面粉的白度就会下降。厂方怕失去市场，所以添加增白剂的问题越来越突出。尽管厂家可能是按照有关标准在操作，但我认为食品首先应考虑的是人的健康，自然的东西才是最好的。所以我呼吁能还面粉的本来面貌。"这封信也已经引起了相关部门的重视，国家标准化管理委员会还特意复函表示感谢。

  这些给总理写信的人社会地位并不算高，但在他们心里都装着国家和民族的命运，用一个字来说，也就是"义"。我们有理由相信，如果各级政府机关的工作人员都能像他们那样仗义执言，为社会发展献计献策，那么我们在建设有中国特色社会主义的道路上一定能走得更快、更稳。

以铜为鉴，可正衣冠；

以人为鉴，可明得失；

仗义执言，国泰民安。

（胡海香）

15. 彭宇事件
——行义助人费思量

2006年11月20日早晨，一位老太在南京市水西门广场一公交站台等83路车。人来人往中，老太被撞倒摔成了骨折，被一位叫彭宇的年轻人送到了医院，经鉴定已经构成八级伤残，花了大笔医药费。随后事情的发展却出人意料：老太太把送她去医院的彭宇告到法院，认为是他撞倒了自己，并索赔十三多万元。对此，彭宇则表示无辜。根据他的说法，当天早晨三辆公交车同时靠站，老太要去赶第三辆车，而自己从第二辆车的后门下来。"一下车，我就看到一位老太跌倒在地，赶忙去扶她了，不一会儿，另一位中年男子也看到了，也主动过来扶老太。老太不停地说谢谢，后来大家一起将她送到医院。"接下来，事情就来了个180度大转弯，老太及其家属一口就咬定自己是肇事者。一审法院判决承担40％的责任，赔偿四万多元。自觉委屈的彭宇提起上诉，法院二审时做了大量的调解工作，双方当事人最终达成了和解协议，案件以和解撤诉而结案。

这看似一起很不起眼的小事，但却迅速轰动全国，成为具有广泛社会影响的公共事件。案子之所以受到高度关注，在于由此引发的人们对司法公正和社会道德价值导向的反思，并已经带来了后遗症：2007年底到2008年初，南方发生了大雪灾害，作为彭宇案发地的南京也受到影响，但在南京街头，九旬老太摔倒没人扶起来，在雪地里受冻；一个老人摔倒了，头上流着血，很多人看着不敢过去扶，一个女孩扶起了老人，围观者议论起来："这女孩一定不上网不看报，否则她敢去扶？"《中国青年报》也曾发表文章《一个可怕的流行语又在流行》，记者谈到一位母亲是这样教育正在读书的孩子的："儿，看到老太太摔倒，你千万别去扶。"最夸张的，是网络上流传很广的一个名为《我在南京成功扶起了一位摔倒的老太》的帖子，里面讲述一个外地人在南京看到一摔倒的老太太后，按照《救助老人安全宝典》的步骤，在经过了解老太家庭背景、签署"自愿接受救助声明"、获得旁观者"救助老人目击证明"等程序后"成功扶起"那位老太太的故事。虽然读来令人发笑，但仔细想想，却是别有一番滋味在心头：一件本应该人人都乐于去做的事，为什么会变成这样？

助人为乐是中华民族的传统美德。诸葛亮就曾说："勿以恶小而为之，勿以善小而不为。惟贤惟德，能服于人。"著有《三国志》的历史学家陈寿说："每有患急，先人后己。"唐代大诗人白居易也说："病人之病，忧人之忧。"新中国著名数学家华罗庚也有这样的话："人家帮我，永志不忘；我帮人家，莫记心上。"帮助别人是一项能使自己获得快乐和满足的事情，而自己也在这些活动中得到了人格的升华。

说到这一点，不能不让人想起雷锋。作为一名普通的军人，他却成为建国以来做好事的标志性人物。人们流传着这样一句话："雷锋出差一千里，好事做了一火车。"在部队里，雷锋帮助同班战友乔安山认字、学算术，为小周病重的父亲写信寄钱，为小韩缝补棉裤。每逢年节，雷锋便叫上同班战友到附近的车站帮忙打扫候车室，给旅客倒水。有一次，雷锋因腹疼到团部卫生连开了些药回来，见本溪路小学的大楼正施工，便推起一辆小车帮着运砖。当市二建公司敲锣打鼓送来感谢信时，部队领导才知道这件好事。雷锋是孤儿又是单身汉，在工厂有工资，入伍时有二百元的积蓄。后来，他把一百元钱捐献给公社，辽阳地区遭受水灾时，他又将一百元寄给了辽阳市委。雷锋入伍当年每月有六元钱的津贴，全用于做好事。自己的袜子补了又补，平时舍不得喝一瓶汽水。一次，雷锋外出换车发现一个背着小孩的中年妇女车票和钱丢了，就用自己的津贴费买了一张去吉林的火车票塞到那妇女手里……这样的例子不胜枚举。当雷锋因公殉职后，毛泽东主席专门题词，号召全国人民"向雷锋同志学习"。

"把有限的生命投入到无限的为人民服务之中去。"这是雷锋日记中的一句话。历史已经进入21世纪，但新的时代仍然需要雷锋精神，而不能像民间流传的那样："雷锋叔叔没户口，三月来了五月走。"弘扬雷锋精神，不能搞形式主义，而是应该内化到我们每个人的心灵，这样才能避免出现下一个彭宇，让我们能够带着欢乐去帮助那些需要帮助的人。

　　　　世间百态说彭宇，
　　　　行义助人费思量；
　　　　学雷锋，净心灵；
　　　　积小善，存大义。

（胡海香）

16. 石碏杀子
——大义灭亲传千古

　　宋代名臣包拯因为执法严格而被人称为"包青天"，民间流传着这样一个故事：包拯出生后还未满月，母亲就病死了，嫂子用乳汁喂养包拯，喂给自己儿子包勉的却是粥。后来包拯当巡抚时，他的侄儿包勉在知县的任上作奸犯科，被告发到包拯那儿。面对法与情，包拯大义灭亲，斩了包勉。由于中国古代有比较严格的回避制度，因此这个故事的真实性值得怀疑。但春秋时期卫国一位叫石碏的老臣却是实实在在地做到了大义灭亲。石碏为人耿直，曾经劝谏卫庄公管教约束无恶不作的儿子州吁。庄公死后，卫桓公即位，石碏退休，不参朝政。州吁与石碏之子石厚密谋杀害桓公篡位，为争取国人支持，便派石厚去请石碏出山执政。石碏恨儿子大逆不道，便想趁机为民除害。他趁石厚请他参政，假意献计说，新主即位，能见周王，得到周王赐封，国人才肯服帖。现在陈国国君忠顺周王，周王很赏识他，你应该和新主一同去陈国，请陈桓公朝周王说情，周王便会见之。石厚十分高兴，便备厚礼赴陈，求陈向周王通融。此时，石碏先已写血书送到陈国，书中痛陈州吁、石厚之害，要陈国将二贼处死。陈桓公将州吁、石厚抓住，派人征求卫国的意见，大臣们都说州吁首恶应杀，石厚从犯可免。石碏却正色道："州吁之罪，皆我不肖子酿成，从轻发落他，难道使我徇私情,抛大义吗?"最终二人都被处死。

石碏为国家利益设计杀子之事,左丘明在《左传》中说得很清楚,而且评论说:"大义灭亲,其是之谓乎?"这种做法得到了后人的称赞。但事实上,中国古代特别是儒家并不支持这样做。孔子在《论语》里就曾提出:"父为子隐,子为父隐,直在其中矣。"在以孔子为代表的儒家看来,血缘关系是亲属相隐的基础,人情的存在是合理的。中国历代各朝多以孝治天下,在不同程度上对这一思想有所继承,在制定的律法中也多有体现。除谋反、谋大逆与谋叛此等重大犯罪外,亲属和同居者可以相隐不告。这样看来,石碏能够做到这一点,确实是难能可贵的事情。

当今社会中,其实也不乏大义灭亲的事例。如2008年9月12日《南国都市报》报道,海南省乐东黎族自治县九所镇新贵村村民吉某的儿子盗窃摩托车后卖得赃款三百元,父亲亲自报案举报儿子偷车,派出所民警遂将吉某成功抓获。再如2002年的《大河报》也报道过河南信阳一个为治病而食人的愚昧农民被自己的亲哥哥举报的案例。这些做法都是值得称道的,是真正的大义灭亲。但现在也有很多不懂法律的人做了错事后还自以为是大义灭亲的,值得深省。

豫北某县农民张付勇曾因抢劫被劳动教养二年,但他不思悔改,经常毁坏他人财物,骗人钱财,随意滋事,祸及邻里,民愤极大。2004年3月,同村的张付策、张付生、张付峰合力用绳子将张付勇勒死。三人因此入狱后,同村近五百名村民联名上书,称张付策三兄弟大义灭亲,一致请求对三人无罪释放。再比如,武汉市东西湖区五十三岁的中年妇女王姣姣的儿子钱三涛无恶不作,又染上了吸毒的恶习,夫妇俩先后多次进出戒毒所却不思悔改,还逼着父母亲要十万块钱才肯罢休。两老不肯,钱三涛就撒泼耍赖,又拿出刀来要砍母亲,怎奈长期吸毒体弱不堪,反被王姣姣将刀夺下。望着眼前的不肖逆子,王姣姣一时怒从心头起,竟挥刀将钱三涛砍倒,然后又不顾老伴和二儿子的苦劝,冲进另一间房里将儿媳砍成重伤。法院开庭审理时,许多到场旁听的群众也都对这位母亲表示同情与支持,甚而联名上书要求对她从轻处理。

张家兄弟和王姣姣的做法是大义灭亲吗?答案当然是否定的。公民的生命健康权受法律保护,任何组织或个人非经法定程序,不得非法剥夺他人的生命，否则必须承担相应的法律责任。在依法治国的今天，"大义灭亲"当然有了新的涵义，每个公民为了维护国家和人民利益，都应对犯罪的亲属不徇私情，但这绝不是置国家法律于不顾私下处死亲人。这样的"大义灭亲"，实现的是一时一地的社会公义，却危害了法律的严肃性，扰乱了人们的法律意识，是有悖于法治精神的。对此，全社会都应该引以为戒。有道是：

大义灭亲，不徇私情；

实事求是，法律为绳。

（胡海香）

17. 浩气还太虚，丹心照千古
——杨继盛的铁肩道义

"浩气还太虚，丹心照千古。生平未报恩，留作忠魂补。"这是明人杨继盛被宦官陷害临死前所作的绝命诗。杨继盛的一生颇多坎坷。他七岁丧母，家境贫寒，但刻苦上进。嘉靖年间中进士后，先任南京吏部主事，又迁兵部员外郎。北方瓦剌人南侵时，权臣仇鸾请朝廷开马市以妥协，杨继盛以"仇耻未雪，义和示弱，有辱国体"加以弹劾，反被仇鸾、严嵩所诬而贬官，后被召回，一年之内四次升迁。严嵩想拉拢杨继盛为己用，但杨继盛不仅不领情，还上奏历数严嵩的十大罪状，很快被下狱。杨继盛妻子上书朝廷，表示"愿即斩臣妾首，以代夫诛"。书信被严嵩扣压。杨继盛在狱中备受折磨，曾有人送蚺蛇胆，以减轻受刑之痛，杨继盛却拒绝了，还说："我杨椒山（杨继盛号椒山）自己有胆，用不着这个！"廷杖打他的腿骨被打折，腿肉被打掉，伤口逐渐恶化感染。就在这种情况下，杨继盛做出了一件类似三国名将关公刮骨疗毒的事情。他拿着一片破碎碗片，聚精会神地将腿上已经感染腐烂的肉刮去，在没有麻药、碗片也不锋利的条件下，杨继盛能够承受剧烈的疼痛而不发出一点声音，实在令人感叹。当杨继盛要被处斩的时候，全城百姓蜂拥而至，为杨继盛送行。沿街人山人海，哭声震天。杨继盛则神态安详，昂首挺胸，视死如归，当众吟诵了上面那首绝命诗。李大钊十分仰慕杨继盛的气节，称赞他"铁肩担道义，妙手著文章"。

作为不畏强权、敢于直谏、与海瑞并称的名臣，李大钊以"铁肩担道义"来评价他是合理的。何谓道义？简言之，就是最合理、最基本的规范、义务。孔子曾说："君子之于天下也，无适也，无莫也，义之与比。"也就是说，君子对任何事或人的好恶取舍，都没有固定的成见与办法，但必须符合道义。他所说的道义，包括"仁"、"礼"、"中庸之道"等，也可以称之为相对稳定的社会秩序与规章制度。后来的儒家弟子都以孔子学说为基础进行了发挥，其中最有代表性的当数《大学》中那段著名的话："身修而后家齐，家齐而后国治，国治而后天下平。"于是，"修齐治平"成为后世君子孜孜以求的目标。作为当代人，我们应该比古人更懂得什么是道义以及如何行道义。从我们今天的立场上来看，道义可以解释为以个人修身为前提的社会规范与原则。这一点对身处管理层、其言行关系到社会稳定和人民情感的那些人更为重要。

曾在某媒体上看到过这样一个典型人物的事迹：白云是山东省聊城市东昌府区人民检察院的副检察长，自从走上检察岗位后，虽然职务在变，但白云的诺言始终没变："我是人民检察官，更是一名共产党员，肩上的责任千斤重。我要把每一起案件都办成'铁案'，让人民满意。"湖西办事处有村民状告村委会主任徐清华等涉嫌严重经济犯罪，由于涉案的一名被告人是当地执法部门一名领导的亲属，案子悬而不决，群众反映强烈。白云受命接手后，带领办案干警顶住压力，深入侦查。在查阅案卷时，乡人大主席杜某出具的"该笔公款用于村办企业"的一份证明引起了他的注意。他敏锐地发现，这份证明所用的信纸印刷的时间，是在出具证明的两年后。显然是伪证！以此为突破口，又掌握了村治保主任王某、会计胡某出具伪证的确凿证据，最终彻底查清了徐清华挪用公款的犯罪事实。白云非常注意洁身自好，当检察官二十五年，从没吃过当事人一顿饭，没喝过当事人一滴酒，没吸过当事人一支烟，没收过当事人一次礼。对需要帮助的人，他慷慨解囊；对公家的账，他却分得很清。一次，财务室会计在核签白云的出差费单据时发现，一张十元的出租车票上写了一行字："实付五元，请按五元报。"原来，白云从省城开会回到聊城时赶上下大雨,他打出租车从火车站回单位花了五元钱,但司机只有十元的发票。于是,他在报销时特意注明。正是通过一件件平凡小事,白云以对党和人民的忠诚和真情,展现了一位人民检察官的深切情怀!

常修为政之德,常思贪欲之害,常怀律己之心,这是每一个为官者应该做到的。但在现实生活中,要做到白云这样却是非常难的。而正因为如此,他才能在老百姓面前树立良好的形象。作为一名执法者,务必要摆正自己的心态,凡事都要从小事做起。如果能这样坚持下去,那么,距离先贤所说的"铁肩道义"也就不远了。是谓:

为政者,先正心;

道与义,集于身;

铁肩柔情担道义,俯首躬亲为万民。

(胡海香)

廉

题 解

"廉"字的意义，综合《说文解字》、《辞海》的解释可知：从字源上看，从广，兼声，本义作"仄"解，即侧斜之意，乃指堂屋之侧边而言，故从广。又以"兼"从手执二禾，有合二为一之意，廉虽在堂侧而实与堂相连为一，故从"兼"声。廉，在《辞海》中列出五个义项：堂屋的侧边，廉洁，便宜、价钱低，考察、查访，姓。本文就"廉洁"一意展开。

廉，原来指堂屋的侧边，如《仪礼·乡饮酒礼》："设席于堂廉东上"，郑玄注："侧边曰廉。"这是廉洁意义生发的基础。由于堂屋侧边的廉石，平整修洁而又棱角高耸，所以，由廉字的引申意义组成廉洁、廉明、廉正、廉直、清廉等词语，基本上指道德高尚、正直清白的人或者行为。廉洁，《辞海》解释为清廉，清白，与"贪污"相对。《楚辞·招魂》："朕幼清以廉洁兮。"王逸注："不受曰廉，不污曰洁。"《汉书·禹贡传》："禹又言孝文皇帝时贵廉洁，贱贪污。"

"廉"与"贪"相对。《辞海》解释"贪"为爱财，《史记·伯夷列传》："贪夫徇才。"也泛指无节制的爱好。《吕氏春秋·慎大》："暴戾顽贪。"高诱注："求无厌足为贪。"又解释为爱好，舍不得。如贪生怕死。对贪污解释为：国家工作人员利用职务上的便利，侵吞、盗窃、骗取、套取国家或集体财务，强索他人财物，收受贿赂以及其他假公济私违法取利的行为。有人戏言，"贪"，从"贝"、从"今"。是指一个人今天见钱今天必得的急迫心态，虽然牵强附会的意味很浓，但对我们理解贪和廉的意义却有些帮助，可聊备一说。

　　本题所述廉洁，系指官员的一种道德操守，一种价值理想，也是一种政治伦理，即为政者不取不义之财。此为官德之首，政声之要。《管子·牧民》中说：礼义廉耻，国之四维；四维不张，国乃灭亡。古今中外，因廉洁而名垂青史者不可计数，但因贪腐而遗臭万年的也不绝于书。廉，作为一种政治伦理追求，归根结底还在于心态。守得住自己的心灵，战胜贪欲，才能清正廉洁；守不住自己的心灵，为贪欲所役，必然走向腐败。廉与贪，皆生于心，而行于迹。所以，本题注重结合实例，从心态伦理的角度来剖析廉洁，但愿能对人们有所启悟。

（纪洪涛）

1. 悬鱼悬瓜
——清正廉洁的千古佳话

　　中国历史悠久，廉政文化源远流长。虽然封建朝廷难以逃脱从政治清明到腐败亡国的兴亡律，但历史上，仍然有众多封建官吏洁身自好，一心为民，拒绝贿赂，留下千古佳话。

　　据历史记载，东汉时的羊续（142—189年）字兴祖，东汉时期太（泰）山阳平人，为官清廉。羊续于中平三年，被朝廷任命为南阳太守。当时的南阳，吏治腐败，奢侈、贿赂成风。羊续一上任便大刀阔斧地清肃政风，纠弊补偏，兴利除害，深得老百姓的爱戴。郡丞为了与他联络感情，送给他一条名贵的大活鱼。羊续将鱼收下，但是他不吃也不送人，而是将那条鱼"悬于庭"。果然，郡丞认为羊续收下了那条鱼，不久，又送鱼来。羊续便将上次悬挂于庭院中的那条鱼指给郡丞看，以此谢绝了郡丞。郡中官吏惊恐，都被他慑服，再也不敢来送礼。百姓争相传颂他的事迹，打心眼里敬佩这位新来的太守。从此羊续就有了"悬鱼太守"的雅号,"悬鱼"便成了为官清廉的典故,常被征引。一千多年后,明朝民族英雄于谦有感此事曾赋诗曰:"喜剩门前无贺客,绝胜厨传有悬鱼。清风一枕南窗外,闲阅床头几卷书。"无独有偶,北齐时苏琼官拜南清河太官。一日,八十岁退休还乡的原乐陵太守赵颖亲自给他送来两只新瓜,苏琼不忍辜负老人的好心,只好把瓜留下,但他并不吃,而是将其悬于屋梁之上。这时,有人听说苏琼收受了赵颖的瓜,争相送来新鲜水果,及至看到梁上悬瓜,才知道苏琼决不收礼,一个个自动离去。

羊续和苏琼虽然是封建官吏,但官德高尚,不为利益所动。其悬鱼悬瓜,悬挂的是一种人格,一种操守,一种清廉的决心。在腐败盛行的封建时代,尤其难能可贵。

在中国这个人情社会中,一个官员经常面对迎来送往,要想保持清廉,拒绝贿赂,有时还真的会左右为难。现实中常常听到人说,有时候拒绝收礼比给人家送礼要困难得多。此言初听似乎有几分道理,但静言思之,问题还是在于廉洁的信念不够坚定。春秋时齐景公的大夫晏子,智慧过人而又清正廉洁,深察民间疾苦,生活俭朴。北宋名臣包拯,一生铁面无私,刚正不阿。他们都巧妙地化解了最高当政者的恩赐,所以能名垂千古。

拒绝皇帝的确不易,但身居高位对待百姓而能严于自律,也照样令人敬佩。周恩来总理一生鞠躬尽瘁,勤政为民,是共产党员的楷模。还在延安的时候,生活十分艰苦,周恩来工作劳累,警卫人员为了给他补补身体,就用四双旧布鞋换了老乡一条狗,准备给周恩来加加营养。周恩来知道后,严厉批评了好心的警卫员:四双旧布鞋怎么能换得了一条狗,这明显是不公平的交易。老百姓相信共产党,但我们绝不能侵害群众的利益。第二天,周恩来带领警卫员到老乡家道了歉,并亲自付了钱。看看今天的有些官员,不但坦然接受部下的"贡献",而且还会示意甚至安排部下去满足自己的物欲。有些人甚至肆无忌惮地索要贿赂,对不跑不送的人打入冷宫,甚至给小鞋穿。人格高下,一目了然。

人能够战胜敌人,能够改变自然,但往往败给自己的欲望。众多建立过巨大功业,甚至为老百姓做了很多好事的官员由于抵制不住自己的贪心和欲望,一失足成千古恨。从这个角度上来看,悬鱼悬瓜并不仅仅是给送礼的人看，更重要的是悬给自己看，悬给自己的良知看。孔子说："不义而富且贵，于我如浮云。"儒家并不排斥财富，但绝对不能接受不符合道义的钱财。儒家也特别重视名节，要求官员爱民如子，关心民瘼。所谓"一丝一粟，我之名节；一厘一毫，民之脂膏"。如果破坏自我的名节和操守，即使皇帝的赏赐也要坚决拒绝，哪怕是草民百姓，也绝不仗势欺人，平等相待。只有心怀道义，心怀人民，才能战胜自己的贪婪之心，无论千金资财、如花美色还是一瓜一豆，都视若浮云，不动于心。正所谓：

悬鱼悬瓜，成千古廉洁佳话；

怀义怀民，视千金如若浮云。

（纪洪涛）

2. 董县令的棺材
——清官的无私与无畏

据《后汉书·酷使列传》记载：东汉时的董宣，曾任北海相、江夏太守、洛阳令等职。董宣当官不畏强暴，惩治豪族，声名远扬，传为佳话。

历代县令赴任时或坐八抬大桥，或骑高头大马，好不气派，然而董宣到洛阳上任那天却既不坐轿也不骑马，而是让衙役抬着一口油光发亮的棺材。董宣有话：洛阳乃京都圣地，权臣云集，皇亲国戚多居于此。闻听贪官污吏还在逍遥法外，皇上委任卑职为洛阳县令，既食国家俸禄，就应为政清廉。欲依法治县，严惩贪官污吏，就难免得罪一些皇亲国戚、奸官权臣，卑职不怕杀头，因而今日抬此棺材准备随时为国殉职。

从董县令的抬棺上任可以窥见其为官之道有可贵的两点：一曰无私，二曰无畏。我们先来看看董宣无私到何等程度吧。董宣享年七十四岁，卒于洛阳。他死后光武帝遣人致哀，其妻哭诉说："我家仅有破被三条，麦一斗，今后的日子更苦了。"使者进屋一看，果然如此，遂据实奏明皇上。光武帝哀伤地说："董宣清廉，朕之清官也。"遂赐米千担，并封其子。董宣为官一生，仅有"破被三条，麦一斗"，何其寒碜？但这正是他"既食国家俸禄，就应为政清廉"官德的具体体现。在他看来，当官即不许发财。

再看董县令的无畏。他抬棺上任一心想的是忠君为民，伸张正义，不惜随时以身殉职。地方官公孙丹依仗手中的权势，搜刮民财，草菅人命，被他杀了；光武帝的姐姐湖阳公主的家奴害了人命，也被董县令捉来杀了。董县令因此被人称为"卧虎令"，令洛阳那些横行霸道的官僚畏惧不已。

佛经上有一句话，叫做"无欲则刚"，意思是说，一个人如果没有什么欲望的话，就什么都不怕，什么都不必怕了。在高官云集的洛阳，董县令何以无所畏惧？因为他无私，无私也就不会授人以柄，惩治起贪官来也就无所畏惧；因为无私，一切为国家和百姓着想，占据着道义和法律的制高点，发号施令也就理直气壮。抬着棺材上任，显示的是一种无所畏、无所求的从政决心。一个随时准备好献出生命的官员，不但不会被所谓金钱美色所诱惑，也不会被强权暴力所屈服。官员一旦满怀私欲，就很难做到刚直不阿了，要么利用手中的权力谋取私利，贪污腐败；要么不履行职责，得过且过，纵容部下腐败；甚至被人牵着鼻子，成为别人的工具，自己也就会上演人生的悲剧。《论语·公冶长第五》：子曰："吾未见刚者。"或对曰："申枨。"子曰："枨也欲，焉得刚？"所以，无私和无畏紧密相连，无私者才能无畏，无畏者必须无私。

拿今天的某些官员与董县令比，其反差令人咋舌！他们利欲熏心，贪婪成性，完全成了贪欲的奴隶，把党和人民给的权力，当做自己谋私的工具，贪污受贿，卖官鬻爵，失职渎职，大吃大喝。一些人想尽一切办法以权谋私，连家人日常消费也想方设法开成办公费报销。一些人把"乌纱"看得重而又重，为了保住"乌纱"不择手段地投机钻营，把原则、职责抛到了九霄云外，这些人哪里还有一点为官者的锐气和骨气呢？2007年，国家食品药品监督管理局原局长郑筱萸被执行死刑。身为国家药品监管部门的主要负责人，郑筱萸在保护人民群众用药安全方面，肩负着极其重大的使命和责任，本应恪尽职守、廉洁从政，全心全意为人民服务。但是，他置国家和人民的利益于不顾，利用职权大搞权钱交易，大肆收受贿赂，受贿六百四十九万元；他玩忽职守，草率启动全国范围统一换发药品批准文号的专项工作，擅自降低审批标准，滥批药名，失职渎职，把人民赋予的神圣权力，变成了换取金钱的筹码。湖南郴州原纪委书记曾锦春，本来负有整饬吏治，反对腐败的职责，但是他却利用职务之便，为他人在办理采矿证、争夺矿山资源、承揽基建工程项目、违法释放在押人犯、干部提拔调动等事宜上提供帮助，先后收受私营矿主、建筑承包商、党政干部等七十余人财物，合计人民币三千多万元，另有来源不明家庭财产折合人民币近五千万元。曾锦春和汉代的董宣相比真是天壤之别。历史是公正的，人民是无私无畏的，人民总是按照历史的法则对清官和贪官做出历史的评判。这正是：

无私才能无畏，不欲方可不阿。

无私无畏者名垂青史，贪婪腐败者遗臭万年。

（纪洪涛）

3. 省委书记的自定菜单
——廉洁官员的表率作用

1996年初，湖南省委书记王茂林带省委调查组到花垣县进行调查时，随身带着一份自定菜单：一荤一素一汤。每到一地，他就亲手将菜单交给负责同志，反复叮嘱按菜单备餐。就连元宵节那天，也不例外。他的这一举动，极大地带动了当地干部的清正廉洁、艰苦奋斗的作风和风气。俗话说，榜样的力量是无穷的。越王好勇，民多轻死；隋王好色，官都贪财。当官，理论水平有多高，技术业务有多精，组织能力有多强，跟官德相比都是次要的。为官清廉抑或腐败，对下属潜移默化的影响极大，与单位、国家的兴衰息息相关。

孔子曰："其身正，不令而行；其身不正，虽令不从。"（《论语·子路》）孔子认为做官首先要自身正，政令才能畅通。否则，你的命令就得不到拥护和执行。廉洁也是一样的道理。要想建设廉洁政府，官员首先要以身作则起表率作用，下属自然效仿廉洁自律；反之，自身不端正、不廉洁，不但不能说服他人，而且会上行下效，带坏队伍，搞坏风气。

汉代桓宽有言：欲影正者端其表，欲下廉者先己身。意思是要想影子正时就把个人仪表搞端正，要叫下属廉洁先要自身廉洁。领导干部作为管理者只有以身作则、率先垂范，才能管住自己，带好队伍，才可能推动党风廉政建设和反腐败斗争的深入进行。在抓好措施的同时，更要注重其中的核心问题，即领导干部能否以身作则。因为没有领导的以身作则，学习将难以取得成效，制度也将形同虚设。任何事业都有困难之处，廉政建设也是如此。在困难面前，只有和人民同甘苦、共命运，才能赢得人民的信任，才能产生号召力和影响力，人民才会跟你走。领导干部要一身正气、两袖清风，不以权谋私、不搞特殊化，做到政治坚定、作风优良、纪律严明、勤政为民、恪尽职守、清正廉洁，做合格的人民公仆。如果仅仅知道唱高调，只要求别人和下属清正廉洁，自己却腐化堕落，即使迫于你手中的权力，一时无人公开反对，却又怎么能让人心服口服？长此以往，下属不肯用心尽责，必然政令废弛，发展迟滞，问题丛生，人民遭难。因此，领导干部自身的榜样力量，对于廉政建设意义重大。自己做好一点，比千百次走形式的廉政会议和口头教育要好得多。

然而，有的领导干部可能会有一种想法，自己辖治一方，很多时候不是不想为下属树立榜样，而是如果过分廉洁，一来显得不近人情，二来也没有领导干部的面子，反倒不利于团结，不利于在下属面前树立权威，自然也就影响工作开展，于国家社会利益有损。因此，有的领导习惯在下属面前讲排场，重场面。其实，这种思维方式，混淆了个人权威和国家利益的概念，领导权威是国家赋予的，只要做好领导工作，就不会损害到岗位的权威，况且权威的建立不依赖场面和震慑，而应该是让人真正的心悦诚服。

其实，领导干部的廉洁示范作用，除了对下属的模范作用，还对欲行贿赂之人有警示作用。自古以来，有行贿才有受贿。行贿为官员的腐败提供了利益驱动力。对于行贿者的心态和对付行贿之风的方法，唐代陆贽的分析一针见血："人之行贿，并非所愿。只是行之有利，不行有虑。因之，肃贿风，由上起。上之所为，以导下也；上所不好，以检下也。"意思是说，人们所以行贿，并不是心甘情愿的。只是因为行贿对个人有利，不行贿又有顾虑。所以，要肃行贿之风，应由上做起，因为上面的做法，可以引导下面，上面不去受贿，可以制止下面不来行贿。领导干部能够严格要求自己，不被各种利益诱惑，身正名清，自然就可以让行贿之人望而却步。

领导干部做廉洁表率对家属子女、亲朋好友和身边工作人员还有教育和引导作用。三国时,魏国荆州刺史胡质的廉洁操守人人称道。一次他的儿子胡威从京都家中赶到荆州去看望他,等回家时,胡质拿出一匹绢,让他路上做盘缠。胡威跪在父亲面前说:"爹爹为官一向清正,不知此绢从何而来?"胡质说:"吾儿不必怀疑,此绢是我的俸禄所余。"胡威谢过父亲的赏赐,遂骑驴上路。一路上,他都是自己放驴,自己砍柴做饭。

后来胡威也官任刺史,政绩卓著,清名遐迩。入晋以后,晋武帝接见了他。晋武帝谈起当年胡质的生平事迹赞叹不已,遂向胡威道:"你的清廉和你的父亲比起来怎样?"胡威答道:"不如吾父。"晋武帝问:"为什么呢?"胡威说:"臣父清廉唯恐人家知道,臣清廉唯恐人家不知道,所以臣和家父相差甚远。"一名封建官吏廉洁自律到如此境界,不但其儿子敬佩效仿,成为一代廉吏,而且也堪称后世官员的楷模和榜样。

《贞观政要·君道》中曾说:"若安天下,必先正其身,未有身正而影曲,上治而下乱者。"当今时代,推行民主政治、建设清廉政府成为全球的政治准则。官员的廉洁表率作用在其中必将起到极大的推动作用。正可谓:

　　身正才能影子直,打铁还需自身硬。
　　只要官员能廉洁,口号就能变军令。

(纪洪涛)

4. 亡身亡家亡国
——贪腐之害猛于虎

曾经权倾朝野的清代大贪官和珅贪腐成性,所搜刮的财产富可敌国,成为历史上的巨贪之一。依照薛福成《庸庵笔记》中的记载,和珅家的财产全部合计约值十一亿又六百万两,相当于清朝十五年到二十年的财政收入。正如民间谚语所说:"和珅跌倒,嘉庆吃饱"。但在其身陷牢狱,即将被处死之前,可怜哀叹,赋绝命诗一首:

夜色月如水，嗟尔困不伸，
百年原是梦，卅载枉劳神。
暗室难换算，墙高不见春，
星辰环冷月，缧绁泣孤臣。
对景伤前事，怀才误此身，
余生料无几，辜负九重仁。

从诗中可以看出，似乎和珅仍然没有认识到何以身陷缧绁之中的真正原因，误以为是自己的出色才华害了自己。但其中所描写的狱中的凄苦情状却令人感到可怜可叹，可恨可悲。人们总用"苛政猛于虎也"来形容暴政的危害。其实，贪腐和暴政往往是一对孪生兄弟，其危害乃猛虎所不能形容。贪腐不仅仅能够使自己身陷缧绁，而且往往累及家人亲朋，甚至让国家败亡。因为贪腐导致身败名裂、国破家亡的例子不胜枚举。

某专家在廉洁教育报告中，告诫各位官员要学会算"三笔账"：一是政治账，二是经济账，三是家庭账。一旦贪腐事发，政治上会永不翻身，经济上会倾家荡产，更令人痛心的是家庭破败，亲人离散，家族蒙羞，甚至白发人送黑发人。还有一种贪官，由于一人贪腐竟然连带举家陷入牢狱，成为腐败之家。原黑龙江省政协主席韩桂芝受贿702万元，被判处死刑缓期二年执行。她的"权贵之家"中，大儿子、小儿子、大儿媳、小儿媳以及韩桂芝的妹妹，全家六人涉嫌贪污受贿，只有其丈夫一人独善其身。曾经的权贵之家，竟落得"一片白茫茫大地真干净"。正在陷入贪腐案之中的陈水扁，曾自诩为台湾地区"民主政治的奇迹创造者"，不曾想自己嘲弄了自己，并且连妻子、儿子和儿媳举家身陷弊案。虽然案件尚在侦破之中，但是从目前已经查证的事实来看，所谓"台湾第一家庭"恐怕会失去往日的风光。

贪腐之害，首在毁身，次在败家，再次亡国。所以全身之要首在廉洁，为政之德首在廉洁。看到贪腐的害处，才知道廉洁的可贵。然而，人们往往看到贪官享尽人间荣华富贵，却忘记了这种富贵背后的巨大危害。往往看到贪官的表面风光，却看不到因为贪腐造成的巨大心理压力。国外有心理学家研究发现，贪官的心理最需要疗养，由于长期生活在面具之下，内心的压抑、紧张和焦虑,对身体造成极大危害。巴西的马丁斯博士是著名的心身医学专家。他的研究资料中,有特别引人注目的一条:十六名福利局官员,平均年龄只有四十一岁,都被指控严重渎职、以权谋私,因案情严重全被免职。其中十五人在三年后患病,这十五人中有六人死亡,四人患癌症,二人患脑出血后遗症,一人患帕金森综合征,二人失明。在中国内地,北京安贞医院的洪昭光教授最近多次引用这一资料,用以论证他的"廉洁有益健康"的观点。从这个角度看,腐败的害处不仅仅是会身陷牢狱,家庭败落,国家灭亡,即使是那些逃脱了法律制裁的贪官,其实天天承担着道德和正义的谴责,内心焦虑,人格扭曲,已经是付出了巨大的代价。廉洁的可贵,不仅仅是维护了正义,对得起百姓,而且还有利于自己的身心健康。这正是:

    贪腐猛于虎,清廉贵似金。
    腐败自掘牢狱,廉洁有益身心。

(纪洪涛)

5. 廉与贪的博弈
——官员的艰难选择

  选择清廉,古已有之。历史上有些清官由于廉洁自律,家境贫寒,甚至连赡养父母,养育子女都成了问题。上古时候,楚国流传着一首歌谣《慷慨歌》:

    贪吏而不可为而可为,
    廉吏而可为而不可为。
    贪吏而不可为者,当时有污名;
    而可为者,子孙有家成。
    廉吏而可为者,当时有清名;
    而不可为者,子孙困穷被褐而负薪,

贪吏常苦富，廉吏常苦贫。

独不见楚相孙叔敖，

廉洁不受钱。

这首歌谣背后有一个著名的历史故事：楚国的贤相孙叔敖清正廉洁，虽贵为宰相，但并没有多少财产留给子孙。孙叔敖快去世时，嘱咐儿子："如果你将来贫苦不堪，可以去找我的老朋友优孟，他还欠我一千块钱。"后来，他儿子果然贫穷无计，难以度日，只能以打柴为生。他就找到优孟求助。优孟是楚国的乐长，很有表演才能。他就穿戴上孙叔敖的衣冠，模仿孙叔敖的形容语言动作。一年后，已经可以达到以假乱真的地步，和孙叔敖没有什么两样。一天，楚庄王大宴群臣，优孟打扮成孙叔敖的模样上前敬酒。楚庄王大惊失色，以为孙叔敖死而复生，欲拜其为相。优孟说："楚相我是不做的。以前孙叔敖做楚国的宰相，很得大王器重。现在他死了，他的儿子却贫困交加，每天靠打柴负薪度日。真要像孙叔敖那样，还不如自杀算了。"接着，优孟唱了这首《慷慨歌》。楚庄王恍然大悟，遂将孙叔敖的儿子招到王宫，加官晋爵，还送了一个叫寝丘的地方做他的封地。尽管选择清廉也就意味着选择贫困，但孙叔敖仍然选择了前者。

在清官和贪官的较量中，清官总是以道义和民心胜出；但贪官往往靠君心和私利自得。为官清廉，往往要甘受清贫；为官贪腐，却往往享尽荣华。清官可以赢得民心，但皇帝未必欣赏；贪官遭到百姓唾骂，在皇帝那里常常成为红人。贪官事发以后，就会锒铛入狱，身败名裂；清官遭到贪官的算计或者皇帝的误会，含冤去世的也并不少见。所以，廉与贪的博弈，在有限的历史空间之中，胜负的确并不会完全符合百姓的愿望。以至于有学者认为：在中国传统的集权社会中，若想人生效益最大化，当官要当贪官，做民要做顺民。然而，纵观历史，正义总是战胜邪恶，廉洁总是战胜贪腐，众多官员在廉与贪的博弈中，总是要选择廉洁，尽管这种选择可能十分艰难！

明代清官的典范海瑞，清廉到了近乎苛刻的地步。他任淳安县令时，自己种菜自给，穷得连肉都吃不起。有一次，海瑞的母亲过生日，他买了二斤肉，一时成为官场的新闻事件。总督胡宗宪都以此为奇，发布新闻：

"昨天听说海知县为其母过生日,买了二斤肉!"海瑞去世后,家里只剩下十几两银子,连自己的丧葬费都不够。最后,靠同事们凑份子,才替他料理了后事。海瑞不但为官清廉,而且刚直不阿,敢于上书批评皇帝,敢于反对豪强势力兼并土地,可以说是国家栋梁。但海瑞竟然两次被罢官,还曾锒铛入狱,但这并没有改变海瑞的选择。

鲁迅先生曾说:真的猛士,敢于直面惨淡的人生,敢于正视淋漓的鲜血。真正具有政治信仰的官员,的确能够像鲁迅先生笔下的"真的猛士"一样,直面选择的困境,做出猛士一样的选择。直到今天,有些落后地区官员工资低,并且经常发不到位,导致有些清正廉洁的公务员家庭入不敷出。据报道,某乡长下班后要蹬三轮贴补家用。众所周知的人民的好公仆焦裕禄、孔繁森等虽然是较高级别的干部,但衣食住行都十分朴素,家里几乎没有什么财产。

这种状况对一个有着坚定的政治信仰和高尚节操的官员来说,安贫乐道,勤政廉洁,似乎并无大碍。但对于意志薄弱、利欲熏心的官员来说,一旦不能自律,势必会利用手中的职权损公肥私,贪污受贿。如果再配以松弛的法纪、漏洞百出的制度、崇尚奢靡的社会风气、笑贫不笑娼的道德环境,腐败就会像瘟疫一样迅速蔓延。腐败本身会慢慢地成为一种常态,一种公职人员的价值追求,有时甚至会成为官场的潜规则。大家必须遵守这种腐败的规则,不遵守这种规则,甚至不能很好地适应和利用这种规则,就会被淘汰出局。在这种腐败的场域之中,廉洁的代价日渐增大,腐败的代价日渐缩小;廉洁的"红利"日渐缩小,腐败的"红利"日渐膨胀。这种现象并非危言耸听。近年来,所谓"窝案"越来越多,往往是一个班子,一个集体,甚至一个单位全部烂掉,几乎到了全员皆贪的地步。廉洁的力量在这种环境中已经完全处于下风,变得十分微弱。

当然,这种现象的主要原因并非是薪酬偏低,而是由于上述种种因素的合力所致。薪酬偏低只是众多酵母中的一个。但廉洁的代价过大,而腐败的代价过小,并且随着环境的恶化,这种状况形成加速状态。最先是清官经济上贫困,要甘于粗茶淡饭;吏治腐败以后,清官又在政治上失意,要甘于久居人下;道德观扭曲之后,清官还可能要面对道德的谴责,众人的鄙视,"小人道长,君子道消"的局面就会形成。从历史长河来看,廉洁作为政治伦理的基本的价值追求一直占据优势地位，推动着人类政治文明的进步。但在某个时段，某个地域，某个团体之中，清官困境往往经常出现，甚至被逐步放大。历代封建王朝，无论是亡于农民起义，还是亡于异族入侵，考察其吏治环境，一定会出现这种清官的困境。一旦这种现象扩散至整个朝廷，升级为官场风气，则此国必亡。这种困境发展升级的线路图十分清晰：经济（物质）——制度（政治潜规则）——文化（道德观和价值观）。呈现出由浅层到深层，由物质到精神的发展规律。

但是，即使在一个腐败盛行的环境中，我们看到仍然有很多官员安贫乐道，保持美好的品行和高尚的节操，不同流合污。对一位官员来说，置身官场也就置身于廉和贪的博弈之中，这种博弈既是现实的政治选择，更深层的是一种心灵的选择，一种道德的选择。道义和利益的背离其实是历史的常态。追求利益是人的本性，也是历史前进的动力。追求道义则是文明的要求，也是人类进步的力量。对一名官员来说，承担着更多的社会责任，是普通民众的榜样，他的选择更加关乎社会的发展和民众的福祉，理应做出道义的选择。尤其是在道义和利益背离的时候，必须放弃利益，这是对一个公职人员的基本要求。在廉洁和贪腐的博弈场中，时时刻刻都选择廉洁，这是公务员的政治伦理和职业道德。也正是靠着千千万万官员做出的正义选择，清廉才能战胜贪腐，政治史才不会变成贪官史。所以，做一个清廉的官员，远远比做一个淡泊名利的普通人更加困难。因为，天天面对贪和廉的博弈，需要更加坚定的信念和高尚的道德！所有民众都应该向清廉的官员表达敬意。正是：

> 贪官易做，清官难当；
> 舍易就难，万民景仰。

（纪洪涛）

6. 康熙的发现
——奢俭和贪廉的辩证关系

康熙皇帝在《庭训格言》中曾这样说:"若夫为官者俭,则可以养廉。居官居乡,只缘不俭,宅舍欲美,妻妾欲奉,仆隶欲多,交游欲广,不贪何以给之?与其寡廉,孰若寡欲?语云:'俭以成廉,侈以成贪。'此乃理之必然者。"康熙皇帝在这里发现了一个重要的吏治现象:那就是奢俭和贪廉之间,存在着紧密的关联。侈靡风行之处往往也是贪风炽盛之地,竞尚挥霍之徒也常常是贪赃枉法之辈。康熙时担任过文渊阁大学士的陈廷敬曾说:"贪廉者,治理之大关;奢俭者,贪廉之根底。"(蔡冠洛:《清代七百名人传》)意思是说,官吏之贪墨或清廉,是事关政治大局的事情;而决定官员或贪或廉的根基,则在于其追求奢侈还是谨守俭约。既然人们对贪官污吏深恶痛绝,崇俭鄙侈也自然成为政治伦理的一个重要价值取向。

历史上,古今中外官员勤俭节约的故事不胜枚举。经济困难时期,毛泽东自己主动减薪、降低生活标准,不吃鱼肉、水果。有一次他召开会议到中午还没有结束,他留大家吃午饭,餐桌上一大盆肉丸熬白菜,几小碟咸菜,主食是烧饼。伟人在勤俭节约方面为国人做出了表率。反观今天,在金融风暴的打击下,中国经济发展面临严重挑战之时,很多国家企事业单位高管薪资不降反升,富了自己,亏了国家,也让社会和民众大失所望,在网上引起热议和批评。不禁让人慨叹这些掌握国家权力和金钱的公仆们的责任心"进化"到哪里去了。

英国女王伊丽莎白二世经常说的一句英国谚语是"节约便士,英镑自来",每天深夜她都亲自熄灭白金汉宫小厅堂和走廊的灯,她坚持皇家用的牙膏要挤到一点不剩。而号称"车到山前必有路,有路必有丰田车"的日本丰田公司,在成本管理上从一点一滴做起,劳保手套破了要一只一只地换,办公纸用了正面还要用反面,厕所的水箱里放了一块砖用来节水。一个贵为一国之尊,一个是世界著名的跨国公司,节约意识如此强烈,不能不令人赞叹。

建国初期,有一首歌唱得好:"勤俭是咱们的传家宝,社会主义离不了。不管是一寸钢、一粒米、一尺布、一分钱,咱们都要用得巧。好钢用在刀刃上,千日打柴不能一日烧。"当时,国人都把勤俭节约作为做人和干事业的行为准则。然而随着我国国力的增强和生活的改善,有些人把勤俭节约的优良传统丢了。君不见,当前社会上超越现实、盲目攀比的畸形消费;斗富摆阔、一掷千金的奢靡消费;过度包装、极度美化的蓄意浪费;"长明灯"、"长流水"的随意浪费等现象比比皆是,令人扼腕。这种状况的出现,其社会根源便在于传统中国社会缺乏有效的制约和监督机制。在一个缺少制约和监督的环境里,那些一心只想升官发财的人,一旦手握重权,就立即安富尊荣,穷奢极侈,整日里锦衣玉食,声色犬马,骄奢淫逸,纸醉金迷。而为了满足这些无休止的欲念,就必定要贪污受贿,巧取豪夺。

常言道:"由俭入奢易,由奢返俭难。"对侈靡的追求是难有止境的。一旦身涉浮华,就会得陇望蜀,贪多务得,久而久之,则沉溺其中而不可自拔。可惜言者谆谆,听者藐藐。一旦某种陋习形成了风气,往往能够造成积非成是、以丑为美的怪现象。越是奢靡之风泛滥,就越有必要树立"以俭养廉"的观念。作为一种政治荣辱观,鲜明地提出"俭以成廉,侈以成贪",使崇俭鄙侈成为社会的一种主流意识,是有重要积极意义的。

人们总是把俭与廉紧紧地联系在一起。所谓"唯俭足以养廉",所谓"居官之所恃者在廉,其所以能廉者在俭",所谓"欲教以廉,先使之俭",都是讲勤俭是廉洁的根本。从政治上来说,只有经得起财色等物欲诱惑的人,才能身正行端,真正做到"无欲则刚"。从生活上来说,只有清心寡欲,淡泊自甘,才能无觊觎之心,杜贪婪之念。有人总结俭有四大好处:"俭则安分,俭则洁己,俭则爱民,俭则惜福。"

既然节俭是廉洁的根本,那么和节俭相对的浪费,本身也就可以说是一种腐败。并非只有将声色犬马之利装进自己腰包才是腐败,从更高的要求上来说,肆意公款消费,不知有度;在职权范围内利用政策漏洞进行灰色交易,甚至不按实际情况申报财政支出,只顾尽量多占多拿,为本单位某利益;在财政结算日前罗织名目,该花的不该花的都大手大脚,只为了将剩余资金用光用尽……这些浪费国家财富的行为,也是另一种腐败。

另外关于节俭，还有一个概念不能不谈，那就是勤劳。只有节俭，而不勤劳，那只是守成，最终落得坐吃山空的结局。勤劳用心，和节俭是分不开的。只有勤劳为政，才能实现发展，勤政是节俭的基础，节俭是勤政的补充和有益支持。

有这么一个民间寓言：从前，在伏牛山下，住着一个叫吴成的农民，他一生勤俭持家，日子过得无忧无虑，十分美满。他临终前，把一块写有"勤俭"两字的横匾交给两个儿子，告诫他们说："你们要想一辈子幸福，就一定要照这两个字去做。"后来，兄弟俩分家时，将匾一锯两半，老大分得了一个"勤"字，老二分得一个"俭"字。老大把"勤"字恭恭敬敬高悬家中，每天"日出而作，日落而息"，年年五谷丰登。然而他的妻子过日子却大手大脚，孩子们常常将白白的馍馍吃了两口就扔掉，久而久之，家里就没有一点余粮。老二自从分得半块匾后，也把"俭"字当做"神谕"供放中堂，却把"勤"字忘到九霄云外。他疏于农事，又不肯精耕细作，每年所收获的粮食不多。尽管一家几口节衣缩食、省吃俭用，毕竟也是难以持久。这一年遇上大旱，老大、老二家中都早已是空空如也。他俩情急之下扯下字匾，将"勤"、"俭"二字踩碎在地。这时候，突然有纸条从窗外飞进屋内，兄弟俩连忙拾起一看，上面写道："只勤不俭，好比端个没底的碗，总也盛不满！只俭不勤，坐吃山空，一定要受穷挨饿！"兄弟俩恍然大悟，"勤"、"俭"两字原来不能分家，相辅相成，缺一不可。吸取教训以后，他俩将"勤俭持家"四个字贴在自家门上，提醒自己，告诫妻室儿女，身体力行，此后日子过得一天比一天好。

作为官员，节俭可以养廉，奢侈导致贪腐。要想廉洁，首先要有艰苦朴素的作风。但仅仅节俭还不是一个好官，还要勤政，要干事创业，才是一个好官。现在有两种官员令人颇有争议：一种官员，能力很强，干事很多，成绩很大，但是贪腐成性，生活奢靡。一种官员谨慎自守，艰苦朴素，但却无所作为，当清闲官，做老好人。前一种人能成事但也会坏事，后一种人不能坏事，但也不能成事。这两种官对于国家和人民看似有益，实则有害。现代政治对一个优秀官员的要求是多方面的，既要干事创业，又要清正廉洁，还要艰苦朴素。正因为对官员的要求高，所以国家才要选拔出德才兼备的人做公务员，社会才要给予官员更多的尊重和更高的社会地位，人民才会把国家

命运和个人幸福托付给官员。这正是:

勤俭可养廉,奢靡会致贪。
勤政又廉政,人民称好官。

(纪洪涛)

7. 廉洁的族规家训
——家族最可宝贵的道德财富

北宋包拯,为官清廉公正是妇孺皆知的,老百姓称之为"包青天"。包拯一生,身居高位,廉洁无私,痛恨贪官污吏,且家教极严,到了晚年,担心后代会出不肖之徒,于是就在家中立了一块石碑,上面镌刻着著名的《诫廉家训》以警戒后人。原文是:"包孝肃公家训云:后世子孙仕宦,有犯赃滥者,不得放归本家;亡殁之后,不得葬于大茔之中。不从吾志,非吾子孙。"共三十七字。其下又云:"仰珙刊石,竖于堂屋东壁,以诏后世。"要求包珙将这一段话刻在石头上,立于堂屋之内,让后代子孙谨记祖训,清廉做官。中国是一个具有悠久家族传统的宗法社会。几千年来,家族宗法是仅次于国家的一个维系社会的重要力量。对中国人来说,不被祖宗承认为子孙,死后不能埋入祖坟,这是最大的惩罚。所以,包拯的诫廉家训对包氏后人来说,就类似宗教戒律,起到极大的约束力量。

族规家训,是中国家族文化的重要内容,蕴含着中国传统道德伦理的精华,在维系中国社会,促进社会和谐方面发挥着重要作用。廉洁,就是家训家规中的一个重要思想。为了让家族能够世代兴旺,很多大家族把廉洁写入族规家训,作为教育子孙后代安身立命,百代传承的道德训诫。

清朝中兴名臣曾国藩,一生倡导为政者应勤政廉明,亦善保自身廉洁。曾国藩家训"八本",其中有"做官以不要钱为本"。他曾郑重向家人言明:以做官发财为可耻,以宦囊积金遗子孙为可羞可恨,立誓总不靠做官发财以遗后人。"将来若做外官,禄入较丰,自誓除廉俸之外,不取一钱。廉俸若日多,则周济亲戚族党者日广,断不蓄积银钱为儿子衣食之需。盖儿子若贤,则不靠宦囊,亦能自觅衣饭;儿子若不肖,则多积一钱,渠将多造一孽,后来淫佚作恶,必且大玷家声。故立定此志,决不肯以做官发财,决不肯留钱与后人。"(《曾国藩家书》)曾国藩认为,清廉是保身保家之术。为官清廉能保身避祸,就不会因骄奢挥霍、逾越礼制,而引起君主的猜忌、同僚的怨恨;也不会因搜刮民脂民膏,而导致百姓唾骂、千夫所指。清廉还能保家守业,使子孙以前辈为道德楷模,自立自强,光耀门楣。所以,曾国藩以史为鉴,把清廉放在"自概之道"之首,作为修身治家的重要内容。人皆爱其子孙,辛劳一生,积累财富大多要留给后人。有人甚至认为个人奋斗就是为了子孙的幸福。然而,把亿万家财留给子孙的不计其数,子孙骄奢淫逸,甚至贪赃枉法锒铛入狱,家道败落的也很多。把廉洁作为一种人生道德操守的信条,写入族谱家训,成为一个家族的世代相传的道德训令,成为一个家族世世代代的金科玉律,的确是一个明智之举。比起留给子孙高官爵位和万贯家财来,更为长远,更为有价值。这是一种精神遗产和道德财富。这种财富不会越用越少,而会越用越多;不会让子孙安乐忘身,而会让子孙刚健自强。古代中国宗教不发达,法律不完善,因此特别强调人的自我修为和道德完善。渠道主要有两条:一是教育,来自于儒家的经典著作,通过科举、私学和官学灌输到人的心灵深处;另一个就是通过宗族社会的乡规民约和族谱家训,利用宗法的力量对人形成一种强大的道德训诫。从这个意义上来说,把廉洁写入族规家训传之子孙后代,对中国古代的廉政建设发挥了积极作用,同时,对家族的兴旺发达也有着重要价值。所以,留给子孙金银财宝,不如传授道德信条。这正是:

忠厚传家远,诗书继世长。

廉洁为家训,子孙保安康。

(纪洪涛)

8. "红颜祸水"
——贪官的挡箭牌

2007年8月9日,山东省淄博市中级法院一审判决:以爆炸罪判处段义和死刑，剥夺政治权利终身；以受贿罪判处其有期徒刑十五年；以巨额财产来源不明罪判处其有期徒刑二年，决定执行死刑，剥夺政治权利终身。以爆炸罪判处陈志死刑，剥夺政治权利终身。以爆炸罪判处陈常兵无期徒刑，剥夺政治权利终身。9月5日，经最高人民法院核准，主犯段义和、陈志在山东济南被执行死刑。至此，全国关注、令人震惊的段义和案件画上句号。但此案揭示出的贪官包养情妇的腐败现象，令人深思。

段义和，原为济南市人大常委会主任，是中共副省级高官，曾任济南市委组织部长、副书记，仕途一帆风顺，在济南家喻户晓，在官场和民间均颇有威望。1994年，段义和在山东聊城挂职地委副书记期间，结识比自己小三十岁的宾馆服务员柳海平并发展成情人关系。段义和自此开始了一种新的别样生活，在获得美色的同时，也戴上了另一种枷锁。段先是通过权力几经辗转，把柳海平安排到济南工作，并成为国家干部。在段的关照下，柳死前已经是济南市国土资源局机关党委正科级干部，兼任局机关团总支副书记。据查，段义和为柳海平在济南购买了4套商品房，2辆小汽车，另外还有100万元"零花钱"，并把柳海平的父母由无业人员"照顾"为济南市的国家干部，还办理了退休手续，柳的妹妹也成了济南市某机关的公务员。段义和身为副省级高官，在济南颇有一言九鼎之威，但在情妇那里已经成为一个被驱使和索取的奴仆和工具。但情人并不就此满足，在钱财和权力之外，柳海平还要名分，要和段义和结婚，百般纠缠，不达目的誓不罢休。这往往成为贪官和情妇关系破裂的临界点。在中国社会，官员有情妇即使尽人皆知，也会"民不告官不究"，平安无事。如果抛弃结发妻子离婚再娶，就会引来一系列严重后果，在政治和道义上付出沉重代价，甚至可能丢掉所有利益的源泉——官位。这最后一棵稻草，彻底压垮了段义和的理智，上演了一出不亚于恐怖片的爆炸案。

段义和一案只是揭露了贪官养情妇现象的冰山一角。近年来被查处的贪官大部分都有情妇这一重要角色。在有些案件中情妇甚至扮演着女主角兼导演的身份。据星岛网2008年11月8日公布的一项调查显示：自2000年至2008年，公开受审或者案发的41名省部级高官中，有36名被曝拥有情妇，占87.80%；高官平均案发年龄为62.58岁，其妻子平均年龄约60岁，而情妇则降至51.42岁。高官与结发妻子年龄相仿，均为困难年代相识，风雨中走过数十载。而与情妇平均年龄相差 11 岁多，最大差距为 30 余岁。

由此看来，拥有情妇已经是贪官的普遍现象。这倒也符合那句话，所谓男人有钱便变坏，女人变坏就有钱。美色和权利在这里如影相随。对贪官来说，国家的法律，百姓的监督都不足以抵挡住美色的诱惑。从这些贪腐案件来看，贪官身边总有一个或者数个女人相伴左右，在其逐步走向犯罪的过程中，这些女性发挥着助手的作用，有的甚至成了贪官的导演，"指导"着贪官一步步迈入深渊。贪腐和女人相互催化：要养女人必须有钱，薪金不足就贪污，钱多了，情妇也要"扩军"，然后是加倍的贪腐，直至东窗事发，银铛入狱。

中国自古就有红颜祸水之说。从夏代的妹喜、商代的妲己、到周朝"烽火戏诸侯"的褒姒，都成了红颜祸水、祸国殃民的代表。似乎男人把持不住犯了事，其责任全在女人。仔细想来，这话的确有失公允。本来是男人乱了心智，坏了德行，却把责任推到为自己提供享乐的女人身上。真的是"既想当婊子，又要立牌坊"。其实，红颜和灾祸本没有什么必然的联系。正是有了贪这个字，红颜才会转化成灾祸。古往今来，有多少美丽的爱情故事，都被"红颜"演绎成千古佳话，在这里"红颜"恰恰是人类美好情感的象征，女性美的典范。为何一到了贪官的故事中，"红颜"就变了角色？其原因，还在于贪官自身出了问题。无论是助纣为虐的妻子，还是为虎作伥的情妇，其实质还是围着贪官这个这个贪字周转。也就是，在一个贪腐案件之中，贪官是绝对的主角，更直白地说，贪官手里那失去约束、缺乏监督的权力才是真正的主角。所谓红颜只不过是替主角顶罪的配角。中国有句格言："物必自腐而后虫生，人必自侮而后人侮"。贪官之贪，决不在于红颜的诱惑，而是自己在欲望面前丢弃了道德和人格。红颜本身就是靠贪腐得来，就是贪腐的结果，而绝不是贪腐的原因。切莫因果颠倒。

然而，那些攀附到贪官身上捞取利益的女人，并非就没有罪责。在一个人面对欲望和利益内心动摇、犹豫不决的时候，往往最需要一声棒喝使之清醒，或是一声温柔的规劝让其迷途知返。此时，是向深渊里推一把还是往正道上拉一把，往往是检验红颜的试金石。情妇之谓关键在于前面的"情"字，是真情还是假情，是祸水还是红颜，全在官员自己的认识和把握。这正是：

  红颜本无辜，祸水自酿成。

  劝君多自律，廉洁保清名。

（纪洪涛）

9. "宁可正而不足"
——黔娄之妻的信念

  据《列女传》记载，一代贤人黔娄死时，孔子弟子曾参前往吊祭，看到黔娄停尸在破窗之下，身着旧绨袍，垫着烂草席，盖的短衾竟不能蔽体，盖住头，脚就会露在外面，盖住脚，头就会露出来，不禁为之心酸，就向黔娄妻建议"斜引其被则敛矣"，意思是说把衾被斜过来盖就可以盖住黔娄先生的全身了。不料，黔娄夫人却说："斜而有余，不如正而不足也。先生以不斜之故，能至于此，生时不邪，死而邪之，非先生意也。"曾参无言以对，痛哭不已，问黔娄妇人黔娄先生死时，以哪个字为谥号，黔娄妻告诉他以"康"为谥号。曾子大惑不解，说："先生在时，食不充口，衣不盖形，死则手足不敛，旁无酒肉，生不得其美，死不得其荣，何乐于此，而谥为康乎？"黔娄妻回答道："昔先生君尝欲授之政，以为国相，辞而不为，是有余贵也；君尝赐之粟三十钟，先生辞而不受，是有余富也；彼先生者，甘天下之淡味，安天下之卑位，不戚戚于贫贱，不忻忻于富贵，求仁而得仁，求义而得义，其谥曰康，不亦宜乎。"曾参听到后，大为感动，说"唯斯人也，而有斯妇！"刘向在篇末赞叹："黔娄既死，妻独主丧，曾子吊焉。布衣褐衾，安贱甘淡，不求丰美，尸不掩体，犹谥曰康。"黔娄妻名叫施良娣，知书达理，明媚灵巧，称得上秀外慧中，其父为"太祝"，这在当时是受人尊敬的职位，因此她可以说是贵族出身，但她拒绝了王孙公子的追求，毅然决然地嫁给了着芒鞋布衣的黔娄子，从此洗尽铅华插上荆钗，并下田与丈夫一同耕作，晨兴理荒废，戴月荷锄归。后来连年荒旱，又逢狂风肆虐，黔娄和夫人衣食维艰，达官显贵纷纷馈赠，也被婉言谢绝，迫于生计，他们迁居齐都临淄，设馆授徒。在黔娄死后，她继承夫君遗志，设帐授徒，专心教化。

黔娄妻子的信念在今天看来，仍然有着深刻的意义。特别是"官太太"们，更应该从中得到启发和教诲。中国历来就不乏境界高蹈，深明大义的女性。作为官员的妻子，会受到更多的尊重，自然也就要有更高的德行，更严格的自我要求。这是为了自己，也是为了丈夫，更是为了家庭。如果每一个官太太都能够有黔娄之妻深明大义、正邪分明的气质，那将会少许多腐败高官。但是现实中却有许多官太太们不但不劝诫丈夫要廉洁自律，反而吹受贿的枕边风，甚至背着丈夫在家收钱藏钱，用丈夫手中的权力便宜行事。据说，原江西省鹰潭市副市长魏时中还算清廉，为了躲避送礼，每逢过年过节都躲到亲戚家中。但是他的妻子侯永娥却非常贪心，她说："你怕什么，别人都这样，不搞是傻瓜，有事我来担，与你没关系。"结果，在老婆的煽动下，他动摇了，夫妻二人共同犯罪，最后魏时中被判刑十五年，侯永娥被判四年。侯永娥、黔娄夫人，孰是孰非，一目了然。

俗语曰"妻贤夫祸少"，这话非常有道理，其实，这话不仅只适用于干部的妻子，更适于干部的所有家人。作为干部家属，更应该尊重他的职业，鼓励和监督亲人廉洁自律，洁身自爱，不受不义之财，不擅自使用权利。支持自己的亲人从自己的职业中取得成就感，而不是从权与钱中获得满足。孔子曾说："不义而富且贵，于我如浮云"，况且即使有黄金万两，也只是日食三餐，大厦千间，也只是夜眠八尺，何必冒着重重危险去搞"灰色收入"？

家庭是一个相互扶持、相互影响的社会细胞，一个有着良好风尚的家庭，会给每个人提供一个健康成长的环境。为政做官者，要深刻领会"修身、齐家、治国、平天下"的道理，在修己身的同时也要时刻劝诫自己的家人自尊自律，不在背后搞腐败，扫己室从而扫天下，"治家之理，同于治国"，"明内而齐外，故家道正而天下正"。古往今来，绝大多数的清官廉吏，不仅自己身正清白，在教育后人方面也是家法甚严，决不纵容儿孙胡作非为。明代南安知府张弼，不仅严于律己爱护百姓，还严格要求自己家人，他曾给妻子写《寄内》诗，嘱咐妻子生活要艰苦朴素，对子女不能溺爱，要授之以诗书事业，传之以清白家风。其诗内容为：

四儿六岁五儿三,莫把肥甘习口馋。
清白传家无我愧,诗书事业要人担。
三餐淡饭何须酒,一箸黄斋略用盐。
闻说有人曾饿死,算来原不为官廉。

这正是:

清官必有贤内助,
赃官常伴贪媳妇。
不为子孙谋财富,
清正廉洁保仕途。

(纪洪涛)

10. 飞蛾扑火的悲剧
——莫做欲望的奴仆

历史上有一个"唐溪拒金"的故事。唐代阡能起义失败后,邛州刺史逮捕了其叔父阡行全一家人,要求太师批准处死他们。太师问分管文书的唐溪该如何处理。唐溪说:"您早已出告示说不追究阡能的亲朋好友,而刺史却还要杀他们,此中一定另有原因。如果杀了,你会大失信用,又会激怒阡能余党纷纷起事。"太师听从了唐溪的建议,结果,阡行全一家生命得以保全。后来,阡行全特地找到唐溪,秘密地送他一百两纯金片。唐溪一看就发怒了,说:"这件事,是太师仁厚英明,同我有什么相干?你这是拿害人的东西来送我啊!"当即还给他金子,并把他赶了出去。本来因唐溪"美言"了几句,阡氏全家才得以保全,这可是活生生的人命,人家感恩戴德,有所"表示"也可以理解,并且怎么"表示"也不过分,可是唐溪丝毫不认为是自己救了这么多人命,因为他觉得这些人按照前因后果,本来就不该死,既然本来就不该死,那么何谈救人呢?我没有救你,你却来送我金子,这算怎么回事,这不是要害我吗!唐溪把金子称为"害人的东西",其心志可见一斑。

古语有云：欲不除，如蛾扑灯，焚身乃止；贪无了，如猩嗜酒，鞭血方休。意思是说，私欲如果不除，就像是飞蛾扑灯，被烧掉才停止；贪占没有了结，就像猩猩喝酒，致尿血身亡才算罢休。飞蛾扑火，猩猩尿血，并不是飞蛾不怕火烫，猩猩不惧酒毒，而是它们难以克制自己的本性，最终殒命收场。如果一个能够不贪光亮，一个能够不贪酒香，那也就没有悲剧。

可见贪婪的确是生命的累赘，是害人之物。有人要说，其实那是因为飞蛾和猩猩没有足够的智慧，所以才不知道也不理解怎么爱惜自己的身体和生命，这话也有道理，可是有了足够的智慧，就能够避免这种自寻死路的下场了吗？品物以鉴人，要说智慧，人类应该有这种明辨是非的能力吧，但是为何人类的贪婪不但对外疯狂掠夺和索取，大自然已经难堪其重；并且在人类社会内部事务上也经常犯飞蛾和猩猩的致命错误！贪色、贪食、贪功、贪利、贪图享受、贪污受贿、贪赃枉法……只要与贪沾边，结果终是大不幸！

"贪"字与"贫"字很近似。物极必反，对财物的贪心越重，则自我的感受越近于贫乏。古云："心足则物常有余，心贪则物常不足。"贪财者，现前眼中见的，心中想的都是如何得到财物，至于是否应得往往无心考量，贪求背后的隐患也无能辨识。贪取非义之财，纵令一时富贵，而后旋即破散，身败名裂甚或丧命者，不计其数。因贪图名位而受其累者，亦比比皆是。此类贪者，往往是殚精竭虑，过分营求，辗转于"求不得"的烦恼之中，还会做出许多沽名钓誉、结怨成仇的傻事。与此同时，往往折损掉难以弥补的双亲孝养、子女教育、家庭幸福、领导信任、同事友情，还会赔上自己的健康。即使侥幸得到名位，假如自己的德能不足以胜任，显然是祸不是福。而且贪求者，还必陷入力保其位，唯恐失之的新一轮忧惧之中。但此场戏必有落幕之时，真是心劳身苦一场空。

一个人心中的欲望太多，就会被自己的欲所驱使或束缚，做事不可以按照自己的心性去做。这样的一个人，得到了物质上的满足，失去了原本属于自己的那份悠闲与自在，欲得还失是也。其实真正的位高者，是实至名归。"德高者，名自高"，这全然在以修身为本的立身行道中自然获得，无需在外驰求。过心安理得，各得其所的日子，才是明智之举。何必自陷于各色各样的名利牢狱？"乾坤容我静，名利任人忙"，这是过来人醒悟后的洒脱之言。

欲，本无好坏之分。但人满足欲望的手段，却有高尚和卑鄙之分。所以，人以高尚的手段满足的欲望就叫正欲，以卑鄙的手段满足的欲望就叫邪欲。一个人战胜了欲望，就不会被欲望所俘虏，一个人被欲望战胜就会被欲望所驱使，就会贪得无厌。儒家讲中庸，追求温柔敦厚，乐而不淫，哀而不伤。对于欲望也是如此，不过分的欲望，能自主的欲望，通过正当手段满足的欲望，才是人的真正欲望。不伤害廉洁的品行，这样的欲望多多益善。

反腐倡廉，只用嘴皮子说服，期望贪官自省是不行的，还要有制度和监督。可是最有效的，其实还是让官员们自己知道腐败的坏处，只要明白腐败有害，并且这伤害来得直接点，明显点，恐怕到时候求他们去贪他们也不敢，这就是人性。巴西著名心理学医生马丁斯博士做过一个调查，他对583名被控有贪污受贿行为的贪官和583名廉洁官员作了十年的追踪随访。研究发现，不廉洁的官员有60%患病和死亡，廉洁官员仅有16%患病，研究期间无死亡。另外，在不廉洁官员的116名死亡者中，死于癌症的占60%，死于心脏病的占23%，其他占17%。

腐败原来在生理上也是一种慢性自杀，是自寻死路。当代心身医学的基本论点其实和祖国传统医学的"情志异常、七情内伤"的看法相通，即消极的心理因素会透过躯体化的方式进行表达，改变生理机能，造成身体疾病。那些被控有贪污受贿行为的官员，他们心里在想什么？心理学家弗朗克归纳了四种常见的不良心理形态，分别是醉生梦死、宿命的态度、随波逐流、唯我独尊。这四种心理形态对贪官都很适用。站在心身医学的立场，倘若官员们的心理压力乃至心理障碍长期无法缓解，最终损害了身体健康，也是容易之事。既然腐败可以致病要命，那么廉洁相对来说就可以养生。廉洁的心理养生法门恰恰可以防治以上四种负面心境。廉洁者相信未来，相信世界上最终存在着公正的秩序，相信负责任的生活必有回报；廉洁者相信"我欲仁，斯仁至矣"，个人对于积极光明的心境的持守是可能，也是有价值的；廉洁者相信违反人性的风尚不会持久，违反人性的行为必遭追究；廉洁者没有丧失爱人的能力，以自我呵护的方式来化解与整合内在的不安，而不会一任心中的魔鬼肆虐。祖国传统医学从来不认为廉洁仅仅是一种道德。所谓"仁者寿",从对一些长寿老人的调查结果分析来看,他们除了饮食有节、生活有条理之外,还有共同的心理特征:宽宏大量、心情开朗、无过多的非分之想。这正是对廉洁二字所蕴涵的光明心境的绝佳概括。

所以,"贪求则争起,有知则事兴","贪愎喜利,则灭国杀身之本也",那我们要贪做什么?舍掉它,我们的心将恢复本有的真净,能准确灵敏地感受到自己和他人的真正需要,可以体会出天地万物的美好;舍掉它,我们安在本位随缘随分,尽己之能,济人之急,救人之危……这样有意义的人生,将回馈我们内心的喜悦、家庭的美满、社会的安和、世界的康宁。

幸福、平安、健康和谐的个人生活是根植于人性深处的共同理想。凭着这一信念,我们应该相信,选择以廉洁的方式进行心理养生的官员会日渐增多。廉洁的个人生活累积会导向一个幸福、健康的社会,那是我们所有人的祈愿。这正是:

> 飞蛾扑火皆因贪,
> 官吏入牢是为钱。
> 做人不可为欲役,
> 淡泊守志保平安。

(纪洪涛)

11. 廉洁也要用点心
——清廉自守的"方法论"

中国古代清廉自持的典故很多,其中有一组很有趣的数字故事:

一钱太守:

后汉刘宠为会稽太守,居官清廉,"见简除烦苛,禁察非法,郡中大化",颇有政声。在离任时,山阴县有五六位老人,以一百钱赠宠,宠一再婉言拒绝,最后终因盛情难却,"选一大钱受之"。时人誉之为"一钱太守"。

二不尚书：

明朝范景文，万历进士，历任文选郎中、工部尚书兼内阁大学士等要职，当时许多亲朋好友常登门相求，均被范景文一一谢绝，并在门上贴出"不受嘱，不受馈"六个大字的告示以明心迹。于是，获得"二不尚书"的美称。

三汤巡抚：

清朝汤斌，顺治进士，任江宁巡抚时，"澄清吏治，大江南北无一物不得其所"，为官清正，政绩卓著，在生活上安于清贫，一日三餐常以豆腐汤佐食。汤为政像豆腐汤那样清，生活像黄连汤那样苦，而于世却像人参汤那样补，因而百姓送他一个"三汤巡抚"的雅号。

四知先生：

后汉杨震任东莱太守，路经昌邑，县令王密曾是杨震举荐的荆州茂才，到夜间，王密以十金相赠，并说："暮夜无知者。"震回答："天知，神知，我知，子知，何谓无知？"密羞愧退出。时人因此称其为"四知先生"。

五代清卿：

隋朝袁隶修历经北魏、东魏、北齐、北周和隋五个朝代，历任尚书郎、太常少卿、信州刺史、都官尚书等要职，为官五十余年，始终以清贫为本，未曾受过一升酒，一束棉。为此被称为"五代清卿"。

这五个小故事中的主人公，在清廉自律的方式上，都各有各的技巧。刘宠也是"碍于人情"，别人给钱，推辞不掉，又不好翻脸，况且自己离任，赠钱者所赠不多，又无所求，怎么算也构不成受贿。但是他不像贪官李昌波一样因为"脸皮薄"还收了18万，刘宠只取了"一枚大钱"，既领了乡亲情意，又无碍自身良心。贪官李昌波要是真的"脸皮薄"，有人送钱来，他如果只收一块，行贿者还好意思开口求你办事么？尚书范景文更绝，他自知身居高位，自然有人会妄想通过他钻营取利，所以"防患于未然"，门上贴告示，就相当于给行贿者打了预防针，哪还有人敢去触霉头呢？汤斌的故事很有趣，他本姓汤，又得"三汤巡抚"的美誉，真是名得其所。但是有趣归有趣，他的廉洁之路确实最朴素其实也是难度最大的，无技巧就是最高的技巧，当然也是最难的。不贪不占，还不能算好官，仅仅不是坏官，更重要的是要做到"政绩卓著"，使"大江南北无一物不得其所"，这就不仅是好官,而且是官吏中的楷模和英雄!杨震的故事非常有名,其中透着智慧与哲思。面对贿赂,他不按照行贿者的逻辑思路走,内心清明一片,坦然以理相陈,使对方羞愧而退,这事办得既干脆利落,又暗含真知灼见,有着超然的趣味。袁隶修五朝为官,别人因朝代更替而惶恐不安,他却官越做越大,靠的就是品行端正,任世事变迁也无所挂碍。

廉政建设,讲究"不以贪小而为之,不以廉小而不为";但我们又都知道,大贪巨贪都是从小贪小污肇始而成,而某地某时,经常听到有职权者埋怨官场难混,碰到风气不佳的领导或人事环境,自己过于清廉,反倒比贪赃枉法还要有风险,被排挤或者穿小鞋,所以很多时候不得不为上所挟,对于小贪小贿也默然受之。原中铁信息工程集团有限公司审计部部长李昌波因贪污受贿被捕后辩称,他收钱不是受贿,而是"我这人脸皮薄,人家一再坚持给,我就不好意思推辞",把腐败归结为人情,"脸皮薄"受贿18万,如果脸皮厚一点,会受贿多少呢?还有原重庆市第三人民医院院长刘松涛,是一个财色双贪的无耻贪官。然而,刘对自己贪色这样解释道:"我是个有情人。有很多女人喜欢自己,我也没办法。"意思是他好色是"无可奈何",自己太招女人喜欢了。难道真的是因为他多情,才有这么多女人喜欢他吗?刘之所以有"女人缘",更重要的还是别人看中了他手中的权力与地位。再简单的道理,碰到自欺欺人者,也讲不通。

总之,不管是委曲求全,还是"不好意思",甚至"无可奈何",都只是腐败的借口而已。这些苍白或荒唐的借口既反映出贪官的心性低劣,又告诉我们走向腐败的个人心理防线其实是多么脆弱。从这个角度来看,官员持廉自守时也要用点智慧,用点技巧,巧妙处理,惟其如此,清廉之道才能真正持守。

我们试想一下,这些典故中的清廉官吏,如果不是曾经把"何以自守清廉"这个问题想通想透,又怎么能根据情势,有这么多主动积极的方式方法,来应对腐败之手的召唤和诱惑呢?所以,讲清廉,也要讲点方法论。康熙时的有名廉吏于成龙,守廉的办法是"立法",也就是"立檄拒礼"。于成龙任直隶巡抚的时候,大名县县官遵循旧习,在中秋节前给他送了一份"中秋礼"。他严词拒收,还特地颁布了《严禁馈赠檄》,通报了大名县县官的送礼行为,并明令所属官员,今后如果发现逢年私送者,"决不宽恕"。

立法治廉，毫不含糊，并且指出，这可是地方法规，不仅行贿受贿不准，而且就连"馈赠"这种传统的俗礼也禁了，堵上可钻的空子。再如南北朝时的顾协，虽位高权重，但为政清廉。他曾说："送礼纳贿，必然徇情枉法，吏治怎能清明？"有一次，他以前的一位门生因有事相求，送礼向他行贿。顾协怒不可遏，责令将这个门生重打二十大板，赶出了门外。对待自己门生，你既然以私情贿我，我便以私法责你，老师打学生，顶多算是体罚，不过也是教育。对症下药，看你小子以后还敢不敢。另外还有最高明的一个故事，宋代刘温叟在朝中身居要职，一个自称他门生的人送给他一车粮草，刘温叟推辞不掉，当即答谢回赠他一套华丽的衣服，其价值高于一车粮草的数倍，那人见达不到送礼行贿的目的，只好将粮草拖了回去。别人以人情馈赠，你当即还以人情，如此既表面上加深了情谊，又于实际两不相欠，不致"吃人嘴软，拿人手短"，行贿者的非分之想自然化为乌有。

当然，我们说清廉要讲点"方法论"，讲点技巧，不是说把"廉洁"本身作为一种技巧，通过"获廉名"而"得实利"，像海南巨贪谢明中那样，把"廉洁"当做为政技巧，以此博名，进而博权，再则博利博色。他非常喜欢讲一句话，就是"公则明，廉则威"，但是自己实际上已经腐败透顶，"廉洁牌"对于他本人而言，仅仅是为政的技巧，是职业政客的下流手段。

天下无难事，只怕有心人。如果有心，贪不难，廉也不难，全看心思用在何处。但愿天下官员，都能在廉洁上下点工夫，用点智慧，想点办法，则贪腐之风可变，清廉政府可期，和谐社会也就指日可待了。这正是：

廉洁要用心，巧拒百万金。

不贪也不占，永保清白身。

（纪洪涛）

耻

题 解

"耻"是"恥"的异体字，从"六书"造字规则来看，"恥"是一个会意字，从心从耳。《六书总要》释义为"取闻过自愧之义，凡人心惭则耳热面赤，是其验也。俗讹作耻"。但今天的人们也不妨将"耻"看做一个形声会意字，从耳从正，取"闻于耳，有所愧，行乃正"之义，对人的修养同样具有重要的启发借鉴意义。

中国传统文化是一种"耻感"文化。孔子曰："好学近乎知，力行近乎仁，知耻近乎勇。"(《礼记·中庸》) 好学、力行、知耻，讲的都是修身问题。孟子曰："无恻隐之心非人也，无羞恶之心非人也。"(《孟子·公孙丑上》) 这是说："耻"为人们的言行设定了某些伦理底线；人之所以为人，是因为有羞耻心；人生"三不朽"中，"立功"是英雄的业绩，"立言"是知识分子的事业，而"立德"则是所有人都应做、也能做的事业。

"耻"有正解、负解，内涵博大。本节所论十二条，都是针对最近发生的事件而生发的议论，希望能给人们的为人处世提供一些思考。此外，有关"耻"的条目还有弘扬烈士气节的"耻食周粟"的故事、关于辞宵小的"耻与哙伍"的自省、关于以德治国的"有耻且格"的和谐境界、关于儿皇帝石敬瑭的"无耻之耻"典故、关于复国雪恨的"卧薪尝胆"的传奇、关于"君子耻其言而过其行"的言行准则等等,因为与本书其他条目内容有所交叉,也由于篇幅所限,不再一一展开。只愿这十二条能起到抛砖引玉的作用,能使大家时时反思,进而达到知耻、明德的境界。

(李　钧)

1. 警钟长鸣,勿忘国耻

中华民族是一个爱好和平的民族,自古就有着反抗暴力统治、反对穷兵黩武的传统。中国先哲有一个关于"大同"的治世理想:"大道之行也,天下为公,选贤与能,讲信修睦。故人不独亲其亲,不独子其子。使老有所终,壮有所用,幼有所长,矜、寡、孤、独、废疾者皆有所养……是谓大同。"(《礼记·礼运》)大同世界以仁为美、以和为贵,因为先哲们知道,以暴易暴的战乱绝不会给人民带来幸福安康。

中华民族热爱和平、反对战争,但绝不害怕战争,对于外敌强加的不义战争绝不采取苟且妥协的方式,绝不做亡国奴。正是以爱祖国、爱人民、爱和平为准则,每当国家面临危难之际,中华民族总会涌现出一批可歌可泣的志士仁人,在这个谱系中有广为人知的勾践、苏武、岳飞、文天祥、戚继光、林则徐、张治中、宋哲元等英雄,他们或"旄尽风霜节,心悬日月光"(苏武),或期望"待重头,收拾旧山河,朝天阙"(岳飞),或"僵卧孤村不自哀,尚思为国戍轮台"(陆游),或"粉身碎骨浑不怕,要留清白在人间"(于谦);他们知道"人终有一死,或轻于鸿毛,或重于泰山"(司马迁),因此,"苟利国家生死以,岂因祸福避趋之"(林则徐),宁愿"留取丹心照汗青"(文天祥)……他们的牺牲感天动地,他们的业绩永垂青史,他们是中华民族的骄傲,是中华民族的脊梁,他们将与天壤而同久,共三光而永光。

与这些世人景仰的爱国者形成鲜明对照的是那些卖国投敌、屈身求荣者,如石敬瑭、秦桧、洪承畴、吴三桂、汪精卫、周佛海、殷汝耕等,他们奴颜媚骨、卑躬屈膝、认贼为父、有奶是娘。这类恬不知耻的卖国者,已经并将永远被钉在历史的耻辱柱上。

中国人最不应当忘记的,就是近代百年的屈辱史。在鸦片战争、英法战争、八国联军侵华战争中,中国疆土有近二百万平方公里被分裂出去,中华大地到处都是洋人的"租界"和"势力范围"。近百年的被动挨打,使中国积贫积弱,"民力已茶,民智已卑,民德已薄"(王栻编:《严复集》第20页,中华书局1986年)。因此当日本在20世纪30年代发动全面侵华战争时,中国真正面临着亡国灭种的危险。在这场旷日持久的抗击日本侵略、保卫人类和平、争取民族独立的战争中,中国人民牺牲惨重,共伤亡3500万人,财产损失6000亿美元,而当时中国每年的工业总产值仅有13.6亿美元——这场浩劫使中国沦落为世界上最贫穷落后的国度,中华文明更是备受野蛮摧残。"世间事之最愁,莫过于丧国。"面对这场风雨如晦的空前灾难,无数仁人志士发出了"秋风秋雨愁煞人"的慨叹,更发出了"起来,不愿做奴隶的人们,把我们的血肉筑成我们新的长城"的怒吼!他们前仆后继、赴汤蹈火,终于缔造了独立自主和平富强的新中国。

八年抗战给中国造成了巨大的损失,也唤醒了国人强烈的民族意识,中华民族的爱国主义情感得到了前所未有的提升。正如胡锦涛《在纪念中国人民抗日战争暨世界反法西斯战争胜利60周年大会上的讲话》(2005年9月3日)中所说:"在那场空前壮阔的伟大斗争中,中华民族进一步弘扬了以爱国主义为核心的伟大民族精神,并表现出许多鲜明的特点,这就是:坚持国家和民族利益至上、誓死不当亡国奴的民族自尊品格,万众一心、共赴国难的民族团结意识,不畏强暴、敢于同敌人血战到底的民族英雄气概,百折不挠、勇于依靠自己的力量战胜侵略者的民族自强信念,开拓创新、善于在危难中开辟发展新路的民族创造精神,坚持正义、自觉为人类和平进步事业贡献力量的民族奉献精神。伟大的民族精神,不仅成为激励中国人民团结一心、血战到底的坚实思想基础和强大精神支柱,而且在抗战的烽火中得到了新的丰富和升华。"这种坚持抗战、反对妥协,坚持团结、反对分裂,坚持进步、反对倒退的精神,是中国人民最可宝贵的精神财富。

如今,硝烟已经散尽,中国人民与世界人民一道走向了和平建设时代。但是,人们不应忘记历史,因为忘记历史就意味着背叛。不仅如此,人们还应当警钟长鸣，警惕某些军国主义势力的抬头。1970年代中日建交时，中国人民本着以和为贵、以德报怨的传统，免除了日本应当赔偿中国的战争损失，以期睦邻友好，共创和平共处的美好未来。但这位东邻却并未因此自省自重，相反，其最高长官一再朝拜靖国神社，其文部省在1982年审定中小学历史教科书时，竟然将"侵略华北"篡改为"进入华北"，把"对中国的全面侵略"改成"全面进攻"；1986年的教科书更将"侵华战争"歪曲成日军"被迫应战"，并否认南京大屠杀的真相。及至新千年，日本中学生的历史试题中竟然出现了这样一道讨论题："日本跟中国100年打一次仗，……21世纪如果日本跟中国打仗，你认为大概是什么时候？可能的远因和近因在哪里？如果日本赢了，是赢在什么地方？输了是输在什么条件上？分析之。"而参与讨论日本中学生大都认为，中日将在21世纪因为能源等问题发生战争。（任鹏杰：《反噬一口岂能聋盲一世之人——忍无可忍说日本对待历史教育的态度》，《中学历史教学参考》2005年第4期）这种"启发式"教育的指向性是十分明显的，也是让中国人民心寒的。

但是，与日本青少年强烈的国族意识相比，中国"80后"的青少年却患上了严重的政治冷漠症，个人本位，自我中心……这不能不让人担忧：假如有一天我们的"友邦"卷土重来，中国会不会再次面临被屠城的局面？难道我们只有"到了最危险的时候"，才去召唤人们"起来！起来！起来！"青年朋友应当记取：

    世间最愁，莫过丧国；
    天下兴亡，匹夫有责。
    居安思危，未雨绸缪；
    生于忧患，死于安乐。

（李　钧）

2. 在位谋政乎？行己有耻否？
——有感于高官的贪污渎职

人们学习伦理经典，有时会断章取义。比如很多人知道"学而优则仕"，却不知子夏原话是"仕而优则学，学而优则仕"（《论语·子张》）。杨伯峻先生《白话四书》译之为："做好了官，有余力就学习；学习好了，有余力就去做官。"仕与学相辅相成，如果只讲"学而优则仕"，就会使人产生官本位的错误印象。那么古人为什么强调"仕而优则学"呢？恐怕这是为了警示为官者一定要为官以正，在学中自省，树立勤政为民的思想。后世硕儒特别重视为政者的学习，比如陆九渊在白鹿洞演讲时就强调：立志从政者，必须学习圣贤，深自反省，端正做官动机，做到"供其职，勤其事，心乎国，心乎民，而不为身计"（《陆九渊集》卷二十三《白鹿洞书院论语讲义》）。应当说，"仕而优则学"的思想对各个时代的为政者都有启示，可以作为他们执政的座右铭。尤其是在当今商品经济社会，如果缺少有效监督，缺少慎独意识，为官动机不纯，必然会搞权钱交易，滋生升官发财的观念，甚至蔓延成"有权不用，过期作废"的错误思想。这就成了政制的耻辱。

　　人们学习伦理经典，又常犯教条主义错误。比如很多人知道"不在其位，不谋其政"（《论语·泰伯》），能做到不超权越位，却往往忽视了"在其位、谋其政、尽其责"的正解。其实中国古代为政者不乏为政尽责的优良传统，比如诸葛亮任事"鞠躬尽瘁，死而后已"；陆景《典语》倡言"分官列职，各守其位。处其任者，必荷其忧"；范仲淹慨叹"先天下之忧而忧，后天下之乐而乐"；梁启超大书"人生于天地间，各有责任。一家之人各个放弃其责任，则家必落；一国之人各个放弃其责任，则国必亡"。这种责任意识甚至渗透到了儒商经营活动中，如张正明《晋商兴衰史》中的《杨氏家谱》有言："天地生人，有一人莫不有一人之业；人生在世，有一日当尽一日之勤。业不可废，道唯一勤。"……所有这一切，都提醒执政者应时时反思自己：在位谋政乎？行己有耻否？

　　但是，在当今法制越来越健全的时代，我们却看到越来越多的高官因为渎职、贪污而被绳之以法。由于他们的失职，一起起惨痛矿难给人民生命财产带来重大损失，一种种伪劣食品导致无数百姓受到伤害，一次次严重污染造成难以挽回的生态灾难……从这些安全事故和重大案件中，人们看到了共同的祸根，这就是渎职、不作为所造成的责任缺失。

　　《新京报》2008年10月15日刊登的《北京原副市长刘志华受贿690万

元案开庭》消息说：14日上午，北京市原副市长刘志华受贿案在河北衡水中级法院一审开庭。他被控在任北京市政府秘书长、副市长期间，利用职务之便索取、收受他人财物折合人民币690余万元。刘志华1999年起担任北京市副市长，至2006年案发时，主管城市建设规划，负责建设、国土房管、体育、轨道交通建设方面的工作，曾任北京市2008工程建设指挥部总指挥，负责奥运场馆及北京市奥运期间数百亿美元的基础建设项目。但是他却利用职务之便，包养多名情妇，还将奥运射箭场馆、网球场馆等转包给这些情妇，甚至为了让这些情妇更好地为自己服务，竟然以修建度假村的名义，在北京市郊怀柔宽沟建立了一座按照五星级的标准装修、有150个房间的豪华"行宫"……令人遗憾的是，这个大蛀虫并不是由公检法机关或舆论监督机构揭发，而且其情妇张怡可为报复而录制的一盘长达60分钟的性爱录像：张怡可献身刘志华而未得到丰厚回报，于是设下陷阱，将自己和刘志华做爱的过程及谈话悄悄录下来，并将这盘录像带寄给了北京相关部门……

刘志华案件让人不由想起了十年前同样因贪污渎职而落马的另一位北京原副市长王宝森和原市委书记陈希同：王宝森和陈希同都因为巨额贪污而被列入"中国贪官排行榜"前五十名。据有心人统计，这五十位巨贪涉案金额高达70.414亿元。列在第一位的是余振东，在担任中银开平支行行长期间把4.83亿美元转移到国外。排在第二位的陈满雄和陈秋园夫妇，他们在担任中山市实业发展公司负责人期间，将4.2亿元转移到海外。第三位是张宗海，他在任中共重庆市委原常委、宣传部长期间，不明来历钱财900万，还动用2亿元去澳门赌博。第四位金鉴培，在任湖北省某驻港办事处主任时贪污1.88亿。第五位是云南红塔集团原董事长褚时健，贪污受贿1.8亿。第六位是厦门海关原关长杨前线，涉案1.6亿。第七位魏怀，在担任中资公司驻澳门经理期间，与同事潘洁容等人贪污1.3亿。第八位是北京市原副市长王宝森，巨额贪污1.25亿。第九位是厦门市工商银行原行长叶季湛，巨额受贿1.06亿。第十位于志安，这位长江动力集团公司原负责人，挪用公款1亿元以个人名义在国外投资建厂……五十贪官中的省部级高官有云南省原省长李嘉廷，广西壮族自治区原区政府主席成克杰，北京市原市委书记陈希同，河北省原省委常委、常务副省长丛福奎，公安部原副部长李纪周，国土资源部原部长、黑龙江省原省长田凤山，安徽省原副省长王怀中，江西省原副省长胡长清……这些高官贪污金额之巨大，目无法纪之猖狂，令人发指。

随着近年类似案件的增多，国内纪检监察部门纷纷开展法制教育行动，以使党员干部明德知耻、警钟长鸣。更有一些部门制订了为官自省的格言，以促进干部的道德建设与责任意识。诸如："爵高者忧浑，在其位须谋其政。禄厚者贵重，干事业定当勤劳。""权为民用，位为民正，利为民谋，欲为民节，情为民系。""做官不患位不尊而患德不崇，勤政不患禄不厚而患知不博。"……句句发人深省。

在汤阴岳飞庙中，立有一块石碑，勒有岳飞名言："文官不爱钱，武官不惜死。不患天下不太平！""文官不爱钱"，在当今社会中的意义就是要求领导干部树立公仆意识，不能以权谋私搞腐败，因为这事关社会和国家的存亡命运。中共十六大报告指出："坚决反对和防止腐败，是全党一项重大的政治任务。""要充分认识反腐败斗争的紧迫性，又要充分认识其长期性，坚定信心，扎实工作，旗帜鲜明、毫不动摇地把反腐败斗争深入进行下去。"报告还要求"领导干部特别是高级干部，必须以身作则，正确行使手中的权力，始终做到清正廉洁，自觉地与各种腐败现象作坚决斗争。对任何腐败分子都必须彻底查处、严惩不贷"。这充分表明了我党反腐败的决心。当此之际，强调"仕而优则学"，强调执政者"在位谋政，行己有耻"，无疑有着极为重要的现实意义。正所谓：

执政为民，勤政为公。

在位谋政，行己有耻。

当官不为民谋福，不如回家卖红薯。

（李　钧）

3. 历览前贤国与家，成由勤俭败由奢
——奢华与浪费是可耻的

中华民族向来以勤俭节约为美德，以奢华浪费为可耻。诸多典籍都对

勤俭节约加以赞美，而对奢侈浪费加以针砭。《周易·否》曰："君子以俭德辟难。"《尚书·大禹谟》要人们"克勤于邦，克俭于家"。《左传·庄公二十四年》说："俭，德之共也；侈，恶之大也。"《墨子·辞过》说："俭节则昌，淫佚则亡。"李商隐《咏史》说："历览前贤国与家，成由勤俭败由奢。"司马光《训俭示康》中训诫子孙："由俭入奢易，由奢入俭难。"……这是对历史经验的总结，是前人留给我们的"资治通鉴"，是对后世最质朴的提示，因为勤俭不仅是个人德行细节，更与家国兴亡直接相关，而追求奢华的背后常常隐藏着对一个国家治世理想的最大危机。

新中国三代领袖给人们留下了许多勤俭的故事。毛泽东的睡衣、周总理的衬衫、邓小平的布鞋都令人欷歔感叹；而今，中国富裕了，但胡锦涛主席、温家宝总理下基层视察时常常就是一盒方便面做午餐充饥；中共中央近年倡导的"八荣八耻"中，其中一条就是"以艰苦奋斗为荣，以骄奢淫逸为耻"，这更应当引起人们的三思。

实际上，勤俭节约在每个国家都被视为美德。英国人认为："节俭是致富的秘诀；节俭本身就是一宗财产；积小利，成巨富；节约一分钱，等于生产一分钱。"丹麦人有相似观点："节省下来多少，就是得到多少。"瑞士人自警："奢侈乃德义之灭亡。"古巴谚曰："奢侈是民族衰弱的起点。"希腊谚曰："知足是天然的财富，奢侈是人为的贫困。"……在此观念影响下，发达国家的许多政治家都保持节俭的生活方式，比如美国前总统里根、英国前首相撒切尔夫人，常用几块面包、几片牛肉、一杯牛奶招待贵宾；韩国前总统金泳三在青瓦台总统府用面条宴请内阁成员被人们传为佳话；德国社会党前主席勃兰特宴请客人时在众目睽睽之下舔盘子，并没人说他"掉价"……

但是，我们今天却不得不面对这样的现实，那就是中国正日益成为世界奢侈品消费大国，而行政部门也正潜滋暗长着一种浪费奢华的风气。每年两会，有关行政成本的话题都会成为一个焦点。全国政协委员冯培恩说，中国人均负担的年度行政管理费远远超过经济发展水平，极不正常、极不合理："从1986年到2005年，我国人均负担的年度行政管理费用增长23倍，而同期GDP增长了14.6倍"，"而这种超常规增长与政府浪费现象有关。"进一步的统计数字显示，公众认为行政成本浪费现象最严重的三大表现是"公款吃喝"（95.8%）、"公务用车"（86.2%）和"公费旅游、出国"（86.0%）。相关数据和事例达到了令人触目惊心的地步。

——公务用车浪费：我国到2008年有公车数百万辆，每年消耗超过2000多亿元，其中真正用于公务的仅占三分之一。

——《半月谈》记者林双川揭示：我国每年用于公务接待的费用接近3000亿元人民币，相当于每年花掉一个三峡大坝工程！

——2000年《中国统计年鉴》显示，1999年的国家财政支出中，仅干部公费出国一项消耗的财政费用就达3000亿元。2000年以后，出国学习、培训、考察之风依旧，公费出国有增无减。（2007年3月11日《中国青年报》）

——一位来自贵州贫困县的基层人大代表告诉记者，现在搞接待，美其名曰喝贵州"土酒"，其实就是茅台，一桌喝掉四五瓶；当地一年至少要用一卡车茅台酒搞招待，耗资巨大。（《人民日报》2007年02月14日，记者汪志球）

——山西省忻州煤矿安全监察局仅有10名工作人员，却有四五十间带卫生间的超大面积的办公室。办公大楼后边是一幢6层的住宅楼，共3个单元36套房，面积最小的140平方米，大的180平方米。另有9辆公车挂在该局名下。（《中国青年报》2006年12月27日）

——在国家扶贫开发工作重点县山西省浑源县，2008年县财政预算还不到1亿元，县检察院却耗费1000多万元建起豪华办公楼。

——重庆市万州天城交通局仅有12名在职职工，却建起两栋建筑面积7000平方米的"欧式"风格办公楼。

——广东省河源市东源县徐洞村70%村民未脱贫，只有7个村干部的村委会却耗资400多万元兴建6层办公楼，2000平方米的院子有停车场、假山、喷泉、草坪。豪华的办公大楼与当地经济发展不协调，与周围环境反差更明显。群众看在眼里，怨在心里。

针对这种情形，国务院总理温家宝在十届全国人大五次会议上作政府工作报告时强调，当前一个重要任务，就是解决一些行政机关存在的严重铺张浪费问题。温家宝说，现在不少地方、部门和单位讲排场，比阔气，花钱大手大脚，奢侈之风盛行，群众反映强烈。这种不良风气必须坚决制止。要严格控制行政机关新建、扩建办公大楼,严禁建设豪华楼堂馆所,切实规范公务接待行为,堵塞管理漏洞,努力降低行政成本,建设节约型政府。

行政浪费,暴露出的是体制的问题,也是行政官员德性的问题。与这些巨大的浪费相连的必然是贪污受贿,这是被历史反复证明了的。白居易诗云:"奢者狼藉俭者安,一凶一吉在眼前。"《宋史·范纯仁列传》说:"唯俭可以助廉,唯恕可以成德。"因此,对于行政人员来说,如何廉洁自律、俭以修身,的确是一件重要的日课。切记:

勤以修身,俭以养德;
日积月累,堪成富贵。
俭者安康,奢者狼藉;
铺张浪费,形同犯罪。

(李 钧)

4. 无良逐臭,企业之耻
——三鹿奶粉事件给人的启示

从商人诞生之日起,一直被人分为两类。一种是奸商,他们毫无商业道德,损人利己,唯利是图,蝇营狗苟,为富不仁,钻法律和体制的空隙,手段无所不用其极。另一种被称为儒商,他们悟奉儒家,修升素养,以义取利,以利济世,仁爱立人,见利思义,重诚守信,谋利有度,宽厚圆融,以儒促商。

孔子对经商致富之道有自己的见解。他说:"君子爱财,取之有道","义以求利";又说:"因民之所利而利之","富与贵,人所欲也,不以其道得之,不处也","义然后取,人不厌其取"。子贡(端木赐)矜遵师教,经商致富而不废义礼诚信,因而被尊为"中国儒商鼻祖",古之经营之家多悬"陶朱事业,端木生涯"牌匾,即商与儒的有机结合。当今世界,"得之于社会,用之于社会"成为现代儒商信奉的行为准则,香港的李嘉诚、邵逸夫等被视为现代儒商的典范。

但是，在中国向经济社会转型的过程中，许多商家企业却见利忘义，不仅给国人造成了巨大伤害，自身也最终落得身败名裂。2008年9月，中国奶制品产业龙头三鹿集团生产的婴幼儿配方奶粉，因三聚氰胺严重超标导致十余省千余名婴幼儿泌尿系统结石；其产品抽检结果是，三聚氰胺最高含量为2563.00mg/kg，超标上千倍。消息传出，舆论大哗，三鹿奶产品从各大商场全线撤架，企业领导人也被判刑，该企业宣布破产。人们一方面对受害者表示同情，同时对如此大型企业的崩溃而深感惋惜。

但是，让国人由惋惜转为愤怒的是，三鹿集团在事发之际，不是反躬自省、自检自查，而是试图转嫁责任、推诿塞责，声称是奶农向鲜奶里掺加了三聚氰胺。但业内专家指出，三聚氰胺是一种氮杂环有机化工原料，主要用于木材加工、塑料、涂料、造纸、纺织、皮革、电气、医药等行业；三聚氰胺可以增加颗粒奶粉、饲料的黏性，也可以使食品的蛋白质含量虚高，因而最早被中国造假者利用，添加在食品中以造成食品蛋白质含量较高的假象；但三聚氰胺"微溶于水"，鲜牛奶能溶解的三聚氰胺十分有限，要想让加入三聚氰胺的鲜牛奶营养比协调，一般还需再向鲜奶中加水和脂肪；但一般的脂肪产品很难加入，必须加专业匀质脂肪，此类手法非一般奶农所能掌握。因此，三鹿公司这一推诿责任的做法实质上意在嫁祸给"沉默的大多数"，这一恶劣行为使人们对它的信誉度降至冰点。

不久，网络再次曝出新闻《大头娃娃事件三鹿成功公关 退出不合格名单》，消息称：2004年"阜阳劣质奶粉事件"后，安徽省阜阳市公布45种造成"大头娃娃"的毒奶粉名单，三鹿排在第32位。但是，经过三鹿集团的公关，它的名字很快从这个名单上消失。随后，三鹿的公关不断升级：2007年9月2日，中央电视台新闻频道《每周质量报告》推出了一期《1100道检测关的背后》的特别节目，节目文稿说："记者随后对奶粉辅料检测、奶粉加工、包材检验、入库检疫等环节进行了进一步详细暗访、调查，还到其他五家奶牛场和两家加工厂，看到的都是一样的情况。眼见为实，经过十多天的调查，央视记者仔细计算了一下，三鹿婴幼儿奶粉用国际先进的全日粮饲养技术饲养的奶牛，产出的鲜牛奶，经过冷链储运、原料检测、添加营养素、杀菌浓缩、喷雾干燥、包装检验等一系列环节，经过1100项检验检测后，才最终出厂运往全国各地。"及至三聚氰胺聚事发后，人们不禁要提出这样一个不容回避的问题：三鹿奶粉中的三聚氰胺是如何逃过1100道关口的呢？

三鹿奶粉事件只是为人们掀开中国食品安全黑幕打开了一个缺口。有网友借此机会对当前无良企业给人们的生活造成的危害进行了讽刺："今天，你找不到一种没有毒的食品了：毒大米、毒面粉、毒油、毒盐、毒肉、毒狗肉、毒猪油、毒面条、毒馒头、毒油条、毒鸡鸭蛋、毒豆腐、毒鸭血、毒调料、毒酱油、毒醋、毒酒、毒白糖、毒蜂蜜、毒牛奶、毒奶粉、毒饮料、毒蔬菜、毒水果、毒茶叶、毒水产、毒海鲜、毒木耳、毒银耳、毒豆芽、毒皮蛋、毒卤菜、毒烧烤、毒火锅、毒火腿、毒鸡翅凤爪、毒香肠、毒肉松、毒方便面、毒方便食品、毒麦片、毒快餐盒饭、毒凉皮、毒米粉米线、毒臭豆腐、毒粉丝、毒腐竹、毒竹笋、毒蜜饯、毒糖果、毒瓜子、毒果冻、毒罐头、毒牛肉干、毒薯条薯片虾条、毒纯水、毒酸菜泡菜、毒榨菜、毒辣椒酱辣椒面……早晨掀开黑心棉的被子起床，用致癌牙膏潇洒地刷完牙，喝杯过了期的碘超标还被三聚氰胺污染了的牛奶，吃根柴油炸的洗衣粉油条，外加一个苏丹红咸蛋，中午用地沟油炒盘避孕药喂的黄鳝，再加一盘敌敌畏喷过的白菜，晚上喝上两杯甲醇白酒，再整两瓶甲醛啤酒漱口，来份苏丹红鸡翅……这日子过得真是那个爽！"这暴露出无良企业，单纯追求利益所造成的诚信危机，其危害将是短时间内难以消除的。

《南方周末》2008年9月18日刊发评论员笑蜀的言论《无良公关凸显媒体病变》，文章说："在与无良企业的较量中，消费者事实上处于绝对弱势的地位。由于法治不彰，对无良企业几乎不存在有效制约，无良企业因此拥有几乎是绝对的自由，它们不仅能够恣意作假，而且能够调度一切它们需要调度的强势资源为自己保驾护航，使自己可以突破社会的层层防线。无良企业不断发展壮大的历史，往往都是社会强势资源不断劣质组合的历史，往往都是公序良俗节节败退的历史，往往都是社会人文环境不断恶化的历史……这种产业的存在，本身就是社会良知的杀手，因为它是把公共危机转化为自己的商机，是从别人的苦难中牟取暴利。所以，它的每一个毛孔都沾着血。把它称作逐臭产业，或不算过分。"看来，三鹿奶粉事件揭出的是一个牵涉到法制、媒体、商业机制等方面的系统问题，但就企业自身来说，首先

还是诚信、良知的问题。须知,唯利是图,始终是国人所不齿的行为。正是:

> 唯利是图,损人利己;
>
> 无良逐臭,企业之耻。
>
> 要做儒商,以义求利;
>
> 重诚守信,诚心济世。

(李 钧)

5. 人可以不崇高但不能无耻
——有感于"范跑跑"事件

古语云:学高为师,德高为范。《荀子·礼论》称:"君师者,治之本也。"汉代杨雄在《法言·学行》中说:"师者,人之模范也。"唐代韩愈《师说》:"古之学者必有师。师者,所以传道授业解惑也。"古代中国还将"天地"、"先祖"、"君师"作为三祭,可见其在人们心目中的地位之高。

北京时间2008年5月12日14时28分,汶川发生8级特大地震。地震发生时,师生们正开始下午的教学活动。灾难突如其来,正是考验人性之时,人们也再一次感受到为人师者的高尚情操,精神上又一次受到圣洁的精神洗礼。在灾难降临、生死抉择的一瞬间,许多老师用血肉之躯挡住垮塌的钢筋水泥,把生存的机会留给了学生。他们用义无反顾的选择,用鲜血和生命,践行了人民教师的神圣职责,展示了人民教师的职业操守,诠释了"为人师表"的全部涵义——

绵阳江油市武都镇五通村幼儿园女教师王光香,七次冲进教学楼救出学生,当她第七次冲进教学楼时,墙体倒塌了,王光香第一反应是用自己身体挡住垮塌的墙壁。她怀里的两个女孩安然无恙,王老师却离开了这个世界……

在绵竹市遵道镇欢欢幼儿园废墟里,瞿万容老师用后背挡住一块垮塌的水泥板,紧紧护住孩子。孩子获救了,年仅二十一岁的瞿老师却告别了她的青春……

四川通江县洪口镇永安坝村小学的苟晓超老师带领部分学生撤离至操场安全地带后,又冲回三楼,救出三名年龄较小的学生。当他第三次冲进教学楼后,却再也没能回来。当救援队将他从废墟中扒出来时,苟老师的双腿都被砸碎,鲜血已被耗尽……

地震发生时,汶川映秀幼儿园的聂晓燕老师一手一个抱出了两个孩子,而她自己的孩子却被掩埋在她刚刚救出孩子的房间里。当孩子的遗体被从废墟中挖出时,聂晓燕撕心裂肺:"娃娃……妈妈……来不及啊……"

四川省德阳市东汽中学的教学楼在顷刻间坍塌。正在给学生讲课的谭千秋老师扑向一张课桌,张开双臂护住身下的四个学生。当谭老师的遗体被发现时,他仍然保持着生前双臂张开的姿势……

二十九岁的张米亚老师跪扑在汶川县映秀镇小学教学楼一角的废墟上,双臂紧紧搂着两个孩子,从背影看如同一只展翅欲飞的雄鹰。由于张老师紧抱孩子的手臂已经僵硬,救援人员只能含泪将之锯掉才将仍然活着的孩子救出。——此刻,老师的双臂是天使的羽翼!……

2008年5月29日,《人民日报》刊发了记者赵亚辉的报道《汶川地震舍己救生教师群像 把生的希望留给学生》,配发的"编者按"说:"危难时刻,见证了师魂的伟大;生死关头,彰显着人性的力量。老师们挺身而出,舍生忘死,表现出高尚情操和无私境界。他们有的刚走出大学校门,风华正茂;有的教坛耕耘几十年,历尽沧桑。虽然他们普普通通,但他们兢兢业业,恪尽职守。这是因为,从他们走上讲坛那一刻起,就担当了这份沉甸甸的责任:不仅教给学生知识,培养学生能力,更要教会他们做人,还要以自己的责任甚至性命保障学生的安全。就是这些看似平凡的教师,身上闪耀着崇高的师德光辉,谱写了感人肺腑的英勇篇章。学生们永远将他们铭记,人民永远将他们铭记,历史永远将他们铭记。"因此,人们说:地震摧毁了我们的校园,却铸造了不朽的师魂。

但是,也有解构师魂的所谓"老师",这就是"一跑成名"的范美忠。这位北大才子任教于都江堰市某中学,在地震来临之时,不顾不管学生的安危,甚至连一句"快跑"的提醒都没喊,第一个跑出教室,跑到操场……随后,范美忠又在博客中写下一系列宏文,介绍自己的人生观和价值观:

"我从来不是一个勇于献身的人,只关心自己的生命,你们不知道吗?上次半夜火灾的时候我也逃得很快!""我是一个追求自由和公正的人,却不是先人后己勇于牺牲自我的人!在这种生死抉择的瞬间,只有为了我的女儿我才可能考虑牺牲自我,其他的人,哪怕是我的母亲,在这种情况下我也不会管的。因为成年人我抱不动,间不容发之际逃出一个是一个,如果过于危险,我跟你们一起死亡没有意义;如果没有危险,我不管你们你们也没有危险,何况你们是十七、十八岁的人了!"……此番言论,终于将一个逃离行为演变成为道德伦理大批判的公共事件。网友称其为"最无耻的教师",媒体将他列为反面典型,范美忠也成为极具符号意义的"范跑跑"。在公众的谴责声下,他对自己的行为"没有丝毫的道德负疚感",还美其名曰"对道德绑架的反感"、"对伪善的反感"、"想刺刺某些道德家"等等。范美忠当然有他的言论自由,人们甚至可以相信他是一位"授业"高手,但是他的这番言行却绝对称不上"传道"和"解惑",相反,只能增加学生的人生之"惑"。如此文过饰非,振振有词,真是一鸣惊人,冠绝古今。

梅贻琦先生曾说:"所谓大学者,非谓有大楼之谓也,有大师之谓也。"因为"我们的智识,固有赖于教授的教导指点,就是我们的精神修养,亦全赖有教授的 inspiration"(梅贻琦:《就职演说》,《国立清华大学校刊》第341期,1931年。)。在梅校长看来,大学教授在大学教育中起着主导作用,"师资为大学第一要素"。他在《大学一解》中说:"学校犹水也,师生犹鱼也,其行动犹游泳也,大鱼前导,小鱼尾随,是从游也,从游既久,其濡染观摩之效,自不求而至,不为而成。"这些话同样适用于中小学。人们无法想象:让学生跟着范美忠"从游",会变成什么样子!教师,是一个既普通又不普通的职业,其普通就在于为人师者可以不崇高,其不普通则在于教师必须有一个师德底线,那就是不可以无耻。

"范跑跑"挑战国民容忍度的言论,不仅引发了一场道德伦理大批判,而且多位法律界人士指出,不能止于道德谴责,因为他的言行涉及某些法律条款,违反了教师的基本法律职责。比如《中华人民共和国义务教育法》规定:"教师享有法律规定的权利,履行法律规定的义务,应当为人师表,忠诚于人民的教育事业";"学校应当把德育放在首位,寓德育于教育教学之中……促进学生养成良好的思想品德和行为习惯。"《中华人民共和国教师法》第八条规定了教师应当履行的义务,其中一款是"遵守宪法、法律和职业道德,为人师表",还有一款是"不断提高思想政治觉悟和教育教学业务水平"……因此,范美忠于德于法都无法得到人们的谅解。

古今中外,都对教师的德性高度重视。近代教育理论的奠基人夸美纽斯在《大教学论》中写道:"教师应经常把学生所当模仿的行为榜样给予他们,应当把自己当做一个活生生的榜样。除非他能这样去做,否则他的一切工作都是白费。"卢梭对教育者更是直言相告:"你要记住,在敢于担当培养一个人的任务以前自己就必须要造就成一个人,自己就必须是一个值得推崇的模范。"苏霍姆林斯基有一句名言:"教师的人格是进行教育的基石。"因此,以身作则,才能为人师表;如果一个人不能负担全部教师职责,那么他就没有资格步入教师这一行列。正是:

儒家有古训,师者列"三祭";

修身为楷模,学高方为师。

遇难先"跑跑",还叫什么"范"?

不"美"不"忠",愧对学生。

(李　钧)

6. 悖离诚信,自欺欺人
——有关大学生考试作弊的思考

中国是世界上实行考试制度最早的国家。据文献记载,中国最早的考试产生于春秋时代。不过,那时的考试仅限于贵族阶层。周代在王都和诸侯邑设有各级专门学校,称之为"辟"或"庠",教授贵族子弟"六艺",即礼、乐、射、御、书、数,是贵族素质的养成教育。至于考试作弊,大约是魏晋时代出现的。魏晋时期,玄学盛行,士族崇尚毫无实际意义的清谈,造就了一大批不学无术目不识丁的"高干子弟"。士族子弟要做官,虽然最终取决于其出身门第的高低,但还是要经过一番考试的,于是那些胸无点墨的士族青年在考试时就会花钱请人代笔,顶替自己参加考试。这就是中国最早的考试作弊现象。

隋唐兴科举,因为科举决定人们的仕途命运,又总有人想投机取巧,考试作弊案遂日益增多。至明清两朝,科考舞弊现象最为严重,从一个侧面反映出吏治的腐败与道德的败坏。除了高干子弟请托主考将试卷偷梁换柱或者泄露考题之外,一些自作聪明的读书人还发明了许多千奇百怪的考场作弊方法:在衣服上抄写满四书五经内容,在镂空的砚台或笔筒中夹带字条,在带进考场煮饭用的米粒上面刻写经典章句等等。随之,为科举作弊而兴起的"副业"兴盛起来:天津一位收藏爱好者收藏有一套完整的清代道光年间的考试作弊工具,这套作弊工具共九卷本,均长4.5厘米,宽3.8厘米,厚0.5厘米;每卷本内约有十余篇文章,共十多万字,每个字仅有一毫米见方,通过牛角刻版印刷而成,并配有一双可藏匿卷本于底层的加厚底男布鞋……作弊手段之高超,令人称奇。

新中国成立以后,教育主管部门一直倡导诚信应考和施考,同时严厉打击作弊违规行为。然而,舞弊违规事件还是屡屡发生。从职称考试到英语四、六级考试,再到高考、考研,作弊现象愈演愈烈,而且作弊手段的科技含量与时俱进不断翻新,呈现出"三化"趋势:1.高科技化:作弊手法早已从夹带传递纸条,发展到传呼机、手机、钢笔作弊器,再到微型摄像机、电脑自动答题软件等等。有人嘲讽道,现在的考试作弊"已经武装到了牙齿"。2.产业化:网上公开叫卖考试作弊设备、汇编"考试作弊方法大全"等等,使考试作弊成为一种新兴的"服务产业"。3.规模化:山西一下子有十个考研作弊团伙落网;广东有"作弊小组"利用对讲机在考场内外传送答案;吉林大学几名研究生在考研时派人进入考场,用微型摄像机将试卷拍照,然后用先进电子设备传递出来,由研究生迅速做出答案再回传考场……这些作弊方式和行为严重破坏了考试的公正,令人感叹又无奈。

毋庸讳言,当前高校存在着大量考试作弊现象。老师们深感痛苦的倒不是如何对付各种作弊手法,而是对学生道德操守和诚信水平的担忧,因为有些学生的作弊行为已达到了无耻的地步。比如有的学生在考试快结束时看着监考老师傻笑,老师走过来问:"考得怎么样?"这位同学答:"考得怎么样我不知道,你得问我前边那个。"有的学生甚至对监考老师说:"老师，你看我的卷子都空着，总不能这样交上去吧！"笔者有一次监考结束后，看到几位衣装鲜亮的女生拿着小抄对答案，还旁若无人地大声说："那个死人（指监考老师）一直盯着我，让我都没机会抄！"不以为耻，反而理直气壮，其声情与其秀丽的外表形成鲜明的对比。当时我只想到一个词：斯文扫地。

日前读到一则美国科罗拉多州鹰谷高中考试作弊的故事，让我心动：一位十八岁女孩，为了在毕业考试时取得优异成绩，采用了偷题的办法——她成功了。但四十七年后，已经六十五岁的她给校长写了一封信，为过去的作弊行为郑重道歉，表达忏悔之情。她说，作弊事件成为她几十年生活中挥之不去的阴影，常常使她悔恨不已，使她失去了许多生活中应有的快乐，最终她鼓起勇气，为自己曾犯下的过失道歉。有评论者说，这位女性身上有着知耻而后勇的决心。的确，人非圣贤，孰能无过？过而能改，善莫大焉。面对自己的错误，最可怕的就是无是非观念，甚至文过饰非。

考试作弊是对个人德行的极大损伤。宋代政治家司马光说："才者，德之资也；德者，才之帅也……是故才德全尽，谓之圣人；才德兼亡，谓之小人。"大学生是天之骄子，是社会未来的栋梁，不仅需要"学高"，而且需要"身正"。如果在学习中以作弊得高分为"正常"，那么最终就降低了大学生自己的品格，不仅没有积累下深厚的学识，也不能完善自己的德行。

考试作弊又事关社会和国家的未来。鲁迅在《热风·随感录二十五》中说："看十来岁的孩子，便可以逆料二十年后中国的情形；看二十多岁的青年，便可以推测五十年后七十年后中国的情形。"如果一群靠投机取巧、考试作弊而"成功"的人在二十年后掌握了社会的命脉，那中国将会是什么样子呢？当下很多人抱怨社会不公平，痛恨特权阶层造成了不正当竞争。其实，考试作弊不正是在营造不公平现象吗？大学生是这个社会上相对纯洁的人群，如果他们从现在起就"营私舞弊"，人们很难相信他们将来会成为造福于人的公民。

为了消弭考试作弊给社会造成的危害，一项填补我国法律空白的《国家教育考试法》已于2008年初起草完毕，进入征集意见和立法讨论阶段。据悉，这是新中国成立后第一部规范国家教育考试的法律。专家称，这部法律正式颁布后，一些考试过程中的违纪作弊、徇私舞弊行为将视为违法甚至犯罪。但是，考试作弊在很大程度上是一种道德行为的失范，根除作弊绝不是制订一部法律就能一蹴而就的，提高全民的道德素质才是最根本的出路。有人甚至说："法越多，道德越低；道德越高，法越少。当今社会，作弊现象岂止是在考试场上，整个社会环境不能净化，良好的道德风尚怎么能形成？！"因此，要完成这项"净化社会"的大工程，大学生尤应从自我做起，从抵制和检举作弊行为做起。正是：

> 投机取巧，不劳而获；
> 考场作弊，最可鄙者。
> 德才兼修，诚信向学；
> 做个真人，行无愧怍。

（李　钧）

7. 众口铄金，三人成虎
——散布流言是可耻的

　　谣言是一种缺乏真实根据，或未经证实、公众一时难以辨别真伪的闲话、传闻或舆论。可以说自人类诞生那天起，就与谣言、流言紧密相伴。舆论学家一般将谣言分为五类：即牢骚性谣言、攻击性谣言、宣传性谣言、牟利性谣言和误解性谣言；谣言缘于对社会现实的不满、蓄意攻击对立的个人或群体、宣传政策的需要、谋求个人出名及经济利益，以及对社会自然突发变动的愚昧无知等。谣言虽然也被用于军事战略如离间计、调虎离山计等，或用于政治活动如政治舆论的导向性等，但更多的与人们现实生活相关，并具有极大的负面效应。

　　《战国策》中有两则小故事谈到了谣言惑众的危害。一则是《战国策·秦策二》中的"曾参杀人"故事，造成了"流言三至，母不信子"的后果："昔者曾子处费，费人有与曾子同名族者而杀人。人告曾子母曰：'曾参杀人。'曾子之母曰：'吾子不杀人。'织自若。有顷焉，人又曰：'曾参杀人。'其母尚织自若也。顷之，一人又告之曰：'曾参杀人。'其母惧，投杼踰墙而走。"

以曾子良好的品德和慈母对儿子的了解、信任,"曾参杀人"的谣传本不应引起曾母慌乱的。然而,即使是一些不确实的说法,如果说的人很多,也会动摇一个慈母对自己贤德的儿子的信任。由此可以看出,缺乏事实根据的流言是多么可怕。

《战国策·魏策二》有一则"三人成虎"的故事:

"庞恭与太子质于邯郸,谓魏王曰:'今一人言市有虎,王信乎?'曰:'不信。''二人言市有虎,王信乎?'曰:'不信。''三人言市有虎,王信乎?'王曰:'寡人信之。'庞恭曰:'夫市之无虎也明矣,然而三人言而成虎,今邯郸之去魏也远于市,议臣者过于三人,愿王察之。'庞恭从邯郸反,竟不得见。"

故事说,魏国大臣庞恭,要奉太子出质外国,他担心离国期间会有谗言离间自己与魏王的关系。因此在出行前讲了这个《三人成虎》的故事,算是给魏王提个醒。但是等他从邯郸出使回来后,魏王却连一次见面机会都不愿给他了。原因一定是"议臣者过于三人。"而这些"议臣者"都是谣言的制造者,是他们迷惑了魏王。

在中国现代戏剧史上最著名的为谣言所害者,当属阮玲玉,她自杀前留下了"人言可畏"的遗书,让人叹息之余,不能不说:"谣言是社会和谐的蠹虫。"

谣言作为一种普遍的社会舆论现象,通常是通过口语传播的方式流布,其传播效果与范围是有限的。随着信息时代的到来,网络给人们以言论自由,也成了谣言的放大器,其影响力不再像先前的口语传播那样局于某一区域,而是出现了跨国、跨洲、跨语言和种族的超大规模传播现象,其传播速度则更为迅速,一夜之间即可到达全球网络用户,甚至出现了国与国之间利用网络谣言进行政治斗争的现象,出现了利用谣言影响股市谋取经济利益的现象……显然,网络谣言比起口传谣言来,危害更为严重,控制也更为困难。从某种意义上也可以说,网络谣言是谣言发展的新阶段。

尤其是当大的灾害到来的时候,许多流言更是搅动得人心惶惶。比如2003年"非典"时期,5月3日左右在中国十四个省份传开这样的谣言:"一婴儿出生即能言"或"多年哑巴开口说话",称家家户户必须放鞭炮烧香除非典；合肥地区还流传"雷公打死了蛇龙，当地即将地震"的谣言……

而在2008年汶川"5·12"特大地震后，有人在网上散布传言，国家地震局测到了地震，但是为了"安定"而未与公开，因而造成了如此大的灾难。政府花了很大力气来制止这则谣传。但是很快一些中文网站上又流传四川绵竹、江苏泰州的蟾蜍过路，可能是地震前兆，于是很多地方抢购食品物资备荒。不久又有来自巴西"预言家"朱瑟里诺的预言流传开来，其中一条说"今年9月13日南宁与海南岛之间海域将发生9.1级大地震，引发海啸，造成数百万人死亡，并可能冲击到日本"，在海南、广西等地引起一些议论。其实朱瑟里诺只是巴西的一名中学英语教师，他的"预言"都来自他的"梦境"。

更可恶的是：汶川大地震后，某邪教组织居心叵测地玩起了"数字游戏"，称中国逢8有灾：南方雪灾发生在1月25日，1+2+5=8；西藏事件发生在3月14日，3+1+4=8；四川大地震发生在5月12日，5+1+2=8；从而为北京奥运会的举办制造恐怖气氛。（《环球时报》，2008.5.26）

而令人对公共媒体的信誉产生怀疑的事件则在"纸箱做包子"事件中达到顶点。2007年7月8日北京电视台生活频道"透明度"栏目播出了《纸做的包子》报道后，引起社会广泛关注，国人一片惊诧。该栏目曝光了北京街头一些黑作坊制作包子的全过程——"几十平方米的小黑屋，旁边堆着一人多高的废纸箱子，将其放在工业用火碱水里泡三五分钟，切碎再放进锅里煮煮，加些猪肉香精，和肥肉以6∶4的比例搅和一下，就冠冕堂皇地卖"。事实证明："纸箱馅包子"事件是一条"虚假新闻"，导演这起"闹剧"的北京电视台记者訾北佳等六人已被公安机关刑事拘留。7月18日晚，北京电视台为此在"北京新闻"中公开向社会深刻道歉。

在2008年的秋天，我们还不时收到这样的短信：海南的香蕉有毒不能吃，四川广元的橘子有毒虫，山东临沂出产毒花生等等，事实证明这都是谣传。但这些谣言病毒式的传播，不仅给当地百姓造成了无法估量的经济损失，也让受众对媒体的公信力加倍失去信心。

面对如此严重的危害，一方面有关部门应采取严惩措施，对那些别有用心的造谣者加以制裁，将人们的损失降到最低点。另一方面则需要广大民众提高自身素质,来消弭谣言。《荀子·大略》早就说过:"流丸止于瓯臾,流言止于智者。"面对谣言,受众首先要根据自己的知识来作出自己的判断,从而破除一些不实之事。而我愿再加一句:"谣言止于仁者。"这是说,受众应当有着"日三省乎吾身"的素质,至少对于流言蜚语做到不信、不传、不放大。这也是我们生活中的一项基本伦理。正是:

流言三至,曾母投杼;

人言可畏,三人成虎。

众口铄金,积毁销骨;

流言可耻,止于仁智。

(李 钧)

8. 暴虎冯河,君子之耻

《史记·淮阴侯列传》这样记载韩信少时受胯下之辱的故事:"淮阴屠中少年,有侮信者。曰,若虽长大,好带刀剑,中情怯耳。众辱之,曰,信能死,刺我;不能死,出我胯下。于是信熟视之,俯出裤下蒲伏。一市人皆笑信,以为怯。"

很多人以为这是"小不忍则乱大谋"的权谋术,其实并非如此。因为"君子有三戒:少之时,血气未定,戒之在色;及其壮也,血气方刚,戒之在斗;及其老也,血气既衰,戒之在得。"(《论语·季氏》)韩信虽然没落,但依然是一个士,一个有理想的人。一个人有了理想,就会把全部精力放在他的远大目标上,而不会轻易为一些小的挫折而改变初衷。苏东坡《留侯论》谈张良,但开篇的一段话却可以用于所有伟大英雄身上:"古之所谓豪杰之士,必有过人之节。人情有所不能忍者,匹夫见辱,拔剑而起,挺身而斗,此不足为勇也;天下有大勇者,卒然临之而不惊,无故加之而不怒,此其所挟持者甚大,而其志甚远也。"我想,韩信能做到无故加之而不怒,是有大勇的豪杰之士,是有怀抱的君子。

孔子对于大勇多有论述。《论语·阳货》说:"好勇不好学,其蔽也乱。"子路问："君子尚勇乎？"子曰："君子义以为上。君子有勇而无义为乱，小人有勇而无义为盗。"《论语·泰伯》说："勇而无礼则乱。"这都是讲：不好学则无智，无智而有勇，是小人之勇，只会犯上作乱而已。《论语·颜渊》中，子路问孔子："子行三军，则谁与？"子曰："暴虎冯河，死而不悔者，吾不与也。必也临事而惧，好谋而成者也。"孔子教训子路说：赤手强搏虎，无船强渡河，这样白白送死还不知悔改的人，我是不会与他一起去的。一定要面对事情而知所畏惧，擅长谋划而争取成功的人才行呀。这是儒家的重生惜命的思想，更突现其义以为先的思想。《孟子·公孙丑上》提到曾子转述孔子的话："吾尝闻大勇于夫子矣：自反而不缩，虽褐宽博，吾不惴焉？自反而缩，虽千万人吾往矣。"反省自己觉得理不直，即使对普通人，我难道就不觉得惴惴不安么？反省自己觉得理直，纵然面对千万人，我也勇往直前。这种大勇来自于对自己行为的正义性的自觉。同理，儒家主张"君子不立危墙之下"，这不是胆小，而是避免不必要、无意义的牺牲；"临事而惧"不是怯懦，而是对待具体事情的认真和慎重。"临事而惧"与"勇者不惧"相辅相成：当生则当，君子重生，岂能轻死?！当死则死，君子取义，死得其所?！

孟子在与齐宣王的一段对话中，也指出了大勇与小勇的区别。王曰："大哉言矣！寡人有疾，寡人好勇。"对曰："王请无好小勇。夫抚剑疾视曰：'彼恶敢当我哉！'此匹夫之勇，敌一人者也。王请大之！……一怒而安天下之民，民唯恐王之不好勇也。"（《孟子·梁惠王》）这是说：小勇完全凭借个人力气血气，大勇凭的是仁智义理；小勇争强好胜，力敌一人；大勇则不一样，其最高境界是"一怒而安天下之民"。朱熹在《孟子集注》里写道："张敬夫曰：小勇者，血气之怒也。大勇者，理义之怒也。血气之怒不可有，理义之怒不可无。"

荀子在《荀子·荣辱》篇里区分了四种勇："争饮食，无廉耻，不知是非，不辟死伤，不畏众强，悻悻然惟利饮食之见，是狗彘之勇也。为事利，争货财，无辞让，果敢而振，猛贪而戾，悻悻然惟利之见，是贾盗之勇也。轻死而暴，是小人之勇也。义之所在，不倾于权，不顾其利，举国而与之不为改视，重死持义而不桡，是士君子之勇也。"荀子的小人之勇相当于孟子的小勇，狗彘之勇、贾盗之勇比小勇更为不堪，共同点都是从自己的利害关系出发，并因此危及他人。"士君子之勇"则不然，是为了正义，为了公利，相当于孟子的大勇。

但是在现实生活中，却时时听到见到青少年好勇斗狠、结伙滋事、危害社会的事件发生。比如广东省 2008 年发生多起数百人参与的群殴事件；北京市公安局新闻办 2008 年 11 月 6 日证实，臧天朔因涉嫌多起恶性聚众斗殴事件被警方依法逮捕；各地黑社会操纵的火拼事件屡有发生……这些事件规模之大、造成的影响之恶劣令人触目惊心。更让人担心的是，类似事件逐渐发生在大中学生身上：东北某大学生林松岭 2008 年 10 月的一天，在酒吧中与警察发生冲突，被打致死（刘丁：《暴力、谎言和录像带》，《南方周末》2008 年 10 月 30 日）；各种媒体不时报道大学生暴力事件，甚至女学生也以野蛮为时尚，动辄群体侮辱同学。据报道，在某些重特大犯罪活动中，未成年人已成为主力；目前我国黑社会犯罪团伙外围成员已出现中学生；有些地方甚至出现带有"黑帮"和"黑社会"性质的有组织犯罪团伙，内部有"老大"、"老二"、"老三"等，有自己的纪律，有活动地点和活动习惯，作案有明确的分工。其中，校园黑帮在未成年人黑帮中占很大比例，一些大中学校出现了诸如"虎头帮"、"神鹰会"、"青龙帮"等黑帮……这样的行为，不仅有违"君子三戒"的宗旨，而且已下滑到"好勇斗狠，以危父母"的地步。《孝经》开宗明义讲："身体发肤，受之父母，不敢毁伤，孝之始也。立身行道，扬名于后世，以显父母，孝之终也。"虽然我们不必"扬名于后世，以显父母"，至少也不应让父母为我们担心，有辱门楣吧！年轻时尤须记得：一念之差，往往造成一生之悔；血勇斗狠，可能是滑向犯罪的开始。这不仅危害个人的身体乃至生命，给家庭和父母带来精神创痛，也给社会造成了诸多不安定因素。——这真是有百害而无一利的行为。正是：

青春年少，血气方刚，戒之在斗；
身体发肤，受之父母，不敢毁伤。
不知是非，轻死而暴，小人之勇；
君子重生，为义而存，其志甚远。

（李　钧）

9. 敏而好学，不耻下问

人们夸赞孔子博学多能，但孔子认为，人非生而知之，他只不过是"敏而好学"，并且能做到"学而时习之"、"学不可以已"罢了。正如他所说："十室之邑，必有忠信如丘者焉，不如丘之好学也。"（《论语·公冶长》）

孔子的好学，除了通过典籍向前人学习，更注重在生活中向他人学习，即使成名后仍能做到不耻下问。一次，孔子去鲁国国君祖庙参加祭祖典礼，他不时向人询问礼乐细节。有人在背后嘲笑他，说他不懂礼仪，什么都要问。孔子听到这些议论后说："对于不懂的事，问个明白，这正是我要求知礼的表现啊。"不仅如此，孔子对于能够做到不耻下问的君子也保持敬重：卫国孔圉，虚心好学，为人正直，死后获谥"孔文子"。子贡问老师："孔圉凭什么可以被称为'文'呢？"孔子回答："敏而好学，不耻下问，是以谓之'文'也。"可见孔子对于敏而好学、不耻下问的品质是十分尊重的。

相反，孔子对那些不学无术、虚掷时光的年轻人提出了严厉批评，斥之为"朽木不可雕也，粪土之墙不可杇也"（《论语·公冶长》）。他还在另一个情境中指出："君子病无能焉，不病人之不己知也。"（《论语·卫灵公》）在孔子看来，好学不仅是"智"的问题，也是勇与仁的问题。他说："好勇不好学，其蔽也乱。"（《论语·阳货》）不好学则无智，无智而有勇，是小人之勇，只会犯上作乱而已。另外，小人喻于利，其学则为小私，重"器"不重道，因此"巧言令色，鲜亦仁"，只不过是背叛义、礼、信的小人行为。

后世儒家很好地继承了孔子的好学精神。比如《曾子·制言上》说："不能则学，疑则问，欲行则比贤，虽有险道，循行达矣。今之弟子，病下人，不知事贤，耻不知而又不问，欲作则其知不如，是以惑暗。惑暗终其世而已矣，是谓穷民也。"由此可见，曾子所说的"穷"是智愚心昧，而非物质的贫困。韩愈《师说》对孔子的向学精神做了精彩诠释："人非生而知之者,孰能无惑?惑而不从师,其为惑也,终不解矣。"又提出"弟子不必不如师,师不必贤于弟子"的理念,至今仍激励人们向学求知。儒者还给人们留下了一段段"一字师"和不耻下问的佳话:唐五代"诗僧"齐已做《早梅》诗,中有"前村深雪里,昨夜数枝开"两句;诗人郑谷认为"数枝"不如改为"一枝"。齐已深以为有理,当即拜为"一字师"。元代诗人萨天锡有联曰:"地湿厌闻天竺雨,月明来听景阳钟。"很多人赞誉有加,唯一老者含笑摇头:"此联虽好,只是'闻'、'听'二字意思重复,'闻'宜改为'看'。"并说唐人有"林下老僧来看雨"的名句。萨天锡叩首拜为"一字师"……

古人如此,当代大人物也虚怀若谷:1940年代初,郭沫若的话剧《屈原》在重庆公演。剧中女主人公婵娟痛斥宋玉:"宋玉,你辜负了先生的教诲,你是没有骨气的文人!"总觉得有些意犹未尽。有位演员建议:"'你是'不如改成'你这','你这没有骨气的文人!'就够味了。"改动后演出果然增色不少。为此,郭沫若特地写了一篇短文附在剧本之后,称这位演员为"一字之师"。1959年6月,毛泽东主席写下了《七律·到韶山》,首句原是"别梦依稀哭逝川,故园三十二年前"。他将诗示于梅白,梅白看后建议将"哭"字改为"咒"字。诗意顿时变得更积极而深刻,感情更鲜明而强烈。毛主席连称"改得好!"并尊梅白为"半字师"……

总起来看,"不耻下问"有这样几层含义:

不耻下问,是重视调查研究的作风。许多著名学者、科学家都以虚心求教、不耻下问的态度来积累知识。李时珍撰写《本草纲目》的几十年间,研读古书时发现诸家说法相互矛盾,便深入实际,亲自采药,同时向有实践经验的医生、药工、樵夫、渔夫请教,终于鉴别考证了历代记载的一千多种药物,为它们重新做出了科学结论。李时珍堪称不耻下问的典范。

不耻下问,是知耻后勇、发奋向学的精神。清朝张曜,行伍出身,因苦战有功,被提拔为河南布政史。他虽然做了大官,却常因没有文化而受朝官歧视。御史刘敏楠就参他"目不识丁",朝廷因之改任张曜为总兵。张曜从此立志读书,请妻子教他识字,阅读经史。他还请人刻了一方"目不识丁"印章,佩在身上以自警。几年后,终于成为一个有学问的人。后来,他在山东做巡抚时,又有人参他"目不识丁",他就上书请皇上面试。面试成绩使皇上和许多大臣都大为惊奇。张曜在山东任上，筑河堤，修道路，开厂局，精制造，做了不少利国利民之事。因为他勤奋好学，死后皇帝谥他为"勤果"，追赠太子太保，入祀贤良祠。

不耻下问，是知错能改的精神。唐代大居守李相读《春秋》，一小吏在旁侍候。一次，当李相念到"叔孙婼"时，把"婼"字读错了。这时，在一旁的小吏面露不悦之色。李相奇怪地停下问小吏，知道原来是这部书的"婼"字的音注错了。当即，李相请小吏入座，向小吏施拜师之礼，称小吏为"一字师"。这是"知之为知之，不知为不知"的理性态度。与之相反的是"文过饰非"，强不知以为知，这反而会使自己蒙羞，甚至成为别人的笑谈。

不耻下问，是转益多师的胸襟。《盐铁论·制议》认为："多见者博，多闻者智，拒谏者塞，专己者孤。"这提醒人们：一不要有学术门派之见，而应当具有交往对话精神，否则容易产生"正义的火气"，唯我独尊，一元标准，变成学霸学阀。二不应向壁虚造，更不能只追求形而上学，而不能务实；这会使学问变成空中楼阁、清流玄谈。三要注意"博"与"约"的辩证关系：博而不约是为俗学，约而不博是为异端；应当如马克思那样做到"人所具有的我都具有"。唯有做到转益多师，才能日进无疆，有所增益。

不耻下问，是"学不可以已"的精神。有些人随着年龄、资质与地位的提高，逐渐以权威自居，停止了学习，尤其不能向更年轻的一代学习，因而观念逐渐老化，不能适应时代前进的步伐。这在中外历史上，已成为从"趋时"到"复古"的一个共有现象，应当引起人们的警惕与自省。正是：

    不知为不知，不耻下问；
    转益多师者，日有所进。
    学而时习之，不亦乐乎？
    学不可以已，一以贯之。

（李　钧）

10. 靡不有初，鲜克有终
——谈"不耻最后"

鲁迅在《华盖集》中两次提到韩非子赛马的掌故——不耻最后。其原意是说：因为跑到最后而感到可耻。但是鲁迅却在文章中赋予这个成语以新意，从而纠正中国人好胜怕输的心理。他首先在《补白三》中说："即使慢，驰而不息，纵令落后，纵令失败，但一定可以达到他所向的目标。"这样，"不耻最后"就具有了崭新的内涵：凡事只要坚持，最终总能达到目标。鲁迅似乎还意犹未尽，又在《这个与那个》里谈起了"最先与最后"的问题：我有时也偶尔去看看学校的运动会……竞走的时候，大抵是最快的三四个人一到决胜点，其余的便松懈了，有几个还至于失了跑完预定的圈数的勇气，中途挤入看客的群集中；或者佯为跌倒，使红十字队用担架将他抬走。假若偶有虽然落后，却尽跑，尽跑的人，大家就嗤笑他。大概是因为他太不聪明，"不耻最后"的缘故罢。

所以中国一向就少有失败的英雄，少有韧性的反抗，少有敢单身鏖战的武人，少有敢抚哭叛徒的吊客；见胜兆则纷纷聚集，见败兆则纷纷逃亡。战具比我们精利的欧美人，战具未必比我们精利的匈奴蒙古满洲人，都如入无人之境。"土崩瓦解"这四个字，真是形容得有自知之明。

多有"不耻最后"的人的民族，无论什么事，怕总不会一下子就"土崩瓦解"的。我每看运动会时，常常这样想：优胜者固然可敬，但那虽然落后而仍非跑至终点不止的竞技者，和见了这样竞技者而肃然不笑的看客，乃正是中国将来的脊梁。

现在看来，不耻最后首先是一种不怕输的拼搏精神。在 2008 年北京奥运会上，年仅二十一岁的达娜·侯赛因·阿卜杜勒-拉扎克，是伊拉克唯一的女奥运选手，她连一身正规比赛服都没有，在女子 100 米预赛第一轮就被淘汰，成绩是 12 秒 36，但是她却被人们评为最美的运动员。因为她穿着从约旦买来的二手跑鞋训练，冒着生命危险备战奥运——在一次训练中遭到枪击；她冲破了宗派斗争的重重阻力，将伊拉克人民向往和平的美好愿望展示给了全世界。她没有任何胜算，却排除了种种困难，站在了奥运赛场上，她虽然成绩落后，却让人们感动，为世人所铭记，她是一位真正的英雄。这正是"不耻最后"精神的体现。

不耻最后就是善始善终的顽强坚持。奥运会历史将永远铭记马拉松选手约翰·斯蒂芬·阿赫瓦里（John Stephen Akhwari）的事迹，他只代表坦桑尼亚参加了一届奥运会——1968年墨西哥城奥运会，在全部75名参赛者中垫底，在此前和之后也没有任何值得一提的好成绩。但这位垫底者却获得了比冠军更多的赞誉，拥有更广泛、更深久的影响力：他的名字被镌刻入奥林匹克名人录；坦桑尼亚成立了以他的名字命名的竞技基金会，为家境贫寒但有运动潜力的田径新苗提供资助；他被法国《队报》誉为"最美的垫底者"……奥林匹克的宗旨不是更快、更高、更强吗？这位垫底者究竟做了些什么，竟获得如此高的荣誉？相信每一个人知道他的故事后都会深有感触。

1968年墨西哥城奥林匹克盛会马拉松比赛颁奖仪式结束一个多小时后，场地内其他项目都已结束，裁判员和观众开始退场回家，组委会也开始通知马拉松沿途的服务站撤离。但此时，组委会却得到一个令人震惊的消息：有位选手还在跑！这位选手就是阿赫瓦里。他在出发不到五公里时因碰撞跌倒，膝盖受伤，肩部脱臼，但他并未就此退出，而是一瘸一拐地继续向终点跑去。所有选手跑出了他的视线，围拢在街道两侧的观众也已散尽，天色渐渐昏黑，但阿赫瓦里仍在坚持着。他的膝盖不断流淌着鲜血，嘴角痛苦地抽搐着，他"跑"得比寻常人散步还要慢。不知什么时候，他身边出现了一位《三角洲天空画报》记者，记者不解地问："为什么明知毫无希望，还要拼命跑下去？"阿赫瓦里默默地"跑"了好一会儿，才答道："我的祖国派我来墨西哥城，为的不只是让我起跑，而是要我跑到终点。"

被深深打动的记者不但向自己的杂志社发了稿，还立刻把稿件发回奥林匹克新闻中心，阿赫瓦里的名言很快通过广播回荡在墨西哥城上空，许多本已回家的市民赶到路边，为这位勇敢的选手助威、欢呼，在观众的鼓励下，阿赫瓦里拖着伤腿，顶着满天星星，走入了专门为他打开灯光的阿兹特克体育场，几乎是一码一码蹭到了终点线。他被当做英雄簇拥着，受到了远比冠军更隆重的礼遇。由于过于激动,裁判员忘记了统计他的确切成绩,在奥运成绩册上只有他的名次:75名参赛选手中的第57名——其他18位选手都因各种原因中途退场。

竞赛,是为荣誉而战,更是为人格、国格而战。"更快、更高、更强"不仅是战胜对手,更重要的是战胜自己。如果说"敢于争先"是胜利者的桂冠,那么"不耻最后"则是"坚持就是胜利"的信念。

人生也是一场竞赛,更需要不耻最后的精神。正是:

长路漫漫,拼搏征程;

靡不有初,鲜克有终。

敢为人先,强者桂冠;

不耻最后,亦是英雄。

(李　钧)

11. 远离厚黑学,休做伪君子

"八荣八耻"将中国优良传统美德与社会主义道德有机融合在一起,成为新时代的道德标准。胡锦涛在中央纪委第七次全会上的讲话中再次强调,党员干部要生活正派、情趣健康,要时刻检点自己生活的方方面面,做到台上台下一个样,工作时间和业余时间一个样,有监督和没有监督一个样。这要求人们不断自觉改造主观世界,不断自我激励、自我警策,将其内化为道德信念。

政治伦理学认为,"七慎"可以使人远离"厚黑学":

一、慎独。《礼记·中庸》说:"君子戒慎乎其所不睹,恐惧乎其所不闻。莫见乎隐,莫显乎微。故君子慎其独也。"意思是说,有君子之德的人,即便在一个人独处时,也会谨慎行事,仔细检点自己的行为,不会因别人不在场或不注意而做有违道德之事,从而做到"以心治身",防止自我非道德意识萌生,不被外物所役而保持道德良知。刘少奇在《论共产党员的修养》中将"慎独"作为共产党员自我修养的方式和境界:"即使在他个人独立工作、无人监督、有做各种坏事的可能的时候,能够慎独,不做任何坏事。"这句话至今应作为党员干部加强自身修养的法宝。然而,少数领导干部却有双重标准,明里道貌岸然,暗里男盗女娼,这些"阴阳人"、伪君子不仅严重破坏了党纪国法,更书写了一部当代"厚黑学"。胡长清将"淡泊以明志,宁静而致远"条幅悬于客厅,塑造了一个清正廉明、热情豪放、平易诚实的公众假象,但私底下做的却是另一套:作为一名省级干部,外出必须经过备案批准,很"不方便",于是他通过各种手段办理了三十多个假证件,包括户口本、身份证、护照、驾照等等,以此掩盖自己的真实面目。但是天网恢恢,疏而不漏,胡长清最终于2000年2月15日以受贿罪、行贿罪、巨额财产来源不明罪被判处死刑,处没全部财产……这些伪君子最后落到"人越腐败,死得越快"的结局,恐怕与他们缺乏慎独意识有关。

二、慎微。祸患常积于忽微。因此古人提醒为官者要"勿以恶小而为之"。在革命年代,中国人民解放军强调"三大纪律八项注意",就是从细节和小事抓起,从不拿群众一针一钱、讲话和气做起,就是为了防微杜渐、防患于未然。毛主席1956年在中共中央八届二中全会上提到:"锦州那个地方出苹果,辽西战役的时候,正是秋天,老百姓家里很多苹果,我们战士一个都不去拿。我看了那个消息很感动。在这个问题上,战士们自觉地认为:不吃是很高尚的,而吃了是很卑鄙的,因为这是人民的苹果。"(《毛泽东选集》第五卷第329页,人民出版社1977年版)唯其纪律严明,解放军才被称为"人民的子弟兵",中国共产党才得民心得天下。如果一个人以"大行不顾细谨"为借口,不严防诱惑之"微",就难保蜕变之"渐",最终必将丧失做人原则和为官准则。沈阳市原市长马向东忏悔说:"我当时也有睡不着觉的时候,因为一开始几百块钱、千百块钱,后来几千块钱,甚至上万块,渐渐收得多了以后就不再睡不着了。"千里之堤,溃于蚁穴。贪官们由起初的"受之有愧"逐步演变到胆大妄为,由小恶而酿成大罪,直至最终身败名裂,无不是丢了"慎微"这块警示牌的缘故。

三、慎初。初是开始,决定着未来的指向;初是一种元气,打破后就一发难收;初又是一种信念,不能持守初衷就是堕落的开始。在现实中,一些党员干部之所以犯错误,几乎都是由于不能慎初,一胆上了贼船就再也没有回头路,只能与邪恶同行,与腐败媾和。他们最初以"下不为例"

原谅了自己，岂不知"下滑总是快乐的"这个道理，在初尝甜头以后就放松了警惕，欲罢不能，最终滑向罪恶的深渊。有些人在"破戒"之后，也有后悔，也想收手，无奈把柄落在人的手里，于是为了文过饰非而再次妥协，从而步入恶性循环的快车道。原江西省鹰潭市副市长魏时中进监狱后反思道："我本想做一名清官，但在接受一次小贿赂后，便放松了警惕，逐步走向深渊。"这提醒为官者必须牢记那句古训："莫伸手，伸手必被捉。"

四、慎终。"慎终如始，则无败事。"实践社会主义荣辱观贵在始终不渝、善始善终。党员干部只有忠诚于祖国和人民，忠诚于党的宗旨，才能无愧于"人民公仆"的称号。"慎终"就是要持之以恒，毛泽东同志说过："一个人做点好事并不难，难的是一辈子做好事。""慎终"就是站好最后一班岗的意识，现实生活中之所以屡屡发生"59现象"，就是因为有些党员干部在临近退休或离任的关头，心理失衡，"有权不用、过期作废"的思想开始作祟，想捞点"实惠"，结果不仅自己晚节不保，令子孙蒙羞，更给党和国家的事业造成损失。

五、慎欲。宋代思想家程颐说："一念之欲不能制，而祸流于滔天。"贪官们之所以胃口巨大，如饕餮之鬼，大多是起于享乐欲过重。党员干部如果不能保持内心清明、心静如水、作风清廉，不能自觉净化生活圈、娱乐圈、交往圈，那么他必定无法跨过金钱关、美色关、享乐关。黑龙江省绥化市原市委书记马德在忏悔时说："我收一个人，就能收两个人，今天能收一万，明天就能收两万，这么，越收越多，越收越大。"这就是欲壑难平的典型例证。在孔府内宅影壁上有一幅"戒猰图"，上面画了一个虚构的动物，它占有了八仙的法宝以后还不知足，妄想吞日，因而蹈入大海溺死。这虽然是童话，但对人的警示意义却是超时代的。

六、慎权。领导干部掌权用权，责任重于泰山，必须怀有敬畏之心。慎权就是坚持权为民所用，情为民所系，利为民所谋。慎权就是要事事出于公心，决不以权谋私、权权交易、权钱交易、权色交易；慎权就是要时刻警惕和防范权力越轨以至变质，更不能搞政绩工程，急功近利。沈阳市原市长慕绥新上任伊始这样宣告："让我们一起向各位代表，并通过你们向全市人民表达我们共同的决心——忠于职守，勤奋工作，依法从政，廉洁奉公，牢记宗旨，报效人民。"最终却因收受他人钱物折合人民币达1000余万元，而被判死缓。原因自然在于他不能慎权，反而滥用职权。

七、慎友。对于党员干部来说，与谁交友和怎样交友的问题，绝不是一己小事、私事，而是关系到党的形象以及领导干部能否洁身从政、服务人民的"大事"。交友须交诤友、畏友、益友，要多同普通群众、基层干部、先进人物、专家学者交朋友，要从善如流、闻过则喜，如此则以有益于自己正德行、知民意、增才干。应远离那些损友、诌友、媚友、酒肉朋友，更不可自缚于关系网而无法自拔。

人民的好干部郑培民在日记里写到："大浪淘沙，警钟长鸣，不忘宗旨，永葆本色。慎独、慎微、慎始、慎终。"他告诉人们：党员干部加强自身修养，要从大的目标、大的方向着眼，坚定理想信念，内外兼修，讲操守、重品性，从独处时、细小处做起，谨言慎行，从严从细约束自己。惟其如此，才能保持共产党人的先进性和政治本色。

> 君子慎独，积善成德；
> 莫伸黑手，小心被捉。
> 防微杜渐，永葆本色；
> 慎终如始，保持晚节。

（李　钧）

12. 道德机会主义是可耻的

"机会主义"一词源于法语 Opportunism，意思是应付与妥协。中国人主要将其当做政治学术语，指政治功利主义与实用主义投机心理与行为。但新制度主义经济学家奥立佛·威廉姆森（Oliver Williamson）将其引申为经济伦理学术语，定义为"欺诈式自利"（self–interest with guile）。他从"人性假说论"的角度认为：人不但追求自身效用最大化，而且一旦有机会就不惜损人以利己，人的这种自利本性就是"机会主义"；因为在每一个群体中都会有不顾道德规范、有机会便采取机会主义行动的个体，因此有了行为的规范引导也不能完全消除机会主义行为。

"性恶论"是西方世界建立法制的基础,威廉姆森又将"性恶论"引入对经济的研究,其结论是否偏颇,这里存而不论,但他对机会主义的见解却给我们以启示:人们在思想与言行中也存在着利己的道德机会主义倾向,这更值得人们深思。

道德机会主义的第一种表现就是双重标准,责人严而待己宽,将道德标准向有利于自己的方向去解释与修正。毛泽东在《纪念白求恩》一文中高度赞扬了白求恩"毫不利己专门利人的精神,表现在他对工作的极端的负责任,对同志对人民的极端的热忱",同时也指出:"不少的人对工作不负责任,拈轻怕重,把重担子推给别人。出了一点力就觉得了不起,喜欢自吹,生怕人家不知道。对同志对人民不是满腔热忱,而是冷冷清清,漠不关心,麻木不仁。"(《毛泽东选集》第二卷第659、660页,人民出版社1991年)毛泽东同志这篇文章发表于1939年,距今已有七十年,但是只要对照一下周围就不难发现:现实生活中仍有很多人一味要求别人"为人民服务",要求别人"人人为我",却从不想"我为人人";他们见到别人取得了成绩,不是见贤思齐、自我反思,不是从中学习经验并奋起直追,而是吹毛求疵、嫉贤妒能;而当自己取得了一点成绩,就自吹自擂,到处炫耀……这种损人利己的双重标准,正是道德机会主义的典型表征。

道德机会主义的第二种表现就是知行分离,言行不一。许多人明明知道某种言行不符合道德规范,但是自己却明知故犯,这正是国民公共道德意识普遍薄弱的重要原因。比如随地吐痰、乱扔乱画、随意张贴、加塞起哄、挤车占座、在公共场合大声喧哗、捕风捉影、造谣生事、乱发骚扰邮件、翻越栏杆、故意遮挡车牌、违规养宠物等,人们普遍认识到了这些言行是不良的、有违公德的,但偏偏不愿从自身改起,而只盯着别人的"缺德"行为。这种知行脱节、言行失调的灰色心态,是道德机会主义的另一种表现。

道德机会主义的第三种表现就是见义不为,麻木不仁。许多人对于许多违法乱纪、有违道德的事,敢怒不敢言,事不关己,高高挂起;面对这样的事情,表现出的不是愤怒,不是起而抗争,而是视若无睹,置若罔闻。久而久之习以为常,习焉不察,见怪不怪,听之任之。当越来越多的人把不正常当做正常,全民不以耻为耻,那就真是"无耻之耻",再想改变就积重难返了,这才是全社会最大的耻辱!龙应台女士在1984年写过一篇文章叫《中国人,你为什么不生气》,文章说:"在台湾,最容易生存的不是蟑螂,而是'坏人',因为中国人怕事、自私,只要不杀到他床上,他宁可闭着眼假寐。"(龙应台《野火集》,湖南文艺出版社1988年)龙女士指出的不仅是台湾一地的现象,应是所有国人值得思考的事:"沉默的大多数"并非弱势群体,而常常是懦夫的代名词;"平民"往往不是没有权利,而是不珍惜自己的权利,不把自己当"人";如果不能在恶的面前挺身而出,"该出手时就出手",那就等同于怙恶不悛,使社会变成恶人的天堂。

有了道德规范却不去遵守,不修私德不遵公德,为自身利益而采取双重标准,见到不义的言行而不去制止,这都是道德机会主义的表现。因此,如何使现代荣辱观在公民中普及到入眼、入脑、入心,不仅占据公民的思想灵魂,并化为行动,做到知行合一,这是推动社会主义道德建设的重要前提。正是:

> 机会主义,损人利己;
> 双重标准,知行分离。
> 麻木不仁,无耻之耻;
> 树立新风,从我做起。

(李 钧)

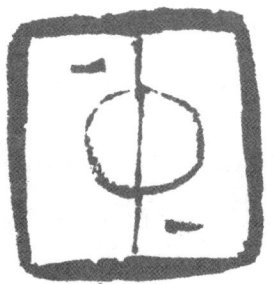

中

题 解

  "中"的观念最早可以追溯到人类社会的形成时期,作为象形文字,它最初的含义是对狩猎行为的图解。西汉人许慎在《说文解字》中指出:"中,内也,从口从丨,上下通。"朱骏声在《说文通训定声》中进一步解释:"中"字的本义是"以矢著正",对百步穿杨、箭无虚发这种高超技艺的符号性表达就是"中"。后来"中"渐渐有了人文意味的内涵。王筠在《文字蒙求》中说:"中以口象四方,以丨界其中央。"唐兰在《殷墟文字记》中说,"中"是氏族社会的徽帜,古有大事,则建"中"以集众。古人立"中"位而号令指挥,为的是众人的共同利益,因此"中位"就代表着"正位"、"正道",而众人必须"趋中",否则就会因其危及众人的生存利益而为众所不容。西周时期,"尚中"的思想已经比较普遍了,"中"的含义进一步丰富。"中"被认为是一种美德,具有公正认识及按之履行的含义;"中"还被用于量刑,意思为"恰当",指量刑定罪必须与法律相吻合,力求做到恰当无误。此后又经过几千年的演变,"中"还有"可以"的意思,如今河南方言中仍有"中、中"的说法,意思就是"可以"。

  据考孔子是第一个把"中"和"庸"联系起来使用的人。"中庸"一词始见于《论语·雍也》:"中庸之为德也,其至矣乎!"孔子将中庸视为人间最高的道德境界。《中庸》是公认的经典《四书》之一。"中庸"即"用中"或"用常"之道,集各家注解,可以解为研究、认识和处理问题时不偏不倚,合乎中正,恰到好处,无过之亦无不及的态度与方法。"中庸"思想在中国两千多年的文化史上产生了重大影响,它已经内化在中华民族的思维方式之中,成为人们处理各种社会实践活动的准则。即使是在当代,其影响还广泛存在于人们的思想意识中,自觉或不自觉地左右着人们认识和处理问题的方式、方法。

(张淑珍)

1. 不要走极端
——大智慧者执两用中

有一个公司宣布了裁员名单,小李的名字赫然列在其中,他有两个月的时间另寻出路,这种事谁碰上都会十分难受,小李的心里自然很不是滋味。从名单宣布的第二天开始,小李就变得情绪十分激动,好像装了一肚子火药一样,看什么都不顺眼。想到自己几年来的辛苦工作居然换来了"被炒鱿鱼"的结局,他心里不能平静。于是,他先去找同事诉苦,后来又去找主任诉冤,不久又托人到经理那里说情,根本没有心思干手头的工作了。然而,他的这些"努力"似乎都没有奏效,这次大公司裁员的决心十分坚决。折腾了将近一个月,小李感到精疲力竭,他想事情既然不会再有转机了,干脆就死心吧。于是小李心里渐渐平静了下来,就像根本就没有裁员这回事一样,边寻找新的工作边照样努力工作。两个月很快就过去了,奇迹发生了:主任向小李宣布,公司认为它是一个合格的员工,希望他留下来继续工作。

小李面对裁员的打击,行为从不理智变为理智,其实就是从"过分"到"恰到好处"的转变,结果是"化险为夷"。从小李的事情说开来,当我们在生活中遇到某种打击或压力时,自暴自弃和一跳而起是我们所采取的两种极端态度。中庸之道告诉我们要"执两用中",《中庸》说"舜其大知也与！舜好问而好察迩言，隐恶而扬善，执其两端，用其中于民。"

那么中是什么呢？北宋程颐有过很好的解释，他说："不偏谓之中，不易谓之庸。中者，天下之正道。庸者，天下之定理。"（《中庸章句》）简而言之，就是放弃极端的态度，通过理智的分析，做应当做之事。所以"执两用中"是指要避免走极端，待人处事既不过分，也无不及，要不偏不倚，是非分明，该怎样就怎样。

"中庸"的"中"也不是一成不变的。"逝者如斯夫，不舍昼夜。"孔子认为一切事物都处于不断的运动变化之中，"中"因时间、地点等条件的变化而变化，他提出了"勿意，勿必，勿固，勿我"（《论语·子罕》）四个要求，就是依时依事，依据实际情况的变化，决定该怎么做。《中庸》将这一思想称为"时中"，认为"君子之中庸也，君子而时中"，也就是根据事物环境的变化随时而取中，这意味着原则的坚定与策略的灵活性相统一的关系。举个简单的例子，我们一年四季都要根据季节和天气的变化而增减衣服，这就是"时中"。孟子也曾经举例说明"时中"的道理。他说："男女授受不亲，礼也；嫂溺，援之以手，权也。"（《孟子·离娄上》）按照周代的礼制，男女之间不能亲手接递，但是在孟子看来，假如嫂子掉到水里被淹，亲手去救他，这是可变通的办法。

"执其两端，用其中于民"也是很好地认识事物的方法。我们在日常生活中常常会遇到我们所不了解的事物，对于陌生的事物，如果我们试着从它的正反两方面入手去研究它，就可能避免产生片面的认识，找到事物的本来面目。

孔子说："吾有知乎哉？无知也。有鄙夫问于我，空空如也。我叩其两端而竭焉。"（《论语·子罕》）意思是说，我有知识吗？没有知识。有个乡下人问我问题，我什么都不知道。我考察问题的两端然后尽量告诉他。孔子当然不是生而知之，他更不认为自己无所不知，就像古希腊伟大的哲学家苏格拉底那样，认为自己"只知道一件事，那就是我什么也不知道"。他所掌握的，是人生的大智慧与解决问题的能力与方法。对于乡下人的问题，孔子虽然一无所知，但是通过"叩其两端"的方法还是找到了答案。对于我们而言，掌握并能熟练地运用执两用中的方法的人才是真正的大智慧者，才能在工作和生活中立于不败之地，才能成为自己命运的真正主宰者！中

庸之道是一种伟大的思想资源,中庸之道可以成为当代人有价值的人文理性主义,中庸之道将在 21 世纪大放光彩!正是:

执两用中,实事求是;

中庸智慧,佑我处世。

(张淑珍)

2. 发而皆中节
——调适好自己的情绪,从容淡定方能成就大业

《左传》中有一个"君子之怒"的故事:鲁文公二年,秦国和晋国发生战争,莱驹是为晋襄公驾驭战车的车右。作战的第二天,晋襄公捆绑了秦国的俘虏,派莱驹用戈去杀他们,俘虏突然大声喊叫,莱驹吓得手足无措,居然把戈都掉在了地上,旁边的勇士狼瞫拿起戈砍了俘虏的头,抓起莱驹追上了晋襄公的战车,晋襄公就提拔狼瞫作为车右。不久,狼瞫被将军先轸撤职,换了另外一个人作晋襄公的车右,狼瞫非常愤怒。他的朋友说:"为什么不去死?"狼瞫说:"我现在没有找到死的地方。"他的朋友说:"我跟你一起发难杀死先轸吧。"狼瞫说:"死而不义,非勇也。共用之谓勇。"死而不合于道义,这不是勇敢,为国家所用才叫做勇敢。过了几天,秦晋双方在彭衙大战,狼瞫率领部下冲进秦军的队伍,死在阵地上。晋军跟着上去,把秦军打得大败。《左传》的作者评论说:"怒不作乱而以从师,可谓君子矣。"

狼瞫因为没有受到重用而生气,他发怒之后却不去犯上作乱,而凭借着一股怒气杀敌报国,很好地说明了"发而皆中节"的道理。

《中庸》开篇就谈到了这个道理:"喜怒哀乐之未发谓之中;发而皆中节,谓之和。中也者,天下之大本也;和也者,天下之达道也。致中和,天地位焉,万物育焉。"

一个人在还没有表现出喜怒哀乐的情绪时,心中平静淡然,就叫做

"中"。为什么叫"中"呢？因为这时候各种情绪是被控制的，内心保持着平静，没有偏斜，这是合乎正道的。然而喜怒哀乐都是人们在受到外界刺激时所产生的正常反应，现代心理学认为感情需要得到宣泄，长期压抑自己的情绪不利于一个人的身心健康。人必须调适好自己的情绪，如果使自己长期处于过分压抑的状态，这种状态经过长期的积淀后，会有一个总的爆发，经常会表现为各种形式的身体疾病或心理疾病、异常行为甚至是犯罪，给身边的人和自己造成严重的危害。然而感情的宣泄需要有一个尺度。这个尺度就是不要遇到好事就喜形于色，遇到不高兴的事情便勃然大怒或伤心欲绝，过度悲哀或极端高兴，而是表现得合常理、合时宜、有节度，这就是"发而皆中节"，这就是"和"，是符合中庸之道的行为。

一个人只有做到"发而皆中节"才能保持从容淡定的状态，而只有从容淡定才能成就大业。

"唐宋八大家"之一北宋散文家苏洵在其《心术》一文中谈到："为将之道，当先治心。泰山崩于前而色不变，麋鹿兴于左而目不瞬，然后可以制利害，可以待敌。"作为一名将领，首要的是控制好自己的"心"，即使泰山在面前崩塌，或者麋鹿突然从旁边跃出，仍然保持从容镇定，这样才能控制战场局面，取得最后的胜利。

《世说新语》的《雅量》篇描述了东晋著名政治家、文学家谢安在淝水之战中的笃定风采。公元383年，前秦皇帝苻坚率百万大军南下，投鞭断流，志在灭晋。当时东晋的军队数量远远比不上前秦，军情危急，都城建康一片惶恐。晋军主帅、征讨大都督谢安却镇定自若，运筹帷幄，行营布阵，派了谢石、谢玄、谢琰和桓伊等人率兵八万前去抵御。桓冲担心建康的安危，派精锐三千前来协助保卫京师，被谢安拒绝了。谢玄心中忐忑，临行前向谢安问策，他回答了一句："我已经安排好了"，便绝口不谈军事。谢玄心中还是没底，又让他的朋友张玄去打听。谢安仍然闭口不谈军事，却拖着他下围棋。当晋军在淝水之战中大败前秦的捷报送到时，谢安正在与客人下棋。他看完捷报，便放在座位旁，不动声色地继续下棋。客人憋不住问他，谢安淡淡地说："小儿辈大破贼。"直到下完了棋，客人告辞以后，谢安才抑制不住心头的喜悦，进屋的时候，把木屐底上的屐齿都碰断了也没发觉。

谢安自始至终"如如不动",目的是以静制动,安定人心,并以此去动摇敌人的军心,打击敌人的气焰。东晋上自将领官员,下至士兵百姓,都被他笃定从容的神态和胸有成竹的举止所感染,将士们信心倍增,斗志旺盛。在战役中,由于被晋军这种不动声色、寂然异于常的氛围所震慑,士气大挫。晋军渡水后,一鼓作气发起猛攻,取得了战斗的胜利。

千年之后,我们分析这场力量悬殊的战争。这场战争,可说关系到东晋的社稷存亡,也关系了谢家的荣辱兴衰,谢安的压力可想而知。某种情况上来讲,在这场战争中,压力最重就是谢安。然而,惧怕无济于事,只有保持冷静,才能作出正确的判断。谢安的高明之处是把情绪控制在了合适的范围,所以才取得了成功,在乱世之中既保全了自己,又保护了国家。

不但战场如此,人在所有的场合都应当从容行事,不管遇到什么情况,不能自乱阵脚。有句成语叫"方寸已乱","方寸"指的就是心,保持"方寸"不乱就是苏洵说的"治心"。

从容淡定,除了有助于事业的成功,更重要的还在于体现人的境界、胸怀,只有真正成熟的人才能做到。从容既是处世之道,又是养生之道。

因此,对于情绪而言,最重要的不是压抑,而是控制和调节,是使它保持在一个合理的范围之内,就像谢安的不动声色和狼瞫的君子之怒,虽然表现各不相同,却都属于中庸之道。正如明代哲学家吕坤所言:"天地万物之理,皆始于从容,而卒于急促。""事从容则有余味,人从容则有余年。"

心态平和成伟业;
从容淡定度人生。

(张淑珍)

3. 规律不可违背
——一切顺其"自然"

有一个人在回家的路上刚好看到树杈间的一只小茧子上裂开了一个小口,他从来没见过这番景象,于是停下来观察。那是一只蝴蝶的茧子,一只新生的蝴蝶正艰难地从那个裂口中一点点地挣扎出来,很长时间过去了,蜕变似乎一点进展也没有,看起来蝴蝶似乎已经竭尽全力了……这个人实在替蝴蝶着急,他决定帮帮它。于是他找来一把剪刀,小心翼翼地把茧子剪开,这样小蝴蝶很容易就从茧子中挣脱了出来。可是,它并没有像帮它的人所希望的那样展翅飞翔,而是身体萎缩,翅膀也紧紧贴在身上。这位助人为乐者期待蝴蝶的翅膀伸展起来,成为一只美丽的蝴蝶,然而这一刻却始终没有出现。

这位好心人其实并不知道,蝴蝶只有靠自己努力从茧子中挣扎着出来,才能将液体从身体中挤压到翅膀上,从而展翅飞翔,这是无法改变的自然规律。

《中庸》说:"天命谓之性,率性之谓道,修道之谓教。道也者,不可须臾离也,可离,非道也。"我们每个人都具有自然赋予我们的"天性",这种"天性"中既有共性,比如生老病死的自然规律,饿了要吃、困了要睡等等;同时每个人也有自己特有的个性,比如一个人的脾气、爱好等。这种"天性"还包括人类拥有自己的精神与意志,并且会用自己的精神和意志来思考和判断。既然"天性"是大自然赋予我们的,那么就会有我们所主宰不了的方面,这就是我们自身认识的局限性,以及能力的有限性。因此我们常常会有"心有余而力不足"的感觉。

现代科学研究证明人类是自然界发展到一定的历史阶段的产物。人和自然在本质上是相通的,故一切人事均应顺乎自然规律,达到人与自然的和谐。所以老子说:"人法地,地法天,天法道,道法自然。"(《道德经》25章)只有遵从大自然的规律做事情,一切顺其"自然",才会自然而然地获得成功。这就是"道"。做事情不遵从"道",即使努力了,也不会获得成功。

然而,顺乎自然的本性做事情,绝不是什么事情也不做,听天由命。顺乎自然的本性做事情其实是我们为人处世的"隐规则",是以做事情为前提的。以"道"的标准做事情,说的是凡事不能蛮干,不要做与本性相违背的事情,不要自以为了不起而言行张狂,不要逞强好胜扭曲自己的本性,这才是顺乎自然的真正用意。

《中庸》所倡导的"道"其实包含两层意思。首先是自然规律。违背了自然规律，就算是成功了，也只是暂时的，迟早会遭到自然规律的惩罚，工业革命以来，我们在整体上把本是人类之母的自然当成了获利的工具，贪婪地向大自然攫取人类想要的一切，结果导致了全球性的生态危机，这便是自然规律对人类的惩罚。如今人类不得不面对各种环境问题：我们吃的食物含有农药和持久性有机污染物；全球变暖的情况日益严重；生物多样性锐减；海洋资源遭到破坏和污染；土地荒漠化正在加剧，中国已成为遭受荒漠化影响最严重的国家等等。人类每天都在自食苦果。

其次是自然赋予人类的"天性"。也许有人会说，人都有自私贪婪的一面，那么是不是做事情就应该遵从这种欲望而为之呢？这不也是自然规律吗？诚然，人的欲望是与生俱来的，是一种自然本性，但实际上人的欲望只不过是宇宙万物中的一粒尘埃，而我们做事情要遵从的是最大的"道"——大自然的规律。大自然始终在保持一种动态的平衡，大自然的本性是只有自然界万物之间的关系都保持一种恰到好处、适可而止的状态，万物才能和谐相处，大自然才能实现健康发展。如果这种和谐状态被打破，自然规律就会发挥作用，以实现一种新的平衡。例如，自然界有一个完整的食物链，每个一物种都有自己的天敌，自然规律不允许任何一个物种无限制地发展。如果因为某种原因导致的食物链的断裂引起了不平衡，大自然会努力实现新的平衡，在这个过程中，一些物种可能会消失，但大自然的动态平衡永远不会消失。人的生存与发展也是如此。每一个人的"天性"是复杂的，除了生老病死之类的共性外，每个人都有自己独特的个性。一个人只有加强自己的道德修养，使自己"天性"的各个方面保持一种动态的平衡，才能健康发展，并有所成就。如果任由自己某一方面的"天性"任意发展，就会出问题，一个太贪婪的人会走向犯罪的深渊，一个太善良的人会被恶人滥用善良，正所谓"人善有人欺，马善有人骑"；一个太工于心计的人最终会把自己算计进去，正所谓"辛辛苦苦忙算计，算来算去算自己"。

因此真正的遵从"大道"行事，是要我们获得生存的智慧，返璞归真，而不是依照那些小欲望的本性行事。

这正是中庸之道所倡导的，不偏不倚，保持一种恰到好处、适可而止的处世态度，一种合乎自然的中正之道。只有这样才能达到"中和"的境界。《中庸》认为无论是在自然环境还是在人类社会中，只有在"中和"的环境里，万事万物才能平等共存，和谐发展。正所谓"中也者，天下之大本也；和也者，天下之达道也。致中和，天地位焉，万物育焉"（《中庸》）。因此，"中"是人性的根本，"和"是我们所必须遵从的原则。这正是：

  规律不可违背，

  一切顺其自然，

  若要逆其自然，

  必然自食其果。

（张淑珍）

4. 子路问强
——何为真正的强

  明代政治家、诗文家，军事家和文学家刘伯温所著的《郁离子》中记载了这样一个故事，在晋郑之间的一个地方，有一个性情十分"刚强"的人，他射箭时如果射不中靶心，就把靶子的中心捣碎；下围棋输了，就把棋子咬碎。人们都劝他认真想想问题到底出在哪里，他听不进去，最后因为这样的刚强而暴病身亡。

  看来，真正的"强"不一定要体现在外表上。人过于刚强了，就容易夭折，正如老子在《道德经》一书中所言："强大处下，柔弱处上"。

  那么何为真正的强？《中庸》专门论述了这个问题，"子路问强。子曰：'南方之强与？北方之强与？抑而强与？宽柔以教，不报无道，南方之强也，君子居之。衽金革，死而不厌，北方之强也，而强者居之。故君子和而不流，强哉矫！中立而不倚，强哉矫！国有道，不变塞焉，强哉矫！国无道，至死不变，强哉矫！'"这里《中庸》提出了强者的三条标准：第一，和而不流；第二，中立而不倚；第三，不论何时都坚持自己的信念不动摇。品德高尚的人和顺而不随波逐流，这才是真强啊！保持中立而不偏不倚，这才是真强啊！国家政治清平时不改变志向，这才是真强啊！国家政治黑暗时坚持操守，宁死不变，这才是真强啊！

强悍勇武的刚强不能解决所有问题，也不能使人永远立于不败之地。真正的强者能做到善于与人协调但不随波逐流，保持中立而不偏不倚。真正的强柔中有刚，行动时表现得平静柔顺，正如我国的南方人虽然力不如人，但却玲珑轻捷，行为恰到好处，自己的行为始终保持中正，这种和而不流、不偏不倚的态度，恰恰体现了中庸之道，无过无不及，反而是强的体现。就像老子所主张的，知雄守雌、知白守黑、知荣守辱。以合乎自然的手段，达到刚强的目的。因此真正的强是心理的刚强，心理的刚强看似柔弱，却有破壁透坚、摧枯拉朽的力量。正如老子所言的"上善若水"，水有随物成形、不偏不倚、不分不别的境界，所以能以柔克刚，这正是中庸之道那种自然而然、恰到好处、无过无不及的体现。这种发自内心的强可以使人始终保持中立，不偏不倚，永远立于不败之地。就像汉代的良相张良，手无缚鸡之力，却能帮助刘邦安定天下。而项羽虽然勇力过人，"力拔山兮气盖世"，结果却败给了刘邦。苏轼在《留侯论》中也谈到："古之所谓豪杰之士者，必有过人之节，人情有所不能忍者。匹夫见辱，拔剑而起，挺身而斗，此不足为勇也。天下有大勇者，卒然临之而不惊，无故加之而不怒。此其所挟持者甚大，而其志甚远也。"

真正的强还表现为坚持自己的信念不动摇，不论是国家政治清明是还是国家政治黑暗时都能做到至死不改变自己的志向和操守。孔子曾经说，"邦有道，危言危行；邦无道，危行言孙。"《论语·宪问》意思是国家政治清明，言语正直行为正直；国家政治黑暗，行为正直而言语谨慎。君子可以做到在政治黑暗时言语谨慎，不怨不怒，但决不会在荣华富贵面前骨软筋麻，改变自己的志向。

只有做到和而不流，中立而不倚，不论何时都坚持自己的信念不动摇的人才是真正的强者。正如老子在《道德经》中所言：

> 知人者智，
> 自知者明。
> 胜人者有力，
> 自胜者强。

（张淑珍）

5. 吕端大事不糊涂
——中立而不倚

据说，有一次孔子到鲁桓公（公元前711年—前694年在位）之庙参观，见庙中有个他没见过的器皿。孔子问道："这是什么器物？"守庙的人回答说："这是佑座器。"孔子说："我听说这种东西灌满了水就翻过去，没有水就倾斜，灌一半的水正好能垂直正立，是这样的吗？"守庙的人回答说："是的。"孔子让子路取来水试了试，果然如此。孔子喟然而叹曰："吁！恶有满而不覆者哉！"意思是哪有满了而不翻倒的呢？

原来中国古代有一种汲水用的器皿叫"欹"，鲁桓公把它放在宗庙中，相当于现代人的"座右铭"。欹器有个特点：当它空虚不盛一点水时，就只能倾斜地放着而无法端正地放置，把它扶正后，一放手它就重又歪斜在一边，这就是所谓"虚则欹"；在这容器中注入中等数量的水，就可端正地摆放在那里，这就是"中则正"；但在容器注水又不可太满，水太多了，它又会自动向另一侧翻倒，而把水都倒了出来，这就是所谓的"满则覆"。鲁国之君把这奇异的容器放在宗庙中作为"座右铭"，目的在于提醒自己，万事都要适可而止，切不可过分，慎防"满而覆"。清朝皇帝让人在紫禁城里摆设欹器，也是借欹器"满则覆，中则正，虚则欹"的特点喻示"满招损，谦受益，戒盈持满"的道理，并以此警戒自己。这便是古哲告诉人们不可持满的道理。所以说聪明的要守愚，功高的要退让，武勇的要守怯，富贵的要谦虚。太自满了是会倾覆的！

这就是中庸之道所倡导的"中立而不倚"的原则，所谓"中"，不仅有"中立"的意思，而且还有恰好好处、合乎正道的意思。任何事物的发展都有三个阶段和程度：不及、中和过。不及是事物发展的初始阶段，过是事物发展的最终阶段。做事不及，使事物始终保持在初始阶段，就不能促使事物发展成长；做事太过，使事物走到终端，则会导致事物的崩溃，因此做事情的最佳方法是保持事物发展的最佳状态，也就是中。中立不倚就是保持中立，不偏不倚，恰到好处，合乎正道。

老子有句话，叫做"和其光，同其尘"，意思是说不要光芒毕露，不要故作清高，同样，"中立而不倚"的意思也不是"举世皆醉我独醒，举世皆浊我独清"，凡事都拿出一副正气凛然、不偏不向的样子。

中立，是在大事上坚守原则，小事上遵守规则。在一些细枝末节上面，无所谓中立不中立，只要按照一般的人情世故，灵活处理即可。但在事关国家利益、法律、政治等大事发生的时候，一定得把握住方向。

毛主席曾经称赞叶剑英是"诸葛一生唯谨慎，吕端大事不糊涂"。吕端就是小事糊涂，大事不糊涂的典型。

这两句话，是明代思想家李贽的自题联语，意在借诸葛亮和吕端的为人行事之风以自勉。据《宋史·吕端传》记载，宋太宗想以吕端为相，不同意者说吕端糊涂，太宗却认为"端小事糊涂，大事不糊涂"。

何谓"小事糊涂"？是指在不关涉原则大道、只涉及个人利害得失的问题和事情上，不斤斤计较，大抵有所谓盛德若愚之风。诸如不满吕端的人四处散布他的谣言，吕端知道后的态度是："吾直道而行，无所愧畏，风波之言不足虑也。"再如，他和名臣寇准同列参知政事之职，且排名在前，吕端主动提出"请居准下"。不久吕端升任宰相，"恐准不平，乃请参知政事与宰相分日押班值印，同升政事堂。"这正是他"小事糊涂"的一面。

何谓"大事不糊涂"？就是在关系朝廷大政方针的问题上，坚持原则，是非分明，有舍我其谁之慨。例如，朝廷要捕杀叛将李继迁的母亲，吕端知道后坚决反对，建议把李母安置好并给以优厚待遇，即使李继迁不降，也能笼络住他的心。宋太宗采纳了吕端的意见，将李继迁的母亲放在延州，并派专人侍奉起来，直到病死延州。后来李继迁也死了。李继迁的儿子德明念在宋朝对待他奶奶的情分上，就归顺了宋朝。宋朝让他当了宋朝的下传侍郎兼兵部尚书的官职，终于使夏归宋。

又如宋太宗死时，内侍王继恩担心有才干的太子继位妨碍其专权，同李皇后合谋另立楚王赵元佐为太子，皇后也赞同。吕端预感到要有大变，先命人将王继恩控制起来，让士兵守住门口，然后火速入宫见皇后。皇后对吕端说，皇上已驾崩，按说立嗣应该立长子才对，现在你看怎么办？吕端知道皇后的意思，却毫不退却，说："先帝立太子正是为了今日，今先帝刚刚过世，怎么能再讨论重立太子的事呢？"皇后才无话可说。太子继位，垂帘召见群臣，独吕端不拜，他让人打开帘子，上殿看清楚确是原先的太子后才退殿下拜。

可见，在小事上糊涂，有柔，有宽，有退；在大事上不糊涂，有刚，有严，有进。刚柔相济，宽严并用，进退得当，才能有利于大局，干成大事。也可以这样说，在小事上糊涂一些，更有助于看明白、想清楚、做成大事。吕端平时"糊涂"，但在新皇帝即位的紧要关头，有主见、有魄力，不为强权和势力所压倒，维持了政权的平稳交接，这才是真正的"中立而不倚"。"中"才有益于事，过度和不及都会使好事变成坏事。这正是：

> 做人当效铜钱，
> 内方外要浑圆。
> 为人处世宽和，
> 心中站稳立场。

（张淑珍）

6. 魅力源于修养，修养贵在坚持

据《世语》记载，三国时，曹操要接见匈奴的使节。他自认为相貌丑陋，不能对远方国家显示出自己的威严，而曹操的手下崔季珪仪表堂堂，很威严，曹操便叫崔季珪代替接见匈奴使节，自己却握着刀站在崔季珪的旁边。接见后，曹操派密探去问匈奴使节："你看魏王怎么样？"匈奴使节回答说："王雅望非常。然床头捉刀人，此乃英雄也。"意思是曹操的崇高威望非同一般，可是床边握刀的人，才是真正的英雄啊。

尽管改变了身份，但是一个人的魅力是无法掩盖的。最能体现人的层次和内涵的，是他在举手投足间表现出来的魅力。

魅力是一笔无形但巨大的财富，拥有人格魅力的人，能够在人群中树立较高的威望，赢得大家的尊重和好感。这样的人做事情比较容易成功，因为他更容易得到别人的配合和帮助。相比之下，不具有人格魅力的人则较难得到周围人的认可，很难在日常交往之外获得额外的尊敬与热情，在实现目标的过程中自然也要付出更多的努力，甚至有些目标根本就很难达到，比如，做一个出色的领导者。

那么，魅力究竟从何而来呢？是天赋，还是后天的努力？是来自知识的多寡，还是道德品质的好坏？

魅力跟这些都有关系，但又都不全面。中庸思想认为，魅力中有先天赋予的成分，比如个人的体质、长相、声音等等，这些都会影响到个人的魅力，但主要是后天的修养。儒家的理想人格——"君子"，本身就是修养的代名词。能否成为君子，不在于社会地位的高低或者物质生活的贫富，而在于个人修养的程度。

那么我们该如何加强自己的道德修养呢？

《中庸》说："至诚无息。不息则久，久则征，征则悠远，悠远则博厚，博厚则高明。博厚所以载物也，高明所以覆物也，悠久所以成物也。博厚配地，高明配天，悠久无疆。"达到"博厚"和"高明"的境界，应该从内心的"诚"做起。如果内心无"诚"字可言，那么做任何事情都会动机不纯，行为都会远离大道与正道。朱熹说："诚其意者，自修之首也。"（《大学章句》）意思是"诚"是自我修养的首要前提。一个人只有在动机和意念上真诚无妄，才能真正使自身的修养有所进步和成就，也才能真正实现自我完善。如果在动机和意念上不能做到一个"诚"字，往往会流于自欺欺人。

"修"，指的是对自己的错误和短处及时改正，修正方向，端正身心；"养"，指的是发扬自己的长处和优点，注重实践而养成良好的习惯。修养不是一朝一夕或者三年两年就能见效的，需要持之以恒的努力和知错能改的勇气。

修养的方法有很多。据《韩非子》记载，战国时候的著名政治家、军事家、水利家西门豹因为性急，就随身带着一块熟牛皮，提醒自己要柔韧、舒缓；而晋阳城的缔造者，春秋末年出色的建筑家、战略家和政治家，被孔子称为"古之良史"的董安于认为自己的性子太慢，就随身带着一根绷紧的弓弦，提醒自己要加快生活节奏。清代的名臣林则徐因为爱发怒，就在书房里高悬"制怒"条幅以自警，他的名联"海纳百川，有容乃大；壁立千仞，无欲则刚"也是为了克制自己的怒气而作。

宋代名臣赵概以清静淡泊、宽厚大度著称，这得益于他能够在平常严谨克己修身。为了严格要求自己，他曾准备两个瓶子，如果起了善念，或做了好事，他就把一粒黄豆投入一瓶子中；如果起了恶念，或做了不好的事，他就会把一粒黑豆投入另一瓶子中。刚开始的时候，黑豆往往比黄豆多。后来随着赵概对自己的磨砺，时时内省，努力克制自己，改过迁善，瓶子中的黄豆渐渐多了，黑豆渐渐少了，赵概终于成为了德行高尚之人。

关于修养，最有名的例子是曾子的"吾日三省吾身：为人谋而不忠乎？与朋友交而不信乎？传不习乎？"（《论语·学而》）每天反省自己是否忠于工作，是否对朋友讲信用，是否学到了新的知识，这样才能维护内心的纯净与博大，成就强大的人格魅力。

所以，修养不是一个轻松的过程，高尚的品行是经过循序渐进的严谨修身而修出来的。它需要锲而不舍的进取和不断的提高，需要对自己的行为和思想随时作出客观的评价，需要高度的自我克制和自我约束。正所谓魅力源于修养，修养贵在坚持。正如朱熹所言：

> 日省其身，
> 有则改之，
> 无则加勉。

（张淑珍）

7. 和而不同
——走出事物两极对立的死胡同

我们一起做一个实验，裁出一张纸条，一面是黑色，一面是白色，将其中的一端扭转180度，同另一端粘起来就形成一个奇特的圈。它的奇特之处就在于，如果蚂蚁在纸带上爬行，它不必跨过边线，就能从一面爬到另一面。这就是不同层次的跨越，它所呈现出的现实意义就是：我们不必破坏对立两方的任何一方的本质，就能找到一种解决问题的崭新方法，即由角度的转换实现了层次的跨越。在西方，1858年德国数学家麦比乌斯发现了这个奇特现象，后人称之为麦比乌斯圈。其实我国的思想家早在2500多年前就认识到了这个道理。儒家"和而不同"的中庸辩证法之所以为世人所肯定，就在于它能启发人们实现这种超越，创造新的奇迹。

《中庸》说："喜怒哀乐之未发谓之中，发而皆中节谓之和。中也者，天下之大本也；和也者，天下之达道也。致中和，天地位焉，万物育焉。""中"就是不偏不倚，不走极端，保持一种适可而止的状态，合乎自然的中正之道。"中"是天下人的根本；"和"就是和谐，是对事物能保持一颗平常心，不与自然之道背离。"和"是天下人所遵从的原则。达到了"中和"的境界，天地也就各在其位了，万物也就生长发育了。天下的根本是中与和。"中"是达到"和"的手段，"和"是"中"的最终目标，因此"和"是中庸的最高境界，达到了这种境界，天地万物就能生生和谐，并行不悖、共存共荣。中庸智慧的核心就是恰到好处，适可而止，不走极端，无过之亦无不及。

孔子曾经明确指出："君子和而不同，小人同而不和"（《论语·子路》），即德行高尚的人重在事物的和谐、协调，否定单一的趋同，而德行差的人则相反，只求统一，必然导致僵化的绝境。孔子所说的"和而不同"的真正内涵是在坚持原则的前提下与不同意见的人求同存异，友好合作。

主张不偏不倚、不走极端的中庸观有重要的现实意义。他首先要求我们承认事物是多样的，其次要求人们在承认事物多样性的基础上寻求和谐统一的共生之道。它能够指导我们走出事物两极对立的死胡同，从一个新的角度来观察万事万物，实现"层次超越"。中国共产党就是运用这种思想解决了香港问题、澳门问题。

1983年6月26日邓小平会见美国新泽西州西东大学教授杨力宇时明确指出，"问题的核心是祖国统一。和平统一已成为国共两党的共同语言。但不是我吃掉你，也不是你吃掉我。我们希望国共两党共同完成民族统一，大家都对中华民族作出贡献。""和平统一不是大陆把台湾吃掉，当然也不能是台湾把大陆吃掉。所谓'三民主义统一中国'，这不现实。"之后他又多次强调，"中国有香港、台湾问题，解决这个问题的出路何在呢？是社会主义吞掉台湾，还是台湾宣扬的'三民主义'吞掉大陆？谁也不好吞掉谁。"

"我们曾多次劝台湾当局,不要这样想,要搞一个你不吃掉我、我也不吃掉你的办法。"后来邓小平提出了"和平统一、一国两制"的构想,并于1997年和1999年在香港和澳门得到实现。在台湾问题上"一定要谁吃掉谁"的思路就是走极端地解决问题方法,非黑即白、两极对立不可调和只能是死胡同,问题将无法获得圆满解决,最终的结果将会是两败俱伤,"鹬蚌相争,渔翁得利"的结局是所有炎黄子孙都不愿看到的,也是海峡两岸的同胞应尽力避免的。

邓小平提出的"和平统一、一国两制"的伟大构想高度体现了中庸的智慧。在过去,按照一些人的传统看法,似乎两种社会制度是不可并存、互不相容的,也就是有你无我、有我无你的关系,更不可能在同一时间存在于同一国家之内。唯一的解决方法就是革命和战争。邓小平把中华民族"和而不同"的民族智慧同和平与发展成为新的世界主题的时代特征结合起来,最终实现了角度的转换,层次的超越。他说:"世界上有许多争端,总要找个解决问题的出路","总要从死胡同里找个出路","新问题就得用新办法。"

"和而不同"的中庸辩证法不仅有助于治国安邦,对于我们日常生活中的为人处世也有重要的借鉴意义,尤其对于生活中喜欢走极端的人们有重要的借鉴意义。让我们跳出非黑即白、非好即坏、非左即右,而无中间状态的两极思维模式,换一个角度思考问题,就一定能找到解决问题的办法!

> 不为拘泥,
> 不为偏激,
> 不偏不倚
> 不走极端,
> 寻求适度,
> 寻求恰当。

(张淑珍)

8. 善继人之志，善述人之事
——中庸之道的孝

曾子名叫曾参，是孔子最著名的弟子之一。《孔子家语》里记载了一个关于曾子的故事。曾子在地里锄瓜时一不小心斩断了他父亲曾点从吴国觅来的瓜种，曾点认为其子用心不专，一怒之下用锄柄将曾子打昏。曾子苏醒后第一件事，就是赶紧跑到父亲的面前请罪："刚才我犯了过错，您老教训我，没累着您吧？"之后回房弹琴而歌，好让父亲听见，表示他挨打后没有不适。孔子知道后批评说："小杖则受，大杖则走，今参委身待暴怒，以陷父不义，安得孝乎！"意思是，对曾子的父亲来说，这点小事，曾点不该暴怒杖罚曾子；对曾子来说，如果是小小的责罚，可以乖乖地承受，而如果父亲要拿大棒捶他，就该远远地躲开。万一让父亲在盛怒之下将其打死，死得没有道理，人们就会指责曾点的不义，这是大不孝！曾子听后说："参罪大矣！"

像故事中曾子那样的孝，就是"愚孝"。他的出发点是维护父亲的权威，结果却险些造成大麻烦：如果曾点把曾子打死，自己又被治罪，这不是曾家的大悲剧吗？这当然不是曾子的本意，但由于方式不对头，一味讲求孝，就出现这样的差错。所以西汉末年的政治家、思想家刘向评论说，"以曾子那样的才华，又身处圣人的门下，尚且犯了罪过而不自知，可见把握好孝的度是多么的重要啊！"

孝是中华文化的核心价值之一，孔子的弟子有子甚至把它看做是仁的根本，做不到孝的人，永远不可能领悟到仁的道理。原因是人生天地之间，只有父母对自己的恩情最大，不懂得尊重父母的人，当然也不可能尊重他人、尊重社会，不可能成为良好的社会成员。儒家的孝绝对不是愚孝，不是没有原则的顺从。孔子说，"父在，观其志；父没，观其行；三年无改于父之道，可谓孝矣。"（《论语·学而》）意思是说，父亲去世后的三年之内，如果还按照父亲为人处世的原则行事，就可以称作是孝了。为什么呢？因为父亲去世之后，哀思要保持三年，三年之中，不管父亲的做法对与不对，都不忍心改变父亲的做法，另起炉灶。可是三年的时间也足以称作是孝了，三年之后改不改，就得看当时的时势了。

《中庸》说"夫孝者，善继人之志，善述人之事者也"，认为所谓的孝就是善于继承父辈的志向，善于传述父辈的事迹。

这里关键在一个"善"字。善于继承父母的志向，说的是要继承父母追求理想、努力前进的精神，要抛弃父母的缺点，发扬父母的优点；善于传述父母的事迹，说的是要记住先辈创业的艰难，体会父母养育自己的艰辛，教育下一代人理解先人的奋斗历程。

中庸之道的孝，要求我们从自己爱戴父母的心出发，同时考虑到各种行为的后果，权衡利弊，采取最合适的方法，并不是越顺从越好，也不是包办父母的一切就算作是孝。

据《左传》记载，公元前594年秋，秦桓公出兵伐晋，晋军和秦兵在晋地辅氏（今陕西大荔县）交战，晋将魏颗与秦将杜回相遇，二人厮杀在一起，正在难分难解之际，魏颗突然见一老人用草编的绳子套住杜回，使这位堂堂的秦国大力士站立不稳，摔倒在地，当场被魏颗所俘，使得魏颗在这次战役中大败秦师。晋军获胜收兵后，当天夜里，魏颗在梦中见到那位白天为他结绳绊倒杜回的老人，老人说，我就是你把她嫁走而没有让她为你父亲陪葬的那女子的父亲。我今天这样做是为了报答你的大恩大德！原来，晋国大夫魏武子有位无儿子的爱妾。魏武子刚生病的时候嘱咐儿子魏颗说："我死之后，你一定要把她嫁出去。"不久魏武子病重，又对魏颗说："我死之后，一定要让她为我殉葬。"等到魏武子死后，魏颗没有把那爱妾杀死陪葬，而是把她嫁给了别人。魏颗说："人在病重的时候，神智是昏乱不清的，我嫁此女，是依据父亲神志清醒时的吩咐。"

这就是成语"结草衔环"中"结草"的故事。在中庸的观点看来，魏颗不从乱命，执行了父亲合乎情理的命令，拒绝了父亲不合情理的要求，这才是真正的孝。

中庸之道反对任何形式的"一根筋"，反对简单化地处理问题。孝本身具有无可争议的正当性。但即使是在这样的问题上，《中庸》也提醒我们，应注意方式方法，多考虑说话做事的后果，不走极端，不意气用事，结合具体情况选择最佳办法。

要问如何把亲孝，
孝亲不止在吃穿；
孝亲不教亲犯错，
爱亲敬亲孝乃全。

（张淑珍）

9. 沈万三犒军
——做事情应到位不越位

孔子的弟子子路是一个非常豪爽正直的人，他曾经做过蒲这个地方的行政长官。有一年夏天，雨水很多，为了防备大水，就率领蒲邑的民众修建沟渠。因为百姓的劳动繁重而且辛苦，子路就发给每人一筐饭食、一壶汤水。孔子听了这件事，就派子贡去阻止子路。子路很不高兴，就去拜见孔子，说："我以为暴雨将要来了，担心有大水灾，所以就率领民众修理沟渠以作防备，但民众却因缺少粮食忍受饥饿，所以就发给他们每人一筐饭食、一壶汤水。老师您让子贡制止我，这是老师阻止我施行仁德。老师用仁德教育弟子而禁止弟子施行它，我没有办法接受。"孔子说："如果民众饥饿，你应当向国君报告，请求开放粮仓的粮食救济他们，而不该私自以自己的食物救济民众，因为这是向民众表明国君没有恩惠，而显示自己的德行之美。"子路听后心服而退。

一千九百年以后的明朝，明太祖朱元璋打算修建首都南京的城墙，江南巨富沈万三主动承担了三分之一的花费，同时还献给皇帝白金二千锭，黄金二百斤。作为回报，朱元璋封他两个儿子为官。修完城墙，沈万三又主动要求犒赏三军，朱元璋大怒："一个匹夫，就想犒劳天下的军队，这不是乱民又是什么！"立刻命令将其斩首。幸有马皇后劝谏说："这样的不祥之民，自有上天惩罚他，何必污了陛下的手呢！"朱元璋余怒未消，将沈万三发配云南，他的二女婿余十舍也被流放潮州。公元1386年沈万三的孙子沈至、沈庄又为田赋之事坐了牢，沈家的基业所剩无几。公元1398年沈万三女婿顾学文一家及沈家六口因牵扯"胡蓝"之案，近八十余人全被凌迟处死，没收田地，一代巨商沈家，就这样灰飞烟灭了。

子路和沈万三，一远一近，一官一商，却都犯了同样的错误：越位。不同的仅在于，子路有个好老师，在关键时候制止了他，才没有铸成大错；而沈万三无人指点，结果落得个家破人亡。

古人说"唯名与器，不可以假人"，唯有名义和工具，是绝对不能借给别人的。名义绝不仅仅是个"代号"，它代表着地位和权势，而工具，则是实现这些地位、权势的手段。既然他不同意借，那么如果你侵犯了他的"名"和"器"，就会引起强烈的反抗。子路和沈万三恰恰犯了这样的错误。

《中庸》说："非天子，不议礼，不制度，不考文。今天下车同轨，书同文，行同伦。虽有其位，苟无其德，不敢作礼乐焉。虽有其德，苟无其位，亦不敢作礼乐焉。"不是天子的人，不能议论礼制的是非，不能制订度量的标准，不能考究文献的史迹。在《中庸》的年代，天下第一等大事就是"制作礼乐"，所以它借这个问题来阐述不能越位的道理。根据这段话的论述，我们可以知道越位包含两个方面，一是职位和级别上的越位，二是德行和能力上的越位。

"虽有其德，苟无其位，不敢作礼乐焉"，意思是不管你再有本事，再有修养，也得按照你在体制中的位置行事。不管是机关还是企业，每一个工作岗位都会有明确的权利和义务，如果做事情超越了你的职责范围和工作权限就是越位。

"虽有其位，苟无其德，不敢作礼乐焉"，意思是虽然你有位置，可要是没有水平，品质不好，也得受限制，你的权力就要打折扣。这实际上在提醒我们，要始终对自己的能力和道德水准有自知之明，在履行职责的时候，千万记得自己不是完人，别把话说得太满，把事情做得太绝。

中庸的价值，在于提醒我们在注意事情一端的时候，不要忘记另一端的存在。做事还应该到位，不能为了怕越位而无所作为。该说的话，一定得说，而且说到位，把握好轻重，把握好时机；该做的事，坚决去做，而且做到位，不但出结果，还要出效果。

不能越位，与"多做事"并不冲突。多做事，当然要首先做好分内的事,此外,还要有发现工作的眼光,有判断工作性质和工作难度的眼力,更要有主动去做的眼色。我们应该多做一些分外的工作,说不定这些额外的付出就是你走向成功的开始。但遗憾的是,大部分人都觉得只要尽职尽责做好分内的工作就可以了,尤其是对于那些刚刚踏入社会的年轻人来说更是如此。

做事做到位是每个员工最起码的工作准则,是做人的基本要求。只有做事做到位,才能提高工作的效率,才能获得更多的发展机会,才能在自己的职业生涯中获得成功!

> 马上摔死英雄汉,
> 河中淹死会水人。
> 不会烧香得罪神,
> 不会做事得罪人。

(张淑珍)

10. 为人处世应做到恰到好处
——过犹不及

从前有一个人,他非常守礼节,行走坐卧各方面无一漏失。有一天,他外出买东西,按照往常一样谦恭慢慢地行走,没想到,天空乌云密布,倾盆大雨从天而落。那个人本能地快步跑了起来,跑了约一里路后,他忽然后悔起来说:"刚才我走路的姿态一定有些失态,还好被我及时发现,正所谓'过则勿惮改',我现在从头还来得及……"于是,他冒着雨,回到刚才起跑的地方,以一贯的缓步姿态在大雨滂沱中行走,路人对他的行径则投以异样的眼光……

这就是过犹不及的道理。做过分了,就跟做不到位是一样,甚至有时候还不如做不到位呢!

"过犹不及"出自《论语·先进》:"子贡问:'师与商也孰贤?'子曰:'师也过,商也不及。'曰:'然则师愈与?'子曰:'过犹不及。'"子贡问孔子:"颛孙师和卜商两个人谁更贤能?"孔子说:"颛孙师做事过头,卜商达不到要求。"子贡又问:"如此说来,那么是不是颛孙师略胜一筹?"孔子说:"过头如同达不到。"

过犹不及是中庸之道的精髓,是中庸之道最好的注脚和最重要的原则,朱熹就把"中庸"二字的含义界定为"无过无不及"。过和不及,都达不到中庸的要求。正所谓凡事均有度,失度必失误。因此做任何事情,都要正确地把握度,决不能置之"度"外。其实,中庸思想的全部要义,都可以用"过犹不及"四个字来概括。

从大的方面看,国家大政、社会事务必须注意避免过分强调某一方面的重要性。从小的方面看,个人生活、待人接物也应当把握好度。列宁说过一段很深刻的话:"只要再多走一小步,仿佛是向同一方向迈的一小步,真理便会变成谬误。"这句话听起来耸人听闻,实际上是千真万确的。这里说的"一小步",指的是超出了"度"的一小步。真理性的认识也是有度的,把真理略加夸大,超出这个度,就会变成谬误了。由此可见,适当掌握事物的度,对于避免错误,是很重要的。

《论语》说:"事君数,斯辱矣;朋友数,斯疏矣。"如果和上级的关系过于亲密,就有可能招致上级的厌烦,容易自取其辱;如果和朋友的关系过于亲密,则有可能发生纠纷,最终导致疏远。

历史上,立下绝世功勋却由于做事忽略了中庸之道而没能逃脱"狡兔死,走狗烹"厄运的人不胜枚举,然而有一个人却是个例外,他就是曾国藩。清朝末年,重臣曾国藩回湖南组建湘军,先后攻克太平军控制的几个重要城市,最后攻克金陵,曾国藩也因此受封一等侯爵。然而也就在这时曾国藩发现他的湘军人数已达三十万之众,并且成了一支只听命于他本人,除他以外谁也调动不了的私人武装。曾国藩深知顾命大臣功高震主的利害关系,于是开始自削兵权,以解除朝廷对他的顾虑,使自己依然得到信任和重用,也正因为如此皇帝更加信赖曾国藩。曾国藩的过人之处在于他善于把握做事情的尺度与分寸。俗话说"人无千日好,花无百日红",任何人的一生都不可能永远春风得意,是自然规律,所以适可而止是最明智的。

中庸智慧的核心就是恰到好处,适可而止,无过之亦无不及。行中庸之道,其实也就是我们现在常说的做事要把握分寸、合乎尺度,即使是善举，若是超过限度，也可能转化为恶。人的一生要想有所成就，把握好做事情的尺度与分寸非常重要，正所谓"水至清则无鱼，人至察则无徒"。因此，恰到好处，恰如其分的中庸之道是人生的最高境界和最大学问。须知：

  欲不可纵，纵欲成灾。

  乐不可极，极乐成哀。

（张淑珍）

11. 杨震"暮夜却金"
——慎独

  东汉名臣杨震为人正直，风雅清正，志存高远，通晓经传，博览群书，学生多达两千余人，当时的儒者们称他为"关西孔子杨伯起"。杨震在由荆州刺史调任东莱太守赴任途中，路经昌邑（今山东巨野县东南）时，昌邑县令王密，是他在任荆州刺史时举"茂才"提拔起来的官员，听说杨震途经本地，为了报答杨震的知遇之恩，特备黄金十斤，于白天谒见后，又乘夜深人静时，将黄金送给杨震。杨震不但不接受，还批评说："故人知君，君不知故人，何也？"意思是说，我们是老朋友，我了解你所以才举荐你，你为什么不了解我呢？王密说："暮夜无知者。"杨震说："天知，神知，我知，子知，何谓无知！"受到谴责后，王密十分惭愧，只好作罢。杨震义正词严地提出了有名的"四知"，表示世间其实根本不存在无人知道的事情，至少，天、神和当事者本人是知道的。这就是杨震"暮夜却金"的故事，这个故事在古今中外，影响很大，"四知"成为千古美谈，后人因此称杨震为"四知先生"。

  "四知"，使杨震做到俯仰无愧的境界。杨震为官，从不谋取私利。在任涿郡（今河北省涿县）太守期间，从不吃请受贿，也不因私事求人、请人、托人，请客送礼。他的子孙们与平民百姓一样，疏食步行，生活十分简朴。亲朋好友劝他为子孙后代置办些产业，杨震坚决不肯，他说："使后世称为清白吏子孙，以此遗之，不亦厚乎？"果然，不但杨震本人被称为古代廉吏的典范，他的子孙也都因为良好的家风而备受重用，从杨震开始连续四代都做到最高级别的官员——太尉，杨氏家族成为东汉一朝最显赫的家族之一，在全部中国历史上也不多见。杨震留给子孙的"产业"，的确是最丰厚的。

杨震是"慎独"的典范。正因为它做到了"慎独"，所以才能给子孙留下如此丰厚的"产业"。那么为什么要"慎独"？

明代思想家吕坤从这则故事中引申说："暮夜无知，此四字百恶之总根也。人之罪莫大于欺。欺者，利其无知也。大奸大盗皆自无知之心充之。"（《呻吟语》）所有的恶念，都是从"反正别人也不会知道"这种想法中生出。只有坚持"慎独"，我们才能成为言行一致、表里如一、真正有自律精神的有德之人。

"慎独"指的是人们在独处的时候，也能自觉地严于律己，谨慎地对待自己的所思所行，防止有违道德的欲念和行为发生，从而使道义时时刻刻伴随自己。

刘少奇对慎独作了更通俗的解释，一个人在独立工作、无人监督时，有做各种坏事的可能，而不做坏事。能否做到"慎独"，是衡量人们是否坚持自我修身以及在修身中取得成绩大小的重要标尺。

在修身的问题上，《大学》和《中庸》这两部经典不约而同地都谈到了"慎独"的要求。《中庸》中说："是故君子戒慎乎其所不睹，恐惧乎其所不闻。莫见乎隐，莫显乎微，故君子慎其独也。"道无处不在，当然也包括独处的时候。

"莫见乎隐，莫显乎微"是关于隐私的辩证法。在隐私日益得到尊重、隐私权日益高扬的今天，我们有必要重温先人的智慧，认识到"隐私"只不过是对于别人而言才有意义，对自己是没有什么隐私可言的。做了见不得人的事，即使暂时没人知道，也无法逃脱良心的谴责，而内心的折磨有时候会比社会的惩罚更加难以忍受。

正因为隐秘的事实际上也是最显著的，所以君子会在最隐蔽的场合和最细小的事情上注意自己的言行，在无人知晓的情况下也自觉遵守社会规则和道德规范，这就是"慎独"。

人们必须严格地自觉地进行自我修养，在别人听不到自己讲话的地方也十分谨慎，不说违背道德的话；在别人看不见自己的地方，也应该时刻恪守中庸之道，做到至诚、至仁、至善、至圣，就必须坚持慎独自修的原则。坚持这一原则，其乐无穷，其用无穷，其功无穷。

"慎独"作为自我修身方法，不仅在古代的道德实践中发挥过重要作用，也是现代人提升自身道德修养水平的重要方法，同时也是我们做好本职工作的重要方法，医生护士要对病人负责必须做到慎独，教师要对学生负责必须做到慎独，各级官员要对百姓负责必须做到慎独……

因此晚清名臣曾国藩在遗嘱中第一条说到的就是"慎独"："慎独则心安。自修之道，莫难于养心，养心之难，又在慎独。能慎独，则内省不疚，可以对天地质鬼神。人无一内愧之事，则天君泰然，此心常快足宽平，是人生第一自强之道，第一寻乐之方，守身之先务也。"

举头三尺有神明，
不畏人知畏己知。

（张淑珍）

12. 居上不骄，为下不倍
——如何处理上下级关系

三国时候，诸葛亮的侄子诸葛恪，在他的父亲诸葛瑾死后掌握了吴国大权。诸葛恪一贯盛气凌人，唯我独尊，江东名士都难入他的眼，大都督陆逊劝他说："在我前者，吾必奉之同升；在我下者，则扶持之。今观君气陵其上，意蔑乎下。非安德之基也。"在我前面的人，我必然尊奉他，与他共同升迁；在我之下者，我就去扶持接引他。如今我看你气势凌驾于你前面的人之上，心意中又蔑视在你之下的人，这不是安定德业的根基。陆逊无论是对上还是对下，都给予充分的尊敬，并尽自己所能去帮助别人，这才是中庸的上下级之道。

对上级，恭恭敬敬容易做到，但是不流于谄媚则不易把握。对于下级而言，获得上级的支持和帮助是至关重要的，上级掌握着权力和资源，有着充分的能力来推动或者阻止他权限范围内的任何一件事。所以，无论是在商场还是在官场，对于一个有心做事的人而言，取得上级的支持都是做事之前最需要考虑的问题。

《中庸》有一段很重要的话，谈到如何获得上级支持的问题，"在下位不获乎上，民不可得而治矣。"《中庸》预设的阅读对象，是那些现任或即将担任各级官吏的人，所以它把治理民众当做当然的工作内容，意思是做下级的人，如果得不到上级的支持，那就没有办法去治理民众了。这就是说，做好工作，首先依赖于搞好与上级的关系。处理上下级关系，无论采取何种策略，最重要的就是要有是非观念，要明白哪些是对的，应该坚持；哪些是错的，应该抵制，这是建立健康的上下级关系的前提。

对下级，威严庄重容易做到，但是不流于简慢则不易把握。做下级的要获得上级的支持，这个道理人人都能明白，不过凡事都是双向的，中庸思想讲究的就是不偏向任何一个极端，做上级的同样也要获得下级的支持。

上级得到下级拥护的最重要一点，是使用下级的时候要合情合理，适时适度，结合下级的实际安排任务。员工最不能忍受的上级，不是拼命给下级压任务的上级，而是拼命给下级压任务，却把下级的功劳据为己有的上级。在这样的上级眼里，下级只是他的工具，是为他个人服务的劳动力，而不是应当予以尊重的活生生的人。这样的上级自然很难得到下级的尊重与拥护。

《中庸》说："在上位，不陵下。在下位，不援上。"意思是做上级的人不欺压下级，做下级的人不攀附上级，这才是理想的上下级关系。上级对于下级的权力和下级对于上级的义务，其实就蕴涵在上下级的相对位置之中，是题中应有之意，不必多说，但关键的是上级不能因为自己的权限和地位就随心所欲地指使下级，下级也不能因为上级对自己有某种支配权力而有意拉拢，借以谋取私利。

《中庸》所指出的，是上下级之间互相为对方考虑的重要性。"居上不骄，为下不倍"，《中庸》在这里讲的，是上下级的本分：在上位的不骄横，在下位的要忠诚。可是，除了上下各安其位、各负其责之外，上下级之间还应该有更多的沟通、理解和默契，而中庸之道，则是达至这一理想境界的必经之途。正如《大学》所言，"所恶于上，毋以使下；所恶于下，毋以事上",凡事多进行换位思考,不管是对上还是对下都设身处地地为对方着想,并以此约束自己的行动和思想,才能在上下级之间形成和谐的氛围。这正是:

> 各安其位,各负其责;
> 勤于沟通,勤于交流;
> 互相理解,互相尊重;
> 方能:
> 共同升迁,共同进步!

(张淑珍)

13. 周恩来总理智斗"四人帮"
——和而不流

"文革"期间,一批批功勋卓著的老干部被接连打倒,全国一片混乱,林彪、"四人帮"的斗争矛头直接指向周总理本人。如果周恩来总理锋芒毕露,以战争时期冲锋陷阵的方式解决问题,肯定会落得跟彭德怀、刘少奇等人一样的结果,那样中央就失去了激进政策的缓冲带,将给国家带来无穷的灾难。周总理没有那样做。他用尽浑身解数,与林彪、"四人帮"周旋,在表面上对林彪和"中央文革小组"都比较尊重。在中共九大的会场上,他甚至亲自为林彪引座。

但是在一团和气的背后,是极其坚定的原则性。周总理由于首先保护了自己,所以才能保护数不清的老干部和普通群众,才能使千疮百孔的中国度过劫难,给后来的改革开放和社会主义现代化建设创造了条件。

周恩来总理是和而不流的典范。

《中庸》认为,君子懂得与人和睦相处,会主动适应环境,善于和各种类型的人相处,善于维护良好的个人形象和人际关系。但不会无条件地随大流,不会放弃自己的主张和原则,更不会与丑恶的现象同流合污,而是坚持自己的品格和操守,保持人格的独立。

英国哲学家罗素在《社会问题》中写道：中国至高无上的伦理品德中的一些东西，现代社会极为需要，这些品质中我认为和气是第一位的。这是中国"以和为贵"处世观在西方文化中的反映。为什么要"和"呢？每个人都有自己独特的个性，我们所接触的各类人，不可能完全符合自己的理想和要求。应该努力了解别人的想法，多从别人的角度考虑问题，以随和的态度与人相处。即使别人真有过失，也要尊重别人的人格，照顾到彼此的面子，尽可能地维持相对稳定的关系。假如一味地指责人家的过错，即使自己的意见正确，也会引起强烈的反感，难以达到预期的效果。相反，如果能够做到尊重别人，以和待人，就是直率地批评起别人来，对方在思想上也会容易接受一些。

"和"的同时，也要注意"不流"。对待朋友，虽然大家互相之间关系很好，无话不谈，可是并不意味着事事都要随大流，没有个人的主见。而是指在矛盾冲突不尖锐的情况下，没有必要人为地激化冲突，造成不可收拾的局面。

春秋时候的柳下惠，人格高尚，是历史上少有的道德操守上的完人。可是，他并不以圣人自居，标榜超凡脱俗，反而十分随和。孟子说："柳下惠不羞污君，不辞小官。进不隐贤，必以其道。遗佚而不怨，厄穷而不悯。与乡人处，由由然不忍去也。'尔为尔，我为我，虽袒裼裸裎于我侧，尔焉能浼我哉？'故闻柳下惠之风者，鄙夫宽，薄夫敦。"（《孟子·万章下》）柳下惠在昏君手下做官，并不感到羞耻，如果给他个很小的官职，也从不推辞；可是"进不隐贤，必以其道"，如果做官就会竭尽全力，展示自己的才能，但一定按照自己的原则办事，不会逢迎不良的风气。更为可贵的是，他与普通的老百姓相处，跟粗鲁的庄稼汉打交道，总是高高兴兴地不愿离去。他说："你是你，我是我，你即使一丝不挂地坐在我旁边，也不可能污染我啊！"

是啊，你是你，我是我，我们和谐相处，又各自保持人格的独立，跟任何人都可以和谐相处，但绝不同流合污。这不就是"和而不流"吗？所以孟子称赞柳下惠是"圣之和者"，就是圣人中能够与别人和谐相处的人。

做人应当对世俗保持一份超越，但也不能愤世嫉俗，试图以自己的一己之力去矫正世俗规矩；对社会的时尚风气要随和顺应，但也不能为了迎合别人的好恶而丧失自我。向往最高的道德理想，坚持处世的最低的道德底线，为人正直不阿，就是传统和谐处世的基本原则——和而不流的基本内容。既做到"和"，又做到"不流"，是人生的大境界，体现了做人的层次。和而不流不仅是自我保护之道，也是强者之道。这正如《菜根谭》所告诫我们的：

做人要脱俗，
不可存一矫俗之心；
应世要随时，
不可起一趋时之念。

（张淑珍）

14. 周幽王"烽火戏诸侯"而亡国
——诚是做人之本，立业之基

西晋大臣、文学家傅玄在他的著作《傅子·义信》中引用了两个历史典故来说明为人处世不可以不"诚"的道理。一个是"烽火戏诸侯"的故事。昏庸的周幽王为了博取宠妃褒姒一笑，以烽火戏弄诸侯，失信于诸侯，诸侯们十分愤怒。隔了没多久，西戎真的打到京城来了。周幽王赶紧把烽火点了起来。这些诸侯上回上了当，这回又当是在开玩笑，全都不理他。烽火点着，却没有一个救兵来，西周因此亡国。另一个是春秋时期，公元前685年齐襄公命连、管二人率兵守葵丘（今沂源璞丘，旧属临朐），允诺甜瓜再熟时换防，一年后到期却仍不换防，结果失信，公元前686年，二人以此为借口伙同公孙无知作乱并杀死了齐襄公。傅玄以此得出结论，如果君王诚信，那么万国安宁；如果诸侯诚信，那么国内和平。治天下的"诚"如此，我们普通人的人生也是如此。普通人虽然不用担心会失去天下，但如果不诚信也会影响到人生的成败。

我国是一个诚信资源极其丰富的国家，早在两千多年前，我国的哲学家们就认识到了诚的重要性，他们认为"诚"是一切道德的基础，也是一切事业成功的保障。《中庸》多次论述了"诚"的道理，至诚尽性的原则是施行中庸之道的重要原则。"唯天下至诚，为能尽其性；能尽其性，则能尽人之性；能尽人之性，则能尽物之性；能尽物之性，则可以赞天地之化育；可以赞天地之化育，则可以与天地参矣。"只有坚持至诚原则，才能充分发挥自己善良的天性；能够充分发挥自己善良的天性，就能感化他人、发挥他人的善良天性；能够发挥一切人的善良天性，就能充分发挥万物的善良天性；能够充分发挥万物的善良天性，就可以参与天地化育万物。这样便达到了至仁至善的境界；达到了至仁至善的境界，就可以同天地并列为三了。这就坚持至诚尽性原则所达到的理想境界，达到了这一理想境界也就找到了自己在宇宙间的真正位置。《中庸》希望人们以"至诚"的态度不断进行道德修养，以达到自我完善的境界。《中庸》认为诚是最根本的道德原则，是达到中庸境界的基础，而中庸之道又是实现人生成功，国家繁荣昌盛的途径。

北宋哲学家程颢、程颐说过，"学者不可以不诚，不诚无以为善，不诚无以为君子。修学不以诚，则学杂；为事不以诚，则事败；自谋不以诚，则是欺其心而自弃其忠；与人不以诚，则是丧其德而增人之怨。"（《河南程氏遗书》卷二十五）意思是说，修学、为人、谋事、待人都必须"诚"，否则就可能一事无成。可见，古人经过实践认识到了"诚"是一切事业得以成功的重要保障，诚信是一个人做人成才、谋事成功的根本。

我们都知道李嘉诚是一个成功的企业家，然而他在创业初期也曾年少气盛，急于求成，结果是忽视了产品的"诚"——质量。创业后一度一帆风顺的长江塑胶厂遭到了重大挫折，许多客户拒收长江塑胶厂的产品，甚至要求长江厂赔偿损失。李嘉诚的仓库中堆满了因质量欠佳而无法销售的塑胶产品。一时间工人们也人人自危，士气低落。工厂处在了遭银行清盘的生死关头。这时，母亲告诉他，真诚是做人处事之本，是战胜一切困难的不二法门。于是，李嘉诚痛定思痛。他首先向员工坦率地承认了自己的经营失误，真诚地希望大家与他同舟共济，共渡难关；接着他一一拜访银行、客户、材料供应商，向他们道歉，请求原谅和帮助；第三，他清理仓库中的积压产品，选出质量过关的来销售，质量不过关的则坚决淘汰。就这样，李嘉诚终于转危为安，他也在实践中体会到：诚是做人之本，也是经商之本。

  如今诚信已成为现代人共同倡导的美德，是现代市场经济顺利运行的基础，是做人之本，立业之基。美国是世界上高等教育最发达的国家之一，现有高校四千多所，各大学都十分重视对学生的学术诚信教育。近年来国外以及中国香港等地区的大学到内地招考学生时，更注重对考生的交际能力和人品诚信的测试。可见"诚"在西方社会也是做人的最基本准则。

  正如周恩来所言：自以为聪明的人，往往是没有好下场的，世界上最聪明的人是老实的人，因为只有老实人才能经得起事实和历史的考验。这正是：

老实常在，
狡猾常败。

（张淑珍）

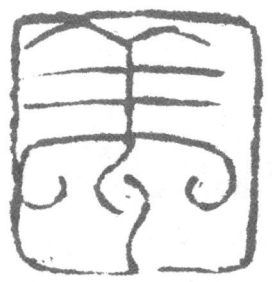

善

题 解

"善"是中西方伦理思想中的一个核心理念,古往今来,引发了诸多思想者的广泛兴趣与激烈争论。在商代金文里,"善"是象形字,与"羊"字同形,当是"善"的初文,而从许慎的《说文解字》看,与美食有关的字往往都与羊有关,可见,最初的"善"字有羊入人口之象征,当来源于古代先民对于满足自己美食的需要。后来,随着阶级的产生和社会的分化,逐渐演化为人们的一种价值意识与道德要求。

"善"往往与真、美联系在一起,是一种伦理的尺度。《牛津英语辞典》认为,善就是好,即"善(Good)……表示赞扬的形容词,它意指在很大或至少令人满意的程度上存在这样一些特性,这些特性或者本身值得赞美,或者对于某种目的来说有益"。

在儒家思想中,如何做人是一大学问,而求善是人生追求的最高理想和目标。正如《郭店楚简·五行》所云,善,人道也,《大学》所云:"大学之道,在明明德,在亲民,在止于至善。"总之,在以儒学为主流的中华传统伦理思想中,无论是孔子的"尽美尽善"、"文质彬彬",还是孟子的"仁"、"义"、"礼"、"智"、"信",都是对仁义道德的追求,都是善。

而今,历史的车轮滚滚驶入了 21 世纪,生产力与科学技术的发展极大地提高了人们的物质生活水平，"可上九天揽月，可下五洋捉鳖"，人类智慧的进步为追求更高、更快的发展开拓出了一番广阔的前景。然而，我们不无遗憾地看到，人们在尽情享受物质生活富足的同时，却感受到精神文明的缺失与不安全因素的增多：人自身压力的增大，空虚、无助、绝望；人与人关系的冷漠，赤裸裸的金钱至上、世态炎凉；国家与地区之间冲突的不断，核武器的威胁、种族的矛盾、毒品的泛滥；人与自然界关系的恶化，水土流失、气候变暖、环境污染与破坏……这一切的一切都像噩梦一样挥之不去，使人类陷入痛苦的边缘。在这种情况下，重温并挖掘先哲们对于善的理念与追求，不失为重建现代人精神家园的一剂良药。只要每个人心中都有一"善"字，我们就会善待自己、善待他人、善待社会、善待自然，只有这样，我们才能真正地实现人与自身、人与他人、人与自然的和谐，才能实现整个人类社会的可持续发展。

（王慕东）

1. 与人为善
——社会和谐的润滑剂

《宋史》卷二八二《王旦传》讲了这样一个故事：宋代的寇准与王旦，同朝为官，王旦为宰相主管中书省，寇准为副相主持枢密院。两人性格相左，一个柔和，一个刚直，所以常有摩擦。一日，中书省有文件送枢密院，不合诏书格式，寇准便把这件事报告了宋真宗，王旦受到了责备，中书省的官吏也受到了处分。没出一月，枢密院有文件送中书省，也违反了诏书格式，中书省的官吏很高兴地呈送王旦，认为报复的机会来了。王旦却叫人送还枢密院。寇准十分惭愧，拜见王旦说："您真是有天大的度量啊。"

按照原来寇准的做法，王旦也完全可以将这份不合格的文件上报真宗，但是他并没有这样做，而是给寇准一个修改的机会，王旦与人为善，宽容对待同僚间的摩擦，不仅消除了彼此隔阂，确保了政坛稳定，而且以自己的高尚情操，"善"出了政绩卓著的一代名相——寇准。

《孟子·公孙丑上》:"取诸人以为善，是与人为善者也。故君子莫大乎与人为善。""与人为善"是一种崇高的道德修养，是中华民族的一种传统美德。它表达了中华民族先哲对自身和谐、人际和谐的理解和向往。《韩诗外传》记载了孔子三个弟子的三种待人态度:"子路曰:'人善我，我亦善之；人不善我，我不善之。'子贡曰:'人善我，我亦善之；人不善我，我则引之进退而已耳。'颜回曰:'人善我，我亦善之；人不善我，我亦善之。'""人不善我"时应该怎样回应？后人多推崇颜回的态度：别人对我不好，我仍是对他好。王旦正是做到了这一点，这种虚怀若谷，雍容大度，是一种真正的君子所为。

"人不知而不愠，不亦君子乎？"（《论语·学而》）别人不了解自己，却不会因此发怒，是与人为善；"己所不欲，勿施于人。"（《论语·颜渊篇》）自己不想要的东西，也不强加给别人，是与人为善；"投我以木桃，报之以琼瑶。"（《诗经·卫风·木瓜》）人敬我一尺，我敬人一丈，是与人为善；"老吾老以及人之老，幼吾幼以及人之幼。"（《孟子·梁惠王上》）尊老爱幼，推己及人是与人为善……

与人为善绝不是简单的同情，而是一种博大的爱心，是一股矫正世俗的春风。"上善若水，水善利万物，而不争。"（《道德经第八章》）与人为善者与水一样能溶解万事万物，化解人间恩仇；海纳百川，有容乃大，与人为善者气度恢宏，胸怀博大，能包容一切；与人为善者白日为善，夜来省己，心如明镜。

今天，继承和弘扬这种"与人为善"的传统美德，对构建社会主义和谐社会，将会起到积极的作用。与人为善，萌生成长于人与人之间善与爱的互动和融合，这需要从点滴做起：发现坑坑洼洼的路面影响别人行车走路，填上一些砂石，是与人为善；在公共汽车上，主动为老人、孕妇、残疾人让座，是与人为善；在商品买卖中，讲公道，守信用，货真价实，不诳不欺，是与人为善；捡到别人遗失的财物，不昧心据为己有，而是想方设法找到失主，是与人为善；邻居发生纠纷，路人发生争执，不幸灾乐祸，火上浇油，而是和风细雨地化解矛盾、消弭冲突，是与人为善……与人为善，是一种心灵追求、一种人生智慧、一种生活态度；是一种力量，它能征服人心，征服世界。

与人为善是沟通心灵的桥梁，是联结情感的纽带，是增强团结的基石，是孕育和睦的襁褓。人人都能与人为善，爱与善的土壤就会越来越坚实，和谐与温馨的空气就会越来越浓厚。因此，每个人都应加强"与人为善"的道德修养，并逐步形成"与人为善"的社会风气。如此，人际关系就会得到改善，生活就会得到安宁，团结就会得到增强，社会风气就会更加清新，整个社会就能演奏出美妙和谐的乐章。

要之，与人为善是社会和谐的一种润滑剂，一个人人都能做到与人为善的社会，必然是一个健康祥和、蓬勃兴旺的社会。

与人为善，善在人间。

善待别人也是善待自己。

让世界充满善。

（王慕东）

2. 知人善任
——善用人者得天下

《史记·高祖本纪》记载，高祖曰："列侯诸将无敢隐朕，皆言其情。吾所以有天下者何？项氏之所以失天下者何？"高起、王陵对曰："陛下慢而侮人，项羽仁而爱人。然陛下使人攻城略地，所降下者因以予人，与天下同利也。项羽妒贤嫉能，有功者害之，贤者疑之，战胜而不予人功，得地而不与人利，此所以失天下也。"高祖曰："公知其一，未知其二。夫运筹策帷帐之中，决胜千里之外，吾不如子房。镇国家，抚百姓，给馈饷，不绝粮道，吾不如萧何。连百万之军，战必胜，攻必取，吾不如韩信。此三者，皆人杰也，吾能用之，此吾所以取天下也。项羽有一范增而不能用，此其所以为我擒也。"

从中我们不难看出，刘邦得天下的成功是由于他知人善任。刘邦的话语充分肯定并颂扬张良"运筹策帷帐之中，决胜千里之外"的善于决策；萧何"镇国家，抚百姓，给馈饷，不绝粮道"的善于守家安民，保障供给；

韩信"连百万之军，战必胜，攻必取"的善于统兵作战，克敌制胜。刘邦正是善于任用了这三个人，才取得了天下。东汉班彪在其所著《王命论》中说道："盖在高祖，其兴也有五：一曰帝尧之功裔，二曰体貌多奇异，三曰神武有征应，四曰宽明而仁恕，五曰知人善任使。"进一步肯定了"善于用人者得天下"的道理。

"知人善任"短短四个字，看似很简单，但能否真正做到，恰是对一个领导人综合能力的考验。孔子认为，人之才能、品德参差不齐，在使用人才时，应尽其所长，避其所短。因此，孔子强调领导者要了解下属的能力、志向、性格和主张，做到知人。然后，分析其优势和不足，用其所长，做到善任。孔子对其弟子的才能和心理特点也了解得非常清楚，把他们分为长于"德行"、长于"言语"、长于"政事"和长于"文学"。道德修养好的有颜渊、闵子骞、冉伯牛、仲弓，言辞好的有宰我、子贡，宜于从政的有冉有、季路，熟悉古代文献的有子游、子夏。这十个人即孔门弟子中著名的"四科十哲"，是《论语》中经常见到的人物。十个指头不一般齐，人也是一样，总是各有所长。领导者要善于发现每个属下的特点和优点，加以培养和任用，扬长避短，知人善任。只有这样，才能最大限度地发挥每个人的潜能和积极性，做到人尽其才，才尽其用。

当下，正是竞争日趋激烈的市场经济时代，一个企业或公司能否在竞争中获胜，对员工的管理和任用能否做到"知人善任"是关键。《淮南子·兵略训》道"若乃人尽其才，悉用其力"，能够做到"人尽其才"的单位，自然能够"悉用其力"，也必然能够实现单位大发展的目的。如此，这就需要管理人士注重加强培养驾驭人才的能力，能做到在最适当的时间，把最优秀的人才，放到最合适的位置上。领导者要善于发现和培养人才，同时做到，对人才不能求全责备。宋代苏轼《湖州谢上表》："用人不求其备，嘉善而矜不能。"因为"金无足赤，人无完人"。美国南北战争时期，总统林肯任命格兰特将军为总司令，只看他有运筹帷幄、决胜千里的能力，并不计较他那嗜酒贪杯的毛病。"大略者不问其短，有厚德者不非小疵。"（《后汉书·郭陈列传》）这是识别人才任用人才的重要原则，要做到这一点，需要有大公无私的精神和宽广的胸怀以及坚持从全局利益出发，任人唯贤，量才适用的路线。

能知人不易，能善任更难。领导在发现人才时，应该像孔子所说的那样善于用人，要用其所长，避其所短。一个人精通学术，善于搞研究，应该将其分配到科研中心，用于科技创新；如果一个人有管理才能，就应当去适合他的管理部门，诸如此类……学非所用，用非所学，都会造成人才的浪费。领导善用每一个员工，才能使每一个人的聪明才智都充分发挥出来，创造最大的效益。要做到善任，更需要领导者公道正派，襟怀坦荡，宽宏大度，有容人之气魄；而不是武大郎开店，嫉贤妒能，打击压制比自己能力强的人。

相信如果能真正做到知人善任，无论是一个单位还是一个国家，都将会实现真正的腾飞，傲视群雄，永远立于不败之地。

寸有所长，尺有所短。

知人善任，用人之本。

人能尽其才，才能尽其用，则事半功倍。

（王慕东）

3. 择善而从
——处处是我师

宋代陶岳所著《五代史补》卷三记载了这样一个故事：唐朝有一个诗人叫齐已，某年冬天，他在大雪后的原野上，看到傲雪开放的梅花，诗兴大发，即创一首《早梅》诗，咏诵在冬天里早开的梅花。诗中有两句这样写道："万木冻欲折，孤根暖独回。前村深雪里，昨夜数枝开。"写完，他觉得非常满意。有一个叫郑谷的人，看到齐已写的这首诗后，觉得有些意犹未尽。于是，经过反复推敲，他将其中一句诗改为："前村深雪里，昨夜一枝开。"因为他认为既然数枝梅花都开了，就不能算是早梅了。郑谷的这一改动，虽然只是将"数"字改为"一"字，只一字之改，却使《早梅》更贴切题意了，诗的意境也更完美了。齐已对郑谷的这一改动非常佩服，当时即称郑谷为自己的"一字师"。

这便是流传至今的"一字师"的故事，成为千古佳话。"一字师"的故事生动阐释了《论语·述而》中"三人行,必有我师焉,择其善者而从之,其不善者而改之"的道理。三人同行,其中必有值得学习的老师。选择他们的优点加以学习;对他们的缺点,参照自己的情况加以改正。这生动表达了一种极为谦虚的学习态度。不管什么人,只要他有一技之长,一得之见,就应该向他学习。由此可以得出,天涯何处无老师?真正好学的人是不拘于专门固定的老师的,随处都可以不耻下问。孔子正是学无常师,才有了"金声玉振,圣集大成"的伟大成就。子贡说得好:"夫子焉不学?而亦何常师之有?"(《论语·子张》)据《论语》、《史记》、《春秋左传》等文献记载,孔子明确拜学过的人有郯子、蘧伯玉、师襄子、老子、苌弘等,学习的内容涉及礼、史、官制、琴术等等。孔子不仅向当时声望显赫的社会贤达或社会名流虚心请教,甚至"大德不官,大道不器"(《礼记·学记》)的田野山林之隐士,孔子皆能慧眼识人且不耻下问。因此唐宋八大家之一的韩愈曾在《师说》中道:"弟子不必不如师,师不必贤于弟子。闻道有先后,术业有专攻,如是而已。"这种"无贵无贱,无长无幼"择善而从的精神,正是值得我们学习和坚持的。

战国时期楚国的大文学家屈原在《卜居》中说,"尺有所短,寸有所长;物有所不足,智有所不明。"尺虽比寸长,但也会有它的短处;寸虽比尺短,但也有它的长处。事物总有它的不足之处,智者也总有不明智的地方。这句话是说任何人都各有所长,也各有所短。我们要善于取人之长,补己之短。因此就更应该采取一种"择善而从"的态度,将自己的心态放平。不要有了一点小小的成绩,尾巴就翘得高高的,眼睛直往天上看。既看不到自己的缺点,更看不到别人的优点,这样的人永远不会成就大事。

择善而从,是平视每一个都可能成为"我师"的人。随时审视自身的不足,让豁达的内心保持一种开阔的状态,可以接纳任何"善"的信息,更好地提升自己,使自己更快地健康成长。在生活中学会择善而从不仅会给我们平易近人的亲和力,还可以在交往中通过这种谦虚的品质来获得信任,形成良好的人际关系,增加自己的人格魅力,形成利于成功的个人环境。能够择善而从的人,必定是一个虚怀若谷,不骄不躁的人,必定是一个日渐趋向完美的人。

一字之师，千古佳话。

虚怀若谷，不耻下问。

学无常师，择善而从，定成大器。

（王慕东）

4. 勿以善小而不为
——从点滴做起

《后汉书·陈蕃传》载：东汉时有一少年名叫陈蕃，自命不凡，一心只想干大事业。一天，其友薛勤来访，见他独居的院内龌龊不堪，便对他说："孺子何不洒扫以待宾客？"他答道："大丈夫处世，当扫天下，安事一屋？"薛勤当即反问道："一屋不扫，何以扫天下？"陈蕃无言以对。

陈蕃欲"扫天下"的胸怀固然不错，但是他却没有认识到"扫天下"正是从"扫一屋"开始的。因此，我们不能轻视小事情，特别是有益的小事情。裴松之注《三国志·蜀书·先主传》中记载，刘备在临终前给后主刘禅的遗诏中说："勿以恶小而为之，勿以善小而不为。唯贤唯德，能服于人。"劝勉他要进德修业，有所作为。好事要从小事做起，积小成大，也可成大事；坏事也要从小事开始防范，否则积少成多，也会坏大事。所以，不要因为好事小而不做，更不能因为不好的事小而去做。小善积多了就成为利天下的大善，而小恶积多了则"足以乱国家"。老子云："合抱之木，生于毫末；九层之台，起于累土；千里之行，始于足下。"荀况在《劝学篇》里说："故不积跬步，无以至千里，不积小流，无以成江海。"孟子曰："路虽迩，不行不至；事虽小，不为不成。"这些都说明了"小"与"大"的关系，亦即小善会积累成大善，而小恶最终也会酿成大恶。

勿以善小而不为，对于一个人来说，一件"小善"甚至会改变一个人的命运。春秋时期有这样一个故事：秦晋两国开战，秦军失利，秦缪公被晋国的军队包围，在这危急关头，忽然来了一群人，疯一样拼命冲进了包围圈，硬是把他救了出来。回到自己的阵地，秦缪公惊魂初定，仔细打量救他出来的恩人，失声说道，竟然是你们！原来前几天，秦缪公的良马丢了数匹。缪公的属下官吏，到处寻找，发现这数匹良马已经被岐山当地的野人宰杀吃了，非常气愤，立刻要将吃了马肉的三百多人依法处罪。秦缪公知道后叹息说："一个有仁德的君子，不能为了畜产而伤害人命。听说吃了良马肉，如果没有饮酒的话，就会中毒，伤害身体。"秦缪公命人送去数十大壶美酒，凡吃马肉的人全部赐酒给他们喝，并且赦免他们的罪，这三百多人都叩头谢恩，对缪公这种宽厚的恩德，感激不已。事情过去好久了，这么一件小事秦缪公早就忘到九霄云外了，没想到，今天倒是这些人救了自己的性命。原因何在？因为几匹马，还有这些人的性命，对于这位秦国的君主来说，并不算什么，只是小事一桩。但对于这些野人来说，就非常重要，自己吃了人家的马，人家不但没怪罪，反而赐酒，当然值得以死来报答。这件事告诉我们，即使做一件很小的善事，哪怕就像晚间点亮一支烛火，只要尽量照亮身边的地方，对于那些在黑暗中行走的人来说，那小小的火焰就与阳光一样伟大。

  勿以善小而不为，对于千千万万个能为"小善"的人来说，从自身做起，从生活中每一件小事做起，时时考虑自己的言行举止是否有利于社会环境，日日三省吾身，日积月累，个体的力量汇集起来，就会形成强大的社会力量，强大而一致的社会力量，就是推动整体国民素质提高的动力。

  其实生活中许多善事只是我们举手之劳。拿 2008 年北京奥运会来说，每一个人小小的行为或许就影响着整个中华民族在世界面前的形象。在马路上行走时，自觉遵守交通秩序；坐公交车时，主动给老弱病残让座；积极热情地给外地游客指路；不乱扔垃圾，并能主动捡拾垃圾；在观看奥运会比赛的时候，做一个文明的观众……正是这些看似微不足道点点滴滴的小事，使中国人民赢得了世界的赞誉，实现了"绿色奥运，科技奥运，人文奥运"的奥运理念，获得了伟大的成功，中国人的形象得到了世界的认可。

  做小善虽容易，却也更需要勇于寻求，下定决心去做，而且坚持长久地去做。"雷锋出差一千里，好事做了一火车。""一个人做一件好事不难，难的是做一辈子好事。"共产主义战士雷锋就做了一辈子好事。细微之处见精神，平凡之中孕伟大。只有不弃小善，才能积成大善；只有积众善，才能形成高尚的社会道德！只要人人多献出一点善，世界就将更美好。

勿以善小而不为,一滴水就可以折射太阳的光辉。人生在世,如果能做一番轰轰烈烈的大事业,立一番济世安邦的大功德,当然会令人敬仰和羡慕。然而,对于大多数身居平凡岗位的人来说,大事业、大功德往往是一世无缘,如能"勿以善小而不为",同样能实现自身价值,从而使自己的思想和人生更加丰富!

  从小事做起,从点滴做起。
  日积月累,持之以恒。
  小善常为,积善成德。

(王慕东)

5. 当行善遭遇尴尬
——彭宇案带给我们的反思

  据南方网报道,2006年11月20日,一位名叫彭宇的男士在公共汽车站好心将一名跌倒在地的老人扶起来,并送其去医院检查。未料想,受伤的徐老太太及家人得知这一跤摔成胫骨骨折,得花费数万元医药费方可治愈时,遂一口咬定是彭宇撞了人,要其承担数万元医疗费。被彭拒绝后,徐老太太便向鼓楼区法院起诉,要求法院判令彭宇赔偿各项损失总计达13万多元。法院一审判决裁定:"彭宇自认,其是第一个下车的人,从常理分析,他与老太太相撞的可能性比较大。"并以此判令"彭宇补偿原告40%的损失,即45876元,10日内给付"。最后案件的结果是以和解撤诉而结案的,而且双方当事人对案件的处理结果都表示满意。据有关媒体报道,该案和解的结果是彭宇承担了10%的责任,赔偿1万余元。

  轰动一时的南京彭宇案不能不引发我们的思考,先撇开司法公正不说,单说人们行善以后却遭遇讹诈这样的尴尬,好人真的就那么难做吗?彭宇案的意义,早已经超越了案件本身。无论彭宇案最终结果如何,此案对民众行善之心的伤害都已经难以挽回,而且其抑制了人们善心的释放,使恶占据了更多的空间。本来应该昂扬向上的行善精神却变成了战战兢兢,如履薄冰。

如此，如何能惩恶扬善呢？善良、仁爱和公心，又如何能得到发扬光大呢？所以说，彭宇案，真正输掉的是社会，真正被伤害的是行善之人，真正被毁灭的是善和爱心。

当行善遭遇如此尴尬，我们又该怎么办呢？我们应该正视这样的存在，因为真善美和假恶丑的较量总是伴随在一起的，正如这个社会有绚烂的鲜花，亦有让人恶心的苍蝇一样，这就更需要我们用善的力量扭转恶的势力，尽可能维护社会不可或缺的善良道德资源。正如孔子所说，"见善如不及，见不善如探汤。吾见其人矣，吾闻其语矣。隐居以求其志，行义以达其道。吾闻其语矣，未见其人也！"（《论语·季氏第十六》）意思就是说，见到善的事情就要向之看齐，看到不善的事情就要避免自己也犯这样的错误。就拿彭宇案来说，我们应该向彭宇学习，而去谴责徐老太太那样的人。社会如果像1910年于右任先生在《民立报》发表的《亡国三恶因》中所说的"善不能举，恶不能退，利不能兴，害不能除。化善而作贪，使学而为盗"那样，后果就不堪设想了。

令人欣慰的是，更多善良的人们对彭宇进行了公平评判。据报道，不少网友自发为彭宇建立账户，为他捐款。善良的人们在内心建立起来的敬仰行善者的良好社会风气让我们看到善之力量茁壮成长，但愿它能抵达每个人的内心，成为推动社会良性发展的精神动力。毕竟，我们的社会不能恐惧在"彭宇案后遗症"中难以自拔，因为，善，是社会和谐必需的交际基础，对这一人性之美的坚守与信仰，是推动社会道德进步更加理性和牢靠的力量源泉。

    当行善遭遇尴尬，
    更要坚定行善之心。
    善行必有善报。

（王慕东）

6. 善亦有度
——不做愚善的农夫

据《兰州晨报》报道：列车上上演现代版"东郭先生"。2007年1月31日凌晨3时许，开往上海的K362次车上一名乘客在抓获盗窃自己财物的小偷后，禁不住小偷的求情，在小偷将被盗财物交还后竟将其放走。后经清点，小偷"少还"了他1900元，此时，被他亲手放走的小偷早已不知去向。无独有偶，香港著名艺人刘德华碍于舆论的压力满足了一个为他疯狂了十三年的陌生女人见一面的要求，又满足了与其合影留念之要求，而女人又要求与刘德华单独聊天，被拒绝后，女人的父亲留下了痛骂刘德华"无情"的遗书，跳海自杀；刘德华的经纪人表示刘德华决定给他们一笔路费时，那个女人不仅嫌钱少，还向刘德华索赔五十万，要求刘德华为她的父亲送葬，向她们母女道歉！面对小偷和一个如此疯狂的单相思的女人，乘客与刘德华可谓善良，甚至是"仁至义尽"，但结果却不尽如人意，甚至产生了坏的影响，埋下了更深的祸根。所以我们要说，善良也要有度。

善亦有度，有识之士，大都持此观点。《论语·子路》记载，子贡曾问孔子："如果全乡的人都喜欢一个人，这个人怎么样呢？"孔子说："不好。"子贡又问："那么全乡的人都讨厌他，这个人怎么样呢？"孔子说："也不好。"孔子认为一个人应该："乡人之善者好之，其不善者恶之。"意即"应该是全乡的好人都喜欢他，全乡的坏人都讨厌他"。由此，我们可以知道，虽然孔子提倡仁爱之心，可并不认为以丧失原则的仁爱善良之心，去宽宥所有人的过失，做一个无节度的好人。所以，一个好人，一个善良的人没必要也不应该无节制无底线地善良，而是应该有一定的限度，这个度即是，对好人善，对坏人不姑息迁就，否则会带来弊端和隐患。

例如东郭先生和狼的传说。东郭先生是一个善良的人，当一只被猎人追捕的狼跑来向他求救时，他倒出了一口袋的书，把狼装进了口袋里。猎人来了，问他看没看见一只狼，他撒谎了，说没有看到。猎人走了，钻出口袋的狼安全了，但是它非但没有感激东郭先生，反而要求他好人做到底，给它当一次点心，让它填饱肚子！又如，苻坚灭掉姚家和慕容燕国后，不忍心杀掉姚苌和慕容垂。结果苻坚淝水之战失败后，慕容垂第一个造反，而且后来苻坚就是死在姚苌手里。东郭先生把善施于恶狼身上，因而险遭厄运。苻坚心善无度，惨死人手。而农夫与蛇的故事也告诉我们，即使对恶人仁至义尽，他们的邪恶本性也是不会改变的，不要指望向恶人施善他会还你仁义。

在任何情况下都以最善良的心来度他人之心，这个命题是从人性本善这一假设出发的，它要求每一个人都要用自己的善心去推度别人的心，但这个假设只是一个美好的愿望而已，好人一生平安也只不过是因为没有遇到坏人，农夫和蛇的故事便是明证。在这个世上，好人比比皆是，但不善之人时有出现，所以我们不能时时刻刻对任何人都发挥我们的善良，不能做愚善的农夫，以一己的善心，度他人的恶腹。惟其如此，才能让好人受益，让坏人受到惩罚。

　　善，无错，
　　善，亦应有度，
　　对恶人行善是对善的伤害。

（王慕东）

7. 善始善终
——一种坚持到底的勇气

2008年2月17日晚，中央电视台举办的"2007年度感动中国人物"评选活动揭晓，细心侍奉亡妻家人三十三年的河南工人谢延信当选为2007感动中国年度人物。感动中国组委会授予谢延信的颁奖词为："当命运的暴风雨袭来时，他横竖不说一句话，生活的重担压在肩膀上，他的头却从没有低下！用三十三年辛劳，延展爱心，信守承诺。他就像是一匹老马，没有驰骋千里，却一步一步地到达了善良的峰顶。"感动中国推选委员杜玉波，对谢延信这样评价："这个人对爱情忠贞，对老人孝顺。谢延信，人如其名，信守一生。"

谢延信,河南焦作煤业(集团)鑫珠春工业有限责任公司机电科工人。1973年,刘延信与同村姑娘谢兰娥喜结良缘。第二年7月,谢兰娥病逝,去世前,嘱咐丈夫要好好照顾自己的爹妈和智障兄弟。此后,刘延信付出了三十三年的忠贞与孝心,成就了一个大孝至爱、感天动地的谢延信(刘延信后改姓为谢)。1979年岳父患重度脑中风,再也没有站起来。一老,一瘫,一傻,一幼,家庭的重担全部压在了谢延信的肩上。谢延信老了,病倒了,但他的意志没有垮,孝心没有变,责任没有失,良心没有丢。他隐藏起最沉重的哀愁,担负起让希望生生不息的重任。《诗经·大雅·荡》有语曰:"荡荡上帝,下民之辟。疾威上帝,其命多辟。天生烝民,其命匪谌。靡不有初,鲜克有终。""靡不有初,鲜克有终。"就是说,事情都有个开头,但很少能坚持到底有个圆满的终了,是告诫我们做事情要善始善终。从谢延信身上,我们看到了人间一曲善始善终的大爱之歌,不能不为他感动。

《论语·子路》有云:"言必行,行必果。"是说要言出必行,不能食言,做事要善始善终,不能半途而废。众所周知,共产主义战士雷锋,他的一生虽然是短暂的,平凡的,但同时也是伟大的,令人敬仰的。他从1960年应征入伍至牺牲,始终如一,善始善终地学习、做事,时时不忘为人民服务。"一个人做一件好事并不难,难的是一辈子做好事。"伟大领袖毛泽东给予他的评价,正是他的真实写照。《庄子·大宗师》里说:"善妖善老,善始善终。"意思是,做事情要有好的开头,也要好的结果,不能虎头蛇尾。

谢延信和雷锋,都是善始善终的典范。但是在当今社会,却很少有人能坚持到底,做到善始善终。好的开始,许多人能做到,"新官上任三把火"、"三分钟热气"说的就是这个意思。比如在工作上,特别是新人在工作的开始阶段,往往比较新鲜,工作也比较努力,做人比较正派,但能不能一直这样下去就难说了,"59岁堕落"现象比比皆是。所以说,相对于好的开始,好的结尾是很难做到。"善始善终"一词虽然忽略了"过程",却巧妙的取"始"和"终",两个代表性的重要时间点,其实从这一点上也很能反映出一个人做事的态度和品质。比如腐败分子陈良宇,他在执政前期确实为上海的发展作出了相当程度的贡献,但他没有做到善始善终,最后他还是堕落腐化了。再比如，明朝开国宰相李善长以功始而以罪终，也充分说明了真正的"善始善终"不易。

　　无论做什么，要做到善始善终，必须要有超人的毅力，不达目的不罢休的韧性，持之以恒的决心，和抵制诱惑的坚定性。只有这样，我们才能做到善始善终。做到善始善终，我们就能从人生中收获幸福与财富，体会努力之后的成功与欣喜，感受付出辛劳的快乐与意义，我们的人生也会因此变得充实而美丽……

　　　　言必行，行必果。
　　　　坚持到底，就是胜利。
　　　　善始善终，收获成功。

（王慕东）

8. 善前人人平等
——任何善行都应得到尊重

　　据《中新网讯》：四川汶川 5 月 12 日大地震以后，名人名企捐款屡被批评。姚明是许多国人的骄傲，这位火箭队的中锋连续五年位居福布斯中国名人财富排行榜榜首。据报道，2007 年他挣了 5500 万美元，而他给地震灾区的第一笔捐款为 50 万元人民币。批评的声音立刻出来了，有人认为 50 万元对姚明来说，只是零花钱，他照一张投篮的照片所得的收入都比这个高。著名地产企业万科在地震当天宣布捐助 220 万元。2007 年，万科销售额排名内地房地产企业第一，超过 523 亿元，净利超过 48 亿元，此次捐赠的善款不足其净利润的万分之四，引发了网友对于捐款数额过低的质疑。另有，网上还出现了一些所谓的企业、富豪"捐助榜"，将这些企业的捐助数额公之于众，一些企业被网友指责捐助太少，成为"铁公鸡"。

　　但是在这里，我们要说：捐赠是慈善的手段，而不是目的，更不是斗富攀比的名利场，无论是捐一块钱还是捐一个亿，在善的天平上都是平等的，任何善行都应得到尊重。人心善，则一切都善；人心爱，则一切都爱。在善和爱的世界里，一颗眼泪，一滴鲜血，一句暖语，一双臂膀，一个胸膛，一块硬币，和一亿款项一样都代表和浸透着无限的善意和关爱。在此之中，唯有平等、温暖和神圣，而没有高低贵贱之别。《论语·颜渊》孔子有语曰："君子敬而无失，与人恭而有礼，四海之内，皆兄弟也。"世界各国的人民都像兄弟一样，有钱的出钱，有力的出力，大家的爱心和善心都是一样的，只有身份不同，没有贵贱之分。

网友对捐款排行榜上捐款相对较少的名人名企的指责，应引起我们深层次的思考：物质财富与道德标准不是两条平行线，任意拔高、攀比，甚至指责实施善举的言辞行为都是不利于善义事业发展和延伸的。这是因为人的道德品行是单个修养的价值取向，没有标准，只有目的，这个目的，就是善，是为了受苦的同胞表达自己爱心的目的。"善"是一种境界，是一种道德，而不是一种物质，也不是一种语言，它是无法衡量的。捐与不捐，捐多捐少，并不能代表一个人的善良等级。善有许多种形式，或者说，善没有形式。灾难出现时，有的人默默地为灾区和灾民尽义务，但他们并不想让人给予他们多么高的荣誉和奖赏，比如上海114帮助查询亲人消息的接线员们，比如为救灾物资加班生产、运输的工厂企业员工们，以及全国各行各业坚守岗位尽职敬业的人们，没有他们形成一个坚实的后盾，前方抗震救灾就没有坚实的支撑。古语云，"有心为善，不为善。"也正如哈利法克斯所说："真正的善德如河流，愈深愈无声。"真正的善不是源自对天堂的渴望，不是来自对回报的要求，不是始于对名声的兴趣，而是源于生命中的真诚无私与爱。正所谓，给他者以善，洗己者之心。真正的善行是出自内心和本性的，是对待生命的态度和悲悯，是人性最纯美的感情，而这样的善行，没有理由不得到尊重。

所以，奉劝戴着"慈善攀比"有色眼镜的朋友们，尊重那些付出善行的人们，哪怕是一点点的善行，我们也要真心诚意地说上一句"谢谢！"对于我们这个几千年尊崇以善为本的民族，善和爱在我们的心灵深处扎根，在我们的血液中涌动，我们的社会、媒体可以为这些善行提供更多的支持，只要量力捐了钱物，尽了一份心意，不管是多是少，都应该受到褒奖，而不应该对此评头论足，伤了捐赠者的心，打击捐赠者的积极性。我们相信，更多淳朴宽容的人们会对善报以崇高的敬意，只有这样，才会出现更多行善的人，才会有越来越多的人加入到这个链条中来，就会形成一个"善"的良性循环，我们伟大的祖国才会在灾难中挺立，我们伟大的民族才会永远立于不败之地……

  善，是平等的，尊重所有的善行，
  美好人间离不开善！

（王慕东）

9. 善恶一念间
——一日三省吾身

  2008年4月15日《今日说法》报道：湖南郴州一个两岁半男孩多多跟随舅舅去理发店剪头发，等到舅舅剪完头发现多多却不见了。原来多多被一位摩的司机捡回家，等待其亲人来认领。多多父母焦急万分，在电视上寻人并承诺给予提供情报者5—10万元作为报酬。原本为做好事的摩的司机夫妻一时贪念起，要求多多父母预交2万元先确认多多的衣物。而后，又要求交30万元领回多多，否则不将多多归还。多多父母无奈之下报警。通过这个案例我们可以透视：人性的善与恶，可以如此集中地体现在同一个人身上。而它们，又并非永远泾渭分明，也许一念之间，两者就互换了位置。

  我们知道，孔子所处的时代已经是"礼崩乐坏"。故而，他认为人性中的"善"与"恶"是混存的。"善"来源于血脉之亲，推而广之形成"仁"，这里的"仁"就包括很大部分的"善"；同时，人性中也存在不合乎"礼"之私欲"恶"的潜在因素。

  在汉代，有个叫刘平的人带着他母亲逃难。有一天，出外去寻求食物，遇见了几个饥饿的强盗，要把他煮熟来吃。刘平叩着头说，我现在要为了母亲去寻些野菜，让母亲吃了野菜，我再回过来受死。强盗们听了，也很可怜他，就把他放了。刘平回家后，把野菜给他的母亲吃了，并禀告母亲自己和强盗们的约定，不可以欺骗他们。强盗们看见刘平竟然回来，大吃一惊，最终没有吃他。在这个故事里，杀人不眨眼的强盗在刘平的孝心面前，突然善心大发,放了刘平。可见,每一个人都是善与恶的综合体,是一种善恶对立统一并存的矛盾体。即使多么恶劣的人心中也都存有善根,并且会在一念之间互相转换。犹如孔雀开屏,正面羽毛艳丽,图案漂亮,但另一面却丑陋灰暗,不堪入目。所以,我们可以说,从古到今就没有绝对的坏人和绝对的好人,在人们的内心里一直住着恶的魔鬼和善的天使。

那么,我们面对自己的"恶",就没有办法了吗?只能任其肆意生长吗?当然不是。孔子说:"性相近也,习相远也。"人性天生有相似性,后天有可塑性。如果能"克己复礼","博学于文,约之以礼,亦可以弗畔矣夫。"(《论语·颜渊》)并强调:"以约失之者鲜矣",通过后天"礼"的约束,还是能够做"己欲立而立人,己欲达而达人"、"己所不欲,勿施于人"的仁人君子,从而达到"从心所欲,不逾矩"的境界。看来,我们的"恶"可以通过后天的努力而有所改善,因而我们应该注重修身养性,一日三省吾身,并时刻牢记:

善恶同根生,此强彼就怂。

善有报,恶有惩。

善恶一念间,修行靠自己。

(王慕东)

10. 独善其身与兼济天下
——从中国首善陈光标谈起

据搜狐网报道,江苏黄埔再生资源利用有限公司董事长陈光标及他的救援队在"5·12"地震期间所做的贡献为:救回128条生命,捐了785万元现金、2300顶帐篷、2.3万台收音机、1000台电视机、1500台电风扇、8000个书包……这一个个数字透露的正是他兼爱天下的胸怀。陈光标从一个小作坊起家成长为亿万富豪,从一无所有的普通农民成长为中国十大慈善家,他以捐资过亿的慈善之举,在众多民营企业家中走出了一条独特的创业轨迹,并由此赢得了人们的尊重。

陈光标出生在一个贫寒的家庭，但是贫穷并没有使他的意志消沉，而是保持自己善良的本性，并勤奋刻苦，努力上进。在艰苦奋斗的道路上，他与人合伙做生意，当时，忠厚的陈光标先行支付了 3 万元的货款，可是等货发过来，才发现那些货全是伪劣产品，鞋底全是硬纸板糊的，晴天还看不出来，一到雨天鞋底就全烂了，他并没有像一些奸商那样，将这些伪劣产品卖掉，而是宁愿自己吃亏，也不投放到市场上。在他做生意成功以后，财富像雪球一样越滚越大时，他总是竭尽所能去帮助别人，做好慈善事业。2003 年"非典"期间，陈光标向江苏省医疗机构捐赠了 800 台远红外温度检测仪和 200 万元现金，用以支持"抗非典"事业。2004 年底，东南亚发生海啸，陈光标积极响应国家号召，向海啸灾区捐出了 300 万元。截至目前，陈光标的捐助面涉及二十多个省，受益人口达到 12 万人，累计捐款捐物超过 1 亿元，成为让世人瞩目的慈善家。从陈光标的身上，我们能体会到他正是一个"穷则独善其身，达则兼济天下"的典型。

"穷则独善其身，达则兼济天下"出自《孟子·尽心上》，讲的是仁人贤士的处世态度：当一个人，在不被人看重时，要不断地完善自己，应当甘于寂寞，修身养性，博闻强识，当被时代和当局所器重时，就要负起重任，就要有所作为。

表面看来，"独善其身"，是对自己的一种态度；"兼济天下"是对社会的一种责任。但是，"独善其身"和"兼济天下"是统一在一起，相辅相成的。"独善其身"是"兼济天下"的前提条件，不能"善其身"何以"济天下"？没有"济天下"又怎么说"其身"已"善"？只有把世界和自我结合起来，世界才能完美，自身才能完美。如果每一个人在心里都有这样的意识，对整个社会的影响将不言而喻。从这个角度来讲，独善其身就是兼济天下。只要有善之心，不管是贫穷，还是富裕，我们都能在"独善其身"的同时做到"兼济天下"。如果人人如此，那么失学孩子能重返校园改写人生，重病患者枯木逢春则绝处逢生，灾后家园重建将再创辉煌……这个社会将会无比美好！

在现实生活中，有很多人通过个人奋斗获得了成功，他们在为自己赢得财富和荣誉的同时，也为社会创造了价值。但在其中，也不乏一部分人由于信仰的匮乏和道德的缺失，在糖衣炮弹和邪恶势力面前败下阵来，成为社会的蛀虫和丑恶的代言人；也有一部分人由于个人的抱负因一时的挫折而没能如愿以偿，去拿公众作为出气筒，使自己沦落为疯狂报复社会的败类。诸如此类，不用说"兼济天下"了，连"独善其身"也难以做到。所以，无论在贫穷还是发达的时候，都要保持一颗善心，那么，你会发现，独善其身的同时亦能兼济天下了……

穷时，达时，
皆要独善其身；
如此，方能兼济天下。

11. 善意待人
——你在我心里是朵花

2008 北京奥运会刘翔退赛之时，国人无不震惊。多数人深感惋惜和无奈，也有少数人伤心失望。总归起来，还是同情刘翔身上背负 13 亿中国人和 56 个民族期望的巨大压力，并且理解刘翔的做法，尊重刘翔的决定。但有个别人竟然责怪诋毁甚至谩骂刘翔，认为刘翔是因为商业利益才在最后关头退出。还有，《天下足球》直播时，主持人段暄上身着西服，下身却露出膝盖。针对此事，众说纷纭，多数人认为在北京三伏天密闭而又多灯泡的演播室里，主持人有时候采取一些不影响播出效果的行为是可以理解的。但还是有偏激人士认为主持人是要炒作自己或者提高节目收视率，甚至个别偏激网友因而要求其下课。这些谩骂刘翔和要求段暄下课的人，他们为什么和常人的想法有很大的偏差？为什么会有这样奇怪的想法，这样刻薄的眼光，这样锋利的言辞呢？原因就是他们没有用善良的心态来对待他人。

道家讲究"以善养人，不尽其过"。意思是说，有修养的人批评他人的过失，不说尽人家的错误，而是很含蓄地点到为止，尽可能保留余地，让他人自己明白，自觉改过。有了"过"，尚且不尽言，那么，没有"过"也就更不会去妄加揣测了。因为从善意的角度来忖度他人，不仅利己，而且利人，因而利天下。《老子感应篇》："故吉人语善、视善、行善，一日有三善，三年天必降之福。"以善良的心态来对待他人，就会语善、视善、行善，而有了这些善，老子认为三年天必降福于此人身上。心中充满善，犹如在心灵的沃土上，种满至善圆满的鲜花，绚烂美丽而宁静。如果心中有恶，则犹如长满荆棘的乱草，枯萎荒凉而不安。所以，以善心来对待他人，是对自己心灵的奖赏。而且以善心来对待他人，还能感化他人。因为你的善意会变成星星之火，在他人的心中点燃，祛除物欲邪欲而唤起善心。老子在说："圣人恒无心，以百姓之心为心。善者善之，不善者亦善之，德善也。"意即：圣人永远没有私心，而把百姓的心作为他的心。百姓心善的，他固然认为善，不善的，也善待之。人心向善，因而就得到了善。星星之火，可以燎原，最终，大家的心中会充满善，从而达到利他人利天下的美好境地。是的，理解段暄的工作环境，宽容了他的做法，他更加卖力地工作，以报答善心的观众；理解刘翔，会助他走出阴霾，积极疗伤，以投入战斗。大家的心也归于平静，社会也保有了人才，何乐而不为呢？

《孔丛子·嘉言》讲了关于孔子善意看待他人的故事：孔子的弟子宰我出使齐国，回来之后，见到孔子，对孔子说："梁丘遇到了毒蛇之害，过了一个多月才好。痊愈后，他去朝见齐国国君。期间，聚会了各位大夫宾客进行庆祝，弟子也作为宾客前往了。大夫以及各位宾客都接二连三地献上治疗蛇毒的药方。弟子对他们说，献上药方的目的，是为了治病。现在梁丘先生的病已经痊愈了，各位大夫却再来献药方，这样药方用来干什么呢？莫非是想让梁丘大夫再遇毒蛇之害而用这些药方吗？大家都沉默了，谁也没有说话。弟子这样说对不对？"孔子说："你这样说是不对的。如果一个人三次骨折，便有可能成为治疗骨折方面的好医生。梁丘先生遇到毒蛇之害能够痊愈，有很多患同样病症的人一定会到他这里来问是用什么药方治好的。大家因为这个原因，所以各自说出自己所知道的药方，是想要使人知道这些药方以便治疗人们的疾病啊。凡是来说自己药方的，都会认为他的药方好，这样可以与梁丘所用的药方进行优劣的比较了。"故事里面，宰我就没有用善意来看待别人好心奉上的药方，而孔子的做法才是正确的。

所以，我们说，以善意来看待人，善心带动人，慈悲心感化人，那么别人在你眼里是朵花，你在别人眼里也是一朵花。倘若如此，那么这个世界就会芳草如茵，香气馥郁。

把他人当自己,把自己当他人。

善待他人,自己也会快乐。

相互善意看待,我们都是彼此眼里最美的花。

(王慕东)

毅

题 解

毅，该字最早见于金文，据许慎《说文解字》记载："毅，妄怒也，一曰有决也，从殳，豙声。"《广韵》："毅，果敢也。"其意义有刚毅、强毅、果毅、弘毅等等，是表现人的内在心态活动的重要道德范畴，诸如自强不息、不屈不挠、坚定果敢、毅然决然等等则可以说是"毅"这种心态指导下人的内在气质的一种外在表现形式。

早在先秦时期，"毅"就已经成为当时社会生活中的一个重要德目，尽管儒家创始人孔子本人没有做过专门、具体的论述，但是，《论语·泰伯》中曾子"士不可以不弘毅，任重而道远"这一说法却深得孔子的奥旨，符合孔子的本意，成为以后"毅"概念内涵的集中表述。宋代程子注释道："弘而不毅，则无规矩而难立；毅而不弘，则隘陋而无以居之。"具有远大志向的士君子，能够培养和保持自己刚毅的意志品格，在求道的过程中，勇于担当而百折不挠，绝不轻言放弃，这样才能够达到常人所不能达到的境界。正是拥有了坚毅、弘毅的心态，才激励着中华民族坚持不懈地去克服重重困难，去不断追求真理，追求自我完善。

这是一个急剧变化的时代，是一个竞争激烈的时代，也是一个平庸的时代，更是一个没有独立人格品质的时代，任何没有刚毅品质和坚毅心态的人很容易被社会的洪流所吞没，成为一个随波逐流而丧失自我的人。因此，保持有一份弘毅、坚毅的积极心态是推动我们不断前行的动力，是我们事业生生不息的源泉，也才能够使我们把握好自己人生的航标最终达到高远的境界，从而也可以在整体上提升我们民族的生命质量，最终造就出中华民族新的民族品格。

1. 三省吾身

《宋人轶事汇编》中有这样一则故事：北宋时候，与著名文学家欧阳修同朝为官的一个官员叫赵概，他在书房里放着三个盒子：一个里面装黑色的豆子，一个装黄色的豆子，一个是空的。每天晚上睡觉之前，他就打开这三个盒子，反省自己一天的言行。如果是做了一件好事，或者有了一个好念头，就取一粒黄色的豆子放在空盒子里；要是做了一件坏事，或者有个做坏事的念头，就取一粒黑色的豆子放到空盒子里。他用这个办法检查自己当天的过失和进步。起初，他投的豆子黑色的比黄色的多，后来渐渐的黑色的豆子越来越少，黄色的豆子越来越多了，他的道德修养也随之越来越高。

赵概投豆自查自勉的心态与行为是体现儒家注重道德修养的典型范例。在儒家思想中，十分注重完善和培养个人的道德修养和精神品格，以求塑造出"谦谦君子"这样的理想人格。《论语·学而》中就记载了曾子自我反省的事迹，曾子说："吾日三省吾身：为人谋而不忠乎？与朋友交而不信乎？传不习乎？"曾子是孔子晚年所收的得意弟子，他比孔子小四十六岁，是思孟学派的鼻祖。曾子在追随老师孔子学习的时候，每天要用三件事来进行反省：替别人做事，有不忠诚尽心的地方吗？和朋友交往，有不守信用的地方吗？老师教授的道理，都熟记在心，准备付诸实践了吗？就我们现代人看来，这三件事无论哪一件事都很难长久坚持下去，而曾子却能够每天多次对这三件事进行反省，这种提高自我修养、做好自省功夫的毅力确实难能可贵，值得我们学习。

诸如此类有关自省的言论在儒家先贤思想中屡见不鲜。《荀子·劝学篇》中说:"君子博学而日三省乎己,则知明而行无过矣。"品德高洁的君子不仅有渊博的学识,更重要的是能够每天不断反省自己,使自己能够没有过错。南宋朱熹也说:"日省其身,有则改之,无则加勉。"每天反省自己是否有过失,如果有过失则加以改正,如果没有那么也应该加强自己的道德修养。《易经》中也讲"不远复,无祗悔,元吉"。这句话对如何走好人生,培养自己的精神品格具有一定的指导意义,即人在走的不是很远的时候,要回过头来检查一下自己的路走得如何,实际上也是"日省身"的意思。这种审视可以使人及时改正过错,以便人生之路不出大的偏差。这样就会使自己的人生不留下一点后悔,其结果也就是"元吉",是大吉大利。

在这个光怪陆离、纷繁变化的现代社会中,各种名利的诱惑时刻干扰着我们的正常生活。在这种情况下,很多人因此而迷失了生活的方向,心态扭曲、心理失衡、心灵失落成为我们生活的常态。有些人为了谋取不正当的蝇头小利,从小就养成小偷小摸的习惯,而他们对自己的这种堕落行为丝毫不觉察,时间一长成为惯犯,结果锒铛入狱、追悔莫及;也有些官员只注重追求物质利益,不注意反省自己来提高道德修养,更别提日三省乎己,结果使自己的道德败坏、人格堕落,最终沦为阶下囚。所有这些都是由于缺乏自我反省的意识,缺乏持之以恒的反省毅力所造成的。

因此,在这忙忙碌碌的社会中,可以说,不是我们的选择太少,而是我们的欲望太多;不是我们的机遇不好,而是我们失去了方向。事实上,几千年前,曾子就以他亲身的言行为我们提出了解决的方案,这就是一日数次的反省自身和持之以恒的毅力和坚定信心。所以,重新提出并重视曾子"日三省吾身"的思想对于我们自身道德建设、完善人格有着积极的意义。人的品质有优有劣,学问有深有浅,关键在于对自己有无提高的要求和信心。如果说我们能够经常反省自己的所作所为,哪怕是"三日一省"的自我提升也能够起到一定的效果,只要能够以恒毅的决心去坚持,这对我们的言论、行为的完善都将会大有裨益,于人于己都将是一件莫大的善事。这不仅会使我们自己身心健康,而且也会使人与人之间关系融洽,促进整个社会的和谐进步。真可谓:

三省吾身方得智,

时不远复乃元吉。

（张　淼）

2. 九龄温席

人常说"百善孝为先"，孝道是中国古代非常重视的伦理道德，也就是说，孝敬父母是做人最起码、最基本的人生准则。《三字经》中有这样的记载："香九龄，能温席，孝于亲，所当执。"其中讲了一个古代以孝亲闻名的典故。传说在东汉时期，在湖北江夏（今湖北安陆）有一个叫黄香的小孩，九岁时他的母亲就去世了，他与体弱的父亲相依为命，他知道父亲抚育他的艰难，便把一副孝心奉献给了父亲。夏日天热，每晚他就事先为父亲扇枕席，使枕席清凉，蚊虫远避，以便让父亲安睡；冬天严寒，每晚他都先上床，以体温把被褥焐热，以免父亲受凉。就这样，寒来暑往过了很长时间。黄香持之以恒的孝顺事迹很快传了出去，就连京城长安也知道了这位天下少见的孝子。当时为此流传"天下无双，江夏黄童"的说法，后来著名的《二十四孝》中"扇枕温衾"便是指黄香孝敬其父的事情。正因为黄香有这样的孝心，才成就了他的人格品质，也使他在求学道路上取得了成就，他写的文章，看过的人均赞不绝口，认为他的文章像他的人品一样好。黄香长大后走上仕途，在东汉和帝时当了尚书令的高官，他在从政时的声望颇高，成为以孝闻名，以孝施政的榜样。

黄香以孝扬名，究其原因不仅是其孝敬父亲的举动感动了千万人甚至朝廷，他的几十年如一日的毅力更让人敬佩和学习，黄香的美德几千年来在中华大地绵延传承。2007年，《感动中国》年度人物评选中就有这样一位，他的名字叫谢延信。时年五十五岁的谢延信是河南焦作煤业（集团）下属一个有限责任公司机电科的工人。1973年，刘延信与同村姑娘谢兰娥喜结良缘，第二年七月，妻子谢兰娥去世前，嘱咐丈夫要好好照顾自己的爹妈和智障兄弟。此后，刘延信付出了三十三年的坚持与毅力，成就了一个大孝至爱、感天动地的谢延信（刘延信后改姓为谢）。1979年，他的岳父患重度脑中风，再也没有站起来。一老，一瘫，一傻，一幼，家庭的重担全部压在了谢延信的肩上。谢延信老了，病倒了，但他的意志没有垮、孝心没有变、责任没有失、良心没有丢。他隐藏起最沉重的哀愁，担负起让希望生生不息的重任。

三十三年对于一个人的一生而言，占据了几乎一半的时间，能够在如此长的时间里，坚持做好一件事情，能够坚守这种孝道的良心，细心侍奉亡妻家人需要何等的毅力。孔子曾经说过，孝敬父母不仅要为他们提供物质上的保证和精神上的安慰，更重要的是要将这种孝敬的行为持久地坚持下去，"父在，观其志；父没，观其行；三年无改于父之道，可谓孝矣。"（《论语·学而》）有多少人能够坚守孝道，不用说三年，就是一年就已经不错了。中国有句古话"久病床前无孝子"，孝敬一时容易，孝敬一世难。然而谢延信做到了，而且，一做就是三十三年。与谢延信大孝大爱的事迹相比，现代社会却经常出现不孝之子的叛逆行为，不用说对自己的岳父岳母不能尽孝道，即使是自己的亲生父母，也少有能做到如此令人感动的地步。很多人不仅不能坚守孝道，而且还以一种不恭敬甚至常人难以接受的方法来尽"孝"，轻者呵斥父母，不给父母提供衣食住处；重者则殴打父母，甚至杀害父母，如此不孝的行为可以说连禽兽不如。因此，现代社会不仅需要倡导孝顺父母，更需要倡导孝顺父母的毅力，怀有一颗感恩的心，保持有一个尽孝的心态对待生育、养育我们的父母以及曾经给予我们恩惠的长辈。真可谓：

古有黄香，今有延信；
大孝无疆，世人典范。

（张　森）

3. 身残志坚

第二十九届奥运会能够在中国成功举办，可以说不仅是中国的一件大事，更是世界的一件大事。此前，奥运火炬在世界各地传递以彰显奥林匹克精神，而期间发生的一些意外事件，却凸显了人性光辉的一面。据奥运官网2008年4月8日报道：法国当地时间4月7日，北京奥运火炬传递活动在巴黎进行，面对藏独分子试图抢夺火炬的突然袭击，"轮椅天使"火炬手金晶以残弱的身躯顽强捍卫奥运火炬。

因恶性肿瘤左腿高位截肢的火炬手金晶是巴黎火炬传递的第三棒，也是当天第一个传递火炬的中国人。法国当地时间4月7日中午12点40分，金晶和两名护跑手到达埃菲尔铁塔与塞纳河之间的某地，等待着与第二棒火炬手的交接。当警察聚焦于正在传递的第二棒火炬手时，数名藏独分子分批冲向轮椅上等待传递的金晶。面对突如其来的冲击，坐在轮椅上的金晶低下头转过身，用上身紧紧护住火炬。

经过几次冲击，藏独分子冲破了警方的阻拦，女护跑手被藏独分子扭住头发拖到一边，男护跑手以及在场的华人与藏独分子扭在一起，并被推到一旁。此时，一位身材魁梧的藏独分子伺机扑到金晶身上，试图拽走金晶手中的火炬。藏独分子想不到一个残疾女孩有如此的力量，一边拉扯金晶的胳膊，一边殴打她。金晶下巴被划破了，却始终死死抱住火炬不放。最终几名藏独分子被警察制服。金晶抬起了头，大眼睛闪烁着泪光。法国当地时间13点20分，火炬手金晶誓死捍卫的火炬在塞纳河边顺利点燃。金晶高举圣火，脸上露出了胜利的微笑。事后，金晶谈起自己当时的念头时，非常坚定："奥运火炬代表着奥林匹克理想，代表着全人类的美好愿望。传递奥运圣火是我的梦想。火炬在我手里，谁也抢不走！"

残疾人金晶以柔弱的身躯保护住了奥运火炬，不仅延续了奥运精神，更重要的是展现了残疾人的一种不畏强暴、不畏艰险的果敢与毅力。

无独有偶，残疾人中常有身残志坚的人物涌现出来。湖南有一位名叫李丽的女青年，一岁时患了小儿麻痹症，她的童年就从来没有站起来过；四十岁时再次遭遇厄运，车祸更是让她下半身完全瘫痪，从此与轮椅为伴。在多舛的命运里，她不仅没有怨天尤人，而是选择了坚毅。她创办了"李丽家庭教育工作室"和公益网站"丽爱天空"，长期从事公益事业和青少年心理教育工作，先后义务深入省内外一百多个学校、企业、社区、监狱开办家庭教育和心理健康教育系列讲座，听众达十万余人次；帮助近百名厌学孩子重返校园，成功使数十名中学生戒除网瘾，为近万名学生树立自信。四年多时间里,她使得二十多万人获得心灵的洗礼。她还成了很多服刑人员的"偶像",被人们誉为"感恩天使"、"湖南的张海迪"、"中国的海伦·凯勒"。

残疾人的成功需要付出比常人更多的努力和汗水,需要比常人拥有更坚强的毅力。金晶和李丽为残疾人,也为健康人托起了希望的太阳。《论语·泰伯》中曾子说:"士不可以不弘毅,任重而道远。仁以为己任,不亦重乎?死而后已,不亦远乎?"有远大抱负的人不可以不胸怀广阔,意志坚定,因为这些人有重大的使命,路途遥远。清代郑板桥在《竹石》中也表达了同样的道理,他说:"咬定青山不放松,立根原在破岩中;千磨万击还坚劲,任尔东西南北风。"为了特定的目标就要坚持下去,像金晶、李丽等一类的特殊人群,他们不仅没有因为自身的残疾而消沉下去,相反,他们积极投身于社会中去,以一种乐观、坚毅的心态奉献自己,给社会带来更多的阳光,带来更多的希望,促进社会朝着健康、和谐的方向发展。虽然他们没有做出惊天动地的大事,取得卓越的成就,但是,他们的毅力值得我们学习,他们是心灵的强者。真可谓:

身体虽孱弱,意志却强大,
道远人不畏,弘毅作指南。

(张　淼)

4. 程门立雪

《宋史·杨时传》中有这样的记载:北宋学者杨时考取进士以后,为了丰富和提高自己的学识,专程奔赴河南颖昌去拜大学者程颢为老师,继续钻研学问。当他四十岁的时候,程颢死了,杨时为了获取更多的知识,他又专程到洛阳去拜程颢的弟弟程颐为老师。有一天,眼看就要下大雪,但是为了向老师请教一个问题,杨时和同学游酢仍然前往程颐家拜访。到了程颐家中,只见程颐坐在那里闭目打盹。程颐明知有两个客人来了,他却不言不动,不予理睬。而杨、游二人不愿意惊醒老师,也不甘心离去,于是就恭恭敬敬地站在一旁,一声不吭地等候他睁开眼来。他俩站立好半天,程颐才睁开眼睛看他们,这时门外纷飞的雪花已经积有一尺多厚,而杨时和游酢站在那里没有一点疲倦和不耐烦的样子。杨时这种冒着大雪向老师求教的精神,成了后人熟悉的一句成语,即"程门立雪",而杨时的这种坚毅执著的求学精神在宋代读书人中也广为流传,成为求学者求学的典型。

《论语》中我们随处可见这样执著求学的事例。孔子弟子常常赞叹老师知道的东西很多,多才多艺,认为是一种天生的才能,而孔子却说,因为生活的需要,因为自己还有更大的志向,所以才用心学习各种知识、各种技能。孔子还主张虚心向他人学习,他本人就曾向郯子、师襄、老聃等人学习。"三人行,必有我师焉。择其善者而从之,其不善者而改之。"(《论语·学而》)只有勤于、善于从不同的老师那里学习,才会使自己的知识增长。卫国大夫孔圉聪明好学,更难得的是他是个非常谦虚的人。孔圉死后,卫国国君为了让后代的人都能学习和发扬他好学的精神,因此特别赐给他一个"文公"的称号。后人就尊称他为孔文子。孔子弟子子贡却不认为孔圉配得上那样高的评价。有一次,他问孔子说:"孔圉的学问及才华虽然很高,但是比他更杰出的人还很多,凭什么赐给孔圉'文公'的称号?"孔子听了微笑说:"孔圉非常勤奋好学,脑筋聪明又灵活,而且如果有任何不懂的事情,就算对方地位或学问不如他,他都大方而谦虚地请教,一点都不因此感到羞耻,这就是他难得的地方,因此赐给他'文公'的称号并不会不恰当。"经过孔子这样的解释,子贡终于服气了。所以,孔子特别强调求学者一定要"敏而好学,不耻下问"(《论语·公冶长》)。只有在这种心态的指导下,才能够成为知识渊博的人,成为对社会有用的人。

"不耻下问"作为求学的一种重要方式,说起来容易,做起来难,能够持之以恒地坚持下去则更难,当今社会真正能够做到"不耻下问"的人少矣。"舜其大智也与!舜好问而好察迩言。"(《中庸》)舜之所以伟大,之所以是世人效仿的楷模,就在于舜勇于向别人请教,尤其是向地位不如自己、学识不如自己的人请教。《周易·咸卦》中道"君子以虚受人",谦谦君子应当虚怀若谷,接受别人的言论、思想。当今时代,则不然,为师的不敢向弟子请教,大学教授不敢向中学老师请教,中学老师不敢想小学老师请教,智者不敢向愚者请教,贤者不敢向不肖者请教等等。其实,不耻下问不仅要向知识渊博的人学习,同时也要向学有专长的人学习,这不仅是一个求学、求知的问题，更重要的是一个人对待学习、知识的心态问题，其中牵涉到人的自尊心、虚荣心等诸多问题。人们的天性往往就是如此不可思议，如果自己位卑，自己能力弱，自己孤陋寡闻，求教于位尊者、能力强者、见多识广者，那似乎没有什么，不以为耻。可是一旦反过来，以位尊求教于位卑，以能力强求教于能力弱，以博求教于寡，便立即感到脸上无光，耻于开口了。因此，高位者因碍于面子不敢向低位者学习，低位者因惧怕批评不敢向高位者请教的情况屡有发生。而儒家"不耻下问"的求学心态以及舜所表现出的典型是值得我们学习的，这也有助于端正我们的学习态度、求知态度，树立正确的求知观念，对提升我们人格品质具有重要的价值。真可谓：

敏而好学人人易，不耻下问个个难；
若是你能做到它，不是仁者便是贤。

（张　淼）

5. 囊萤映雪

《晋书》中有这样的一段记载：晋朝时有位读书人叫车胤，他唯一的嗜好就是读书，白天不管多忙多累，只要一拿起书，浑身的疲劳就一扫而光，所以晚上读书成了他生活中最大的享受。后来，家里穷得连点灯的油也买不起，这对车胤可是极大的精神折磨。一个夏夜，车胤到野外去散步，忽然发现许多飞舞的萤火虫，一个主意蓦然在他心中出现，他找一块纱绢，做成一个小袋，然后又抓了一些萤火虫装进袋中。萤火虫发出的光虽很微弱，但把数十只放进去，那萤光就勉强能看清书上的字了。在萤火虫光的照射下，车胤又能享受读书的乐趣了。最后他成了远近闻名的大学者，后来还成为朝廷的要员。

与车胤同样刻苦学习的还有位叫孙康的人，他也是晋朝人，自小家贫，穷得连灯油也买不起，但他想尽办法去读书。一个大雪纷飞的冬夜，孙康实在睡不着，便顺手推开了门，只觉眼前蓦然一亮，原来风已停了，天上不知何时出了月亮，皎洁的月光照在洁白的雪地上。孙康进房拿出一本书在月下观看，但看了不一会儿，就感到两眼发胀，他想了想，便趴在地上，大雪像一面镜子，书上的字迹清楚多了。这意外的发现使孙康惊喜万分，他趴在雪地上一动不动地看书，忘掉了寒冷。自此后，凡有月光的雪夜，孙康就用这个办法来读书，最后成为非常有学问的人。长大后，凭着刻苦学习学到的知识走向社会，最后一直当了御史大夫的高官。

古人有这样刻苦学习的人，现代也有一位这样的典型人物，他是中学课本中的一篇范文的主人公。文章大致内容是：一天深夜，教数学的陈老师办完事情回到学校，发现在昏黄的路灯下有个瘦小的身影在晃动，陈老师想：深更半夜的，谁还不回寝室就寝呢？陈老师带着疑问走过去一看，原来是童第周正在借着路灯光演算习题。"这么晚了你怎么还不回寝室休息呢？""陈老师，我要抓紧时间把功课赶上去，我不要倒数第一名。"陈老师望着童第周瘦小的身躯，关心地劝童第周回去休息，可是走出不远，童第周又站在路灯下捧着书本读了起来。陈老师被深深地感动了，他十分钦佩童第周的志气，为自己有这样的学生感到自豪。这是我国著名生物学家童第周少年求学时的情景，他也是为了求学在学校熄灯后，到路灯下苦读。破解"哥德巴赫猜想"难题的陈景润也是一位孜孜以求的科学家，他曾经为了能够多学习知识而经常在图书馆内进午餐，也曾为了深入研究课题而被反锁在图书馆里。

车胤、孙康、童第周在那么艰苦的条件下最终学有所成，成功的路上毅力一直伴他们前行，可以说没有毅力就不会有他们后来的成功。也正因为有毅力，他们才会苦中作乐。在众多弟子中，孔子最赞赏弟子颜渊求学的精神，他评价颜渊说："一箪食，一瓢饮，在陋室，人不堪其忧，回也不改其乐。"（《论语·雍也》）今天，这种积极向上的学习精神仍值得我们学习。

洪战辉，一个感动中国的大学生，十二年来，他一直带着妹妹坚持求学。在他十二岁之前，和众多农村的男孩子一样，有着一个天真烂漫的童年，父亲、母亲、弟弟、妹妹和他共同组成的家庭生活，尽管艰苦但也很幸福。可1994年8月底的一天，他的生活突然改变了，妹妹死了，父亲疯了……十二岁还是一个孩子的洪战辉的天空就在这个普通的日子里轰然倒塌。这年的腊月二十四，患有间歇性精神病的父亲又捡来个孩子，洪战辉给她起名为洪趁趁，小名"小不点"，母亲却不堪重负离开了家。一夜间，洪战辉长大了，照顾父亲、弟弟和妹妹，年仅十三岁的他学会了承担责任，从此开始了十二年的艰难求学之路。十二年的刻苦求学经历，培养了洪战辉的坚毅品格和乐观人生态度，他这种求学的毅力和决心，是常人难以忍受和坚持下来的，然而，洪战辉却始终在坚持做着这些事情，他的特殊求学经历对我们现在能够无忧无虑在学校而又不努力学习的学生们来说，无疑树立了一个极好的典型。

因此，对于一个有恒心、有毅力的人来讲，逆境、困难、艰苦都是成才征途上的荆棘，但也是磨炼的好机会，正所谓"艰难困苦，玉汝于成"。孟子曰："天将降大任于斯人也，必先苦其心志，劳其筋骨，饿其体肤，困乏其身，增益其所不能。"(《孟子·告子下》)历史上一切身处逆境而终有成就的人，无不经过这样的艰苦磨炼。在中华这片沃土上，在逆境中成才的事例也是不胜枚举。成功者们之所以能够在逆境中成才，就是因为他们充分发挥了个人的积极向上态度，拥有一份坚毅的乐观人生心态。真可谓：

箪食瓢饮不为苦，

挑灯夜读求其乐。

(张　森)

6. 三顾茅庐

《三国演义》中记载了这样一件事：东汉末年，中国政治格局的争斗中逐渐形成了曹操、刘备、孙权三大势力。其中曹操雄踞北方，拥有精兵良将，大有统一天下的气势。孙权占尽东南，国富力强。唯有刘备势力最小，既无地盘，又无兵力，但是，他为了能够分得天下，采取了礼贤下士的态度，很重视对人才的培养和挖掘，非常尊重人才。刘备听说诸葛亮极有才能，便恭恭敬敬地亲自去寻访。诸葛亮原籍山东琅琊（山东临沂）人，当时隐居在隆中（今湖北襄阳附近），人称"卧龙先生"，并称他住处一带的高冈为卧龙冈，他就住在冈前的茅庐里。刘备经由名士徐庶的介绍，曾前后三次专程拜访诸葛亮，希望他能够走出茅庐，辅佐自己打天下。第一次，刘备和他的义弟关羽、张飞一同前往，当他们敲开诸葛亮茅庐的房门时，看门的童子说诸葛亮一早就已经出去了，于是，刘备等人失望地走了。第二次，是一个下大雪的天，刘备和关羽、张飞又一同前往，童子告诉他们说，诸葛亮已经于前几天和朋友出去了，关、张二人就显得有些不耐烦，张飞甚至要放火烧掉诸葛亮的草庐，这些举动被刘备及时地制止了，于是，他们再次无功而返。第三次，刘、关、张又一同去拜访诸葛亮，这一次，碰巧诸葛亮在家睡觉。刘备为了不打扰诸葛亮休息，就让关羽、张飞在门外等候，自己则站立在草房的台阶下静静地等候，直至诸葛亮睡醒。

刘备三次拜访诸葛亮，冒着严寒和关羽、张飞的阻挠等不利条件，最后一次才见到了他。刘备又请求了半天，诸葛亮才答应出山相助。从此，诸葛亮为刘备出谋划策，打了很多胜仗，奠定了蜀汉的国基。后来，刘备称帝，诸葛亮做了丞相。有关这件事，诸葛亮在《出师表》中也写道："先帝不以臣卑鄙，猥自枉屈，三顾臣于草庐之中。"记载了刘备为了请诸葛亮辅佐他，不惜"三顾茅庐"去拜访。刘备为了访得贤能，三次去隆中，他这种求贤若渴的心态和坚忍不拔的意志成为以后寻觅贤能的典范。

宋代改革家王安石曾经说过："人才难得亦难知。"宋代如此，其实在中国古代亦如此，尤其是在政局动荡时期，各诸侯为了能够延揽人才，经常会采取一些礼贤下士的措施，吸引不同才能的人。如《史记》中载周文王的儿子、周武王的弟弟周公旦经常"一沐三捉发，一饭三吐哺，起以待士，犹恐失天下之贤人"。为了不失去天下的英才，即使是在洗头发时也要多次绾起头发接待贤士，在一顿饭没吃完的过程中要多次停下来与俊杰谈话，他也就成为我国历史上重视人才的典范。周公这种求贤若渴的心态，也为我们现代人提供了有益的启发。

现代社会中，无论是政府机关、企事业单位，还是学校等不同部门中，常常会出现这样一种情形：领导者总是任用一些与自己关系比较密切的人，或者是属于自己一个利益集团的人，而那些有才华、有能力却不是这一集团的人不但不会被三顾茅庐邀请，甚至往往会被排除在外。这样一来，往往是有才能的人无法发挥自己的作用，而庸才又占据着重要的岗位不能起到积极作用，工作作风涣散，办事效率低下，就其后果从小处来说严重阻碍了日常工作的正常运转，从大处来看制约着整个国家的进步。《周易·谦卦》中道:"谦尊而光,卑而不可踰,君子之终也。"谦虚的人,如果能够礼贤下士,人用贤能,则他高居尊位时,道德更加光明;即使是身处卑位,人们也难以超越。因此,作为执政者或者是单位的主要领导者,在用人方面多学学刘备、周公旦的心态,不仅对提高我们自身的道德修养有极大的帮助,而且对提高我们自身的执政水平也将大有裨益。真可谓:

> 寻才有道,礼贤下士;
> 为我所用,成就大业。

(张 淼)

7. 愚公移山

《列子·汤问》中记载了一个故事:传说很早以前,在冀州以南、河阳以北有两座大山,一座是太行山,一座是王屋山,山高万丈,方圆有七百里。在山的北面,住着一位叫做愚公的老汉,快九十岁了。他家的大门正对着这两座大山,进出很不方便。愚公下定决心把这座大山挖掉。有一天,他召集了全家老小,对他们说:"这两座大山,挡住了我们的出路,咱们大家一起努力,把它挖掉,你们看好不好?"他的妻子提出了疑问:"像太行、王屋这么高大的山,挖出来的那些石头、泥土往哪里送呢?"大家说:"这好办,把泥土、石块扔到渤海边上就行了!"于是,愚公就带领全家老小开始挖山。他的邻居寡妇有一个七八岁的小儿子也跑来帮忙。黄河边上住着一个很精明的老者叫智叟。他看到愚公他们一年到头,辛辛苦苦地挖山运土不止,觉得很可笑,就去劝告愚公:"你这个人可真傻,这么大岁数了,还能活几天?用尽你的力气,也拔不了山上的几根草,怎么能搬开这么大的山呢?"愚公深深地叹口气说:"我看你这人自以为聪明,其实是顽固得很,还不如寡妇小孩呢!不错,我是老了,活不了几年了,可是我死了还有儿子,儿子又生孙子,孙子又生儿子;子子孙孙,世世代代,一直传下去,是无穷无尽的,可是这两座山却不会再长高了,我们为什么不能把它们挖平呢!"愚公的精神感动了上帝,上帝派神仙将两座山背走了。

人在自然面前常常会显得非常渺小，但是，愚公敢于以他的执著、坚持、毅力征服自然，他的举动感召着中华民族的无数儿女。1945年抗日战争胜利前夕，毛泽东发表了《愚公移山》一文，号召全国人民要发扬"愚公移山"的精神，发扬锲而不舍、坚持不懈的斗争精神，极大地鼓舞了全国人民的斗志，最终成功赢得了抗日战争的最后胜利。在现代社会，摆在我们面前的"山"依然很多，为了把国家建设得更加富裕、强大，也需要我们学习和发扬"愚公移山"的精神。比如中西部地区，比如基层、乡镇，比如经济欠发达的地区，比如工作较艰苦的行业，都需要有人去参与，都需要我们主动去"挖"。在现代就业压力很大的情况下，我们不妨当一回现代"愚公"，到这些艰苦、偏远、贫穷的地区去，实际上，现在也确实有很多的大学毕业生，正在做这样的"愚公"。教育部实施的大学生支援西部计划就是选择了优秀的学生去当"愚公"，为改变西部的经济、社会、文化等方面去努力。虽然他们也知道大城市里经济待遇高、生活条件好，但还是依然奔向基层，奔向西部，奔向艰苦。

　　"愚公移山"中所体现出的"挖山不止"的坚毅精神，更是我们的一笔宝贵财富。一个人搬掉一块石头并不难，难的是一辈子搬石头，而且是子子孙孙永远不停地搬石头。在挖山的过程中，一定会遇到很多的困难。但无论遇到什么样的问题，愚公都始终没有动摇，挖山不止，矢志不渝。我们支援西部的大学生，有的在合同期满后毅然决然地留在了西部，为西部的发展贡献自己的青春，这种坚毅的精神是支持我们不断战胜困难，不断前行的动力源泉。《论语·子罕》中写道："三军可夺帅也，匹夫不可夺志也。"只要心中有信仰、信念、信心和实干的精神支撑，就能够为伟大的事业奋斗终生。真可谓：

　　　　愚公移山，千秋佳话；
　　　　任重道远，强毅卫家。

（张　淼）

8. 锲而不舍

　　《史记》中记载了这样一件事情：战国时期有位名叫苏秦的纵横家，他年幼时曾与张仪一起拜鬼谷子为师，学成后辞别师父下山，变卖家产去周游列国，游说诸侯。他先到秦国，对秦惠王倡导连横战略，他说秦国是天下公认的"天府之国"，完全有把握吞并其他诸侯，雄霸天下，统一全中国，请求秦惠王采纳他的治国方略。但秦惠王认为发动战争、实现一统的时机还未到来，所以任凭苏秦巧言善辩，鼓吹战争是达到国家富强的手段，任凭他上书多次，都不予以采纳。此后，苏秦仍不死心，又相继写了十封书信给秦惠王，始终得不到回音。苏秦在秦国住了很久，身上穿的黑貂皮袍已经破旧不堪，一百斤黄金已经用尽，一切费用都已经用光，任何收效也没有得到，无可奈何，只得离开秦国，返回自己的故乡洛阳。他变卖了车马，辞去了仆从，步履蹒跚，精神沮丧，一步步向洛阳走去。他腿上打着绑腿，脚上缠着裹脚布，穿着一双破草鞋。肩上挑着担子，一头装着书，一头装着乱七八糟的东西。身体瘦弱枯槁，满脸又黑又瘦。当他走进自己的家门时，羞容满面，什么话也说不出来。他的妻子正在织布，见苏秦出去这么多年回来竟是如此狼狈，根本不想同他搭话，也没有离开织布机，依旧埋头织布。嫂子连饭也不给他做，父母索性不理他。苏秦见到全家人对自己这样冷漠，长叹一口气说道："老婆不把我当做丈夫，嫂子不把我当做小叔子，父母不认我这个儿子，这都是我的罪过呀！"但他并没有因此心灰意冷，放弃梦想，而是发愤图强，当夜就翻开书简，数十个书箱里的书简都被他搬了出来，从此闭门苦读，昼夜不息。读到困倦打瞌睡的时候，苏秦就拿起一把锥子，朝自己的大腿刺了进去，鲜血一直流到脚上。他用锥子刺自己的大腿的方法来鞭策自己用功。一年以后，他熟知了太公谋略与兵法，将天下形势细细揣摩透了之后，又开始了游说诸侯的旅程。齐、楚、燕、韩、赵、魏、秦七国之中，秦国最为强盛，苏秦经过反复思考，拟订了一个联盟六国、共同抗秦的策略，即合纵。他来到燕国，对燕文侯说燕国受到秦国的威胁要大于赵国，所以要联合齐国来保全燕国，得到燕国的器重；来到赵国，他对赵肃侯说联合六国，可以有效地制衡秦国，成就霸业，得到赵王的器重。按照不同国家的不同特点，周游其他国家，进行一番游说，说服了韩国、魏国、齐国、楚国等诸侯国，使这六国结成联盟共同对抗秦国，使秦国十五年不敢出函谷关。

人生需要有挑战困难的激情，也需要保持这种激情的毅力。跌倒了爬起来继续向前走，在不断的跌倒中锻炼自己，让自己越走越稳，离成功越来越近。只有经得起失败、挫折考验的人，才会懂得在失败中不断总结经验和教训，去创造条件充实自己，完善自己，才有可能取得最后的胜利，获得最大的成功。《周易·未济卦》曰："贞吉悔亡，志行也。"守持正固然可以获得吉祥，悔恨消失，说明该卦立志于求济的行动。坚持不懈是一种伟大的精神，无论做任何事情，都应该具有这种精神。苏秦恰恰是这样的一个人，最终实现了自己的抱负，彰显了个人生命的魅力和存在的价值。

1983年，全国高考作文题《挖井》是一幅漫画，画面上一个人在挖井，他选准一个地方，挖到一半时还没挖出水来，就觉得这个地方可能没水，于是放弃了。重新再选一个地方后接着往下挖，但还是没有挖出水来，结果又放弃了。如此反复几次，他已经挖了很多口井，但是没有一口井挖出水来。其实，成功离他并不遥远，只要他能够坚持下去，任何一口井只要再往下挖一点点就有水出来，"为山九仞，功亏一篑"，他失败的原因就在于没有恒心，没有毅力，缺乏永不言弃的决心。荀子在《劝学篇》中说："锲而舍之，朽木不折；锲而不舍，金石可镂。"没有坚毅的品格和执著的精神，即使是快要枯朽的木头也不容易被摧折；相反，如果能够坚持不懈地去做某一件事情，即使坚硬如金石一样的东西也会被雕琢出图案来。坚持就是胜利，坚持就能成功。其实，成功与失败往往只差最后一步，在关键时刻，成功就在眼前，有的人坚持下来了，他们就成功了，而有的人认为没有希望了，就不自觉地松懈下来，放弃努力，因此自然而然就失败了。真正的智者，他们总是能够在逆境中坚守自己的信念，把苦难、不幸当做动力，把逆境、困厄当成起点，使逆境成为自己成才的学校，在压力下求得生存。成大业靠坚持和毅力，中途放弃就等于失败，就等于与成功擦肩而过，而这两种不同的结果的一个重要决定因素就是毅力。真可谓：

莫笑苏秦事不成，苏秦自有成事心，
锲而不舍金石镂，事事成功自在人。

（张　森）

9. 香自苦寒来

"天才是百分之一的灵感加上百分之九十九的汗水"，即使是天才，也需要付出自己的巨大努力才能获得成功，何况是一般人。著名的京剧艺术大师梅兰芳先生曾经说过："我是一个笨拙的学艺者，没有充分的天才，全凭苦学。"梅兰芳四岁丧父，十五岁丧母，全靠伯父梅雨田的培养才得以健康成长。梅兰芳小时候，嗓子没出来，听上去声音不亮，也不宽，很一般。旦角演员的理想脸型，不能见棱见角，轮廓线条要柔和，最好是瓜子脸，或者是鹅蛋形的。可是这两条梅兰芳都挨不上，小时候他基本上是一张圆脸，或者是介乎圆脸和国字脸之间。至于五官，作为演员来讲，眼睛是最重要的，因为五官中只有眼睛可以活动，是可以传神的。往往听观众说，谁的表情好，谁的脸上不会做戏，这里的区别就在于眼睛。可是梅兰芳小时候，恰恰就是眼睛不行。他是单眼皮，眼皮下垂，而且他还是近视眼，眼珠转动不灵活，有时还会迎风流泪，天生眼睛就没神。然而，近视眼还不是梅兰芳最致命的缺点，最糟糕的是梅兰芳反应迟钝，比一般人慢半拍，而且不善言辞，笨嘴拙舌。言不出众，貌不惊人，还不够聪明，这样的孩子，学戏是比较的难。梅兰芳八岁时，师从朱霞芬学习艺术。最初，朱老师教他《三娘教子》、《二进宫》的几句唱腔，但是，经过多次练习，梅兰芳就是学不上口，也老记不住腔调。朱老师就特别生气，她对梅兰芳喊道："怎么回事，难道你家祖师爷没有给你吃饭？"认为他不是一块学习唱戏的料，就想放弃不再教他。这事传到梅兰芳家中，有几位长辈也认为：梅兰芳小圆脸，眼皮下垂，眼神难以外露，记忆力和乐感也不佳，所以说他貌不出众，语不惊人。

但是，梅兰芳并没有因为老师的责骂和家族人的言论而自我放弃，虽然梅兰芳自己也认为天赋条件确实是有些欠缺，但是，强烈的学艺心情驱使他重新另投师门，发愤学艺。第二年，他师从祖父的老朋友吴菱仙正式学艺。每次新学一个唱段，总是先背熟台词，再练唱腔。练唱时一遍不行再来一遍，十遍、二十遍、三十遍，通过这种重复练习，终于能够唱熟这一段台词，然后再开始新的唱段。就这样，梅兰芳通过自己的不断努力，学会了诸多唱段，掌握了京剧的唱腔。多少年来，梅兰芳总是多年如一日，天一亮就起床，吊嗓子、学唱腔、练身段，重复这些枯燥的动作，从未有过间断。梅兰芳眼睛有些近视，眼珠也不够灵活，但是为了提高眼力和眼珠的活力，他还特地养了一群鸽子来练眼神。每当黄昏时候，他将鸽子放在天空让自己的视线随着鸽子的运动而转动，通过这种长时间的练习，他那原本有些呆滞的眼神变得灵活、有神了。每到冬天，为了能够练好舞台基本功，他在冰上练跑步，练高跷，摔倒了再爬起来接着练，从不懈怠，久而久之，练出了一身腿脚稳健的硬功夫。通过这种长时间的艰苦训练，梅兰芳终于成为中国四大名旦的首席。后来有人问梅兰芳成功的秘诀，他笑着对人说："我的学艺过程，与一般艺人并没有什么两样，我不敢取巧，也不会抄近路，都是苦练出来的。"可见，梅兰芳的成功并不是天资聪颖，而是靠毅力和汗水。

《荀子·劝学篇》中道："真积力久则入，学至乎没而后止也。"与坚持刻苦学习、训练的梅兰芳相比，我们现代大学生普遍缺乏这种坚毅的品格。有些生活自理能力差，经常依赖家长的照顾；有些读书怕苦，不愿意读书，经常逃课；更有甚者无法承受学习生活的压力而轻易放弃生命，如2000年，广州某高校一研究生就因为考试不及格而跳楼自杀。《墨子·修身》中讲："志不强者智不达，言不信者行不果。"一个人要想成功必须要有坚定的信念，并且有为实现这一信念的毅力和勇气。如司马迁因受牢狱之灾而立志"通古今之变，成一家之言"，历时二十载完成鸿篇巨制《史记》。与司马迁相类似还有很多，如孙子膑脚，《兵法》修列；不韦迁蜀，世传《吕览》。再如北宋诗人苏东坡，一生命运多舛，然而，他仍然能够写出"大江东去，浪淘尽，千古风流人物"这样气势磅礴的词句。真可谓：

> 志当高远须努力，
> 行应刚毅终有成。

（张　淼）

10. 孟母三迁

一个人要想成为真正有用于社会的人，就必须经历长期的培养。《三字经》中说"玉不琢，不成器；人不学，不知义"，指出了人才并非天生，而需要后天的培养，此一意思最早见于《礼记·学记》中，原文是："玉不琢，不成器；人不学，不知道。""道"与"义"一字之差，显示出了二者境界的不同，《礼记》中的记载在更高一个层次上讲了培养人是要培养一个全面的人的意思，而不仅仅是知道"义"的人。如何对孩子进行后天教育，对父母提出了严格的要求。十年树木，百年树人，教育不是一朝一夕的事，需要专心致志，持之以恒，一直坚持下去，才能培养出品德高尚有用的人。中国古代不少著名人物的父母为我们做出了好的榜样。

孟子是我国战国时著名的思想家、儒家学派的创始人之一，他继承了孔子的学说并使其发扬光大，被后世称为"亚圣"。传说他很小的时候父亲就去世，家里十分贫穷，但他的母亲并不因此而放弃对他的教育。他们最初住在靠近墓地的地方，看见许多丧葬礼仪，小孟子竟学会不少有关的丧礼和葬礼。孟母十分担心这样发展下去对孟子的成长不利，于是搬到集市附近去住。那里是一个做生意的地方，住了不久，孟子又学会了模仿大人做生意的事，孟母又担心他会走上小商小贩之路，于是又搬至学校附近居住。学生们那朗朗的读书声，以及每月的初一和十五，学校都要举行的祭拜仪式，使孟子很感兴趣，跟着学习，也学会了不少诗书礼仪。孟母觉得非常高兴，她说：这才是我儿子要居住的地方呀。于是，他们就在这里一直住了下去，以后再也没有搬迁过。这就是著名的"孟母三迁"典故。这个故事告诉我们：对一个人来说，尤其是判断力不成熟的小孩子来说，社会环境的好坏直接影响到他以后将成为什么样的人。《墨子·所染》篇记载墨子从蚕丝"染于苍则苍，染于黄则黄"中得到启示，他认为"非独染丝然也，（治）国亦有染也……非独（治）国有染也，士亦有染。"染就是指外物和社会环境对物、对人的影响。在他看来，人的本性如同素丝，受善的影响则善，受恶的影响则恶。人君染于"当"者则国治名显,染于"不当"者则国残身死;士染于好仁义者则家益身安,染于骄佞者则家损身危,因此,他要求人们"慎染",谨慎地对待环境的影响,不要沾上不良的嗜好与习惯。孟母实际上把这种"慎染"的思想延伸到家庭教育中来,通过三迁其居为儿子选择了一个有利于诵读书诗、习行礼仪、培养品德的良好的社会环境。像东汉刘向在《说苑·杂言》中写道:"与善人居,如入兰芷之室,久而不闻其香,则与之化矣。与恶人居,如入鲍鱼之肆,久而不闻其臭,亦与之化矣。"与品德高尚的人相处,久而久之,他就能够学习到一些好的品质,提升自己的精神境界。与此相反,如果与一些品德不好的人相处,自然而然地会学到不好的习气,使人道德品质有所下降,如何选择这种好的环境,需要有恒心和毅力不断地去寻找,孟母为了给小孟子寻找到好的成长环境,可谓是煞费苦心,终于寻找到了对他成长有利的环境。孟母这种为了能够教育好孩子的执著精神和毅力给后来的父母留下了深刻的印象,成为后世父母学习的典范。

如今,许多父母教育子女不但毅力不足,而且自己本身心态失衡,一心希望通过某种捷径求得孩子所谓的成才。有权势者,总是想方设法为子女谋位子、攒票子、造房子,把子女安排妥当,甚至不择手段地收受贿赂、贪污挪用,其结果自然是身败名裂,罪重了还要坐牢、掉脑袋。用这种方法培养子女,其结果可想而知,而其本人言传身教所教育出来的孩子能够成为一个全面的人,成为一个对国家有用的人吗?还有一些父母,由于自己忙于生计,没有闲暇时间去照顾孩子,将孩子带到自己工作的场所,孩子不自觉地学会了本不应该学的东西,对孩子以后的成长造成了相当大的负面效果。"十年树木,百年树人",子女的教育是一个长期的过程,一定要有恒心,有毅力为孩子的发展创造一个好的环境,切不可急于求成,甚至半途而废。真可谓:

  孟母三迁觅佳处,为子成才煞费心;
  后人不妨学孟母,赚的儿孙人上人。

(张 淼)

11. 奢易俭难

长期保持和发扬节俭的作风是我们中华民族的传统美德,在儒家重要经典《论语》中,我们就随处可以看到孔子论述节俭、崇尚节俭的思想。孔子说,用麻织成礼帽,合于传统礼仪,今天改用黑色的丝绸,是因为能够俭省,所以他赞成多数人的做法。孔子也把节俭视为君子的一个重要品德,即"君子惠而不费"(《论语·尧曰》)。作为一个谦谦君子就要给人民好处,不能浪费,不浪费就是名副其实的俭省。君子品格的培养是一个长期的过程,因此,节俭也必将是一个长期的过程,需要有坚强的毅力来完成。孔子对于那些能够坚持节俭行为的弟子往往持一种极度赞赏的态度。如他赞赏颜回"一箪食、一瓢饮,在陋巷,人不堪其忧,回也不改其乐"(《论语·雍也》)的俭朴作风;他还称赞子路"衣敝缊袍,与衣狐貉者立,而不耻者"(《论语·子罕》)这样的高尚人格。孔子认为,尚俭不仅是一种美德,节俭可以养德、养志、养廉洁,更是近乎仁的一种品质,而他自己就是过着"饭疏食,饮水,曲肱而枕之,乐亦在其中矣"(《论语·述而》)的生活。他不追求生活上的荣华富贵,反对生活上的奢侈铺张。

儒家提倡长期坚持节俭的心态和行为,在我们现代社会中也有典型的代表。据《人民网》报道:香港同胞谭煜燊是一位一生坚持节俭、克己奉公的典型人物,他为家乡的教育和公益事业捐资一千万元。而他自己的自己衣食住行却十分节俭,简直近乎苛刻。他的衣服一般都穿十多年,他的一条牛仔裤穿了三十多年。他只有两双鞋:一双拖鞋,一双皮鞋。他的皮鞋一穿就十多年,直至鞋底破了漏水才买一双新皮鞋。他平时的早餐是在街边小摊买的面包,午饭只是一个面包和一杯清茶,只有晚上才自己做饭,一家三口一天的伙食费不超过四十元。他在香港的住房不足三十平方米,还不如他捐资兴建的一间课室的一半。家具都很陈旧,酷热的夏天,仅靠一部用了三十多年的大吊扇来散热。他每次回乡,从不住宾馆,每次都住在家乡杜冈墟里占地只有三十平方米的家里。他认为一年只住几天,故此舍不得买一台电冰箱。有一次，他带领家人和亲朋四十多人从香港回乡参加他捐款新建的学校剪彩仪式，原打算从三埠海关入境，后来得知从拱北海关入境每人可节省五元钱，便不顾舟车劳顿经拱北回乡。起初，人们以为像谭煜燊这样捐资千万元的人，肯定过着"吃香的、喝辣的"，山珍海味平常菜的富裕生活，但当人们了解到谭先生的衣食住行情况后，情不自禁地说：他为啥放着大把的福不享，偏要这样"作践"自己？谭先生说，目的只有一个，把钱省下来为家乡教育事业、培养人才作贡献。他既是这样说的，也是这样做的。

反观我们现代的一些人，吃着山珍海味，住着星级宾馆，坐着宝马、奥迪，抽着名贵香烟，戴着天价手表，仍然满腹牢骚。司马光在《训俭示康》中说过："由俭入奢易，由奢入俭难。"能够长久保持节俭的心态和生活作风实在是很不容易。而全面节俭不仅顺应时代的发展，更是对人性道德的自我提升，自我完善。正如孔夫子所讲："奢则不孙，俭则固。与其不孙也，宁固。"（《论语·述而》）生活奢侈就会产生骄傲的心态，生活节俭会显得寒酸。与其骄傲，还不如寒酸，节俭是人的一种美德。节俭不仅仅是对物质的珍惜，更对人格培养起着重要的作用。古人认为"寡欲"可以养俭，也可以养廉。而节俭，不但可以节政，也可以养德，可以养志，即"俭以养德"、"俭以养志"、"俭以养廉"等。我们很难想象，一个大肆浪费民财，利用公款吃喝玩乐的为政者，本人能做到廉洁奉公，做到"为政以德"。只有培养长期崇尚节俭的心态，才能为自身廉洁打下良好的基础，才能切实培养廉洁奉公的工作作风，为国家、为社会、为人民办好政事，这是为政者要切记的古人之训。因此，在我们大力提倡建设节约型社会的时候，有必要继续保持艰苦奋斗、勤俭节约的工作作风。真可谓：

　　人生尚俭，俭以养德；
　　心气平和，怡然自得。

（张　淼）

12. 岁寒，然后知松柏之后凋

　　《史记·孔子世家》的传主孔子是我们耳熟能详的一位伟人，他"十有五而志于学"，从小就树立了远大的志向，而且一生中为了实现他自己的理想而坚持不懈。孔子一生经历丰富，曾经做过管理仓库的"委吏"和管理牧场牲畜的"乘田"，这在当时都是很卑微的职位，但是他仍旧坚持去做，而且还取得了很好的成绩，受到鲁国权臣季氏的赏识，从此踏入士大夫阶层。当时，周天子的地位已经衰微，诸侯之间一心想着征伐对方，天下"礼坏乐崩"。孔子看到这一切，怀着忧国忧民悲天悯人的情怀，决定用自己的思想和力量去改变当时的世道，重新确立一个天下统一、充满仁爱、用"仁"、"礼"维持的有序社会。在他五十岁的时候，当上了鲁国的中都宰，他任中都宰仅仅一年，就把中都治理得井井有条，四方的官吏都争相去向他学习。鲁国的国君了解到孔子的政绩，升他为大司寇并代行国相的职务，参与治理国政。孔子参与治理国政仅三个月，鲁国就发生了很大的变化，商人们不再哄抬物价，全国百姓各守礼法，社会秩序变得安定。在此期间，孔子还为鲁国做了两件大事，一是他在齐、鲁两国国君会盟的时候，运用自己智慧和口才使强大的齐国归还了侵占鲁国的领土；另外一件事就是他下令拆毁了鲁国三大权臣之中的季氏和叔孙氏的城池，使鲁国国君的地位得到了强化。虽然孔子参与国政的时间很短，但是他"为政以德"的思想得到了广泛运用和宣称，而且成效显著。这时，齐国看到鲁国发展得越来越好，害怕鲁国的壮大对自己不利，就向鲁国国君进献了大量的美女和歌妓。鲁王被美女和歌妓所迷惑，从此无心朝政。孔子看到这些，觉得自己的理想在鲁国是无法实现了，于是就带着自己的学生，打算到其他诸侯国宣传自己的救世主张，希求继续得到其他诸侯的信任。

　　但是，当时各诸侯国几乎都是由权臣或大氏族执政，他们极力排斥国君任用孔子。有的人又怕别的诸侯国任用孔子，对自己的国家不利，于是也加害他。孔子到了卫国，就有人带着手持利刃的官兵来威胁和恐吓他；孔子到宋国讲学，宋国权臣派人来暗杀他；孔子到了楚国，得到楚昭王的赏识，赐给他封地七百里，却遭到令尹子西的反对。孔子还几次受到围攻，差点送了性命。虽然他冒着生命危险在各国之间奔波，受尽了磨难，但是他始终执著地坚持着自己的理想，一刻也没有改变过。有一次，孔子在陈国、蔡国之间遭到了两国大夫的围攻，他已经几天都没有吃东西了，一点力气都没有了，他的学生也因为疾病和饥饿都相继倒下了。孔子面对围攻依然弹瑟吟唱，没有一点沮丧泄气的样子。学生们看到老师身处逆境却仍旧乐观自若，都非常佩服他，他们说：我们的老师理想高尚而远大，不为世人所理解，但是我们的老师仍然尽力去推行自己的理想，这是君子所为啊！有些逃避乱世而隐居山林的人，自以为是看透了世间冷暖，就嘲笑孔子和他的救世思想，说他是在做无谓的努力，因为他的思想根本无法实现，他只能到处碰壁，如同丧家之犬。还劝孔子的学生不要跟着孔子做傻事，不如也随他们归隐山林，等到太平盛事再出来。孔子对此不屑顾，对学生们说：我们是不能与山林中的鸟兽为伍的。但是如果天下太平了，我就不会同你们一起去改变这个世道了。

孔子在各国奔波，常常寄人篱下，连个落脚的地方都没有，处境十分艰难。他到了齐国后，齐景公打算赐给他田宅，可是孔子却拒不接受。他对学生们说：我的主张齐景公并不接受，但他却赏给我田宅，他真是太不了解我了。孔子把为政以德视为最高理想追求，不为荣华富贵所动摇，离开齐国后他又回到了自己的家乡鲁国。孔子自从离开鲁国后，十四年没有回过故乡，自己的主张得不到诸侯的赞同，他就回到鲁国专门从事教育事业。他打破原有的贵族子弟才能读书的传统，提倡"有教无类"，在平民中招收学生，培养了许多有才华、有道德的学生。其中一些人被各诸侯所用，他们贯彻老师的思想，为挽救衰世而不断奋斗。

《论语·子罕》中道："岁寒，然后知松柏之后凋也。"庄子也说："内省而不穷于道，临难而不失其德，天寒既至，霜雪既降，吾是以知松柏之茂也。"（《庄子·让王》）伟人之所以能名垂青史，不仅因为他们考虑问题时能站在一定的高度，更重要的是他们具有一颗救世的情怀和为了实现自己理想而不懈地去奋斗的精神，即使是处在恶劣环境中依然能够奋起抗争，拥有一份坚毅不屈的心态从容做事，从而使他们所做的事情泽被万代。《周易·恒卦》中道"君子以立不易方"，君子应当树立远大理想而不轻易更改。当今时代，是一个普遍缺乏远大理想的时代，人们似乎不再把谈论理想和为了实现远大理想当做一件非常神圣的事情。反之，如果有人在公开场合谈论理想，就会遭来异样的眼光甚至刻薄的讥讽。没有理想也就失去了人生奋斗的终极目标，也就没有成就伟大理想人格的动力，"跟着感觉走"成了做事的基本原则，只会沉浸于眼前的利益而置其他更重要的事情于不顾。学生学习只是为了将来能够谋求一份好的工作，单位职工工作则只为获得更多的报酬和更好的生活环境。享乐主义成为时尚，吃苦耐劳早已落伍。因此，为了能够重新树立远大理想，并实现这一远大理想，我们有必要从圣人孔子乃至其他先贤们身上学习这些坚强的品格和为了理想坚持不懈的奋斗精神，这是我们能够不断前行的动力和不竭的精神源泉。真可谓：

为了理想，孜孜以求，

天雨霜雪，方显松柏后凋。

（张　森）

13. 宋濂矢志求学

《明史·宋濂传》记载：明朝初年浦江人宋濂，官居学士。他参与了明初许多促进社会发展的重要活动，如参与了明初制定典章制度的工作，主修了《元史》，颇得明太祖朱元璋的器重，被认为是明朝开国大臣之中的佼佼者。但是，宋濂年幼的时候，家境却十分贫苦。他在《送东阳马生序》一文中讲："我小的时候非常好学，可是家里很穷，没有什么办法可以找到书看，所以只能向有丰富藏书的人家去借来看。因为没钱买不起，借来以后，就赶快抄录下来，每天拼命地赶时间，计算着到了时间好还给人家。"这正是他矢志不渝、刻苦求学的真实写照，通过这样艰苦而坚毅的求学过程，他获得了丰富的知识，成为了一位学识广博的人。有一次天气特别寒冷，冰天雪地，北风狂呼，以至于砚台里的墨都冻成了冰，由于家里穷，没有火取暖，宋濂的手指冻得都无法伸直，但仍然苦学不敢有所松懈，借来的书坚持要抄好送回去。当他抄完书，天色已晚，无奈只能冒着严寒，一路跑着把书还给人家，一点不敢超过约定的还书日期。因为诚实守信，所以许多人都愿意把书借给他看。他也就因此能够博览群书，增加见识，为他以后成材奠定了基础。面对贫困、饥饿、寒冷，宋濂并不以为意，不以为苦，始终保持一种坚毅的心态，去所追求他所希望成就的大业，并不断努力向学。随着他的知识积累越来越多，他更加渴慕儒家圣贤之道，但是也知道自己所在的穷乡僻壤缺乏名士大师，对于成就这样的梦想非常艰难，于是不顾山高路远、饥饿疲劳，常常跑到几百里以外的地方，去找自己同乡中那些已有成就的前辈虚心学习。其中，有一位同乡被时人视为贤者，他那里来往的名人很多，名气也很大，有不少人到他那里学习，但是，他的言辞和语气都很不客气，一副盛气凌人的样子。宋濂并没有因为这位乡贤的态度而改变求学的愿望，他依然是手里拿着儒家经典向他请教。宋濂俯下身子，侧耳细听，唯恐错过了什么。这时候，这位名气很大的同乡对他提出的问题也显得很不耐烦，大声呵斥宋濂，而他则更加恭敬，礼节愈加周到，连一句话也不敢说。看到老师高兴的时候，他又去向他虚心请教。他还自谦地说："我虽然很愚笨，但也学到了许多东西。"后来他觉得这样学习不是长久之计，于是就到学校里拜师学习，一个人背着书箱，拖着鞋子，为了求学，他从家里出来，走在深山之中，寒冬时节凛冽的大风，吹得他东倒西歪，数尺深的大雪，又把脚上的皮肤都冻裂了，鲜血直流，他也没有知觉。等到了学校，人几乎冻死，四肢僵硬得不能动弹，学馆中的仆人拿着热水把他全身慢慢地敷热，用被子盖好，很长时间以后，他才有了知觉，暖和过来。为了求学，宋濂住在旅馆之中，一天只吃两顿饭，什么新鲜的蔬菜，美味的鱼肉都没有，生活十分艰辛。和他一起学习的同学们一个个身穿华服，戴着有红色镶边的帽子，腰里佩着玉环，左边佩着刀，右侧着香袋，光彩夺目，像神仙下凡一样，但是宋濂认为那并不是他所追求的快乐生活，没有丝毫的羡慕，照样刻苦学习，因为他感觉到，学问中有许多足以让他快乐的东西，那就是知识。他根本没有把吃、穿、住这种苦当回事。正因为宋濂能忍受穷苦，自得其乐，才能成就一番事业。他的那些同学虽然一个个生活得很快乐，又有几人名留青史呢？

《诗经·大雅》中云："靡不有初，鲜克有终。"能够善始者很多，但是，能够做到善终的人却很少。这就告诫世人，立志不难，难的是矢志不移。坚强的毅力是成功者的必备要素，只有矢志不移的人才能够最终成功。孔子讲："笃信好学，死守善道。"（《论语·泰伯》）坚定信念，努力学习，誓死守护并热爱自己所追求的道。生活对于我们每个人来说，都存在着一定的艰难困苦。明代思想家李贽曾说："物不经锻炼，终难成器；人不得切琢，终不成人。"（《焚书》）艰苦的生活是人生的一笔财富，它是对人生命的一种磨炼，是对意志品质的考验，也是培养人具有远大理想和浩然正气的途径。《战国策·秦策》中讲"行百里者半九十"，生活中就怕不能够持之以恒。只要我们能够认真对待生活中的每一件事，只要能够忍受住这种来自生活中的艰苦，也就不怕前进道路上的任何障碍了。

　　被誉为"北京活化石"的侯仁之是中国现代历史地理学的奠基人。老先生在九十多岁时还在曾倡导"工作时切忌一曝十寒"。不管做什么事情，一曝十寒、三天打鱼两天晒网都是不行的，必须反复实践，持之以恒，养成习惯，才能收到成效。老先生这样要求人，更是这方面的表率。他曾这样总结自己的经历："年轻时我十分喜好体育运动，田径比赛中的跳高、跳远、铁饼、铅球，都能比划两下子，游泳、长跑则是我的强项。1941年，我在南京大学获文学硕士学位的同时，还获得燕园5000米长跑的冠军，在游泳比赛中也获得了名次，那一年我三十岁。在以后的几十年中，体育运动始终相伴我的生活和工作，不管工作多忙，我都会安排时间去锻炼、去运动。长年坚持不懈地运动锻炼，使我受益终身，至今尚能工作正是得益于青年时代的爱好和不懈地锻炼。我反对一曝十寒的工作态度，对于锻炼也是如此。"一个人如果对于所学的知识很随便，学习的时间少，荒废的时间多，这种一曝十寒的做法，是不可能学到知识的。我们要学习一样东西，做好一件事情，是非要专心致志、下苦工夫不可的。若是今天做一些，把它丢下了，隔十天再去做，那么事情怎样做得好呢？求学、做事能否成功，这也是个决定因素之一。侯仁之不管做什么事情都能持之以恒，锲而不舍，他最著名的研究课题是中国西北地区的土地沙漠化。自20世纪60年代起，我国就提出进行沙漠治理。然而，要治理沙漠，首先必须了解沙漠，不仅要了解沙漠的现在，还必须了解沙漠的历史变化过程。侯仁之先生曾多次前往宁夏河东沙区、内蒙古西部沙漠以及鄂尔多斯高原南部等地进行广泛、深入的历史地理考察研究，连续发表了一系列有影响的论文，为治理沙漠提供了充分可靠的历史地理科学依据，为我国的治沙事业作出了重大贡献。侯仁之曾这样总结自己的人生：少年飘零，青年动荡，中年跌宕，老而弥坚。"总之，我还要平淡充实地继续工作下去。""继续"这个词最生动、形象地展现了侯仁之对待知识、对待事业坚持不懈的奋斗精神。从一至十，循序渐进，坚持到底是成功者的品质。

《孟子》中说："虽有天下易生之物也，一日暴之，十日寒之，未有能生者也。"生物尚且如此，何况于人？只有"专心致志"才能够获得成功。在人生的道路上，如果你一曝十寒，没有耐心去等待成功的到来，那么只好面对失败。因此，一个想要成功的人就不能一曝十寒，要始终脚踏实地地向前迈进；要有足够的信心，相信自己一定能成功。要有具体的行动，不能只做个"语言上的巨人，行动上的矮子"。真可谓：

　　　锤炼意志，养浩然之气，
　　　艰难困苦，玉汝于成。

（张　淼）

14. 铁杵磨成针

传说李白小的时候，曾经在眉州象耳山上的一个学堂里读书，因为不用功，学习成绩很差，他很苦恼，就不想学习了。有一天，他偷偷跑出学堂，到东边山下去玩。走到了山脚下，看见面前横着一条弯弯曲曲的小河沟，河沟里的水哗哗不停地流着。李白觉得心里特别痛快，他就想：每天像这样到处去玩一玩，该多好啊！读书有什么意思。他一边欣赏周围的风景，一边沿着小河沟走。走了没多远，忽然看见一个老婆婆蹲在河沟旁边的一块石头上做什么。李白走过去一看，原来老婆婆在石头上磨一根小铁杵（即小铁棍）。李白看老婆婆仔细地一下一下磨着，磨得十分专注，把铁杵的一头都快要磨尖了。可是，她磨这干什么用呢？李白轻轻走到老婆婆面前，行了一个礼，然后问："老大娘，您这么辛苦地磨这根铁杵干什么？"老婆婆抬起头来看他一眼，说："做针。"接着，老婆婆又继续磨起铁杵来，一会儿，就磨出一摊白色的石浆。"做针?"李白很奇怪,"这怎么磨得成?""磨得成,磨得成!"老婆婆很有信心地回答,"只要工夫深,铁杵磨成绣花针。"李白听了哪儿相信?他眨了眨眼睛,故意逗趣地问:"您今天能磨得成吗?"老婆婆说:"今天磨不成明天磨,明天磨不成后天磨,我总要把它磨成。只要有决心,没有做不成的事。"说到这儿,老婆婆忽然很奇怪地问李白:"咦,你年纪轻轻的,在这么好的时光里,为什么不念书也不干活,到这儿来干什么?"李白一听,脸刷地一下红了,心想:"是呀,人家这么大年纪了,还下决心把铁杵磨成绣花针。我这么年轻,因为怕困难就逃学了,难道我真是连一点决心也没有吗?这怎么能学到知识呢?"想想自己,李白觉得十分惭愧,他马上回到学堂里去。从此,他学习很用功,学业大大进步了。现在四川眉州象耳山上还有李白读书台的遗迹。山下的小河沟叫做磨针溪,河沟旁边有块石头叫做武氏岩,就是从前李白遇见武老婆婆磨针的地方。

《论语·述而》中讲:"知其不可而为之。"明明知道不可能完成的事情而偏偏要去做,这在常人看来,似乎不可理喻,但是,其中蕴含的道理却不可忽视,即为了目的要坚持不懈地去做。一根铁杵如何才能磨成细细的绣花针,在常人看来是极难完成的事情,但是,只要坚持去做,总会达到这一目的。学习何尝不是如此,工作何尝不是如此,人生做每一件事又何尝不是如此?

曾任Google公司全球副总裁兼中国区总裁的李开复在《做最好的自己》一书中曾经写道:古人云,众人以顺境为乐,而君子乐自逆境中来。君子刚强坚毅,他从来不被失败所吓倒,从来不被逆境所压垮。君子奋发强健,自强不息,所以他们才会获得最后的成功。有一次,有两个人到Google公司的一个部门申请同一份工作。这两个人都很有才华,但是,其中的第一个人在做他自己不喜欢做的琐碎事情时常会犯些小错误。例如,他帮领导写演讲稿时,总会拼错一些单词。至于第二个人则不同,有一次他答应为领导做一件十分琐碎而且要花很多时间和精力的工作。结果,在三个月里,他总是不厌其烦地核对、整合、确认了大量数据,把这份工作完成得非常好。第二个人的敬业给该部门的领导留下了极其深刻的印象,最后,这份工作理所当然地属于第二个求职者。

明代心学家王阳明曾说:"故立志者,为学之心也;为学者,立志之事也。"(《书朱宁谐卷》)立志固然重要,更重要的是要有实现这一志向的毅力和持之以恒的心态。《周易·乾卦》中云:"天行健,君子以自强不息。"天的运行是刚强建动,君子因此要不停地自我发愤图强。在中国历史上,这种持之以恒、自强不息的精神和心态,曾经给予后世的志士仁人有很大影响。如杜甫在诗中写道:"出师未捷身先死,长使英雄泪满襟。"(《蜀相》)陆游在诗中写道:"王师北定中原日,家祭无忘告乃翁。"(《示儿》)文天祥在诗中写道:"人生自古谁无死,留取丹心照汗青。"(《过零丁洋》)这些诗句都是从强烈的爱国热情这一方面中表现出了自强不息、坚毅的精神。真可谓:

铁杵成针非易事,
自强不息乃能成。

(张　淼)

15. 屡败屡战

　　清朝末年,统治腐朽,国家软弱。鸦片战争后,中国的社会矛盾急剧激化,不堪忍受清王朝残酷压榨和外国侵略者疯狂掠夺的各地人民群众,纷纷组织起来进行英勇顽强的抗争,终于爆发了太平天国起义。清政府的统治陷入危机,在这种情况下,曾国藩奉旨到长沙,帮助湖南巡抚办理团练。在太平军节节取胜后,他眼看办团练无济于事,随即上奏并获准按戚继光的办法组建新军,以其家乡的练勇为基础,招募质朴的农民为士兵,以当地儒生为军官,编练成一支军队,史称湘勇或湘军。湘军组成之后,曾国藩即发布《讨粤匪檄》,誓师出战太平军。两军初战时在岳州、靖港,湘军连战连败,曾国藩痛不欲生,第一次投水自杀,被左右救起。痛定思痛后,曾国藩重整旗鼓,后攻占重镇武昌,奉诏任湖北巡抚。不久清廷怕他拥兵自重,无法驾驭,就解除了他的职务,让他长期以侍郎的虚衔带兵。其后,曾国藩率水师进攻九江、湖口。太平军翼王石达开率部来援,设计将湘军水师的轻便快船诱入鄱阳湖,再一举封锁湖口,使仍在长江中湘军水师的笨重大船成为

"无翼之鸟,无足之虫",再用火攻,湘军水师的数十艘大船被毁,曾国藩率残部狼狈退至九江以西,其座船也被太平军围困。曾国藩第二次投水自杀,被随从捞起。此后,他一天到晚吃不好睡不好。不到五十岁,身体健康状况恶化,随时都有死去的可能。面对这一切,曾国藩仍不气馁,他用湖南乡间的一句俗话来安慰、激励自己:"好汉打脱牙齿,也不能显示软弱,不肯求别人的怜恤,一切痛苦自己担当。"但是,曾国藩要向朝廷汇报战况,在给朝廷的奏章中他就用了"屡战屡败"来说明战况。他的部下看见后就说道:"大人,我认为如果您把奏章中的'屡战屡败'四字改为'屡败屡战'的话,境界就大不一样了。文字虽然毫无不同,但次序如此一颠倒,满篇精神就大变了,这几个字表明了大人您决不屈服,毫不退缩的意志。跌倒下了再爬起来,您是不会被打垮的,这样朝廷就还会对大人您给予重任。"曾国藩听了之后,非常同意,说:"你的建议正好符合我的心意。就照你的意思写吧。"本来,曾国藩与太平军作战,连续失败,朝廷对此已经非常恼火,已经有了罢免曾国藩的想法。但是,当曾国藩的奏章送到京城之后,京都的皇帝与重臣们读后,感觉曾国藩及其率领的湘军精神可嘉,不觉得其屡屡失败有什么罪过,并且继续任用曾国藩征讨太平军。正是因为依靠百折不挠的精神斗志,屡败屡战,如履薄冰,不断地走出逆境,不断地积小胜为大胜,曾国藩终率领湘军,会同左宗棠、李鸿章等指挥的部队,逐渐实现了对太平天国"天京"的战略包围,并在同治三年六月,攻破了"天京",取得了最终的胜利。

回顾古今中外的历史,类似的事例不胜枚举。这说明:成功者与伟人也不是命运的宠儿,他们之所以能获得成功,建树丰功伟业,在于他们克服了一般人面对逆境时的哀怨之声和软弱怯懦,逆境并不能使他们屈服,他们在逆境中迸发出了前所未有的气概与力量。坎坷促使他们变得更顽强、更刚毅,因此,他们走出了人生的低谷,战胜了自己,也征服了世界,这也正是强者得以成功的诀窍。

伟大的民主革命先行者孙中山一生以一种坚毅、持之以恒的心态实现了他对理想的追求。1903年夏,孙中山在日本青山开办革命军事学校,改革命誓词为"驱除鞑虏,恢复中华,创立民国,平均地权"。1905年8月,孙中山在日本组织成立中国同盟会,确定了"驱除鞑虏,恢复中华,建立民国,平均地权"的革命政纲。面对帝国主义列强伺机瓜分中国、民族危机日趋加深的严峻形势,革命先驱们生命不息,战斗不止,从没有失去中国革命必胜的坚定信念,从没有失去中华民族必腾飞的坚定信念。孙中山持之以恒的精神,正是民族精神在近代的发扬。1907年5月,孙中山曾在潮州黄冈组织起义,历经六天,以失败告终,这已经是他领导的第三次起义。同年6月,孙中山命邓子瑜在惠州七女湖起义,历十余日也以失败而告终,这是他领导的第四次起义。7月6日徐锡麟起义于安庆,经失败殉难。同年7月中下旬,孙中山经越南赴广西主持镇南关起义,再告失败。1908年3月27日黄兴由安南率革命军进攻钦州,是第七次起义。4月,黄明堂起义于云南河口,是第八次起义。1910年2月倪映典发动新军起义于广州,是第九次起义……

孙中山先生曾发动多次武装斗争,遭到了一次又一次的失败,但是,他毫不气馁,永不言弃。他说:"至诚无问百折不回……穷途之困苦所不能挠,吾志所向,一往无前,愈挫愈奋,再接再厉。"大凡成功者都有一往无前坚持不懈的品质,等什么都想周全了,那股子劲可能就没有了。所以,思前想后,最容易丧失机会,是对信心的一种打击。面对失败,孙中山坚信天下之事并不仅仅是渐进发展着的,有的时候可以打破常规,后来居上。因此,通过我们的努力完全能够尽快地改变中国的落后局面,一跃而登富强隆盛之地。他坚信,中国必将会迎来"腾飞"的新时代。孙中山是最早提倡以革命推翻清朝统治,建立民国政府的革命家之一。由于他持之以恒、坚持不懈的革命精神,在国内外都享有知名度,因此在武昌起义后,孙中山顺利被选为临时大总统。

《墨子·修身篇》中云:"志不强者智不达,言不信者行不果。"宋代诗人苏轼说:"古之立大事者,不唯有超世之才,亦必有坚忍不拔之志。"(《晁错论》)一个成功的人必须有坚强的意志和毅力。毅力是一种对自己兴趣的负责和执著,一种完成艰难任务的持久力。有毅力的人绝不因一时的困难而放弃。很多人在失败过一次、在付出很多努力却看不到进步时,开始怀疑努力和成功的关系,开始麻木和放弃自己。然而成功就藏在下一个拐角,如果不靠着毅力走过去,你永远也看不到它。暂时的挫折会给人带来极大的困扰和打击。但是,几乎每个行业、每件事情都有大大小小的困难和挫折。

如果因此转移兴趣,那么你可能永远也找不到自己的兴趣。相反,如果能够克服困难,取得进步,那么你就会使兴趣升华,让兴趣不仅包含好奇,也同时包含足够的成就感。真正的成功离不开机遇,但机遇又往往是自己创造的。很多失败者并不是找不到自己的兴趣,而是担负不起责任,缺乏毅力去坚持。毅力是一种心理忍耐力,是不怕挫折、愈战愈勇的精神,这些成功的人依靠的就是坚韧的毅力。真可谓:

    屡败屡战,永不言弃,

    愈战愈勇,方能成就功业。

(张 森)

16. 卖油翁的启示

  文学家欧阳修在《归田录》中记载了这样一个故事:北宋有个射箭能手,名叫陈尧咨。有一次,他练习射箭,箭箭都命中靶子,观者无不拍手叫好。陈尧咨也因此得意。不料有个卖油翁见了却认为没什么了不起,说:"这有什么稀奇!"陈尧咨听了十分不满地说:"老头子,难道你也会射箭吗?"卖油翁说:"我不会。你箭法好,我并不觉得稀罕,只不过手熟而已。"陈尧咨听了更不高兴,便说:"那么,你有什么本领呢?"卖油翁不慌不忙地取出一个油葫芦来,又把一个小铜钱盖在葫芦口上,然后舀起一勺子油,高高举起来,说:"我能把这一勺子油从这个小钱中央的小方孔灌入葫芦里去,而油一点也不沾染在这小钱上。"观众都感到有些惊疑,非常惊讶卖油翁有这种出神入化的技巧。而卖油翁那一勺子油像一条细线通过小钱的方孔全部灌入了葫芦,小钱上果然没有沾染半点油迹。这时卖油翁又对陈尧咨说:"我亦无他,唯手熟耳。"意思是说,我也没有什么特别之处,只不过手熟罢了。陈尧咨见此,只好笑着将老翁打发走了。

  的确,卖油翁的技术在常人看来实在是太平常了,也没什么了不起的高明之处,但是,这件看似平常的事情中却蕴含着不平常的道理。看似极其平常的"雕虫小技",却能够如此炉火纯青,由此可知,能够达到这种高超技术的人不是一蹴而就的，这需要长时间不懈努力，付出极大的耐心和持之以恒的毅力才行。老子曾说："合抱之木，生于毫末。九层之台，起于累土。千里之行，始于足下。"(《老子·第六十四章》)俗话讲："冰冻三尺非一日之寒。"荀子曾说过："蚓无爪牙之利、筋骨之强，上食埃土，下饮黄泉，用心一也。"(《荀子·劝学》)只要能够专心致志，事情总会成功。

《楚天金报》报道了一则新闻：2003 年，怀着成为出色广告人的理想，李亮进入武汉科技学院广告专业学习。大一时，他就去广告公司实习，也有一些设计方案被采纳，但毕竟没有绘画功底，和人拼设计时，他根本没有优势，所以他把自己的发展方向定在了广告营销领域。因为崇尚自由的个人发挥空间，自主创业成了李亮职业规划的首选。他经常去图书馆借阅广告的相关书籍，也通过各种方式主动去认识武汉本地的营销人士。大三时，他获得首笔来自熟人的十万元风投资金。校园是一个巨大的消费市场，那时很多人会到学生寝室发传单，他认为这些都是广告资源，如果把它们整合一下做成一本校园刊物，赚取广告费很好。通过查阅网上信息，李亮了解到当时武汉地区尚无公司涉足这一领域，于是他的第一家文化传播公司应运而生，不久他的校园直投刊物也很快出炉。但由于缺乏经验，半年后公司亏损解散。"那时我真是什么苦都吃过了。每天翻着武汉公司黄页去问人家要不要做广告，受到的白眼不计其数。因为两个月没钱交房租要躲着房东，我每天早上六点前出门，晚上十一点之后才敢回去。"李亮说，"虽然第一次创业失败了，我也不想放弃，我不相信自己就这样白白付出了。"那一年，李亮向学校递交了休学两年的申请。由于他是农村的孩子，休学在农村是一件很叛逆的事。听说他在搞创业，他的父母以为他自己开始挣钱了，也不再给他生活费了。"我做出休学的决定，就是想不让自己有任何退路。"李亮说。2006年至今，李亮陆续以独资和入股的方式开办了四家文化传播公司。如今，李亮的公司有注册资金五十万，公司的业务订单也已经排到了 2009 年 6 月底。预计 2009 年的业务额会有一百万元，净利润四十八万元左右。当谈起他当年的选择，他并不后悔自己当初休学创业的决定。"其实我并不知道自己会不会成功，但和其他没有这样经历的同学相比，至少我知道怎么去避免失败。"他告诫有创业计划的大学生，"创业前一定要有心理准备，任何事情都是要付出代价的，想要得到，你就必须有同等代价的付出。"

同李亮的艰苦创业相比，反观我们现代社会，常常会听到一些人在抱怨"我为什么不能成功"、"上天对我不公平"、"社会不公平"等等，其实，如果能够仔细想一下，问题实际上是出在自己身上。现代人好高骛远的心态较为普遍，有些想法甚至不切合实际，例如，有些年轻人，大学刚一毕业，就想赚很多的钱，二百万、三百万甚至更多。这种想法本身就存在问题，实践起来自然是不可能成功。有些人刚刚到公司上班，看不惯老板的苛刻，或者说工作太辛苦，或者嫌弃薪水太少，就甩手说"老子不干了"。这种不能够学会适应环境的做法是不成熟的表现，更是缺乏毅力的表现。如果能够向卖油翁学习一下，情况就会大有不同。从我们身边的小事做起，从最简单、最基础的工作做起，通过保持一种坚持不懈的工作态度，一点一滴积累起来，就会成就大事业。荀子说："积土成山，风雨兴焉；积水成渊，蛟龙生焉。"（《荀子·劝学》）唐代诗人王勃说："穷且益坚，不坠青云之志。"（《滕王阁序》）刘禹锡诗曰："千淘万漉虽辛苦，吹尽狂沙始到金。"（《浪淘沙》）俗语讲"聚沙成塔"、"集腋成裘"等等，无非是告诉人们要用一种不放弃的态度去对待我们所做的每一件事。因此，我们无论做任何工作，只要持之以恒地做下去，就会熟练，就会达到炉火纯青的地步，陈尧咨的箭术如此，卖油翁的技术也如此。真可谓：

　　积微起纤，日积月累，

　　锲而不舍，终获成功。

（张　淼）

17. 持之以恒

《列子·汤问》中有这样一则故事：从前，有一位叫纪昌的人非常想学习射箭的本领。有人推荐他去拜一位名叫飞卫的神箭手为师。纪昌找到飞卫，恳请他收下自己为徒。可飞卫当时并不表态，只是对纪昌说："射箭不是轻易可以学会的，需要掌握很多基本功才行。比如，先要练出眼功来，要练到无论出现什么情况，都能控制住自己不眨眼睛，你还是先回去吧。"纪昌听了飞卫的话，回到家里苦思冥想：怎么才能练到轻易不眨眼的功夫呢？妻子见他整日苦思，一边织布，一边对他说："何必呢，为了学习射箭那么愁苦，不学也没有什么大不了的啊！"纪昌刚想反驳妻子，可一眼看到织布机上穿梭来往的织布梭子，心中有了主意："对，可以利用织布梭子练习不眨眼的功夫。"于是，纪昌每天仰面躺在织布机下边，两只眼睛紧紧盯住织布梭子，尽量做到眼一眨都不眨。就这样，他坚持不懈地苦练了两年的时间，终于练成了即使锥子尖逼刺到眼前也能不眨眼睛的功夫。纪昌兴高采烈地去找飞卫，告诉他这两年里已经练成了不眨眼的功夫。可飞卫却说："光练不眨眼还不够，你还需继续练习，要练到能把小的东西看得很大，把模糊不清的东西看得很清晰，到那时候你再来找我。"纪昌回家后又开始苦苦思索，想找一个非常微小的东西来练习眼力。妻子见他十分执著，便给他出主意：用牛尾巴上的细毛系上一只小虱子，挂在窗口上，然后每天就对着它练习。纪昌于是开始每天面对窗口而坐，眼睛一眨不眨地盯着牛尾巴毛上的虱子，目不转睛地练习眼力。过了一段时间之后，纪昌果然发现那悬挂着的虱子渐渐变大了起来。他毫不松懈，继续坚持每天练习眼力。两年后，不仅虱子，几乎所有的东西在他眼里看来，都大了几十倍。飞卫听说了这件事后，主动前来祝贺他说："你已经练成功了！"

  现代社会也有一件与纪昌学射的故事非常相似的事情。

  据2008年《新湘评论》中记载："乒坛女皇"邓亚萍是夺取世界乒乓球冠军次数最多的女选手。但是，她的成功经历是从很多痛苦和磨炼中得来的。身高仅一米五五的邓亚萍手脚粗短，似乎不是打乒乓球的材料，但她凭着苦练，以罕见的速度，无所畏惧和顽强拼搏的精神，十岁的邓亚萍便在全国少年乒乓球比赛中获得团体和单打两项冠军。邓亚萍五岁起就随父亲学打球，童年的邓亚萍，因为受当时体育教练父亲的影响，立志做一名优秀的运动员。但是她个子矮，手脚粗短，根本不符合体校的要求，体校的大门没能向她敞开。于是，年幼的邓亚萍跟父亲学起了乒乓球，父亲规定她每天在练完体能课后，必须还要做一百个发球接球的动作。邓亚萍虽然只有七八岁，但为了能使自己的球技更加熟练，基本功更加扎实，便在自己的腿上绑上了沙袋，而且把木牌换成了铁牌。

  对一个孩子来说，这是多么难能可贵！这不但身体备受煎熬，心理方面也要承受巨大的压力。小小的她,每闪、躲、腾、挪一步,都可以用举步维艰来形容。腿肿了,手掌磨破了,但她从不叫苦,不喊累,负责训练的父亲,有时心疼得掉眼泪。进入国家队后,邓亚萍都是超额完成自己的训练任务,队里规定上午练到十一点,她就给自己延长到十一点四十五分,下午训练到六点,她就练到六点四十五分或七点四十五分,封闭训练规定练到晚上九点,她练到十一点多。邓亚萍为了训练经常误了吃饭的时间,她就自己泡方便面吃。世上万苦人最苦,人生都有无数的坎,无数的苦。在队里练习全台攻守时,邓亚萍依旧往腿上绑沙袋,而且面对两位男陪练的左突右奔,一打就是两小时!在进行多球训练时,教练将球打过来,邓亚萍每次都是瞪大眼睛,一丝不苟地接球,一接就是一千多个。据教练张燮林统计,邓亚萍每天接球打球一万多个。每一节训练课下来,汗水都湿透了邓亚萍的衣服、鞋袜,有时甚至连地板也会浸湿一片,不得不换衣服、鞋袜,甚至换球台再练。长时间从事大运动量、高强度的训练,从颈到脚,邓亚萍身体很多部位都是伤病。为对付腰肌劳损,她不得不系上宽宽的护腰,膝关节脂肪垫肿,踝关节几乎长满了骨刺,平时只好忍着,实在痛得厉害了就打一针封闭,脚底磨出了血泡,就挑破它再裹上一层纱布接着练。就算是伤口感染,挤出脓血也要接着练。苦心人天不负,邓亚萍十三岁就夺得全国冠军,十五岁时获亚洲冠军,十六岁时在世界锦标赛上成为女子团体和女子双打的双料冠军。1992年,十九岁的邓亚萍在巴塞罗那奥运会上又勇夺女子单打冠军,并与乔红合作获女子双打冠军。1993年在瑞典举行的第四十二届世乒赛上与队友合作又夺得团体、双打两块金牌,成为名副其实的世界"乒坛皇后"。

1997年,邓亚萍退役进入清华大学,2001年获得学士学位,同年9月进入英国诺丁汉大学,2002年获得硕士学位,同年进入英国剑桥大学经济学专业攻读博士学位,2008年获得博士学位。邓亚萍回顾以往的经历说:"虽然都是一个'苦'字,但此时的我却有不一样的感受:以前当运动员,训练累得实在动不了,只要一听到加油声,一咬牙,挺过来了;遇到了难题、关坎,教练一点拨,通了;比赛遇到困难,观众一阵吼声,劲头上来了,转危为安。但读书呢,常常要一个人孤零零面壁苦思,那种清苦、孤独是另一种折磨,没意志、没恒心是坚持不下去的。"

常言道:"绳锯木断,水滴石穿。"的确,我们的人生充满了许多的痛苦和波折，苦是每个人生活中的必修课。但是，人必须要以坚毅的性格去迎接苦，对待苦、克服苦。人生必先经历克服磨难的艰苦过程，才能够感受到甘甜、快乐的滋味。苦对人而言不是坏事，苦的磨炼，使其在以后人生的道路中增加了耐抗力，经受得住生活的磨难。苦是良药，是人生生活中的磨合剂，是现实社会中的调和剂，人生中乐必先经过苦的磨难，才能到达甜的彼岸，不经一番寒彻骨，焉得梅花扑鼻香？孔子曾说："譬如为山，未成一篑，止，吾止也。譬如平地，虽覆一篑，进，吾往也。"（《论语·子罕》）一个人如果能够自强不息、持之以恒，就可积少成多，成就大业。世界上多少大事业，都是那些坚毅、自强不息的人一点一滴从头做起来的。真可谓：

人生是个五味瓶，辛酸痛苦里边有。

只要坚持去改变，甘甜快乐能体会。

（张　淼）

慈

题 解

慈，从心，兹声，本义慈爱。《说文解字》："慈，爱也"；《礼记集说》中特指："慈，爱子孙之道也。"引申义则大而化之。《贾子道术》："亲爱利子谓之慈，恻隐怜人谓之慈。"《辞海》解为："本指父母的爱，引申为凡怜爱之称。"从慈的主体和客体看，不管是本义还是引申义，都是指上对下、强势对弱势的关爱。

在传统文化中，慈所表现的是人的善良本性，以追求社会关系和谐为目的。其伦理影响渐次扩大，其主体由"父母"而"君主、官吏"而"社会大众"；客体由"子孙"而"民众"而"弱势群体"。与之相应，慈的含义也逐渐地与仁、爱、善、宽、恕、忍等范畴的含义相兼容。

儒家以仁论慈，主张"仁者爱人"，"泛爱众而亲仁。"《论语·学而》："博爱之谓仁。"《韩愈·原道》："人不独亲其亲，不独子其子。使老有所终，壮有所用，幼有所长，鳏寡孤独废疾者，皆有所养。"《礼记·礼运篇》儒家率先将慈伦理的范围由家庭推至社会，后代思想家相承沿袭。墨家以爱释慈，主张"兼相爱"和"爱无差等"。"父子相爱，则慈孝；兄弟相爱，则和调。天下之人皆相爱，强不执弱，众不劫寡，富不侮贫，贵不傲贱，诈不欺愚。"《墨子·兼爱》佛家以普度众生解慈，提倡"无缘大慈，同体大悲",以博大的爱心予众生以快乐幸福,以深厚的怜悯之情消解众生的苦难。尽管各家阐释慈的视角不同,但其意旨同归。

近代以来,"斗争"哲学成为思想和行为的主导,慈的意识淡化,社会上"强执弱,众劫寡,富侮贫,贵傲贱,诈欺愚"的现象屡见不鲜。改革开放后,虽然进行了拨乱反正,但由于其流毒尚未彻底消除,加之利益本位的市场经济的影响,慈子嗜利、慈亲弄权、为富不仁、假慈行骗等现象仍司空见惯。因此,在大力倡导构建和谐社会的今天,从正反两个方面梳理慈的伦理含义,弘扬慈文化的真谛有着积极的现实意义。

(柴洪全)

1. 孟母择邻
——慈母教子的典范

孟母择邻或孟母三迁教子的故事,在赵歧的《孟子题词》、刘向的《列女传·母仪卷》、王应麟的《三字经》中都有记载:孟子幼年丧父,与母相依为命。幼小的孟子因居住在一片墓地的附近,便经常有一些模仿埋坟头、哭丧的举动,孟母认为住在这里不利于教养孩子,遂迁居。新居与市场为邻,市场上行商坐贾,拍卖喧闹,孟子又模仿起商人的样子,孟母认为这样的环境对孩子的成长也不利,又把家迁到学校旁边。此后,孟子学起了官员们的进退揖让之礼,孟母认为这才是有利于儿子成长的地方。孟子偶有逃学,孟母知道后很伤心,把孟子叫到身边说:"这织布机上的布是一丝一线织起来的,现在割断了就无法织成。学问也是点点滴滴积累起来的,学习和织布是一样的道理,若逃学怎么能成为有用之才呢?"说着气愤地抄起剪刀把织机上将要织成的布给剪断了。经过孟母三迁择邻、断机以教,孟子从此旦夕勤学,终于成为我国历史上的儒学大师。

"孟母择邻、断机教子"的故事,千百年来在民间广为流传,为人们所喜爱。这种母子之爱,蕴含着社会对慈爱的传扬与褒赏,这既是孟母的一种自觉行为,也是儒家所倡导的慈孝伦理的典范。

孟母三迁择邻，意在通过对生存环境的选择，养成孟子良好的生活习惯和高尚的精神品格。孟母的做法与传统文化里对生存环境的认识是一致的：孔子在《论语·里仁》中说："里仁为美。择不处仁，焉得知？"意思是说，跟有仁德的人住在一起，才是好的。如果你选择的住处不是跟有仁德的人在一起，怎么能说你是明智的呢？晏子在《晏子春秋》中也有同样意思的表达："君子居必择邻，游必就士，择居所以求士，求士所以辟患也。婴闻汩常移质，习俗移性，不可不慎也。"晏子不仅要求"君子的住所一定要选择好邻居，出游也一定要结交贤士"，还给出了这样做的理由："选择住处是为了寻求贤士，寻求贤士是为了躲避祸患。经常在浊水里浸泡的东西就会变质，风俗习惯能改变人的性情，这是不可不慎重对待的。"晏子还进一步以橘、枳为例生动地说明了生存环境对事物发展结果的影响："橘生淮南则为橘，生于淮北则为枳。叶徒相似，其实味不同。所以然者何？水土异也。"傅玄在《太子少傅箴》中带有总结性地说："近朱者赤，近墨者黑。"这些关于环境与人的关系的精辟的思想以及孟母三迁教子的故事，对于当今社会的人仍有警示作用，时刻提醒人们重视周边人际环境对人的性情品格潜移默化的影响作用，注意选择居住环境和经常交往的人。

"孟母择邻、断机教子"的故事，更重要的意义在于提醒望子成龙的父母们注意教育子女的方式方法。不管是古代还是现代，家长对子女都负有抚育、管教的责任和义务，子女能否走正道，能否成为讲道德、守规矩的人，能否成为有利于社会的人，父母的作用至关重要。现实生活中的父母往往不能正确地把握慈爱的伦理价值取向，或由慈爱到溺爱，或由慈爱到仇恨，失之偏颇。因此，应学习孟母教子的经验，采用正确的方式方法教育子女。一要避免溺爱的倾向。父母对子女若放松管理和约束，只是迁就和顺从子女，既不是对子女的爱，也不会达到父母期望的结果，反而会导致家破人亡，正如韩非子所说"慈母有败子"。古今杀父弑母的悲剧的原因概出于此。二要避免虐待的倾向。父母对子女的严格管理是慈爱的应有之意，是慈爱的另一种表现形式。管子说："弱子，慈母之所爱也，不以其理动者，下瓦则慈母笞之。"虽然严格管理子女是父母慈爱的应有之意，但若是父母对子女期望过高，望子成龙心切，只是一味地严厉管教乃至粗暴，不讲究方式方法，其结果只能是把子女逼上绝路，古今因此而致子女自杀或离家出走的事例屡见不鲜。三要把慈爱和社会的"义理"结合起来,使其符合社会道德的要求。父母对子女的慈爱若不能兼顾"义理"则易陷于一己之私情,会不自觉地以"情"害"理"。"人之处家,在骨肉父子之间,大率以情胜礼,以恩夺义。唯刚立之人,则能不以私爱失其正理。"(《陈荣捷·近思录详注集》)所以,正确的"父慈"和"母慈"应是刚正严明,明是非、讲义理的慈爱,应是把"慈"与"严"适时地、恰当地结合起来的慈爱。这正是:

人之初,性本善;
苟不教,性乃迁;
慈心在,讲方法;
贵贱事,不在天。

(柴洪全)

2. 岳母刺字
——大爱至慈的表率

"岳母刺字"的传说,《宋史》中没有记载,最早见于清乾隆年间,杭州钱彩评《精忠说岳》第二十二回"结义盟王佐假名,刺精忠岳母训子"——岳飞不受杨么的使者王佐之聘,其母恐日后还有不肖之徒前来勾引岳飞,一时失察受惑,做出不忠之事,于是在岳飞背上刺下了"精忠报国"四字,要岳飞永远铭记国仇家恨,终身报效国家。

岳母刺字的故事,彰显出了传统文化中所极力张扬的气节和操守的道德观念,并树立了一位深明大义的慈母形象。

中国的传统文化尤其是儒家文化特别注重人的名节操守。孔子在《论语·卫灵公》中说:"志士仁人,无求生以害仁,有杀身以成仁。"孟子也有类似的言论,《孟子·告子上》中说:"生,我所欲也,义,亦我所欲也,二者不可得兼,舍生而取义者也。"孔子和孟子都要求做人要讲究气节和操守,要以"仁"和"义"来取舍个人的利害关系,不能只顾个人的利益而损害了社会道义。

人的气节和节操以民族气节为重，民族气节是爱国主义的道德基础，它以维护民族、国家利益为最高原则，反映这种思想的言论在传统文化中屡见不鲜。《左传·昭公元年》中有："临患不忘国，忠也。"《礼记·儒行》中有："苟利国家，不求富贵。"《曹植·白马篇》中有："捐躯赴国难，视死忽如归。"《陆游·病起书怀》中有："位卑未敢忘忧国。"《文天祥·过零丁洋》中有："人生自古谁无死，留取丹心照汗青。"这些阐述国家利益高于个人利益的思想观念，培育了中华民族强烈的爱国情感。岳母刺字的传说，既体现了孔、孟"杀身成仁"、"舍生取义"的道德主张，也反映了岳母深明大义舍小家、报国家的爱国情感。

岳母刺字的传说，还把精忠报国与高尚的慈母情怀结合在一起，凸显出了慈母教子的更深层意义。一般而论，慈母的情感顺序应是爱子、爱家、爱国。但如果把这种爱的情感划类区分，则可以看出，爱子、爱家是小慈小爱，是出于私，爱国家、爱真理、爱道义则是大慈大爱，是出于公。"古来征战几人回"，谁都明白送子出征意味着儿子的性命将有不测之虞，而一旦遭遇不测，则将是家破人亡的结局，但岳母以社会道义来要求自己和岳飞，毅然送子出征，并以刺字的方式教育儿子要"精忠报国"。母亲爱儿天经地义，而为国尽忠却可以有所选择。岳母能在国难当头之际做出舍小家、保大家的选择，表现出了岳母大爱至慈的情怀。这正是：

> 拳拳慈母心，寻常琐事显；
> 慈母手中线，为把游子牵；
> 岳母刺字事，不能等闲看；
> 每当临国难，便上心头间。

（柴洪全）

3. 东郭先生与狼
——故事提醒了我们什么

明代《马中锡·中山狼传》中的东郭先生与狼的寓言故事，在中国几乎家喻户晓、人人皆知。故事的梗概为：东郭先生有一天救下了一只正在受猎人追赶的受伤的狼。躲过了猎人追赶的狼，恢复了吃人的本性，忘恩负义地要吃掉东郭先生，最后，在一位智者的帮助下将狼杀死。

故事的情节虽然简单明了，但寓意深刻，让人深思。

东郭先生机械地去践行先哲们的仁慈思想，差点因此丢了自己的性命，现实当中这种人还真不在少数，其实像东郭先生这样的人是把书给"读死了"。

传统文化尤其是儒家文化要求人们要有慈仁之心不假，但并没有要求人们不辨是非地去滥施慈仁之心。相反，提醒人们警惕假仁假义的话倒是不少。《论语·阳货》说："乡原，德之贼也"意思是说有些人看上去忠厚老实，实则是假仁假义，这是道德的大敌。孔子的弟子宰予以一个"井有仁焉"的假设，追问孔子如何行仁，宰我问曰："仁者，虽告之曰：'井有仁焉。'其从之也？"子曰："何为其然也？君子可逝也，不可陷也；可欺也，不可罔也。"《论语·述而》"井有仁焉"是一个陷阱，"君子可逝也，不可陷也"，逝，往的意思，君子会往之，却不会陷入其中。"可欺也，不可罔也"，你可以欺骗他，却不会让他感到迷惑。孔子明明白白得告诉宰予，君子要分辨是非，不能因为有人的欺骗之语而身陷险地，更不能懵懂而浑无所知。《孟子·公孙丑上》中有一个"孺子将入于井"的假设："今人乍见孺子将入于井，皆有怵惕恻隐之心非所以内交于孺子之父母也，非所以要誉于乡党朋友也，非恶其声而然也。由是观之，无恻隐之心，非人也。"但孟子并没有就此打住，而是进一步引申说："无是非之心，非人也。""是非之心，智之端也。"也就是说，恻隐之心、是非之心是人人都要具备的，要分辨是非地去行使恻隐之心。

东郭先生只知"我欲仁，斯仁至亦"，只知"无言而不应，无德而不报，投我以桃，报之以李，言爱人者必见爱也，而恶人者必见恶也。"《墨子·兼爱》不知有假仁假义的陷阱，忘记了"君子可逝也，不可陷也"、"可欺也，不可罔也"的教导，片面地、教条地、僵化地去实践仁道。这样做的结果必然会掉入假仁假义者设计的陷阱。

往者已矣，来者可追，鲁迅先生在《论"费厄泼赖"应该缓行》中主张要痛打落水狗。在鲁迅看来，对于咬人的落水狗、受伤的中山狼，以及类似的狼心狗肺的恶人，不但不能怜悯，而且要予以痛打，以免再有人受到伤害。"因为无论它怎样狂噑，其实并不解什么'道义'，况且狗一定仍要爬到岸上，倘不注意，它先就耸身一摇，将水点洒得人们一身一脸，于是夹着尾巴逃走了。但后来性情还是如此。老实人将它的落水认作受洗，以为必已忏悔，不再出而咬人，实在是大错而特错的事。"

道德是用来约束人们行为的规范，但并不是所有的人都能自觉地去遵守。因此，有道德的人在自觉遵守道德规范的同时，还要防止上当受骗、警惕自己的善良被恶人利用。这正是：

    恻隐之心人人有，

    明辨是非在前头；

    若遇他人危难时，

    该出手时就出手。

（柴洪全）

4. 暴殄天物
——人们的慈心哪里去了

《初刻拍案惊奇》卷三十七里有这样一个故事：唐朝开元年间，有个叫屈突仲任的，性好杀生，所逮的都是些飞禽走兽，弄来后又思量如何吃。假如取得生鳖，便将绳缚其四足，放在烈日中晒着，鳖口渴时，便将盐酒放在他头边，鳖只得吃了，然后将它烹了，分外好吃。长年累月如此，也不听人劝告。有一天忽然被捉到阴曹地府，狱卒将其捆绑在口袋内，抽其血给被杀牲畜喝，然后命其回阳世刺臂血，逐部逐卷抄写经书以赎其罪孽。故事用因果报应来劝说人们"葆此慈心，触处可用"。

神话传说是传统文化的一个重要组成部分，对于人们的不轨行为具有震慑作用。先秦儒家文化里所强调的是人的道德自觉，并没有用神来威慑人的行为的内容，《论语·述而》中"子不语怪、力、乱、神"的描述，更进一步说明整个先秦文化里也没有形成神的概念，出现在先秦文化里的"天"

或"天道",是指人们对自然规律的敬畏。儒家文化或者说中国传统文化里,神概念的形成是从董仲舒的"天人感应论"开始的。董仲舒"言天道而归于人道",通过人副天数和祥瑞灾异说,来表达自己的政治观和历史观,并借汉武帝"罢黜百家,独尊儒术"的文化独裁政策形成了广泛的影响。之后,随着佛教的传入和传播,中国的神话观念进一步建立,并深刻影响着人们的生活。

轮回转世、因果报应的神话在民间广为普及,它把人的生活范围划分为阴阳两界,活着的时候生活在阳界,死后生活在阴间。人在阳界的行为决定了在阴间的生活层次,人死后是为仙、为鬼,还是被打入十八层地狱就看你在阳界的所作所为。同时它还决定着你再转世时是托生为上等人、一般人,还是动物或植物。对人在阳世的行为阎王爷和各路神仙们时刻在监督着你,所谓"头上三尺有神明",若你是一个积善行德、不做恶事的人,阎王爷会延长你的寿命,若你是一个作恶多端的人,阎王爷会随时取你的性命,让你到阴间或转世赎你的罪孽。

这样的神话传说,现代人都知道是假的、不科学的,但它并没有因此在民间完全消失,这说明判断一种文化现象的生命力不能以科学或不科学为标准,而是要看它是否对于克服人性的弱点有好处。传统宗教或传统神话在现代社会的广为传播和受众的广泛性,说明了其抑恶向善的价值取向,对于改造当代社会的丑恶现象仍有一定的积极意义。

儒家文化的忠恕之道,要求人们在行为上要做到推己及人。其道德要求逻辑走向的必然结果是推人及物。就"慈"这一道德规范来说,人们首先要做到的是慈爱自己的家人,然后再把这种对于家人的慈爱延伸至社会上的其他人,即"老吾老及人之老,幼吾幼及人之幼"。在此基础上,再把慈爱推至自然界的动植物。其实,慈的本意里就有爱物的内涵:《许慎·说文解字》把慈解为爱。刘熙的《释名·释言语第十二》中说:"慈,字也。字,爱物也。"

慈的情感指向是处于弱势的人或物,但传统文化又告诉人们对于害人、伤人、危害人的人或物应当予以惩处或消灭。这种看上去有些悖论的思想,给人们以捕猎珍稀动物、暴殄天物的口实。实际上,猎取自然界里的动植物以充实人类的物质生活,这本是一种自然而然的生物链现象,本无可厚非,所以，以佛性里的"不杀生"来要求人们就显得有些虚妄。但人类欲望的无限性和逐利性本能，引发了人类对自然界过多、过滥的索取，致使有些自然资源枯竭，许多动植物濒临灭绝。对于濒临灭绝的动植物仍然肆无忌惮地猎取、仍然胡吃海喝的人们，就凸显出了是否有慈爱之心的问题。因此，大力倡导人的慈爱之心，是保护野生动物的一条重要途径。这正是：

谈天论道，推人及物；

慈爱之心，和谐天人。

（柴洪全）

5. 汶川捐助
——一曲爱心奏响的和谐赞歌

"天地不仁，以万物为刍狗。"2008年5月12日14时28分，天地瞬间把汶川推入了灾难的深渊——汶川特大地震是新中国成立以来破坏性最强、波及范围最广、救灾难度最大的一次地震，震级达里氏8级，最大烈度达11度，余震3万多次，涉及四川、甘肃、陕西、重庆等10个省区市417个县（市、区）、4667个乡（镇）、48810个村庄。灾区总面积约50万平方公里，受灾群众4625万多人，其中极重灾区、重灾区面积13万平方公里，造成69227名同胞遇难、17923名同胞失踪，需要紧急转移安置受灾群众1510万人，房屋大量倒塌损坏，基础设施大面积损毁，工农业生产遭受重大损失，生态环境遭到严重破坏，直接经济损失8451亿多元，引发的崩塌、滑坡、泥石流、堰塞湖等次生灾害举世罕见。

斯为浩劫，诚为国殇，国人在骤然降临的灾难面前，用行动描绘下了博施仁爱生动感人的画面，把慈善的人性彰显在世人面前：

废墟里，一位年轻的母亲，双膝跪地，双手扶地支撑着身体，身体被压得变了形。她已经冰凉的身下，一个三四个月大的小生命被保护得完好无缺。孩子身上的手机屏幕上，显示着一条这样的信息："亲爱的宝贝，如果你能活着,一定要记住我爱你。"

废墟下,一位年轻的生命向最要好的同班同学做了最后的嘱托:"你活着出去以后,转告我的爸妈,我这辈子做不成他们的儿子了,只好下辈子再做。"

废墟中,与儿子一墙之隔的老父亲不停地鼓励儿子:"我这把老骨头都还行,你要挺住。"40个小时后儿子获救,父亲去世。

如果说这是母子之情、父子之情的自然流露,那么,谭千秋老师的事迹则无疑是大爱无私的展现。地震发生后,谭千秋老师不顾个人安危,张开双臂趴在课桌上护住身下的四个学生。四个学生都活了,而他却永远地离开了人世。

在地震发生后的几个月里,有太多的事迹让人感动,不仅是身历灾难的人们表现出充满爱心舍生忘死的道德情感,社会各阶层也涌起了从未有的爱的热潮。大灾唤醒了人们的慈善之心,从自发排起的献血队伍,到络绎不绝的捐款人流,从为地震灾区孤儿哺乳的女民警,到为孤残儿童提供心理治疗的无数网友,从无暇顾及痛失亲人忘我奔忙在救灾第一线的党政干部,到自己的亲人生死不明却去抢救他人的回乡民工,无数可歌可泣的事迹汇成了一股汹涌澎湃的爱的热潮,上演了一曲曲爱心奏响的和谐赞歌。

这种慈善行为的集中爆发,并不是偶然现象,而是有深刻的文化渊源的。先秦儒家文化里把父慈或母慈这种"爱子孙之道"视为天经地义,认为这是父子之间、母子之间自然生发的一种情感,并主张把这种情感扩大至社会,"幼吾幼,以及人之幼。"(《孟子·梁惠王上》)不仅如此,还将统治者与百姓的关系比之为父子关系,要求统治者对百姓要关爱:"上之亲下也如腹心,则下之亲上也如保子之见慈母也。上下之相亲若此,然后令则从,施则行。"(《大戴礼记·主言》)晏子认为,"(周)文王慈惠殷众,收恤无主,是故天下归之。""德行教训加于诸侯,慈爱利泽加于百姓,故海内归之若流水。"(《晏子春秋·内篇问》)《礼记·祭义》中认为"先王"之所以取得天下是因为"贵有德,贵贵,贵老,敬长,慈幼"。由此看来,儒家文化里的"慈",已把对父母的道德伦理要求延展为对统治阶级尤其是君主和官吏的道德伦理要求。

传统文化里,慈爱百姓还是一种制度伦理。自西周以来,政府专门设立了慈善机构来行使慈善职责:"大司徒之职,以保息六,养万民:一曰慈幼,二曰养老,三曰振穷,四曰恤贫,五曰宽疾,六曰安富。"(《周礼·地官司徒》)宋理宗"淳祐九年命临安府创慈幼局,收养道路遗弃初生婴儿,仍置药局,疗贫民疾病"(《宋史·理宗本纪》)。明太祖朱元璋诏令天下设置孤老院,要求地方官府对"鳏寡孤独废疾不能自养者,官为存恤"。清朝顺治五年十一月诏谕"各处设养济院,收养鳏寡孤独及残疾无告之人"。

　　汶川大地震救灾过程中的爱心传递,是传统慈善文化在现实生活中的集中反映。但是,汶川地震中的爱心捐助,仅仅是中国的慈善事业在经历了"文革"低谷后的一种常态的恢复。中国的慈善事业的发展,与发达国家相比,还远远不够。中国的社会结构和贫富差距的现状,还需要人们用更多的慈善之心来帮助社会弱势群体的生活。正是:

> 父慈子孝本天性,
> 施予他人是高行;
> 为官须有慈民意,
> 爱民如子是善政;
> 人人若有慈善心,
> 社会和谐有保证。

(柴洪全)

6. 捐助寺庙成风
——慈心祈福的另一层社会影响

　　改革开放以来,道观寺庙的发展有点出人意料:经济收入一路蹿高,香火越烧越旺,略有点名声的寺庙,其年收入就要数以千万计,名气大些的,烧一炷香要上万元。与此同时,随着各地对旅游资源的开发,新建寺院和佛像越来越多,规模越来越大,大有互相攀比追赶之势,有的地方甚至斥资亿元去铸造所谓的全国第一佛身。

对基于宗教信仰的功德观念以及想以此来获得神或佛庇佑的心理，本无可厚非，属于文化多元化情况下的正常现象，但面对几近泛滥了的新寺院、佛像的建造和一路蹿高甚至混乱的寺庙经济收入，就不得不思考这样一个问题：人们的慈善心到底应该如何去行施？

其实，历史早已对此做了回答。

北魏时，从魏太祖到魏显祖四代皇帝，都笃信佛教，《魏书·志第二十》记载："自魏有天下，佛经流通，大集中国，凡有四百一十五部，合一千九百一十九卷。略而计之，僧尼大众二百万矣，其寺三万有余。"这造成了"自中国之有佛法，未之有也"的流弊。魏高祖践位后，对佛教泛滥的弊端进行了治理。魏高祖认为佛教泛滥的弊端有二，一是教徒借佛教之名，行不轨之事："比丘不在寺舍，游涉村落，交通奸猾，经历年岁，侵夺细民，广占田宅"；二是广造佛寺既浪费资财，又有悖于佛教的不杀生的教义："然无知之徒，各相高尚，贫富相竞，费竭财产，务存高广，伤杀昆虫含生之类。苟能精致，累土聚沙，福钟不朽。欲建为福之因，未知伤生之业。"基于此，魏高祖下诏曰："朕为民父母，慈养是务。自今一切断之。"

历史总在不断地重复同一现象，唐朝武则天、中宗统治时，又出现了广造佛像、塔庙竞起的现象，唐朝名臣狄仁杰、姚崇、辛替否、李峤等纷纷上疏劝阻。狄仁杰认为："如来设教，以慈悲为主，下济群品，应是本心，岂欲劳人，以存虚饰？"姚崇认为："佛不在外，求之于心。但发心慈悲，行事利益，使苍生安乐，即是佛身。""且佛者觉也，在乎方寸，但平等慈悲，行善不行恶，则佛道备矣。何必溺于小说，惑于凡僧，抄经写像，破业倾家，可谓大惑也。且死者是常，古来不免，所造经像，何所施为？"辛替否认为："夫释教者，以清净为基，慈悲为主，故当体道以济物，不欲利己以损人，故常去己以全真，不为荣身以害教。"如果大造佛像、佛寺，"臣以为非真教，非佛意，违时行，违人欲。"李峤的观点更加现实："天下编户，贫弱者众。造像钱见有一十七万余缗，若将散施，人与一千，济得一十七万余户。拯饥寒之弊，省劳役之勤，顺诸佛慈悲之心，沾圣君亭育之意，人神胥悦，功德无穷。"（《资治通鉴》卷第二百七）

四人皆用"以子之矛，攻子之盾"的论证方法，以佛教的慈悲来证明大造佛像、佛寺是不慈悲的行为，并教人们如何去信佛行善：佛性在心，不在于形式，广造佛像、佛寺既劳民伤财，又违背了佛教慈悲的本意，与其用大造佛寺、佛像来体现慈悲，不如直接把造佛寺、佛像的钱财，通过救济贫弱的民众来体现佛教的慈悲和信佛者的慈善之心。

这种早有定论了的历史教训，今人却再次重蹈，正如杜牧《阿房宫赋》所说："后人哀之而不鉴之，亦使后人而复哀后人也。"信教、信佛或信仰其他什么，是人的自由，行善积德的心态是应该予以肯定的，但人们在捐助寺庙、慈心祈福的同时，应更多地去关注一下现实生活中的贫困人群。有这样一句名言或许会警醒人们如何去行善积德：

当有人饿死的时候，

所有的富人都是有罪的。

（柴洪全）

7. 关注弱势群体
——人文工作者应有的慈悯情怀

近年来，出现在媒体上的广为人们所诟病的"知识英雄"的言论越来越多，最为突出的当属关涉社会弱势群体利益的言论，如"八亿多农民和下岗工人是中国巨大的财富，没有他们的辛苦哪有少数人的享乐，他们的存在和维持现在的状态是很有必要的"；"中国的老百姓不缺钱"；"中国不存在上学难、上学贵的问题"；"所谓看病难看病贵，我走遍全世界，看病最不难是中国，看病最不贵是中国"等等。这些言论漠视民生、失实错讹，有悖于知识分子"视民如伤"的传统理念。

中国传统文化中的知识分子有着强烈的忧民意识。先秦时期诸子百家的忧民意识集中体现在他们的政治主张中。"民为贵，社稷次之，君为轻。"（《孟子·尽心上》）主张统治者对待百姓要"以百姓之心为心"，因为"民之所欲，天必从之"（《尚书·泰誓》）。百姓与君主的关系是"君者，舟也；庶人者，水也。水则载舟，水则覆舟"。若不能顺应民心，百姓便会推翻君主的统治。因此，统治者的"视民如伤，是其福也；其亡也，以民为土芥，是其祸也"（《左传·哀公元年》）。统治者若要保住其统治地位，只能"得其民，斯得天下矣"。"保民而王，莫之能御也。"若想取得民心就要"为政以德，譬如北辰，居其所而众星共（拱）之"。"君行仁政，斯民亲其上，死其长也。"（《孟子·梁惠王下》）取得民心的根本措施是，"明君制民之产，必使仰足以事父母，俯足以畜妻子，乐岁终身饱，凶年免于死亡。""有恒产者有恒心，无恒产者无恒心。苟无恒心，放辟邪侈，无不为已。及陷乎罪……贤君必恭俭礼下，取于民有制。"（《孟子·梁惠王上》）

先秦诸子的政治主张中，充满了利民、保民、爱民、亲民、恤民的情感，后世的范仲淹把这种情感深化为"先天下之忧而忧，后天下之乐而乐"的思想。当今的知识分子或文化精英本应更多地去体现、传播古代知识分子的这种忧患意识。可是，部分知识分子或文化精英不仅不体恤民生之辛苦，反而有仇贫心理，公然以优胜劣汰的丛林法则来否认客观存在的制度性贫困因素。面对八亿农民和上千万下岗职工的贫困生活，面对两千多万的绝对贫困人口，面对不堪房费、医药费、学费之苦的百姓，竟然说出"维持现在的状态是很有必要的"，竟然否认"上学难、上学贵、看病难、看病贵"的现实。不知什么原因使这些人持有如此心态。

其实，问题很简单，媚俗化、逐利化的心态吞噬了其应秉承的人文精神。

传统文化对知识分子阶层亦即"士阶层"的立言有严格的要求，不仅要求其客观、公允、严谨、准确，而且更要求其符合社会正义。孔颖达说："立言，谓言得其要，理足可传。"《论语·子张》中要求："君子有三变：望之俨然，即之也温，听其言也厉。"朱熹注"听其言也厉"为"厉者，言之确"也。孔子在《论语·卫灵公》中就批评那些只顾耍小聪明而说话不负责任的人："群居终日，言不及义，好行小惠；难矣哉！"葛洪《抱朴子·应嘲篇》中更是直接戳到了这些人的关键："以偶俗集誉为高，徒阿顺谄谀，虚美隐恶。"

看来媚俗化、逐利化是古今部分知识分子的通病，对于克服这种毛病，孟子曾有过精辟的言论："士穷不失义，达不离道。""穷则独善其身，达则兼善天下。"近代教育家胡适对此的看法更像是在告诫当代的文化精英们，

"我们的行为，一言一动，均应向社会负责，这便是社会的宗教，社会的不朽……我们千万不能叫我们的行为在社会上发生坏的影响，因为即使我们死了，我们留下的坏的影响仍是永久存在的。我们要一出言不敢忘社会的影响，一举步不敢忘社会的影响。即使我们在社会上留一白点，但我们也绝对不能留一点污点，社会即是我们的上帝，我们的制裁者。"正是：

衣食父母是民众，古今多有疾苦声；
先哲慈仁恤民情，为国为家为民生；
读书明理是本分，岂能枉言淆视听。

（柴洪全）

8. 父子入监
——这样的慈爱要不得

被披诸报端的父子或父女同时被收监判刑的案例越来越多，概括起来有三种类型：一是家族权力腐败式的。如中共广西壮族自治区原党委常委、自治区政府副主席刘知炳，因受贿罪被判处有期徒刑十五年；刘知炳的一子一女也先后被判处有期徒刑。二是父子当中一方犯法另一方包庇式的。如阜新的一位农民见到自己养育多年的独子因为强奸罪即将走入高墙，为了使自己的儿子逃脱法律的制裁，居然失去理智，指使儿子的一个朋友在法庭审理中作伪证。结果自己和儿子的朋友因为涉嫌作伪证而被逮捕。三是父子为情所困而犯罪的。如父亲酒后驾车撞坏交通护栏，不但不配合交巡警处理事故，反而与其随后赶到的儿子，将一民警的左眼打成轻伤。人民法院认定两人妨害公务罪成立，判处儿子有期徒刑八个月，父亲拘役六个月。

三种类型的犯罪皆缘起于一个字——情，血缘亲情。

在儒家"父慈、子孝、兄友、弟恭"的家庭角色伦理中，父慈占有主导地位，但传统文化中并没有这方面太多的论述，《诗》、《书》、《易》、《春秋》中都没有出现慈字，《论语》中慈字仅有三处，而更多的则是强调父权的重要。在实际生活中，人们对于父权的认识又大多把对子女的慈爱与教育的责任糅合在一起。慈爱子女是人之常情，但若只讲慈爱，不讲教育方法，便有可能使孩子养成不良习惯，其结果是轻则败坏家风，重则危害社会。从历史和现实看，父母在教育子女的问题上常常会出现了三种错误：一是父母本身的行为不正影响了子女的成长，如民谚所说"上梁不正下梁歪"；再是父母溺爱，娇惯孩子，对子女的不良习惯疏于管理。三是父母直接成为子女不走正道的教唆、纵容者。所以，传统文化中以"养不教，父之过"来警醒父母对子女的教育责任，以母教流芳来树立正确的教育子女的方式方法。

慈的含义中还有一个不常为人们说起的层面，即成年子女对老年父母的关爱也称为慈，《礼记·内则》中就有这一层含义，"由命士以上，父子皆异宫。昧爽而朝，慈以旨甘。日出而退，各从其事。日入而夕，慈以旨甘。"郑玄注此处的"慈"为"爱敬进之也"。这时的慈和孝的含义是一致的。其实，父母之于子女、子女之于父母的关爱都是基于血缘亲情而生发的，其表现形式并无本质的差别，仅是称谓不同而已。父子之间相濡以沫、相扶相携的关系，决定了其相互之间的责任。儒家文化所强调的孝道要求，当父母有过错的时候，子女负有规劝的责任。《论语·里仁》中孔子说："事父母几谏，见志不从，又敬不违，劳而不怨。"曾子是孔子学生中对孝道伦理最忠诚的实践者、继承者和发展者，《大戴礼记·曾子事父母》中曾子说："父母之行，若中道则从，若不中道则谏。谏而不用，行之如由己。从而不谏，非孝也；谏而不从，亦非孝也。"荀子在曾子的基础上，进一步提出了"从义不从父"的"谏亲"观点。

父子之间的亲情还有更深一层的问题，即如何处理情与法的关系问题。在这一问题上，中国传统文化中始终有"亲亲相隐"与"大义灭亲"两种看上去对立的观点。"大义灭亲"由于与现代法律原则相契合，得到了人们的普遍认可和推崇，而对于"亲亲相隐"则存在着很多的争议。实际上，现代法律既认可"大义灭亲"，也认可"亲亲相隐"。父子之间一方犯罪，另一方出于亲情而拒绝作证并不构成犯罪，只是道德问题。如果"亲亲相隐"只限于指证的层面，那也就没有什么可指责的了，问题是"亲亲相隐"往往会诱发出包庇、窝藏、作伪证等犯罪行为。这种只顾亲情、不问是非的行为，违背了社会道德、背离了现代的法律精神，因此才为人们所指责。

其实，古人早已认识到由于亲情或私情而引发的社会问题，并用"仁、道、义"来规范约束人们的行为。儒家文化认为有道德的人以仁或义为行为准则，孔子在《论语·卫灵公》中说道："君子义以为质，礼以行之，孙以出之，信以成之。君子哉！"在《论语·阳货》中进一步地认为义是君子的首要的道德要求："君子义以为上。"当私人的利益与义的要求发生冲突的时候，孔子和孟子都要求舍弃私人利益而成全社会道义，"志士仁人，无求生以害仁，有杀身以成仁。""生，我所欲也，义，亦我所欲也，二者不可得兼，舍生而取义者也。"若不能这样做，则会"多行不义必自毙"。

义不容情，法不容情，古今一理。正是：

情到真时有利弊，
义字当先有道理；
莫拿人情试王法，
方能利人又利己。

（柴洪全）

9. 苛政猛于虎
——对从政人员慈仁之心的道德诉求

《礼记·檀弓》中有这样一段对话：孔子途经泰山时，看到一个在坟墓前哭泣的妇人，就派子路前去讯问那个妇人。子路问："你哭得那么悲痛，好像有很伤心的事。"妇人回答说："我的公公被老虎吃了，我的丈夫又被老虎吃了，现在我的儿子也被老虎吃了。"孔子问："那为什么不离开这里呢？"妇人答道："（这里）没有苛刻的暴政啊！"孔子感慨地说："苛政比老虎还要可怕呀！"唐代《柳宗元·捕蛇者说》中也有类似的说辞："呜呼！孰知赋敛之毒有甚是蛇者乎！"说的是蒋氏祖孙三代捕蛇以抵税，虽然其祖父、父亲都被蛇毒死了，自己也多次遇到生命危险，但仍不愿停止捕蛇抵税的差事，因为缴纳赋税比捕蛇抵税更难生活。

两则故事强烈地抨击了统治者的赋税之重、苛政之苦，体现了对百姓艰辛生活的同情，同时也引起了一个令古今思想家都在思考的话题：如何处理好统治者与被统治者的关系。

传统文化尤其是儒家文化在回答这一问题时，除了从"舟与水"的关系思考外，还从人的慈仁之心方面进行了思考。

道家的老子对人的慈仁之心最为推崇，他说："我有三宝，持而保之，一曰慈，二曰俭，三曰不敢为天下先。"老子的三件宝是他始终不放的三条修养原则，处于第一位的是慈，也就是说人首先要有慈心，有了慈心之后就会"慈，故能勇"，为什么呢？因为这种勇敢是为保护慈爱的对象而产生的。"今舍慈且勇……死矣。"若没有慈爱之心和慈爱的对象而单纯地追求勇敢，则只有死路一条。所以，"夫慈，以战则胜，守则固，天将救之，以慈卫之。"（《道德经·六十七章》）统治者若有了慈仁之心，那么，用以作战则胜，用以守成则固。即是有老天保佑，也要以慈仁之心来守望已有的东西。

相对于老子而言，儒家关于慈爱百姓的主张则更为直接。晏子认为统治者应"德行教训加于诸侯，慈爱利泽加于百姓"，就是说统治者若要让百姓心悦诚服地接受其统治，就必须既要有慈爱百姓之心，又要给百姓实惠。孔子认为统治者与百姓的关系就像慈母与婴儿那样，"上之亲下也如腹心，则下之亲上也如保子之见慈母也。"慈母对婴儿的关怀是最无私的，婴儿对慈母的依顺是最真诚的，统治者与百姓之间"上下之相亲若此，然后令则从，施则行。"孟子则把慈爱百姓的思想上升到与民同乐、与民同忧的"乐以天下，忧以天下"境界，因为"民之归心也"在于"（民）所欲，（统治者）与之聚之，所恶勿施"；还在于"乐民之乐者，民亦乐其乐；忧民之忧者，民亦忧其忧"（《孟子·梁惠王下》）。

先秦思想家的这些以慈仁之心为视角的言论，只是传统文化中民本思想的一部分，虽然仅仅是一个方面，但也反映出民本思想的核心主张——以"德政"、"仁政"来治理天下，反对鱼肉民众的苛政、暴政，这些思想为后世的许多思想家所传承。民本思想的心理基础是源于人的同情弱者的慈仁之心，对统治者的恻隐之心的提倡则显得尤为重要，因为，这关系着百姓生活水平的高低，更攸关统治者统治地位的稳定与否。因此，不管是统治者还是百姓都认同这一道理。所以，历史上的许多官吏多以"父母官"自称，百姓也多把有些政绩的官吏称为"慈父、慈母"。

历史发展到今天，人民当家做主的理念，让百姓的生活得到了极大的改善，政治地位有了极大的提高，改变了传统意义上的政府与百姓之间的阶级压迫式的统治关系。政府高扬执政为民、为民服务的理念，百姓也以纳税是每个公民的义务来约束自己。但并不能因此就说政府与百姓之间的冲突就消失了，实际上不仅没有消除，反而有愈来愈强之势，近几年来频发的集体上访事件、暴力冲击政府机关事件、出租车罢运事件等等，都一再地说明了这一问题。虽然"苛政猛于虎、赋敛毒于蛇"的现象已近消除，但"矿难猛于虎、收费猛于虎"等现象仍然大量存在。因此，即使是在民主政治制度下的今天，仍需提倡"爱民如子"的传统行政理念。正是：

官为父母封建论，
社会公仆才是真；
鞠躬尽瘁尽职责，
公平正义大地春。

（柴洪全）

10. 赦免罪犯
——一把宽容与纵容的双刃剑

《齐鲁晚报》记载：湖北随州杀人恶魔熊振林以残忍的手段连续杀死了八名无辜群众，当被判处死刑、剥夺政治权利终身时，还在幻想着能否大赦。

犯下如此重罪还幻想着大赦求生，这无异于痴人说梦，但他的想法也不是完全没有由头。中国传统的大赦制度和建国后的特赦制度，尤其是在改革开三十周年、北京奥运会举办之际，以及引起争议的对部分确已悔改的犯罪分子进行特赦的专家提议，是使他产生梦呓的根由。

中国古代封建帝王常在庆典时以施恩为名赦免犯人。如在皇帝登基、更换年号、立皇后、立太子等情况下，常会颁布大赦令：对某一时期的犯罪，不管是服刑的、在押的还是在逃的，一律赦免无罪。建国后，我国1954年《宪法》中仍有大赦和特赦的规定，但在实践中只实行过特赦，没有实行过大赦。后来的几部宪法均只规定有特赦，没有规定大赦，这表明中国已经取消了大赦制度。

虽然如此，赦免制度也并非一无是处，正如中国社科院法学所研究员刘仁文所说，赦免是国家的一项政策性重大措施，也是社会文明进步的重要体现。充分发挥特赦制度的作用，对于倡导一种宽容的社会精神，营造和谐稳定的社会环境，增进人民内部的团结，必会产生良好的、巨大的影响。

如果说不加区分地对某一时期的所有罪犯一律赦免，那当然有悖于现代的法治精神，也违背社会公正，在一定程度上还会产生纵容犯罪的后果。《后汉书·列传第五十七》载：东汉桓帝时，术士张成认为朝廷马上就要大赦天下了，便叫儿子把仇人给杀了。果然，在儿子杀死仇家之后的第七天，孝桓帝大赦天下。张成正是利用大赦制度来逃避罪责的。实际上，不只是张成这样想，还有更多的人心存侥幸，想通过大赦来逃避惩罚，这不能不说是一种对犯罪的纵容。为此，隋朝在《开皇律》中首次确立了不赦的"十恶"之罪，以后历代封建法典皆将之作为不赦之重罪。这多少对那些想通过大赦来逃避罪责的人起了震慑作用。

若是从另一个方面考察一下大赦制度的话，就会发现大赦制度更多地承载着中国传统文化中的仁慈思想，具体地说就是对别人所犯过错的理解、宽容、饶恕和忍让。《尚书·君陈》中说："尔无忿疾于顽。无求备于一夫。必有忍，其乃有济。有容，德乃大。"意思是说做人要有肚量，不能求全责备于人，要能容忍别人犯错误，这样做才是有道德的人，也才能成就自己的事业。汉代刘向的《说苑·复恩》里的"灭烛绝缨"的故事可以对此加以说明：楚庄王夜宴群臣时，大殿上的火烛突然被风吹灭，群臣中有人趁机调戏王后，王后扯断了这人的帽缨，对楚王说："有人非礼我，我扯断了他的帽缨，请点火查看缺帽缨的人。"楚王立刻下令不要燃火，并说："今日大家与我欢乐饮酒，谁的帽缨不断，表示他还未能尽兴。"于是群臣都自动把帽缨扯断了，楚王与群臣欢饮尽兴而散，再也没有提起此事。楚庄王的宽容换来了属下的忠诚,后来楚国与吴国五次会战,有个人五次英勇破敌。楚庄王不解地问他:"我不曾优待于你,你为何对我如此忠勇?"那人说:"我就是夜宴上帽缨被扯断的那人。"像这样教人忍让的故事有许多,如齐桓公之于管仲、晋文公之于勃鞮、唐太宗之于魏征等。《论语·子路》中孔子认为:"能行五者于天下为仁矣。曰:恭、宽、信、敏、惠。恭则不侮,宽则得众,信则人任焉,敏则有功,惠则足以使人。"宽,就是宽宏大量地对待别人,不陷于鸡毛蒜皮的斤斤计较之中,不因他人的一时之误而结怨成仇,这样才能获得他人的尊重和帮助。荀子则提倡容纳别人的短处,《荀子·非相》中说:"君子贤而能容罢,知而能容愚,博而能容浅,粹而能容杂。"唐代林逋在《省心录》中有一句名言:"以恕己之心恕人则全交。"恕,就是宽恕别人的过错,以推己及人式的方式去理解别人的过错,就会减少冤家对头。

说到底,传统文化中宽以待人思想的初衷,是让人们化解怨恨,进而建立起一种和谐相处的良好人际关系。但是,若是只知道宽容别人,不知道"该出手时就出手"的话,就会违背宽以待人的初衷,乃至走向对立面。所以,宽容,只能是在一些无关紧要的问题上给人以回旋的余地,而对于那些怙恶不悛的人则应给以适当的回击或制裁,正如毛泽东所说,对于那些犯了错误的人要"惩前毖后,治病救人"。《尚书·君陈》中说:"狃于奸宄,败常乱俗,三细不宥。"孔颖达疏之曰:"习于奸宄凶恶,毁败五常之道,以乱风俗之教,罪虽小,三犯不赦,所以绝恶源。"孔子在《论语·宪问》中和他的弟子的一段对话也讨论了这个问题:"或曰:'以德报怨,何如?'子曰:'何以报德?以直报怨,以德报德。'"以直报怨,既不是以德报怨,也不是以怨报怨,而是指要用一种正确的方法来对待别人对于自己的侵害,起码是让其记住应有的教训,否则,那就可能是姑息养奸了。所以,曾子在《礼记·檀弓》中说:"君子爱人以德,小人爱人以姑息。"

由此看来,传统文化中的仁慈思想,既反对睚眦必报式的以怨报怨,也反对无原则的以德报怨。以此来解读赦免制度的话,就可以理解为:对于那些恶贯满盈、罪大恶极和怙恶不悛的人应严惩不贷,而对于那些偷鸡摸狗、打架斗殴之徒,则可以在一定的历史条件下宽容或赦免他们的罪过。《左传·昭公二十年》中说:"政宽则民慢,慢则纠之以猛,猛则民残,残则施之以宽。宽以济猛,猛以济宽,政是以和。"朱熹把它总结为:"治国之道,在乎宽猛得中。"

若此,应当引以为戒的是:

宽容别人,但千万不能宽容蛇一样的恶人;

可以被别人宽容,但千万不能宽容自己的过失。

(柴洪全)

11. 武训办学
——人间自有真情在

武训的慈善之举见于《清史稿·列传二百八十六》:"武训身为乞丐,为了能让上不起学的贫困孩子接受教育,矢志兴办义学。经过三十年的乞讨,在他五十岁以后倾其所有,陆续在堂邑柳林集、馆陶、临清办起了三所义学,而他自己仍然衣衫褴褛、粗茶淡饭地以乞讨过活,直至死去。"

为了一件谋利他人的事情,一生乞讨,以残汤剩羹糊口,且以此为乐、矢志不渝,考诸历史,按之当今,恐再无他人。其嘉德懿行,殊为难能可贵。正如梁启超先生在《兴学节略》中所言:"殆所谓奇节瑰行,得天独厚者欤!"

如果把武训之所以这样做的原因,归结为他有很高的觉悟、很强的社会责任心,那恐怕也是枉言。以武训之乞丐加文盲之身,恐怕也不会知道子曰诗云中的微言大义。由此看来,人的慈善之举,并非富人的专利,亦与文化素养无关,当是人至善的真性情的自然流露。一个人只要有慈善之心,便可为慈善之事。

话虽如此说,但人与人是不同的,古今中外都有那么一些为富不仁的人,或强取豪夺,或坑蒙拐骗,虽有万贯家财,却惜财如命,不仅对他人的苦难从不伸出援手,甚至连自己的父母也不奉养,他不坑骗便是好的,更不要跟他论什么慈善事业了。所以,世人对以乞丐之身、行慈善之事的武训称赞有加,并呼之曰"武圣人"。

"武圣人"身上集中展现了中华传统文化中的仁爱思想。

孔子仁学思想中的一个重要内容是"仁者爱人"。怎么去爱人？《论语·雍也》中孔子认为要"博施于民而能济众"地去爱，这样做就接近于仁了，《论语·学而》中说："泛爱众而亲仁。"孔子论仁，仅就哪些做法是仁而论，孟子则从心理上探讨人的仁爱行为的起因。《孟子·公孙丑上》中孟子以一个"孺子将入井焉"的假设，得出了"无恻隐之心，非人也"、"恻隐之心，仁之端也"的结论，在《孟子·滕文公下》中更是给出了具体的做法："守望相助，出入相支，疾病相持。"唐代的韩愈在《原道》中提出了"博爱之谓仁"的观点，这一说法与孔子的"泛爱众而亲仁"异曲同工，只不过是从"道和义"的角度作了进一步的解释。在韩愈看来，博爱即是仁，合宜于仁的行为叫做义，合乎仁义的叫做道，能恪守仁义之道的即是君子。北宋的张载扩大了仁爱的范围，提出了"民吾同胞，物吾与也"的命题。要求爱他人如同爱同胞手足一样，要"视天下无一物非我"。张载的"民胞物与"的主张，完善了儒家的仁爱思想。

道家的仁爱主张是通过对为富不仁者的挞伐来阐述的。一是认为富有者不救济穷人是一种犯罪："积财亿万，不肯救穷周急，使人饥寒而死，罪不除也。"二是认为为富不仁者是人神共愤的对象："令使其饥寒而死，不以道理，反就笑之。与天为怨，与地为咎，与人为大仇，百神憎之。"(《太平经·卷六十七中》)

如果仅从方法论上去比较儒、道两家的仁爱主张的话，倒也是相映成趣，一个是正面提倡，一个是反面激励，他们所追求的社会效果却是一样的。

东汉时期，随着佛教传入中国，中国的慈善文化与佛教的济贫思想逐渐结合起来。佛教寺院的出现，使中国有了最早的民间慈善救济事业。佛教的大慈大悲、普度众生的"福报"、"修福"的观念，深刻地影响了中国慈善事业的发展。

武训身上除体现出中国传统文化中的仁爱思想外，还表现出儒家所提倡的安贫乐道精神。孔子在《论语》里一再强调求取富贵、摆脱贫困的原则是必须合于"义"与"道"，如《论语·里仁》中说："富与贵，是人之所欲也，不以其道得之，不处也；贫与贱，是人之所恶也，不以其道得（应为去意）之，不去也。"《论语·述而》中说："富而可求也，虽执鞭之士，吾亦为之，如不可求，从吾所好。""饭疏食，饮水，曲肱而枕之，乐亦在其中矣。不义而富且贵，于我如浮云。"孔安国把孔子的这些说法归结为"安于贫而乐于道"。孟子在《孟子·滕文公下》中更是强调对"义"与"道"的恪守要做到"富贵不能淫，贫贱不能移，威武不能屈"。

将武训的所作所为与孔、孟所言对照，就会发现武训完全达到了孔孟的要求。武训不仅做到了"不义而富，于我如浮云"，而且还做到了即使是合乎道义的富，也与他如浮云。武训以合乎道义的乞讨方式积攒了能建三所义学的钱财，不可谓不富，但他毫不吝啬地悉数捐出，自己仍过着"饭疏食，饮水，曲肱而枕之，乐亦在其中矣"的乞丐生活。有些人"一阔脸就变"，而武训没有。看来只讲"穷且益坚，不坠青云之志"还不够全面，还应该讲"阔了，脸也不能变"。

做慈善事业，最需要的是一种精神，一种近乎于宗教式的热情，只有像武训这样近乎于圣徒般的情怀，才能做出如此感人的慈善行为。

从本质上讲，慈善是一种自由，而非强制。愿意做，则做，不愿做，也无可厚非。但是否行善，却反映出一个人的善心。

慈善之行，来自慈善之心；
勿以善小而不为，勿以恶小而为之。

（柴洪全）

12. "婆慈媳孝"
——调停婆媳关系的一剂良药

山东吕剧有一出著名的伦理戏，虽以《小姑贤》命名，说的却是"剪不断、理还乱"的婆媳关系问题——姚氏年轻守寡，含辛茹苦地将一双儿女抚养成人。儿子娶妻后，姚氏感情失落，封建思想发作，常常无事生非地打骂媳妇。小姑见母亲无理取闹，从中斡旋，她反而认为是媳妇把小姑教坏，要把媳妇打死。小姑急中生智，令哥哥假打、嫂子诈死，自己则以怕将来出嫁后也遇到像母亲这样的婆婆为由，假意投井自杀。姚氏醒悟，从此婆媳和睦，家庭幸福。

该剧立意深刻、教育意义深远，在百姓间广为流传，对婆媳不和的家庭起到了应有的警醒作用。

婆媳关系可以说是家庭内部人际关系中的一个传统难题。在漫长的封建社会中，婆媳关系是一种不平等的人际关系，媳妇必须俯首听命于婆母，没有独立、平等的人格尊严。今天，媳妇有了独立的社会政治经济地位，婆媳关系已基本成了一种平等的人际关系。但是也应看到，即使在今天，相处融洽的婆媳关系也并不十分普遍。那么，究竟是什么因素导致婆媳关系如此难以相处？探讨这一问题的观点有许多，但从慈伦理这一角度发论的尚不多见。

传统文化中直接用慈伦理来讨论婆媳关系的言论不多，四书五经中没有提及，《左传》中仅有一例。《左传·昭公二十六年》晏子建议齐景公处理好十种伦理关系："君令、臣共、父慈、子孝、兄爱、弟敬、夫和、妻柔、姑慈、妇听。"其中"姑慈"，是指婆婆对儿媳的慈爱，"妇听"是指儿媳对婆婆的孝顺，并说"姑慈而从，妇听而婉"。《说文》中这样解释：慈，爱也；婉，顺也。在晏子看来婆婆慈心宽容，儿媳必定和顺听话，家庭也会因此而和睦。

虽然传统文化中像晏子这样讨论婆媳关系的不多，但慈伦理的丰富内涵，同样可以帮助人们解开婆媳关系的谜团。

慈，在家庭伦理中，不仅是指父母或长辈对子孙后代的慈爱，还有其他的含义。如若是父母早亡，则"长兄如父，老嫂比母"，做兄嫂的要"慈爱而见友"（《荀子·君道篇》）；若是有了儿媳，婆媳之间就形同母女，要"姑慈、妇听"；若是父母到了老年，成了"老小孩"，子女要对父母要"慈以旨甘"似的侍奉。由慈的词义演变看，不管是父子之间、婆媳之间，还是兄弟之间，都要用慈爱之心去善待对方。

但是，形同母女的婆媳关系，毕竟不是实际上的母女关系。现实生活中，基于人性的弱点，不可能出现总是把儿媳当亲闺女待的婆婆也不会出现总是把婆婆当亲娘看的媳妇。因此，婆媳之间疙疙瘩瘩的事总是存在，也因此而生出许多无端的摩擦。比如，同样是言语冲撞，若是发生在女儿身上，亲生母亲肯定能够谅解和忍让女儿的无礼,别人也不会因此而说三道四;但若是换到儿媳身上就不同了,婆婆不但不能原谅,还会添油加醋地到处宣扬,甚至将无端的是非也扣到媳妇身上,邻里之间也会因此而说长道短。反之,对于儿媳也是一样,若是发生在亲生母亲身上,便可原谅忍受;若是发生在婆婆身上,也是不但不能原谅,还会添枝加叶地到处栽派婆婆的不是。

对于这样的婆媳关系的现状,儒家从慈的社会伦理的角度给出了解决答案。《礼记·礼运篇》要求人们:"人不独亲其亲,不独子其子。"《孟子·梁惠王上》要求人们:"老吾老以及人之老,幼吾幼以及人之幼。"虽然这些言语并不是针对婆媳关系而言的,但也直指婆媳关系痼疾之。就是说,每一个社会人,都要有慈爱之心,这个慈爱之心要不仅要用在自己的亲人身上,还要用在社会上其他人身上。况且婆媳是一家人,就是互相不把对方当亲生的对待,也要去用慈爱之心去善待对方。儒家对此还进一步指出:"仁者爱人,有礼者敬人。爱人者,人恒爱之;敬人者,人恒敬之。"如此的人之常情,凡是多少有点理性的人都会想得到别人的关爱和尊重。拿此比之于婆媳关系,就是说,即使是再自私的婆媳关系,双方也总想得到对方的关心爱护。那么,就应该学会彼此间相互关爱和尊重,这样就会消解许多婆媳之间的无端是非。如果这样还不明白的话,孔子则更进一步为糊涂的婆媳指出了两种做法:一是"己所不欲,勿施于人。在邦无怨,在家无怨";二是"躬自厚而薄责于人,则远怨矣!"

儒家伦理,真可谓苦口婆心,循循善诱,不厌其烦。如上建议,若是还不奏效的话,孟子还为冥顽不化的婆媳开出另一处方,《孟子·梁惠王上》中指出:"唯仁者能以大事小。是故汤事葛,文王事昆夷。唯智者为能以小事大。故大王事獯鬻,勾践事吴。以大事小者,乐天者也。以小事大者,畏天者也。乐天者保天下,畏天者保其国。"婆媳之间经常地吵吵闹闹,会使相互间的怨恨越来越深,逐步升级,最终导致妻离子散、家破人亡的结局也是有的。所以说,即使有天大的怨恨或冤屈,为了儿子,为了丈夫,为了家庭,为了孩子,也总该做出点牺牲,若是含垢忍辱,就能够成全家庭的和谐美满,又有什么不可的呢?

话说到这个份上,用儒家关涉慈伦理的内涵来缓解紧张的婆媳关系的劝诫,也算是仁至义尽了。若再不开窍,则如孟子所言:"此亦妄人也已矣!

如此则与禽兽奚择哉！于禽兽又何难焉！"（《孟子·离娄下》）

没有人愿意与禽兽为伍，除非他真的是衣冠禽兽。

（柴洪全）

敬

题 解

"敬"是中国传统美德的一个重要范畴。"敬,德之聚也。能敬必有德。"从起源上来说,"敬"字是会意字,从攴,以手执杖或执鞭,表示敲打,从苟,有紧急、急迫之义。《说文》解释为"敬,肃也",本义恭敬,端肃(恭在外表,敬存内心);《释名》解释为"敬,警也,恒自肃警也",是说"敬"的意思就是"警"。郭沫若先生说:"敬者警也,本意是要人时常努力,不可有丝毫的放松。""其用为敬者,敬即警之初文,自来用狗以警卫,故字从苟从攴,与牧等同意。"从含义上来说,先秦儒家的"敬"是人对某种对象(人或事)所持的一种应有态度,其含义是外指性的,即有一种外在对象与之对应,或天,或祖,或事。到了宋明时期"敬"不再有外在对象,而是成了纯粹的人格修养方式,它是人的自我提醒、自我监督和自我警戒。"敬"作为处理人际、人事关系基本准则的思想自先秦产生以后就一直延续下来,保持着较大的稳定性,一直起支配地位。尽管随着时代的变迁,"敬"的含义逐渐丰富起来,但中国人在社会生活中所表现出来的尚敬心理中的"敬",其中心含义依然主要是仁爱、敬重、恭敬、谨慎、严肃、认真、畏惧、谦让、自尊自重等,且一般多具褒义,多是指人与人之间所表现出的一种和谐的外在行为或内在心态,以及人面对自己所从事的事或面对的境遇所应有的一种积极的外在行为或内在心态。现实生活物欲横流，其中的许多烦恼，都是因为缺乏恭敬、敬畏的心态导致的。重新品味先人在人或事上的行为或心态，必定给我们带来一些冷静的思考，为扫除我们的烦恼开启智慧之门。

（王德成）

1. 丛飞的爱感动中国
——仁爱是敬的原动力

当今中国，有这样一个人，他是歌手，属于高收入人群，每场演出费高达万元，家里却一贫如洗，当自己在年仅36岁被诊断为胃癌晚期时，竟然连为自己看病的钱都拿不出来，但他却无私捐助失学儿童和残疾人达146人，认养孤儿32人，捐助金额超过300万元；把大家捐给他治病的钱留下3个疗程的化疗费用后，拿出2万元捐往贵州织金县贫困山区；在去世前立下遗嘱捐献眼角膜，用最后的爱心之举，留给他人光明。这个人，就是深圳歌手丛飞。

丛飞以其感人的爱心善举感动了中国，赢得了社会和人们的无比尊重。他们纷纷以自己特有的方式表达对位这爱心大使的敬意：丛飞先后被授予"中国百名优秀青年志愿者"、"深圳市爱心市民"、"深圳市爱心大使"等荣誉称号；2005年底，丛飞被评为"2005感动中国十大人物"、"中国首届中华慈善奖"等爱心荣誉；受资助的孩子亲切地喊他"爸爸"；在丛飞住院期间，众多市民前来探望，有位老太太来看丛飞，临走时硬是留下几百元钱，问她姓什么住在哪她都不肯说。2006年4月20日20时40分，37岁的丛飞因病医治无效，在深圳市人民医院去世。丛飞逝世后，人们设立"丛飞网上纪念馆"，供网民参加网上祭奠，继续表达对爱心大使的崇高敬意。据不完全统计，新华网已有一万多人阅读过对丛飞的报道并写下感人留言，仅《丛飞完美"谢幕"捐献眼角膜再献爱心》一条新闻，就已有评论近千条；新浪网也有数千人留言表达对丛飞的敬意和追思；《晶报》和深圳新闻网合建了丛飞"网上灵堂",无数网民自发点起手中的蜡烛,献上思念的鲜花,表达对丛飞的哀思和崇敬,"网上灵堂"的留言平均每两分钟就会增加一页。

丛飞在生前和逝后能受到社会和人们对他如此崇高的敬意和追思,自然是因为他的善举感动了社会和世人,而这种壮举的原动力正是他的仁爱之心。丛飞的仁爱之心本身就是一种对社会、对他人的一种崇高的敬意。古圣先哲们所言的"仁者爱人",就心理要素来说,"仁"是一种真诚的、出自内心的"爱人"之情感,它有两种方式:一是"己欲立而立人,己欲达而达人"(《论语·雍也》),二是"己所不欲,勿施于人"(《论语·颜渊》)。"己欲立而立人,己欲达而达人",所表现的是一种为人着想的正直之心和成人之美的精神,包括关心、爱护、同情、尊重、信任和教人以善、为人以善等等,就是"君子成人之美,不成人之恶"(《论语·颜渊》)。"己所不欲,勿施于人"所表现的是一种将心比心、宽以待人的精神。孔子这两种"推己及人"的爱人方式,本身也就包含着从对自己的认识开始,来揣测、尊重他人的需要与欲望。丛飞善举的开始,正是从自己少年因贫困而无法上学的遗憾中看到贫困山区的孩子对上学的渴望,所以他想持之以恒地满足贫困孩子上学的欲望,而他的这种善举,不正是对贫困孩子的一种莫大的尊重吗?当然,丛飞这种发自内心的尊重来自真诚的爱,有爱才会有尊重;更为重要的是,丛飞的这种爱会使受资助的孩子怀着感恩之心尊重他的劳动果实,更会倍加珍惜丛飞用仁爱之心为他们创造的良好学习环境。

孟子说:"爱人者,人恒爱之;敬人者,人恒敬之。"(《孟子·离娄下》)就是说,一个人只有真诚地关爱别人,才能得到别人永恒的爱;一个人只有真诚地尊敬别人,才能得到别人永恒的尊敬。相反,如果一个人不爱别人,那么也不会得到别人的爱;如果一个人不尊敬别人,那么也不会得到别人的尊敬。爱与敬是双向的,没有播种就不会有收获。丛飞的仁爱之心,受到了社会和人们对他的崇高敬意!丛飞在2005年底被评为"2005感动中国十大人物"的颁奖词是:"从看到失学儿童的第一眼到被死神眷顾之前,他把所有时间都给了那些需要帮助的孩子,没有丝毫保留,甚至不惜向生命借贷,他曾经用舞台构筑课堂,用歌声点亮希望。今天他的歌喉也许不如往昔嘹亮,却赢得了最饱含敬意的喝彩。"

> 没有爱，就没有敬，
> 敬源于心爱。
>
> （王德成）

2. 好义固为人所钦
——坚持道义的人受人尊敬

在今天的中国，有两位"圣人"至今一直受到人们的尊崇：一位是被奉为"文圣"的孔子，另一位是被奉为"武圣"的关羽。在中国历史上，全国各地都有供奉"文圣"孔子的文宣王庙或类似的建筑，而供奉"武圣"关羽的关公庙的数量曾一度超过了文宣王庙。如在清朝时期，仅北京一地的关公庙就有116座，并且有些关公庙的建筑规模也超过了祭祀孔子的文庙。再如，在拥有2000多万人口的台湾，关公的信众多达800万，几乎各家各户都为关公设香案，立牌位，挂圣像，甚至台湾的关公画像年销售量都超过了神祇妈祖；在今天中国各地的许多酒店，也仍然供奉着关公的雕像，以求关公的保护。

那么，关公为什么会在中国人的心中有这么高的地位，受到如此尊崇呢？其最主要的原因，应是与关公坚持道义的品德分不开的。《三国演义》中有多处描写关羽重义轻利的义举。例如：当关羽与刘备、张飞在曹操的追剿下被冲散之后，为了保护刘备的夫人，关羽在曹操部将张辽的游说下，与曹操约法三章之后依附了曹操。曹操为了收买关羽的人心，用尽请客送礼等各种办法，还相继给关羽送来美人、黄金、战袍、赤兔马，又利用手中的权力封了关羽一个"汉寿亭侯"。尽管这些物质利益很诱人，但始终未能改变关羽对刘备的忠义。当关羽打听到刘备的下落之后，毅然封金挂印，过五关斩六将，克服了重重困难险阻，终于兄弟相聚。这段故事在我国一直以来广为流传，令人肃然起敬，为之动容。

另外，关羽还不愧为一位光明磊落、知恩图报的君子。当年身在曹营时，他帮助曹操斩杀了颜良和文丑这两员敌军大将，而且当曹操在赤壁之战中大败之后，关羽奉军师诸葛亮之命把守曹操败退的必经之路华容道。面对落荒而逃、狼狈不堪的曹操，关羽念起了当年曹操对自己的恩情，冒着违令杀头的危险，放了曹操一马，由此足见关羽是一位有情有义的英雄。

正是因为关公上述坚守道义的行为引起了人们的共鸣而赢得人们对他的尊崇。这正印证了《增广贤文》"好义固为人所钦，贪利乃为鬼所笑"的言论，就是说坚持道义的人会受到人们的尊敬，而贪利轻义之人不仅会遭到人们的鄙视，甚至连鬼都会讥笑他。

但是，在物欲横流、拜金主义盛行的当下，有些领导干部视道义为草芥，把金钱和地位作为唯一的追求，越来越脱离群众，一味地追求自身利益而忽视肩负的道义。在位时前呼后拥，貌似人见人敬，等到退休，人走茶凉，反而抱怨世态炎凉。这样的领导干部在人们心目中的地位低下，究其根源在于这些领导干部在位时不能坚持道义，唯利益为上，引起了人们的反感，才不为人们尊重。由此可见，如今，人们发自内心敬重的是仍是那些坚持道义的领导干部。

道义主要是一种儒家文化观念，它是一种做人的准则。这种准则在战争中表现为民族大义，在日常生活中则表现为做人的内在良知。在全国上下正致力于构建社会主义和谐社会的当下，不需要我们大谈特谈民族大义，最需要的是每个领导干部、每个老百姓坚守做人的良知道义。

因为构建社会主义和谐社会是一个全方位的、立体化的系统工程，涉及社会结构的各个部分和各个要素，它虽然最终体现出一种整体的社会和谐，但从社会发展各要素的制约规律来看，还有赖于构成社会结构体系的各层面、各环节、各种因素的和谐，如和谐经济、和谐政治、和谐文化与和谐自然环境等和谐要素的支撑。其中坚持道义是一个特别需要重视的方面。因为它是构建和谐社会的精神动力和道德基础，在社会主义和谐社会的建构中是一个不可或缺的前提和首要条件，应该成为目前和谐社会进程中道德建设的一个重点。

因此我们亟须呼唤道义的回归，尤其是那种能促动和唤醒人们情感灵性的道义，不只为被尊重，更为充实我们的灵魂，振作我们的精神。只要我们每个公民心灵深处坚守道义，我们就能筑起建设和谐社会强大的精神力量，这种力量远远超过任何法律的威力，因为法律只能约束一个人的行动，而道义却能"约束"一个人的灵魂。

> 背信弃义遭唾弃。
> 坚守道义受尊敬。
> 和谐社会需道义。

(王德成)

3. 若要人不知，除非己莫为
——要人敬先自重

在《增广贤文》中有这样一句贤文，"若要人不知，除非己莫为"，其主旨在于教育人们要尊重自己，在没有人监督的情况下也要坚守做人的本分，不做违背道德良心的事情。我国古代的贤哲智者都非常注重以自尊、自重作为自己修身养性的标准，《中庸》中是这样论述的："是故君子戒慎乎其所不睹，恐惧乎其所不闻。莫见乎隐，莫显乎微，故君子慎其独也。"其意思是，君子就是在别人眼睛看不到的地方，也要谨慎小心；在别人听不到的地方，也要警惕注意。隐秘的事情没有不被人发现的，细微的事情没有不被显露出来的，所以君子在个人独处的时候，也要谨慎小心。《孟子·离娄上》说："自暴者，不可与有言也；自弃者，不可与有为也。"意思是说，自己残害自己的人，不能和他谈出有价值的言论；自己抛弃自己的人，不能和他做出有价值的事业。古人的这些圣训教导我们在现实中，要反对自己看不起自己的言行。因为谁自尊，谁就得到尊重；谁自卑，谁就受到欺辱。那些以自尊、自重为标准修身养性的人将受到人们的敬仰和传颂，著名的历史典故有汉代杨震"暮夜却金"的故事。

杨震是东汉中晚期以公廉正直著称的贤臣，有"关西孔子"之称。杨震在由荆州刺史调任东莱太守赴任途中，路经昌邑（今山东巨野县东南）时，昌邑县令王密，是他在任荆州刺史时举"茂才"提拔起来的官员，听说杨震途经本地，为了报答杨震的恩情，特备黄金十斤，于白天谒见后，又乘夜深人静之机，将黄金送给杨震。杨震不但不接受，还批评说："我和你是故交，关系比较密切，我很了解你的为人，而你却不了解我的为人，这是为什么呢？"王密说："现在深夜无人知道。"杨震说："天知、地知、我知、你知，怎能说无人知道呢！"受到谴责后，王密十分惭愧，只好作罢。杨震"暮夜却金"的事，对后世影响很大，一直受到后人传颂，杨震也受到世人的敬重。

在我们的现实生活中，不乏阳奉阴违，当面一套，背后一套，违法乱纪，谋取私利之徒。一些贪污受贿、生活腐化、知法犯法的犯罪分子之所以走上犯罪的道路，尽管原因是多方面的，但很重要的一条就是放松了自我修养，忽视了自尊、自重。这些人有时能骗取荣誉，捞到好处，满足私欲，自以为真面目不为他人所察，其实唯物主义辩证法已告诉人们，偶然之中有必然，量变会引起质变。做一两次坏事可能不被发现，如果长此以往，就难免露出马脚，受到惩罚，丢掉尊严。

正所谓"若要人不知，除非己莫为"，要想得到别人的尊重，首先要自重。试想一个不自重的人，会得到别人的尊重吗？一个领导者的威信主要不是来自权力因素，而是来自人格、学识等非权力因素。诸葛亮在街亭失守后，主动承担责任，要求连降三级，为振兴蜀国鞠躬尽瘁，死而后已，被后人尊为一代名相。毛泽东在20世纪60年代国民经济困难时期，与人民同甘共苦，坚持七个月不吃一块猪肉，即使厨师做好了端上餐桌，他也不伸筷子。毛泽东以高尚的人格影响和带领全国人民艰苦奋斗，共渡难关。

汉代儒学家扬雄说："人必其自爱也，然后人爱诸；人必其自敬也，然后人敬诸。"（《法言·君子》）意指，人必须自爱，然后别人才会关爱他；人必须自己尊重自己，然后别人才能敬重他。一个人要获得社会、他人的敬重，必须加强自身的道德修养，特别是在无效监督的境遇中更应自重自爱，不做有失人格、尊严之事，要像杨震那样清正廉洁、远离贪欲，用美德去纯洁自己的灵魂，这是趋荣避辱的唯一有效途径。在现实中我们不但自己要做到趋荣避辱，维护自己的尊严，而且对于违背社会公德的损害他人尊严的言行进行鞭挞，对于善言、善行要进行褒扬，这是因为："见恶不疾，是为长恶；见善不从，是为弃善，损于己亦损于人。"

    阳奉阴违伪君子，
    双面人格诚可悲。

自重自爱心坦然，

远离贪欲赢尊重。

（王德成）

4. 老吾老，以及人之老
——尊敬老人是社会文明的标志

尊老敬老是中华民族的传统美德。早在两千多年以前，孔子就把"老者安之"当做自己的志向，把"老有所终"列为达到天下"大同"理想境界的一项内容；孟子又继承并发挥了孔子的观点，提出"老吾老，以及人之老"，即孝敬自家的老人，也孝敬别人的老人。自此以后，虐待老人或怠慢老人，都会被视为"大逆不道"的行为，遭到众人的谴责和唾弃。

早在西周时期，周文王就很敬重老人，每年定期举行规模隆重的敬老大典，这一制度历代相传，直到清朝。孟子曾说，"谨庠序之教，申以孝悌之义。颁白者不负戴于道路矣"，即学校里要用奉养父母、敬爱兄长的道理来教育学生，少者行路遇见老人，不论相识与否，应帮助老人携带背负头戴之物。在《礼记·曲礼》篇中，对尊敬老人的记述是："年长以倍，则父事之。五年以长，则肩随之。"西汉时，敬仰老人形成一项重要习俗。在《王杖诏书》中明文规定："不论城乡，不分宦民，凡七十岁以上老者，都可以得到皇帝赐给的一根手杖，名曰王杖。"后汉明帝刘庄在永平二年（59年）的诏令中即明定行"三老礼"还令赐天下三老：酒，人一石（十二斤）；肉，四十斤。这种隆重之礼，一直延续下来，以后各个朝代都有与此相类似的尊老敬老制度。明太祖朱元璋提倡敬老，设里老，尊高年，由里老解决民间一般纠纷。对七十岁以上老人允许留一个孩子在身边侍奉，免除各种差役，要求有关部门和官员经常探望问候老人。对年龄在八十岁以上的老者，规定每月给米五升，肉五斤，酒三斗。对九十岁以上的老者，规定每年加给帛一匹。这种制度直至清顺治九年，朝廷还公布过："年龄七十以上者免其丁夫杂役，八十以上者给绢一匹，棉花十斤，米一石，肉十斤，九十以上者倍之。"清康熙、乾隆年间，为了尊敬老人还曾多次在京城举行"千叟宴"，即由各省郡选送六十岁以上有一定名望的老人赴京欢宴。有的年逾古稀的老妇，还被诏至皇后宫赐宴。宴会上皇帝亲自赋诗祝贺，赠送礼品，并将老人的名字载入史册。1772年的一次"千叟宴"载入史册的老人就有2417人。

当前，世界上许多国家政府都非常重视老年人的问题，最为典型的就是新加坡。新加坡是以华人为主要族群的国家，华人人口占3/4以上，中华民族的敬老美德，在这里一直得到保留和发扬。早在1996年，新加坡就已开展"乐龄运动"，其主题为"即使过了五十五，生活仍然璀璨"，后来又推出了新的口号，"即使过了六十，生活一样美好。"随着"乐龄运动"的兴起，全国所有的民众联络所，都成立了"乐龄俱乐部"——老年人欢度晚年理想的温馨场所，在这里可以享受到内容丰富、形式多样的服务，如健康检查、保健讲座、旅游观光、语言训练、生日庆祝等，还定期举行太极拳、气功、交际舞、卡拉OK、书法等文体活动。"乐龄运动"使老年人感到生活更加充实，人生依然是一片光明。新加坡政府还将每年11月份的第三周，定为"全国敬老周"，借此向青年一代灌输尊老爱老的传统美德，倡导各阶层的志愿者为老年人提供义务服务，上至总统、总理，下至平民百姓，都积极参加"敬老周"的各项活动。

当尊老敬老成为人类社会文明标志之时，在当下的中国也出现了一些有悖于尊老敬老的现象：一些道德败坏品质较差的人，不知道尊敬老人和爱护老人，反而却欺骗老人虐待老人，毫无良知地骗取老人的钱财，甚至有些人连自己的父母也不赡养。这些不良现象引起了社会的公愤，因此我们在此用"老吾老，以及人之老"呼吁每一个公民要推己及人地继承尊老敬老的美好传统社会风尚。

为什么要尊老敬老呢？因为，人类社会是一代一代延续下来的，后一代人的活动，是建立在前一代基础之上的，没有前一代人的创业，就没有后代人的幸福，正所谓"前人栽树，后人乘凉"。老人们辛苦奋斗一生，既为家庭付出了艰辛，又对社会作出了贡献，更为后代的创造性发展积累了宝贵的经验教训，常言说得好："老马识途，少迷蹄之失；夕阳染霞，有灿烂之光。"毛泽东也曾说过："老年人最好，因为他们有丰富的经验，不但懂得现状，而且明白因果。"所以，当他们年老体衰之时，理应享受他们用毕生精力所创造的社会财富的一部分,作为其子孙后代及整个社会,尊敬、关心、扶助、赡养他们乃是义不容辞的责任与义务;另一方面,尊重老人也是尊重自己,因为自然规律是不能抗衡的,每个人都不可能永远年轻,最终都要变成老人。所以说,尊老敬老这是对人类自身发展的尊敬,也是人类社会文明的标志。

目前,我国已进入了老龄化社会,老年人成了社会的一个群体,是社会大家庭成员的重要组成部分,老年人的问题成了社会问题。老年人身心健康,生活美好,是社会安定的重要因素,是和谐社会的题中之意。在目前社会养老保险体系未健全,家庭养老负担越来越重的情况下,全社会形成尊老敬老的社会风尚,具有不言自喻的现实意义。

> 社会文明有标志,尊老敬老在其中。
> 老少一起都幸福,和谐社会有盼头。

(王德成)

5. 大孝尊亲
——对父母最高境界的孝是发自内心的敬

一谈到什么是孝,如何行孝,很多人觉得,能够供养父母,就是孝了。当然供养父母也是孝,但这种孝,只能是儿女应尽的最基本义务,还不能称为大孝——最高境界的孝。那么怎样对待父母才是大孝呢?我们先看一个故事:

生活在城市的"我"及弟妹没有时间照料在农村的父亲,便每月寄钱给村长,托他关照一下。"我"则每月收到一封由村长代写,父亲口述的信,信上总是写到他在家过得如何好,有房子住,有东西吃,村里人特别是村长对他很好,要"我"放心去工作,以后要好好报答村里人。后来,父亲死了,我们几个做子女的回来给父亲送葬,并买了一台电视机送给村长。然而就在感谢过程中,我们发现,父亲生前的处境并不像信上写的那样。后来，真相大白：父亲根本就没有得到那些寄的钱，也没有人照顾，而是住在一个破庙里，一个哑巴乞丐不时地给他些吃的。"我"受到良心上的谴责，终于在父亲的坟前大哭起来。

这个故事告诉我们，仅仅自以为供养父母是不够的，即使父母真正得到了子女的供养也不能称为大孝，还要发自内心地对父母尊敬与敬爱。孔子曾说："色难。有事弟子服其劳，有酒食先生馔，曾是以为孝乎？"（《论语·为政》）就是说，对待父母的孝最关键的是对待父母的态度，单纯替父母干活，供养好吃好喝并不是孝。那么对待父母最好的态度是什么呢？当然是对父母的尊敬和敬爱了，"今之孝者，是谓能养。至于犬马，皆能有养；不敬，何以别乎？"（《论语·为政》）只有对父母有敬心，才能把赡养父母同饲养狗马区别开来；只有发自内心地对父母尊敬与敬爱，才是真正的孝。孔子的弟子曾子继承并发展了孔子这种孝的观念。曾子说："孝有三：大孝尊亲，其次不辱，其下能养。"（《礼记·祭义》）这句话的意思是，孝顺父母有三个层次：最高的层次是从内心深处尊敬父母，使父母从心底里感到高兴；其次是为父母争光，不使父母蒙受耻辱；而仅仅让父母吃饱穿暖，那是最低的层次，也是最起码的要求。至此我们应该知道什么是大孝了：只有那种发自内心对父母的尊敬与敬爱才是最高境界的孝！衡量自己是否尽孝，不能单纯以物质上的供奉为标准，常言道："百善孝为先，原心不原迹，原迹贫家无孝子"，一定要看看自己是否有对父母的尊敬与敬爱之心。做儿女的要使父母有尊严，有体面，心宽体泰，舒适自如，那才叫大孝。依此标准，我们现实生活中有几人能称得上"大孝尊亲"呢？

当下，农民进城务工已经成为一种潮流。偌大的农村，除了一些老弱病残者，几乎就没什么人了。而每年除了过年的几天，那些在家守望的老父老母能有多少机会能见道自己的儿女呢？他们大部分时间也就只好依旧面朝黄土背朝天，再就是朝着电视看半天了，更不敢奢望儿女的大孝。

一般人只好在这两者之间选择：要么也把乡下的父母接到城市来；要么图自己的清静，把老人留在家里，只是给予父母更多物质上的补助。把父母接来的，仍然过自己的生活，把父母丢在了家里，而那些在农村生活惯了的老人，又怎么适应得了都市的烦躁与隔阂？只是给予父母物质上补偿的，父母可能是丰衣足食了，然而那身边无人的凄凉又有谁知道？于是，物质上越来越富裕起来的现代人，离真正意义上的大孝却越来越远了，如何尽孝便成了一个困扰着现代人的问题。最好、最简单的答案就是"常回家看看"！——可是，这又有多少人能做到呢？

赡养父母天伦在，
代代相传有孝心。
父母依闾翘首盼，
儿女记得"常回家看看"。

（王德成）

6. 相敬如宾
——现代家庭中夫妻需要相互尊重

据《左传·僖公三十三年》记载，春秋时一个叫冀芮的人在田里除草，他的妻子把午饭送到田头，恭恭敬敬地用双手把饭捧给丈夫，丈夫庄重地接过来，毕恭毕敬地祝福以后再用饭。妻子在丈夫用饭时，恭敬地侍立在一旁等着他吃完，收拾餐具辞别丈夫而去。这个故事就是成语"相敬如宾"的由来，是专门用来描写夫妻感情甚笃的词语，以赞美夫妻相敬相爱。

当然，在生活节奏不断加快的现代社会，古代社会夫妻间的那些繁文缛节已不适合时代的需要，呆板的"相敬如宾"也会使夫妻关系缺乏生命与活力。但夫妻间彼此的尊重仍是和谐家庭所不可缺少的因素之一，也就是说，"相敬如宾"并没有过时，我们应注入新时代的内容，使之成为夫妻相处的一种道德规范。新时代的"相敬如宾"要求夫妻双方应该相互尊重：尊重对方的人格、性格、爱好、隐私及对方的感情需求；不说伤害对方的话，如拿自己妻子或丈夫的缺点跟别人的妻子或丈夫的优点比，或经常提及对方的缺点或为了提高自己而贬低对方等等；不做伤害对方感情的事情，使对方享有一定的独立空间，双方地位平等，彼此保持适度距离；同时赏识对方的优点和包容对方的缺点，分享对方的喜悦，分担对方失败的痛苦，并且双方还应该能够经常在平等的基础上进行感情沟通与交流。

　　夫妻是家庭的轴心,夫妻相互尊重是家庭幸福的重要条件。儒家讲"君子之道,造端乎夫妇"(《礼记·中庸》),就是说,一个有自尊、有荣誉感、受尊敬的人,他的道路起点是在夫妇的和谐上。为什么有了夫妻关系才有人类的尊严?因为"有夫妇,然后有父子;有父子,然后有君臣;有君臣,然后有上下;有上下,然后礼义有所错"(《易·序卦传》)。就是说有了夫妻关系才有一切的人伦社会秩序,所以夫妻关系的和睦非常重要。针对当时存在的男女地位差异的实际,儒家提出了是夫妻关系和睦的方针,那就是丈夫要敬重妻子,妻子尊爱丈夫,"夫敬则妇爱。"孔子认为,丈夫首先应尊重妻子。孔子说:"昔三代明王必敬其妻","妻也者,亲之主也,敢不敬与!"(《孔子家语·大婚解》)就是说,夏商周三代圣明天子执政的时候,都很敬重他们的妻子,因为妻子是祭祀父母的主妇,敢不尊敬吗!如何"敬妻"呢?结婚时,要行亲迎之礼。孔子说:"敬之至矣。大昏为大。大昏至矣,冕而亲迎。亲迎者,敬之也。"就是说对妻子的敬重要从婚礼那天就开始了,当天亲自去迎娶妻子是对妻子最大的尊重;结婚后,丈夫要继续敬爱妻子。孔子说:"是故君子兴敬为亲,舍敬是遗亲也。弗爱不亲,弗敬不正。"就是说,婚后如果不敬爱妻子就失去了夫妻和谐的基础;其次,妻子要听从、顺从丈夫,做到"妇听"。但这并不是要妻子绝对顺从,妻子对丈夫的意见要有辨别,分清是非,"听思聪",合理的就听,不合理的不听,即"非礼勿听"(《论语·颜渊》)。孔子这种丈夫要敬重妻子,妻子要关心丈夫,从而做到夫妇和乐相处的观点,在今天仍有着重要的价值和意义,值得我们继承与发扬。

　　如今,妇女在社会上以及家庭中的地位发生了根本性变化,但旧道德、旧观念、旧思想的影响仍然存在,家庭中夫妻之间事实上的不平等现象仍很普遍,这种不平等成了夫妻相互尊重的最大障碍。因此,我们必须借鉴古人的智慧,正确认识妇女在家庭中应有的地位,绝不能因为社会地位的不同、经济收入的多少或能力大小等因素定位夫妻在家庭中的地位。夫妻之间应在平等的基础上进行感情沟通和交流,这样才能相互尊重,才能共建和睦幸福的家庭,也只有作为社会细胞的一个个家庭和谐美满了,我们的社会大家庭才能够健康稳定地发展,这正是"家和万事兴"。

> 社会和谐有家庭，
> 家庭和谐靠夫妻，
> 夫妻和谐贵尊重。
>
> （王德成）

7. 濮存昕关爱艾滋病的公益广告
——公众要尊重艾滋病患者

濮存昕是我国第一个拍"预防艾滋病"公益广告的中国内地演艺界名人，也是中国第一位"预防艾滋病义务宣传员"。他在广告中自然而舒缓地说道："一谈到艾滋病，人们就很恐慌"，"一般生活和工作接触，是不会被传染的"，"我希望有一天我们能和所有艾滋病人生活在一个没有歧视的世界里！"这个广告向全社会呼吁：要用自己的行动表达自己对艾滋病患者尊重、关爱与对社会的责任。

目前，艾滋病正以十分迅猛的势头发展，全球每天仍有 1.4 万人受到它的侵害。联合国艾滋病规划署和世界卫生组织联合发布的最新报告显示：2006 年全球有 290 万人死于艾滋病，有 430 万人感染上艾滋病，全球感染人数总共达到 3950 万人。在题为《2006 艾滋病流行最新动态》的报告中有数字显示，在 430 万感染者中，有 280 万在撒哈拉以南非洲，它已成为世界上十五至五十九岁人们的头号杀手，也成为我们这代年轻人面临的最严峻的挑战！

据最新调查报告显示，我国艾滋病流行态势严峻，逐年递增，形势不容乐观。截止 2007 年 10 月底，累积报告艾滋病病毒的感染者和艾滋病人达 223501 例，死亡人数竟高达 22205 例。这一系列的数据显示，艾滋病无时不在地向我们敲着警钟。防治艾滋病上升已成为一个亟待解决的社会大问题。

正是由于艾滋病无情地摧残着人类的生命，加上它传播迅速，无法治愈，使人们对艾滋病患者惧而远之。这无疑使艾滋病患者除身体的痛苦外，还要承受着人格的歧视与尊严的侵害。

被歧视成为艾滋病患者的沉重枷锁,并且导演了许多的悲剧。一位孔雀舞跳得非常好的16岁云南少女,被人转手骗到缅、泰、马等国,在夜总会做吧女,成了老板的摇钱树。3年后,她在某城市被验出HIV抗体呈阳性。狠心的老板即向警察举报她是非法入境者。可怜的姑娘被押返家乡。原来待她不错的乡亲们躲得远远的,像见了鬼。原来疼爱她的亲人则连家门也不让她进。她绝望了……一名四川妹到广东某城市打工,工头带她出去玩。于是,她开始了皮肉生涯。两年后,查出她染上了艾滋病病毒,她想自杀了结一生,但未遂。消息传回故乡,其父母为避开众人鄙视的目光,弃家出走,至今下落不明。更为严重的是,害怕歧视常常阻止了艾滋病患者求医的机会,这样使艾滋病隐性传播的概率增大。由此可见,歧视不仅有害于艾滋病感染者,还累及家庭,并且加速艾滋病的隐性传播,所以必须让艾滋病患者这一弱势群体远离歧视。

让艾滋病患这一弱势群体远离歧视的途径很简单,就是尊重这一弱势群体,这种尊重彰显的是对生命的热爱、尊重与拯救,是对爱心、良心、同情心的呼唤。用爱心尊重弱势者是中华民族的传统美德。早在春秋时期,孔子就倡导并力行对残疾人这一弱势群体的尊重。在《论语·卫灵公》中记载:师冕见,及阶,子曰:"阶也。"及席,子曰:"席也。"皆坐,子告之曰:"某在斯,某在斯。"师冕出,子张问曰:"与师言之道与?"子曰:"然,固相师之道也。"

这记载了孔子接待盲乐师的礼节,反映了孔子尊重弱者的态度。常人看到贵人则知敬,看到弱者往往不能以礼相待。其心始终受功利思想操纵而不自觉。而孔子引导乐师冕参加一次会见,对他一一作了介绍,表现了孔子对于一个弱者的敬重之情。孔子用宽厚的胸怀尊敬包容弱者,让他们感受到人类的平等之爱。孔子对于弱势者的尊重不分年龄大小、相貌形态,凡弱者同等敬重,"子见齐衰者、冕衣裳者与瞽者,见之,虽少,必作;过之,必趋"(《论语·子罕》),"见冕者与瞽者,虽亵,必以貌"(《论语·乡党》)。这些事例让我们非常具体地看到孔子爱护众生、尊重弱者的善举。那时,对于残疾人等弱势群体还要妥善安置。《管子·入国》记载:"凡国皆有掌养疾、聋、盲、喑哑……不耐自生者上收而养之,疾,官而衣食之,殊身而后止。"意思是说，当残疾人等弱势者不能自食其力时可由官府负责收养，直至老死。这种对残疾人的人性关怀，是对残疾人的最大尊重，值得我们当代人学习。

在我们今天这个"以人为本"的社会里，尊重艾滋病患者理应是全体人的共识。尊重艾滋病患者，就是从人格上把艾滋病患者当做健全人一样来对待尊重，尽健全人的能力弥补他们因为艾滋病带来的心理上及身体上的缺憾。可以说，对待艾滋病的态度以及艾滋病人的生活状况，是当代社会精神文明高低和人的理性成熟发展的标志！

当我们用一颗温暖的心，一道平视的目光，一个不经意的微笑看待每一个艾滋病患者之时，也是有效地保护我们自己之际。

　　　　艾滋病，生命的克星，
　　　　艾滋病患者，人类的同胞。
　　　　尊重艾滋病患者，把爱撒向无助的朋友！

　　　　　　　　　　　　　　　　　　　　（王德成）

8. 孔融让梨
——让孩子从小懂得相互敬让的道理

孔融，字文举，孔子后裔，汉末山东曲阜人，汉献帝时曾任北海相，又被称为"孔北海"。孔融是当时有名的文学家，"建安七子"之一，长于写作，为人刚直敢言，后因触怒丞相曹操而被杀。相传，孔融有五个哥哥，一个弟弟。孔融四岁的时候，有一天，家里吃梨。一盘梨放在大家面前，哥哥让弟弟先拿。孔融不挑好的，不拣大的，只拿了一个最小的。爸爸看见了，心里很高兴，别看这孩子才四岁，还真懂事，就故意问孔融："这么多的梨，又让你先拿，你为什么不拿大的，只拿一个最小的呢？"孔融回答说："我年纪小，应该拿个最小的，大的留给哥哥吃。"父亲又问他："你还有个弟弟，弟弟不是比你还要小吗？"孔融说："我比弟弟大，我是哥哥，我应该把大的留给弟弟吃。"孔融让梨的故事，很快传遍了曲阜，并且一直流传下来，成了许多父母教育子女的好例子。这个故事主要是教育孩子从小要学会尊重、谦让人。孔融为官数十年，尊友敬邻，扶老爱幼，"座上客常满"，甚得民心，这不能不说是因为幼年就打下了尊重、谦让人的良好基础。

但在社会竞争日趋激烈的今天，越来越多的人开始思考还要不要用这个故事教育孩子，他们认为过多地强调"敬让"可能会让孩子在未来竞争更加激烈的社会中失去锐气和竞争力。持这种观点的人，其实没有真正理解敬让的内涵。把对别人的敬让理解成了无原则、无限制的让。

我们传统的敬让，主要是指一种德行，并且这种德行有利于事功。《左传·昭公十年》载："让，德之主也，让之谓德。"这是说谦让是道德的主要内容，谦让是一种美德。《荀子》指出："仁者必敬人"；《礼记》提出："敬让也者，君子之所以相接也。"这些都是个人道德修养和道德自律的基本要求。

另外，传统的"敬让"与"礼"紧密联系在一起。《论语·先进》载，孔子不满意仲由（子路）说话不谦虚的态度，批评他："为国以礼，其言不让，是故哂之。"这是说，治理国家要讲求礼让。又据《礼记·表记》记孔子语"君子恭俭以求役仁，信让以求役礼"，此意即君子恭敬节俭以求行仁，诚信敬让以求行礼，崇"敬让"是为了行礼。孟子在《孟子·公孙丑上》进一步指出"辞让之心，礼之端也"，即是说礼发端于辞让，敬让之心是礼的萌芽。朱熹在《论语集注》中说，"礼以恭敬辞逊为本"，所以，"让者，礼之实也"，"敬让"是礼的实质性内容。这些都说明了传统的敬让是为了隆礼，如果没有敬让的德行，礼就徒有其表了。

先人提倡"敬让"的德行并不是无原则、无节制的让，孔子就曾说过，"当仁，不让于师"（《论语·卫灵公》）。荀子提出"仁者必敬人"，而且提出"敬人有道"："贤者则贵而敬之，不肖者则畏而敬之，贤者则亲而敬之，不肖者则疏而敬之，其敬一也，其情二也。"（《荀子·臣道》）对于不同的人，敬的具体内涵和方式有所不同，对贤者的敬应贵而亲，对不肖者的敬应畏而疏，敬让并不是不分是非善恶的无原则的回避和退让，而是以礼相让。传统的"敬让"是为了实现社会的和谐。如果没有敬让的德行而一味地讲竞争，社会永不会和谐。孔子在《论语·里仁》中说，"放于利而行，多怨"，就是说，不讲究敬让，放任人们去追逐私利，必然引起人与人之间的矛盾冲突，从而导致相互间的仇视与怨恨；《孟子·梁惠王上》中云，"上下交征利而国危急"，这就进一步把竞争所造成的危害与国家的危亡联系在一起；《荀子·礼论》中说，"争则乱，乱则穷"；现代学者梁漱溟先生曾经说过，毁灭人类的不是科学技术，而是只知相争不知相敬让的人生态度。如果有了敬让的德行，反而有利于事功。《论语·泰伯》载，"泰伯，其可谓至德也已矣。三以天下让，民无得而称焉。"泰伯屡次把天下让给季历，可谓品德至为高尚，老百姓找不出合适的词语来称赞他。《论语·学而》载，子禽问子贡："夫子至于是邦也，必闻其政，求之与？抑与之与？"子贡说，"夫子温、良、恭、俭、让以得之"，这说明了敬让是孔子受到各国礼遇的原因之一；刘向在《说苑·敬慎》中概括出六种敬让的美德："德行广大而守以恭者荣，土地博裕而守以俭者安，禄位尊盛而守以卑者贵，人众兵强而守以畏者胜，聪明睿智而守以愚者益，博闻多识而守以浅者广。此六守者，皆谦德也。"只有谦虚的人才能虚怀若谷，才具有容纳更多知识和德行的空间。

现实生活中，每个人都有其独特的个人利益，其要求、愿望、目的也各不相同，因此，在人际交往和事业中，难免会发生矛盾、冲突、摩擦和纷争。解决这些矛盾和冲突时遵循敬让的原则，不但不会妨碍竞争，而且有利于公平竞争。社会主义市场经济条件下的竞争是要遵守道德原则的公平竞争。随着市场经济新秩序的完善，这种遵守道德原则的公平竞争，将越来越凸显道德性的行为比不道德的行为能获得更大利益。眼前让一点，你可能会得到更多。例如：近两年，在 IT 行业迅速崛起的神舟电脑集团的总裁吴海军说过这样一句话，"200×5 永远和 5×200 一样多。"意思是说，5 台电脑，每台挣 200 元，和 200 台电脑，每台挣 5 元，挣的钱一样多。吴海军把利润让给客户，销量上去了，他同样可以获得相同甚至更多的回报。可见，"让"与公平竞争并不矛盾。

孔融让梨中的"让"，更强调的是一种尊敬和谦让，体现的是一种团队精神和对弱者保护意识。而这正是当代孩子（甚至包括一些大人）所缺乏的。现在的孩子多是独生子女，在家是小皇帝、小公主，全家人围着转，容易形成自私、狭隘、对别人漠不关心的"自我为中心"的意识。所以正确理解孔融让梨的实质内涵，对孩子从小进行相互敬让道理之教育，具有积极的意义！

要有美德须敬让。孔融让梨是榜样。
从小学敬让，和谐生活有保障。

（王德成）

9. 敬天保民
——人类要发展必须尊重大自然

在《庄子·应帝王》中有这样一个故事："南海之帝为儵，北海之帝为忽，中央之帝为混沌。儵与忽时相与遇于混沌之地，混沌待之甚善。儵与忽谋报混沌之德，曰：'人皆有七窍以视听食息，此独无有，尝试凿之。日凿一窍，七日而混沌死。'"这个故事将恣意妄为、不尊重"万物自化"的严重后果鲜活地呈现了出来，对我们当代人不尊重自然规律，有意或无意地破坏自然资源、生态环境有重要的警示意义。

据统计，世界人口以每年7800万的速度递增，按此速度，2050年将超过90亿；煤、石油、天然气等矿产资源面临严重危机；全球森林正在以每年14万平方千米的速度减少；每年有6万平方千米的土地变为沙漠；淡水资源不足与水污染加剧，导致世界范围的饮用水质和水污染疾病蔓延；近二十年来，臭氧层正在以每十年2%—3%的速度减少，南北极已出现了巨大的空洞；在生态平衡方面，一些科学家预测每天大约有100多种物种在灭绝，严重破坏了生物物种的多样性。人类对自然界的破坏，最终将危及人类自身的生存和地球上其他生命。那么如何解决上述问题？美国一位生态学权威罗拉多教授曾指出：建立当代生态的契机和出路在中国传统的生态思想中。这种见解未必完全正确，但值得人们深思。

中国传统生态思想可以概括为"敬天保民"，就是尊重大自然，人类就能生存发展。中国古代尊重大自然的表现，就是认识到自然界在人类发展中的地位，不违背而是顺应自然规律，爱护自然界中的万物。儒家主张天人合一，肯定人与自然界的统一。所谓"天地变化，圣人效之"，"与天地相似，故不违"，"知周乎万物，而道济天下，故不过"（《易传·系辞》）。另外儒家主张以仁爱之心对待自然，如孔子的"钓而不纲，弋不射宿"（《论语·述而》），典型地显示了他对万物所持的同情、仁爱态度。道家提出"道法自然"，强调人要以尊重自然规律为最高准则，以崇尚自然、效法天地作为人生行为的基本皈依。《老子》中提到："我无为而民自化，我好静而民自正，我无事而民自富，我无欲而民自朴"，"见素抱朴，少私寡欲。"老子这一思想的主旨在于劝教人们不要有太多奢望，要顺从于自然，爱护自然，不可对自然无限制地索取。这些都要求人类应该认识到：人与自然万事万物都有着密切的关系，每一种生命形式在生态系统中，都有其生存和繁荣的权利。如果人类侵犯了它们的生存权和尊严性，就等于侵犯了我们本身的生存权和尊严性，势必影响整个社会的和谐发展。

在对自然近乎疯狂掠夺与征服的今天，人类要生存和发展，首先要尊重人类赖以生存的自然，尊重万事万物的生存权利。以违背自然规律，有意或无意地破坏自然资源、生态环境来满足人类无节制的需求，只能导致整个自然资源的破坏和枯竭，最终危害人类自身。在今天，借鉴传统文化中"敬天保民"的思想，有利于牢固地树立尊重、爱护天地自然的心态；只有这样，才能不断地化解人与自然的冲突和生态危机。

破坏自然将无家可归。
尊重自然是明智的选择。

（王德成）

10. 人命关天
——只有尊重生命才能生产、消费安全

在努力创建和谐社会的今天，在一个提倡以人为本的时代，却频频发生

生产安全事故，严重侵犯了劳动者的人身权利；常常有不合格药品、食品危及人们的健康和生命，以至于人们没有了消费安全的信心，不知道应该吃什么，如何保证自身的安全。近些年来，我们在生产、药品、食品上的法律法规不可谓不多，党和政府也三令五申生产安全、消费安全，可为什么总是难以实现？其根源在于某些人只顾埋头挣钱，置人们的健康、安全于不顾，心中只装着个人利益和小团体利益，缺乏对生命的起码敬畏与尊重。只有当全社会都能本能地对人生命的关爱和尊重达成共识，才能真正实现生产、消费安全！

人的生命神圣不可侵犯，尊重、珍惜生命是一种最低的社会道德准则，具有至高无上的道德价值，在任何情况下都要将尊重、珍惜人的生命放在第一位，这一观点在中国古代源远流长。《论语·乡党》记载："厩焚，子退朝，曰：'伤人乎？'不问马。"从这里可以看出孔子对人生命的关爱程度。他还强烈反对殷商以来残害生命的人殉制度，"始作俑者，其无后乎！"《易传》认为："天地之大德曰生。"也就是说天地之间最伟大的道德就是爱护生命。先秦儒家不但尊重人的生命，甚至连对身体的伤害也反对，把对自己身体的爱护上升到孝的高度，"身体发肤，受之父母，不敢毁伤，孝之始也。"（《孝经·开宗明义》）孟子认为"知命者不立乎岩墙之下"（《孟子·尽心上》），就是说尽管人的寿命长短是由命决定的，但每个人还是应当珍惜生命，尽量避免危险，妥善保护自己。中国土生土长的道教也非常重视人的生命。道教早期重要经典《太平经》说，"人居天地之间，人人得壹生，不得重生也。"因此，人生的至道就是热爱生命，保养生命，使之健康长寿乃至长生不死。

先人如此尊重人的生命，这与他们对人在自然万物中地位的认识密切相关。荀子从人与其他生物的比较中肯定了人生命存在的现实意义，"水火有气而无生，草木有生而无知，禽兽有知而无义，人有气有生有知，亦且有义，故最为天下贵也。"（《荀子·王制》）就是说人与其他生物相比较，人是天地之杰出，万物之精灵，是最高贵的。马王堆汉墓出土的医书《十问》中也有相同的观点：尧曾经问舜，天下万物孰最贵？舜明确答曰：生。这种"生最贵"的观念就是对人的生命价值的肯定。《黄帝内经》明确提出："天覆地载，万物悉备，莫贵于人。"人的生命是最宝贵的，乐于生存是人的天性,所以人之情莫不恶死而乐生。孙思邈在《备急千金要方·治病略例》中指出:"二仪之内,阴阳之中,唯人最贵。人者,禀受天地中和之气,法律礼乐,莫不由人。"在《备急千金要方·养性》中又进一步指出:"人之所贵,莫贵于生","有智之人",必当"爱惜性命"。他认为,生命对于每人只有一次,应当加以珍惜,"以全其天年"(《千金翼方·退居》)。这一观点为后世儒家所继承,周敦颐、朱熹都肯定了人高于禽兽,在宇宙中有着崇高的地位。人的地位非但如此,就连天道也要靠人为依托,生命的尊严就是天道的尊严,"身者道之所托也"(《淮南子·齐俗训》),所以有"人命关天"之说。正由于古人对人生命价值的深刻认识,才对生命给以尊重。

虽然人在自然万物中的地位如此之高,但毕竟"民以食为天",人类要延续,就需要获得保证生存的物质条件。为了避免人们在获得生存的物质条件时对生命的践踏,古人也形成了维护人生命尊严的价值观念,那就是"取之有义"。孔子赞赏"义然后取,人不厌其取"(《论语·宪问》)这一行为准则。他说:"不义而富且贵,于我如浮云"(《论语·述而》),"邦有道,贫且贱焉,耻也;邦无道,富且贵焉,耻也"(《论语·泰伯》),这些话的意思就是要求人们遵守"义然后取"或"取之有义"的行为准则。这里的义包含了尊重人的生命这一最低原则。

反观今天出现的生产、消费安全问题,我们不禁要问,有多少事故责任单位或责任人能够拥有古人那种"人命关天"和"图财不能害命"的意识?正是由于他们对生命的漠视,缺乏生命尊严的敬畏意识,才只顾一心赚钱,而置国家的三令五申于不顾,最终酿成了一起起的危及人的健康和践踏人生命的事故。所以说,只有当我们的经济活动遵循"人命关天"和"图财不能害命"的最低商业道德准则时,经济活动主体才能真正形成尊重生命的价值观,才能光明正大地赚钱,而不是大发不义之财,做伤天害理的生意。只有如此,才能重新赢得社会大众生产安全、消费安全的信心!

尊重生命,是传统的道德底线。

尊重生命,是生产、消费安全的保护伞。

尊重生命,是保证生命安全的救命草!

(王德成)

11. 感恩——常存感恩之心是对他人、对社会的最大敬意

2006年8月，襄樊市总工会与该市女企业家协会联合开展"金秋助学"活动，19位女企业家与22名贫困大学生结成帮扶对子，承诺四年内每人每年资助1000元至3000元不等。入学前，该市总工会给每名受助大学生及其家长发了一封信，希望他们抽空给资助者写信，汇报学习生活情况。但一年多来，部分受助大学生的表现令人失望。2007年8月，该市总工会再次组织女企业家捐赠时，部分女企业家表示"不愿再资助无情贫困生"，结果只有17人再度获得资助，5名贫困大学生被取消继续受助的资格。无独有偶，华东师范大学校长在2007年的新学年伊始，给首批免费师范生写了一封亲笔信，希望这些学生一定不要忘记感谢父母和家人，不要忘记感谢老师，怀着一颗感恩的心走出家门，怀着一颗自信的心走进校门。这两个事件再次引起了社会对"感恩"的关注。

感恩是中华民族的传统美德，在中国传统文化里，对"知恩图报"极为推崇，"人之有德于我也，不可忘也"《战国策·唐雎不辱使命》；"知恩不报非君子"，"投我以桃，报之以李"，"滴水之恩当涌泉相报"，"恩欲报，怨欲忘；报怨短，报恩长"等古训，和"谁言寸草心，报得三春晖"等充满感恩情怀的佳句，至今仍然广为流传。另外，我们的传统文化还记载了数不尽的诸如"忠孝双全"、"结草衔环"、"上书救父"、"彩衣养亲"、"哭竹生笋"、"打虎救父"、"笼负母归"、"鹿乳奉亲"等关于感恩的故事。

然而，在大力构建和谐社会的当下，这种源远流长的感恩情怀与传统，在年轻一代中似乎已越来越成为一种遥远的意识。一些子女不知父母养育的艰辛，把赡养父母当成一种负担；有些学生不懂得尊重老师，认为能有今天的成绩全是自身努力的结果，老师是尽端饭碗的义务；有些人，视别人对自己的帮助为理所当然，没有一点感激之情，更有甚者恩将仇报；某些领导干部把党和人民的信任抛在脑后，贪污腐败；某些企业在发展壮大的过程中忘

记了党和政府的政策扶持，忘记了企业全体员工的辛勤劳动，忘记了社会各界的支持配合，只为赚钱而不知回报社会与人民，甚至从事非法生产。这些感恩意识的缺失，破坏了团结，损害了民族形象，败坏了党风民风，给社会带来了不安定因素，影响了和谐社会的建设进程。

所以，在今天倡导感恩，不仅有助于弘扬中华民族的传统美德，遏制不良社会现象的发生，更能促进和谐社会的建设进程。我们今天所倡导的感恩，不是单纯感激话语的表白，也不只是泪流如注的激情表达，而是个人对社会的责任与贡献认知，以及对别人、对万物、对社会、对知识的一种感激和尊重。怀有此种感恩之情，就会对别人、对环境、对社会、对所有的一切，少一份挑剔，多一份欣赏与感激。我们能够来到这个世上，首先要感激、尊重父母，是父母赋予我们生命；如果我们身体健康，没有疾病，那么我们就应感激、尊重那些为我们提供生活条件的人和安逸的生活环境；如果我们从未经历过战争的灾难，那么我们就应尊重、感激和平的社会；如果我们生活富足，社会安定，那么我们就应尊重感激政府；如果在单位里，领导关怀，同事团结，事业有成，那么我们就应尊重、感激单位领导和同事；当我们的企业产品在市场畅销，我们就应尊重、感激消费者……若常存此种感恩之心，我们必有一种积极、健康的阳光心态！

不感恩，恩惠将枯竭。

学感恩，其实就是学尊敬。

常存感恩之心，就是一种最高的敬意。

（王德成）

12. 量体裁衣
——新农村建设要尊重客观实际

清代书法家钱泳在《覆园丛话》中讲过这样一个故事：北京城里有一个裁缝，手艺高超，他替人裁衣服，量尺寸的时候，与其他裁缝不同，不仅注意人的高矮胖瘦，还特别注意人的地位、性格、年龄、相貌，以至何时中科举等等，都要仔细询问一番。有人感到奇怪，就问他："你做的是衣服，注意人家这些事情干什么？"他说："这其中的道理可大着呢，比如，少年中举的，定为意气风发，走起路来会挺胸凸肚，给这种人做衣服定要前襟长，后身短。要是老年中举的，情况就相反了，这种人大都会精神萎靡不振，走起路来弯腰驼背，那么给他做的衣服不妨前面短些，后面长点；体胖，腰要宽；体瘦，腰要窄；性急的，衣宜短；性慢的，衣宜长……"钱泳认为这个裁缝的高明之处，就在于他不仅按照成衣法量尺寸，定式样，而且善于把握对象的特点，从中悟出"短长之理"来。

大凡一位手艺高超的裁缝师，总能根据顾客身材高矮、胖瘦裁出合体的衣服，同样，我们搞新农村建设也要有"量体裁衣"的本领，尊重当地的客观实际，因地制宜、因时制宜、因人制宜地推动当地新农村建设的进程，不然，辛辛苦苦搞起来的工程项目就成了摆设，不仅浪费了资源，还会引起群众的不满。前一段时间在城市建设中，一些贫困落后地区也向一些经济发达地区那样摆阔，盖豪华办公楼、高档大酒店、大广场，盼着能像发达地区那样为当地的招商引资做招牌，但因脱离当地的实际，不但没能招商引资，反而债务缠身；许多地方也上了些项目，但这些项目并不适合当地的发展，如在生态脆弱的地区，上了些高污染的项目，这些被群众称为政绩工程、形象工程等，许多建设、工程因其当地群众的不满，招致媒体的批评，某些地区的领导人甚至因此被处分或免职。在当前新农村建设中有些地方筹措资金建成了别墅群，建成了占地广的农民文化公园，建了高档次的农民文化中心、影剧院、图书阅览室、棋牌室、远程教育室、乒乓球室、网球场、篮球场、阅报栏。如果这些建设都适合当地的实际的话，可谓推动了当地的新农村建设；如果脱离当地的实际，那许多建设只能成为摆设。试想一个以传统的农业生产方式为主的落后农村，也通过各种渠道筹措了资金，也进行了上述建设，那可就不伦不类了，许多建设就成了摆设。在一些落后的农村进行一些基础项目建设，要比建设上述项目可能更符合当地的实际。

在新农村建设中我们一定要吸取城市建设中的教训，最忌讳的是搞形式主义，表面上轰轰烈烈与热热闹闹，实际上农民没有或得到的实惠很少，甚至劳民伤财。尤其是，当前我国各地的农村条件千差万别，绝对不能搞一刀切。无论是修路、田园改造、建居民新村、搞企业等这样的大工程，还是改厨、改厕、改水这样的小项目，都要从各地的实际情况出发，既要充分考虑农民的经济承受能力，还必须把环保摆在首要位置，既要让当代人享受到经济发展的好处，更要给子孙后代留一片青山绿水。农民修的房、厨、厕、路、水等都要符合农民生产、生活的实用性，未必全部变成了城市的生产、生活的式样。如果只图表面的美观、整齐，不利于发展种植、养殖及其他农村产业，肯定要受到农民的非议、抗议。因此，社会主义新农村建设必须要让农民自己成为建设的主体，只有这样才能不脱离农村的实际，建设符合农业生产和农民生活的新农村！

我国是一个有着悠久农业文明的国度，历代人们都尊重实际对土地加以保护与合理利用，在长期的生产活动中所形成了因地制宜的思想。《逸周书·文传》篇记载，"润湿不谷，树之竹、苇、莞蒲；砾石不可谷，树之葛、木，以为絺绤，以为材用。故凡土地之间者，圣人载之，并为民利。"这说明在早在周代，贤明之君就不会让土地空闲下来，而是根据土地的特点，因地制宜，充分利用，以此来增加人们的福利。《逸周书·大聚》篇也有类似说法，"陂沟道路、藂苴丘坟，不可树谷者树之材木；春发枯槁，夏发叶荣，秋发实蔬，冬发薪丞，以匡穷困。"这种顺应土地性质的种植，一年四季都会为百姓提供资材，这样，百姓活着的时候就不会缺少财用，死了就不会被弃尸沟壑。《吴越春秋·阖闾内传》指出："夫筑城郭，立仓库，因地制宜，岂有天地之数以威邻国者乎？"就是说在农业生产中要从各地区的具体条件、生产发展特点和现有基础的实际出发，合理地调整农业生产布局和作物结构，以获得地尽其利、物尽其用的最大经济效益。《论语·尧曰》中说，"因民之所利而利之，斯不亦惠而不费乎"，就是说要尊重群众的实际利益。正所谓：

古人尚知因地制宜获财资，
今人哪能脱离实际建农村？
尊重客观实际，利在当代，功在千秋！

（王德成）

13. 人民的好卫士任长霞
——敬业的典范

在40岁这个人生最壮美的季节里，河南历史上的第一位女公安局长——河南省登封市公安局长任长霞猝然倒在了为之奋斗不息的公安事业上。任长霞为侦破重案奔波在从郑州返回登封的途中，突遇车祸，于2004年4月15日零时40分不幸牺牲！噩耗传开，一连三日，登封百姓"泪飞顿作倾盆雨"，整个城市浸泡在悲痛的潮水之中。4月17日，仅有63万人口的登封市，从大街小巷、从田间地头、从城镇乡村涌来了14万群众自发为她送行。许多鬓发斑白的老人在这位年仅40岁的公安局长灵前，叩首跪拜，抚灵痛哭。号称登封十里长街六十米宽的少林大道上，鲜花如海，悲声如潮，挽幛如云，前来为长霞送行的群众络绎不绝，昼夜不停，队伍排出三公里之长。这哀痛悲壮的祭奠场面，这感天动地的人间真情，千年古城登封，前所未有。

是什么使任长霞获得了如此殊荣？是她身先士卒、秉公执法、无私无畏的敬业精神。

有人曾算过：一个工作日是8小时，全年工作时间约2000个小时。而任长霞每年实际工作的时间是4600多个小时。任长霞就是这样，从警二十年如一日，忠实履行人民警察的神圣职责，爱岗敬业、无私奉献、心系百姓安危冷暖。

当百姓举着7个灵牌，来状告黑恶势力团伙私设公堂，非法拘禁，敲诈勒索，先后殴打群众117人，致死7人的累累罪恶时，她震怒了，"朗朗乾坤岂容歹徒横行，嵩岳大地不容小丑作怪"；面对众人谈之色变的"砍刀帮"，她毫不畏惧："抓，坚决抓，一个不落。"然后她亲自化装去实地侦察，拿到证据，使37名犯罪分子落入法网。当她抚摸着受害人头部被恶人打成的碗底大小的窟窿时，怒不可遏："就是跑到天涯海角也要把他抓回来。"当沉积了11年，上访了百余次而未果的两少女被奸杀案摆在她的面前时，她斩钉截铁："坚决把案办到底。"当看到一所希望小学的教室墙体破裂，透风漏雨，地面积水20厘米时，她毅然果断地说："停课，马上把孩子转移到安全的地方。"然后她发动民警为学校捐款建成了新的教室；在处理一起特大瓦斯爆炸事故的现场，当父母双亡的幼女孤苦伶仃地哭喊时，她潸然泪下："孩子！以后我就是你的妈妈，你有什么事情只管找我。"

试想，任长霞如不爱岗敬业、无私奉献，而是像现在的某些警察败类那样，哪能有如此殊荣！任长霞是可敬的，她始终把老百姓当做自己的衣食父母，打击犯罪毫不留情，有力地保护了群众的生命财产安全；她对群众满腔热忱，帮助群众解决了许多困难和问题。这样的公安局长与群众是真正的鱼水之情，必将受到群众的拥护、支持与爱戴。

古人云："执事敬"、"事思敬"、"行笃敬"，就是要爱岗敬业，凡事要有严肃认真、精益求精、尽职尽责的态度；"农工与商贾，皆宜敦五伦"（《增广贤文》），强调各个岗位、各种角色都应恪尽职守。朱熹说过："虽能立志，苟不能居敬以持之，此心亦泛然而无主，悠悠终日，亦只是虚言。立志必须高出事物之表，而居敬则常存于事物之中，令此敬与事物皆不相违，言也须敬，动也须敬，顷刻去他不得。"他在这里虽然讲的是立志与居敬的关系，但对敬业有启示：一个人有没有高远的志向，有没有高尚的理想和情操，对能否敬业影响极大。一个人如果丧失了对他人、对国家、对社会的强烈的义务感和责任心，那就很难谈得上敬业。

爱岗敬业、忠于职守，这话说起来简单，做起来不易。把职业当成是谋生手段的人不会忠于职守，他们很难把热情倾注在自己的工作上，往往是做一天和尚撞一天钟；把职业分为高低贵贱的人不会忠于职守，时时想着的是跳槽，谋求更高的职业。只有像任长霞那样真正热爱自己职业的人，才能爱岗敬业、忠于职守。

恪尽职守是本分。

  爱岗敬业，说起来易，做起来难。
  长霞走了，留下了敬业精神！

（王德成）

14. 敬法畏民
——尊重法律和民意是"治官"和"治政"的利器

有这样一个关于清代雍正皇帝训示新科进士的故事：雍正皇帝对新科进士说："你们要当官理民了，应该凭什么呢？"雍正含着微笑，从牙缝里迸出两个字来："天良！懂得这两个字吗？'天'，就是'天理'，'良'就是'良知'！顺从民意，不违民情，就合乎天理；敬法畏命，忠心做事，就是良知。能做到这两个字，你就能享受荣华，享受富贵，光宗耀祖，封妻荫子，要什么有什么。因为你既公且忠而又明，益国益民益自己，这荣华富贵是老天赐给你的，朕也乐意把它们全都给你。可话又说回来，你不讲这两个字，不遵天理，不循良知，那么你就将会受到惩罚，那时坐牢杀头，抄家流放，也是要什么就有什么。因为上天要惩治你，朕也乐意把这些全都给了你！"

这个故事中的"敬法畏命"就是要官吏遵守法律和皇帝的圣命，而皇帝的话又是金口玉律，所以也就是要官吏对国家的法度有一种敬畏之心；"顺从民意，不违民情"就是对老百姓有敬畏之心了。由此可知，封建的帝王已经认识到，敬法畏民是"治官"和"治政"的利器。

法律虽是统治阶级意志的集中体现，但也考虑被统治阶级的利益，以利于巩固整个社会的稳定，这样的法律号称全民的法律，"法者，天子所与天下公共也"（《汉书·张释之传》）。这就要求统治者在法律上有一种遵守的模范心态，"法者，治之政也，所以禁暴而率善人也"（《史记·教本纪》），"其身正，不令而行；其身不正，虽令不从"（《论语·子路》），执政者遵纪守法、廉洁自律的楷模有利于发挥执政者的影响力。如果统治阶级内部对法律有一种懈怠的态度，被统治者更不可能去遵守法律，"天下用法皆为之轻重，民安所错其手足？"（《汉书·张释之传》）所以历代的封建帝王认识到要天下太平，必须各级官吏恪尽职守，首要的是遵守国家法度，否则将是上梁不正下梁歪,最终天下大乱,历史的发展基本上是符合这个规律的。那么为什么要敬畏民众呢?除了"民为邦本"、"民贵君轻","民水君舟"的认识外,还有对于各级官吏的制约认识。晚清思想家王韬曾说:"勿以民为弱,民盖至弱而不可犯也;勿以民为贱,民盖至贱而不可虐也;勿以民为愚,民盖至愚而不可欺也。"(《弢园文录外编·重民》)只有对百姓心存敬畏,居官者才"不敢肆于民上,为所欲为",也才能真正达到"民之所好,好之;民之所恶,恶之"的境地。《图民录》对这个问题说得更透彻一些:"居官临民,以敬为本。""敬则百姓受无穷之福,不敬则百姓受无穷之祸。凡贪婪暴虐,毒痛百姓,何一不从不敬生来?"他们强调"畏民"的出发点是十分清楚的,那就是他们深深懂得,"民悦则久安长治"。有的书中还把"官不畏民"叫做"乱阶",意思是说,一旦官员失去了对百姓的敬畏,就必然无所顾忌,百计搜求,贪得无厌,弄得民不聊生。那样,社会的动荡也就要到来了。

我们今天的各级官员如果都有这种敬法畏民的心态,何愁我们的法治、民主建设呢?当然,今天的法律已不同于封建时代的法律,是体现广大人民群众意志、保障人民群众利益、调节国家政治经济和其他社会生活中的各种关系,规范全体社会成员行为的唯一准绳,具有绝对的权威与尊严。但是,现实中有些官员却挑战这种绝对的权威和尊严:一些人认为法律就是用来治穿"草鞋"的,而不是用来管穿"皮鞋"的,法治就是"治民";也总有些人自觉不自觉地置身于法律之外:视法律为"防外人不防内人"者有之,视公民"谁动我就灭了谁"、"整死你就像踩死一只蚂蚁"者有之,视国家资产可以随心所欲归私人者更是有之……这些现象都足以说明,法律的权威还远未得到一些领导干部的自觉尊重,而违背民情民意的强迫拆迁等类似的现象就更是见怪不怪了。只有各级领导干部具备了敬法畏民的心态,才能自觉遵守法律,自觉遵守群众的监督,才能实现官民一体,政通人和!

治国,即治官和治政。

敬法畏民,既治官又治政。

官民一体,政通人和。

(王德成)

15. 没有规矩，不成方圆
——做人要遵纪守法

有一个笑话：一个人和女友上街，闯红灯过马路，女友不高兴了，说你连红灯都闯还有什么违法的事不敢做，就和他分手了。后来又有了女友，这次过马路他小心了，站着没动，女友又不高兴了，说你连红灯都不敢闯，还能干什么？

这虽是个笑话，却反映了某些人对法律的态度。俗话说"没有规矩，不成方圆"，如果让个体行为凌驾于社会的各种法律、规章制度、纪律的约束之上，那整个社会就无法正常运行了。在我们的现实生活中，规矩总是少不了的，大到国家间复杂的利益关系，小到邻里之间的日常相处，无时无刻不受着包括法律制度、道德规范在内的各种规则的制约。规则虽是一种约束，但也是一种保障。规则在约束我们的同时，也为我们每一个个体营造了一个安全的自我生存、发展空间。军队的战斗力来自于铁的纪律，企业的战斗力和生命力来源于各级人员良好的精神面貌、崇高的职业道德和严格的规章制度。如果凌驾于社会规则约束之上，每一个个体的安全空间就会被打破。2007年统计数据表明，中国因驾驶员和行人违章导致的交通事故约占总数的九成，这足以说明不遵守社会规则的危害有多大。

中国古代社会主张"为国以礼"（《论语·先进》），因为"礼，经国家，定社稷，序民人，利后嗣者也"（《左传·隐公十一年》）。这里的"礼"是当时的道德秩序、社会制度，相当于现在的各种社会规则。孔子认为遵守礼制是利国、利民、利子孙后代的事情，并且能使百姓知道廉耻，走上正道，"齐之以礼，有耻且格"《论语·为政》。随着社会的发展，"礼"越来越多地被法律制度所替代，"国无法不治，民无法不立"，就是说，不遵守法纪，不依法办事，国家和社会就不可能安定团结，人民就不可能安居乐业。

古人云："徒法不足以自行"（《孟子·离娄上》），就是说只有法令不能够使之自己发生效力。社会的安定团结,人民的安居乐业,仅靠法律的外在强制还不够,要实现社会长治久安,还必须让公民认知法律,将守法内化为自己的道德品质和生活方式。我们现代的法律、规章、制度、纪律,代表的是国家的意志和人民的利益,体现着一个单位、团体及其成员的利益,每一个人都应遵纪守法,维护其严肃性,无论身处何方都要遵纪守法。

社会运行有规则,

违法乱纪不安全,

遵纪守法是义务。

(王德成)

和

题　解

　　"和"范畴起源很早,大约与中华民族先民的生养蕃息紧密相连。据有关学者考证,"和"的原初意义主要有两种:其第一层基本含义与音乐或乐器有关,即音乐的调和与音律的和谐。"和"的原初意义的第二层,应该与饮食有关,即饮食中的众多的味道与原料的调和。无论是乐理意义上的调和还是饮食意义上的调和,有一点非常关键的要素就是,这种和谐所包容的对象不是单一的,而是多方面的。历代思想家对于"和"的意义的阐发,就是基于对于"和"这种原初意义的借鉴。

　　"和"的本义是调和与和谐。"和"是以肯定差异的存在为前提的。客观世界原本就存在着多样性的对立与统一,只有承认这种复合性、多样性与复杂性,才是认识世界存在根本方式的正确方法,只有在多样性中取得和谐,使对立又统一的事物之间实现互动互补,才能在对立中求得一致。所以,"和"与"同"的区别与争论一直伴随着"和"范畴的发展过程。因此,在一定意义上可以说,"和而不同"是中国传统和范畴的精髓所在。

　　和范畴之特质在于,和作为中国传统伦理的重要范畴之一,它完整地体现了宇宙观、方法论的统一,人格论与政治论的统一。换句话来讲,和既是宇宙观又是方法论,既关涉人格理想,又关乎政治理想。展开来看,在中国传统伦理发展史上，和更普遍地被诉诸追求人伦之和，它在更多的时候被作为一种道德要求。对于个体而言，和既是一种理想人格的追求，同时和还必须内化为自我的内在精神素养。于是，中国传统的以儒、道等为主要代表的不同学派，都把关注的焦点集中在人心态的和谐上，即"和心"。从政略意义上讲，和又是保证社会合理运作不可须臾离之的伦理与价值原则。《论语·学而》中讲："礼之用，和为贵。"从天人关系的角度上，主要强调人与自然的和谐。从国际关系上来看，则以追求"王道"为特征，主张和平友好，"天下一家"。而这一切都是和谐社会所必须具备的基本特征。

和谐的人格是和谐的社会的基本保证，古今同理。所以，中国传统的和谐思想在当今社会心态之构建的过程中依然具有强大的生命力。

（修建军）

1. 赛场上的"魔咒"与"怪圈"
——奥运射击赛引发的思考

2008年8月8日始，世界的目光聚焦于中国，奥运会赛事如火如荼地开始，首金的争夺更是动人心弦。国人期待着奥运赛场上的"魔咒"与"怪圈"不在中国重演。因为自从1984年美国洛杉矶奥运会以来，东道主选手从未染指过首金，卫冕冠军从未再次登顶这样的"魔咒"与"怪圈"就像幽灵一样，挥之不去。8月9日，在北京奥运会的首金争夺战——10米女子气步枪的比赛中，卫冕冠军杜丽仅列第五名而与奖牌无缘，首金被捷克人捧走，杜丽掩面痛哭离开射击馆的场面深深刺痛了国人的心。

同样因"崩盘"而泪洒赛场的还有美国射击手埃蒙斯。8月17日美国射击手埃蒙斯参加男子50米步枪三种姿势的决赛。前九枪打完以后，埃蒙斯已经领先了第二名3.3环，这意味着埃蒙斯最后一枪只要打出6.7环，冠军就非他莫属。但是，这最后的一枪他只打出了4.4环的成绩，只得了一个第四名。令人匪夷所思的是，这位美国射击高手是第二次在奥运会上"崩盘"了！四年前的雅典奥运会上，他同样是在绝对优势、金牌似乎唾手可得的情况下，最后的一搏，他却把子弹射到了他人的靶子上。这个七尺男儿也将伤心的泪水洒在了中国的赛场上。

从杜丽的失利我们可以看出：射击选手的心态在比赛中对于成绩的影响往往是决定性的，尤其是在选手水平非常接近的情况下，谁能够在比赛中保持更稳定的心态，谁获胜的可能性就更大。杜丽虽然身经百战，但主场作战外加冲击首金的重压最终还是摧毁了她本来还算顽强的神经，最终导致一场惨败。因此在总结杜丽失利的原因时，人们最多是提到了"压力"这个词。在家门口比赛，国人给予了最大的热情和关注，而也无形中成为一种压力。很容易导致一名选手在关键比赛中无法发挥出本来的水平。另外在比赛过程中，当比赛工作人员在播报每一枪的成绩时候，我们的观众会给予欢呼与掌声。虽然这欢呼与掌声是送给每一位比赛选手的，也表现出我们的热情，但对于射击比赛来说，会有着一定的影响，会在不知不觉中加重参赛选手的心理压力，尤其是主场作战的选手。

而埃蒙斯因为有四年前的那次失误，他的压力也不言而喻的。尽管他在赛后调侃将失利的原因归结为命运不济，但他"两次踏进了同一条河流"，除去天公弄人的成分，他的心态是极为关键的因素——忐忑之下的失手。

我们常常会说好结果取决于好心态。那么，什么是好心态呢？好心态就是平和的心态，即是儒家所强调的"和心"。《吕氏春秋·适音》篇指出"和心在于行适"；《大学》强调"心正而后身修"；董仲舒在《春秋繁露·威德所生》说："虽有所愉而喜，必先和心以求其当。"只有心态平和了，才能有恰当的行为表现，才能促使事情取得成功。而用心专一，是保持良好心态的必要保证。孟子曾经在《孟子·告子》中举了一个例子，来说明用心专一的重要性。孟子说，弈秋是全国下棋的高手，他教两个人学下棋，其中一人专心致志，只听弈秋讲解，肯定会学得很好；而另一个虽然人坐在那里听讲，但心里却想的是：天上会不会有天鹅飞过来？怎样才能拿箭把它射下来？这样的人怎么能学会呢？根本的原因不在于他智力不如别人，而是他用心不专。实际上，无论是杜丽还是埃蒙斯，他们在赛后的分析，都提到了这一点，就是在比赛中，他们可能过多地关注到了与赛事无关的事，所以，在赛场上就分心了。听到观众的呐喊也紧张，能不能拿到冠军也考虑，这样的心态，怎么能应付得了紧张的比赛节奏呢？

杜丽在冲击首金失利后，调整好了心态，在8月14日50米女子气步枪比赛中，夺得了金牌，露出了人们熟悉的微笑。看来，人无论在怎样的状态下，最大的对手都是自己！战胜自己才能战胜对手！正是：

　　两选手，两重天；
　　和心态，是关键。
　　成无他，用心专；
　　可贺杜丽展笑颜！

（修建军）

2. 杯弓蛇影
——世上本无鬼，鬼在人心中

据《晋书·乐广传》记载，有个朋友到乐广家做客，回去以后就生了一场大病，很久没到乐广家来。乐广前去探望，询问朋友其中的原委。朋友回答说："前几天到府上做客，蒙您赐酒，我端起杯子刚想喝，却隐约看到酒里有一条蛇。我心中很是厌恶，但又不好意思不喝。喝下去之后，总觉得有一条蛇在我的体内游动，因而大病一场。"乐广感到很是纳闷：酒杯里怎么会有蛇呢？回到家里，乐广反反复复地思考和寻找，终于有了发现：原来在家里的墙壁上挂着一张青漆红纹的雕弓。是不是这张弓在作怪呢？于是，他倒了一杯酒，放在桌子上，并不断变换角度，就看到了那张弓投影在酒杯中，好像有条蛇在游动！

乐广马上跑到朋友家中，把他引到自己家来，让他看桌子上的酒杯，并问他看到了什么。朋友一看，大惊失色："就是被我喝下去的那条蛇！"乐广指着墙壁上的雕弓让他看，帮他分析看到蛇的原因，朋友立刻恍然大悟，病也顿时痊愈了。

中国有句俗语：疑心生暗鬼，指的是人的一种不良心态。在现实生活中这种人往往表现为疑神疑鬼，此亦心理学上所谓的暗示，就是在不加分析、不加批判、毫无反抗的情况下，用含蓄、间接的方法对人的心理和行为施加影响。受暗示就是一个人把上述影响作为信念，在心理上尽力趋向于某一方面。暗示可以来自他人，也可以来自自己，来自自己的叫"自我暗示"。从暗示的效果好坏区分，可以将暗示分为积极暗示和消极暗示。积极暗示可以使人增添信心，精神振奋。消极的暗示可以使人忧心多虑，疑神疑鬼。"无病疑病"是一种不健康的心理。中国古代寓言中的"疑邻窃斧"就是典型的例子。

荀子在他的以反映论为基础的认识论中，对于人的感觉和知觉进行了分析，他认为人的感觉和知觉有时是会有偏差甚至是错误的。荀子举例说，人在夜间走路的时候，可能会把大石头当成老虎，也会把路边之树当成人。这种误解是由于夜间眼睛看不清楚而造成的。同样的道理，有的人以为自己看见了鬼，那也是由于人的内心（或精神）恍惚而造成的，把原本不存在的鬼牢牢地系于心中，久而成病，于是总是持怀疑的心态。心中有"鬼"，自然是常"戚戚"于此而不能自拔。

心态的失衡必然导致日常行为的失范，在现实生活中一种表现为"以小人之心度君子之腹"。看啥都不顺眼，也总觉得别人在跟自己过不去。在识人用人的问题上，也难以从客观实际出发，认真考察所选之人，往往会因所识对象有小过而毫无根据地怀疑人家有大问题，会有选准之后使用时又乱加猜疑。因为这样的心态而在现实生活中造成的纷争、混乱可以说是不胜枚举。

所以荀子说："凡人之患，蔽于一曲而黯于大理。"（《荀子·解蔽》）意思是说，很多人只会片面地看问题，而不能看到全局。所以人心应当"解蔽"，才能获得正确的认识。

> 去山中贼易，去心中贼难。
> 心中有鬼，心态难平，
> 疑神疑鬼，
> 人生之大患！

（修建军）

3. 冲动是魔鬼
——关于瞬间犯罪的沉思

[案例一] 据《燕赵晚报》报道：路上小磕碰引发命案

2005年5月23日晚上10点多，秦皇岛市某教育学院职工宿舍的过道里发生了一起血案，令人不可思议的是：就在这起案件发生前的五分钟，凶手和被害人还素不相识。28岁的王刚原籍黑龙江，当时在秦皇岛某教育学院食堂打工。当晚10点，忙了一天的王刚下班了。其好友胡满堂21岁，原籍秦皇岛市青龙县，也在同一个食堂打工。当他们两人谈笑风生地行至职工宿舍门前的过道处，与该校学生唐杰、赵大海、张超等不期而遇。微弱的灯光下，唐杰不小心碰了一下胡满堂，王刚、胡满堂便和对方发生了争吵。双方互不相让，越吵越激烈，王刚回到宿舍取来两把长刀，将其中一把交给胡满堂。王刚先将刀划至唐杰一位同学的肩处，又将唐杰的颈部砍伤，双方厮打在一起。混战中，王刚一刀扎在赵大海左腋下，致其左锁骨下动脉断裂，赵因失血性休克而死亡；胡满堂一刀扎在张超腹部，致其重伤（八级伤残）。最终，秦皇岛市中级人民法院召开宣判会，以故意杀人罪，判处王刚死刑；以故意伤害罪，判处胡满堂无期徒刑。

[案例二]《中国教师报》报道：

某市有名小个子男生（16岁）在球场上几次被一个大个子学生绊倒，他认为大个子是"有意跟他过不去"。休息时，他乘大个子不备，用石头狠砸对方的头，使对方成了植物人。

[案例三]：某市一个15岁的少年，初一辍学，父母忙于做小生意，对孩子不闻不问，孩子沉迷于黄色影视。一次看完黄色录像后，不能自控，把和自己一起长大的堂姐强奸杀害。

诸如此类的犯罪事件，眼下在各地都时有发生，让人触目惊心，也让人深思。为什么一些平时并非坏人的人瞬间会变成杀人犯？为什么一些鸡毛蒜皮的小事会引发骇人血案？为什么面对同样的状况，有些人会冷静处理，而有些人会怒发冲冠，失去理智？这些问题的答案，都指向一个关键词——激情犯罪。激情犯罪是指行为人在特定的时间、空间、环境、条件下，瞬间丧失理智，心理失衡，这是一种典型的"激情杀人"，这类犯罪突发性强、危害性大，多数没有预谋过程，往往只是瞬间心理失衡而导致犯罪，行为人具有极端鲁莽、案发后十分悔恨的特点。这些案件的被告人大多没有犯罪前科，但其危害是巨大的。激情犯罪已成为严重的社会问题，而且近年来大有上升的趋势。

要解决这一问题，无疑是一个系统工程，需要全社会全方位的努力。但这里的首要问题，是当事人的心态。要预防此类犯罪的发生，首先要增强自身涵养，心胸要开阔，不要"小题大做"，"没事找事"。我们中华民族历来是一个讲求"恕"道的民族。孔子对于"恕"的解释就是"己所不欲，勿施于人"（《论语·卫灵公》）。就是无论如何不能把自己的"不欲"强加到别人的身上。对于任何人来讲，生命都只有一次，是弥足珍贵的。前面所提到的几个例子，都因为一点鸡毛蒜皮的小事，夺人性命，也使自己失去生命，是多么不值！

其次，以礼服人也是中华民族的美德。要多尝试正确处理生活中偶发的突发状况，不要动辄以违法的方式解决问题；平时看到别人处理紧急状况的鲁莽做法时，可以假想如果事情发生，大家各自退步与忍让一下，结果会如何。

第三，要有平和的心态，得理也要"饶人"。这不是说要一味忍让，而是要学会如何更聪明地处理纠纷，解决问题。面对小纠纷，完全寄希望于激情犯罪者的退让是不现实的，有理的一方也要学会适当地忍让和回避，以避免危险和不幸的发生。须知：

> 量小非君子，无度不丈夫；
> 饶人不是痴，利人又利己。
> 冲动一时，贻害一世；
> 驱除心魔人自安！

（修建军）

4. 子罕不受玉
——以"德"保"心和"

据《韩非子·喻老》篇记载：宋国有个乡下人得到了一块未经雕琢的璞玉，于是就想拿这块玉来投机。他拿着玉跑进官府，献给新上任的京城长官子罕。子罕执意不收。此人趁机献媚道："此等好玉，只配您这样的君子享用，一般的小人是消受不起的。大人您一定要收下呀！"子罕不为所动，严厉地说："你把这块玉当成了宝贝，而我呢，却是把不收你的玉作为宝贝！"

众所周知，玉以其特有的品质和材质历来深得世人喜爱。人们既推崇玉的象征意义，又珍惜玉的实际用途。因而，自古以来，玉就拥有了不菲的身价。古人常常把玉人格化，称其具有仁、义、智、勇、洁等五德，认为君子德比作玉。君子们所看重的，也许就是玉的德行与灵性。关于以玉喻德在《荀子·法行》篇有明确的论述。该篇大意是说，君子之所以贵玉，并不仅是因为玉稀少之故，因为玉具有温润而泽、缜密以栗、坚刚不屈等特性，而这些恰恰是仁人君子必备的品格。所以历史上有"宁为玉碎，不为瓦全"的千古美谈。因而，小小一块玉，被看做无价之宝，也就不足为怪了。

但是，这美好的宝玉到了献媚的小人那里就变了味道了。他把玉献给子罕，是想贿赂子罕而达到个人目的。在送上门的利益面前，持什么样的态度，那就是一个人的操守问题了。子罕深知，做官是为了行义，在宝玉当前的情况下，自己严格按正义的原则而不去收取，这才是真正保持了自己的宝贝——廉洁的品格。宝玉虽美好，但来自他人的贿赂，接受便是丑恶的；而拒绝贿赂，严守君子清白，德操才是高尚的。有了高尚的德操，人生才能平和，坦坦荡荡，无所畏惧。子罕的这种行为，是对儒家所一贯倡导的"见得思义"的义利观是一致的。

"义"和"利"是儒家道德哲学的重要范畴，也是儒家最为关注的道德问题之一。在两者的关系上，孔子强调"君子喻于义，小人喻于利"（《论语·里仁》),"君子义以为上"(《论语·阳货》)。孟子也把"义"作为君子的最为宝贵的品格,认为"义"是君子所必具有的"良贵"与"天爵"。荀子主张人生在世,必须重义轻利,义以为先,所谓"先义后利者荣,先利后义辱"(《荀子·正名》)。所有这些,说的都是在义利这对矛盾面前,必须首先要考虑一个"宜"和"不宜"的问题。这是区别君子和小人的一个重要标准。如果忽视了这个问题,必然是后患无穷。所以孟子说:"以利为名,则有不利之患矣。"(《孟子·梁惠王上》)这里,儒家对于可"取"与不可"取"的基本原则是,不符合道义的,给整个天下连看也不看一眼;而符合道义的,问心无愧的,"富贵安荣"都可享用。

儒家主张"有功受禄",现代人常讲"无功不受禄",讲求的都是一个心地坦然。中国有句俗话:"吃人家的嘴短,拿人家的手软。"道理很显然:你吃了人家的,拿了人家的,自然是心亏理短,终日忐忑不安,遇到应当坚持原则时,自然也就不好意思开口,更下不了决心处理了。孔子说"其身正,不令而行;其身不正,虽令不从。"所以,对于为"官"者,必须有"打铁必先自身硬"的气魄。现在社会上所出现的一系列社会问题,耕地锐减、行业霸权、黑社会、豆腐渣工程、有毒食品等等,以及随之而来的一批官员的落马,谁能说不与"贪"字有直接的关系呢!而落马后的贪官,不仅个人身败名裂,而且给家人和亲属带来了巨大的精神创伤,心灵上的平和一去不复返,无尽的烦恼萦绕余生,后悔莫及。

孔子之孙子思把得不义之财当成跳臭水沟,试问:当前还有多少人正在前赴后继地往里跳!

    子罕却玉,见利思义。
    常思贪欲之害,谨守君子清白。
    好义之德,佑我平和。

(修建军 傅永聚)

5. 警惕校园成"江湖"
——花季暴力令人忧

据《兰州晨报》报道，一个新入学刚三天的学生，因为拒绝高年级学生的"例行搜查"，竟被学校学生会干部组织学生殴打致死，这骇人听闻的事，却真实的发生在兰州铁路运输技工学校。然而，具有讽刺意味的是，事发后该校竟以影响正常的教学秩序为由拒绝家长进校。最近，《辽沈晚报》还报道了12岁女孩小丽在课间被8个男生打成左眼失明的新闻。再看看来自网络统计的诸多标题：《四名小学生打死初中生年龄小不能立案》，《"少年帮"疯狂作案校方为何捂着不报》，《六少年模仿网络小说绑架同学 主犯被判七年刑》等等。这些来自于四面八方的报道，让人看了不仅冷汗直冒：校园原本是人们心目中的一方净土，是传播和接受文明的殿堂，令人痛心的是，这些花季少年，却越来越多地与以强凌弱、暴力、凶残、杀人、虐待等词语联系在一起。这使校园少了一份该有的书卷气，使校园变成了"江湖"，学生的安全无法得到保障。据中国青少年犯罪研究会统计资料表明：近年，青少年犯罪总数已占到了全国刑事犯罪总数的70%以上。发生在中小学等未成年人之间的搜身、拦截、殴打、强行索取财物、人身伤害等现象屡屡发生，一些学校竟有10%左右的中小学生受到过不同程度的侵害。

学校怎么变成了"江湖"？这个问题几成一个世界范围的难题，因之也引起了全社会的关注。

人们注意到，患有暴力等不良心态的主要是下列几种学生：一是成绩向来优秀、深得老师宠爱的或成绩特别差、常遭批评歧视的学生；二是性格内向、沉默寡言的或说话狂妄、目空一切的学生；三是家庭经济特别困难的或特别富裕的学生；四是父母感情长期不和甚至离异的单亲家庭的学生；五是身体有缺陷的学生。中小学生正是从儿童到成年的过渡阶段，最渴望获得同辈群体的认同，而现在的中小学生以独生子女居多，在家中比较孤独，在学校朋友较少。由于种种原因，孩子与父母、老师间的交流也不多，导致学生处于一种生理和心理的苦恼状态。有的在网络中寻找宣泄的渠道,痴迷网络不能自拔;有的自我封闭,形成孤僻怪异的性格;有的胆小怕事,一味地容忍、迁就;有的自尊心极强,时时炫耀自己;有的心理脆弱,自我的控制能力很差;有的性格偏激,心理不平衡,逆反心理和报复心理较强。这些学生由于心理方面的不健全,极易受到侵害或侵害他人。另一方面,家长、老师粗暴式的管理方式和家庭不和睦都会造成学生性格偏激。不少有暴力倾向的学生,家庭生活都不幸福,他们要么从小失去父母关爱,要么家庭生活不正常(如争吵,家庭暴力等),造成性格极端,形成"攻击性人格"。归其原因,最为根本的一点就是:心理不健康与精神空虚。

青少年时期恰是一个人的人生观和价值观的养成期,有些有暴力倾向的孩子未必都是本质上的"坏孩子",他们或者是为了逞一时之勇,或者是为了图一时之快,所以应该从正面加以教育和引导,着力于培养他们良好的心态。

孔子曾以"智、仁、勇"为君子之"三达德"。所谓"智",是指人的智慧、理智。"智者不惑"是一个人对是非问题的明辨和洞察能力。梁漱溟在他的《朝话·谈戏》中说:"人之所以不同于其他动物者,也就是人类的最大长处,即在其头脑能冷静,头脑能冷静才能分别计较。""仁"在儒家的学说中几乎涵摄了一切美好道德,其基本点则在于"爱人",即从爱自身出发扩而充之的一种爱心爱意。其实施方法是"己所不欲,勿施于人"(《论语·卫灵公》),"己欲立而立人,己欲达而达人"(《论语·雍也》)。这和《中庸》中所讲的"成己成物"都是一个意思,即人应当以宽恕之心待人,要以爱己之心去爱别人。至于"勇",儒家提倡的是一种"大勇","勇"就是有胆量、勇敢。孔子说"见义不为,无勇也"(《论语·为政》),"仁者必有勇"(《论语·宪问》)。可见,孔子是把"勇"作为理想人格必备的一个条件。但是,孔子又强调"勇而无礼则乱"(《论语·泰伯》),意思是说,人要有勇有谋,要以"礼"依"法"而行,否则,就会造成社会的混乱。反观当今的校园暴力,就是与这些青少年缺乏良好的自身修养有直接的关系。他们每每以对同学的暴力相向,来炫耀自己。有的同学就是因为与同学赌一句话,去伤害无辜的同学,结果是害人害己。

血气之怒不可有，
理义之智不可无，
文质彬彬，
然后君子。

(修建军)

6. 家和万事兴
——《闯关东》的生动诠释

2008年伊始，五十二集长篇电视连续剧《闯关东》在全国各地电视台热播，讲述的是从清末到抗战爆发，一户山东人家为生活所迫而离乡背井"闯关东"的故事。全剧以主人公朱开山一家人复杂、坎坷的命运为线索，讲述了朱开山以及三个性格迥异、命运不同的儿子在关东大地遇到的种种磨难和考验，再现了当年"闯关东"的悲壮历史。主人公朱开山受穷困生活所迫，投身义和团，开始了离家打拼的生活。妻子文他娘在家守望着丈夫的消息，终于盼来一封信，让文他娘带着家中的三个儿子一起闯关东。大儿子朱传文与出身戏子的姑娘鲜儿相恋，却遭到家人反对，两人决定私奔。然而在闯关东的路上，两人却走散了。鲜儿误以为传文已死，一个人跑到山上做了伐木工，后来被土匪抢去做了压寨夫人。外出寻找父亲的朱家二儿子朱传武与鲜儿狭路相逢，两人产生感情。此时抗日战争爆发，传武从军抗战，三儿子朱传杰也决定继承父业，走上实业抗战的道路，在国家命运的大背景中，家族命运也随之跌宕起伏。全剧分为四大叙事段落：其中第三个段落名为"较量、复仇、善恶、和谐"。该剧是一部充满传奇色彩的个人奋斗与群体奋斗相结合的创业成长史，是一部人物命运的悲欢离合史，更是一部弘扬民族精神的平民英雄史诗。

故土难离，朱开山一家为了"期待在天边命运会改变"的梦想，而开始了闯关东，整个过程充满了艰辛、痛苦，几乎每个家庭成员都曾经面临过生命的危险。在这个家庭中，也不是没有矛盾和冲突，尤其是在各自的利益、地位以及到后来的国命、家运之危机摆在面前的时候，也有争吵和斗争。但是这个家庭给人留下更多的是，作为一家之主的父亲积极进取，母亲宁静慈爱，儿子的叛逆之中透出孝心，儿媳贤惠知理。尤其在丰收季节熟透的田野里，几个女人手舞红彩带，在男人欣赏的目光里翩翩起舞景象，给人以浪漫和谐的美好印象。在这样一个家庭里，每一个成员都有着自主的价值选择。而且又是在人伦大义和国家大义的前提之下，得到了充分的尊重，每个人的特点都得到了充分的体现。这也是《闯关东》收视率一直居高不下的原因所在。

中华民族历来是一个注重家庭和谐的民族。因为家庭是社会的基本细胞，《大学》中说："所谓治国必先齐其家者，其家不可教，而能教人者无之。故君子不出家，而成教于国。孝者，所以事君也；弟者，所以事长也；慈者，所以使众也。"不能齐家，则无法安天下，即"家齐而后国治"。和谐的家庭可以产生强大的辐射力。家庭既是人们享受天伦的港湾，同时也是履行社会伦理的一个基本出发点。《易传·象辞·家人》中说："父父、子子、兄兄、弟弟、夫夫、妇妇，而家道正。正家，而天下定矣。"就是说，对于一个家庭而言，应按照自己在家庭中所处地位尽相应的本分。这样，这个家庭就是一个和谐的家庭，每个成员都乐在其中，做起事情来就充满了力量，《闯关东》的朱开山一家就说明了这一点。朱开山一家是万万千千闯关东人物的缩影。而一个个和谐家庭的逻辑延伸，就是一个和谐有序的社会整体。《闯关东》中在日军入侵、大敌当前的情况下，无数个像朱开山一样的家庭成员，开始同仇敌忾，形成一股不可侵犯的民族抗日的力量。

《左传》中说："父义、母慈、兄友、弟恭、子孝，内平外成。""内平外成"应是每一个人的追求。但是，反观现实生活，似乎人们的这种观念越来越淡漠了。人情疏离，亲情冷漠等问题反而在当今已经成为严重的社会问题。传统的家庭观念似乎也已经远去。老人失养、夫妻失忠、手足失和、子女失教等问题非常突出，传统的伦理观念面临空前的挑战。但是，家庭作为一个社会的基本组成单位，它将长久存在和延续，家庭的作用任何时候都不容小觑。家庭以其特有的血缘亲密特征，给人以身心的独特和慰藉。所以，人们说家庭是心灵的港湾，温馨和谐的家庭是每个正常人必需的。所以，中国民间有谚道：

家和万事兴，

不和祸殃至。

（修建军）

7. 曾子杀猪
——以信"和"家的典范

据《韩非子·外储说左上》记载，曾子的妻子欲去市场，儿子哭闹着要跟妈妈一起去，被闹得没法了，她就哄劝孩子说："乖乖回家吧，妈妈回来杀猪给你吃。"结果儿子听了妈妈的话，乖乖回家了。

等到曾妻从市场回来，曾子马上就开始动手杀猪。妻子说："你当什么真呢！我只是哄小孩子玩的。"曾子说："小孩子是不能骗着玩的。孩子年幼无知，处处都会学爸爸妈妈的样子。你现在欺骗他，实际上是在教孩子学欺骗。妈妈欺骗孩子一次，那么孩子从此就不会再相信妈妈。这不是教育孩子的好办法啊！"随后曾子就把猪杀掉了。

这就是历史上有名的"曾子杀猪教子"的故事。从这里可以看出，曾子的妻子没有意识到哄骗孩子实际上是在教给孩子不诚实，曾子却意识到了这一点。从表面上看，对于一个贫穷家庭来说，为了一句戏言而杀掉一头猪，似乎是有点不划算。然而，从长远的眼光来看，这会对孩子的一生都有影响。孩童的心灵犹如一张白纸，而父母又是孩子的第一任老师。父母的言行对孩子一生的人生观会产生重要的影响。所以，在中国民间有"孩子时刻背着父母影子"的说法。在家庭中，对于一个小孩子，父母的身教往往要更重于言教。如果父母在家庭中多次失信于孩子，那么，孩子就会认为不诚实是正常的行为。更为严重的后果是，孩子会认为，连自己的父母都不能相信，那么谁还值得相信？曾子不愧是优秀的孔门弟子，他以杀猪的实际行动，给孩子以诚信处世的高大形象。如果曾子不杀猪，不仅使孩子因吃不上猪肉而产生失望，而且，这个孩子以后将往何处走，不堪设想。作家余华曾经说过这样的话："任何一个人童年的经历都决定了他一生的方向。因为世界最初的图像就是在童年时来到一个人的印象中……人的说话交往都是童年最初世界的基本图像,就像复印机一样将图案复制到人的脑子里。即使他长大后远离故乡,做别的工作,他对世界理解的基本图像也是不可能改变的。"在现实社会中,因为被亲人欺骗而报复社会的例子还少吗?所以,在中国古代的诸多家规中,都特别强调"信"德,是有道理的。

"信"是儒家"五伦"之一。孔子说:"人而无信,不知其可也。"(《论语·为政》)在孔子看来,人不守信用,就像车子没有车轴一样,是无法正常行走的。所以,言必信,行必果。"古者言之不出,耻躬之不逮也"(《论语·里仁》),就是不要轻易发表言论,言而不行,是一件很可耻的事情。

"信"与真诚紧密相连,"信"是立身之本。所以,"信"也是保证家庭成员之间坦诚相对、和睦相处的一项重要准则。正是:

　　杀猪事小,明"信"事大;
　　父子不欺,和乐融融。

(修建军)

8. 相煎何急
——兄弟失和的悲剧

在中国历史上,曹植的《七步诗》几乎是妇孺皆知的。故事说的是三国时期发生在曹操家庭里的事情。曹操死后,曹丕自立为皇帝,即魏文帝。但是他深知自己的才能不如兄弟,尤其是深得曹操喜爱的四儿子曹植。曹丕为了保住自己的帝位,先是以各种借口把自己的弟弟们赶出国都,然后又想着法子来迫害他最为嫉恨的弟弟曹植。曹丕首先是杀掉了几个与曹植关系亲密的官员,然后又欲杀曹植。然而,他实在找不出什么借口来杀曹植,就对曹植说:"你不是很有文采吗?那么你在七步之内给我作出一首诗来,否则我就要处死你!"曹植强忍悲愤,还没有走出七步,就随口吟道:煮豆燃豆萁,豆在釜中泣。本是同根生,相煎何太急!即使再狠心,曹丕听后也深受感动,惭愧地低下了头,并放过了曹植。曹植以自己的聪明和才智,免于死在胞兄的屠刀下。同胞兄弟,本是同根相生,为何要相煎相逼呢?后世的人们则常以"相煎何急"来指责骨肉之间的相互残杀。

无独有偶,在中国历史上,像曹氏家族这样,为了争夺帝位而骨肉相残的例子是非常多的。试看几个历史上著名的皇帝吧,他们所应被人们记住的,不仅仅应该是他们的"明君"记载,事实上,在他们的背后,却有不可示人的丑闻。汉代有著名的"文景之治",然而,文帝登基,是在逼死了其弟淮南王刘长以后的事;景帝时曾有平定七国之乱的功绩,这个七国之乱的发生和平息,也都是皇室内部的骨肉残杀。又如唐太宗,他在历史上号称雄才大略,开创了大唐盛世,史称"贞观之治",但是,他也是靠"玄武门之变"杀兄除弟才得以登上皇帝宝座的。宋、明、清等朝代也有同样的记载,而且残忍程度与前代比起来,那更是有过之而无不及。所以历代思想家和历史学家都尊奉孔子的"春秋笔法"。因为孔子的"春秋笔法"就是针对乱臣贼子而发的,为的是对不伦的乱臣贼子有警示作用,从而使兄弟睦、人伦正。

儒家一贯注重兄弟之间的亲密和谐,把作为人伦之一的兄弟关系反复加以强调。孔子说:"兄弟怡怡。"(《论语·子路》)意思是说,兄弟之间应保持一种和顺愉悦的关系。孟子认为兄弟之间的关系是不能以利益来衡量的,所以,兄弟间的相处应该"去利,怀仁义以相接"(《孟子·万章上》)。兄弟之爱应是仁爱之心在家庭内部的一种表现。孟子特别尊崇舜帝在对待同父异母的弟弟象时的态度。象虽时常想尽各种办法加害于舜,但是舜始终"象忧亦忧,象喜亦喜",对他以诚相待,终于感化了愚顽的象。孟子把舜看成是全天下友爱兄弟的楷模。荀子也认为,为人兄者,应当"慈爱而见友",为人弟者,应该"敬诎而不苟"(《荀子·君道》)。也就是说,在家庭中,应当哥哥爱弟弟,弟弟敬哥哥,这样兄弟之间必然会和睦相处。儒家注重兄弟和睦之情的思想,在中国历史上产生了巨大的影响,使中华民族成为一个讲求兄弟情谊的民族。在中国有"世间最难得者兄弟"的千古名言,因而在中国历史上也留下了许许多多感人至深兄弟和睦的故事。

时至今日,似乎是有些人对于兄弟之情也越来越看淡了,甚至为了一点蝇头小利而手足反目的情况也屡见不鲜,有这样心态的人,应该好好反思一下。诚如曹植在《赠白马王彪》一诗中写道:"变故仔斯须,百年谁能持?

离别永无会,执手将何时?"匆匆一生,时不我待,为什么不能珍惜这天赐的兄弟情缘呢?

> 骨肉之恩,手足之爱;
> 形分气连,何必相煎!
> 兄弟同心,其利断金。

(修建军)

9. 将相和
——一曲和为贵的颂歌

《史记·廉颇蔺相如列传》记载了这样一个故事:战国时的秦国是一个强国,经常欺侮和进攻周边的国家。一天,秦王听说赵惠文王得到了一块世间罕见的宝玉——"和氏璧",就诈以许给赵国十五座城池来换取这块宝玉。赵国的舍人蔺相如遂携和氏璧出使秦国。秦王见璧,却不再提十五座城池的事。相如以为秦王指出瑕疵为名夺回宝玉,不惜与宝玉同碎,镇住秦王;并派人将宝玉送回了赵国,终于完璧归赵,保护了赵国的名誉和利益。赵王封其为上大夫。此后,蔺相如又随赵王去渑池会见秦王,秦王企图侮辱赵王,相如怒不可遏,欲以五步之内与秦王拼命,吓得秦王不敢加辱赵王。蔺相如因功被封为上卿,地位在廉颇之上。廉颇怎么也想不通,认为自己是当时赵国的名将,担任上卿,出生入死,率军多次战胜齐、魏等国,为赵国立下大功,蔺相如一个小小的舍人,不过凭一张嘴,地位就在自己之上,心态于是愤愤不平。遂多次欲挑起事端,与蔺相如争斗。蔺相如为了国家的利益,忍辱负重,对廉颇一再谦让宽容,不予计较,终于使廉颇愧悟,遂负荆请罪。两人和好如初,共同保卫国家的安定。"将相和"的故事千古流传,后世被改编成戏剧、电视剧而广为人知。蔺相如和廉颇共同的思想基础都是爱国。爱国主义是中华民族五千年生存史上最伟大的精神财富,为了国家的尊严和利益,可以牺牲任何个人的一切,包括生命。

此外,蔺相如与强敌争斗时的机智勇敢,也是中国古代知识分子的楷模。孔子讲君子有三达德：智者不惑，仁者不忧，勇者不惧。《论语·子罕》在强横霸道的秦王面前蔺相如先是假作指疵，夺回宝玉，继而谎称已将宝玉送回赵国，都显示了高超的智慧；继而不惜与宝玉同碎，甘愿五步之内与秦王同归于尽，都表现出了临危不惧的勇者风范。而以宰相之博大胸怀，容忍同僚的挑衅，都显示了谦逊待人、与人为善、海纳百川、宽容敦厚的仁者风范。廉颇知错就改，虚心请罪的精神也是君子品格。孔子说：君子有了错误不怕改正，如果知错而不改，那就是最大的过错了。假如蔺相如遇到廉颇蓄意挑衅时萌发报复的心态，心胸狭窄，意气用事，以牙还牙，与廉颇针尖对麦芒，必将引发赵国政治地震，使强大的秦国乘虚而入。假如廉颇的心态顽固不化，死不认错，也会使将相之间的矛盾无法修复，严重影响赵国的团结，削弱赵国的战斗力。

反观我们的干部队伍，尔虞我诈，钩心斗角，狗撕猫咬，阳奉阴违者比比皆是；至于反目为仇，势同水火者也大有人在。文化程度都不低，受党的教育也多年，应该说都有强烈的事业心和责任感，也都有为人民做事的良好愿望，为什么就"尿不到一把壶里"？这显然与每个人的处世心态有关。应该说，每个干部都有建功立业的愿望，但同时也都有强烈的功利心和权力欲。进步更快，位子更高，可以说是每一个干部的共同心愿。但怎样去进步？怎么样去到更高的位子上？每个人有每个人自己的认识和体悟。如果某个干部心胸狭窄，一心为了自己的私利，就会千方百计地制造个人政绩，贬低同事，造谣中伤，诬陷罗织，给同事"下绊子"，"编段子"，"扣帽子"，陷害竞争对手，无所不用其极。尤其在进退留转的关键时刻，为了自己的政治前途，生出极不道德的心态，笃信什么"无毒不丈夫"，最大限度地挤兑打击对手，许多手段卑鄙无耻，令人作呕。如此恶意竞争的结果也往往是两败俱伤，给上级和组织部门留下很坏的印象。凡事一心为他人，诚然很难做到，但虑事的起点心态起码要做到利己不害人，因为害人如害己。一个干部，不管其能力有多大，从政心态一定要平和善良、理性道德，对待同事一定要和睦相处，多看别人的优点。古代高僧寒山、拾得曾经有过一段精彩的对话。寒山问拾得："世间有人谤我、欺我、笑我、贱我、骗我，我如何处治乎？"拾得曰："只要忍他、让他、避他、由他、耐他、敬他，不要理他，再过几年，你再看他！"说的就是这个道理。因此，你讲我的坏话，我就到处讲你的好话,不仅释放了自己的紧张心态,还可以感化对方使之愧悟。千万不要怀有"以人治人"的恶毒之心,否则一定会被千夫所指,成为孤家寡人。人生最长百年,斗来斗去何时休?相逢一笑泯恩怨。孔子说:"躬自厚而薄责于人,则远怨矣。"(《论语·卫灵公》)宽容和原谅曾经伤害过自己的人是一种高超的人生艺术,而善于化解矛盾和仇恨的心态才是人生的最高境界。

  负荆请罪,和为贵。
  将相和,天下平。
  团结出干部,出生产力。

(傅永聚)

10. 弑师事件频发之痛
——师生关系和谐性的反思

  2008年,教师节刚刚过去的10月份,发生了三起针对教师的凶杀案,令人发指的是作案者都是学生。10月4日,山西朔州高中生课堂上持刀杀死老师。凶手与被害老师没有任何仇怨,却揣着三把利刃,在课堂上,在众目睽睽之下,连捅老师四刀。在其留下的一页死亡笔记中,自称"我就是个坏学生,还坏到家了……我恨老师,更恨学校、国家、社会……我要发泄,我要复仇,我要杀老师","要让人意识到教师是混蛋。"被害的郝旭东老师家境贫寒,才华横溢,曾考中两所学校的研究生,创作发表了二十余部小说和剧本。10月21日,一中学生因害怕家访杀死女老师。浙江省缙云县舒洪镇盘溪中学初三学生丁于真由于逃课,害怕班主任潘伟仙老师家访被家长知道,于是就骗老师说父母在山上干活,然后将老师带到山上,在山上无人之处将老师推下悬崖,当他发现女教师还没死,就选择用绳索把她活活勒死……在经历了整个作案过程以后,该学生居然还装作若无其事地照常回校上课。而据同事同学反映,潘老师是一个工作认真负责、为人老实的好老师。10月28日晚,中国政法大学一教授在课堂上被砍死。晚上6点40分左右,中国政法大学昌平校区端升楼 201 室内,该校法学院教授程春明在上课前,被一个手持菜刀冲入教室的人砍倒,随后不治身亡。据该校目击学生称,嫌疑人为该校政管学院大四学生。这三起令人发指的弑师事件相继发生在 10 月,也许只是巧合,但案件的发生,确实为我们提供了一个反思机会:中国的教育界怎么了?师生关系何以恶化到如此程度?中国应该说是一个具有良好尊师传统的国度,有"一日为师,终身为父"的古训。人们常常尊奉"天地君亲师",把老师看做与天、地、皇帝、父母一样尊贵。正是因为老师承载着人们太多的希望,所谓"师者,所以传道、授业、解惑也"。而且,中国自古以来,往往师友并称,强调一个人的成长离不开师友的帮助,即我们现代常说的良师益友。孔子注重学无常师,"三人行必有吾师焉"(《论语·述而》)。孟子把"得天下英才而教"作为人生三大乐趣之一。荀子说:"非我而当者,吾师也;是我而当者,吾友也。"(《荀子·修身》)就是说,老师能对我们提出中肯的批评,而朋友则是最为了解我们所长的人。所以人要"隆师而亲友",尊敬老师,亲近朋友。《礼记·学记》也把敬师与亲友作为人生之大事,认为任何人都要"安其学而亲其师,乐其友而信其道"。

在老师与学生之间的关系上,先哲们既在理论上指明了方向,也在教学实践中为后人树立了光辉典范。《礼记·学记》中说"师严而道尊",意思如我们今天说的"严师出高徒"一个意思。这里首先是强调为师者要尊师德师道以自重。孔门师生间的那种感天地、泣鬼神的师生关系,为后人所称颂和景仰。孔子是严师,从有关记载我们可以看到他对白天睡觉的宰予的批评,对帮季氏敛财的冉求的斥责,甚至最得意的弟子颜渊,孔子对他的"亦步亦趋"做法也不是特别满意。我们更多感受到是孔子如慈父般的人师风范。孔子与他的弟子们之间的关系水乳交融,体现了师友同体般的和谐:在教学上,孔子对弟子的教育,往往是在朋友般的交谈中,循循善诱,而对于有所心得的学生,给予充分的肯定。这颇似我们现代教育所提倡的赏识教育;在生活上,孔子从未摆出一副拒人千里的高傲姿态,而是平易近人。他可以在与学生的"志向"交流中,表明自己的心志并非好高骛远,却又有那么一丝丝的浪漫主义情怀夹杂期间。他也有时会和学生们开开玩笑,这说明,孔子自己所持的与学生平等的精神。从弟子有病的亲自探望与叹息,到弟子亡故的失声痛哭，还有自己生命时日不多时，倚门翘首盼望弟子归来的种种场景，都说明了孔子和他的弟子们感人的亲密关系。当然，老师和学生作为教学过程中的主体与客体，二者的关系也是相辅相成的。孔子以他的实际行动，赢得了弟子们的衷心尊敬与爱戴。孔子逝后，他的弟子们都按照尊父母之礼，为孔子守丧三年，子贡则在老师墓前筑庐而居，为老师守丧六年。至今存在于曲阜孔林之中的"子贡庐墓处"，依然在向人们讲述两千多年前的美好的师生关系。而这，正是孔子办学成功的最大法宝。"万世师表"，孔子当之无愧！而反观今日之教育，当大家都把教育关注的目光聚焦于升学率的时候，校园里的师生关系也渐渐变得疏远起来，老师所注重的只是学生的考试分数，而忽略了学生的道德情感培育，也更"无暇"去与学生沟通，承担着教书育人使命的老师，逐步成了只教书不育人的教书匠。学生也在分数的压力下，自己又无力排解，甚至产生与老师的敌对。于是，形成了今日师生间形同路人的畸形的师生关系。好在我们国家已经认识到了问题的严重性，开始提倡素质教育、传统美德教育，在各级学校里，基本上都开设了学生的心理干预课程，坚持下去，传统的尊师爱生之风，一定会在校园里重新荡漾。

师生重和谐。
校园有正气。
视生如子。
尊师如父。

（修建军）

11. 管宁割席
——志同道合方为友

据《世说新语·德行》篇记载：管宁和华歆在年轻时代就是一对好朋友。有一次，他们两人在菜园子里锄草，从泥土里翻出了一块黄金。管宁目不斜视，看见那块黄金就像看到泥瓦块一样，继续锄草；而华歆呢，却有点爱不释手的样子,把金子放在手里把玩了一会儿,才把金子丢出去。这一切,都被管宁看在了眼里。

还有一次,两人一起坐在席子上读书,忽听外面鼓乐齐鸣。原来是一位高官显贵乘坐华丽的马车经过他们的门前。管宁仿佛没有听见一样,继续低头读书;而华歆呢,连忙丢下手中的书,到外面看热闹去了。当华歆从外面回来的时候,管宁掏出刀子,把席子从中间一分为二,断然说道:"从今以后,你再也不是我的朋友了。"

朋友关系是社会人际关系最为亲密的一种。中华民族历来有注重友情的传统。在中国历史上留下了许多可歌可泣的故事和传说。最为典型的就是俞伯牙与钟子期"高山流水觅知音"的千古绝唱;相知相携的"管鲍之交",刘备、张飞、关羽的"桃园三结义",廉颇、蔺相如的"刎颈之交",等等,不可胜数。从前面我们所提到的管宁与华歆断交的故事可以看出,管宁和华歆从一对形影不离的好友到断交,主要是因为管宁看不惯华歆的贪慕财势之举。后世常以"割席断交"来指称志不同道不合而分道扬镳的朋友关系。这从一个角度说明了交友以德行为重的道理,是符合儒家的交友之道的。

儒家注重交友,孔子有"有朋自远方来。不亦乐乎"(《论语·学而》)的名言,其中交友最重要的目的就是"以友辅仁"。孔子把朋友分成两大类:一类是有益者,一类是有害者。其中,与正直的人、守信的人、见闻广博的人交朋友,是有益的,而与谄媚、阳奉阴违、夸夸其谈的人交朋友,则是有害的。孟子也明确地指出:"友也者,友其德也。"(《孟子·万章下》)交朋友,看重的是一个人的德行,而不是以年龄、地位、家族等等为标准。荀子也认为任何人都不可以不慎重取友。他说:"友者,所以相有也。道不同,何以相有也?……取友善人,不可不慎,是德之基也。"(《荀子·大略》)后世历代儒家继承了孔子的交友思想与宗旨,使得儒家的交友之道代代流传下来。

交友是一个人一生中不可或缺的事情,因为朋友之间特定的亲密关系,双方的影响在潜移默化之中相互发生。《孔子家语·六本》中说:"不知其人,视其友。"如果不知道某人的为人如何,那么观察他的朋友就可以了解了。所谓"入兰芝之室,久而不闻其香",所以朋友之间应坦诚相待,如鲁迅先生所说:"人生得一知己足矣,斯世当以同怀视之。"正是因为"千金易求，益友难得"，所以，应当珍惜友情。交往良友，可以摆脱孤独，享受温情；相互扶持，完善德行。在当今社会有这样一种现象，随着社会生活节奏的加快，人们之间的交往越来越少了，而且也由于各种社会问题的出现，人们之间变得缺乏基本的信任，有人似乎更愿意与宠物为伴、为友，这样也许可以得到暂时的慰藉。然而动物毕竟是动物，它难以与人类有心灵的交流。还有一些人，交朋友有着极强的现实功利性，也就是人们常说的酒肉朋友。这样的朋友只能是相互利用，毫无真情可言，更谈不上"辅仁"了。那么，这样的朋友越多，人越无法摆脱心灵上的空虚。所以古人说"道不同，不相为谋"。人还是应当与志同道合者做朋友，共担痛苦，共享欢乐。

　　　　嘤其鸣矣，求其友声；
　　　　独学无友，孤陋寡闻；
　　　　同心之言，其臭如兰；
　　　　唇齿相济，终和且平。

（修建军）

12. 一路之隔，风景不同
　　　——和气才能生财

　　在2000年《山西农业》第九期上，刊登了一个农民写的一篇短文，作者名叫杨肖丑，题目是《路南路北两条堰，南北景象不一般》，文中讲述了这样一个小故事：万荣县万泉乡的一条乡级公路，从东到西将杨家垛村的南北一条堰从中隔断。实行生产责任制以后，村里把上下两块地承包给不同农户耕种。三年前，堰上的农户为了充分利用地头堰边的空隙，就在自己的堰上栽了一行柿子树，当时也没和堰下的农户打个招呼。堰下的农户见堰上的柿树长大成伞，心想将来必定会使他种的庄稼受到影响，对这种"我受害、他受益"的事越想越生气，思来想去，"你会睡觉我也会翻转"，便在自己的堰上紧挨柿子树栽了一行桐树，嘴里喃喃地念道："兔子总比乌龟跑得快，强人总能压倒地头蛇。"这一招果真厉害，桐树更比柿子树长得快，树冠大，歇地宽。堰上的农户一时气得要憋破肚子。按说，如果这件事通过协商解决，或用法律的手段来保护自己的合法权益，事情可能会得到妥善的处理。但是，恰恰相反，堰上的农户瞅空在怀里掖把斧子，把桐树依次拦腰砍断。堰下的农户也不是省油的灯，也照着他的葫芦画了个瓢……已长成柿子树、桐树一个一个身首异地，惨不忍睹，过往行人无不摇头叹息。

在公路的南侧，则是另一番景象，堰上承包的农户杨奎民，三年前也在他的堰上栽了一行柿子树，但他在栽树前就考虑到树长大后必然会影响到堰下的庄稼生长。他就主动地找到堰下的农户薛春英说："我栽树是为了充分利用地头堰边的空隙，但决不能叫一家受益，另一家受害。我在堰上只栽一行柿子树，将来的收益按四六分成，栽在谁地头谁就管得多一点，哪棵树好由您挑……"就这样，商商量量、和和气气地栽下一行"摇钱树"。如今，柿子树已快挂果了，棵棵枝繁叶茂，路上过往行人无不翘指称赞。

事实上，像上文中这样的例子在农村还是很普遍的。路南路北，两种态度，结果也截然不同。路北的两家，各自为自己打算，全然弃邻家于不顾，结果是两败俱伤；而路南的两家呢，就能在既考虑自家利益的前提下，又充分估计到邻家的损失，找到一个两全其美的方法，既不伤邻家和气，又使两家得益，皆大欢喜。

君子爱财，取之有道。天下谁人不爱财？但要看这个财的取得符合不符合道义。如果以伤害别人利益而取得的利，那就是非道德的。所以，任何人都首先应该设身处地地替别人想一想。这就是儒家一贯提倡的推己及人的"恕"道。在儒家看来，人具有"心之所同然者"。所以任何人都应遵循将心比心、以己推人逻辑原则来掌握别人的心理需求。这正是荀子所说的"以人度人，以情度情，以类度类"（《荀子·非相》）。孔子说："己所不欲，勿施于人。"（《论语·卫灵公》）"己欲立而立人，己欲达而达人。"（《论语·雍也》）简单说来，就是要求人们应做到：自己不希望的，也不要强加给别人；自己要想好的结果，也要同时给别人好的结果；不希望别人对待你的方式，首先不要用于别人。任何人，如果为了满足一己之私，而损害他人利益，那就是以己之所不欲而强加于他人。那么，人与人之间必然会因此而失去平衡，发生争端。孟子有一段论述，很精辟地说明了这个问题。孟子说："杀人之父，人亦杀其父；杀人之兄，人亦杀其兄。然则非自杀之也,一间耳。"(《孟子·尽心下》)尽管不是你自己杀了父兄,但这是你杀人父兄的间接结果,是必然会发生的。人若只考虑自己的私欲,结果必然是害人害己。前边所讲的路南路北两种心态、两种结果的事例充分说明:

  和气生财,古今正理;

  以己之心,度人之情;

  与人为善,大家方便。

(修建军)

13. 你年轻,你优先
——人际友好的美丽风景

  在现实生活中,我们常听到这样的声音,老人优先,小孩优先。但是,在《扬子晚报》2007年11月19日的一篇报道中,我们却听到了这样的声音:"你年轻,你优先。"

  第一个场景:在公交汽车上,一个小伙子刚刚落座,有一个大妈站在了他面前,小伙子连忙起身给大妈让座。但是大妈说:"谢谢,不客气,你坐吧。"小伙子以为大妈是客气,就再三请大妈坐下,说:"大妈,您年龄大,还是您来坐吧。"原本以为大妈会坐下的小伙子却听到了他从未听到过的话:"你年轻,你优先。"小伙子执意把大妈请到了座位上,并问大妈为什么会这么说。大妈说:"你上了一天班,一定很累了。我的孩子和你年龄差不多,每天一到家,就往沙发上一靠。我知道你们白天上班辛苦,所以我从不在下班时间挤公交车,今天是没办法,我要去医院给女儿送饭。"

  第二个场景:在银行里,小伙子在排队等着取钱。每一个窗口都站了很长的队,他只得耐心等。终于等到前面只有一位大爷了。这时大爷回过头对小伙子说:"你先来办吧。"小伙子不好意思,就推辞了。大爷说:"你年轻,你优先。你得赶着去上班,我反正也没啥事。再说,我存完钱,还得办理水电费,还得一会儿呢!你不必客气,你先办理吧。"

  "你年轻,你优先",我相信,这是我们的国人在听到后都会感到吃惊的话语。因为中华民族是一个崇尚尊老爱幼的国度。然而，在现实社会中，我们听到了太多的公交变奏曲、电梯变奏曲、公共秩序变奏曲。人们往往为了一个座位，会以百米冲刺的速度争抢，会为争座位而大打出手；在电梯上，大部分人都有一夫当关，万夫莫开的架势，只要我自己方便了，我管你如何？所以，无论在公交车上、电梯等场合，哭闹声、嘈杂声，真是让人难以忍受；还有在公共场合的排队秩序，我们某些国人的公共秩序道德也真到了令人瞠目的地步了。这里面有一个普遍性的社会心态：从老幼的角度上，都觉得自身是一个弱势群体，理应得到人们的关照，而年轻人则认为，我花钱坐车，能抢上座，使我幸运，凭什么把来之不易的座位拱手让人呢？就有这样的例子，有的老人因为年轻人不让座而开口骂人的，年轻人毫不示弱，于是唇枪舌剑不休，有的甚至引发刑事纠纷。所有这些表现，都与我们礼仪之邦的称号相违背。

  我们前面例子中提到的大妈、大爷真是令人敬佩。他们以人们意想不到的方式，诠释了人与人之间应当有的理解和爱心。这是人与人之间友好和睦相处的美丽风景。老人从理解自己的孩子，到理解素不相识的年轻人，从爱自己的孩子，到关爱萍水相逢的年轻人。这正如孔子提倡的仁义之心，即推己及人之心。孔子说的"己所不欲，勿施于人"（《论语·卫灵公》），老人以父母之心，他们不想让自己的孩子受苦受累，也因此延伸到别人的孩子、素不相识的年轻人身上。孟子说："老吾老以及人之老，幼吾幼以及人之幼"（《孟子·梁惠王上》），老人真正做到了"幼吾幼以及人之幼"，老人在帮助别的年轻人的过程中，也得到一种心理上的释怀。"爱人者人恒爱之"（《孟子·离娄下》），老人的行为，必然会得到年轻人由衷地敬佩与喜爱。反过来说，对于这样的老人，谁能不以他们为榜样呢？谁还好意思去抢一个座位呢？谁还有颜面在公共场合不遵守秩序呢？可以说，爱是一种双向的人间情怀，能产生美好的感召力。所以说：

你年轻，你优先，
言简意深。
互谅互敬，
其乐融融。

（修建军）

14. 付不起的是心态
——从美国两大集团的失败联姻引发的悲剧谈起

2005年7月26日的《北京晚报》记载了这样一件事：在19世纪，美国建筑大王凯迪的女儿和飞机大王克拉奇的儿子，在双方父母的撮合下，开始了交往。但是两人的交往并没有如父母期望顺利发展，而经常伴随争吵。双方父母很是担心，因为两家都是社会名流。同时他们也担心会有什么不测。事情也就是这样巧合，凯迪的女儿竟然在这时候因中毒而死。于是克拉奇的儿子被作为嫌疑人投进了监狱，并且在一年后的审判中被判为终身监禁，两家人因此而结仇。

与此同时，两家人也都处于一种极度的精神折磨和痛苦之中。这痛苦来自两个方面：首先，克拉奇为了减轻儿子的罪责，在极不情愿的心理状态下，还要挖空心思地想法在经济上补偿凯迪家，好让凯迪家为儿子说情；而对于凯迪家而言，无论以什么方式接受克拉奇家的金钱，都触发一次痛苦的神经。其次，双方都陷于深深的自责之中。克拉奇家自责自己没有管教好儿子；而凯奇家则自责没有引导好女儿，而看上这样一个杀人犯。然而，二十年过后，科学证实，凯迪的女儿是因服用一种药物中毒而死，并非被毒死。克拉奇的儿子也因此被释放。

二十年的折磨，让两家人苦不堪言。尽管两家人都是企业界的巨头，但是他们生活在痛苦和折磨中，仇恨成为他们生活的主题。即使在一切真相大白于天下之后，它们之间的仇恨也依然无法解除。据说面对记者的采访，他们说了相同的话："二十年我们付不起的，是我们已经付出的又无法弥补的心态。"

在中国，老百姓都知道这样一个道理："冤家宜解不宜结。"儒家的教化思想，归根结底是要求人们洁身自好，推己及人。所谓"我不欲人之加诸我也，吾亦欲无加诸人"（《论语·公冶长》），意思是说，我不想让别人强加给我的事情，我也不会强加给别人。孔子说："君子坦荡荡，小人常戚戚。"（《论语·述而》）君子应该胸怀坦荡，与人无所不容；而小人则心胸狭隘，所以没有痛快的时候。

在这里，我们且不去探讨两巨头"撮合"儿女结缘的心理动机，只探究悲剧发生之后两家人的表现。从前文的讲述可以看出，他们在没有搞明白真相的情况下，就反目成仇，并且互相算计着报复对方，用通俗的话来讲，就是哪儿痛刺哪儿，结果是两败俱伤。如果他们能够平静下来，查查事情的真相，如果他们在事情发生后，多站在对方的立场上想一想，事情的结局也许真的会不一样。结果相反，双方的心里都留下了永远的创伤，也许他们将永远生活在怨恨、后悔的阴影里而无法自拔，因为积怨太深了。他们的生活还有什么快乐可言？纵是亿万富翁，又有什么用呢？

心态决定生命质量，
人生心态，贵在平和。

（修建军）

15. 国有三不祥
——晏婴论国之祥和

据《晏子春秋·内篇谏下》记载：有一次，齐景公上山打猎，刚到山顶，忽听一声长啸，从树丛里跳出一只老虎来，吓得齐景公一行赶紧逃到山沟里。谁知刚下到山沟里，又看到一条毒蛇。秦景公惊慌失措，又连忙返回宫中。惊魂未定之时，齐景公问晏婴道："今天我上山见虎，下山见蛇，这是不是我们齐国将有不祥之兆呢？"

原来，在齐国一直把老虎和蛇看成不祥之物。但是，晏婴听了齐景公的话后，借题发挥，给齐景公作了这样的回答。晏婴说："我听说一个国家确实会有不祥之兆，而且有三不祥，但不包括看见虎和蛇。这三不祥是：一是国有贤明的人大王不去选拔，不想了解；二是了解了也不原意录用；三是录用了也不给以信任。国家的所有不祥都在于此。至于您今日上山见虎，那是因为老虎原本就住在山中；您下沟见蛇，那时因为沟里有蛇的洞穴。这是再正常不过的事情了，怎么能与国家之不祥沾边呢？"

晏婴不愧为历史上一代贤相，从有关记载来看，他总是能把握适当的时机来对君王予以劝谏。

任贤使能，贤者在位，是实现国家政治安宁祥和的基本保证。这一点，也是儒家最为关注的。如果一个国家不能重用贤德之人，而使奸佞当道，那必定一片混乱。所以孔子强调"举直错诸枉"（《论语·颜渊》），就是要选用贤人，罢黜小人。对于孔子的这个主张，子贡进一步阐释道："舜有天下，选于众，举皋陶，不仁者远矣；汤有天下，选于众，举伊尹，不仁者远矣。"（《论语·颜渊》）意思是说，贤德之人往往深藏于广大的民众之中，当政者首先要善于发现、了解他们。孟子认为，即使是"圣"如尧舜，如果没有贤人的辅佐，他们也不能把仁心仁爱遍布天下。所以，孟子主张当政者，要像汤之于伊尹、齐桓公之于管仲，应"学焉而后臣之"（《孟子·公孙丑下》）。就是说，对于有才能的人，先学习他们然后请他执政。荀子也认为，君王若能思贤若渴、贤者在位，就可以轻松治国，所谓"尚贤使能，则主尊下安"（《荀子·君子》）。同时，儒家还主张，当政者要尊重贤人，还要充分相信贤人，这样才能真正实现贤者在位、国家太平的目的。尊重贤人，不是摆摆样子的事情，要真正信任他们。荀子指出，当政者要有坦荡的胸怀，容纳那些"诤臣"，而不要亲近那些阿谀奉承的小人。在《荀子·成相》篇中，荀子还专门指出如果不信任贤者而使谗佞当道，势必是非颠倒，必然把国家引向败亡，更无和谐可言。

中国历史的发展已经充分证明了这一点：凡是国运昌盛的，一定是当政者求贤若渴。如黄帝曾拜小牧童为师，商汤拜奴隶为相，周文王遍访天下得姜太公，燕昭王筑"黄金台"纳士，刘备三请诸葛亮等等，不胜枚举。他们都是中国历史上尊贤用贤的典范，而他们的国家和时代，也都得到了空前的发展。所以说：

　　　　任用贤才国之祥，

　　　　贤人执政国运昌。

（修建军）

16. 灭烛绝缨
——楚庄王心胸大度

据《说苑·复恩》记载：楚庄王打了胜仗，在宫中举行盛大宴会宴请文武百官。天黑时分，大家酒兴正酣，突然一阵风把蜡烛吹灭了，宫中顿时一片漆黑。在慌乱之中，楚庄王最宠爱的妃子忽然觉得有人拉住了自己的衣袖，她努力挣脱，并将那人的帽缨拔了下来。她告诉楚庄王说："刚才蜡烛灭的时候，有人拉我的衣服，我已经把他的帽缨拔下来了，我拿着呢。等蜡烛亮了的时候，我们看看谁的帽缨不见了，就把他抓起来。"庄王说："是我宴请大家喝酒，有人喝醉了有些失礼，我怎么能追究我的臣下呢？"于是楚庄王命令臣下说："今日你们与寡人一起喝酒，不拔掉帽缨不能尽欢，现在你们都把帽缨拔掉！"于是，一百多名大臣都一齐拔掉帽缨，然后重新点亮灯火，君臣尽欢而散。

过了三年，晋国侵犯楚国边境，楚庄王率军迎战。他发现有一个军官总是冲在最前面，大战五个回合，把晋军打得节节败退。庄王感到很奇怪，就问那个军官说："以我薄德，平日对你也没有特殊关照，你却为何要这样出生入死呢？"军官回答说："三年前，臣下酒醉失礼，您宽容而不加罪，我一直想用自己的生命来报答大王的恩德，所以，我愿意为大王肝脑涂地，在所不惜。我就是那个被王妃拔掉帽缨的人。"说罢，他又冲进敌营，奋力拼杀，终于打败晋军。这一战役的胜利，使楚国更加强盛起来，成为"春秋五霸"之一。

"君君，臣臣"，是孔子对于君臣关系最为明确的主张，意思是说，君要有君的样子，臣要有臣的样子。在两者的关系上，应当是"君使臣以礼，臣事君以忠"（《论语·八佾》）。君和臣应当互相尊重。从前面的故事来看，楚庄王采取了让全体在场饮酒者都拔下帽缨的办法，保住了臣下的生命。可以说楚庄王在这件事情的处理上，心态是宽容大度的：既然没有酿成什么大祸，这个臣下也可能只是酒后的一念之差，犯下错误。况且楚庄王也觉得是自己宴请群臣，而自己又因这件事情夺人性命，对自己也未必起什么好作用。而对于这个犯了过失的臣子来说，他自己也觉得自己失礼于王妃，罪当该诛。而楚庄王不仅没有处死自己，还以"灭烛绝缨"之计保全自己的颜面，自己有何理由不忠于君上呢？

君臣关系是儒家关注的人伦关系之一，君臣之间的互尊互敬是儒家的一贯主张。用孟子的话说就是"用下敬上"、"用上敬下"（《孟子·万章下》）。同时，儒家也认识到，在君臣的关系上，君是处于主导地位的，君臣关系是否和谐，从某种意义上可以说是取决于君主对待臣下的心态。孟子说："君之视臣如手足，则臣视君入腹心；君之视臣如犬马，则臣视君如国人，君之视臣如土芥，则臣视君如寇仇。"（《孟子·离娄下》）臣下是国君安定和治理国家的助手，而不是君王的奴仆。当君主把臣下当草芥一样对待的时候，臣下也必会把君主看做仇敌一样。这样的话，哪里还有臣下肯为国君效力呢？再者，君主的言行，必将起到上行下效的功效。荀子说："上好礼义，尚贤使能，无贪利之心，则下亦将綦辞让，致忠信，而谨于臣子矣。"（《荀子·君道》）君主能以礼待臣，臣下也必然会为君赴死。

在中国有"伴君如伴虎"的说法，在封建专制的历史时代，"君要臣死，臣不得不死"，这也是常有的事。但楚庄王能够大度又不失礼地保全臣下的尊严和生命，确乎是难能可贵的。

这个道理，同样适用于上下级关系的处理上。要处理好这种关系，主要领导保持一种大度、礼让的心态是至关重要的。而现在的干部队伍中，因为一些领导的小肚鸡肠而造成领导班子不和谐的状况，不为少见。这样的班长，如何能领导好下属呢？又如何能够做出大事业来呢？学学楚庄王的心态，是很有必要的。

> 灭烛绝缨，
> 大度得人心。
> 宽容是人之美德。

（修建军）

17. 国有大殇，我们在一起
——"人和"的威力

2008年的5月12日，是一个让中国乃至全世界都为之铭心刻骨的日子，四川汶川地区发生大地震。那一刻，山崩地裂，江河废流。数不清的生命在瞬间丧失，房倒屋塌，道路中断。更有那数不清的生命，还在废墟下挣扎。这是新中国成立以来，危害程度最大、伤害范围最广的一次大地震。自从地震发生以后，全中国乃至全世界人类善良的目光，都聚焦于四川汶川地区。

在生命的召唤下，人们心系一处。党中央在第一时间发出了救灾命令。党和国家的最高领导，温家宝总理、胡锦涛总书记，都在灾难后的最短时间里，亲临抗震救灾第一线，震区最危险的地方，总能看到他们的身影——安抚灾民、指挥救人。在党中央的强有力的指挥下，军队迅速开往灾区。在我们的心目中留下了太多的军人的影像：风餐露宿，一边流泪一边抢救废墟下的同胞。他们像战争年代冲锋陷阵一样，另一种冲在最前面的人，就是我们的白衣天使，他们穿梭于摇摇欲坠的危险地带，奔跑中的身影，永远定格在人们的心目中。不少人都是自发行动起来的，以志愿者的身份奔赴灾区，背负着沉重的行囊，跋涉于时断时续的山路上，这样的人流络绎不绝。

与此同时，在广大的后方，人们也都积极行动起来，有钱出钱，有力出力，人们纷纷慷慨解囊，演艺界的赈灾义演，各个阶层的人们，无论童叟，不分贫富，都在"一切为了灾区"的号令下，最大限度地献出自己的一份爱心。在大灾面前，人们心底的爱，骤然间被唤醒。于是，2008年的中国大地震中，创造了无数前所未闻的生命的奇迹。正如美国一著名的军事专家在评论中国的这场抗震救灾时指出："中国人在一瞬间凝聚成一块钢板，真是太让人震惊了！东方雄狮现在不仅已经睡醒站了起来，而且已经奔跑了起来！"从"5·12"地震发生的那一瞬间开始，所有的中国人空前地团结起来，上到政府，下到普通民众，都自发地行动起来。人民解放军更是展现出惊人的一致和速度，近乎疯狂地救人。国家主席和政府总理，更是不顾个人安危，深入抗震救灾的最前沿，为灾区群众分忧解难，为部队官兵加油打气。而所有的中国人，更是掀起了募捐的风潮，上到大企业家、各类明星，下到普普通通的农民、下岗工人，无不慷慨解囊，踊跃奉献。以前所有的不满和牢骚都被抛到了一边，整个华夏大地只有一个声音，那就是：众志成城，抗震救灾！

在大难来临的时刻，善良的人们，都能设身处地地为灾区的同胞着想。《人民日报》评论员文章曾指出："对人民生命的珍惜，必将赢得人民的尊重，极大地凝聚起人民的力量，极大地凝聚起压不倒、摧不垮的民族精神。"这正如孟子所指出的，"天时不如地利，地利不如人和"，有时候天时不与，灾难不可避免。我们就要坦然面对，共赴国难。在大灾面前，人们心往一处想，劲往一处使。否则，被灾难夷平的不仅是山川，更可怕的是人们泯灭了活下去的尊严和勇气。孟子说："民为贵，社稷次之，君为轻。"（《孟子·尽心下》）所以，孟子主张当政者必须以天下百姓之忧乐为忧乐，才能保持举国上下一片和谐。孟子指出："乐民之乐者，民亦乐其乐；忧民之忧者，民亦忧其忧。乐以天下，忧以天下，然而不王者，未之有也。"（《孟子·梁惠王下》）以民心为心，以民忧为忧，好恶与民同担，这样，才能共同面对困苦，战胜灾难。

　　　　灾难再大浑不怕，万众一心佑中华！
　　　　炎黄子孙团结紧，人和威力大！

（修建军）

18. 云淡风轻，傍花依柳
——人与自然的和谐

北宋著名理学家程颢在诗《偶成》中说：
云淡风轻近午天，傍花依柳过前川。
时人不识余心乐，将谓偷闲学少年。

看得出，程颢所享受的是"云淡风轻"、"傍花依柳"的"余心乐"，这是别人所无法理解的一种快乐，所以，在旁人看来，也许这只是作者的"偷闲学少年"。作者所体会到的是一种心境之乐，一种和乐心态。而这种心态，往往是在欣赏自然景色中获得。

大自然真是神奇，它会给人以无垠的启迪。古往今来，人们受自然的启发、借自然以抒发心志的例子太多太多了。老幼都耳熟能详的如明人于谦年轻时候写的一首《咏石灰》的诗：千锤万凿出深山，烈火焚烧若等闲。粉骨碎身浑不怕，要留清白在人间！人们认为，这正是于谦一生的写照。还有《咏梅》和陈毅的《赞青松》等诗句，可以说是不胜枚举。自然无声无息地向人们传达着各种信息，教人向善，教人励志。

水珠能滴穿岩石，那是教我们坚韧；一群蚂蚁能抬动几倍甚至于几十倍于它们身体的重物，启示人类要团结；成熟的麦穗低垂着头，告诫人们要谦虚；蜜蜂在花丛中忙碌，说明勤劳的真谛；乌鸦反哺、羔羊跪乳，告诉人们，禽兽尚且知道回报父母，人类呢？

所以，人应走近大自然，亲近自然。孔子说"唯天为大，唯尧则之"（《论语·泰伯》），尧为什么要"则"天，即为什么要效法天呢？孔子说"天何言哉？四时行焉，百物生焉"（《论语·阳货》），天从来不言语，不曾命于四时与百物，但四时照行，百物照生。尧帝是效法天而实行无为而治的。在孔子看来，这是天给尧帝的启发。孔子还说过一句耐人寻味的话："智者乐水，仁者乐山。"（《论语·雍也》）孔子在水边感叹"逝者如斯夫"，感叹光阴的流逝。而孔子为什么说仁者喜爱高山呢？他的解释是山能使"草木生焉，鸟兽蕃焉"，这是孔子看到山上山下一片盎然生机而发出的议论，也说明高山景象触发了孔子仁者有"好生之德"的思想。正是：

    高山流水遇知音，
    法天则地启身心，
    走进自然，
    天人合一。

（修建军）

19. 路边的野花不要采
——唇齿相依的人与自然

《青年博览》2006年第十期刊登了汪永晨的文章——《青藏路边的野花请不要采》。作者在1998年随中国第一支女子长江源科学考察队赴青藏高原进行考察。在这个过程中，作者曾经采访到这样一件事情：有一位科学家为了研究江源的冻土与植被状况，就从山上挖了一小块草皮带回了研究所进行分析。但是，让这位科学家始料不及的是，几年后他再到那片山上去的时候，原本绿绿的一座山，竟然成了光秃秃的荒山，挖走一块草皮，竟然影响了一座山！作者接着讲述了自己在青藏高原经历的另一件事：2002年6月，是藏羚羊大规模迁徙的时期，大约有六万只的藏羚羊铺满了整个山沟。有两个北京记者拿着长枪短炮似的相机，对着羊群猛拍。羊群被惊吓了，秩序大乱，结果有一大批小羊被踩死。后来当地县长急了，用拉车的钢丝绳把记者捆起来，才避免了悲剧的发生。作者在文中发出呼吁："向往青藏高原的人们，路途中，当你们从火车上下来呼吸高原的空气，欣赏昆仑山上的小草时，请千万手下留情，路边的野花不要采；当你们的镜头对准前面自由奔跑的野生动物时，请尽量减少对它们的惊扰。"

大自然中的一草一木、山川河流、海洋陆地，看似没有感觉，其实都是作为自然界的平衡链所固有的，有它自身的特点。作为万物之灵的人类，不仅要尊重人的价值，而且要承认和尊重一切自然物的价值。人类不应以自然界的主宰者自居，而随意剥夺自然生物的生存权利，要把自然界看成是一个不可分割的整体，自觉维护生态平衡，实现人与自然的相互依存，和睦相处。

儒家一贯主张"好生之德"，在肯定人为"万物之灵"的同时，也强调人有爱护自然的义务。《易传·系辞下》中说："天地之大德曰生。"长养万物使之生生不息，是天地的最高美德。人首先应当效法天地，"仁民而爱物"，"厚德载物"，就是要尊重自然，爱护自然，就是人们常说的，草草木木都关情。从孔子到孟子、荀子以及后来的儒家代表人物，都曾经关注到这个问题。他们还提出了比较具体的保护生态资源的主张。如孟子就主张不要用细密的网下水捕鱼，不要在育林的季节里去砍伐树木；荀子也主张，在鱼类繁殖的季节不要捕捞，草木开花结果之时不要进山砍伐，这样才能保证鱼类的繁多，山上所产能保证充足的供应。

可以说，儒家所主张的天人和谐的思想，在漫长的农业文明社会里，得到了一定的体现。但是，随着现代工业文明的不断发展，尤其是20世纪以来，人类将自身陷入了生存环境极端恶化的危机之中。现代化的到来，恰似一把双刃剑，在给现代人带来物质文明和精神文明的同时，也带来了难以克服的"现代病"，这种"病"的最大表现，就是把人带向"物"的回归。人们利用所掌握的现代工具理性，不约而同地患上了短视病，用一句人们挂在嘴边上的话就是"要钱不要命"。人们开始向自然索取无度，不再顾及生态的平衡及保护。大自然也毫不留情地还以颜色：诸如人口膨胀、粮食短缺、环境恶化、沙漠蔓延、资源殆尽，更加触目惊心的是因此而逝去的生命，非法开采造成的一起起的垮塌事故，令人不堪回忆。在中国，人们对一个公益广告可能还颇有印象："我们看到的最后一滴水，将是人类自己的眼泪。"恐怕这绝不是危言耸听！在我们国家，每年都有那么一些地方干旱严重，干裂的地皮，仿佛是向人求救的一张张嘴；还有由于森林破坏，风沙化严重，沙漠加快了对人类生活空间的侵袭；还有各种因环境污染变异而造成的疾病。对于这些，我们还能熟视无睹吗！

难道，享受现代生活的人们，真的要"吃祖宗饭，断子孙路"吗？所以，现代人应该反思。

> 民胞物与，各得其宜；
> 仁人爱物，至于"瓦石"；
> 蓝天碧水，惠及子孙。

（修建军）

20. 战事无赢家
——以美伊战争为例

2003年3月20日爆发了伊拉克战争，这是21世纪一场全新样式的现代化战争。5月2日，美国总统布什在"林肯"号航母上正式宣布伊拉克战争结束，整个战争共持续44天。实际上，在4月14日美军攻占了伊拉克总统萨达姆的家乡提克里特之后，美军的大规模军事行动基本结束。这场战争是继1991年海湾战争之后美国对伊拉克进行的第二次战争。但是，战争余音尚存，那个地区依然不太平。战争所造成的伤害，是很难在短期内平复的，对于交战双方可以说无赢家可言。

首先，对于伊拉克而言，自海湾战争以来，伊拉克已有110多万人死于战争引起的饥饿和疾病，其中包括50万儿童，长达十年的经济制裁，无休无止的战争恐吓，无辜的伊拉克民众陷入深重的灾难之中。而美军的再次入侵，更是使这个百业待兴的国家雪上加霜。一些国际救援组织认为，伊拉克战争是一场人道主义灾难。任何一场战争都不可避免地带来战俘待遇、难民救助等人道主义问题，而国际法对战争中相关问题的规定，旨在最大减轻战争带来的人道主义灾难。2004年以来，先是美国士兵虐待伊拉克俘虏，后有年轻美国人在摄像机前被砍头的场景。这种在世界范围内传播的残忍则使今日的残忍更甚于往昔。

同样，对于战争的发起者美国，结果也并非像其政府所预计的那样乐观。与1991年的海湾战争不同，那次海湾战争中，美国国防部估计的战争费用为610亿美元，其中530亿美元由美国的盟国承担。这530亿美元中，360亿美元由海湾国家承担，其余160亿美元主要由德国和日本承担。美国实际在海湾战争中只花了70亿美元，不足全部战争费用的12%，而且还在科威特重建中获益。这次美国发动的对伊战争并未得到联合国授权，所有开支基本上要由美国自己出。一些经济界人士称，对伊开战除了对美国的军火生产和武器试验有利外，对美国经济的增长并没有很大的刺激作用，反而将使政府财政更显拮据,从而对美国经济带来长期的不利影响。千亿战争开支压弯美国经济后续伤害更是以十倍计,而且,战争也给美国人民带来痛苦和灾难。美国许多大城市自开战以来反战情绪强烈,各界人士举行反战示威,游行抗议美国入侵伊拉克。美国的许多知名人士,也对这场肮脏的战争表示反对。而且,这场战争也成为大批赴伊参战士兵的梦魇。这些从战场上退役的士兵,陆续患上了"创伤后紧张紊乱症"。据美国哥伦比亚广播公司报道说,在美国每天平均有17名士兵自杀,仅在2005年,全年有6000多名退役士兵自杀。自伊拉克战争爆发以来,美军死亡3000多人,但退役后自杀的人数已经远远超过了战死沙场的人数!还有,更为严重的后果是,一向标榜人权、民主的美国,国际形象奈何以堪?

　　战事无赢家!中国则历来是一个崇尚和平的国度。孔子所说的"己所不欲,勿施于人"(《论语·卫灵公》)既是中华民族处理人际关系的一项重要尊则,也是我们所遵循的处理国际关系的准则。我们向来不主动去侵犯别的国家,当然也不允许别人来侵犯我们。孟子对于战争给人民所造成的灾难就有深刻的描述:"争地以战,杀人盈野;争城以战,杀人盈城。此所谓率土地而食人肉,罪不容于死。"(《孟子·离娄上》)战争在某种意义上说,是政治的一种延续,但绝不能为了满足本国之私,而置人于不顾。美国实质上就是为了本国的利益而开战于伊拉克。结果,不仅给美伊双方带来灾难,给全世界的经济、生态,甚至人道主义的价值观,都造成了空前的大灾难。尽管布什、拉姆斯菲尔德和鲍威尔等人滔滔不绝的辩解,但狡辩、谎言和歪理理所当然地受到各方面的驳斥和全世界人民的鄙视。所以:

霸道不义,

害人害己;

协和万邦,

仇必和而后解。

(修建军)

友

题 解

关于"友",《说文》中这样解释:"友,同志为友。"朋友作为社会人际关系,自古以来就被思想家们所关注。孔子在对三代文化进行总结继承以及有所"损益"的基础上,把社会的人际关系归为五类。《中庸》中说:"君臣也,父子也,夫妇也,昆弟也,朋友之交也。五者,天下之达道也。"同时,儒家还对这五种具有广泛意义的社会人际关系所应遵循的准则进行了规定。《孟子·滕文公上》中说:"父子有亲,君臣有义,夫妇有别,长幼有序,朋友有信。""五伦"之中,前四伦都具有特定性,而朋友之伦的特殊性则在于,它具有自主性,人们可以因志趣相投而结交。所以,千古以来,人们都很注重朋友关系,在中国历史上也留下了许许多多的千古美谈。这方面的成语也是可以信手拈来:知音之交、患难之交、莫逆之交、忘年之交、道义之交,甚至以生命相许相托的刎颈之交、生命之交,等等。又如高山流水、桃园结义等等,为后世人所效法。直至今日,人们也崇尚"人生得一知己足矣,斯世当以同怀视之"的情怀;还有因为共同的志向而化敌为友的典范,如将相和,管鲍交,等等。因而使友伦具备了这样的特征:友以辅仁,友以道义,友以相知,友以爱助,等等。所以,友作为一种伦理规范,大致相当于现代汉语中的"知己"、"友好"、"友善"、"化敌为友"等等。在当今社会的心态伦理建设中,仍然具有重大的现实意义。社会要和谐发展,人们就必须打开心结,消除冷漠,那种"穷得只剩下钱了"的无奈与痛苦,必须克服。只有这样,才能真正享受生活,享受幸福。这就要求每个人都友善待人,化解矛盾。在友好的氛围下生活,才会其乐融融,整个社会才会祥和、进步。

(修建军)

1. 伯牙摔琴
——千古知音最难觅

据《吕氏春秋·本味》篇记载,俞伯牙是春秋时期著名的琴师,擅长弹奏七弦琴。伯牙弹琴的时候,钟子期就常常会在一旁聆听。起初弹琴的时候,俞伯牙心驰泰山,弦音便盎然激烈,气势磅礴。钟子期便击掌叫好:"太好了!这琴声就像巍峨耸立的泰山!"琴声悠扬,一会儿伯牙又神游流水,琴声便一泻千里,像滚滚波涛。钟子期又说:"这琴弹得太好啦!我仿佛看到了浩荡流淌的长江大河!"

后来,钟子期死了。伯牙听说以后,当即就把琴摔破、弦割断,从此不再弹琴,因为他觉得世间再也没有人能听懂自己弹琴,而自己再也没有值得为之一弹的人了。

俞伯牙与钟子期的高山流水觅知音的故事,在现代汉语的解释里,似乎已经成为"知音"一词的替代。如果仅就故事的本身来看,里面蕴含着一个比较直白的道理,那就是作为一个演奏者来讲,他所演奏的曲子,无论是阳春白雪,还是下里巴人,一定希望被别人所理解和欣赏,也就是在对方的心里引起共鸣。不然为什么会有"对牛弹琴"之叹呢?《诗经》上说:"嘤其鸣矣,求其友声。"但这个心灵的共鸣并不是轻而易举的,一定是双方有着共同的志趣才可以做到,所以有知音难觅的千古之叹。儒家重视交友,也把友之道作为一种普遍的伦理原则。《荀子·大略》中说:"友者,所以相有也。道不同,何以相有也?"说明友是因为志同道合才可以建立的。《学记》中说没有"友",则"孤陋而寡闻",于是,上到治理国家,下到日常生活,都确乎需要同心同德的亲密关系,才会"吾道不孤"。历史上无数事例说明,一个君主要想治理好国家,仅仅靠高高在上的威势是不行的,还必须礼贤下士,对臣下友好相待,进而结成和睦的朋友关系,这就有利于臣下敢于直言,冲破君臣等级隔阂,君臣才可以同心协力,共同治理好国家。所以自古有"士为知己者死"的说法。如魏文侯之友田子方,刘备之"顾"诸葛亮,唐太宗对于魏征等,例子很多。还有人们所向往的君子之交、神交、心交、生死之交等等,无不留下千古佳话。

但是,知心、同志这样的交往,是很难得到的,所以鲁迅有"得一知己足矣"的感叹。不然也不会有陈子昂的"前不见古人,后不见来者,念天地之悠悠,独怆然而涕下"的叹息,不会有岳飞的"昨夜寒蛩不住鸣。惊回千里梦,已三更。起来独自绕阶行。人悄悄,帘外月胧明。白首为功名。旧山松竹老,阻归程。欲将心事付瑶琴。知音少,弦断有谁听?"(《小重山》)的独白。这种现象在当今社会更为明显,随着社会物质生活水平的提高,人们之间的关系开始淡漠起来,人和人之间更多的是疏离感。尤其是现代信息工具的高度发展,人们更愿以沉溺于虚拟的世界中。人毕竟是社会的人,由于人际关系的恶化,随之而来的现代人心理疾病逐渐增多,因而也造成了一系列恶性事件的发生。诸如此类的事情每每见诸媒体,不能不令人担忧。

人伦本务,王道大义;
高山流水,千古一理;
斯世同怀,乐享人生。

(修建军)

2. 国共携手,共赴国难
——化干戈为玉帛,挽大厦于将倾

1937年7月7日夜,日本侵略军在北平西南的卢沟桥附近,以军事演习为名，突然向当地中国驻军第 29 军发动进攻，第 29 军奋起抵抗。中国抗日民族解放战争从此开始。

中国共产党面对民族危亡的严重形势，率先捐弃前嫌，主张国共停止内战，一致对外，共同挽救中华民族。早在 1935 年 8 月 1 日，中国共产党发表了《八一宣言》，提出建立抗日民族统一战线的主张，并就此同国民党进行了多次谈判。1937 年 8 月，中共中央在陕北洛川召开政治局扩大会议，通过了《抗日救国十大纲领》，作为领导全国人民争取抗战胜利的根本方针。在中国共产党的倡议和督促下，1937 年 9 月，国共两党抗日民族统一战线正式宣告成立。国共合作抗日之前，国共两党长期对立与战争，各自依附帝国主义的国民党各派系之间，中央政府与各地方实力派之间的斗争，地方实力派之间也是你争我斗，混战不已。蒋介石上台至"西安事变"前的十年内，共计发生大小战争数十次，这种四分五裂的混乱政治局面严重阻碍了中华民族的振兴。在山河破碎，大敌当前的情况下，中华民族各种政治力量、各个阶级纷纷摒弃成见，结成广泛的民族统一战线，联合抗日。

历史表明，以国共合作为基础的抗日民族统一战线，是中国取得抗击法西斯侵略、卫家保种胜利的根本保证。大敌当前，中国共产党能够主动伸出友好之手，团结一切可以团结的力量，将昔日的隔膜放置一边。如果没有这一切，那么，要打赢这场持续八年的战争，是不可想象的。

中国古代学者对于"友"的另外一种解释是"友也者，助也"（戴震：《孟子字义疏证·原善下》）。这种解释是有道理的。孔子说："君子以文会友，以友辅仁。"（《论语·颜渊》）"以友辅仁"赋予了"友"伦以互助和共患难的特征。《易·系辞》中说："二人同心，其利断金。"强调的是同心合力的重大作用。孟子也认为得道多助，失道寡助，"多助之至，天下顺之"（《孟子·公孙丑下》），孤家寡人成就不了大事业。中国共产党就是在中华民族的危难时刻，充分认识到团结广大的可以团结的力量的重要意义，与国民党捐弃前嫌，化敌为友，共同携手，取得了抗击日本侵略的伟大胜利。

中国人最信奉这样一个道理：一根筷子容易被折断，一把筷子容易抱成团。团结与友好才是发展的硬道理。因此，在一定情况下，应该放长眼量，为了一个共同的目标，应当放弃小的恩怨，求大同，存小异，甚至化干戈为玉帛，也是明智之举。国共合作抵抗日本，才使中华民族避免了亡国灭种。正是：

> 化敌为友，唇齿相济；
> 求同存异，共赴国难；
> 多助之至，天下顺之。

（修建军）

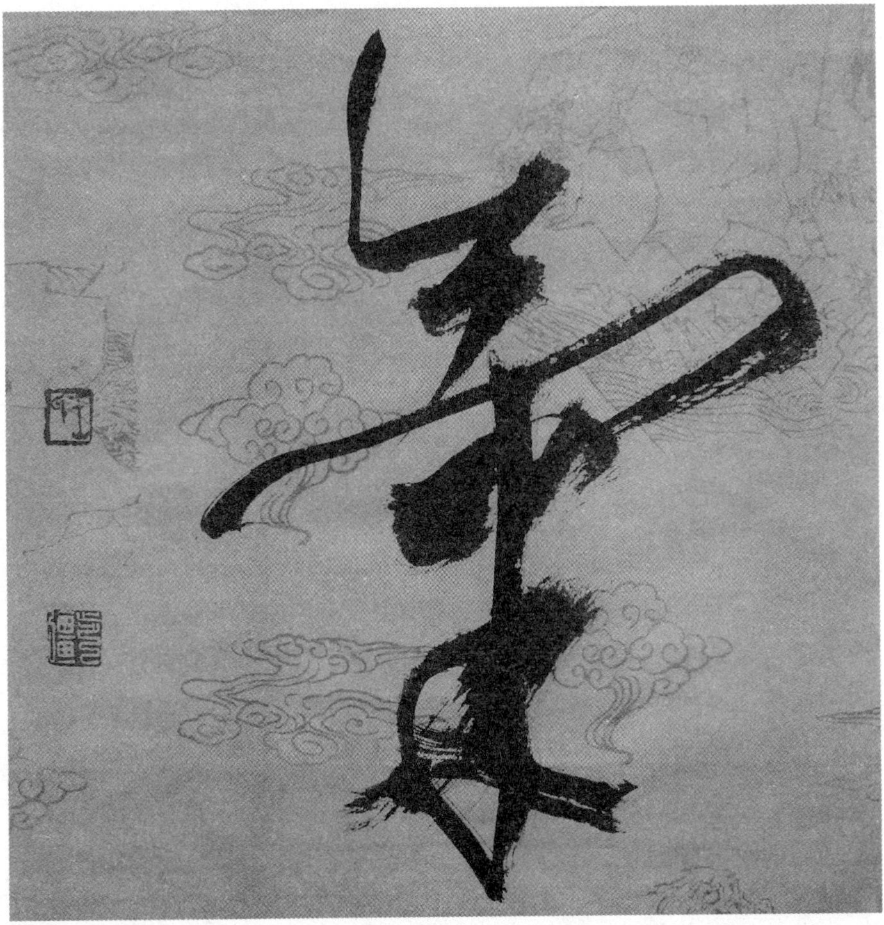

气

题 解

  我们这里所谈到的"气",不是古代哲学家所探究的"血气"之气,而是指作为一种伦理规范的精神状态。它的含义,类似于我们通常意义上所讲的勇气、气节、气度、气概等等。"气"作为一种心态伦理,可界定为人们基于一种高度的理性,对世界、对事物所持的一种积极向上的价值取向。

  作为"气"范畴之体现的对于人生价值的探讨,可以追溯至《左传》襄公二十四年所记载的范宣子何叔孙豹关于人生不朽问题的探讨,这时最早提出了"立德、立功、立言"所谓"三不朽"的人生价值问题,在中国历史上产生了深远的影响。而为了实现人生的最高价值所应有的气节、气概,在儒家的思想体系中占有极为重要的地位。从孔子的"杀身成仁"到孟子的"舍生取义",从孔子的"匹夫不可夺志"到孟子的"浩然之气",从孔子的"朝闻道,夕死可"到孟子的"大丈夫",可以说,中国传统的"气"伦理之精髓,在孔孟时已经完全形成,后世思想家在此基础上进行了进一步的继承阐发。从其含义上看,"气"主要包括这样的内容:

  第一,追求群体价值,民族气节至高无上,"留取丹心照汗青"是其典型体现。当个体生命之存在和国家群体利益发生矛盾时,一个有志者或英雄人物不能拯救民族、国家时,不会偷生,宁肯牺牲生命。第二,义以为上。

古代儒学推崇义以为上的价值观：当义和利发生矛盾冲突，又必须作出选择时，重义轻利就是在这样的背景下所表现出来的一种心灵和行为选择。第三，强调人格尊严神圣。"气"强调的是人格尊严，坚持做人气节，堂堂正正地做人。

中国传统的气节观，浸润了整个中华民族的文化心理。国家和民族不可一时无"气"，于是，饱经风霜的中华民族经历艰难，跨越坎坷，一步步走到今天，终于傲立于世界东方。人不可一时无"气"，于是有鲁迅先生笔下的"民族的脊梁"，这是我们民族存在和发展的力量。所以，我们崇尚"天地间一股英雄气"，希望其长存于现在和将来。

（修建军）

1. 马革裹尸
——马援英雄气长留千古

据《后汉书·马援传》记载，马援是东汉时期著名的军事将领。他屡次带兵征战，立下了赫赫战功，但他从不居功自傲。一次，他刚打完了一场胜仗归来，很多的官员故交都来看望他。人们都对他赞不绝口，但马援听了却很不高兴，他说："我真的希望你们对我多说些有帮助的话。我现在并没有立下多大的战功，却得到了这么多的奖赏和恭维，我感到心里很不安。现在北方的敌人不断骚扰我们边境，我希望能立即带兵前去征讨！"人们说："你刚刚带兵打仗回来，至少应该稍微的休息一下才是呀！"马援说："我认为，真正的男儿应该战死沙场，为国捐躯，用战马的皮革裹着尸体回来安葬。怎么能贪图享乐，整天沉溺于儿女情长当中呢？"听了马援的话，前来看望他的人都敬佩不已："好！献身疆场，马革裹尸，这才是大丈夫应有的气概啊！"马援信守着自己的坚持，一直到六十多岁还率兵打仗。他说："我常常担心自己不能为国二死，这次出征，哪怕战死疆场，也是死而无憾了！"不幸果真被马援自己说中了，在这次出征中，他在战场上得了重病，不幸身死，最终实现了"马革裹尸"的豪言。

从常理上讲，谁没有七情六欲？谁不喜欢过得安逸一点？有多少人能够超越儿女情长？但是马援做到了这一点，他凭借着一股大丈夫的英雄气概，追求的是超越了世俗情感甚至是超越了生死的境界。马援在保家卫国中屡建奇功，他完全可以休整一下，享受一下天伦乐趣，但是，他看到国家边境不安，依然重返前线，用生命实现了自己最高的人生价值。应该说，这与孔孟儒家所提倡的人生价值取向是完全一致的。孔子说："君子疾没世而名不称焉。"（《论语·卫灵公》）就是说，一个人应当在生前就注意到自己会对后世留下的影响，个人价值某种程度上体现在后人对一个人的评价上。因此孔子反复强调一个人的"志"的作用，所谓"三军可夺帅也，匹夫不可夺志也"（《论语·子罕》）。当追求道义与个体的安乐甚至生命的存在发生矛盾的时候，应当"无求生以害仁，有杀身以成仁"（《论语·卫灵公》）。孟子更指出"所欲有甚于生者"，"所恶有甚于死者"（《孟子·告子上》），但是在二者不可得兼的情况下，就应该"舍生取义"。实际上，儒家要求人们不要沉溺于物质的享受，更不要因此而失去道德追求。孟子提倡一种具有浩然之气的"大丈夫"气概，要做到"富贵不能淫，贫贱不能移，威武不能屈"（《孟子·滕文公下》）。人只有经历过富贵、贫贱、威武等考验，才算得上真正的大丈夫，才真正实现了对义的高度自觉，才体现了一个人的真正的气节。马援就是这样一个有气节的大丈夫。儒家所提倡的人生价值学说，几千年来，已经积淀为中华民族的民族精神，马援正是其中的杰出代表人物之一。正如钱宾四所言："一部四千年中国史，正是一部浩气长存，正气磅礴的中国史。不断有正气人物、正气故事。故使中国屡仆屡起，屹然常在。"（《双溪独语》）中国人历来讲究"人过留名，雁过留声"，这当然是指留下好名声。直到现在，人们在投身某项事业时，为了表示一种信念，还常常会发出"大丈夫当效马革裹尸还"誓言。

但是，我们必须看到，传统的人生价值取向也正面临着严重挑战。随着物质文化生活的提高，在一部分人中享乐主义的价值观开始盛行，不思进取、贪图安逸，物质、享乐成了一些人的全部追求。为了达到目的，甚至不惜丧失人格、国格，在社会上造成了极坏的影响。而这些都是国家的发展、社会的进步的阻力。孟子说："人之所异于禽兽者几希，庶民去之，君子存之。"（《孟子·离娄下》）人就是人，中国民间有谚曰："母鸡的理想不过是一把糠。"人更不应当鼠目寸光,应怀有英雄气节,以生载"义"。

马革裹尸,凛冽万古。

气贯日月,名垂丹青!

(修建军)

2. 杨震"四知"拒贿
——高风亮节后世敬仰

据《后汉书·杨震传》记载,杨震在担任荆州刺史时,曾经举荐秀才王密作昌邑的最高行政长官。后来杨震改任东莱太守,路过昌邑。出于报恩的心理,一天夜里,王密就到杨震下榻之地来拜见。王密送十金给杨震,杨震严词拒绝。杨震说:"我了解你,你为什么不了解我呢?"王密说:"当下正是夜间,不会有人知道的。"杨震很生气地说:"天知、地知、你知、我知,为什么说没人知呢?"王密很惭愧地走了。杨震为官一世,从不接受任何的私人馈赠,且一生生活俭朴,不讲排场。杨震所信奉的是:让后世称为清白官吏,则把这种荣誉留给自己的子孙,这才是最大的财富。

黄金珍贵,然而有贵于黄金者,这就是"义"。从前文所讲的这个故事来看,王密之所以给杨震送黄金,因为王密曾得到过杨震的举荐,一定程度上讲,杨震对王密可以说是有知遇之恩。王密送黄金在某种意义上讲有一定的报恩意思。但是,王密选择了在深夜登门,除了报恩,他内心一定是有自己的算盘的,这一点杨震非常清楚。所以杨震说"我了解你,你却不了解我"。杨震举荐王密是因为看中了他的才智,而王密馈金却使这一举荐发生了质的变化。所以杨震义正词严,怒而却金。"天知、地知、你知、我知",成为一句成语,一直流传到今天。

大约没有人不喜欢黄金,但是要看这黄金该得或不该得。孔子主张"见得思义"、"义以为质",就是告诫人们在看到可以到手的利益的时候,首先要考虑拿得正当与否。但是,孔子也承认人们对于物质的正当向往:"富与贵,是人之所欲也。"(《论语·述而》)如果不是以正当的手段去获得，那么君子是不会去享用的，"不义而富且贵，于我如浮云"（《论语·述而》）。在儒家这种道德观念熏陶下，古往今来，大批的清正廉洁之士，以他们的铮铮傲骨、一身正气、两袖清风而名垂青史。

但是，问题的另一个极端方面则是，在漫长的中国封建社会里，专制主义制度又是滋生腐败的土壤。"衙门口朝南开，有理无钱别进来"，"贿赂"盛行的时候，就是奸臣当道的时候，也是国家政治黑暗的时候。"有钱能使鬼推磨"这种思想直到今天还在根深蒂固地影响着一部分国人的心理。"行贿"和"纳贿"也如一个个毒瘤存在于当今社会。"钱权交易"造成的重大的事故触目惊心，"吃人家的嘴软，拿人家的手短"，"拿人钱财，替人消灾。"于是，一个个贪官倒下去，给社会造成了无法挽回的损失。行贿者固然可恶，但那些受贿者甚至伸手"索贿"者呢？在他们以为神不知、鬼不觉地享受这不义之财的时候，也许真的没有意识到苍天在上，大地在下，而且"隔墙有耳"呢！然而，"多行不义必自毙"，还有，别伸手，伸手必被捉！学古人可以自镜，看杨震面对巨金，堂堂英气！

  天知、地知、你知、我知；
  根在"心"知！

（修建军）

省

题 解

《说文》言"省,视也";《尔雅》中说:"省,察也。"作为一项伦理准则,"省"的意思有"自我反省"、"改过迁善"等。可见,"省"范畴与其他伦理范畴相比较,强调的是个人道德修养的一种自律。"省"是儒家强调实现理想人格的重要方法和基本途径。

儒家学说之所以被概括为一种"内圣外王"之学,就在于儒家的全部学说基础是建立在强调个人的主观努力和道德自觉上的。孔子说:"为仁由己"(《论语·颜渊》),"仁远乎哉?我欲仁,斯仁至矣"(《论语·述而》)。就是说,要实现仁德,完全靠的是主体发自内心的一种道德自觉。只有通过多次的自我省察,才能做到心中坦然,无所忧虑。所谓"内省不疚,夫何忧何"(《论语·颜渊》)。但是儒家所提倡的"内省",不是简单意义上的闭门思过,而是在道德实践基础上的一种反躬自问。孔子提出了著名的"君子九思",要求人们对自己的言行举动进行反复的思考。孔子的弟子曾参可以说是把孔子的自省学说发展到了一种极致,他提出了著名的"吾日三省吾身"的主张。一天之内数次地反躬自问:为人谋事做到"忠"了吗?与朋友交往做到"信"了吗?老师传授的知识"习"了吗?曾子还提出了"慎独"的自律思想,即一人独处时更要依德行事。儒家的自省思想还有一个重要的内容，就是"见贤思齐"。孔子说："见贤思齐焉，见不贤而内自省也。"（《论语·里仁》）意思是说，见到贤德之人，就应该向他看齐；而看到不贤的行为，则应该对照看一下自己，有无同样的毛病。荀子也主张，见到完美的人，应主动向人家学习；见到不贤的人，也要悚然自警。后世历代儒家对孔子所提倡的自省思想都进行了阐发，所以儒家所提倡的"自省"主张，被作为一个"免于大过"的道德修养经验，被继承光大下来。

"见贤思齐"，"见不贤而内自省"，在当今社会无疑仍具有重大现实意义。不辨良莠，麻木不仁，是建设良好社会道德之大敌，人们常说"榜样的力量是无穷"的，这句话在任何时候都不过时。人们如果都能在好的榜样、坏的榜样面前，观照、反省自己的行为，时时处处鞭策自己，对于建设良好的社会风尚，一定会起到积极的推进作用。

（修建军）

1. 卧薪尝胆
——越王勾践自省强国

据《史记·越王勾践世家》记载，公元前496年，吴王阖闾派兵攻打越国，但被越国击败，阖闾也伤重身亡。两年后阖闾的儿子夫差率兵击败越国，越王勾践被押送到吴国做奴隶，勾践忍辱负重伺候吴王三年后，夫差才对他消除戒心并把他送回越国。

其实勾践并没有放弃复仇之心，他表面上对吴王服从，但暗中训练精兵，强政励治并等待时机反击吴国。艰苦能锻炼意志，安逸反而会消磨意志。勾践害怕自己会贪图眼前的安逸，消磨报仇雪耻的意志，所以他为自己安排艰苦的生活环境。他晚上睡觉不用褥，只铺些柴草（古时叫薪），又在屋里挂了一只苦胆，他不时会尝尝苦胆的味道，并且反复问自己："勾践，你忘记会稽之耻了吗？"同时，勾践为鼓励民众，就和王后与人民一起参与劳动，在越人同心协力之下把越国强大起来，最后找到时机，灭亡吴国。这便是流芳千古的"卧薪尝胆"的故事。

越王勾践之所以如此自责,因为战争失败的原因就在于他没有听从大臣范蠡的建议而贸然出击。因为在当时,吴王夫差已经经过了三年的蓄养,国力得到了空前的提高。在这种情况下,范蠡就建议勾践只要全力防守住城池就可以了。勾践却带兵与夫差在太湖一带展开激战,结果战败。他带领五千军队试图返回国都会稽,结果会稽已被吴军包围,此时已后悔已晚,无奈只得向吴军求和,而自己也只好带着夫人和范蠡到吴国做奴仆。"卧薪尝胆"使勾践时时反思自己的过错,励精图治,终于反败为胜。

人非圣贤,孰能无过。《左传》中说:"人谁无过,过而能改,善莫大焉。"儒家继承和发展了这一观点。孔子说:"过,则勿惮改。"(《论语·学而》)在孔子看来,有了错误而不知悔改,那才是真正的大错特错。孔子弟子子贡也认为,君子犯错和改过,就像天上的日月一样,是时刻被人关注的。《孟子·离娄下》也指出,如果西施身上脏了,人们也会掩鼻而过;即使是丑女人,如果她斋戒沐浴了,照样可以祭祀上帝。那么,如何才能发现和纠正过失呢?孔子说:"躬自厚而薄责于人。"(《论语·卫灵公》)孟子说:"行由不得者,皆反求诸己。"(《孟子·离娄上》)出现错误与过失,首先应该从自身来找原因,通过深刻的反省,找出解决问题的办法。从当时的吴越形势来看,越王勾践正是做到了这一点,才使两国形势最终出现了大的逆转。"卧薪尝胆"千百年来一直成为人们发奋图强的座右铭。

但是偏偏也有人很难做到这一点。在现实生活中,有那么一部分人特别是一部分担任领导职务的人,在出现问题或过失的时候,不是强调客观原因,就是百般推卸责任,甚至还有人嫁祸于人,从来不在自身查找问题的根源,结果只能是害人害己。应该说,儒家所强调的内省自察的修养方法,是永远不会过时的。因为无论在什么时代,提高人的道德修养的根本还在于人的主动性和能动性。正是:

卧薪尝胆,逆转国运;
反身内省,发奋图治;
改过迁善,千古一理。

(修建军)

2. 责己明善
——诸葛亮自贬三级

据《三国志·诸葛亮传》记载，公元181至234年，诸葛亮第一次出兵，北伐中原。在排兵布阵的问题上，诸葛亮没有听从刘备的告诫，而起用了善于夸夸其谈的马谡为前锋。结果是马谡痛失街亭，最终导致诸葛亮北伐中原的计划以失败而告终。

按照军令状，班师退回中原以后，诸葛亮挥泪斩马谡，同时，诸葛亮也进行了严肃的自省。通过自省，他认识到了自己的错误："我能够以卑微才能，执掌军权、统领三军。但我没有能够明确规章，严明法纪，处事又不谨慎。结果导致了马谡违背命令，使街亭失守，其谷丢失的重大损失。过错全在于我用人失察。处理事情也糊涂不明智。按《春秋》之义，战争失利，责任当在主帅，我应当接受处罚。我请求贬官三级，以督察我的过失！"

在中国，诸葛亮是一个妇孺皆知的历史人物，诸葛亮的人格魅力在《三国演义》中令群雄失色。而出师一表，更令千秋万代高山仰止！诸葛亮值得后人敬仰的方面很多，他的反省自责、引咎自贬应该说是很值得后人学习的。诸葛亮尽管聪明才智超过常人，但他也毕竟是人而不是神。在对马谡的任用上他就犯了用人之大忌。在出兵之前，刘备已经提醒过诸葛亮，马谡这个人的弱点在于有时会言过其实，不可大用。但此时诸葛亮过分相信马谡，结果造成了街亭失守，于是有了历史上著名的"诸葛亮挥泪斩马谡"的故事。据历史记载，诸葛亮与马谡交情很好，义同兄弟。况且马谡这个人还很有才华，如诸葛亮"七擒孟获"就是采纳了马谡的"攻心为上"的建议。为了严明军纪，诸葛亮将马谡斩首。但是，诸葛亮并没有就此万事大吉，而是对自己在用人失策、作战失败的问题上进行了深刻的反思，并作出了自贬三级的上书申请。诸葛亮的做法是符合儒家一贯提倡的自我反省思想的。自我省察的目的就在于改正错误，不再犯同样的过失。孔子一贯主张见到不善的行为要自我反省，有了错误也要敢于正视和改正。要避免多次反同样的错误，所以孔子特别欣赏颜渊的"不贰过"（《论语·宪问》）。诸葛亮在这个问题上可以说是为后人做了很好的榜样。按我们常人的思路，诸葛亮完全可以为自己做振振有词的辩解，说自己选派马谡，我也全是出自公心，并无二意。再说，胜败乃兵家常事，原本没什么大不了的。但他并没有回避矛盾，更没有推卸责任，责己明善，鞠躬尽瘁。

反观我们当今社会，与诸葛亮相比，真是令人汗颜。有些人是"属手电筒的"，专门盯着别人，有了成绩，总是往自己身上揽，挖空心思地往自己的脸上贴金，而一旦出了问题或失误，则一推了之，躲之唯恐不及。更不要指望其引咎自责，主动请求组织处理了。所以说诸葛亮的这种精神直到今天仍不失其进步意义，值得今人效法。

自贬三级，圣明贤相；
千古"智绝"，万代景仰。

（修建军）

勤

题 解

　　勤是中华民族的传统美德，是中国悠久文化中重要的组成部分。许多文人、思想家都曾对它做过注解。所谓治生之道，莫尚乎勤，故邵子云："一日之计在于晨，一岁之计在于春，一生之计在于勤。"

　　勤者，劳也，从力，堇声。在篆书里，"力"的形象像人筋之形；"堇"由"黄土"二字上下结构排列而成，黄土多黏，所以"堇"的意思是黏土。人站在黏土旁，青筋暴露，当然是劳作之义了。这就是"勤"的本意，也就是"劳"的意思，用现代的双音节词表示，就是"勤劳"。"勤劳"者，辛勤劳作也。随着词义的发展和演变，现在的"勤"字并不单指人在黏土中出力了，它还包括一切的脑力劳动和体力劳动。

　　中国有句俗话，叫做"一勤天下无难事"。唐朝大文学家韩愈曾经说过："业精于勤。"清代四画僧之一的石豀自题《溪山无尽图》云："大凡天地生人，宜清勤自持，不可懒惰。若当得个懒字，便是懒汉，终无用处。"实践证明，但凡世人任何一项成就的取得，都是与勤奋分不开的，古今中外，概莫能外。曾几何时，由于一些不良思潮的影响，很多人丢弃了这一优良传统，行为惰化，不求自身的勤奋，或者崇尚拿来主义和继承主义，或者是临渊羡鱼，空羡甚至妒忌别人的成就，或者一味抱怨上苍的不公……殊不知，勤能补拙，只有自己勤于思考和钻研，才能精通业务，才能掌握事物发展的规律；天道酬勤，只有勤于工作，才能不断进步，才能获得成功，最终跟上时代发展的步伐。充分挖掘勤奋的价值所在，对于我们自身的发展和我们伟大民族的复兴至关重要。

（王慕东）

1. 天道酬勤
——勤能补拙是良训，一分辛苦一分才

《三字经》有语云："头悬梁，锥刺股。彼不教，自勤苦。如囊萤，如映雪。家虽贫，学不辍。"这里面包含了几个大家耳熟能详的典故。"头悬梁"出自东汉班固《汉书》："孙敬字文宝，好学，晨夕不休。及至眠睡疲寝，以绳系头，悬屋梁。""锥刺股"出自《战国策·秦策一》："（苏秦）读书欲睡，引锥自刺其股，血流至足。""囊萤"出自《晋书·车胤传》："车胤恭勤不倦，博学多通，家贫不常得油，夏月则练囊盛数十萤火以照书，以夜继日焉。""映雪"则出自《孙氏世录》："孙康家贫，常映雪读书。"这些典故流传至今，其主人公经历了勤奋刻苦的学习，或者成为政治家，或者成为文学家，流芳千古，为后人所敬仰。

《史记·孔子世家》记载："孔子晚而喜《易》……读《易》，韦编三绝。曰：'假我数年，若是，我于《易》则彬彬矣。'"韩愈的《劝学解》有"业精于勤荒于嬉，行成于思毁于随"之言论。是的，天道酬勤，学业的精深在于勤奋，而其荒废则在于松懈贪玩，这是亘古不变的真理。举世闻名的大发明家爱迪生也说过，"天才是百分之九十九的汗水，再加上百分之一的灵感。"爱迪生的话在他自己的身上更能体现出来。爱迪生幼时家境贫寒，做过报童、小贩，没有受过正规教育。他自学成才，一生中有上千项发明。例如，在电气方面，当时世界上有许多人在研究电器用来照明，但没有多大成效。爱迪生总结他人的经验，每天工作达十六七个小时，历经数百次

失败，终于在1887年研制成耐用的碳丝灯泡，为人类带了长久的光明。他还发明了留声机和电影放映机等，被誉为"发明大王"，为人类的文明和进步作出了巨大的贡献。意大利著名画家达·芬奇说过："勤劳一日，可得一夜安眠；勤劳一生，可得幸福长眠。"他从"画蛋"开始，经过长期勤奋艰苦的艺术实践，终于创作出许多不朽的世界名画。"勤能补拙是良训，一分辛苦一分才。"这是华罗庚教授的亲身体会，靠着勤奋，他走向清华，走向剑桥，走向了世界数学的讲坛，他从一个只有初中毕业的青年成长为一代数学大师、一代著名教育家，他所写的名著《堆垒素数论》成为20世纪数学论著的经典。古今中外的种种事例表明，勤奋，是成功的必备条件，勤奋不一定成功，不勤奋一定不会成功。

鲜花和掌声从来不会光顾懒惰的人，超人的成就往往是付出了比常人多数十倍的努力而换来的。即使天分不高，只要勤奋，笨鸟先飞，也可以勤能补拙。而那些自以为天分过人，而自高自大、骄傲懒惰的人，即使有天分，也会"泯然众人"，如古代那个叫做仲永的人一样，虽然聪明过人，出口成章，但缺乏后天的勤奋，最终一事无成，碌碌无为。

只有勤奋，才能塑造人才；只有勤奋，才能改变人生；只有勤奋，才能出类拔萃；只有勤奋，才能创造价值；只有勤奋，才能获得成功；只有勤奋，才能战胜困难。世上无难事，只要肯勤奋。所以，不要怨天尤人，不要妄自菲薄，更不要自暴自弃，从自身做起，从今天开始，做到勤奋，就能看到成功的希望，成功就会在你身边……

    天下没有免费的午餐，
    勤奋是成功之母，
    一勤天下无难事。

（王慕东）

2. 勤政爱民
——社会繁荣稳定的基石

《资治通鉴》第一百九十七卷记载了这样一个故事："辛未，帝亲录系囚，见应死者，闵之，纵使归家，期以来秋来就死。仍敕天下死囚，皆纵遣，使至期来诣京师。""去岁所纵天下死囚凡三百九十人，无人督帅，皆如期自诣朝堂，无一人亡匿者，上皆赦之"。贞观辛未年，李世民到监狱视察，当年有三百九十名死刑犯在押，皇帝就问他们是否有冤，居然没有一个说有冤的，都表示判得正确。皇帝很动情，就跟他们约定，先把他们都放回家，第二年秋天的时候再回来受死。到第二年的秋天，这三百九十名犯人一个不少全部归来。皇帝非常感动，就把他们全部赦免了。白居易《新乐府》诗"怨女三千放出宫，死囚四百来归狱"说的就是这件事情。

　　唐太宗——过问判死刑的人是否有冤案，勤政为民到这个地步，确实不易。正因为他的勤政爱民，才有了历史上的"贞观之治"。《贞观政要》中记载："商旅野次，无复盗贼，囹圄常空，马牛布野，外户不闭。"就是说贞观年间，商旅往来，再也没有盗贼骚扰，罪犯稀少，监狱常空，牛马遍布田野，人们外出不用关门，形成了一种社会安定祥和的局面。胡锦涛总书记在党的十六届四中全会上提出的"民主法治、公平正义、诚信友爱、充满活力、安定有序、人与自然和谐相处"的社会主义和谐社会的治国理念，正是和自古以来孜孜以求的"吏安其官，民乐其业"的美好社会形态一脉相承。这就告诉为政者，首先要有一颗勤政爱民的心，身体力行，去爱国家，爱人民，这才是一个国家繁荣稳定的基础。

　　《尚书·五子之歌》中言："民为邦本，本固邦宁。"《孔子家语·王言解》中讲："古之为政，爱民为大。"《左传·宣公十二年》说："民生在勤，勤则不匮。"宋代的程颐在《代吕公著应诏上神宗皇帝》中讲到："为政之道，以顺民心为本，以厚民生为本，以安而不扰为本。"清代名僚李文耕给后人留下一句名言："官不勤则事废。"具体到我们社会主义国家的党员干部来说，勤政爱民是为官之要，是立身之本，"为政之道在于安民，安民之道在于察其疾苦。"领导干部是人民群众的公仆，勤政爱民是全心全意为人民服务的本质要求。做到真正意义上的勤政爱民，必须具有"我以我血荐轩辕"的赤子之心，"春蚕到死丝方尽，蜡炬成灰泪始干"的奉献精神，"安得广厦千万间，大庇天下寒士俱欢颜"的忘我态度。

　　幸运的是，我们有着这样勤政爱民的领导人。在万家团圆的春节，胡锦涛总书记深入到井冈山革命老区，号召大家弘扬井冈山精神，提振信心，共渡难关。温家宝总理七次到地震灾区探访，一路叮嘱群众"温暖过冬，欢乐过年"。任长霞，中原大地上的女英雄，除暴安良，死而后已。牛玉儒，体察民情，了解民意，风雨一生，兢兢业业。梁雨润，视百姓为衣食父母，正气凛然，矢志不渝，他为官三年，为群众办案二百多起，一个被群众称为是百姓的书记。郑培民，做官先做人，万事民为先。凡是群众写给他的信，郑培民总是坚持自己拆看。下农村，郑培民要到农民家去，掀开锅盖，瞧瞧吃的什么饭，看看猪圈牛栏的家畜，撩开蚊帐摸摸农民床上的被褥。北川县民政局局长王洪发，在四川大地震中失去儿子、二姐、侄儿、岳父等十五位亲人，但这位高大汉子一直坚守在抗震救灾的第一线，没有哭泣，没有失魂落魄，只有救人、救人、再救人。

"权为民所用、情为民所系、利为民所谋。"人民的公仆如果人人能做到勤政爱民，人民群众和领导干部之间便会真的水乳交融，亲如一家，我们的国家和社会，便会真正和谐、稳定、繁荣昌盛……

  为官勤政爱民，

  人民才会真心拥护和支持，

  国家才会和谐稳定，繁荣昌盛。

（王慕东）

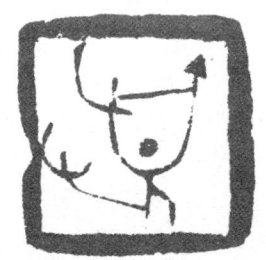

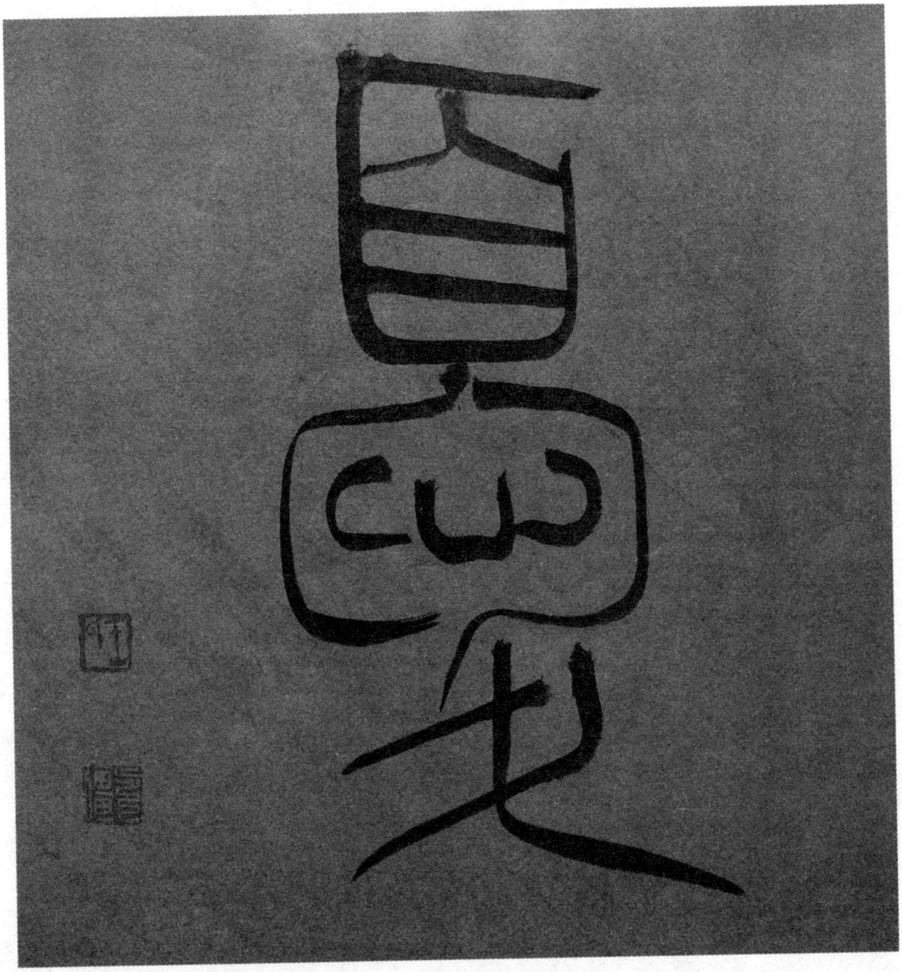

忧

题 解

忧是人类情感的重要组成部分，任何一个活着的人都会产生忧虑、忧伤的情绪。在心理学上，忧是乐的反面，它是对外界事物担心的一种程度，表现为双眉紧锁、额部肌肉收缩、思维定向等。忧的低层次是虑，表现为头部肌肉燥热，若沉思状；忧的高层次是悲，表现为大哭、抽搐。说文曰：忧，不动也。从心尤声，读若佑。《诗》曰："布政忧忧。"所释均为引申义，其本义当为大猩猩等猿类动物行动迟缓的样子。主要含义有发愁、可忧虑的事、父母之丧等。

忧常与愁和患联系在一起，是一种对社会生活情感的表达。生命中固然有着成功与赞誉、幸福与欢乐，同时也面临着失败与毁谤、责备与痛苦等。生活如同钟摆，摇动不定，只要活在世上，困扰和烦恼就会一直成为生活的一部分。同时，未来社会和个人的发展也充满着坎坷和诸多不确定因素，我们虽不能杞人忧天，但我们需要对人生和社会有一种忧患意识，这种忧患意识会使我们更加知道生活的真谛，会催促我们更加努力和奋进！

"忧患意识"是我国古代思想文化的特色之一，内容丰富，影响深远。孔子那儿就有"德之不修，学之不讲，闻义不能徙，不善不能改，是吾忧也"（《论语·学而》）。中华文明传统中的忧患意识具有深厚的历史内涵，具有两个鲜明的特点：一是修身治国中的忧患意识，将"居安思危，戒奢以俭"、"忧道不忧贫"当做为人处世准则，强调"生于忧患而死于安乐"；倡导任劳任怨，忧国忧民，以天下为己任，做到"先天下之忧而忧，后天下之乐而乐"，认为"忧劳可以兴国，逸豫可以亡身"。二是把忧患联系于对历史规律性的认识，从"反者道之动，弱者道之用"、"祸兮福之所倚，福兮祸之所伏"的辩证法出发，要求未雨绸缪，防患未然，提醒人们"安而不忘危，存而不忘亡，治而不忘乱"。

进入近代社会后，人类的这种对自身存在的忧患意识，并未随思想意识的发展和生产力的增长而减弱，反而表现得愈加强烈。人类的忧患意识不仅仅表现为对大自然威力的恐惧和抗争，更表现为对家庭、民族、国家责任意识的加强和维护，对人类共同利益的努力和奋斗。这种忧患意识不再局限于个人人生和生活的小圈子里，而是达到了与天下、与国家同忧的状态，亦即忧国忧民忧天下。当一个人具有了这种情怀，便不再仅仅是一个独立的个人，而是一个充满责任和胸怀的社会人。这时候，"忧患"意识便成为人生的重要价值观。我们的伟大祖国，正是在这种忧国家之苦难、患民族之危亡意识的警醒下，一代又一代的中华优秀儿女舍生忘死，奋发图强，为中华民族的繁衍生息作出巨大贡献。我们相信，如果忧国忧民忧天下深深植根于每个中国人的心里，成为中华民族亘古不变的优良传统，那么，我们的国家，就能永远屹立于世界民族之林，立于不败之地。

（王慕东）

1. 生于忧患，死于安乐

明朝作家刘元卿，在一篇题为《猱》的短文中记述了这样一个故事：猱的形体很小，它长着锋利的爪子。老虎的头痒，猱就爬上去搔痒，搔得老虎飘飘欲仙。猱不住地搔，慢慢地在老虎头上挖了个洞，老虎因感觉舒服而未觉察。猱于是把老虎的脑髓当做美味吃个精光。这个小故事意味深远，说明了很多人耽于享乐，缺少忧患意识和危机意识，安而忘危。告诫人们如果对面临的危险认识不足，准备不足，最终将惨遭淘汰，甚而丢掉性命。

历史上这样的例子很多，陈胜吴广起义最后以失败而告终，暂且不说其历史意义如何，单说其失败的重要原因之一，就在于起义领导者在取得一定成功后骄傲自满，耽于安乐，也就是说，在忧患中起义，在安乐中失败。起义军在陈建立了张楚政权后，陈胜就自立为王。他非但不对军事再多做研究，还以"王者"的身份去享乐，而且随意杀戮部下，最后弄得众叛亲离大失民心。既然王者都如此，起义军更没有团结之心和正义之气了，陈胜也就遭到了部下的谋害。王者已死，军心大乱，最后导致失败。李自成"大顺"政权的迅速崩溃也充分说明这一点：明朝末期，朝政腐败，旱蝗连年加上官府剥削，大量川陕地区流民、饥民爆发民变，1628年，李自成在陕北起兵，转战大半个中国，受到天下百姓的拥护。1644年，他攻破北京城，推翻了明王朝的统治。到北京后，由于政治腐化，耽于享乐，"日日过年"，更不把近在山海关的危险人物吴三桂放在眼里，没有忧患意识，仅四十余天就被迫逃出北京，落得个摧枯拉朽而来，风卷落叶而去的局面，最终兵败九宫山牛迹岭，千古大事毁于一旦。

一个有趣的实验更令人深思：把一只青蛙冷不防扔进滚烫的沸水锅里，青蛙能出人意料地一跃而出，逃离险境。然当把同一只青蛙放在逐渐加热的水锅里时，它却感到舒服惬意，以致意识到危险来临时却欲跃乏力，最终葬身锅底。由这个实验我们可以看出，青蛙对眼前的危险反应敏感，而对逐步到来的危险反应迟钝。正如孟子所说，"生于忧患，死于安乐。"

《孟子·告子下》说："舜发于畎亩之中，傅说举于版筑之间，胶鬲举于鱼盐之中，管夷吾举于士，孙叔敖举于海，百里奚举于市。故天将降大任于斯人也，必先苦其心志，劳其筋骨，饿其体肤，空乏其身，行拂乱其所为，所以动心忍性，增益其所不能。人恒过，然后能改；困于心，衡于虑，而后作；征于色，发于声，而后喻。入则无法家拂士，出则无敌国外患者，国恒亡。然后知生于忧患，而死于安乐也。"文章开篇列举了六不同的人在忧患中成功的事例作为议论的依据，最后得出"生于忧患，死于安乐"的结论。这就深刻地告诫我们，一个人要想有所成就，就必须经受艰苦生活的磨炼，要有百折不挠的精神，在困难和挫折面前顽强地坚持下去，最后才能获得成功；如果贪图过分安逸的生活享受，就会走向堕落和毁灭，"乐不思蜀"故事的主人公刘禅已成为千古笑谈,而"性骄侈,好声色,又喜浮图,为高谈,不恤政事"的陈后主李煜则落得个"故国不堪回首月明中"。这些,是我们每一个人都应该牢牢记住的。

欧阳修在其所著的《新五代史·伶官传序》中说:"忧劳可以兴国,逸豫可以亡身……夫祸患常积于忽微,而智勇多困于所溺。"他所表达的忧患意识,则是从五代时唐庄宗在完成父志、剿灭仇人之后沉湎于安逸而丧失忧患之心,最终败于其平日所宠的伶人而致身死国灭的惨痛教训中得出的,具有深刻的警世意义。我们常说,长在岩石间的树,总是特别苍劲;沙漠里的种子,遇到一点儿水分就能快速萌发;极地的苔藓,可以经历长期的干燥寒冷依然存活。不平凡的遭遇常能造就不平凡的人生。顺利的境遇,优越的地位,富足的资财,舒适的生活,似乎应该是个人、家庭以至民族发展的有利条件。但历史和现实的经验却一再告诉我们:自古雄才多磨难,从来纨绔少伟男。在中国五千年的文明史上,我们看到名门望族走马灯般替换,家运五代不衰便成为治家有方的美谈。清朝的八旗子弟就是最好的例子,这个马背上的民族曾是骁勇剽悍的,但成了统治阶层后,不过几代,八旗子弟就沉醉于安乐享受之中,清朝的衰败也就随之来临。几句格言说得好,"宝剑锋从磨砺出,梅花香自苦寒来","没有一番寒彻骨,哪得梅花扑鼻香?"

"生于忧患,死于安乐。"先哲名训,后世之鉴。多一分忧患,则多一分警惕;少一分安逸,则少一分挫折。我们中华民族的儿女们应不断增强忧患意识,时刻准备着为国家的富强和中华民族的伟大复兴而努力。

    忧患意识常驻,
    在忧患中生存,在忧患中前进;
    没有忧患,就没有国泰民安。

(王慕东)

2. 忧国忧民忧天下
——天下兴亡,匹夫有责

《名联谈趣》有对联曰:"风声雨声读书声声声入耳,家事国事天下事事关心。"此联为明朝东林党领袖顾宪成所撰。顾宪成在无锡创办东林书院,讲学之余,往往评议朝政。此对联正表现了东林党人忧国忧民忧天下的爱国爱民情怀,正可谓"天下兴亡,匹夫有责"。

顾炎武的《日知录》卷十三《正始》篇中有如下一段话:"有亡国,有亡天下,亡国与亡天下奚辩?曰:易姓改号,谓之亡国;仁义充塞而至于率兽食人,人将相食,谓之亡天下……保国者,其君其臣、肉食者谋之;保天下者,匹夫之贱,与有责焉耳矣!""天下兴亡,匹夫有责"由此而来。历数我国古代文学家、思想家、政治家俱是胸怀天下,忧国忧民。"德之不修,学之不讲,闻义不能徒,不善不能改,是吾忧也。"表达了孔子对社会风气、国家民族的忧虑。"国破山河在,城春草木深。感时花溅泪,恨别鸟惊心。烽火连三月,家书抵万金。白头搔更短,浑欲不胜簪。"正是"诗圣"杜甫对战争带给国家和人民灾难的忧虑。"死去原知万事空,但悲不见九州同。王师北定中原日,家祭毋忘告乃翁。"表达了爱国诗人陆游对国家不能统一的忧虑。"先天下之忧而忧,后天下之乐而乐"正是宋朝名臣、杰出的政治家和文学家范仲淹一生的写照。

对我们每一个中国人来说,不论是谁,不论干什么,都应该胸怀国家,这是历史赋予每个人的历史使命,"国家兴亡,匹夫有责"激励和凝聚着我们每一个中国人的使命感和责任感。一代名将左宗棠二十三岁结婚时在新房自写对联:"身无半亩,心忧天下;读破万卷,神交古人。"北宋大儒张载语:"为天地立志,为生民立道,为去圣继绝学,为万世开太平。"一代伟人毛泽东青年时期就有强烈的忧国忧民意识,他身无半文,却心系天下,发起"新民学会",立志救国救民,投身参与了创建中国共产党这一"开天辟地的大事变",他"唤起工农千百万,同心干,不周山下红旗乱"。新中国将要诞生时,他告诫全党,若不发展生产,"我们就不能维持政权,我们就会站不住脚,我们就要失败。"他提出了"落后就要挨打"的著名论断。这些警世之言无不凝聚着毛泽东对国家兴衰和中华民族的一片赤诚之心。我们的好总理周恩来少年时期正是痛心于祖国的落后挨打、饱受侵略、惨遭践踏的现实,才立志为中华之崛起而读书。难忘2008年汶川大地震,这场举世震惊的自然灾害,从中央领导到普通百姓,从战士、医生、科技人员到各行各业的人们都肩负起了各自的责任,全身心地投入到抗震救灾中去。尤其那个十九岁的战士,发自内心地呼喊:"让我再救一个吧!"我们中国人民一起,谱写出了一首首感人肺腑的壮丽诗篇。这正是忧国忧民的情怀在激励着我们向前……

  从岳飞的"精忠报国"到文天祥的"留取丹心照汗青",从抗日战争的烽火到建国初期的艰苦创业,忧国忧民的例子数不胜数。"为国为民,侠之大者",忧国忧民,并不是说一定要在危急关头和重大事情面前才这样表现,作为我们每一个普通人,一样可以胸怀国家,忧国为民。比如,少用一个塑料袋,少用一双方便筷,就可以为国家的环保事业作一份贡献;再比如,每天上班路上遵守交通规则,就可以减少交通事故的发生;还比如,在公交车上为老弱病残让座,就可以为这个社会增添一份温暖;还有,看到不法分子做坏事,挺身而出,见义勇为……郑板桥为官七品时的一首《无题》:"衙斋卧听萧萧竹,疑是民间疾苦声,些小吾曹州县吏,一枝一叶总关情。"表达的就是对百姓的拳拳之心。一个人就应该用自己的力量为社会、为集体、为国家作贡献。没有大家哪有小家,没有集体哪有个人!无论是贩夫走卒还是耕农书生,只要负起这一责任,他就是值得尊敬的英雄!

  忧国忧民,胸怀天下,
  是我们每个人的责任,
  如此,国家安康,人民幸福。

(王慕东)

利

题 解

  "利"为会意字,《说文解字》中解释,"从刀"。和然后利,从和省。《易》曰:"利者,义之和也。"其基本解释主要有:好处,与"害"、"弊"相对;使顺利、得到好处;与愿望相符合;刀口快,针尖锐,与"钝"相对;从事生产、交易、货款、储蓄所得超过本钱的收获。我们在现实生活中主要用到的"利"则为"利益"、"好处",经济伦理范畴中所说的"利"也即为这个意思,我们所要讨论到的也主要在这个范畴之中。

  古往今来,"利"字引发了无数思想家和理论家的广泛兴趣和激烈讨论。孔子"君子喻于义,小人喻于利"(《论语·里仁篇》);左丘明的"唯利是图"(《左传·成公十三年》);司马迁言"天下熙熙皆为利来,天下攘攘皆为利往"(《史记·卷一百二十九·货殖列传第六十九》);春秋时期政治家管仲认为:"夫凡人之情,见利莫能勿就,见害莫能勿避。"(《管子·禁藏》)在当今以市场经济为主体的社会,每个人都有追求自己正当利益的权利,但是,这个过程应通过合法合理的手段,所谓"君子爱财,取之有道"。

  然而,在历史的车轮进入 21 世纪的今天,我们却看到了一些唯利是图的事情。迅速发展的市场经济,"利"字武装了国人的头脑,与此同时,却没有相应的人文意识、道德伦理、诚信体系的建构。在以经济为主导、以数字判政绩的过程中，很多人都变得越来越急功近利，忘记了对自然、对生命的尊重与敬畏。一些人做着损人利己或者损人不利己的事情，自己却浑然不觉。孔融七岁让梨在许多当代人眼中被视为脑子有问题，而曹操的"宁教我负天下人，休叫天下人负我"竟成为衡量利益价值观的标准。

哲人认为，做人要有理、有利、有义，方可成人。首先要追求真理，然后才能有善利，再后才能有美义。正如孔夫子所说："不义而富且贵，于我如浮云！"（《论语·述而》）"礼以行义，义以生利，利以平民，政之大节也。"（《左传·成公二年》）所以，我们不要仅仅追求"利"，而要树立正确的利益观，在真善美的基础上，追求正当的利益，做一个利人利己利国家的人，从而造就人人融洽的和谐社会与和平世界。

（王慕东）

1. 淡泊名利天地宽

毛泽东主席在他的《卜算子·咏梅》中这样写道："风雨送春归，飞雪迎春到。已是悬崖百丈冰，犹有花枝俏。俏也不争春，只把春来报。待到山花烂漫时，她在丛中笑。"该词以梅喻人，把淡泊名利，为而不争的人生境界推到了最高处。

古往今来，大凡学问家都是淡泊名利的，他们对个人的名利常常采取一种一笑置之的态度，而把主要精力放在对理想、对事业的追求上。正如三国蜀相诸葛亮在著名的《诫子书》中所说："夫君子行，静以修身，俭以养德，非淡泊无以明志，宁静无以致远。"真乃至理名言，也是他淡泊名利一生的真实写照。东晋时代的陶渊明四仕四辞，"吾不能为五斗米折腰，拳拳事乡里小人邪。"（《晋书·陶潜传》）最终决然归隐，也正如他在《五柳先生传》中所说："闲静少言，不慕荣利……忘怀得失，以此自终。"自然而忠实地实践了其淡泊名利的思想。受人尊敬的明代大旅行家、地理学家徐霞客，曾多次有人劝他去"出仕为官"，但他不为仕途利禄所惑，全身心探求学问，考察地理，三十年如一日，"不避风雨，不畏虎狼，不计程期，不求伙侣"，求科学、求真理的志向始终不变，终于写出了"天下第一奇书"《徐霞客游记》。钱钟书先生学贯中西，著有《谈艺论》、《管锥编》、《围城》、《宋诗选注》等皇皇巨著，享"博学鸿儒"、"文化昆仑"之美誉。一位美籍华人新闻记者要采访他，被拒之门外；国外有许多地方要重金聘他，皆被婉言拒绝。他对一位年轻人说："名利地位都不要去追逐，年轻人需要的是充实思想。"钱钟书惜时如金，甘于寂寞，淡泊自守，不求闻达，视名利如浮云，表现了一个知识分子高尚的精神品格。

但是，在今天这个五光十色的大千世界，市场经济犹如大浪滚滚，江水滔滔，充溢着各式各样炫人耳目的名利诱惑和个人欲望：官员一味追求升迁，股民期盼天天涨停，商人追逐巨额利润，家长希望子龙女凤，记者喜欢"人咬狗"事件，平民幻想一夜成名⋯⋯这个社会弥漫着浮躁与喧嚣，焦虑与不安，"得即高歌失即休"的状态。"十年磨一剑"、"厚积薄发"、"板凳要坐十年冷"，早已为"今朝有酒今朝醉，莫管明天是与非"、"不求天长地久，但愿曾经拥有"的世俗观念所取代。在如此大环境下，要做到淡泊名利确实不易。那么怎样才能做到淡泊名利呢？首先要树立正确的名利观，做到信仰至上，淡泊之中怀有大志，清贫之中向往奉献。人生总要有所追求，一个人如果心中没有远大的目标，势必就会看重眼前的利益，而影响将来的发展。要淡泊名利，还应当坚守内心的一种宁静，用丰富的知识、独立的人格和才干来完善和充实自己，留一份淡泊给自己，坦然面对世间的喧嚣，始终保持一种平和淡泊、乐观豁达的人生态度，"不以物喜，不以己悲"，"不汲汲于富贵，不戚戚于贫贱"，不被名缰利锁缠绕，多一份潇洒，多一份畅快。是朝霞，就要努力添一分光，增一分彩，决不去希求代替旭日的辉煌；是绿叶，就要甘于作陪衬，造营养，决不为花朵梦而憔悴一生；如果是一个平凡普通的人，就以自己的正直、诚实、热情造福于社会，决不去眼红别人的做大官，挣大钱，而是把淡泊名利天地宽的情结和胸怀发扬光大。

让我们每个人都多一点淡泊之心，"宠辱不惊，看庭前花开花落；去留无意，望天上云卷云舒"，"问君何能尔，心远地自偏。"当然，淡泊名利也并不意味着"清静无为"、"四大皆空"，更不是游戏人生，得过且过。淡泊是一种大境界，高修养。《老子》曾说："恬淡为上，胜而不美"，后世一直继承赞赏这种"心神恬适"的意境,也正如白居易在《问秋光》一诗中所说:"身心转恬泰,烟景弥淡泊。"反映了名人雅士心无杂念,凝神安适,不限于眼前得失的那种长远而宽阔的境界。人活着,如果能淡泊名利,那就是拥有了一生的快乐。

淡泊名利,宁静致远,
拥有淡泊名利的心态,
就拥有了一生的快乐。

(王慕东)

2. 利人利己,共创双赢

《战国策·燕策二》里记载了"鹬蚌相争,渔翁得利"的故事:赵国将要讨伐燕国时,苏秦的弟弟苏代为了劝说赵惠文王放弃伐燕,就对赵王说:"这次我来,经过易水,看见一只河蚌正在晒太阳,鹬来啄它的肉吃,河蚌马上闭拢,夹住鹬的嘴。鹬说:'今日不雨,明日不雨,就会有死蚌。'蚌回答:'今日不出,明日不出,就会有死鹬。'彼此相持不让,争不甘休。这时渔翁走来,正好把它们双双捉住。目前赵国要攻打燕国,燕赵两国争持不休,疲惫不堪,我担心强秦此时会做不劳而获的渔翁。"闻听此言,赵王思忖再三,放弃了攻燕的打算。这个故事告我们一个道理:在社会生活中,不要像故事中鹬蚌那样损人不利己,两败俱伤,而要寻找利人利己的结合点,达到双赢的局面。

利人利己的"双赢"模式是中国传统文化"和"的思想与西方市场竞争理念相结合的产物。在现代企业经营管理中,有人强调"和谐高于一切",有人提倡"竞争才能生存",而实践证明,和谐与竞争的统一,亦即达到利人与利己的统一,才是企业经营的最高境界。

在这里,就要明了"利人"和"利己"的辩证关系。所谓利人利己,就是对别人有好处,对自己也有好处。利己与利他是一对既相互对立又相互结合,有时甚至是相互统一的概念。当二者相互统一的时候就是利人利己。

每个人最关心的莫过于自己的利益，殊不知，自己的利益其实在很多时候是和别人的利益息息相关的，现实中"利人"与"利己"是很难截然割裂开来的。有助于他人的利人行为往往也有利于自己。日常中例子比比皆是：医生治病，获得报酬，但也治愈了病人；教师舌耕经年，"教学相长"，自己获得进步，得到薪酬，也使学生获益；默默奉献的人，无欲无求，然而也获得社会认可，感到满足；蜡烛点燃自己，照亮别人，受到赞美，也是报偿。

利人和利己，正如故事所讲天堂与地狱的区别：一个人不知道天堂与地狱的区别，于是他去求教上帝，上帝先带他去了地狱，他看到所有人都是面黄肌瘦，但面前都是美食，每个人手里都拿着一双长长的筷子，很多人都在努力往自己嘴里送，但太长了，自己永远都送不进嘴里。上帝又带他去了天堂，结果天堂里的人红光满面，欢声笑语，虽然是一样的筷子，自己送不到自己嘴里，但两个人可以相互喂食，其乐无穷。其实天堂与地狱的区别就是：只要每个人心中都拥有爱心，心里装着他人，利人利己，生活就是美好的！

但在利益面前，如何做到利人利己呢，这恐怕也不是一件简单的事情。客观来说，利己是一种现象，它本身无道德与不道德之分，但是，达到利己的手段是可以进行道德评价的。首先，必须是以自爱者的利己为基础。一个拥有健康人格的人总是自爱的，自爱者的利己行为表现为追求正当合理的个人利益，它是人对自己的生命、幸福、成长和自由的肯定，一个拥有自爱能力的人必定爱与自己一样作为生命存在的亲人、邻人，乃至所有的人。而自私者则完全以自我为中心，他只对自己感兴趣，一切为了自己，只能在获取中感到快乐，而不能在给予中感到快乐。所以，自私的人决不会懂得利人，而且有时还会为了一己私利而不择手段。可见，利人利己中的利己绝不是自私自利，而是正当合理的个人利益，是自爱，而自爱是利己通向利人的桥梁。在这个基础上的利人，是一种真正的人本化的利人，致力于利己的人，也会乐于助人。助人为乐之乐，乃在于他们从中获益。帮助了别人，才能使自己有一种成功感、满足感、荣誉感，从而达到一种利人利己的效果。因此，只有懂得为自己，才会利他人。"为我"未必"损人"，利我者未必总有损于人。在他"利我"的同时，也就有益于社会与众人。这就是我们所说的助人者自助，利他者利己。

在自爱的基础上利人利己，还需要一种心理层次上的宽容与豁达。要做到"己所不欲，勿施于人"，当然，己所欲也不随便施于人。在工作生活中要善待他人，特别是在利益冲突的时候。这要求人们在坚持自己正确立场的前提下，互相理解，互相尊重，和平共处，快乐生活，求同存异，宽容忍耐，做到如《论语·八佾》中所说："成事不说，遂事不谏，既往不咎。"这样就能"宽以得众"，进而保持自己良好的心理状态，维护社会的和谐进步。

助人者自助，利他者利己，
利人利己，共创双赢；
让和谐充满人间。

（王慕东）

合

题 解

  合，《说文》曰："合口也。"会意字，从亼，三面合闭，从口。本义为"闭合，合拢。"《国语·楚语下》有"于是乎合其州乡朋友婚姻"之说，《庄子·秋水》有"公孙龙口呿而不合"的记载。现在的意义是指：运动时全身上下、四肢百骸都能互相配合，协调一致，使全身各部动作的幅度、运动的快慢、发力的大小及方向，各肢体间的相对位置恰到好处，没有过与不及的情况。其引申义很多，如：闭上，对拢（合拢）；结合到一起，凑到一起（合伙）；全（合家欢乐，合家团聚）；与……相符（合理，合法，合格，志同道合）；折算，共计（折合）；共同，一起（合办，合唱，合影，合作）。"合"还是天文学术语，指两个及以上天体在天空中位置极近的时刻。

  作为生活伦理中的具体条目，"合"字有着多重的现实含义，但其最终指向都可以用《庄子·达生》篇中"合则成体"一义来概括。"合"是自然的、全面的，它包括内外相合、上下相合、左右相合、前后相合等。在现实生活中，泽其要者而言，"和谐世界，众缘和合"并不只是奢望，人欲尽处，天理终将流行。"谐调合一"才是人类生存的真谛。其中，天地自然与人类的同构合一最为重要。

1. 人欲尽处　天理流行
——由金融危机引起的思考

最近闲着没事翻杂志，看见《财经》杂志第六期上有一篇名为《"一个时代已经结束了"》的文章，文章题目足够引人眼球，是一篇就这次世界性经济危机话题专访金融大鳄索罗斯的访谈类文章。索罗斯指出："所有国家都应该出一把力，因为如果全球化破裂，每个人都无法享受全球化的好处。但现在破裂的可能性很大。要维系它必须付出很大的努力，必须调整、更换那些坏掉的部分。"更换调整亦不能盲目，他进一步指出："现在的调整，不是正常的经济周期，而是一种根本性的系统重建；以往那种繁荣是建立在一种错误的基础上，你再也不能把繁荣建立在那样的基础上。"

危机如暴风骤雨般而来，华尔街醉醺醺，西方一片昏沉，估计这时那些痛恨资本主义的"爱国"人士肯定在暗自称好。其实幸灾乐祸的心理要不得，因为我们已经与世界融为一体，面对如此严重的全球性经济危机，我们更需做的是寻找出路。季羡林老先生十八年前就曾高瞻远瞩地预见到了"三十年河西，三十年河东"的世界格局。大概季老不会如那般短视者幸灾乐祸，而是用一颗悲天悯人的心，拿出他的妙方"天人合一"来给予施救。按照季老的办法，"就是以东方文化的综合思维模式济西方的分析思维模式之穷。人们首先要按照中国人，东方人的哲学思维，其中最主要的就是'天人合一'的思想，同大自然交朋友，彻底改恶向善，彻底改弦更张。只有这样，人类才能继续幸福地生存下去。"季老言辞恳切，用心良多，并不是教世界全部"东化"，若不然也不会肯定雪莱为西方开出的药方"诗与想象力，再加上一个爱"是与儒家学说中的"天人合一"殊道同归了！季老并不是腐朽不堪，愚顽不通世故之人，其开出的药方在一定程度上是与庞朴先生提出的一分为三的中庸之观相一致的，没有非此即彼、陷入可怕的二元论怪圈。回望索氏前面说得那些话，其言从经济专业角度而言确实有理，但不如季老说得根本，同与不同，救火要紧，无分东西，正所谓"东海西海，心理攸同",放出眼光来,世界各国都应该遵循拿来主义,拿来主义也不是仅有东方才可以用的。

季老认为"天"就是大自然,"人"就是我们人类,进而体道出"东方人对大自然的态度是同大自然交朋友,了解自然,认识自然;在这个基础之上再向自然有所取"。这仍是没错的,也是天人关系之理想境界,也是可以办得到的,一切事在人为,只是季老没有提到如何天人合一,忽略了冯友兰先生的意见,误认为冯先生觉其神秘而断言"看来他(冯友兰先生)并不以为这种思想有什么了不起"。今个笔者不才,索性把那段被季老忽视而与本文相关的一段摘录如下,见呈于大方之家:"神秘主义一名,有种种不同的意义。此所谓神秘主义,乃专指一种哲学承认有所谓'万物一体'之境界。在此境界中,个人与'全'(宇宙之全)合而为一,所谓人我内外之分,俱已不存。普通多谓此神秘主义必与唯心主义的宇宙论相关联。宇宙论必为唯心论的,宇宙之全体,与个人之心灵,有内部的关系;个人之精神,与宇宙之大精神,本为一体,特以有后起的隔阂,以致人与宇宙,似乎分离。一部分佛家所说之无明,宋儒所说之私欲,皆指此后起的隔阂也。若去此隔阂,则个人与宇宙复合而为一,佛教所说之证真如,宋儒所说'人欲尽处,天理流行',皆指此境界也。"

按照冯老先生的意思,个体和宇宙本是合而为一的,天人一体的,只是由于那隔阂而生分了不少。说白了,就是人私欲的无尽膨胀,乱了心性,日益衍为理性工具,不断追逐宇宙之无穷珍藏,向外追逐香槟花车,忘了内底的安宁,撩开神秘忘了节制。冯老先生不经意间,却泄露了天机,私欲为天人混论关系之根由所在,若不然雷曼兄弟也不会昼夜间轰然倒塌。只看得前不久一则消息,关于人类对大气环境破坏之影响,让人惨不忍睹,随便举例便有六大惩罚:热带雨林大面积被烧毁,二氧化碳让地球变热;气温上升,冰山融化,海平面上升;水资源缺乏,旱灾严重;空气污染,沙尘肆虐;脆弱的大气无法承担保护地球的重任;温室气体排放加剧,城市不见蓝天。

对大自然的伤害,我们再也不能停留在言说的层面上了,行动是当务之急,亡羊补牢犹未晚也。冯老、季老、庞老都是以中国传统文化为根而能通贯中西的一代学术大家,他们不约而同地重提我们已经延传了两千多年的"天人合一"思想,继续追寻董仲舒、张载辈的高论,可谓是正当其时。天人合一的精髓所在，如果形象地说出来的话，就是"合榫"，榫头、榫眼之关系，就是人与自然之关系的翻版。

人欲尽处，天理流行！

化解经济危机，谁都不应该存有私欲！

天人合一，才能拯救这个世界！

（马士远）

2. 今夜熄灯一小时
——天地自然与人类同构合一最重要

2009年3月28日晚，新加坡鱼尾狮和新加坡观景轮同时陷入漆黑一片，请别误会，其实鱼尾狮没有再次被闪电击中，观景轮也没再次发生故障，它们只不过是加入了北京的鸟巢和水立方、上海东方明珠塔、法国巴黎铁塔、埃及金字塔等地共同开展的名为"地球一小时"熄灯活动阵营而已：在当地时间晚上8时30分至9时30分之间，透过熄灯制造视觉震撼，唤醒地球人支持环保。"地球一小时"活动在2007年始于澳大利亚悉尼，去年推广到全球300多个城市，今年愈战愈勇，获得80多个国家的1800多个城市热烈响应。这次活动的主办机构为世界自然基金会，今年打出的口号是"投地球一票"，并勾画出了这样的情况：地球和全球暖化同时参加竞选，你支持谁？如果支持地球、反对全球暖化，就用熄灯表决。因为，熄灯可以节省能源，而节能是延缓全球暖化的方法之一。

这项活动的核心意义绝不在于省了多少能源，而是要提高人们对爱惜地球的意识。虽然世界各国领导人都明白气候变化是必须正视的问题，却对应以什么样的代价和应由谁来承担这个代价有很大的分歧；如何化解分歧并尽快付诸于持久性地实践，是摆在整个人类面前的第一任务。虽然即使我们什么都不做，世界也绝不会明天立刻灭亡，但如果我们永远什么都不做，那地球就铁定完蛋了。我国有句老话：皮之不存，毛将焉附。保护地球，积极主动地寻求天地自然与人类的同构互赢，实质就是在拯救我们人类自己！

与自然和谐相处的天人合一理念在我国起源很早，儒家六经之一《尚书》的第一篇《尧典》，就以顺天应人为指归，以"求融通、致中和"为基本旨趣，力求将中华先民正在萌芽中的人文伦理观念与朴素的科学精神融合在一起，为后世天人合一理论的发展与完善奠定了基础。《尧典》中的天人和谐伦理思维是中华民族最早的科学理性思维形式，这种科学理性思维主要体现在"钦若昊天，历象日月星辰，敬授人时"和"汤汤洪水方割，荡荡怀山襄陵，浩浩滔天，下民其咨，有能俾乂"两种顺天应人的政事范式之中。"钦若昊天，历象日月星辰，敬授人时"思维范式的意旨是指"顺从自然，观测日月星辰的运行规律，以制定历法，谐调帝王的各种政治举措，并把它慎重地颁授给人民，以促进农业发展与社会秩序的稳定"。这一重大举措的实质是人对自然规律的利用问题。为寻求与自然的和谐，避害趋利，帝尧做的最为重大的政事就是派羲和二族去观象记时，为民众制定历法节令。

对许多人来讲，1998年的大洪水和今春的大旱理当印象深刻。其实，自然对中华大地的惩罚从来就未间断过。就在帝尧步入晚年的时代，自然灾害频发，先是旱灾、火灾连年不断，给华夏先祖的生存带来了极大的威胁，接着又是千年不遇的大洪水，从黄河、长江上游滚滚而来的洪水使帝尧所控制的广大区域陷入无尽的汪洋水患之中，流离失所的臣民百姓们无不仰天叹息。帝尧的老功臣天官羲、和相继死去，其继承者共工氏防救水灾虽立下了大功，但其人治水采用"壅防百川，堕高堙庳"之法，不但水患未能好转，而且愈益严重。于是帝尧就产生了强烈的"有能俾乂"（寻求彻底能够治理好洪水的人）的想法，在众人的一致推荐下，帝尧任用了善于筑城的鲧。鲧虽努力地想把治理水患的工作做好，但是个外行，只能重演共工之故技，采用填塞与堵截的办法，结果苦苦奔波于各地九年，治理洪水之患的努力仍未奏效。由帝舜推荐由帝尧任命的天官继承者伯禹，是一位洪水的克星，自从接替其父全面负责起了帝国的治水工作之后，采用"决"与"浚"相结合的办法，疏通了田间的大水沟，使其流入大河，疏通九州的大河，使其流入大海。伯禹治水不仅功施三代，而且在几千年来的水利发展史中，伯禹的经验一直占据着极大的优势。

共工、鲧采用堙的办法治理水灾费时劳民而"绩用弗成"，伯禹采用

"决"、"浚"的办法治水功施三代，恰恰告诉后人一个铁的事实："和谐"是大自然内置的本性和外置的原动力，物竞天择，适者生存。人类面对天地自然，不是征服与被征服的问题，而是相互适应、协和发展的问题。人与自然和谐相处是构建"和谐社会"的第一要务，也是构建其他和谐的基本前提。《尧典》中治水之命题的成败得失，不仅仅是先民与水患灾害博弈的真实记录，更重要的是其关涉到人与天地自然同构互赢的问题，体现了一种追求"人与天地自然和谐"的上古天人合一思维理念，同时也说明生活在两千多年前的中华先祖确实已主动去寻求人与天地自然的同构互赢了。

我们永远都不能征服自然，因为我们人类自身就是自然整体中的一部分！

我们在征服自然的过程中，最终会丢失我们人类自己！

我们只能明智地去顺应自然，因为自然界中运行的规律适用于一切自然现象！

天人合一原则，是生活在这个地球上的自认为是最高级别动物的我们所应遵循的第一定律！

（马士远）

容

题 解

"容"字含义很多,如表示对人度量大的容忍、宽容,表示让、允许的容让,表示相貌、仪表、景象、状态的容止、容颜、容光、容貌、仪容、军容、市容、阵容等等。《说文》曰:"容,盛也。"属于会意字,本意为器具之内大,"宀"是房屋,"谷"是空虚的山洼,都有内大可盛受的意思,今多解为"宽容",成为生活伦理中的重要范畴之一。《周易》"师"卦有"君子以容民畜众",《荀子·解蔽》篇有"故曰心容",《史记·乐书》有"广则容奸",《汉书·五行志》有"言宽大包容"等说法,其义均为此旨。

海纳百川,有容乃大;壁立千仞,无欲则刚。宽容这个词汇在倡导和谐社会的大背景下逐渐充斥了大街小巷,成为所谓某些人士标榜自己奋斗经历的一个闪光点缀。说得多,用得广,自然就纷杂,导致大多数人失去了对宽容本身真正含义的理解。其实,在现实生活伦理中,对一个人而言,"容"有两个方面是很重要的:一是博,即允许你周围的各种思想存在,与你共存;一是融,不断学习其他思想,与自己的思想进行融合,形成新的思想。博、融是个互动的过程,因融而新,因新而博,因博而融,永无止境。如果将容只视为第一种意思,就局限了些。宽容这个词汇的核心意义应该是对另外一种价值观、世界观、人生观以及生活态度的理解。

1. 宰相肚里好撑船
——也说掌权者的宽容

曾两度被选为美国总统的林肯是一位有着极大宽容心的杰出领导者，在以其命名纪念馆的墙壁上刻着这样的话："对任何人不怀恶意，对一切人宽大仁爱。"有人曾批评林肯总统对待政敌的态度："你为什么试图让他们变成朋友呢？你应该想办法打击他们，消灭他们才对。"林肯总统温和地回答："我们难道不是在消灭政敌吗？当我们成为朋友时，政敌就不存在了。"这就是林肯总统消灭政敌的方法，将敌人变成朋友。

虽然鲁迅曾经主张"损着别人的牙眼，却反对报复，主张宽容的人，万勿和他接近"，但在今天的和平建设时期，林肯的宽容更值得所有掌权者们去效仿，因为只有宽容，才能和谐，有了和谐，才能造福于一方。孔子曾经说过："居上不宽，为礼不敬，临丧不哀，吾何以观之哉？"其意是说，居于执政地位的人，不能宽厚待人，行礼的时候不严肃，参加丧礼时也不悲哀，这种情况孔子是怎么都不能看下去的。

说起掌权者的宽容，首先就让我想起了北宋首任宰相范质的一句名言："人能鼻吸三斗醇醋，即可为宰相矣。"用鼻子吸醋，而且要多达三斗，无疑是一件十分痛苦的事，这需要很大的忍量。宰相可谓是一人之下，万人之上，本可以除皇帝老儿的"醋"不得不"鼻吸"隐忍之外，其他人的"醋"都可以不吃。但现实中的掌权者并非如此，确实需备"鼻吸三斗醇醋"的忍量，因为履行职务时势必会招致上级、同事、下级和老百姓的猜疑、误解、敌视和攻讦，当面临来自上下左右、四面八方的猜疑、误解、敌视和攻讦时，一个称职的掌权者必须具有超出常人的胸怀。

在我国历史上，宰相肚里好撑船的典型事例不胜枚举。三国时期的蜀国，在诸葛亮去世后任用蒋琬主持朝政。他的属下有个叫杨戏的，性格孤僻，讷于言语。蒋琬与他说话，他也是只应不答。有人看不惯，在蒋琬面前嘀咕说："杨戏这人对您如此怠慢，太不像话了！"蒋琬坦然一笑，说："人嘛，都有各自的脾气秉性。让杨戏当面说赞扬我的话，那可不是他的本性；让他当着众人的面说我的不是，他会觉得我下不来台。所以，他只好不做声了。其实，这正是他为人的可贵之处。"后来，有人赞蒋琬"宰相肚里能撑船"。

据《三国志》记载，曹操在官渡之战后，从缴获袁绍的文件堆中，发现许昌守城官兵和前线军中将士都有一些人私下给袁绍写信，准备投降袁绍。对此，浴血奋战的将军们十分气愤，纷纷要求惩治这些心存叛逆之徒。曹操却下令把这些信件全部烧毁。他说："袁绍当初那么强大，官渡之战我军能不能保全，我自己也怀疑，何况别人呢？"这样一来，原来私通袁绍的人转而感激、忠实于曹操，原来心存观望的人也甘愿效忠曹操。曹操团结了文武群臣，终于力挫群雄，统一了北方。曹操的宽容亦可以说是"宰相肚里能撑船"。

被史书评为一代贤相的宋代宰相王旦在宽容方面的表现，更值得那些整日里钩心斗角的掌权者们思考：寇准做枢密使的时候，王旦主持中书省。有次中书省给枢密院发文，违反了公文格式，寇准向皇帝打小报告，皇帝批评了王旦，还处分了有关人员。后来枢密院给中书省发文，也出现了同样的问题，小吏以为报复的机会到了，兴冲冲地呈交给王旦，王旦却让退回枢密院，寇准知道后，惭愧至极。

官员之间的关系，倘若不是同一条线上的人，很难与人为善，不诽谤中伤，不落井下石，便已十分难得，像王旦这样的胸怀，古今能有几人？而且绝对不是口里说得好听，背后却使出阴招，睚眦必报，王旦后来竭力保举寇准的事实证明了这一点。他的举荐从来不让寇准本人知道，直到1015年寇准因犯错误被罢了官，找王旦说情，想保留原级别待遇下放去当节度使，当时被王旦以不受私请为由拒绝，可事后，王旦却对真宗说："准未三十，已蒙先帝擢置二府（指中书省和枢密院），且有才望，若与使相（宰相级别的节度使），其风采亦足为朝廷之光。"真宗接受了这个建议，并在寇准去谢恩的时候，告诉其中原委，寇准这才慨叹王旦的人格为自己所不如。

叔本华认为"为了能同所有的男男女女和睦相处，我们必须允许每一个人保持其个性"，但个性往往正是产生对抗和阻碍的根源。消除阻碍和对抗是提高效率的唯一方法，而消除阻碍和对抗的最好办法就是学会宽容。宽容别人，其实就是宽容我们自己；每个人都有错误，如果执著于对方过去的错误，就会形成思想包袱，限制了自己的思维，也限制了对方的发展。宽容所体现出来的退让是有目的有计划的，主动权掌握在自己的手中，无奈和迫不得已不能算宽容。从心理学角度，一个人的任何的想法都有其来由，任何动机都有一定的诱因，只有了解了对方想法的根源，找到他们意见提出的基础，我们才能够设身处地去契合对方的心理，博得对方发自心底的接受。对如何执政者而言，宽容更需忍耐。面对上级的批评，同伴的嘲笑，下属的误解，过多的争辩和反击实不足取，唯有冷静、忍耐、谅解最重要。

当你打算用愤恨去实现目标时，想想是否可以由宽恕去实现。

（马士远）

2. 有容乃大
——由一系列扔鞋的事儿想到的

近些年来，扔鞋的事儿频出：几年前台湾文化界名人李敖先生针对民进党的无赖，采取以暴制暴的策略，扔鞋予以还击，搞得民进党叫苦不迭。美国前总统布什在访问伊拉克的记者会上，伊拉克籍电视台记者蒙塔兹·扎伊迪向其连扔两只鞋，布什两次躲闪没被砸中，事件发生后，该场景被当地各电视台不断播放。以色列驻瑞典大使达冈在斯德哥尔摩大学讨论即将举行的以色列选举时，也遭人扔鞋。以鞋子为"武器"，扔鞋子以宣泄心中的不满，似乎成为当今国际空间的一种时尚。

扔鞋首先是一种不文明的行为，很难定性说这是触犯法律的暴力行为，更不能用政治的眼光去衡量它，我们不能说向布什扔鞋就是反映了民心，客观上讲，这一系列的扔鞋行为都是一种社会意见的非正常形式的表现。同时，被扔鞋者理应具有"有容乃大"的气度，不应采取以暴制暴的做法。随着改革开放的继续，我国党政领导人出访活动必然越来越多，所到之处必然有欢迎的也有反对的，有友善的也有挑衅的，有故意也有不了解的，因此我们对东西方的差异要承认和尊重,要用法治和自由民主的观念来对待,对年轻人则应有更多的谅解和宽容,这也才是泱泱中华文明应有之义。

扔鞋之举在中国古已有之。说到扔鞋,远古历史不可考,更无所谓谁为祖师爷,查阅各类资料,较早的应算黄石公吧:留侯张良曾经有一次在下邳的桥上不慌不忙地步行,有一位穿着粗布衣裳的老人,来到张良所在的地方,径直把他所穿的鞋扔到桥下,回过头来对张良说:"年轻人,下去给我把鞋取上来!"张良非常吃惊,想要打他,因为看他年纪老,竭力忍住气,走下桥去把鞋取上来。老人说:"给我把鞋穿上!"张良既然已经替他把鞋取上来,于是就恭恭敬敬地给他穿上鞋。老人伸出脚穿上鞋,大笑而去。张良非常吃惊,目送他离去。老人走了将近一里路,又转回来,对张良说:"你这个年轻人有出息,可以把本事传给你。五天之后天亮时,在这里跟我相会。"张良感到很奇怪,下跪说:"好。"五天之后天亮时,当张良到那里时,老人已经先到了,老人家非常生气地说:"你跟老年人约会,比老人还慢来,为什么这样呢?五天之后早点来相会。"说完就走了。五天之后鸡叫的时候,张良就到那里了,老人又先到了,而且非常生气地说:"你又比老人还慢,为什么这样呢?五天之后再早点来相会。"说完又走了。五天之后,张良不到半夜就早早地到了那里,过了一会儿,老人也到了,这次老人家很高兴地说:"应该像这样才对。"于是,老人拿出一卷书递给张良说:"读了这个就可以成为帝王的老师了。今后十年你将建立一番事业,十三年后你将在济北见到我,谷城山下的黄石就是我了。"第二天张良看那卷书,发现是《太公兵法》,张良常常反复地诵读它,最终成了一代名将。

这个故事的核心意蕴体现了中华传统文化中宽容才能和谐的精髓。孔子曾经说过:"恭自厚而薄责于人,则远怨矣","礼之用,和为贵。"人与人相处难免会有各种矛盾与纠纷,为人处世应该多替别人考虑,从别人的角度看待问题,一旦发生了矛盾,人们应该多作自我批评,而不能一味指责别人。责己严,待人宽,这是保持良好和谐人际关系所不可缺少的原则。

《南史》里还有个故事:有人认错了鞋,说刘凝之穿的是他的,凝之笑曰:"这双鞋穿破了,回家找双新的赔你吧。"后来那个人在田里找到了自己的鞋,把凝之那双送了回来,而凝之"不肯复取"。同样的事情也曾发生在沈麟士身上,麟士笑着说:"是你的吗?"脱下来就给了他,后来那人找到了自己的,同样是送还,麟士仍然笑着说:"不是你的吗?"便收下了。苏东坡认为:"此虽小事,然处事当如麟士,不当如凝之也。"何以将收不收鞋提升到处事的高度来看待,苏东坡虽没有细说,但其是非态度已明:有容德乃大。早在上古时期,备受孔子推崇的周公就曾说过"无求备于一人",其实,这种传统一直是作为君子修身的法则被推崇和遵守。

在汉民族语言中,以"鞋"求"谐"不是一种语音的巧合,而是一种流传久远的习俗。钱钟书先生说"以'鞋'谐'谐',此唐人俗语,诗中屡见。"其实在唐传奇《霍小玉传》中也有记载。《霍小玉传》讲的是李益对霍小玉始乱终弃的故事,其中说道,小玉尝"梦黄衫丈夫抱生(益)来,至席,使玉脱鞋",乃惊寤自解曰:"'鞋'者'谐'也,夫妇再合;'脱'者'解'也,既合而解,亦当永诀。"张云璈在其《四寸学》里也曾记述过此一习俗:"今俗新婚之夕,取新妇鞋,以帕包裹,夫妇交递之,名曰'和谐'。"

世上最宽阔的是海洋,比海洋宽阔的是天空,比天空更宽阔的是人的胸怀!

社会需要宽容,人生需要宽容,生活更需要宽容!

唯有宽容的心态,才能造就和谐的社会伦理!

(马士远)

3. 容忍比自由更重要
——从胡适先生的一句话说开去

胡适先生在1956年3月16日《自由中国》半月刊所发表的《容忍与自由》中说了一句话,很是经典:"年纪越大,越觉得容忍比自由还更重要",他的爱容忍甚至还有一点极端,有时他"竟觉得容忍是一切自由的根本,没有容忍,就没有自由"。乍看之下,好像觉得胡适先生是在意气用事,细读之,却又让人越发觉得那是一句不可磨灭的格言。殷海光先生将之誉为"近四十年来中国思想上的一个伟大的文献","是中国人应走的大方向的指南针"。掐指一算,胡先生说这话距今约莫已有五十余载春秋,虽然早已物是人非，但此一经典语录却在思想的废墟上始终闪耀着理性的光芒。今天重温"没有容忍，就没有自由"之说，确实可让人头脑中沉寂的死水呈现出些许的活力来。胡适先生的这篇文章在当时影响甚大，在胡适先生倡导"容忍"的基础上，周策纵先生又以"抗议"的精神加以补充，进而指出"容忍必须在可能自主的环境下发生"，"凡是容忍，应该指某人在有力量反对或表示异议的情形下却自我节制了"，"抗议和容忍在表面上似乎相反，在实质上却相辅相成"，实可作为双轮来"支持促进自由和民主"。可见，周先生是用"抗议"与"容忍"两个相反相成的观念来更好地厘定容忍与自由的关系，不可不说其见解独到，把胡适先生的容忍说发挥得淋漓尽致。

其实，周先生的这一观点与《论语》中孔子所表述的观点是一致的。孔子曰："君子无所争，必也射乎！揖让而升，下而饮，其争也君子。"翻译过来就是：君子没有什么可与别人争的事情。如果有的话，那就是射箭比赛了。比赛时，先相互作揖谦让，然后上场。射完后，又相互作揖再退下来，然后登堂喝酒。这就是君子之争。孔子在这里所说的"君子无所争"是指彬彬有礼的争，这反映了孔子和儒家思想的一个重要特点，即强调谦逊礼让而鄙视无礼的、不公正的竞争，这是可取的。但过于强调谦逊礼让，以至于把它与正当的竞争对立起来，就会抑制人们积极进取、勇于开拓的精神，成为社会发展的道德阻力。

如果更深一层次地来看，容忍不仅与竞争可以相互协调，而且有时候更是一种相互尊重。近日闲来无事，信手翻阅以前堆积下来的《南方周末》，一篇《"雅量"与法治》的文中提到一件事，颇耐人寻味：民国年间，大草包军阀韩复榘不仅不为难读书人，削减教育经费，还有雅量帮助梁漱溟在山东搞乡村建设。一介武夫，看起来五大三粗，谁知他却能礼贤下士。无独有偶，在陈忠实的小说《白鹿原》中的那位朱先生，所受到的礼遇亦可与梁漱溟们平分秋色，不管是中央任命的田县长，还是搞复辟的张勋，都不敢对其大嗓门，毕恭毕敬虚心接受他的教诲，若不然整个白鹿原上唯独只有朱先生的白鹿书院是一片清净之地，最后也不会成为鹿兆鹏的避身之所。

为何在乱世之中，身世坎坷的知识分子却能够有幸成为一群无知莽夫的座上客呢？个中情趣颇值得玩味。雅量实可与宽容互训，想来颇有见地。不管是草包军阀韩复榘,还是逆势而行的张勋,对读书人的礼遇,实在是对知识的尊重,对知识分子传统道德意义上的尊重。若不如此,何以能让腐朽不堪的臭书生在他脸上拉屎撒尿,让其指手画脚而做出一副指点江山模样,依此而言他们是容忍够了,太能宽容了。

  无知军阀尚能懂得礼贤下士,有德之人更应不甘人后。魏公子无忌,也就是赫赫有名的信陵君,求贤若渴,门下已有名士数千人仍不知厌倦,听闻侯生乃世间少有之高人,便屈身前往侯生家请其出山。孰料侯生不给面子,百般刁难。信陵君亲自给侯生开门,而侯生反客为主占了信陵君的主座,不仅如此,还故意和别人讲话让信陵君待在一边晒太阳,可是信陵君愈加恭敬有加。信陵君的随从暗地里只是骂侯生蹬鼻子上脸,不知好歹。谁也不曾料到,侯生最后成就了信陵君的一生英明,正可谓士为知己者死。刘邦虽算不上是个开明而很有德行的君主,但在尊重士人上还是有一点醒悟的,若不然俪生也不会入其瓮中。天下萧萧,唯重人之人,才能容忍别人的一些小瑕疵,也才能成就一番事业。

  当代社会,容忍不仅需要重提,而且容忍更是一种尊重!只有当容忍能够彰显出一种对所有人的尊重的时候,"以人为本"的口号才不会成为被庸人瞎叫的代名词!

(马士远)

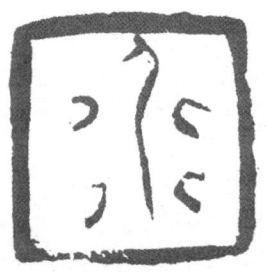

道

题 解

  《说文》曰"道，所行道也"，《尔雅》曰"达谓之道"。从词源学来看，"道"属于形声字，从辵，首声。本义为供行走的道路，《易经》中有"复自道，何其咎"、"履道坦坦"、"反复其道，七日来复"等记载，都为道路之义。后来演化成为中国古代哲学的重要范畴，用以说明世界的本原、本体、规律或原理，表达事物的规律性。《尚书·洪范》中说："无有作好，遵王之道；无有作恶，遵王之路。无偏无党，王道荡荡；无党无偏，王道平平；无反无侧，王道正直。"这里的"道"已经有正确的政令、规范和法度的意思，说明"道"的概念已向抽象化发展。战国时期儒家学者所著《易传》提出过关于"道"的学说，认为"道"就是对立面相互转化的普遍规律。《周易·系辞上》说"一阴一阳之谓道"，把一阴一阳相互转化视为道。又说"形而上者谓之道，形而下者谓之器"，把"道"视为无形的抽象规律，与有形的具体事物区别开来。

  "道"字不见于甲骨，最早见于金文，其形象是手托着首或直接将脑袋藏在衣服中，意思就是用衣服把头蒙起来，用来表示一种人们必须到达目的地的路径，但走起来就像用衣服蒙着头一样，要摸索着前行。这可能就是古人单用"道"字表示道理、法则、规律之类抽象概念的原因所在。《老子》

亦曰"大道甚夷,而民好径","道"字结构为一首一走,第一次走的路、第一次用的方法才叫道,重复别人做过的事不叫道。用今天的话说就是"走不一样的路,坚持创新,才能生道"。

在现实生活伦理中,道是过程,道是本源,道是规律,道是法则。道不仅客观存在着,而且每时每刻都在左右着社会和人类的发展,顺应它去发展,社会才能健康和谐,人生才会健康幸福,自然界才会长足存在。无论是养生之道、为人之道还是治国之道,生道都不容易,守道亦都很难。

1. 人生没有所有权
——养生之道的另类思维

人生拉开帷幕的一刹那是从自己的哭声开始的,人生落幕之际也往往是在别人的哭声中结束的,固然人的一生变化莫测,但以"生的喜剧"开始,以"死的悲剧"结束,却是谁都摆脱不了的窠臼。台湾花莲有个证严法师,她在一次演讲时曾语调平和地说:"我常常对大家说,人生没有所有权,只有使用权。这就是说,这短暂而难得的人身,我们难以永远拥有它,但我们可以做主使用它,用好它。世间最消福的就是我们的这个身体,一辈子要享受多少好东西啊!人生啊,还真是一段缘啊!走的时候舍不得,其实最后还是要舍!人生既然只有使用权,就是赶快发挥它的功能,不用白不用。最后还要把我们的躯体捐出来,让教授去教学生,让学生成为医生后再去救更多的人,这是多么大的功德啊!"

证严法师的这番话,难道不让我们茅塞顿开吗?人的一辈子,就算在身体上花费再多的金钱,吃好、喝好、穿好,但最终还是会成为土灰。身体于我们,其实只有使用权,没有所有权,就像一所房屋,无论你花了多少钱买来,地段有多好,装修有多么精致,它仍然不会属于你,最多你也不过只是房子里的过客而已,等你离去了,最终还是要归入他人之手。范跑跑事件已经在互联网上风传了近一年的时间,面对大灾大难,范美忠老师弃学生而自保,曾引起国人的一片声讨。其实,在四川大地震时,人们在惊慌失措间迅速逃跑是可以理解的，没有哪个人真心地希望去死，因为活下去是自然赋予每一个生命的基本权利。大自然赋予的这种权利，那位范跑跑先生同样也具有。但若用证严法师"人生没有所有权，只有使用权"的禅语来审视的话，范跑跑先生的血肉之躯其实并不专属于他自己，范跑跑先生只不过具有其使用权而已。如何使用好其对自我血肉之躯的使用权，才理应是我们探讨的核心焦点。

孔子曰："志于道，据于德，依于仁，游于艺。"孔子在这儿所强调的正是如何把握人生使用权的问题。人毕竟不同于一般的普通生命，作为这个地球的主宰者，人的社会属性决定了人必须善于使用其根本没有所有权的人生。但问题的另一面是：人类长期活动形成的社会道德规范对人的社会行为即人生的使用权有着莫大的约束力。为了维持社会整体的利益，人们常常用道德来作为纽带，将范围之内的人们紧密地联系在一起，约束着人们对其人生的使用权。范跑跑之所以受到国人的一致声讨，正是国人对跑跑先生作为人的社会属性的外在要求，即道德约束的重视。

各种媒体经常报道一些见死不救的社会现象。在分析这种现象时，陈壁生先生认为不应该"对冷漠的公众进行道德谴责，因为在城市里，每一个人都是路人，每一个人都有自己的合理的利益计算。比如看到抢劫，大多数人的选择是快速走开，这种动机是非常简单的，没有一个个体能够单独面对持械的抢劫者，人已经被分化为原子式的独立的个体，路人与路人之间，不可能产生相互帮助，在危难中相互救济的那种感情，而这种情况的发生，原因在于人们的社会冷漠，对他所在的社会没有主人翁的感觉，没有认同感。假设抢劫发生在乡村，或者发生在关系融洽的小社区，情况就会完全不同。"陈宇先生则认为："道德的沦丧源于道德秩序的混乱，相对主义、唯我主义，以及工具理性解构了道德标准和人的精神性和道德性的存在，从而导致人既无法真的按理性给自己'立法'，背后也不存在一个理性的权威。儒家作为一种'理性的权威'，在历史上对于人的道德存在曾起过很大的作用，虽然它与政治的结合也在另一个方面使自己变成一种'非理性的权威'，呈现出一种'权威主义伦理学'的面相。"

对于每一个人来说，死亡是无可选择的，但对于怎么个死法，则有选择的问题。决定自己要死还是要活，并不能简单地理解为是自己的所有权问题,其实更应该是自己的使用权问题。选择什么样的死法,始终都有个社会公德的问题。塞内加曾说过:"倘若世上的一切都不允许你高尚地活着,那么,世上没有一样东西能阻止你高尚地死去。"一个主动选择死亡的人,有时恰恰是最尊重最维护社会基本道德的人:历史上有数不胜数的人因各种原因主动选择了死亡,他们以结束自己的生命来坚持自己的信仰,他们的行为正是因为高尚而被活下来的人铭记和尊敬。在近代的中国,随着儒家的被批判、被消解,儒学所具有的那个在社会道德方面曾发挥巨大作用的"理性的权威",早已被政治的、经济的、物质的"非理性的权威"取而代之。因此,延传了几千年的儒学的复兴可以说是一件大好事,它可以作为一种来源于理性并且契合人性的道德命令来让人找回一种道德的存在。

身体尚且如此,那生命之外的好多东西如权、钱、色、欲等等,难道比我们自己的身体还重要吗?人生没有所有权,我们不曾拥有任何东西,并且永远也不会拥有任何东西,我们只是对一些东西在一段时间内拥有使用权而已!虽然人生没有所有权,人生只有使用权,但如何使用则是我们每一个人都必须认真思考的终极话题!

(马士远)

2. 不在事中又在事中
——平常心即为人之大道

前几日,与一位学生聊天,言谈之间,学生诉说了一件令他困惑的事:在街上偶然认识了一位老先生,老先生与之相谈甚欢,并当即写了几句话送给他。这位学生念与我听,一句好像是佛家的偈语:"犹如莲华不着水,亦如日月不在空";另一句好像是老先生自己参悟出来的:"不在事中,又在事中,还是不在事中,在理性光明中。"二者的禅意颇浓,听后我也苦闷不解,似懂非懂,满头雾水,不知所云。当时不便发挥,只是叫学生从日常社会生活中用心去体会罢了。今日独自坐到书桌前,清风明月,品着茗,作若有所思状,一时间还真有点喷涌的东西扑腾着应声而出。于是提起笔,写下了上面的题目："不在事中，又在事中——平常心即为人之大道。"细品老先生所参之禅，其实说的也是一种道，是教那位学生做事、做人不要偏执，要有颗平常心而已。

"道"是中国古代哲学的重要范畴，用以说明世界的本原、本体、规律或原理。很早中国就有坐而论道的传统，道也一直是一个很玄乎的话题。其实"道"虽"玄之又玄"，却是"众妙之门"。儒家创始人孔老夫子不是也曾感叹地说，"朝闻道，夕死可矣。"孔子这里所讲的"道"，系指社会、政治的最高原则和做人的最高准则，这主要是从伦理学意义上说的。战国时期儒家学者所著《易传》也提出关于道的学说，认为道就是对立面相互转化的普遍规律。《周易·系辞》说"一阴一阳之谓道"，把一阴一阳相互转化视为道。又说："形而上者谓之道，形而下者谓之器"，把道视为无形的抽象规律，与有形的具体事物区别开来。世间万事万物，皆依其道而行，概莫能外者，人虽高明，却亦需依其道而为。道代表着日月星辰运行的规律或是抽象意义上的规则、法则，春秋末期郑国进步政治家子产所说的"天道远，人道迩"中的"道"就是这一意思。"道"在儒家学说中还指德行，具体地讲就是封建伦理纲常，如道义、大逆不道等中的"道"就指此义。此外，还有各种人为具化了的一些"道"，如经商的行商道，当皇帝的施王道、霸道，当官的看政道，文人学士自然也有他自个的道统，可以说是五花八门，眼花缭乱，难怪老子在《道德经》中开门见山大谈"道可道，非常道。名可名，非常名。无，名天地之始。有，名万物之母。故常无，欲以观其妙。常有，欲以观其徼。此两者，同出而异名，同谓之玄"。上至皇室下至黎民，军阀混世，白道黑道，头头是道。管你有还是无，颠三倒四，人类总能挖空心思地变出各种"道"来。

欲说还休梦已阑，拨乱反正话常道，还是让我们回到开头老先生说的玄机上吧，"道"是一种平常心，平常心是"道"，既不是老先生的发明，亦不是我的引申发挥。其实，"平常心是道"出自佛家的一则公案：当赵州从稔跑到南泉普愿那里参禅时，问南泉："什么是道？"南泉答道："平常心是道。"赵州得此指点后，成了禅宗六祖慧能大师之后的第四代传人，教化僧俗，常常是敲边鼓，话生活，拈花微笑都是成了其寻道的踪迹，担水砍柴等日常社会都暗藏着道的玄机。如一个和尚要跟赵州从稔学禅，赵州问他：

"你吃过早饭没有？"和尚答道："吃过了。"赵州说："那么，就去洗碗吧。"据说，那和尚听了这话后，恍然大悟。这则公案告诉人们平常心是一种道，是一种生活方式，"道"只能在"此在"中、在现实世界中寻得，而不是封闭在一个公式或理论的世界里，它是活生生的。其实真正的"道"绝不是叫人出世、避世，反过来倒是教人寻得一个真实的自我，一个真实的世界，一种真实的伦理之心。诞生，成长，死亡就是亘古不变的真理，生活在这个世界上，就得吃饭穿衣，这是人之道的第一要义；烦恼、苦闷、欢乐、仇恨、爱情等等好的坏的东西也都随着潘多拉宝盒的打开在第一要义的基础上蜂拥而出，成了人之道的附属品。

现如今，人们的生活需求越来越繁多，同时带来的不仅是生活节奏的加快，而紧张、恐惧等心理不良反应也时时伴随而生，叫人不知如何是好。胡锦涛总书记用"很不寻常、很不平凡"八个字形容过去的2008年，其实恰恰在许多"不寻常、不平凡"中涵括了无数人的平常心。来年又将如何呢？我们完全没必要恐惧忧心，古语说得好，"既来之，则安之"，就让我们每一位公民心平气和地认识这个世界，实践社会伦常，进而了悟自身，坦然地迎接未来的祸福吧！

临济义玄禅师说过这样一首诗偈："沿流不止问如何？真照无边说似他。离相离名人不禀，吹毛用了急须磨。"好个"吹毛用了急须磨"，人世间各种思想、情绪总是离相离名，看起来好像无法把握，无法照见情绪波动起灭处，但只要人们善于反求诸己，从心底处去观照，就能参透一切。

不在事中，又在事中！

平常心即为人之大道！

（马士远）

悌

悌

题 解

  兄弟之道是儒家五伦之一。从字义来看，兄敬爱弟谓之友，弟敬爱兄谓之悌。《尔雅·释训》中说"善兄弟为友"，友指的是兄弟间的相互之爱。朱熹《论语集注》中讲"善事兄长为悌"，东汉赵岐《孟子·滕文公下注》说："悌，顺也"，顺是悌的核心要求。因此，在古籍中顺与悌常连用，不仅有孝顺，也有悌顺。顺是孝与悌的共同要求。

  兄弟如手足，打虎不离亲兄弟，传统中国对兄弟情分给予充分的重视，成为中华传统伦理道德的主要范畴之一。幼儿启蒙读物如《三字经》就有"融四岁，能让梨"的典故，成为家喻户晓的悌的典型。相反，对于兄弟间的反目成仇、你争我夺，则受到道德上的谴责，如《左传》里郑伯克段于鄢，祸起萧墙的成语以及曹植的《七步诗》等等，都是撕破兄弟情谊的反面教材。

  兄弟之间，一母同胞，情同骨肉，食则同桌，睡则同床，是出生时就已经形成的天然小伙伴。与姻亲、师生、同事、同学和同乡等关系相比较，兄弟关系是天然的、自生的和稳定的。兄弟没有了感情依然是兄弟，而朋友没有了感情就不是朋友了。

  现代社会一对夫妇只生一个孩子的国策下，亲生的兄弟关系日渐减少，悌的意义则进一步延伸为广义的兄弟情和友情，古代的贫贱结交的管仲和鲍叔，高山流水的知音高渐离和荆轲，虽非同父同母，义气却过于骨肉，不是兄弟胜似兄弟。有朋自远方来不亦乐乎？四海之内皆兄弟也。以对待兄弟的心态来结交朋友，才能结交知心朋友。

（罗智国）

1. 贫苦姐妹花推让上大学，演绎现代版"孔融让梨"

湖南宁乡县历经铺乡历经铺村邹钧、邹双姐妹俩 2008 年分别以理科 550 分、文科 554 分考上湘潭大学和衡阳师范学院，一年一万多元的学费却没有着落。录取通知书摆在面前，这对姐妹花互相推让读大学机会。

十年前，这对姐妹的父亲突发疾病去世，母亲袁胜辉哮喘、心脏病等多种疾病缠身，连叠床毯子也会气喘不已。年仅十岁的邹钧和九岁的妹妹邹双，每天凌晨三时起床，把割好、拣净的小菜捆扎，骑自行车到离家六公里以外的宁乡县城贩卖，早上七时准时回学校上课。除了第一学期交了点住宿费，高中三年的费用基本没向家里要过一分钱。姐姐邹钧十二岁时便向当地医生学习打吊针，给妈妈打了八年吊针。除了卖菜外，她俩还兼六份家教赚学费。穷人的孩子早当家，在她们身上，我们看到了中国古代孔融让梨所体现的美德。

孔融，东汉曲阜人，孔子二十世孙。祖父过七十大寿时，母亲让他把寿台上的梨子分了吃。孔融有五个哥哥和一个弟弟，只有四岁的孔融挑了一个最小的。父亲问缘故，他从容地回答说："树有高低，人有长幼，尊老敬长，为人之道也！"孔融让梨的故事流传下来，是父母教育子女的好例子，也成为中国传统悌的典范。

历史上也不乏兄弟反目的案例，《古文观止》的头一篇《郑伯克段于鄢》里，郑武公娶武姜，生了庄公和共叔段。生庄公时难产，所以姜氏偏爱共叔段。武公让庄公做了太子并继位，姜氏替共叔段请封制邑。做弟弟的成为京城太叔，但城墙的规模不合法度，庄公置之不理。不久，共叔段命令西方和北方的城邑服从庄公同时，还归属自己管辖，进一步据为己有。庄公还是置若罔闻。共叔段还大力筑城，扩军备战，姜氏在城内做内应。庄公打探到共叔段发动突袭的日期，就说"现在可以兴师问罪了！"兄弟丢弃名分，战场相见，共叔段在鄢地兵败，逃到共地去了。《春秋》曰"郑伯克段于鄢"，意思是段不守做弟弟的本分，所以不称为弟；两个君主相争才叫克。对庄公称呼伯，是讥讽他有失教弟之道，纵弟为恶而故意杀他。不说太叔段自动逃亡到外地，是责难庄公逼走其弟之意。《论语·季氏》有所谓"祸起萧墙"，曹植的七步诗"煮豆燃豆萁，豆在釜中泣，本是同根生，相煎何太急"也是此意。

悌的作用如《礼记·礼运》说："父子笃，兄弟睦，夫妇和，家之肥也。"三者都具备才出现了数世同居的大家族。《论语·学而》中说"孝弟也者，其为仁之本与！"《孟子·告子》中曾说"尧舜之道，孝弟而已矣"。

兄敬爱弟谓之友，弟敬爱兄谓之悌。《尔雅·释训》讲"善兄弟为友"，友指的是兄弟间的相互之爱。兄弟之道是儒家五伦之一。从字义来看，朱熹在《论语集注》说"善事兄长为悌"，东汉赵岐在《孟子·滕文公下注》中说："悌，顺也"，顺是悌的核心要求。因此，在古籍中顺与悌常连用，不仅有孝顺，也有悌顺。顺是孝与悌的共同要求。悌是弟弟对兄长的一种顺从，但兄恭弟悌是合一的，跟父慈子孝只强调单向的孝不同。父母对子女有绝对的权威，即使父母有错，子女只能规劝；如果触怒了父母，遭到父母的责打，子女也不能抱怨和反抗。兄长对幼弟则没有这种特权。

兄弟关系重于夫妻关系，一则兄弟血缘关系，同胞共乳，自幼共同生活，有着天然的骨肉亲情；二则兄弟从小相处，夫妻关系成年后才成立。所谓兄弟如手足，妻子如衣服。夫妻关系的破裂不会导致家庭的破裂，而兄弟关系的破裂则会导致家族分裂，所以会不惜以"出妻"和"休妻"为代价。现代家庭以夫妻为主轴，而不是以父子或者兄弟为主轴，加上一对夫妇只生一个孩子，亲生的兄弟关系渐渐减少，今天如何以健康的心态来看待传统的"悌"呢？悌说到底终归是一种兄弟情分，有朋自远方来不亦乐乎？四海之内皆兄弟。打虎不离亲兄弟，为朋友两肋插刀，那些金兰之交、拜把子的兄弟，就是把朋友的关系上升到兄弟关系的亲密程度。以对待兄弟的心态来结交朋友，才能结交知心朋友。正所谓：

兄弟同胞一体，弟敬兄爱殷勤；

须是同心竭力，勿分尔我才真。

生我者父母，知我者兄弟。

（罗智国）

2. 汶川地震少年负妹逃生

2008年汶川大地震，震惊了世界，在地震中涌现出的感人事迹，书写了一个又一个大写的"人"字！北川县城的地震核心现场，人流向外逃生，年仅十一岁的张吉万背着三岁半的妹妹，从早上五点出发，走了足足十三个小时，终于逃离了背后翻滚的深山。地震发生时，他正在距离家几十公里以外的学校，由于父母出外打工，担心家里爷爷奶奶和妹妹的安危，小吉万不顾路途的危险，一路狂奔回家。亲人们都安然无恙，但是余震不断，于是村里人纷纷向镇上转移。就这样，小吉万就担负起背妹妹逃生的责任。地震引发的山体塌方几乎覆盖了整个县城，县城大多数房屋坍塌，基本上被夷为平地。山河可以阻断，房屋可以摧毁，道路可以毁坏，但这份大爱却永远不能阻隔。

《诗经·小雅·棠棣》中说"脊令在原，兄弟急难"，"兄弟阋于墙，外御其侮"，"兄弟既俱，和乐且孺。"清儒张伯行说："古人称兄弟约雁行，谓其行次不乱，即长幼有序之意也。"兄弟之间的长幼有序，应当像大雁飞行一样秩序不乱。哥哥大，应当爱护弟弟；弟弟小，应该敬顺哥哥。

舜是爱弟的典范，舜的异母弟名字叫象，多次陷害舜，甚至想置舜于死地。但舜不计前嫌，对象始终亲爱，以至于"象忧亦忧，象喜亦喜"。舜当了天子以后，还将象"封之有庳"。同样的爱弟之心，见于美国第十六任总统林肯1848年写给弟弟的一封家书：

"你向我借八十块钱，我觉得目前最好不答应你。很多次我帮了你之后，你都对我说：'现在我们可以好好过日子了。'但是不久之后我发现你又陷入同样的窘境中。只有你的品行有缺点，方会发生这种事。是什么缺点呢？我想我知道。你并不懒惰，但却算得上是个游手好闲的人。我怀疑自从我们上次见买面之后，你是否有哪一天好好干过一整天活。你并不是很厌恶工作，可你工作却很不卖力，唯一的原因是你觉得通过工作得到的不够多。

这种白白浪费时间的习惯是整个问题的症结所在；改掉这个习惯对你来说极其重要，对你的孩子们则更为重要。之所以这样，是因为他们还有更长的生活道路，在养成游手好闲的习惯之前抵御它，比染上坏习惯之后改掉它要容易得多。

你现在需要的是一些现成的钱，我的建议是，你应该去找个愿花钱雇你的人为他竭尽全力地工作。

让爸爸和你的几个儿子替你照管家里的事（从春播到秋收），你自己去干点你能找到的最挣钱的活，或者以你干的活抵债。为了保证你的劳动得到公平的报酬，我现在答应你，从今天，你每挣到一美元或还掉一美元的债，我都另外再给你一美元。

这样一来，如果你每月挣到十美元，从我这儿你还可以再得到十美元。每个月你就可以凭工作得到二十美元。

只要你这样做，很快你会解除债务；更大的好处是，你会养成不再欠债的好习惯。但如果现在我就帮你还清了债，明年你还会比过去有更多的债务缠身。你说你几乎愿将自己在天堂里的席位以七十或八十美元卖掉，那么你把你在天堂的席位也看得太便宜了吧。因为我肯定，按我说的方法，四五个月的工作就能为你挣回七八十美元了。你还说如果我借给你这笔钱，你愿意把土地抵押给我，若你还不了钱，就转让所有权……胡说八道！如果你现在有田地都活不下去，以后没有了你将怎么活？你对我向来不错，现在我也不打算对你不好。相反，你若遵从我的劝告，你会发现它比八十美元可值钱多了！"

兄弟之间，一母同胞，情同骨肉。食则同桌，睡则同床，是出生时就已经形成的天然小伙伴。与姻亲、师生、同事、同学和同乡等关系相比较，兄弟关系是天然的、自生的和稳定的。兄弟没有了感情依然是兄弟，而朋友没有了感情就不是朋友了。兄弟亲，砸碎骨头连着心。正所谓：

三兄四弟一条心,门前土地变黄金。
上阵不离父子兵,打虎不离亲兄弟。
天下无不是的父母,世间最难得者兄弟。
兄须爱其弟,弟必恭其兄。
勿以纤毫利,伤此骨肉情。

(罗智国)

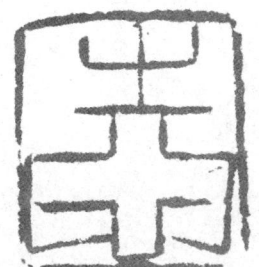

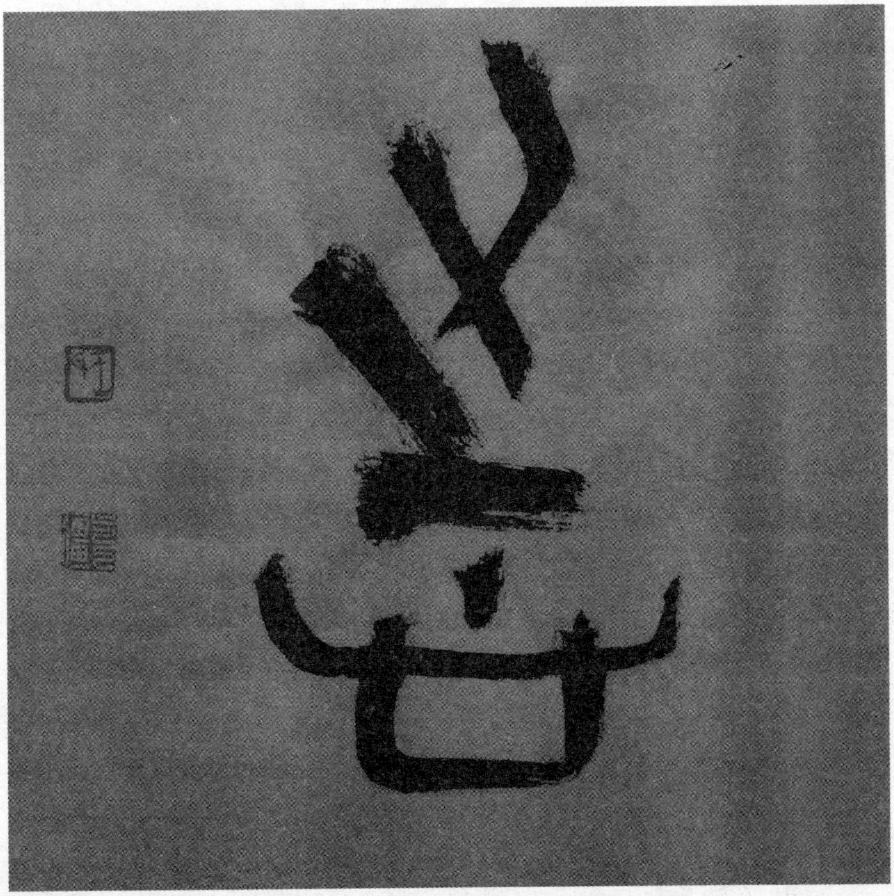

志

题 解

人无志不立。按《说文》解释,志,意也,从心。《辞源》中志可用作名词"志向",亦可用作动词"立志"。所谓志士、志行、志气、志略、志趣、志操、志愿里的"志"字,都是含有一定信念,用自己的意志力去贯彻施行的意思。

儒家重志,《孟子·尽心上》中就有"志"的论述:古之人,得志,泽加于民;不得志,修身见于世;穷则独善其身,达则兼济天下。什么是儒家之志呢?《庭帏杂录》中说士之品有三:志于道德者为上,志于功名者次之,志于富贵者为下。《春秋左传·襄公二十四年》中说:"大上有立德,其次有立功,其次有立言,虽久不废,此之谓三不朽。"《大学》提出了一个循序渐进的志向和目标,"古之欲明德于天下者,先治其国;欲治其国者,先齐其家;欲齐其家者,先修其身;欲修其身者,先正其心;欲正其心者,先诚其意。"

今天励志书上了书店的排行榜,受到读者的欢迎,年轻人从中受益,汲取前进的力量。志向不分年龄的大小,有志不在年高,志高不怕年老。中国社会往往"三岁看老",重视"少壮不努力,老大徒伤悲",同时也说"老当益壮,穷当益坚",老骥伏枥,志在千里,烈士暮年,壮心不已。

志向是一个人一生的导航仪，没有志向的人生，便会随波逐流；没有志向的人生，如同行尸走肉。志向鼓舞着人奋进，使人充满活力，散发着青春的活力。

（罗智国）

1. YES, WE CAN
——美国首任黑人总统奥巴马

每个美国男孩，不管早期看起来前途多么无望，父母都希望他们长大后能够成为总统。奥巴马实现了自己的美国梦，2009年1月20日宣誓就职，是美国历史上首任黑人总统。他1961年8月4日生于美国夏威夷州檀香山。父亲像巧克力一样黑，是肯尼亚一名黑人经济学家；母亲邓纳姆像牛奶一样白，是美国一名白人女教师。奥巴马的父亲去哈佛大学念经济学博士学位时，把年轻的妻子和年幼的儿子奥巴马（那时他才两岁）抛下了，他没有钱带妻儿同去。毕业后，他又带着另一名美国女人露丝回到了肯尼亚，1981年死于车祸。奥巴马只见过父亲一次，从小跟着母亲长大。邓纳姆后来嫁给了印尼石油公司的经理，所以奥巴马在印尼度过了四年的童年时光。十岁时，母亲与继父离婚，奥巴马回到了夏威夷，大部分的时间他和外祖父母生活在一起。1983年获哥伦比亚大学文学学士学位，1991年获哈佛大学法学院法学博士学位。1993至2004年，在芝加哥的律师事务所专任律师，1996年，首次当选为伊利诺伊州参议员。2004年在伊利诺伊州首次当选为国会参议员。2007年2月，奥巴马正式宣布竞选总统。2008年11月当选美国第四十四任总统。奥巴马高举变革的大旗，在竞选演讲中提出了自己的施政方针：结束伊拉克战争；给工人及其家庭税收减免待遇；让医疗保健成为每个美国人都负担得起、享受得到的服务；投资早期教育，并且增加师资力量。奥巴马首先在民主党内胜过了热门的候选人希拉里，击败了共和党的候选人麦凯恩，一举夺得总统的宝座。奥巴马当选总统本身已经写下了真实的神话：一切皆有可能！

儒家重志，在《论语·先进篇》里，孔子和子路、曾皙、冉有等谈论志向。子路想做勇士，冉有想做一个治理五六十里的地方。唯有曾皙说："当那暮春的季节，天气已经回暖，春服也做好了，这时带着五六个成年人，六七个小孩子，先到那沂水之滨去洗洗澡，再到舞雩的树下去吹吹风，然后唱着歌，缓缓而归。"孔子叹道："好呀！我也向往这种境界呢！"《韩诗外传》卷七里：孔子和子路、子贡和颜渊论志。子路说自己的志愿是率领强兵猛将，战无不胜，攻无不克。子贡说希望做白衣白帽的使者，使两个国家亲如兄弟。颜回却说如果得到明主，自己为相，不需修筑城堡，不需挖掘河沟，让家家丰衣足食，熔铸库藏的兵器做成农具。孔子评价说："真是圣人啊！既然如此，还需要子路去攻打什么呢？既然如此，还需要子贡的辩才去哪里出使呢？"儒家圣贤之志高攀云天。《韩非子·喻老》却说"志之难也，不在胜人，在自胜"，可谓人各有志。什么是儒家之志呢？《庭帏杂录》中说士之品有三：志于道德者为上，志于功名者次之，志于富贵者为下。《春秋左传·襄公二十四年》中说："大上有立德，其次有立功，其次有立言，虽久不废，此之谓三不朽。"《大学》提出了一个循序渐进的志向和目标，"古之欲明德于天下者，先治其国；欲治其国者，先齐其家；欲齐其家者，先修其身；欲修其身者，先正其心；欲正其心者，先诚其意。"

志是人生的导航仪。《王阳明全集卷二十六》中说："志不立，天下无可成之事，虽百工技艺，未有不本于志者……志不立，如无舵之舟，飘荡奔逸，终亦何所底乎！"苏秦用锥刺股，来克服困倦孜孜读书。汉朝人孙敬头悬梁，苦读学问，从早到晚地读书。有时疲倦了，想睡觉，就用一根绳子系住头发，另一头拴在房梁上拉直。这时候如果再打瞌睡，就会被绳子拉醒。

夫志当存高远，志不怕高，不怕被人耻笑为志大才疏。陈胜耕种于田亩之间，对同伴说："苟富贵，莫相忘！"同伴嘲笑他志大才疏。陈胜叹道："燕雀安知鸿鹄之志哉！"其实人的志向不妨远大，志当存高远，生当作人杰，死亦为鬼雄。自信人生二百年，会当击水三千里。没有志向的人生，便会随波逐流；没有志向的人生，形同行尸走肉。吃饭为了人生，但人生不是为了吃饭，应该有理想和追求。

有志者,事竟成。

淡泊以明志,宁静以致远。

志于道,据于德,依于仁,游于艺。

(罗智国)

2. 穷且益坚、老当益壮

北京新东方学校有个流传甚广的励志故事:美国一个老头为了防止老年痴呆症,想起自己中学时学过拉丁文,退休后下定决心要背诵拉丁文的《荷马史诗》,即《伊利亚特》和《奥德赛》,总页码超过八百页。最初每天只能背一行,今天背,明天忘。过了二十天能背两行,一个月才能背三行。到最后一天能背五行,五年以后,两本书从头到尾滚瓜烂熟。老头工作了一辈子,都没有成为百万富翁,结果当人们知道他能够背诵《荷马史诗》后,美国所有大学都邀请他去背。每背一次,老头都要一笔钱,老头通过背诵史诗变成了百万富翁。新东方教学的很大的特色就是在提高学院外语能力的同时,给他们以励志教育。这样做不光是为了能出国留学,而是为了养成了一种乐观向上的新精神。

《论语·子罕》中说:"三军可夺帅也,匹夫不可夺志也。"志高则气昂,志坚人不老。所谓"老骥伏枥,志在千里,烈士暮年,壮心不已"。

《后汉书·马援传》记载:东汉马援,十二岁就失去了父母,靠哥哥们抚养长大。但他从小就胸怀大志,可禀赋平凡,连《齐诗》都读不懂。马援向哥哥提出到边疆放牧。哥哥马况鼓励他说:"要相信自己,只要奋发努力,日积月累,定成大器。"后来马援当了扶风郡的督邮。有一次,郡太守派他送犯人到长安。半路上,犯人苦苦哀求,马援不忍心把他送去受刑,就把他放走了,自己也因此丢了官,逃亡到北朝郡躲起来。这时恰好赶上大赦,于是他安心地扩大放牧。不到几年工夫,马援成了一个大地主,有牛羊几千头,粮食几万石。但是,他对富裕生活并不满足,他把自己积攒的财产、牛羊,都分送给他的亲友。他说:"丈夫为志,穷当益坚,老当益壮!"

就是说，越穷困，志向越要坚定；越年老，志气越要壮盛。后来，马援立下了很多战功，五十五岁被封为伏波将军，成了光武帝有名的将领。

姜子牙垂钓于渭水之滨，直到八十岁时才遇到明主周文王姬昌，"也知年少登科好，孰料龙头属老成"；传说中的北宋梁灏八十二岁考上状元，"最爱夕阳无限好，莫论已是近黄昏"；肯德基创始人哈莱德·桑德斯直到六十五岁时，才创立肯德基炸鸡店。

中国社会是一个"三岁看老"的社会，都说扬名立万的方式分为"少年得志"和"大器晚成"两类，其实纵观历史，少年得志的多，大器晚成的少。少壮努力的少，老大伤悲的多。但有志不在年高，年高贵在有志。人的寿命在延长，人的志向却在降低。励志在今天的社会里，对于老年人和年轻人同样是需要的。有了志向的老年人，会和年轻人一样散发着动力和活力。

  老当益壮，宁移白首之心；
  穷且益坚，不坠青云之志。
  无志之人常立志，有志之人立长志。

（罗智国）

公

题 解

　　公与私相对，《说文》曰：公，平分也。背私为公。孔子说："天无私覆，地无私载，日月无私照。"以天地的无私来表达公的境界。《傅子·通志》中说：有公心必有公道，有公道必有公制。所以公有公心、公道、公制等含义。公心指的是正直、刚正不阿、公正无私、廉洁奉公，如《韩诗外传卷七》中言："正直者，顺道而行，顺理而言，公平无私"；公道指的是哲学理论上的公平；而公制指的是制度的公正、正义，如《左传》言："为政者，不赏私劳，不罚私怨。"

　　上古三代是中国的理想化政治，即"大道之行，天下为公"。《吕氏春秋·孟春纪》中说："尧有子十人，不与其子而授舜；舜有九人，不与其子而授禹。"大禹治水，三过其门而不入，国而忘家，公而忘私。《吕氏春秋·贵公》中讲"治天下也，必先公"；墨家强调"兴天下之利，除天下之害"，以"利他"、"利人"、"无我"为极致，在中国历史上成为大公无私的典范。公的另一端就是私，如杨朱的"拔一毛而利天下，不为也"。法家讲公私最多，以"公私之辩论"最具代表性。《韩非子·诡使》中说："明主之道，必明于公私之分，明法制，去私恩。夫令必行，禁必止，人主之公义也。必行其私，信于朋友，不可为赏劝，不可为罚诅，人臣之私义也。私义行则乱，公义行则治，故公私有分。"中国传统政治就是外儒内法，法家的公就是君主的公，就是以君主的法令为公。

《诗经》云："雨我公田，遂及我私。"意思是先公后私，确实难以做到大公无私，铁面无私，以公灭私。所以贵大公无私、公事公办，应公私分明，勿假公济私。

（罗智国）

1. 当代的女包公任长霞

任长霞，女，祖籍河南省睢县，1964年生于郑州。1983年加入公安队伍。曾协助破获了大案、要案1072起，追捕犯罪嫌疑人950人。1998年被任命为郑州市局技侦支队长后，她多次深入虎穴，化装侦察，亲自抓获了中原第一盗窃高档轿车主犯，先后打掉了7个涉黑团伙，抓获犯罪嫌疑人370多名，被誉为警界女神警。2001年，她调任登封市公安局局长，带领全局民警共破获各种刑事案件2870多起，抓获犯罪嫌疑人3200余人，有力地维护了登封社会治安的稳定。2004年4月14日晚8时40分，在侦破某案中途经郑少高速公路发生车祸，因受重伤随即被送往郑州市中心医院抢救，经过4个小时紧急抢救，终因伤势过重，不幸因公殉职。任长霞树立了一个"立警为公，执法为民"的光辉警察形象！

孔子说："天无私覆，地无私载，日月无私照。"以天地的无私来表达公的境界。《管子·形势解》："天公平而无私，故美恶莫不覆，地公平而无私，故大小莫不载。"天地之间有正气，人间世道有公义。

《傅子·通志》中说，有公心必有公道，有公道必有公制。公心指的是正直、刚正不阿、公正无私、廉洁奉公，如《韩诗外传卷七》中说："正直者，顺道而行，顺理而言，公平无私"；公道指的是哲学理论上的公平；而公制指的是制度的公正、正义，如《左传》所言："为政者，不赏私劳，不罚私怨。"

上古三代是中国的理想化政治，即大道之行，天下为公。《吕氏春秋·

孟春纪》记载："尧有子十人，不与其子而授舜；舜有九人，不与其子而授禹。"大禹治水，三过其门而不入，国而忘家，公而忘私。《吕氏春秋·贵公》中言："治天下也，必先公。"治官事则不营私家，在公门则不言货利。

《吕氏春秋·去私》中有个故事：春秋时，晋平公有一次问祁黄公说："南阳县缺个县长，你看，应该派谁去当比较合适呢？"祁黄羊毫不迟疑地回答说："叫解狐去，最合适了，他一定能够胜任的！"平公惊奇地问他："解狐不是你的仇人吗？你为什么还要推荐他呢！"祁黄公说："你只问我什么人能够胜任，谁最合适，你并没有问我解狐是不是我的仇人呀！"于是，平公就派解狐到南阳县去上任了。解狐到任后，替那里的人办了不少好事，大家都称颂他。过了一些日子，平公又问祁黄公说："现在朝廷里缺少一个尉官，你看，谁能胜任这个职位呢？"祁黄公说："祁午能够胜任的。"平公又奇怪起来了，问道："祁午不是你的儿子吗？你怎么推荐你的儿子，不怕别人讲闲话吗？"祁黄公说："你只问我谁可以胜任，所以我推荐了他；你并没问我祁午是不是我的儿子呀！"平公就派了祁午去做尉官。祁午就职后，替人们办了许多好事，深受人们的欢迎与爱戴。孔子说："祁黄公说得太好了！外举不避仇，内举不避子！这才是大公无私啊！"

我们国家有六七百万的国家公务员，他们代表人民行使国家赋予的权力，是人民的公仆，他们执政为公，执政为民。"政者，正也。""其身正，不令而行；其身不正，虽令不从。"在工作中应该秉公办事，克己奉公，主持正义，清正廉洁，不该以权谋私，损公肥私。如果抱着升官发财的想法，任由私人的欲望膨胀，就会"吃人的嘴软，拿人的手短"，在不知不觉中被腐蚀，要知道"壁立千仞，无欲则刚"，两袖清风才能明镜高悬！

　　得民心者得天下，治天下者用公心。
　　苟以国家生死利，岂因祸福趋避之？

（罗智国）

2. 司法公正需要法官的公正无私

在 2009 年春天召开的全国人大会议上，《最高法院工作报告》获赞成

2172票,反对519票,弃权192票;《最高检工作报告》获赞成2210票,反对505票,弃权162票,一个重要原因恐怕是原最高人民法院副院长黄松有的所作所为伤害了司法在人们心中的尊严。黄松有,1957年12月出生,汉族,广东汕头人,法学博士,二级大法官。1997年3月起任广东省湛江市中级人民法院院长、党组书记、市政法委副书记。他曾组织审理震惊中外的"9898"湛江走私系列案,以及番禺特大抢劫银行案、深圳连环杀人案、中山抢劫银行杀人案……一个个棘手的案件在他的主理下顺利审结。1999年6月起任最高人民法院审判委员会委员、民庭庭长。2002年12月起任最高人民法院副院长、大法官。但此后生活腐化,2008年10月28日经全国人大常委会表决,决定免去黄松有的最高人民法院副院长、审判委员会委员、审判员职务。同时有消息透露其已被中纪委"双规"。有报道称其主要涉及三大问题:以权谋私、严重经济问题和生活腐化。也有报道称,黄松有对未成年少女特别有兴趣。司法腐败如同污染河流的源头一样,会让人们失去对公正的起码信任。

《荀子·君道》中讲,公道达而私门塞矣,公义明而私事息矣。《荀子·修身》言以公义胜私欲。《全晋文卷五十五》中说:"治国之道万端,所以行之者一。一者何?曰公而已矣。唯公心而后可以有国,唯公心可以有家,唯公心可以有身。"

《左传·襄公十五年》中记载,宋国有个人得了一块玉石,便把它献给齐国大夫子罕,子罕不肯收。献者说:"我给玉匠看了,玉匠说这是块宝石,所以我才敢把它献给您。"子罕说:"我把不贪当做宝,你把玉石当做宝。如果你把玉石给了我,我们都失掉了自己的宝,还不如各自都保留自己的宝。"

海瑞,广东琼山人。自幼丧父,靠母亲抚养长大,家境贫苦。海瑞以举人出身而进入仕途,开始被委任为福建一个县的儒学教授,任期四年。1558年升任浙江淳安知县。海瑞为官清廉,官至二品,死的时候仅仅留下白银二十两,竟不够殓葬费用。

海瑞的顶头上司是以文官而出任总督的胡宗宪,兼负防御倭寇的职责,居官风厉,境内的官民无不凛然畏惧。有一次,胡宗宪的儿子带了一大批随从经过淳安,住在县里的官驿。要是换了别的县,官吏见到总督大人的公子，奉承都来不及。可是在淳安县，海瑞立下一条规矩，不管大官贵戚，一律按普通客人招待。

胡宗宪的儿子，平时养尊处优惯了，看到驿吏送上来的饭菜，认为是有意怠慢他，气得掀了饭桌子，喝令随从，把驿吏捆绑起来，倒吊在梁上。驿里的差役赶快报告海瑞。

海瑞听完差役的报告，立刻带了一大批差役赶到驿馆，把胡宗宪儿子和他的随从统统抓了起来，带回县衙审讯。一开始，那个胡公子仗着父亲的官势，暴跳如雷，但海瑞一口咬定他是假冒公子，还说要把他重办，他才泄了气。海瑞又从他的行装里，搜出几千两银子，统统没收充公。

海瑞派人把胡公子等押解到总督衙门，并呈报公文说，有人冒充公子，非法吊打驿吏。此人必系假冒，总督大人节望清高，不可能有这样的不肖之子，也不可能拥有这么多的金银财物。胡宗宪明知道他儿子吃了大亏，但是海瑞信里没牵连到他，如果把这件事声张起来，反而失了自己的体面，就只好打落门牙往肚里咽了。

司法活动的终极目的是寻求公平和正义，人们对主持审判的法官给予厚望，希望他们明辨是非，分辨黑白，不能为配偶子女谋取私利。法官的家属和子女也该知法守法，不要沦落到铁窗里才学会真诚的忏悔。《诗经》言：雨我公田，遂及我私。意思是先公后私，并非大公无私，铁面无私，以公灭私。所以贵大公无私，应公私分明，勿假公济私。这正是：

鞠躬尽瘁，死而后已。

子用私道者家必乱，臣用私义者国必危。

公义立而私事息，公道达而私门塞。

（罗智国）

正

题 解

  在目前公认中国最早的甲骨文中,"正"字就像朝着某个方位或目标不偏不斜地走去,它的本义是不偏斜、平正。"正"又在很多情况下和"直"同义,指合乎道义,合乎原则,是中国古老的道德伦理范畴之一。《论语·乡党》中曾说"席不正不坐",《吕氏春秋·君守》中有"有绳不以正"之言,《汉书·李广传》也有"平心持正"之说。由此可见,"正"是符合古代社会现实要求的思想道德原则和行为规范。历代思想家对"正"做过很多论述和阐发。宋朝大儒朱熹曾说:"大抵圣贤之心,正大光明,洞然四达。"指出做人就要心怀坦荡,言行正派。《明史·邵经邦传》也有"博求海内硕德重望之贤,以弼成正大光明之业"的说法。清朝著名民族英雄林则徐在禁烟运动中也曾说:"本部堂办事正大光明,并不肯出其不意也。"这些都说明"正"是我国古代人们做人做事的一项基本的道德原则。

  尽管历代解释稍有不同,"正"作为一种道德理想却是人们极力追求和向往的。由"正"出发,人们又延伸出很多相应的概念和解释,常见的有正道、正确、正义、正气等,近年在国内引起较大反响的电视剧《人间正道是沧桑》所弘扬的主题之一就是"正"。"正"也有改去偏差或错误的解释,如正本清源、拨乱反正等等。"正"也是儒家对人们伦理道德现实生活的基本要求，这样的要求同样对我们现代人的道德思想塑造也有重要的意义。做人就要正大光明，堂堂正正，这也是保持良好人际关系、建立和谐社会的重要准则。同样，对于已经出现的政策或行为失误，我们也要有改正的勇气，这更有利于整个社会的和谐与健康发展。

1. 李沆称圣
——"正大光明"树标尺

北宋初年，有一位名叫李沆的宰相。他秉性耿直，经常把当时天下发生的水灾、旱灾或者盗贼之类的灾祸直接向当时的皇上宋真宗禀报。有时真宗本来心情愉悦，听到这样的消息，禁不住有些黯然神伤。为此，一些同朝大臣劝李沆不要把这些"小事"直接向皇上报告。李沆却说："如果陛下不晓得天下百姓的疾苦，又如何能教化、治理天下呢？"有一次，宋真宗问李沆："大臣们人人都有密奏，爱卿独无，这是为什么呢？"李沆回答："我当宰相，公事就在朝廷公开奏对，还用密奏干什么呢？凡是密奏，不是诬陷别人，就是对上献媚，我一向厌恶这种做法，怎么能去效仿呢？"对于李沆的为人，史书上用"正大光明"四个字加以评价，时人更是称之为"圣相"。

相信有不少朋友看过《康熙王朝》这部近年来影响颇大的电视剧，剧中有这样一个镜头：恼怒的康熙面对被倚为左右手的索中堂和明珠宰相破口大骂：你们俩都是国家的栋梁，却把心思用在争权夺利上，干了不少违法之事，再这样下去的话，朝廷就将葬送在你们手里！于是，康熙皇帝在乾清宫挂上一块"正大光明"匾，希望大臣们以此为准则，不要搞阴谋诡计，而应该同心协力，把国家治理好。当然，历史事实与电视剧有些出入。但无论事实如何，中国古代统治者在朝堂之上悬挂"正大光明"、"清正廉明"、"明镜高悬"之类的匾额，实际上是提醒官员们时刻谨记为官之德，借以长久御民役民，毕竟水可载舟，也可覆舟。

"正大光明"四个字联系在一起，已经有很悠久的历史了。《周易》有云："大者，壮也……正大，而天地之情可见也。"《象辞》中又说："刚中正，履帝位而不疚，光明也。"意思是说，要使帝位稳固，必须效法天地，顺应人情，这样的统治才是正大光明的。宋代大儒朱熹在一封信里也说："大抵圣贤之心，正大光明，洞然四达。"朱熹是非常重视这方面教育的，他认为教导子弟要从幼时开始，培养他们凡事应有正直、宽大、无所隐藏的气概。在日常生活中要时时反省自己的思想行为，不能没有自我督促和自我砥砺的修养。从上面的话里我们可以体会到，如果我们坚持做事光明磊落，为人正直，胸怀坦荡，拥有求真求实之心，那就可以称得上一个"正大光明"的人。对于那些掌握国家政治、经济资源和话语权的人来说，"正大光明"更应该是基本的要求。

在老百姓的心目中，衡量官员的标准，能否"正大光明"的重要性远远高于他们所做事情的对错。人都难免犯错误，但只要是光明正大的，错误也大多可以原谅。同理，大凡做"见不得人"的事，总是从那些一般人看不到的阴暗角落开始，最终只能落得身陷囹圄而无颜见人。随着厦门远华特大走私案被揭露出来，赖昌星属下的一座用来腐蚀地方大员们的"红楼"成为人们关注的焦点。可是当初赖昌星建它的时候，并不想让它名扬天下。新华社记者曾这样描述："它不高不大，外表平平，如果没有发生厦门特大走私案，人们即使从旁边走过，也不会去注意。"但如果走进这座小楼内部，就会为其精巧而隐秘性的设计惊叹不已。比如六楼最豪华的总统套房，由客厅、办公室、卧室三部分组成，卧室里面有浴室，浴室里有一面很大的穿衣镜，穿衣镜后面竟然是一个秘密通道。推开这面镜子，在此销魂的官员就可以从暗道下楼。三楼四楼的桑拿房和跳舞房，门上镶的都是毛玻璃，即使官员们在里面丑态百出，也绝不会被人撞破。当然，这些不能见人的勾当最终大白于天下，这些贪赃枉法者除极个别人逃亡国外，大都受到了法律的严惩。

令人担忧的是，不仅是政治、经济领域，在文化体育等行业中，"正大光明"也被肆意践踏。2009年4月，国内多家媒体都报道了代表中国参赛的重庆大坪中学女足获得世界中学生女足锦标赛冠军的消息。然而仅仅四十八个小时之后，这条喜讯就变成了丑闻——这支中学生队的真实身份竟然是国家少年队！在北京奥运会的辉煌后仅仅半年，以"大坪中学事件"为代表的造假行为不仅损害了中国体育的形象，也严重侵蚀着中国体育的肌体与根基。

放眼全世界,在利益至上的导向下,国家之间、种族之间、人与人之间的关系越来越复杂。令人担忧的是,如果"正大光明"只停留在人们的口头上,那么,人类追求的美好世界只会距离我们越来越遥远。这正是:

事有根基,心如明镜;

正大光明,谨言慎行;

堂堂正正,人皆称圣。

(胡海香)

2. 改革的春天
——拨乱反正求真理

在中国正大步迈向又一个盛世的今天,发生在20世纪六七十年代的"文化大革命"并没有被国人淡忘。每一个经历过那场浩劫的人都会拿那段历史告诫青年朋友要铭记其中的深刻教训,也都为这种混乱局面能够结束并走进一个新的发展阶段而欢呼。其中,我们必须感谢"文革"结束后在邓小平同志领导下进行的"拨乱反正"运动。华国锋担任国家主席以后,提出"两个凡是",坚持以阶级斗争为纲,没有纠正"文化大革命"的错误。在这种情况下,邓小平批评"两个凡是",主张纠正"文化大革命"期间造成的错误,平反冤假错案。在思想路线上,他提倡和支持的关于实践是检验真理唯一标准的大讨论,既充分肯定了毛泽东对中国历史的巨大功绩,又如实指出了他晚年的严重错误,把认识转到对毛泽东思想准确、完整加以理解的轨道上来,重新确立了解放思想、实事求是的思想路线。在政治路线上,党的十一届三中全会毅然抛弃"以阶级斗争为纲"的错误方针,把党和国家的工作中心转移到经济建设上来。后来,邓小平曾这样说:"多少年来我们吃了一个大亏,社会主义改造基本完成了,还是'以阶级斗争为纲',忽视发展生产力,'文化大革命'更走到了极端。十一届三中全会以来,全党把工作重点转移到社会主义现代化建设上来,在坚持四项基本原则的基础上，集中力量发展社会生产力。这是最根本的拨乱反正。"而正是在这最根本的拨乱反正中，在确定工作中心转移的同时，作出了改革开放的伟大决策。可以说，没有这场拨乱反正运动，就没有今天繁荣富强的新中国。

什么是"拨乱反正"？在被列为儒家经典之一的《公羊传》中曾说："拨乱世，反诸正，莫近诸《春秋》。"意思是说，把混乱的局面治理好，使其恢复正常秩序，以孔子所编的《春秋》最接近。孔子的政治理念是恢复西周时期由周公主持创建的一系列礼乐制度，他编写《春秋》也是表达这个意思。西汉王朝建立后，改变了秦朝的残暴政策，使人民得以休养生息，汉高祖刘邦又曾让当时的大学问家叔孙通制定一整套礼仪制度，以确立君臣之间的关系，《汉书》中也把这些事称为"拨乱反正"。可见，我们现在所谓的"拨乱反正"，指的就是使国家秩序恢复正常的做法。一般来讲，经过一个时期的混乱之后，国家政权都会采取一些对策以便恢复原来的社会秩序和基本制度，推动社会向另一个高度发展。在中国历史上，这样的例子并不少见，西汉建国以后的拨乱反正就是很突出的例子。

西汉初年，经济萧条，到处都是一片荒凉的景象。汉高祖、惠帝、吕后都注意吸取秦灭亡的教训，着力于恢复农业生产，稳定封建统治秩序，收到了显著的成效。汉文帝汉景帝相继即位后，又在这基础上进一步采取了轻徭薄赋，与民休息的措施。汉文帝开放原来归国家所有的山林川泽，还把田租减为三十税一，有一年还全部免去田租，人头税和徭役也减轻了许多。秦代有很多残酷的肉刑，汉文帝时期把大部分都废除，改用其他方式。汉文帝也相当节俭，在位二十三年间，宫室苑囿、车骑服御之物都没有增添。他曾想建造一座露台，听说需要花费百金，等于中人十家之产，于是作罢。由于节俭，国家的财政开支有所节制和缩减，从而减轻了人民的负担。总起来看，西汉初期特别是文景时期，社会比较安定，经济得到发展，成为中国古代的一大盛世。

在进入21世纪的今天，拨乱反正的内涵不应该仅仅局限在政府机关，还应该体现在每个人的身上，这就是善于改正自身所犯的错误，为社会做出贡献。《法治快报》曾报道了广西黎塘监狱工作人员把罪犯改造成为新人的事例。他们充分利用狱内文化载体，发挥文化建设在教育改造服刑人员中的养成、净化、矫正和激发功能，使许多犯人不但矫正和改变了自己的不良行为，而且还成为了对社会充满爱心和努力回报社会的好人。犯人张某入狱前是一个财色双贪的领导干部，经过狱内文化的熏陶，逐渐成为一个充满爱心的人。他把自己平时省吃俭用省下的一千元钱捐了出来，让两个失学的孩子重返校园。犯人卢某变刑期为学期，刻苦学习毛织加工技术和修理技术，获得减刑出狱后，被广东一家毛织厂聘为技术员。他还经常回到黎塘监狱现身说法，引起了很大的反响。

由此可见，不管是对身居高位的领导者和决策者，还是对身处下层的普通民众，在出现政策或行为失误后及时"拨乱反正"，修正这些问题，都是值得提倡的，而这对于整个社会的和谐与健康发展无疑具有重要意义。正所谓：

    庙堂之上，当正国策；
    乡野之间，可正身心；
    拨乱反正，事业有根。

（胡海香）

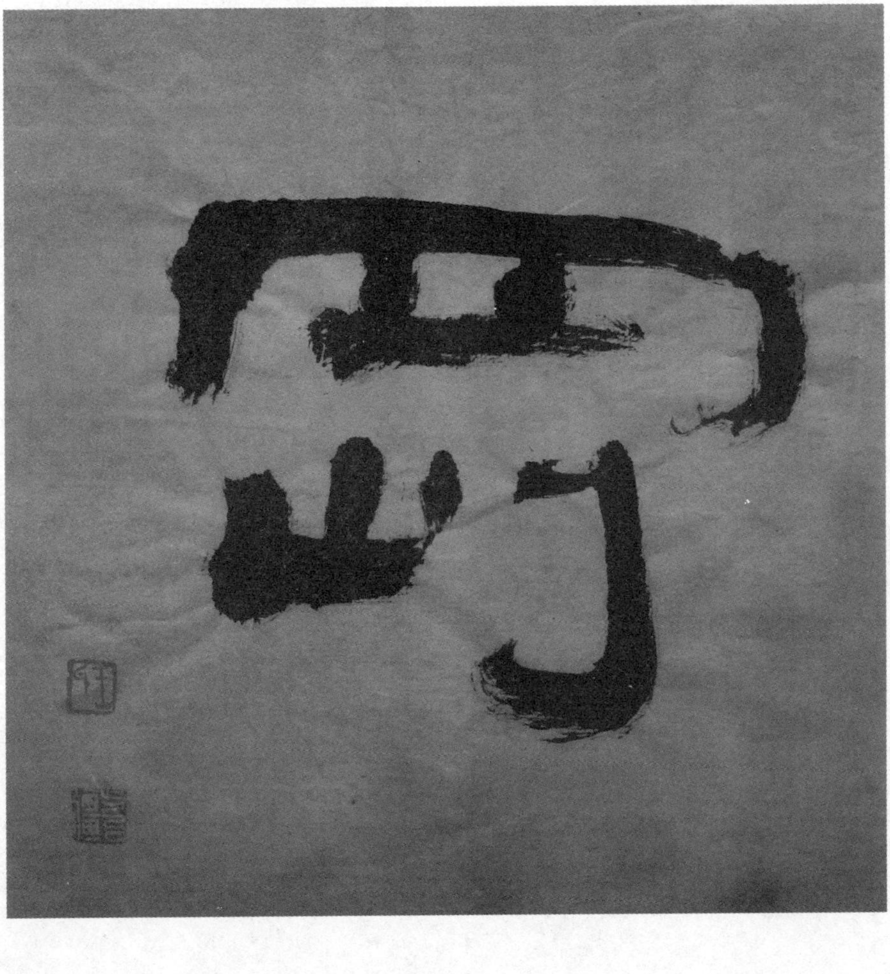

刚

题 解

中国现存最早的字典《说文解字》中说："刚，强断也。"它的本义是坚硬，后来也成为一个道德范畴，我国古代经典作品和思想家对此作了很多阐释。《诗经·烝民》中说："柔则茹之，刚则吐之。"《荀子·臣道》中有"挢然刚折"的言论，《左传·昭公六年》中也有"断之以刚"的句子。"刚"也有坚强的意思，如《老子》中就说"柔弱胜刚强"，《论语·子路》中也提到"刚毅木讷，近仁"。可见"刚"作为一个道德标准，孔子把它与仁相提并论，成为指导人们处世做人的基本规范，也是人们孜孜追求的道德情操。

由"刚"出发人们又提出了很多相关的概念，如刚直方正、刚明等等，《后汉书·王允传》中说王允"性刚棱疾恶"。《明史·海瑞传》中说："瑞生平为学，以刚为主，因自号刚峰，天下称刚峰先生。"作为一项道德原则，"刚"指人的行为、品性正直无邪，做事有原则，坚持真理正义。"刚"在有时候也被理解为倔强固执，《左传·宣公十二年》中评价一位晋国将军时用了"刚愎不仁，未肯用命"的话。作为儒家的一个伦理道德范畴，"刚"既对我国古代的人们起到了示范和约束的作用，又能更好地为我们今天的现实生活服务。作为个人，在社会生活中，利害当前，要择善固执，抱定坚定信念，勇往直前，义无反顾。"见利不亏其义，见死不更其守"，这些都要求人们坚守"刚"的品格。正是有了这样的行为准则，才使得我们的民族在各种艰难困苦中能够化险为夷，自强不息。同样作为个人，我们不能刚愎自用，只有这样，我们在社会生活中才能少走弯路。在国家管理中，我们更要学会刚柔相济，以建设我们更加和谐的社会主义社会。

1. 定军山之谋
——刚柔相济的胜利

在《三国演义》第七十一回中，黄忠在定军山和曹将夏侯渊相遇，初战告捷。夏侯渊于是坚守山寨，不再出来交战，黄忠率领部队逼到定军山下。谋士法正观察了定军山的地势后，建议黄忠攻打定军山西面的一座高山。法正认为攻下此山将对魏军造成极大的压力，夏侯渊担心军事行动暴露，必定会率领兵马前来攻击、夺取山头。法正建议黄忠率领兵马在半山的险道防守，自己则留在山顶发出信号，看见白旗只要坚守，不要迎敌；等魏军倦怠、疲惫，山顶上会举起红旗为信号，黄忠再下山袭击，以逸待劳，一定会获得全面胜利。夏侯渊闻讯黄忠攻山后非常恼怒，不顾张合劝阻，命令兵士围住黄忠占领的对山，大骂挑战。法正在山顶上举起白旗，任凭夏侯渊在山下怎样百般辱骂，黄忠就是不出战。等到中午以后，法正见曹兵已经疲倦，心不在焉，大都下马，倚在石头旁休息，有的竟昏昏欲睡，就举起红旗。黄忠见山顶上红旗招展，一声令下，战鼓齐鸣，蜀汉的军队大喊着冲下山来，那种阵势犹如天崩地裂一般。夏侯渊措手不及，黄忠闪电般已经来到他的面前，大喝一声，像平地惊雷。夏侯渊还没有反应过来，就被黄忠的宝刀连头带肩砍成两段。曹兵见主帅被斩，溃不成军。黄忠乘胜追击，占领了定军山。

夏侯渊是曹操手下有名的大将，但有时候也不够冷静。就在此战之前，曹操还专门给他写了封信，告诫他"凡为将者，当以刚柔相济，不可徒恃其勇"。此战结果恰恰表明，夏侯渊之死正是由于没有做到"刚柔相济"，而对手却做到了。儒家早期经典《周易》中早已出现了"刚柔节"的提法，《孙子兵法》中也说，想要使敌人陷入危困的情境中，最好的方法并不是和他正面冲突，而是应该多采用柔性的策略、计谋，以耗损敌人的战斗力，让自己保持最丰盈的状况，以对抗虚弱、受伤的敌人。所以一个善于作战的领导者，一定会掌握战场上的主控权，这样就已经拥有胜利的先机了。《三十六计》中的"以逸待劳"也认为："困敌之势，不以战，损刚益柔。"这都强调了"刚柔相济"在战争中的重要性。实际上，能不能做到这一点，也体现了一个将领的心态是否成熟。而这同样可以运用在国家的内政外交事务以及我们的日常生活、社会交往之中。

自从新中国建立以来，中国的外交政策基本上形成了刚柔相济的风格。20世纪70年代初期，在中日两国发表的联合声明中，台湾问题如何表述成为双方谈判的焦点，气氛甚至相当紧张。在这种情况下，密切关注谈判进程的周恩来总理把握大局、刚柔相济，表现出了原则的坚定性和具体方式的灵活性，推动双方最终达成了协议。现任国家主席胡锦涛也表现出了中国外交刚柔相济的特点，并根据国际形势的发展变化而不断注入新内容。香港《观察星报》曾这样评论我们的外交政策：在外交姿态上，表现出理性、灵活、务实、细致、谦虚、富有建设性；外交风格上，表现温和坚定，既不当头，又有所作为，做一个理性的大国；外交方针上，既要咬定核心利益，又要为中国的建设与发展服务，特别是重视经济外交，并且充分考虑国内稳定与对外关系稳定这两者之间的相互影响。自从中国加入WTO以来，中国与欧美之间的贸易冲突不断，在纺织品、能源、铁矿石价格等各个方面屡有纷争，特别是以石油为代表的能源问题，矛盾更是日渐尖锐。要想处理好这些经济领域的问题，避免贸易战升级给各方带来的不良后果，真正体现中国和平发展的国际形象，我们应该坚持刚柔相济的而且还是先柔后刚的灵活性对策，使关系各方能冷静下来。当然，中国的商务外交既要避免"柔有余而刚不足"，也一定要注意避免"刚有余而柔不足"。

"刚柔相济"是一个古老的词汇，但只要我们能够静下心来，认真思考，就能领会其中的深刻含义，也能使我们自身找到正确的方向。是谓：

持柔守静，因其制动；

先柔后刚，真理斯张；

刚柔相济，足以立世。

（胡海香）

2. 四面楚歌
——刚愎自用酿苦酒

春秋时期，晋、楚两强长期争霸中原。有一年，楚庄王率师围攻郑国，晋国派中军元帅荀林父率军救郑。当晋军正要渡河时，听说郑国已经和楚国讲和，荀林父在分析形势后，认为不能轻率地进军与楚国交战，因此打算撤兵回国。然而中军副帅先縠却不听指挥，率领所属军队渡过黄河，去追击楚军。荀林父见已无法阻止，只好下令全军前进。面对气势汹汹的晋军，楚庄王和令尹孙叔敖都认为应该撤军回国，但大夫伍参提出了不同看法，他认为荀林父刚刚接任晋军统帅，还没树立威信，而副帅先縠又固执刚愎，不听指挥，其余将领也都意见不一，使得部下无所适从。楚军若能趁其内部纷争之时出战，必定可以胜利。因此，他劝楚庄王出兵与晋军交战。楚庄王听了伍参的话，就下令停止撤退，回师北进，迎击晋军，果然取得了胜利，楚庄王的霸权也由此建立。

晋国因为内部不团结而失去了霸主地位，曾经在秦末叱咤风云的项羽也是如此。在刘邦率军攻入咸阳后，项羽自恃强大，自称西楚霸王，把刘邦发配到汉中，引发了楚汉战争。在这场充满了血腥的残酷争夺中，项羽又刚愎自用，不听谋士范增的计谋，当遭遇垓下之围、四面楚歌响起时才如梦方醒，在上演了一出悲壮的"霸王别姬"后，自刎于乌江，也给后人留下了无尽的话题。在《三国演义》中，曹魏起用司马懿为帅伐蜀，诸葛亮闻此消息后，考虑街亭乃是汉中咽喉要地，打算派大将驻守。马谡自请军令，愿担此任。诸葛亮曾叮嘱再三，一定要靠山近水扎营，并派王平辅助。马谡则以为自己早已熟读兵书战策，再加上刚愎自用，对诸葛亮的意见根本没有听进去，又不听副将王平的劝谏，竟违令在山顶扎营，犯了兵家之大忌，结果被魏将张郃打败，造成了街亭失守，也就有了后来诸葛亮挥泪斩马谡的故事。

上面所说的几件事，在历史上都很有名，而其中的失败者却有非常相似的一点：刚愎自用。《左传》中在评价先縠时可说他"刚愎不仁，未肯用命"。如果一个人过于自信，而不考虑别人的意见，那就走向了极端，变得我行我素，刚愎自用。《尚书》中说："好问则裕，自用则小。"也是告诫领导者一定要注意加强自身修养，保持虚怀若谷、从善如流的心态。

很多人都有这样的看法：在我们的现实生活中，刚愎自用也是一颗苦果、恶果、毒果，如果有人以身试果，必然付出惨重的代价。那些掌握权力的领导干部尤其要注意避免这一点。如果管理者心胸狭窄，听不得不同的声音，又害怕别人的批评会损害自己的光辉形象，降低自己的威信，影响自己的政绩，就会重蹈前代的覆辙。如果把批评的声音放在自己的对立面，那么领导耳朵边的批评声音就会逐渐减少；如果把善于阿谀奉承的人当做心腹，那么领导耳朵边的歌功颂德声就会越来越多；如果把那些敢于批评自己的人看做对手而压制排斥、打击报复，那么必然遭遇非常强烈的反弹。特别是在互联网蓬勃发展的今天，我们的领导干部一定不能刚愎自用，而是要有民主作风，勇于接受来自新闻媒体和网络的批评，接受人民群众的监督。王帅是一名在上海工作的河南灵宝人，因为在网上发帖举报灵宝市违法征地而被当地警方跨省追捕，并以诽谤罪拘留八天。此事曝光后，《中国青年报》、《人民日报》、中央电视台、人民网等新闻媒体和网络对王帅发帖事件相继进行了报道，多位法律专家和网民给予了高度关注，对灵宝地方政府的做法提出了批评。在社会舆论的强烈关注下，2009年4月，灵宝地方政府决定派专人到上海向王帅道歉，办理国家赔偿，并追究了相关人员责任，"灵宝贴案"终于以法制的胜利画上句号。这起事件为什么会发生，根源还在于我们的政府领导那种自以为是、刚愎自用的作风和权大于法的错误观念。

不仅是政府部门的领导者，经济机构的管理者也应该杜绝刚愎自用之弊。陈久霖是一位优秀的经营者，曾经把中国航空油料集团公司旗下位于新加坡的一家濒临倒闭的运输经纪公司改造成了中国唯一一家航空燃油进口商，并使企业很快在全球石油市场崭露头角。陈久霖从中收益颇丰，还曾被世界经济论坛评为四十五岁以下的"亚洲经济新领袖"。随着事业的扩展，他自己也以中国商业界的领军人物自居，从而变得刚愎自用，管理方式走向简单粗暴，最终因炒期货石油失败而令公司在 2004 年亏损 5.5 亿美元，陷入深刻的危机。后来，陈久霖反思的时候，认为是刚愎自用使自己酿成了大祸。

  由此可见，如果我们的领导者能在平时工作中多一点谦虚，少一点自负，多一点创新，少一点守旧，多一点宽容，少一点猜忌，多一点反思，少一点偏执，那么，我们的社会发展一定会日益走向和谐。是之谓：

    驭人之术，贵在心胸；

    交际之道，要在宽容；

    刚愎自用，万事成空。

（胡海香）

节

题 解

　　"节"字本义是竹节,但当它做"气节、节操"解时,就成为我国一个重要的伦理道德准则。《左传·文公八年》中说"司马握节以死",《荀子·王霸》中有"士大夫莫不敬节死制"之言,《汉书·李广苏建传》中也有"屈节辱命"这样的词语,可见"节"已成为儒家道德伦理的重要组成部分,也是中国传统文化中衡量士人的人格标准和做人处世的道德原则。"节"作为一个伦理范畴,在不同的时代被人们赋予不同的道德内涵。"节"在先秦时代就蕴涵了"志节、气节、节操"的意念,孟子的"浩然之气"奠定了儒家气节观的基础,也标志着先秦儒家气节观念的成熟。一般对维护个人人格尊严而言,"节"的主体是个人;对维护主体维护民族尊严和利益而言,"节"的主体是就是民族、国家。

　　由"节"的本义出发,衍生出很多相关概念,如节外生枝、关节、节目、节气、节日、礼节、节省、高风亮节、使节等。《论语·微子》中的"长幼之节"指的是礼节。"砍头不要紧,只要主义真"则是共产党人的革命气节。在中国历史上,有许多豪杰志士,他们为民族、为正义、为气节,甘愿抛头颅洒热血,做出了许多可歌可泣的惊人壮举,影响和激励了一代又一代国人,成为我们民族的骄傲,更是我们今天学习和教育后代的榜样。

"节"作为儒家重要的道德伦理范畴,它不仅在历史上对中华民族的发展起了重要的作用,在今天它同样是我们所倡导的。在建设社会主义的道路上,我们依然要提倡"节",要培育人的"浩气长存",这对当代中国的公民道德建设具有重要现实意义。

1. 苏武牧羊
——威武不屈显高节

在中国历史上,苏武牧羊是一个流传很广的故事。在苏武生活的时代,西汉王朝和北方的少数民族匈奴经常发生战争。有一年,匈奴新单于即位,汉武帝便派苏武等人出使以表示和匈奴保持和平友好关系。不料匈奴上层发生了政治动乱,苏武一行人受到牵连,被扣留下来。单于派人向苏武游说,许以丰厚的俸禄和高官,被苏武严词拒绝。当时正值严冬,漫天飞雪。单于命人把苏武关入一个露天的大地窖,断绝食品和水,苏武坚持了好几天仍然不屈服。最后,单于决定把苏武流放到北海(今天西伯利亚的贝加尔湖)一带去牧羊,声称到公羊生了羊羔的时候就放他回国。在人迹罕至的贝加尔湖边,只有那根代表汉朝的使节棒和一小群羊与苏武做伴。日复一日,年复一年,使节棒上面的装饰都掉光了,苏武的头发和胡须也都变白了。后来,匈奴又一位单于即位,与汉朝谋求和好。汉昭帝派使者到匈奴去,要单于放回苏武。匈奴谎说苏武已死,但苏武的随从常惠买通匈奴人,私下和汉使者见面,把苏武在北海牧羊的情况告诉了使者。使者见了单于,严厉责备他说:"匈奴既然存心同汉朝和好,不应该欺骗汉朝。我们皇上在御花园射下一只大雁,雁脚上拴着一条绸子,上面写着苏武还活着,你怎么说他死了呢?"单于听了,赶忙道歉,并承诺立即放他回去。苏武终于回国了,而这距离他出使匈奴已经过去了十九年!

符节本来是指古代使者所持的从事外交活动的凭证,后来引申为一个人的气节、节操。《左传》中就曾赞扬一位"握节以死"的外交官,因此将他的事迹记载下来。气节是一种高尚的人格品质,往往表现为坚持正义,在民族危急关头或强大压力面前不甘屈服的精神。孔子曾说"岁寒，然后知松柏之后凋也"，就是借赞美松柏凌霜而傲然独立的资质来歌颂坚贞不屈的人格。《孟子》中也有这样一句非常著名的话："富贵不能淫，贫贱不能移，威武不能屈，此之谓大丈夫。"这推崇的也是做人的气节。而这些话用在苏武身上无疑是非常合适的。历史的车轮已经滚滚前进了两千多年，苏武崇高的气节已经融合为一种民族精神，流在每一个有志气的中国人的血液里，并书写了一首又一首可歌可泣的壮丽诗篇。

"人生自古谁无死，留取丹心照汗青。"这是几乎妇孺皆知的千古名句，作者是世人景仰的文天祥。南宋末年，面对元朝军队的进攻，文天祥坚持抵抗，后不幸被俘。忽必烈多次派人劝降，都被他拒绝，并写下了那首著名的《正气歌》，表现了崇高的民族气节和视死如归的决心。像文天祥这样的人在我国历史上并不少见。一代戏剧大师梅兰芳不仅在中国戏曲艺术史上占有承前启后的显著位置，也因其高尚的节操为后人所重。抗战爆发后，梅兰芳曾在香港暂时隐居。后来日军又占领了香港，把梅兰芳押上军用飞机送到上海的家中。那时的梅兰芳当然知道日寇送他回来的目的，因此回到上海后就不再刮胡须，表明他不再登台献艺的决心。1942年秋，汪伪政府要在南京、长春和日本东京举办庆祝"大东亚战争胜利"的演出，为讨好主子，大汉奸、汪伪政府的头目之一的褚民谊企图请梅兰芳率剧团参加庆祝活动，并到各地去巡回演出。不想受到梅兰芳奚落一番，怏怏而去。不久，他又派大汉奸朱复昌在北平找到当时负责梅兰芳剧团演出业务的姚玉芙，让他劝说梅兰芳答应登台。姚玉芙了解梅兰芳的性格，就想方设法拖延答复的日期。梅兰芳的表弟秦叔忍了解情况后，建议姚玉芙给梅兰芳打伤寒预防针，打针之后身体就会有发高烧的强烈反应，甚至会卧床不起。当时，梅兰芳的保健医生不忍心给他打这种预防针，但梅兰芳说："我已决心不为他们演戏，即使死了也无怨言，死得其所。"最后终于打了针，随后梅兰芳发高烧，神志昏迷。汉奸们看到梅兰芳的样子，才最终打消了请他演出的念头。

翻开史书，我们可以看到，那些被后人永久铭记的人，都是具有高尚节操的人，他们以自己的方式在不同的领域中为中国历史的发展作出了自己的贡献。"大雪压青松，青松挺且直。要知松高洁，待到雪化时。"希望我们生活在世界上的每一个人都能坚守节操，做一棵真正的青松！这正是：

> 北海牧羊，苏武不辱汉节；
> 丹心照史，文相高歌正气；
> 守节真君子，不屈大丈夫。

（胡海香）

2. 八女投江
——民族气节耀千秋

在今天牡丹江畔的江滨公园里，耸立着一组硕大的八女投江群雕，生动地展现出抗战时期八位女英雄视死如归、英勇战斗的情景。1938年夏天，日本关东军纠集伪蒙、伪满军在松花江下游展开了"三江大讨伐"。为摆脱困境，东北抗日联军第四、五军决定向西转移，遭到日军多次围追堵截，很多战士英勇牺牲。在转移过程中，第五军第一师的一支百余人的队伍被乌斯浑河挡住了去路，陷入日军熊谷部队的包围之中。在这危急时刻，队伍中以冷云为首的八名女妇女团战士挺身而出。冷云组织女战士从背后袭击敌人，吸引日军火力，掩护大部队突围。敌人以为中了埋伏，忙抽出一部分兵力向她们还击，抗联大部队乘机突出了日军的包围圈。八名女战士英勇抗击日军的进攻，在弹尽粮绝的情况下，宁死不屈，最后毅然背着负伤的战友，走进林口县境内冰冷刺骨的乌斯浑河，为国捐躯，谱写了一篇惊天地、泣鬼神的抗日史诗，体现了中华儿女为民族解放事业敢于与日军血战到底的英雄气概。八名女战士中最大的二十五岁，最小只有十三岁。

作为中国特有的一个道德范畴，气节在中国古代受到普遍重视，这在儒家道德传统中表现尤其明显。《论语·泰伯》中说君子具备"临大节而不可夺"的品性，《孔子家语》也提倡"虽受屈不毁其节"，主张"君子修道立德，不为穷困而改节"。《荀子·王霸》也说"士大夫莫不敬节死制"。这些都体现了儒家对气节的重视。唐人邵谒在《金谷园怀古》诗中写道："竹死不变节，花落有余香。"意思就是竹子虽死但仍不改变骨节，花儿虽凋落仍保留芳香，实际上是赞扬忠义之士坚守节操、至死不渝的精神。品德高尚的人，不会因为自己处境的好坏而改变自己的节操；志士不会因为失败或者成功而改变自己的初衷。在一定意义上，气节成为激励中国仁人志士前仆后继、保家卫国的精神支柱。

在抗日战争年代，为了打击日本侵略者，中华民族的优秀儿女谱写了许多可歌可泣的英勇篇章。1941年，日军对河北易县狼牙山地区抗日根据地进行了连续的"扫荡"，晋察冀军区某班班长马宝玉，副班长葛振林，战士宋学义、胡德林、胡福才五位英雄，为掩护群众和主力撤退，毅然把敌人引上了狼牙山棋盘陀峰顶绝路，子弹打光了，就用石头砸，日伪军发现他们已经没有子弹了，就蜂拥着冲向山顶。五壮士宁死不屈，为了不让日军活捉和武器落到日军手中，砸碎枪后，高呼"打倒日本帝国主义！"等口号纵身跳入悬崖，表现了大无畏的牺牲精神和坚贞不屈的民族气节。马宝玉、胡德林、胡福才三人壮烈牺牲，葛振林、宋学义被山崖上的树枝挂住，幸免于难。狼牙山五壮士的英雄壮举迅速传遍全军全国，聂荣臻曾高度评价说："他们身上体现了中国共产党领导的人民军队的优秀品质，体现了中华民族的英雄气概。"为纪念和表彰这五位抗日英雄，当地的革命政府在棋盘陀主峰建起了纪念塔。新中国成立后，狼牙山五壮士的事迹又被选入小学课本，成为新一代中国人崇敬和引以为傲的民族英雄。

被称为"红枪白马女政委"的女英雄赵一曼，在一次与日伪军作战时不幸因腿部受伤被捕。日军为了从赵一曼口中获取到有价值的情报，找了一名军医对其腿伤进行了简单治疗，连夜对其进行了严酷的审讯。面对凶恶的日军，将生死置之度外的赵一曼忍着伤痛怒斥日军侵略中国以来的各种的罪行。凶残的日军见赵一曼不肯屈服，便用马鞭狠戳其腿部伤口。身负重伤的赵一曼仍然坚定地说："我的目的，我的主义，我的信念，就是反满抗日。"表现出了一个共产党员坚强的意志和誓死抗日的决心。新中国成立后，朱德为赵一曼题写了"革命英雄赵一曼烈士永垂不朽"的题词，哈尔滨市将她战斗过的一条主街命名为一曼大街。

历史不会忘记这些为了抗日而牺牲的中华好儿女，他们的事迹会代代传承。他们的气节操守，不仅体现了做人的标准，更展现了舍生取义的民族大义。在建设和谐社会主义的今天，作为领导者要有"名节重泰山，利欲轻鸿毛"的信念，坚守执政为民的节操，这是实现社会经济又好又快发展、构建和谐社会的现实要求。这正是：

　　　　八女投江，气节垂万代；
　　　　五壮士为义，铁骨傲苍穹；
　　　　利欲轻鸿毛，名节存心间。

（胡海香）

后　记

历经两年多的努力，终于完成了《生活中的儒家伦理》一书的写作，我和我的学术团队感到由衷的高兴。

中华民族绵延峥嵘五千年，历经磨难而生机勃勃，实赖其"自强不息、厚德载物"的民族精神；而儒家的伦理道德对这种民族精神的形成发展起到了动力源的作用。

儒学的生命力在生活中。儒学要普及，就必须贴近生活，贴近草根。"力行近乎仁。"让占人口绝大多数的草根阶层了解、明晰儒家伦理道德的基本要求并心仪自律、身体力行之；让儒学在中华民族走向伟大复兴的历史进程中真正起到提高国民素质、培养善风良俗的作用，是每一个读书人应该为之不懈努力的责任担当。

感谢著名篆刻家王步强先生，冒着酷暑，挥汗如雨，把三十七个伦理道德范畴雕刻成精美的印章，为本书增色良多。

感谢资产处孔滨硕士，是他不辞辛苦，加班加点，为本书的校对、初排付出了大量的心血。

感谢山东文艺出版社的总编和责任编辑，由于他们的辛勤劳动，使本书能以尽快问世。

傅永聚谨识
2009 年国庆节

图书在版编目（CIP）数据

生活中的儒家伦理/傅永聚主编.—济南：山东文艺出版社，2010.4
ISBN 978-7-5329-3312-9

Ⅰ.①生… Ⅱ.①傅… Ⅲ.①儒家—伦理学—研究
Ⅳ.①B82-092②B222.05

中国版本图书馆 CIP 数据核字（2010）第 087592 号

生活中的儒家伦理

傅永聚　主编

主管单位	山东出版传媒股份有限公司
出版发行	山东文艺出版社
社　　址	山东省济南市英雄山路189号
邮　　编	250002
网　　址	www.sdwypress.com
读者服务	0531-82098776（总编室）
	0531-82098775（市场营销部）
电子邮箱	sdwy@sdpress.com.cn
印　　刷	山东德州新华印务有限责任公司
开　　本	710毫米×1000毫米　1/16
印　　张	55.5　插页/4
字　　数	873千
版　　次	2010年4月第1版
印　　次	2019年7月第2次印刷
书　　号	ISBN 978-7-5329-3312-9
定　　价	160.00元（上、下）

版权专有，侵权必究。如有图书质量问题，请与出版社联系调换。